내신 잡는 필수 개념서

NEW 올리드

Allead

이 책과 함께 미래를 디자인하는 나를 위해 응원의 한마디를 적어 보세요.

_____

_____

NEW 올리드

지구과학 I

CONCEPT

개념 이해부터 내신 대비까지 완벽하게 끝내는
필수 개념서

BOOK GRADE

구성
비율

개념
수준

문제
수준

문제
경향

WRITERS

미래엔콘텐츠연구회

No.1 Content를 개발하는 교육 전문 콘텐츠 연구회

이진우	(전)노원고 교사	서울대 지구과학교육과, 서울대 대학원 지질학과
권오성	진명여고 교사	서울대 지구과학교육과, 한국교원대 대학원 지구과학교육과
김연귀	혜원여고 교사	서울대 지구과학교육과
문무현	장충고 교사	연세대 지구시스템과학과
김기권	경희고 교사	서울대 지구과학교육과

COPYRIGHT

인쇄일 2022년 9월 30일(1판5쇄)
발행일 2018년 8월 1일

펴낸이 신광수
펴낸곳 ㈜미래엔
등록번호 제16-67호

교육개발1실장 하남규
개발책임 오진경
개발 최진호, 남용수

콘텐츠서비스실장 김효정
콘텐츠서비스책임 이승연

디자인실장 손현지
디자인책임 김기욱
디자인 진선영

CS본부장 강윤구
CS지원책임 강승훈

ISBN 979-11-6233-568-0

Introduction
머리말

잘 자라렴!

모죽이라고 불리는 대나무가 있습니다. 바로 모소 대나무인데요.
이 대나무는 싹도 잘 나지 않고 처음 몇 년간은 거의 자라지 않는답니다.
그러다 그 순간을 넘기면 갑자기 씨를 뿌린 곳에서 불쑥 새순이 돋아나고
한 달 남짓 동안 15 m도 넘게 훌쩍 자라서 곧 빽빽한 숲을 이루게 됩니다.
이 마술같은 일은 어떻게 일어나는 걸까요?
사실 모소 대나무는 뿌리를 먼저 땅속에 깊게 내린답니다.
몇 년이라는 긴 시간 동안 차근차근 자랄 준비를 하는 거예요.
눈에 보이지 않아 답답하고 더디게 느껴지지만
단단한 뿌리를 내리는 그 시간이 결국은 폭발적인 성장의 원동력이 되는거죠.

NEW올리드는 이 대나무의 뿌리처럼
우리의 지식을 발전시켜 줄 좋은 원동력입니다.
잘 정리해 놓은 개념 정리와 탐구, 자료들을 공부하다 보면
어느새 문제 해결의 원리를 깨닫게 될 거예요.

"NEW올리드 지구과학 Ⅰ"과 함께
부쩍 성장한 나의 모습을 그려 보세요.
함께하는 시간이 여러분의 단단한 뿌리가 될 것입니다.

Structure

구성과 특징

Structure

개념학습편

01 개념과 탐구/자료 쉽게 이해하기

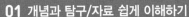

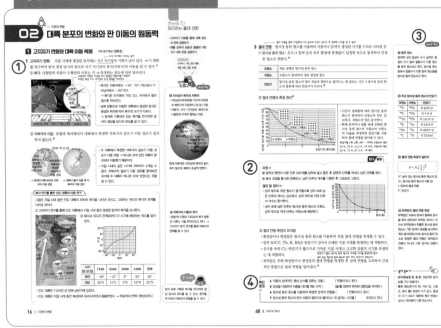

꼼꼼한 개념/탐구/자료 정리

❶ 쉽고 자세한 설명 다양한 그림과 자료를 이용하여 교과서 핵심 내용을 쉽게 정리하였습니다.

❷ 탐구 활동/자료 분석 교과서에 나오는 탐구와 자료를 자세히 정리하여 탐구와 자료 관련 문제에 대비할 수 있게 구성하였습니다.

❸ Plus 개념 개념과 관련된 보충 자료를 정리하였으며, 꼭 기억해야 할 내용, 착각하기 쉬운 내용을 꼼꼼하게 구성하였습니다.

❹ 확인 문제 필수 핵심 개념을 바로 확인할 수 있는 문제로 구성하였습니다.

02 다양한 유형의 기본과 실력 문제 풀기

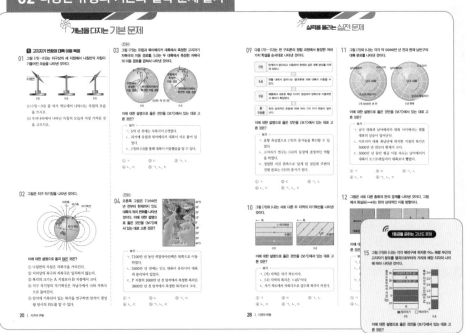

개념을 다지는 기본 문제
그림, 자료, 탐구로부터 출제되는 다양한 유형의 문제를 반복적으로 학습할 수 있도록 실제 학교 시험에서 꼭 출제될 확률이 높은 기본 문제로 구성하였습니다.

실력을 올리는 실전 문제
학교 시험과 수능 실전에 대비할 수 있는 기출 문제와 예상 문제로 구성하였습니다. 특히 고난도 문제에 대비할 수 있는 1등급 문제를 함께 구성하였습니다.

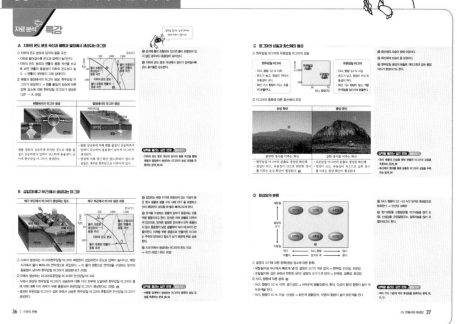

자료 분석 특강
개념이 문제에 어떻게 적용되는지를
해결하기 위하여 자료의 분석 과정,
풀이 비법, 변형 자료 등을
제시하였으며, 다양한 기출 자료의
유형을 집중 연습할 수 있습니다.
또, **실력을 올리는 실전 문제** 와
연결하여 유형별 집중 훈련이
가능하도록 구성하였습니다.

04 반복 학습으로 마무리하기

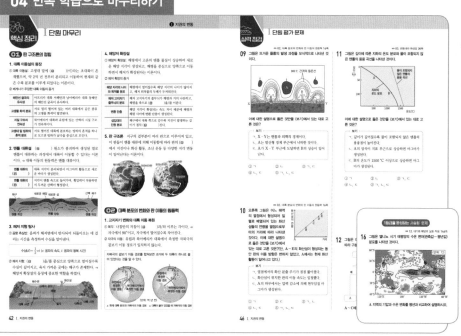

핵심 정리 단원 마무리
단원별 핵심 내용을 빠르게 확인할 수
있게 요약 정리하였습니다. 또, 중요
핵심 개념을 직접 써 볼 수 있게
구성하였습니다.

실력 점검 단원 평가 문제
단원별 학교 시험에 대비할 수 있도록
학교 예상 문제와 시험에 자주
출제되는 서술형 문제를 함께
구성하였습니다.

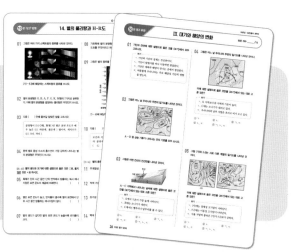

시험대비편

강별 10분 TEST 문제
강별 중요 개념이 무엇인지 빠르게 확인할 수 있으며, 쪽지 시험까지 대비할 수 있습니다.

대단원별 50분 평가 문제
대단원별로 학교 시험 문제와 매우 유사한 유형의 문제를 제시하여 완벽하게 학교 시험에
대비할 수 있습니다.

Contents
차례

NEW 올리드 지구과학 I 은
6대단원 18강으로 구성되어
있어요.

Search

미래엔	비상교육	천재교육	금성	와이비엠
12-21	10-19	10-17	12-18	12-22
22-31	20-29	18-29	19-29	23-33
32-41	30-37	30-43	30-41	34-41
44-49	38-43	46-51	44-48	44-49
50-53	44-49	52-57	49-51	50-54
54-63	50-57	58-66	52-61	55-61
64-77	58-73	67-77	62-75	62-77
80-89	76-83	80-85	78-83	80-88
90-97	84-95	86-95	84-97	89-101
98-109	96-107	96-107	98-109	102-113
112-121	108-117	110-117	112-119	116-127
122-129	118-123	118-123	120-125	128-134
130-143	124-139	124-143	126-141	135-149
146-155	142-153	146-155	144-152	152-163
156-163	154-165	156-165	153-163	164-172
164-177	166-181	166-177	164-177	173-187
180-187	182-188	180-185	180-183	190-197
188-203	189-207	186-201	184-199	198-219

마음의 항아리

미국의 어느 대학교 경영대학원의 특강입니다.

한 교수가 항아리 하나를 탁자 위에 올려놓고 주먹 크기의 돌을 항아리 속에 집어넣었습니다.

항아리 위까지 돌이 차자 그 교수가 학생들에게 물었습니다.

"이 항아리가 가득 찼습니까?"

학생들이 "네."라고 대답하자 그 항아리를 흔들어 가며 이번에는 자갈을 채우기 시작했습니다.

"이 항아리가 가득 찼습니까?"

항아리 속에 자갈로 가득 채운 후 학생들에게 물었습니다. "네."라는 학생들의 대답을 듣자

그는 다시 그 항아리 속에 모래를 부었습니다.

"이 항아리가 가득 찼습니까?"

모래까지 가득 채운 후 학생들에게 물었습니다. "네."라고 학생들이 대답하자

그는 다시 그 항아리 속에 물을 부었습니다.

"지금 내가 여러분에게 보여 준 것은 무엇을 의미할까요?"

학생 중 한 명이 손을 들고 말했습니다.

"아무리 바쁘다 해도 자투리 시간을 이용하면 많은 일을 할 수 있음을 의미합니다."

"아닙니다." 교수는 계속 말을 이었습니다.

"자갈이나 모래를 먼저 집어넣으면 그보다 큰 돌은 집어넣기 어렵다입니다. 여러분 삶 속에서 큰 돌과 같은 가장 소중한 것이 무엇인지 생각해 보고, 그것을 우선적으로 여러분의 마음속 항아리에 집어넣으라는 것을 말해 주고 싶었습니다. 그러다 보면 그 외적인 것도 할 수 있는 여유가 생길 것입니다."

I

지권의 변동

자~! 힘을 내서 차근차근 시작하자!

이 단원에서는 대륙 이동설에서 출발하여 맨틀 대류설과 해양저 확장설을 거쳐 판 구조론이 정립되었음을 알아본다. 또, 판 운동의 원동력인 맨틀 대류와 지구 내부의 구조 운동인 플룸 구조론을 구분하여 알고, 마그마가 생성되어 화성암이 만들어지는 과정을 알아본다.

01 판 구조론의 정립

1 대륙 이동설의 등장

1 대륙 이동설 — Wegener, 독일의 기상학자, 지구 물리학자
지질 시대 동안 모든 대륙들이 합쳐져서 형성된 하나의 대륙을 초대륙이라고 한다.
1912년 베게너는 고생대 말에 판게아라는 초대륙이 존재했으며, 약 2억 년 전부터 분리되고 이동하여 현재와 같은 수륙 분포를 이루게 되었다고 주장하였다.❶

2 베게너가 주장한 대륙 이동의 증거

해안선 굴곡의 유사성	고생물 화석 분포❷	지질 구조의 연속성	빙하의 흔적 분포
		북아메리카, 영국, 스칸디나비아 반도의 산맥이 연속적으로 이어진다.	빙하의 흔적과 이동 방향이 한 곳에서 흩어져 나간 모양이다.
대서양을 사이에 두고 아프리카 대륙 서해안과 남아메리카 대륙 동해안의 해안선이 유사하다.	현재 서로 멀리 떨어져 있는 여러 대륙에서 같은 종의 화석이 발견된다.	북아메리카 대륙과 유럽에 있는 산맥의 지질 구조가 연속적으로 나타난다.	떨어진 대륙에 분포하는 빙하의 흔적을 하나로 모으면 빙하가 남극을 중심으로 모인다.

고생대에 살았던 글로소프테리스, 메소사우루스 등의 화석이 현재 떨어져 있는 여러 대륙에서 발견된다.

3 대륙 이동설의 한계 대륙 이동의 원동력을 명쾌하게 설명하지 못하였기 때문에 당시 대부분의 과학자들은 대륙 이동설을 받아들이지 않았다.

2 맨틀 대류설

1 맨틀 대류설 — Holmes, 영국의 지질학자   맨틀은 고체이지만 유동성을 띤다.
1929년 홈스는 맨틀 내 방사성 원소가 붕괴하여 생성된 열로 맨틀이 대류하고, 이 과정에서 대륙이 이동할 수 있다고 주장하였다.❸ → 맨틀 대류가 대륙 이동의 원동력이다.
① 맨틀 대류의 상승부: 마그마의 활동으로 새로운 지각이나 바다가 형성된다.
② 맨틀 대류의 하강부: 지각이 맨틀 속으로 들어가면서 두꺼운 산맥이 형성된다.

과거의 해양 / 대륙이 갈라지고 양쪽으로 이동 → 새로운 섬(지각) 형성 / 대륙 / 과거의 해양
맨틀 하강 / 맨틀 상승 / 맨틀 하강 / 횡압력 작용 → 산맥 형성
해구 / 새로운 해양 / 새로운 섬 / 산맥 해구
맨틀 하강 / 맨틀 상승 / 맨틀 하강

2 맨틀 대류설의 한계 당시의 탐사 기술로는 맨틀 대류를 확인할 수 없었기 때문에 대륙 이동의 원동력으로 인정받지 못하였다.

> **확인
> 문제**
> **1 2**
> 1 고생대 말에 모든 대륙들이 한 덩어리로 모여 형성된 초대륙을 (   )(이)라고 한다.
> 2 베게너는 대륙 이동의 증거로 해안선 굴곡의 유사성, 지질 구조의 연속성, 고생물 화석 분포, (   )의 흔적 분포 등을 제시하였다.
> 3 홈스는 (   )이/가 대륙 이동의 원동력이라고 주장하였다.

한눈에 😊 정리하는 출제 경향

· 대륙 이동설로부터 판 구조론까지의 정립 과정 설명하기
· 탐사 기술의 발전이 판 구조론의 정립에 기여한 점 설명하기

핵심 개념
대륙 이동설, 맨틀 대류설, 음향 측심법, 해양저 확장설, 판 구조론

plus 개념

❈ **베게너 이전의 대륙 이동설**
중세 이후 정확한 지도가 만들어지면서 일부 과학자들은 과거에 대륙이 모여 있다가 갈라지면서 이동했다는 생각을 하게 되었다. 17세기 초 베이컨은 남아메리카 대륙과 아프리카 대륙의 해안선이 유사한 것은 우연이 아니라고 주장하였고, 19세기 훔볼트는 대서양에 인접한 육지들이 과거에는 하나로 붙어 있었다고 주장하였다.

❶ 판게아
고생대 말에서 중생대 초 사이에 형성되었던 거대한 초대륙으로 그리스 어로 '모든 대륙'을 뜻한다.

▲ 베게너가 생각한 판게아의 모습

❷ 고생물 화석 분포
메소사우루스는 연안 지대에서 서식하던 수생 파충류, 리스트로사우루스는 육상 파충류, 글로소프테리스는 양치식물에 속한다. 이들이 대서양을 사이에 두고 서로 멀리 떨어져 있는 남아메리카 대륙과 아프리카 대륙에서 발견된다는 것은 고생대 말에 두 대륙이 붙어 있었다는 것을 의미한다.

❸ 방사성 원소
원자핵이 불안정하여 다른 원자핵으로 변하는 원소이다. 그 과정에서 에너지를 가진 방사선을 방출한다.

plus 개념

3 탐사 기술의 발전과 해양저 확장설 자료 분석 특강 24쪽 **A, B**, 25쪽 **C**

1 해저 지형의 발견

① 탐사 기술의 발전: 20세기 중반 탐사 장비와 기술의 발달로 해저 지형 탐사가 진행되었다.

② 음향 측심법과 해저 지형의 발견: 해양 탐사선에서 발사한 음파가 해저면에서 반사되어 되돌아오는 데 걸리는 시간을 측정하여 수심을 알아내는 방법이다. → 여러 지점에서 측정하여 해저 지형을 알아냈다.❹ └ 전자기파는 물에 잘 흡수되므로 음파를 이용하여 수심을 측정한다.

음향 측심법	해저 지형의 모습❺
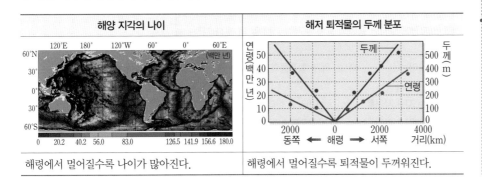 • 수심$(d) = \dfrac{1}{2}vt$ • v: 음파의 속도 • t: 음파의 왕복 시간 └ 수심이 깊을수록 해수면에서 발사한 음파가 해저면에서 반사되어 되돌아오는 데 걸리는 시간이 길다.	대륙 대륙 사면 화산섬 해령 대륙 사면 대륙붕 대륙 평정해산 해산 대륙붕 심해 평원 대륙대 • 해저 산맥인 해령을 중심으로 양쪽으로 멀어질수록 점차 수심이 깊어지고, 육지 가까운 곳에는 수심이 급격하게 증가하는 해구가 존재한다.❻ • 해저에서 발견되는 해령, 해구 등은 해저가 확장된다는 해양저 확장설의 바탕이 되었다.

2 해양저 확장설
┌ Hess와 Dietz, 미국의 지질학자
1962년 헤스와 디츠는 해령에서 고온의 맨틀 물질이 상승하여 새로운 해양 지각이 생성되고, 해령을 중심으로 양쪽으로 이동하면서 해양저가 확장된다고 주장하였다. → 해령에서 생성된 해양 지각은 맨틀 대류를 따라 이동하여 해구에서 섭입된다.

3 해양저 확장설의 증거
탐사 기술 발달로 해양저 확장설을 뒷받침하는 증거들이 나타났다.

① 고지자기 줄무늬의 발견: 자력계를 이용하여 고지자기를 측정할 수 있게 되었다.

고지자기	• 암석에 남아 있는 암석 생성 당시의 지구 자기이다. • 고지자기는 현재와 같은 방향(정자극기)과 반대 방향(역자극기)이 반복되어 나타난다.
해저 고지자기 줄무늬 분포	• 해령에서 생성된 해양 지각을 이루는 암석은 당시의 지구 자기장 방향으로 자화된다.❼ • 해령에서는 새로운 해양 지각이 생성되고, 해령을 중심으로 해양 지각이 양쪽으로 이동한다. → 이때 자기장 방향이 바뀌었다면 반대 방향으로 자화되므로 줄무늬가 생긴다. [정자극기 / 역자극기 / 해령 / 마그마]

② 해양 지각의 나이와 해저 퇴적물의 두께 분포

해양 지각의 나이	해저 퇴적물의 두께 분포
120°E 180° 120°W 60° 0° 60°E 60°N 30° 0° 30° 60°S (백만 년) 0 20.2 40.2 56.0 83.0 126.5 141.9 156.6 180.0	연령(백만 년) 50 40 30 20 10 0 두께(m) 500 400 300 200 100 두께 / 연령 2000 0 해령 2000 4000 거리(km) 동쪽 ← 해령 → 서쪽
해령에서 멀어질수록 나이가 많아진다.	해령에서 멀어질수록 퇴적물이 두꺼워진다.

---

❹ 태평양과 대서양의 해저 지형
• 태평양: 동태평양 해령을 중심으로 해양판이 확장하면서 대륙판과 충돌하여 해구와 습곡 산맥, 호상 열도 등이 형성된다. → 환태평양 지진대를 따라 해구가 발달되어 있으며, 대륙대가 나타나지 않는다.
• 대서양: 대서양 중앙 해령을 중심으로 남아메리카판과 아프리카판이 서로 멀어지고 있다. → 해구가 나타나지 않으며, 대륙대가 발달해 있다.

❺ 해저 지형의 구분
• 대륙 주변부: 대륙붕, 대륙 사면, 대륙대 등
• 심해저 지역: 심해저 평원, 평정해산, 화산섬, 해령 등

❻ 해령 부근의 수심
해령에서 생성된 해양 지각이 양쪽으로 이동하면서 냉각됨에 따라 암석이 수축하여 부피가 감소하고 이에 따라 해령에서 멀어질수록 수심이 깊어진다.

❼ 고지자기의 생성
• 암석에 포함되어 있는 자철석, 적철석 등은 마그마가 냉각되어 일정 온도 이하로 낮아지면 자성이 생기면서 당시 지구 자기장의 방향으로 자화된다.
• 지구 자기장의 방향이 바뀌어도 자성 광물의 자화 방향은 보존되므로 생성 당시의 자기장 방향을 알 수 있다.

──용어 돋보기───
• 대륙 이동설(클 大, 땅 陸, 옮길 移, 움직일 動, 말 說): 판게아가 분리되고 이동하여 현재의 수륙 분포를 이루게 되었다는 이론이다.
• 고지자기(오래될 古, 땅 地, 자석 磁, 기 氣): 암석에 남아 있는 과거의 지구 자기이다.
• 자화(자석 磁, 될 化): 자기장 안의 물체가 자기를 띠게 되는 현상이다.

01 판 구조론의 정립

③ 변환 단층의 발견: 해저 탐사 기술의 계속된 발전으로 해저 지형의 자세한 특징이 밝혀지고, 해령 부근의 지진 자료가 축적되면서 발견되었다.

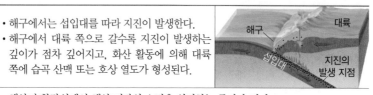
판의 이동 방향이 반대이다.　판의 이동 방향이 같다.
단열대　변환 단층　단열대

변환 단층	해령과 해령 사이에 존재하는 단층으로, 해령에 수직으로 발달해 있으며, 해양 지각이 서로 반대 방향으로 어긋나게 이동하는 구간이다.[8]
변환 단층에서의 지각 변동	천발 지진이 자주 발생하고, 화산 활동은 거의 일어나지 않는다.
변환 단층 발견의 의의	변환 단층의 발견은 해양저 확장설의 증거가 되었으며 판 구조론이 정립되는 계기가 되었다. └─ 윌슨(Wilson), 캐나다의 지질학자

④ 섭입대 주변의 진원 분포 측정: 1960년대 초반에 표준화된 지진계가 전 세계에 설치되면서 섭입대 주변의 지진 발생 위치와 깊이를 정확하게 측정할 수 있게 되었다.

섭입대 주변의 지각 변동	• 해구에서는 섭입대를 따라 지진이 발생한다. • 해구에서 대륙 쪽으로 갈수록 지진이 발생하는 깊이가 점차 깊어지고, 화산 활동에 의해 대륙 쪽에 습곡 산맥 또는 호상 열도가 형성된다.
섭입대 주변의 진원 분포 발견의 의의	• 해양저 확장설에서 해양 지각의 소멸을 설명하는 증거가 된다. • 판 구조론에서 판과 판이 충돌할 때 한쪽 판이 다른 판 아래로 섭입한다는 사실을 뒷받침한다.

해구　대륙
섭입대
지진의 발생 지점

4 판 구조론의 정립

1 판 구조론의 정립 대륙 이동설에서 시작하여 해양저 확장의 여러 가지 증거와 변환 단층의 발견을 거쳐 판 구조론이 정립되었다.[9]

판 구조론
지구의 겉 부분은 크고 작은 여러 개의 판으로 이루어져 있으며, 이 판들의 상대적인 이동에 따라 판의 경계에서 다양한 지각 변동이 일어난다는 이론이다.

발산형 경계에서는 두 판이 서로 멀어지고, 수렴형 경계에서는 두 판이 충돌하거나 하나의 판이 다른 판 아래로 섭입하며, 보존형 경계에서는 두 판이 서로 어긋나게 이동한다.

북아메리카판　유라시아판
카리브판　아라비아판
아프리카판
코코스판
남아메리카판　유라시아판
나스카판
필리핀판
태평양판
인도-
남극판　오스트레일리아판
남극판

판의 경계와 이동 방향
→ 판의 이동 방향
── 수렴형 경계
━ 발산형 경계

2 판 구조론의 의의 지권에서 일어나는 여러 가지 지각 변동을 통합적으로 설명할 수 있는 이론이다.

확인 문제 3 4

4 음파의 속도가 1500 m/s이고, 해저면에 발사한 음파의 왕복 시간이 10초일 때 측정 지점의 수심을 구하시오.

5 해령에서 멀어질수록 해양 지각의 나이는 (　　　)지고, 해저 퇴적물의 두께는 (　　　)진다.

6 지질 시대에 생성된 암석에 남아 있는 지구 자기를 (　　　)(이)라고 한다.

7 변환 단층을 경계로 서로 접해 있는 해양 지각이 (　　　) 방향으로 이동한다.

8 지구의 겉 부분이 크고 작은 판으로 이루어져 있고, 이 판들의 상대적인 이동에 따라 판의 경계에서 다양한 지각 변동이 일어난다는 이론의 이름을 쓰시오.

plus 개념

8 변환 단층의 생성 원인
해령에서 해양 지각이 생성되어 양쪽으로 확장되는 속도가 위치에 따라 다르기 때문에 생성된다.

오해하지마!

변환 단층은 대부분 해령과 해령 사이에 있지만 북아메리카판과 태평양판의 경계에 있는 산안드레아스 단층과 같이 육지에 존재하는 것도 있다.

※ 해양저 확장설의 증거
• 고지자기 줄무늬 분포
• 해양 지각의 나이
• 해저 퇴적물의 두께
• 변환 단층
• 섭입대 주변의 진원 깊이 분포

9 판의 구조
판은 지각과 상부 맨틀의 일부를 포함하여 단단한 암석으로 된 부분으로, 두께가 약 100 km이다.

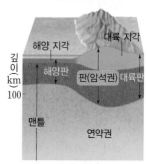
대륙 지각
해양 지각
깊이(km)　해양판　대륙판
판(암석권)
100
맨틀　연약권

판 (암석권)	• 대륙판: 대륙 지각+ 상부 맨틀 • 해양판: 해양 지각+ 상부 맨틀
연약권	맨틀의 대류가 일어나 판을 움직인다.

• 용어 돋보기

• **변환 단층**(변할 變, 바꿀 換, 끊을 斷, 층 層): 해령을 중심으로 해양 지각이 서로 반대 방향으로 어긋나게 이동하면서 형성된 단층이다.

• **판**(널빤지 板): 지각과 상부 맨틀의 일부를 포함하는 암석권의 조각이다.

1 대륙 이동설의 등장

01 베게너가 제시한 대륙 이동의 증거가 <u>아닌</u> 것은?

① 해령에서 멀어질수록 해양 지각의 연령이 증가한다.
② 서로 멀리 떨어져 있는 대륙에서 같은 종류의 고생물 화석이 발견된다.
③ 북아메리카 대륙과 유럽에 있는 산맥의 지질 구조가 연속적으로 나타난다.
④ 아프리카 대륙 서해안과 남아메리카 대륙 동해안의 해안선이 잘 들어맞는다.
⑤ 서로 떨어진 대륙에 분포하는 빙하의 흔적을 하나로 모으면 빙하가 남극을 중심으로 모인다.

(ꞏ중요)

02 그림 (가)는 고생대 말 빙하의 흔적 분포를, (나)는 현재 메소사우루스 화석이 발견되는 지역을 나타낸 것이다.

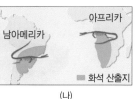

(가)   (나)

이에 대한 설명으로 옳은 것만을 〈보기〉에서 있는 대로 고른 것은?

┤ 보기 ├
ㄱ. 고생대 말에 인도 대륙은 현재보다 저위도에 위치해 있었다.
ㄴ. 메소사우루스는 남아메리카 대륙과 아프리카 대륙이 분리된 후에 출현하였다.
ㄷ. (가)와 (나)를 통해 고생대 말에는 대륙들이 하나로 모여 있었다는 것을 알 수 있다.

① ㄱ   ② ㄷ   ③ ㄱ, ㄴ
④ ㄴ, ㄷ   ⑤ ㄱ, ㄴ, ㄷ

(ꞏ서술형)

03 베게너는 대륙 이동설을 주장하면서 여러 가지 증거들을 제시하였지만 당시의 과학자들로부터 지지를 받지 못하였다. 그 까닭은 무엇인지 설명하시오.

2 맨틀 대류설

04 맨틀 대류설에 대한 설명으로 옳은 것만을 〈보기〉에서 있는 대로 고른 것은?

┤ 보기 ├
ㄱ. 맨틀이 대류하는 과정에서 대륙이 이동한다.
ㄴ. 방사성 원소가 붕괴하여 생성된 열로 맨틀 대류가 일어난다.
ㄷ. 맨틀에서 일어나는 대류에 대한 탐사 자료를 근거로 정립된 이론이다.

① ㄱ   ② ㄷ   ③ ㄱ, ㄴ
④ ㄴ, ㄷ   ⑤ ㄱ, ㄴ, ㄷ

05 그림은 맨틀 대류설을 모식적으로 나타낸 것이다.

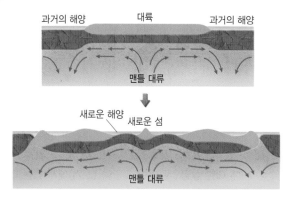

이에 대한 설명으로 옳은 것은?

① 1962년 홈스가 주장하였다.
② 맨틀은 액체 상태로 유동성을 띤다.
③ 맨틀 대류의 하강부에서는 두꺼운 산맥이나 해구가 생성된다.
④ 맨틀 대류의 상승부에서는 횡압력이 작용하여 대륙 지각이 분리된다.
⑤ 맨틀 대류는 발표와 동시에 대륙 이동설을 뒷받침하는 증거로 인정받았다.

3 탐사 기술의 발전과 해양저 확장설

중요

06 그림은 해양 탐사선에서 해저면을 향하여 발사한 음파가 반사되어 되돌아오는 데 걸리는 시간을 기준점으로부터의 거리에 따라 나타낸 것이다.

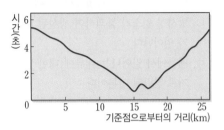

이 해역의 해저 지형에서 수심이 가장 얕은 지점은 기준점 으로부터 몇 km인 곳인지 쓰시오.

07 그림 (가)는 음파를 이용하여 해저의 수심을 측정하는 방법을 나타낸 것이고, (나)는 어느 해역에서 측정한 음파의 왕복 시간을 나타낸 것이다.

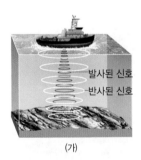
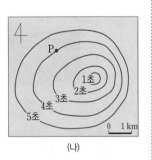

이에 대한 설명으로 옳은 것만을 〈보기〉에서 있는 대로 고른 것은?(단, 해수에서 음파의 속도는 약 **1500 m/s**이다.)

┤ 보기 ├
ㄱ. (가)에서 수심이 깊을수록 음파의 왕복 시간이 길다.
ㄴ. (나)에서 P 지점의 수심은 3000 m이다.
ㄷ. (나)의 해저 지형에서 동쪽 사면은 서쪽 사면보 다 경사가 급하다.

① ㄱ   ② ㄷ   ③ ㄱ, ㄴ
④ ㄴ, ㄷ   ⑤ ㄱ, ㄴ, ㄷ

08 고지자기와 자성 광물에 대한 설명으로 옳지 <u>않은</u> 것은?

① 지질 시대의 암석에 남아 있는 지구 자기를 고지자기라고 한다.
② 자성을 띠는 광물은 생성 당시 지구 자기장의 방향으로 배열된다.
③ 지질 시대 동안 지구 자기장의 남극과 북극이 반복적으로 바뀌었다.
④ 암석이 생성된 후 지구 자기장의 방향이 변하면 자성 광물의 자화 방향도 함께 변한다.
⑤ 대륙 지각에서 알아낸 암석의 연령과 고지자기 줄무늬를 해양 지각의 고지자기 줄무늬와 비교하면 해양 지각의 연령을 알 수 있다.

중요

09 그림은 해령 부근의 고지자기 분포를 나타낸 것이다.

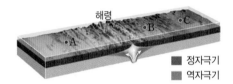

이에 대한 설명으로 옳은 것만을 〈보기〉에서 있는 대로 고른 것은?

┤ 보기 ├
ㄱ. 해양 지각의 나이는 A 지점이 B 지점보다 많다.
ㄴ. 시간이 지남에 따라 B 지점과 C 지점 사이의 거리는 점점 멀어질 것이다.
ㄷ. C 지점의 암석이 생성될 당시 나침반의 N극이 가리키는 방향은 현재와 반대였다.

① ㄱ   ② ㄴ   ③ ㄱ, ㄷ
④ ㄴ, ㄷ   ⑤ ㄱ, ㄴ, ㄷ

서술형

10 해령 부근에서 고지자기의 자화 방향을 조사한 결과 정자 극기와 역자극기가 반복되어 나타나고, 해령을 축으로 양 쪽에서 대칭적인 분포를 보였다. 이러한 사실로부터 알 수 있는 것은 무엇인지 설명하시오.

중요

11 그림은 전 세계 해양 지각의 연령 분포를 나타낸 것이다.

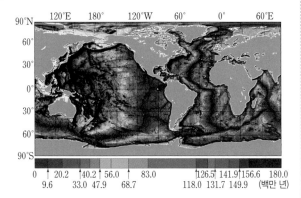

이에 대한 설명으로 옳은 것만을 〈보기〉에서 있는 대로 고른 것은?

┤ 보기 ├
ㄱ. 해양 지각의 등연령선은 대체로 해령에 수직이다.
ㄴ. 해령에서 대륙 쪽으로 갈수록 해저 퇴적물의 두께가 두꺼워진다.
ㄷ. 대서양은 적어도 1억5천만 년 전 이전부터 형성되기 시작했다.

① ㄱ   ② ㄷ   ③ ㄱ, ㄴ
④ ㄴ, ㄷ   ⑤ ㄱ, ㄴ, ㄷ

중요

12 그림은 해령이 변환 단층에 의해 어긋난 모습을 나타낸 것이다.

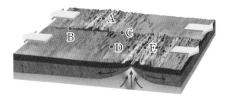

이에 대한 설명으로 옳은 것만을 〈보기〉에서 있는 대로 고른 것은?

┤ 보기 ├
ㄱ. A에서는 새로운 해양 지각이 생성된다.
ㄴ. 지진은 B보다 C에서 자주 발생한다.
ㄷ. 해양 지각의 연령은 D보다 E에서 많다.

① ㄱ   ② ㄷ   ③ ㄱ, ㄴ
④ ㄴ, ㄷ   ⑤ ㄱ, ㄴ, ㄷ

4 판 구조론의 정립

13 다음은 판 구조론이 정립되기까지 등장한 이론을 순서 없이 나열한 것이다.

(가) 판 구조론   (나) 대륙 이동설
(다) 맨틀 대류설   (라) 해양저 확장설

판 구조론의 정립 과정을 순서대로 나열하시오.

14 오른쪽 그림은 지각과 맨틀 일부의 모습을 나타낸 것이다. A∼C 중 판에 해당하는 부분의 기호를 쓰시오.

15 그림은 전 세계에 분포하는 판의 경계와 이동 방향을 나타낸 것이다.

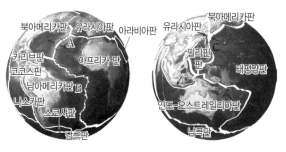

이에 대한 설명으로 옳은 것만을 〈보기〉에서 있는 대로 고른 것은?

┤ 보기 ├
ㄱ. 판은 지각과 상부 맨틀의 일부를 포함한다.
ㄴ. 화산 활동은 A보다 B에서 활발하게 일어난다.
ㄷ. C에서 진원의 깊이는 판의 경계에서 유라시아 대륙 쪽으로 갈수록 깊어진다.

① ㄱ   ② ㄴ   ③ ㄱ, ㄷ
④ ㄴ, ㄷ   ⑤ ㄱ, ㄴ, ㄷ

02 대륙 분포의 변화와 판 이동의 원동력

1 고지자기 변화와 대륙 이동 복원   자료 분석 특강 25쪽 D

1 고지자기 변화   지질 시대에 생성된 암석에는 지구 자기장의 기록이 남아 있다. → 이 변화를 연구하여 암석 생성 당시의 위도와 지구 자기장의 북극(자북극)의 이동을 알 수 있다.❶

① 복각: 나침반의 자침이 수평면과 이루는 각 → 측정하는 위도에 따라 달라진다.

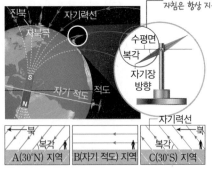

지구 자기력이 미치는 공간
나침반의 자침은 자성을 띠는 물질로 만들어졌기 때문에 자침은 항상 지구 자기장의 N극 방향을 가리킨다.

| A(30°N) 지역 | B(자기 적도) 지역 | C(30°S) 지역 |

- 복각은 자북극에서 +90°, 자기 적도에서 0°, 자남극에서 -90°이다.
  → 복각은 자극에서 가장 크고, 자극에서 멀어질수록 작아진다.
- 남북 방향으로 이동한 대륙에서 생성된 암석은 생성된 위치에 따라 복각의 크기가 다르다.
  → 암석에 기록되어 있는 복각을 연구하면 암석이 생성될 당시의 위도를 알 수 있다.

② 자북극의 이동: 유럽과 북아메리카 대륙에서 측정한 자북극의 겉보기 이동 경로가 일치하지 않는다.❷

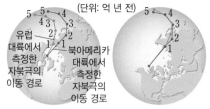

(단위: 억 년 전)

유럽 대륙에서 측정한 자북극의 이동 경로
북아메리카 대륙에서 측정한 자북극의 이동 경로

▲ 현재의 대륙 분포와 자북극의 이동 경로

▲ 대륙이 붙어 있을 때 자북극의 이동 경로

- 두 대륙에서 측정한 자북극의 겉보기 이동 경로가 다른 까닭 → 하나로 모여 있던 대륙이 분리되어 이동했기 때문이다.
- 지질 시대의 같은 시기에 자북극이 2개일 수 없다. 자북극의 겉보기 이동 경로를 합쳐보면 과거에 두 대륙이 하나로 모여 있었다는 것을 알 수 있다.

복각 연구를 통한 인도 대륙의 이동 연구

그림은 지질 시대 동안 인도 대륙의 위치와 복각을 나타낸 것이고, 그래프는 위도와 복각의 관계를 나타낸 것이다.

① 고지자기 연구를 통해 인도 대륙에서 지질 시대 동안 생성된 암석의 복각을 조사한다.

유라시아판
히말라야산맥
현재의 위치
1000만 년 전
3800만 년 전
적도
이동 방향
5500만 년 전
인도양
인도 대륙
7100만 년 전

② 복각과 위도의 관계로부터 각 시기에 해당하는 위도를 알아낸다.

시기 (만 년 전)	7100	5500	3800	1000	현재
복각	-49°	-21°	6°	30°	36°
위도	30°S	11°S	3°N	16°N	20°N

- 인도 대륙은 7100만 년 전에 남반구에 있었다.
- 인도 대륙은 지질 시대 동안 북상하여 유라시아판과 충돌하였다. → 히말라야산맥이 형성되었다.

한눈에
정리하는 출제 경향

- 고지자기 자료를 통해 대륙 분포의 변화 설명하기
- 맨틀 상부의 운동과 플룸에 의한 지구 내부 운동 설명하기

핵심 개념
고지자기, 대륙 분포 변화, 맨틀 대류, 플룸 구조론

plus 개념

❶ 지리상의 북극과 자북극
- 지리상의 북극(진북): 지구의 자전축과 북반구의 지표면이 만나는 지점
- 자북극: 지구 자기장의 북극으로 나침반의 N극이 향하는 지점

지리상 북극
자북극
그린란드
알래스카
나침반 N극이 자북극을 가리킨다.
멕시코

현재 자북극은 지리상의 북극과 일치하지 않으며, 해마다 조금씩 변한다.

❷ 자북극의 이동과 편각
나침반의 자침이 지리상의 북극 방향과 이루는 각을 편각이라고 한다. → 고지자기 편각 연구를 통해 자북극의 변화를 알 수 있다.

꼭 기억해!

암석 속에 기록된 복각을 연구하여 생성 당시의 위도를 알 수 있고, 편각을 연구하여 자북극의 변화를 알 수 있다.

2 대륙 이동 복원 자극의 이동 연구로 과거의 대륙 분포와 이동을 알 수 있다. → 그 결과 지질 시대 동안 여러 차례 초대륙이 만들어지고 분리되었다.[3]

고생대 후기	중생대 초기	중생대 중기~후기
• 대륙이 모여 판게아 형성 • 북아메리카, 유럽, 아프리카에 습곡 산맥 형성	• 판게아 분리 시작 • 대서양이 형성되기 시작	• 남아메리카와 아프리카 대륙 분리 • 인도 대륙이 오스트레일리아 대륙에서 분리

중생대 후기~신생대 초기	신생대 초기~중기	현재
• 남극 대륙과 오스트레일리아 대륙 분리	• 인도 대륙이 유라시아판과 충돌 → 히말라야산맥 형성	• 현재와 같은 수륙 분포를 이루게 됨.

미래의 대륙과 해양 분포

그림은 전 세계 주요 판의 경계와 이동 방향을 나타낸 것이다(단, 숫자는 판의 이동 속도, 단위: cm/년).
① 판의 이동 속도: 판이 섭입되는 경계의 존재 여부에 따라 각 판마다 이동 속도가 다르게 나타난다.

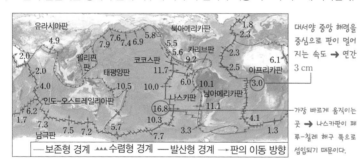

② 판의 이동 속도와 방향으로 예측한 미래의 대륙 분포 예시(판게아 울티마 모형)[4]

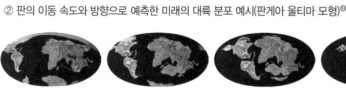

▲ 1억 년 후　　▲ 1억 5천만 년 후　　▲ 2억 년 후　　▲ 2억 5천만 년 후

• 대서양이 점점 넓어지다가 1억 년 후~1억5천만 년 후 사이에 다시 가까워진다.
• 점점 대륙이 하나로 모여 약 2억5천만 년 후에는 하나의 대륙을 형성할 것이다.

확인 문제 ❶

1 나침반의 자침이 수평면과 이루는 각을 (　　　　)(이)라고 한다.
2 암석에 기록된 복각으로 암석이 생성될 당시의 (　　　　)을/를 알 수 있다.
3 유럽과 북아메리카 대륙에서 측정한 자북극의 겉보기 이동 경로가 다른 것은 과거에는 자북극이 2개였기 때문이다. (○, ×)
4 고생대 후기에 존재했던 하나의 큰 대륙을 무엇이라 하는지 쓰시오.

plus 개념

❸ 대륙의 이동 측정법
오늘날에는 인공위성을 이용한 위성 항법시스템(GPS)을 이용하여 대륙의 이동 속도와 방향 등을 측정한다.

❋ 로디니아 초대륙
약 11억 년 전에 형성되었던 초대륙을 로디니아라고 한다. 로디니아 이후 판게아가 형성되기 전 곤드와나 초대륙이 존재하였으며, 현재까지 알려진 가장 오래된 초대륙은 약 36억 년 전에 존재했던 발바라이다.

▲ 로디니아 초대륙

❹ 여러 가지 미래의 대륙 분포 예시
• 아마시아 초대륙

• 노보판게아 초대륙

용어 돋보기

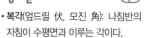

• **복각**(엎드릴 伏, 모진 角): 나침반의 자침이 수평면과 이루는 각이다.
• **자북극**(자석 磁, 북녘 北, 다할 極): 지구 자기장의 북극으로 복각이 +90°인 지점이다.

02 대륙 분포의 변화와 판 이동의 원동력

2 맨틀 대류와 판의 운동

맨틀이 대류하여 연약권이 이동하면
그 위에 있는 판이 함께 이동한다.

1 맨틀 대류　맨틀은 고체이지만 암석권 아래에 있는 <u>연약권</u>은 유동성을 띠고 있으며, 지구 중심으로 갈수록 온도가 높아지므로 맨틀 대류가 일어난다. ➡ 맨틀 대류는 판을 움직이는 원동력이다.

① 판의 운동: 연약권 위에 놓인 판(암석권)이 맨틀의 대류에 따라 이동한다.❺

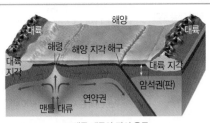

▲ 맨틀 대류와 판의 운동

- 맨틀 대류가 상승하는 곳(해령): 뜨거운 마그마가 분출하여 새로운 해양 지각이 생성된다. ➡ 해령에서 생성된 해양 지각은 냉각되면서 맨틀 대류를 따라 양옆으로 이동한다.
- 맨틀 대류가 하강하는 곳(해구): 오래된 해양 지각이 맨틀 속으로 섭입되어 소멸한다.

② 판에 작용하는 힘: 맨틀이 대류할 때 판을 밀어내는 힘, 섭입하는 판이 잡아당기는 힘, 판이 미끄러지는 힘이 함께 작용하여 판을 이동시킨다.❻

2 판의 운동과 지각 변동　맨틀 대류와 판에 작용하는 힘에 의해 판이 이동한다. ➡ 판은 서로 다른 속도로 이동하고 판의 상호 작용에 의해 판의 경계에서 지각 변동이 일어난다.

> **맨틀 대류와 판의 경계에서의 지각 변동**
>
> - 맨틀 대류로 발생한 힘은 판을 움직이게 하는 중요한 원동력이다.
> - 판의 경계는 맨틀 대류의 상승부 또는 하강부와 대체로 일치한다. ➡ 맨틀 대류는 판 경계에서 일어나는 다양한 지각 변동을 설명할 수 있다.❼

수렴형 경계(충돌형)
- 맨틀 대류가 하강하여 대륙판과 대륙판이 충돌
  → 습곡 산맥 형성
- 천발~중발 지진 발생

발산형 경계
- 맨틀 대류가 상승하여 새로운 지각이 생성되어 양 옆으로 이동한다. ➡ 해령, 열곡대 발달
- 화산 활동, 천발 지진 발생

수렴형 경계(섭입형)
- 맨틀 대류가 하강하여 해양판이 대륙판 또는 밀도가 상대적으로 낮은 해양판 밑으로 섭입하면서 소멸 → 해구, 습곡 산맥 또는 호상 열도 형성
- 화산 활동, 천발~심발 지진 발생

보존형 경계
- 판의 생성이나 소멸이 일어나지 않음.
  → 변환 단층(판이 어긋남.)
- 천발 지진 발생

확인 문제 2

5 연약권은 유동성을 띠고 있어 (　　　　)이/가 일어난다.

6 맨틀 대류의 상승부인 (　　　　)에서는 새로운 해양 지각이 생성된다.

7 판의 (　　　　)은/는 맨틀 대류의 상승부나 하강부와 거의 일치하며, 판의 상호 작용에 의해 (　　　　)이/가 일어난다.

---

❺ 연약권
암석권의 바로 아래 맨틀의 상부에서 맨틀 물질이 부분적으로 용융되어 유동성을 띠는 영역이다.

❻ 판에 작용하는 힘

- A: 해령 아래쪽에서 마그마가 상승함에 따라 판을 양쪽으로 밀어내는 힘
- B: 해령에서 해구 쪽으로 생긴 기울기 때문에 판 자체가 미끄러지는 힘
- C: 해구 아래쪽으로 하강하는 판 자체의 무게에 의해 판을 잡아당기는 힘

✱ 맨틀 대류와 지구 내부의 열 수송
맨틀에서 일어나는 대류는 지구 내부의 열을 지표로 수송하며, 지표에 도달한 열은 복사에 의해 우주로 방출된다.

❼ 판의 경계에서 나타나는 대표적인 지형
- 발산형 경계: ⓔ 동태평양 해령, 대서양 중앙 해령, 동아프리카 열곡대
- 수렴형 경계: ⓔ 히말라야산맥, 일본 해구
- 보존형 경계: ⓔ 산안드레아스 단층, 케인 단층

3 플룸 구조론과 열점

plus 개념

1 플룸 구조론 플룸의 하강과 상승에 의해 지구 내부의 변동이 일어난다는 이론이다.

① 플룸: 플룸은 지구 내부에서 상승하거나 하강하는 맨틀 물질 덩어리이다.

② 플룸 구조론 모식도: 현재 아시아 대륙에서는 거대한 차가운 플룸이 하강하고, 남태평양과 아프리카 대륙에서는 뜨거운 플룸이 상승하고 있다.⑧

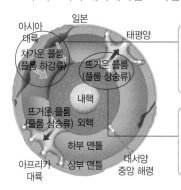

차가운 플룸(플룸 하강류)
수렴형 경계에서 섭입된 판의 물질이 상부 맨틀과 하부 맨틀의 경계 부근에 쌓여 있다가 가라앉아 생성된다.

뜨거운 플룸(플룸 상승류)
차가운 플룸이 맨틀과 외핵의 경계에 도달하면 그 영향으로 일부 맨틀 물질이 상승하여 형성된다.

플룸에서 나타나는 지진파 속도 분포 지진파의 속도 분포를 연구하면 맨틀의 온도 분포를 알 수 있다.

① 지진파 속도의 분석: 플룸의 상승과 하강을 알아낼 수 있다. → 플룸의 상승과 하강은 맨틀 대류가 맨틀 전체에서 발생하고 있음을 보여주는 증거이다.

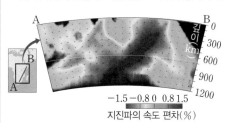

깊이(km) 0 300 600 900 1200

−1.5 −0.8 0 0.8 1.5
지진파의 속도 편차(%)

▲ 동아프리카 열곡대의 지진파 속도 분포(지진파 단층 촬영)⑨

② 지진파 속도 분포 해석
- 지진파 속도가 느려지는 곳(붉은색): 주변의 맨틀보다 온도가 높다. → 플룸 상승류
- 지진파 속도가 빨라지는 곳(파란색): 주변의 맨틀보다 온도가 낮다. → 플룸 하강류

③ 플룸의 의의: 판 구조론으로 설명이 어려웠던 판 내부에서 일어나는 화산 활동을 설명할 수 있다.

2 열점 플룸 상승류가 지표면과 만나는 지점 아래의 마그마가 생성되는 곳이다.

열점의 분포	판의 이동과 화산 열도의 생성⑩
·열점 ─ 판 경계	열점에서 멀어질수록 화산섬의 나이가 많아진다.  카우아이섬(5.1) 오아후섬(3.7~2.6) 몰로카이섬(2.6~1.8) 마우이섬(1.3~0.8) 하와이섬(현재) 판의 이동 방향 해양판 하와이 열도 열점 (단위: 백만 년) 섬이 배열된 방향으로부터 판의 이동 방향을 알 수 있다. → 북서쪽
열점은 해양판의 내부에도 존재하고, 대륙판의 내부에도 존재한다. → 판의 내부에서 일어나는 화산 활동을 설명할 수 있다.	열점에서 분출하는 마그마는 판의 아래 쪽에서 생성되므로 판이 이동해도 열점의 위치는 변하지 않는다. → 판이 이동함에 따라 직선상으로 배열

확인 문제 ③

8 섭입된 판의 물질이 상부 맨틀과 하부 맨틀의 경계 부근에 쌓여 있다가 가라앉아 생성되는 플룸을 무엇이라고 하는지 쓰시오.

9 뜨거운 플룸은 주변의 맨틀보다 온도가 높으므로 지진파의 속도가 ( )게 나타난다.

10 맨틀이 대류하여 판이 이동함에 따라 열점의 위치가 계속 변한다. (○, ×)

---

⑧ 플룸 구조론의 등장과 역할
플룸 구조론은 판 내부에서 일어나는 화산 활동을 설명하기 위해 처음 등장하였으며, 플룸의 운동은 지질 시대에 형성되었던 초대륙을 분리하는 역할도 하였을 것으로 추정된다.

⑨ 지진파 단층 촬영과 플룸
의학 분야에서 인체의 내부를 X선으로 단층 촬영하는 것과 마찬가지로 지진파를 이용하여 지구 내부를 시각화하는 것을 지진파 단층 촬영이라고 한다. 지구 내부에 존재하는 플룸은 지진파 단층 촬영을 통해 알려지게 되었다.

오해하지마!

열점은 해양판에만 존재하는 것은 아니다. 열점은 하와이섬의 킬라우에아 화산처럼 해양판에 존재하는 것도 있고, 엘로스톤처럼 대륙판에 존재하는 것도 있다.

⑩ 판의 이동 속도
현재 활동 중인 하와이섬의 킬라우에아 화산으로부터 하와이 열도의 어떤 화산섬까지의 거리를 그 화산섬을 이루는 암석의 나이로 나누면 태평양판의 이동 속도를 구할 수 있다.

※ 판 구조론과 플룸 구조론
판 구조론은 지각과 상부 맨틀에서 일어나는 판의 운동을 설명하고, 플룸 구조론은 외핵을 포함한 지구 내부의 구조적인 운동을 설명한다.

용어 돋보기
- **플룸 구조론**(Plume, 얽을 構, 만들 造, 논할 論): 지구 내부의 변동이 플룸의 상승이나 하강에 의해 일어난다는 이론이다.
- **열점**(더울 熱, 점 點): 고정된 위치에서 뜨거운 마그마가 분출되는 지점이다.

1 고지자기 변화와 대륙 이동 복원

01 그림 (가)~(다)는 지구상의 세 지점에서 나침반의 자침이 기울어진 모습을 나타낸 것이다.

(1) (가)~(다) 중 자기 적도에서 나타나는 자침의 모습을 쓰시오.

(2) 우리나라에서 나타난 자침의 모습과 가장 가까운 것을 고르시오.

02 그림은 지구 자기장을 나타낸 것이다.

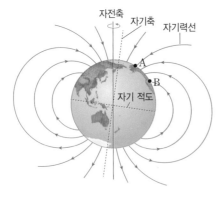

이에 대한 설명으로 옳지 않은 것은?

① 나침반의 자침은 자북극을 가리킨다.

② 지리상의 북극과 자북극은 일치하지 않는다.

③ 복각의 크기는 A 지점보다 B 지점에서 크다.

④ 지구 자기장의 자기력선은 자남극에서 나와 자북극으로 들어간다.

⑤ 암석에 기록되어 있는 복각을 연구하면 암석이 생성될 당시의 위도를 알 수 있다.

중요

03 그림 (가)는 유럽과 북아메리카 대륙에서 측정한 고지자기 자북극의 이동 경로를, (나)는 두 대륙에서 측정한 자북극의 이동 경로를 겹쳐서 나타낸 것이다.

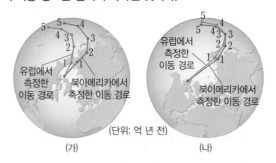

(단위: 억 년 전)

이에 대한 설명으로 옳은 것만을 〈보기〉에서 있는 대로 고른 것은?

┤ 보기 ├

ㄱ. 5억 년 전에는 자북극이 2개였다.

ㄴ. 과거에 유럽과 북아메리카 대륙이 서로 붙어 있었다.

ㄷ. (가)와 (나)를 통해 대륙이 이동했음을 알 수 있다.

① ㄱ　　　　② ㄷ　　　　③ ㄱ, ㄴ

④ ㄴ, ㄷ　　　⑤ ㄱ, ㄴ, ㄷ

중요

04 오른쪽 그림은 7100만 년 전부터 현재까지 인도 대륙의 위치 변화를 나타낸 것이다. 이에 대한 설명으로 옳은 것만을 〈보기〉에서 있는 대로 고른 것은?

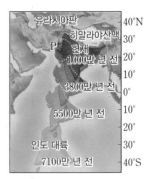

┤ 보기 ├

ㄱ. 7100만 년 동안 히말라야산맥은 북쪽으로 이동하였다.

ㄴ. 5500만 년 전에는 인도 대륙이 유라시아 대륙과 분리되어 있었다.

ㄷ. P 지점의 1000만 년 전 암석에서 측정한 복각은 3800만 년 전 암석에서 측정한 복각보다 크다.

① ㄱ　　　　② ㄴ　　　　③ ㄱ, ㄷ

④ ㄴ, ㄷ　　　⑤ ㄱ, ㄴ, ㄷ

05 다음 (가)~(라)는 지질 시대 동안 일어난 대륙 분포의 변화를 순서 없이 나타낸 것이다.

> (가) 남극 대륙과 오스트레일리아 대륙이 분리되었다.
> (나) 판게아가 분리되기 시작하면서 대서양이 형성되기 시작하였다.
> (다) 인도 대륙이 유라시아판과 충돌하여 히말라야산맥이 형성되었다.
> (라) 남아메리카와 아프리카 대륙이 분리되었고, 인도 대륙이 오스트레일리아 대륙에서 분리되었다.

대륙 분포의 변화를 순서대로 나열하시오.

06 그림은 판게아가 분리되기 시작한 후 대륙 분포의 변화를 순서 없이 나타낸 것이다.

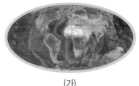 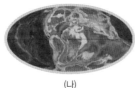

(가)   (나)

이에 대한 설명으로 옳은 것만을 〈보기〉에서 있는 대로 고른 것은?

> ┤ 보기 ├
> ㄱ. (가)는 (나)보다 최근의 대륙 분포이다.
> ㄴ. 대서양의 면적은 (가) 시기가 (나) 시기보다 넓었다.
> ㄷ. 대서양의 해저에서는 고생대에 해양에서 서식하던 생물의 화석이 산출될 수 있다.

① ㄱ   ② ㄷ   ③ ㄱ, ㄴ
④ ㄴ, ㄷ   ⑤ ㄱ, ㄴ, ㄷ

07 그림 (가)는 현재의 대륙 분포를 나타낸 것이고, (나)는 약 2억5천만 년 후 대륙 분포를 예측하여 나타낸 것이다.

 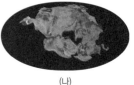

(가)   (나)

현재로부터 약 2억5천만 년 후 사이에 나타날 수 있는 현상으로 옳은 것만을 〈보기〉에서 있는 대로 고른 것은?

> ┤ 보기 ├
> ㄱ. 대서양에 수렴형 경계가 형성될 것이다.
> ㄴ. 남극 대륙의 기후는 현재보다 온난해질 것이다.
> ㄷ. 지구 전체의 해안선 길이가 현재보다 길어질 것이다.

① ㄱ   ② ㄷ   ③ ㄱ, ㄴ
④ ㄴ, ㄷ   ⑤ ㄱ, ㄴ, ㄷ

❷ 맨틀 대류와 판의 운동

08 그림은 맨틀 대류와 판의 운동을 모식적으로 나타낸 것이다.

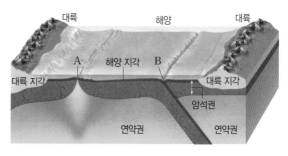

(1) A와 B에서 발달하는 지형을 각각 쓰시오.

(2) A와 B 중에서 맨틀 대류의 상승부인 곳의 기호를 쓰시오.

(3) A, B의 해양 지각을 구성하는 암석의 나이를 부등호로 비교하시오.

09 그림은 판을 이동시키는 힘 A~C를 모식적으로 나타낸 것이다.

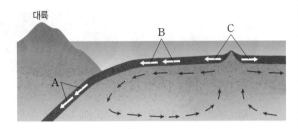

이에 대한 설명으로 옳은 것만을 〈보기〉에서 있는 대로 고른 것은?

┌─ 보기 ├─

ㄱ. A는 해구 아래쪽으로 하강하는 판 자체의 무게에 의해 판을 잡아당기는 힘이다.

ㄴ. B는 해령에서 해구 쪽으로 생긴 기울기 때문에 판이 미끄러지는 힘이다.

ㄷ. C는 해령에서 마그마가 상승함에 따라 판을 양쪽으로 밀어내는 힘이다.

① ㄱ　　　② ㄷ　　　③ ㄱ, ㄴ
④ ㄴ, ㄷ　　　⑤ ㄱ, ㄴ, ㄷ

(중요)

10 그림은 전 세계 주요 판의 분포와 상대적인 이동 방향을 나타낸 것이다.

이에 대한 설명으로 옳지 <u>않은</u> 것은?

① A에서는 지진과 화산 활동이 활발하게 일어난다.

② B에는 해구와 호상 열도가 형성된다.

③ E에서 화산은 대부분 대륙판에 분포한다.

④ 지진이 발생하는 최대 깊이는 B보다 C에서 얕다.

⑤ 서로 접해 있는 두 판의 밀도 차이는 D보다 E에서 크다.

[11~13] 그림은 아프리카 동부 지역의 판의 경계와 이동 방향을 나타낸 것이다. 물음에 답하시오.

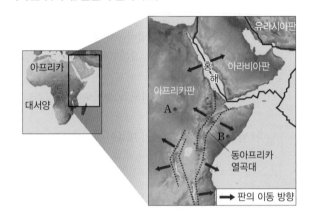

11 위 그림에 나타난 동아프리카 열곡대는 판의 경계 중 무엇에 해당하는지 쓰시오.

12 동아프리카 열곡대에 대한 설명으로 옳은 것만을 〈보기〉에서 있는 대로 고른 것은?

┌─ 보기 ├─

ㄱ. 맨틀 대류의 상승부에 위치한다.

ㄴ. 지진과 화산 활동이 활발하게 일어난다.

ㄷ. 현재와 같은 판의 운동이 지속된다면 미래에는 해구가 형성될 것이다.

① ㄱ　　　② ㄷ　　　③ ㄱ, ㄴ
④ ㄴ, ㄷ　　　⑤ ㄱ, ㄴ, ㄷ

(서술형)

13 시간이 지남에 따라 홍해의 면적은 어떻게 변하게 될지 쓰고, 그렇게 판단한 까닭을 판의 이동과 관련지어 설명하시오.

3 플룸 구조론과 열점

🔍중요

14 그림은 플룸 구조론을 모식적으로 나타낸 것이다.

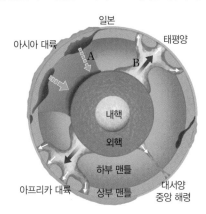

(1) A와 B에서 생성되는 플룸은 각각 무엇인지 쓰시오.

(2) A와 B 중 판 내부에 있는 화산섬의 생성 원인이 될 수 있는 것을 쓰시오.

15 그림은 어느 지역에서 관측한 깊이에 따른 지진파의 속도 편차를 나타낸 것이다.

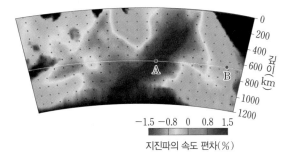

이에 대한 설명으로 옳은 것만을 〈보기〉에서 있는 대로 고른 것은?

┤ 보기 ├
ㄱ. 지진파의 속도는 A가 B보다 빠르다.
ㄴ. 온도는 A가 B보다 높다.
ㄷ. A에는 플룸 상승류가 존재한다.

① ㄱ   ② ㄷ   ③ ㄱ, ㄴ
④ ㄴ, ㄷ   ⑤ ㄱ, ㄴ, ㄷ

16 열점에 대한 설명으로 옳은 것만을 〈보기〉에서 있는 대로 고른 것은?

┤ 보기 ├
ㄱ. 해양판의 내부에만 존재한다.
ㄴ. 차가운 플룸이 하강하여 마그마가 생성된다.
ㄷ. 판의 내부에서 일어나는 화산 활동을 설명할 수 있다.

① ㄱ   ② ㄷ   ③ ㄱ, ㄴ
④ ㄴ, ㄷ   ⑤ ㄱ, ㄴ, ㄷ

[17~18] 그림은 열점에서 일어나는 화산 활동으로 형성된 화산섬과 해산의 분포와 나이를 나타낸 것이다. 물음에 답하시오.

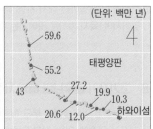

🔍중요

17 위 자료에 대한 설명으로 옳은 것만을 〈보기〉에서 있는 대로 고른 것은?

┤ 보기 ├
ㄱ. 현재 열점은 하와이섬 부근에 위치해 있다.
ㄴ. 엠페러 해산군이 생성된 시기에 태평양판은 북북서쪽으로 이동하였다.
ㄷ. 하와이 열도가 형성되는 동안 열점의 위치가 남동쪽으로 이동하였다.

① ㄱ   ② ㄷ   ③ ㄱ, ㄴ
④ ㄴ, ㄷ   ⑤ ㄱ, ㄴ, ㄷ

✏️서술형

18 하와이 열도를 생성한 열점에서 마그마가 분출하여 새로운 화산섬이 생성된다면 하와이섬을 기준으로 어느 쪽에 형성될지 쓰고, 그 까닭을 판의 운동 및 열점의 특징과 관련지어 설명하시오.

실력을 올리는 실전 문제와 함께 보면 더 좋아요!

A 음향 측심법을 이용한 해저 지형 탐사 자료 해석

표는 어느 해역에서 직선 구간을 따라 일정한 간격으로 음향 측심을 한 자료이고, 그림은 탐사 지점의 음향 측심 자료로부터 구한 수심을 그래프로 나타낸 것이다(단, 해양에서 음파의 속력은 1500 m/s이다.).

탐사 지점	1	2	3	4	5	6 ❷	7	8	9	10
❶ 음파의 왕복 시간(초)	7.15	7.99	6.77	6.41	5.07	9.96	6.13	7.62	7.76	7.12
수심(m)	5362.5	5992.5	5077.5	4807.5	3802.5	7470	4597.5	5715	5820	5340

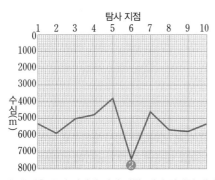

① 수심을 구하는 방법: 음파의 왕복 시간을 t라 하면 해수면에서 해저면까지 음파의 진행 시간은 $\frac{t}{2}$가 된다. 따라서 음파의 속력을 v라 할 때 수심(d)$=\frac{1}{2}vt$이다.
→ ⑩ 탐사 지점 1의 수심 구하기: 음파의 왕복 시간 t가 7.15초, 음파의 속력 v가 1500 m/s이므로 수심(d)$=\frac{1}{2}vt$ $=5362.5$ m이다.

② 수심을 통해 알아낸 해저 지형: 해저 산맥인 해령을 중심으로 양쪽으로 멀어질수록 점차 수심이 깊어지며, 육지 가까운 곳에서는 수심이 급격하게 증가하는 해구가 존재한다.

❶ 음파가 되돌아오기까지 걸리는 시간이 길수록 수심이 깊고, 짧을수록 수심이 얕다. → 6번 탐사 지점의 수심이 가장 깊다.
❷ 이 지점 부근에서 수심이 급격히 증가하므로 이 곳에 해구가 존재함을 알 수 있다.

실력을 올리는 실전 문제 찾아가기
• 음향 측심 자료로부터 해저 지형을 추론하는 문제_03

B 고기자기 줄무늬와 해양 지각의 연령

오른쪽 그림은 아이슬란드 부근 해령에서 지자기 역전에 의한 지자기 줄무늬를 나타낸 것이다.

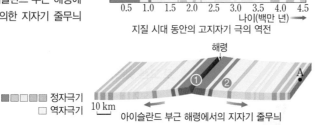

지질 시대 동안의 고지자기 극의 역전

■■■■■ 정자극기
□ 역자극기
10 km
아이슬란드 부근 해령에서의 지자기 줄무늬

❶ 고지자기 줄무늬의 특징
• 해령을 중심으로 고지자기 줄무늬가 대칭을 이룬다. → 해령에서 상승한 마그마가 냉각되어 자성을 가지게 되었을 때 당시 지구 자기장의 방향으로 자화되고, 해령을 중심으로 양쪽으로 이동하였음을 알 수 있다.
• 고지자기의 남극과 북극이 반복적으로 바뀌었기 때문에 줄무늬가 나타난다.
② 해령을 중심으로 측정한 해양 지각의 나이
• 해령을 중심으로 양쪽으로 멀어질수록 해양 지각의 연령이 증가한다. → 해령에서 지각의 나이가 0이다.
• 해령에서 멀어질수록, 해구에 가까워질수록 지각의 나이가 높게 나타난다. → 해령에서 지각이 생성되고 양옆으로 이동하다가 해구에서 소멸되기 때문이다. ❸
③ 해양 지각의 확장 속도 구하기: 해양 지각 A의 연령은 450만 년, 해령에서 A 지점까지의 거리는 약 70 km → 해양 지각의 확장 속도는 $\frac{7000000 \text{ cm}}{4500000\text{년}} ≒ 1.6$ cm/년
④ 고지자기 줄무늬와 해양 지각의 나이 측정의 의의: 맨틀 대류의 상승부인 해령에서 새로운 해양 지각이 생성되어 해령의 양쪽으로 이동하면서 해양저가 확장되고, 해구에서는 해양 지각이 맨틀로 섭입되어 소멸된다는 해양저 확장설의 증거가 된다.

❶ 지자기 방향이 현재와 같았던 시기 → 지리적 북극 부근에 지자기 S극이, 지리적 남극 부근에 지자기 N극이 위치한다.
❷ 지자기 방향이 역전된 시기 → 지리적 북극 부근에 지자기 N극이, 지리적 남극 부근에 지자기 S극이 존재한다.
❸ 전 세계 해양 지각의 연령을 측정하면 해구애서 가장 높게 나타난다. → 해구는 해양 지각이 맨틀 아래로 섭입되어 소멸하는 곳이기 때문이다.

실력을 올리는 실전 문제 찾아가기
• 고지자기 줄무늬로부터 과거 지구 자기장의 변화와 이로부터 알 수 있는 사실을 추론하는 문제_04, 05, 15
• 해양 지각의 나이로부터 해양저 확장과 그와 관련된 사실들을 추론하는 문제_06

C 섭입대 주변에서 발생하는 지진의 진원 분포

그림은 일본 부근에서 발생한 지진의 진원 깊이를 나타낸 것이다.

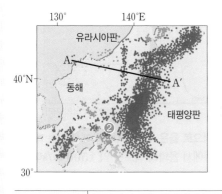

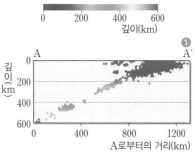

섭입대	두 판이 수렴할 때 상대적으로 밀도가 큰 판이 밀도가 작은 판 아래로 비스듬히 밀려 들어가는 곳이다.
섭입대 부근에서 진원의 깊이 분포 (A–A′)	• 상대적으로 밀도가 큰 판이 밀도가 작은 판 아래로 섭입하면서 지진이 발생한다. → 해구에서 밀도가 작은 판 쪽으로 갈수록 진원의 깊이가 깊어진다. • A 부근은 진원의 깊이가 600 km로 A′에서 A로 갈수록 진원의 깊이가 깊어진다. → A가 속해 있는 유라시아판이 A′이 속해 있는 태평양판보다 밀도가 작고, 태평양판이 유라시아판 아래로 섭입함을 알 수 있다.

❶ 진원의 깊이가 얕은 곳이 판의 섭입이 시작되는 해구 부근으로, 이 곳에 판의 경계가 존재한다.

❷ 일본 열도는 호상 열도이다. → 화산 활동은 밀도가 작은 판의 아래로 밀도가 큰 판이 섭입하면서 마그마가 생성되어 일어나므로 호상 열도는 밀도가 작은 판에 분포한다.

실력을 올리는 실전 문제 · 찾아가기
• 섭입대 주변에서 발생한 지진의 진원 분포를 통해 판의 운동과 섭입 방향을 추론하는 문제_08

D 지구 자기장과 복각 연구

그림은 지구 자기장의 모습과 그에 따른 나침반 자침의 기울기 및 복각의 크기를 나타낸 것이다.

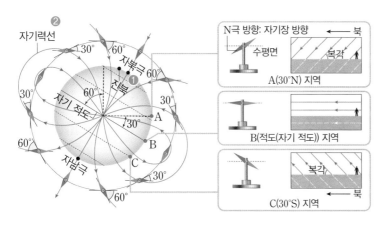

① 지구 자기장: 지구 고유의 극성이 만드는 자기력이 미치는 공간
② 진북과 자북극
  • 진북: 지구 자전축과 지표가 만나는 지점으로 지리상의 북극을 말한다.
  • 자북극: 지구 자기장으로 인해 생기는 북극점으로, 지구 고유의 극성이 S극인 방향의 축과 지표가 만나는 지점을 말한다.
② 복각: 나침반의 자침이 수평면과 이루는 각으로 자북극에서 $+90°$, 자기 적도에서 $0°$이다.
③ 암석 속 광물의 자화와 복각 연구: 고온의 마그마가 냉각되어 암석이 생성될 때 암석 속의 자철석과 같은 자성 광물은 생성 당시의 지구 자기장 방향으로 자화된다. → 암석에 기록된 고지자기 자료인 복각으로부터 암석 생성 당시의 위도를 알 수 있다. ❸

❶ 진북과 자북극은 일치하지 않는다. → 진북과 자북극 방향의 차이를 편각이라고 한다.

❷ 지구 자체를 커다란 막대 자석으로 생각할 수 있으며, 자기장은 N극에서 나와 S극으로 들어간다.

❸ 고온의 마그마는 자성을 띠고 있지 않다. 냉각되면서 자성을 띠게 되는 것으로, 물질이 자성을 잃는 온도를 퀴리 온도라고 한다.

실력을 올리는 실전 문제 · 찾아가기
• 서로 다른 지역에 나타난 자기력선으로부터 그 지역의 위도와 복각의 크기를 추론하는 문제_10

➔ 수능모의평가기출 변형

01 그림은 베게너가 제시한 대륙 이동의 증거를 나타낸 것이다.

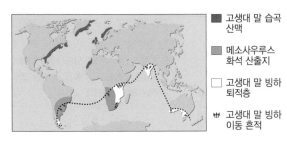

고생대 말 습곡 산맥

메소사우루스 화석 산출지

고생대 말 빙하 퇴적층

고생대 말 빙하 이동 흔적

이에 대한 설명으로 옳은 것만을 〈보기〉에서 있는 대로 고른 것은?

| 보기 |

ㄱ. 고생대 말에는 적도 지방의 기온이 0 °C보다 낮았다.

ㄴ. 북아메리카와 유럽의 고생대 말 습곡 산맥은 하나로 이어져 있었다.

ㄷ. 메소사우루스는 남아메리카와 아프리카 대륙 사이의 대서양을 횡단할 수 있었다.

① ㄱ   ② ㄴ   ③ ㄱ, ㄷ

④ ㄴ, ㄷ   ⑤ ㄱ, ㄴ, ㄷ

02 그림은 홈스의 맨틀 대류설에 의한 대륙과 해양의 분포를 나타낸 것이다.

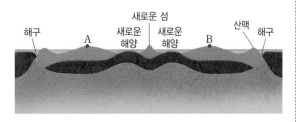

이에 대한 설명으로 옳은 것만을 〈보기〉에서 있는 대로 고른 것은?

| 보기 |

ㄱ. 해구와 산맥의 하부에서는 맨틀 대류의 하강이 일어난다.

ㄴ. 시간이 지남에 따라 A와 B 사이의 거리는 점점 가까워진다.

ㄷ. 맨틀 대류는 맨틀 내 방사성 원소가 붕괴하여 생성된 열에 의해 일어난다.

① ㄱ   ② ㄴ   ③ ㄱ, ㄷ

④ ㄴ, ㄷ   ⑤ ㄱ, ㄴ, ㄷ

03 그림은 어느 해안에서 출발한 해양 탐사선이 직선 구간을 따라 이동하면서 해저에 발사한 음파가 해저면에서 반사되어 되돌아오는 데 걸리는 시간을 측정하여 나타낸 것이다.

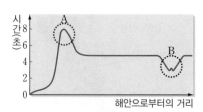

이에 대한 설명으로 옳은 것만을 〈보기〉에서 있는 대로 고른 것은?(단, 해수에서 음파의 속도는 약 1500 m/s이다.)

| 보기 |

ㄱ. A는 열곡이다.

ㄴ. A에서 B로 갈수록 해양 지각의 나이가 감소한다.

ㄷ. 탐사 지역에서 가장 깊은 곳의 수심은 약 12000 m이다.

① ㄱ   ② ㄴ   ③ ㄱ, ㄷ

④ ㄴ, ㄷ   ⑤ ㄱ, ㄴ, ㄷ

04 그림은 약 450만 년 전부터 현재까지 고지자기 분포를 나타낸 것이다.

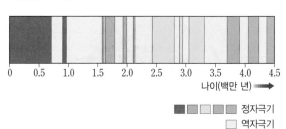

정자극기

역자극기

이에 대한 설명으로 옳은 것만을 〈보기〉에서 있는 대로 고른 것은?

| 보기 |

ㄱ. 최근 150만 년 동안 지구 자기장의 북극과 남극은 4번 바뀌었다.

ㄴ. 과거 450만 년 동안 지구 자기장의 역전 주기는 일정했다.

ㄷ. 250만 년 전과 350만 년 전에 지구 자기장의 방향은 서로 반대였다.

① ㄱ   ② ㄷ   ③ ㄱ, ㄴ

④ ㄴ, ㄷ   ⑤ ㄱ, ㄴ, ㄷ

05 그림은 아이슬란드 부근의 해령에서 측정한 고지자기 줄무늬를 나타낸 것이다.

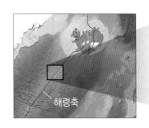 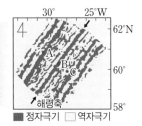

■ 정자극기 □ 역자극기

이에 대한 설명으로 옳은 것만을 〈보기〉에서 있는 대로 고른 것은?

┤ 보기 ├
ㄱ. A와 C의 암석이 생성될 당시 지구 자기장의 방향은 서로 반대였다.
ㄴ. B에서는 습곡과 역단층이 발달한다.
ㄷ. 고지자기 분포가 해령을 중심으로 대칭적인 분포를 보이는 것은 해양저 확장설의 증거가 된다.

① ㄱ   ② ㄴ   ③ ㄱ, ㄷ
④ ㄴ, ㄷ   ⑤ ㄱ, ㄴ, ㄷ

06 그림은 해령으로부터의 거리에 따른 해양 지각의 나이를 나타낸 것이다.

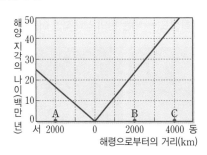

이에 대한 설명으로 옳은 것만을 〈보기〉에서 있는 대로 고른 것은?

┤ 보기 ├
ㄱ. A와 B의 해양 지각은 서로 반대 방향으로 이동한다.
ㄴ. 해저 퇴적물의 두께는 B보다 C에서 두껍다.
ㄷ. 최근 2천만 년 동안 해저 확장 속도는 해령의 서쪽이 동쪽보다 빨랐다.

① ㄱ   ② ㄷ   ③ ㄱ, ㄴ
④ ㄴ, ㄷ   ⑤ ㄱ, ㄴ, ㄷ

07 표는 해령과 해구 사이에 일직선으로 위치한 세 지점 A, B, C의 해저 퇴적물 두께와 바닥 퇴적물의 나이를 나타낸 것이다.

구분	퇴적물의 두께(m)	바닥 퇴적물의 나이(년)
A	(㉠)	1백만
B	500	7천5백만
C	1200	(㉡)

이에 대한 설명으로 옳은 것만을 〈보기〉에서 있는 대로 고른 것은?

┤ 보기 ├
ㄱ. ㉠은 500보다 작다.
ㄴ. ㉡은 7천5백만보다 크다.
ㄷ. 세 지점 중 수심이 가장 얕은 곳은 C이다.

① ㄱ   ② ㄷ   ③ ㄱ, ㄴ
④ ㄴ, ㄷ   ⑤ ㄱ, ㄴ, ㄷ

08 그림은 태평양 주변의 어느 지역에서 발생한 지진의 진원 분포를 나타낸 것이다.

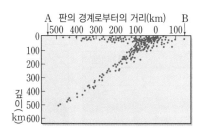

이에 대한 설명으로 옳은 것만을 〈보기〉에서 있는 대로 고른 것은?

┤ 보기 ├
ㄱ. A 지역의 판은 B 지역의 판보다 밀도가 크다.
ㄴ. A 지역과 B 지역 사이에는 해구가 발달해 있다.
ㄷ. 이 지역에서 섭입하는 판은 적어도 500 km 깊이까지 섭입한다.

① ㄱ   ② ㄷ   ③ ㄱ, ㄴ
④ ㄴ, ㄷ   ⑤ ㄱ, ㄴ, ㄷ

09 다음 (가)~(다)는 판 구조론의 정립 과정에서 등장한 여러 가지 학설을 순서대로 나타낸 것이다.

(가)	판게아가 분리되고 이동하여 현재와 같은 대륙 분포를 이루게 되었다.
(나)	맨틀 내에서 일어나는 열대류에 의해 대륙이 이동할 수 있다.
(다)	해령에서 새로운 해양 지각이 생성되어 양쪽으로 이동하면서 해저가 확장된다.
판 구조론	판의 상대적인 운동에 의해 여러 가지 지각 변동이 일어난다.

이에 대한 설명으로 옳은 것만을 〈보기〉에서 있는 대로 고른 것은?

┤ 보기 ├
ㄱ. 음향 측심법으로 (가)의 증거들을 확인할 수 있었다.
ㄴ. 고지자기 연구는 (나)의 등장에 결정적인 역할을 하였다.
ㄷ. 정밀한 지진 관측으로 알게 된 섭입대 주변의 진원 분포는 (다)의 증거가 된다.

① ㄱ   ② ㄷ   ③ ㄱ, ㄴ
④ ㄴ, ㄷ   ⑤ ㄱ, ㄴ, ㄷ

10 그림 (가)와 (나)는 서로 다른 두 지역의 자기력선을 나타낸 것이다.

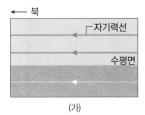
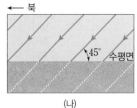

이에 대한 설명으로 옳은 것만을 〈보기〉에서 있는 대로 고른 것은?

┤ 보기 ├
ㄱ. (가) 지역은 자기 적도이다.
ㄴ. (나) 지역의 복각은 +45°이다.
ㄷ. 자기 적도에서 자북극으로 갈수록 복각이 커진다.

① ㄱ   ② ㄷ   ③ ㄱ, ㄴ
④ ㄴ, ㄷ   ⑤ ㄱ, ㄴ, ㄷ

11 그림 (가)와 (나)는 각각 약 **5000만 년** 전과 현재 남반구의 대륙 분포를 나타낸 것이다.

(가) 5000만 년 전   (나) 현재

이에 대한 설명으로 옳은 것만을 〈보기〉에서 있는 대로 고른 것은?

┤ 보기 ├
ㄱ. 남극 대륙과 남아메리카 대륙 사이에서는 맨틀 대류의 상승이 일어난다.
ㄴ. 아프리카 대륙 최남단에 위치한 지점의 복각은 5000만 년 전보다 현재가 크다.
ㄷ. 5000만 년 동안 평균 이동 속도는 남아메리카 대륙이 오스트레일리아 대륙보다 빨랐다.

① ㄱ   ② ㄷ   ③ ㄱ, ㄴ
④ ㄴ, ㄷ   ⑤ ㄱ, ㄴ, ㄷ

12 그림은 서로 다른 종류의 판의 경계를 나타낸 것이다. 그림에서 화살표(→)는 판의 상대적인 이동 방향이다.

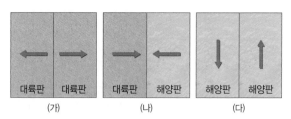

이에 대한 설명으로 옳은 것만을 〈보기〉에서 있는 대로 고른 것은?

┤ 보기 ├
ㄱ. (가)의 판의 경계에서는 열곡대가 형성된다.
ㄴ. (나)에서 심발 지진의 진앙은 대부분 해양판에 분포한다.
ㄷ. (다)에서 해양 지각의 등연령선은 대체로 판의 경계와 나란한 분포를 보인다.

① ㄱ   ② ㄷ   ③ ㄱ, ㄴ
④ ㄴ, ㄷ   ⑤ ㄱ, ㄴ, ㄷ

13 그림 (가)와 (나)는 섭입대에서 플룸이 형성되는 과정을 나타낸 것이다.

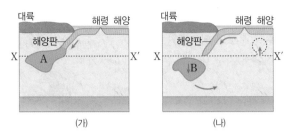

이에 대한 설명으로 옳은 것만을 〈보기〉에서 있는 대로 고른 것은?

| 보기 |
ㄱ. X–X′는 상부 맨틀과 하부 맨틀의 경계 부근이다.
ㄴ. 지진파는 A를 통과할 때 전파 속도가 느려진다.
ㄷ. B가 핵과 맨틀의 경계에 도달하면 뜨거운 플룸으로 변한다.

① ㄱ   ② ㄷ   ③ ㄱ, ㄴ
④ ㄴ, ㄷ   ⑤ ㄱ, ㄴ, ㄷ

14 그림은 판의 경계 부근에서 발생한 지진의 진앙과 열점에서 형성된 해산들의 위치를 나타낸 것이다.

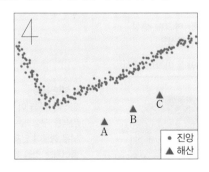

이에 대한 설명으로 옳은 것만을 〈보기〉에서 있는 대로 고른 것은?(단, 해산 C에서는 현재 화산 활동이 일어나고 있다.)

| 보기 |
ㄱ. 열점의 위치는 A보다 C에 가깝다.
ㄴ. 이 지역에서 발생한 지진은 천발 지진이다.
ㄷ. 해산이 위치한 판은 남서쪽으로 이동하고 있다.

① ㄱ   ② ㄷ   ③ ㄱ, ㄴ
④ ㄴ, ㄷ   ⑤ ㄱ, ㄴ, ㄷ

15 그림 (가)와 (나)는 각각 북반구에 위치한 어느 해령 부근의 고지자기 분포를 열곡으로부터의 거리와 해양 지각의 나이에 따라 나타낸 것이다.

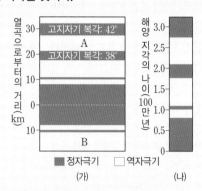

이에 대한 설명으로 옳은 것만을 〈보기〉에서 있는 대로 고른 것은?

| 보기 |
ㄱ. A와 B는 같은 시기에 생성되었다.
ㄴ. 최근 100만 년 동안 해양저의 평균 확장 속도는 약 10 mm/년이다.
ㄷ. 이 해령은 300만 년 전~200만 년 전 사이에 저위도로 이동하였다.

① ㄱ   ② ㄴ   ③ ㄱ, ㄷ
④ ㄴ, ㄷ   ⑤ ㄱ, ㄴ, ㄷ

16 오른쪽 그림은 어느 지역에 분포하는 판의 경계와 GPS 위성을 이용하여 측정한 판의 이동 속도를 나타낸 것이다. 이에 대한 설명으로 옳은 것만을 〈보기〉에서 있는 대로 고른 것은?(단, 현재 A와 B 사이의 거리는 B와 C 사이의 거리와 같다.)

| 보기 |
ㄱ. A와 B 사이에서는 화산 활동이 활발하게 일어난다.
ㄴ. B와 C 사이에는 발산형 경계가 발달해 있다.
ㄷ. 5000만 년 후 A와 B 사이의 거리는 A와 C 사이의 거리보다 멀어질 것이다.

① ㄱ   ② ㄷ   ③ ㄱ, ㄴ
④ ㄴ, ㄷ   ⑤ ㄱ, ㄴ, ㄷ

03 변동대와 화성암

한눈에
정리하는 출제 경향

• 변동대에서 생성되는 마그마의 종류 설명하기
• 마그마의 조성에 따라 생성되는 화성암의 종류와 특징 설명하기

핵심 개념
현무암질 마그마, 안산암질 마그마, 유문암질 마그마, 염기성암, 중성암, 산성암

plus 개념

1 마그마 생성   자료 분석 특강 36쪽 A, B, 37쪽 C

1 마그마의 생성 조건 마그마는 지구 내부에서 지각의 하부나 맨틀 물질이 녹아서 생성된 용융 물질이다.

① 지하의 온도 분포와 암석의 용융: 지표에서 지하로 깊이 들어갈수록 온도와 압력이 높아지고, 맨틀의 용융점도 높아진다. → 맨틀의 용융점은 같은 깊이에서 지구 내부의 온도보다 높기 때문에 마그마가 형성되기 어렵다.

② 마그마 생성 조건: 마그마가 생성되는 장소의 온도가 그 곳에 존재하는 암석의 용융점보다 높아야 한다.

지하의 온도 분포와 마그마의 생성 과정

① 암석(맨틀)의 용융점 분포와 일반적 상태: 물이 포함되지 않은 맨틀의 용융점은 지하 깊은 곳일수록 높아지며 지하의 온도보다 높다. → 맨틀은 일반적으로 고체 상태이다.
⟋ ㉠과 ㉡에 위치한 암석의 상태: 온도가 맨틀의 용융점보다 낮아 고체 상태이다.

② 마그마의 생성 과정

• 온도 상승(A): 대륙 지각을 구성하는 암석(화강암질)의 온도가 상승하여 물이 포함된 화강암의 용융점보다 높아지면 대륙 지각이 용융되어 마그마가 생성된다.

• 압력 감소(B): 맨틀의 용융점은 같은 깊이에서 지구 내부의 온도보다 높지만, 맨틀 물질이 상승하여 압력이 감소하면 마그마가 생성된다.

• 물의 공급(C): 맨틀에 물이 공급되면 맨틀의 용융점이 지하의 온도보다 낮아지고, 맨틀 물질이 용융되어 마그마가 생성된다.

▲ 지하의 온도 분포와 암석의 용융 곡선

---

2 변동대에서의 마그마 생성❶

구분	마그마 생성 과정
발산형 경계	• 맨틀 물질이 상승하여 압력이 감소한다. → 현무암질 마그마 생성
수렴형 경계 (섭입대)	• 섭입하는 해양 지각에서 빠져나온 물에 의해 연약권을 구성하는 암석의 용융점이 낮아진다. → 현무암질 마그마 생성 • 현무암질 마그마가 상승하여 대륙 지각 하부를 가열한다. → 유문암질 마그마 생성 • 유문암질 마그마와 현무암질 마그마가 혼합된다. → 안산암질 마그마 생성❷
열점	• 지하 깊은 곳에서 뜨거운 물질의 상승으로 압력이 감소한다. → 현무암질 마그마 생성

❶ 마그마의 생성 환경
지진, 화산 활동, 조산 운동 등 지각 변동이 활발하게 발생하는 지역을 변동대라고 한다. 변동대에는 지진대, 화산대, 조산대 등이 있으며, 주로 판의 경계를 따라 좁고 긴 띠 모양으로 분포한다.

✖ 부분 용융
암석이 용융되어 마그마가 생성될 때 암석을 구성하는 광물 중 용융점이 낮은 광물이 먼저 녹아 마그마가 만들어지는 것을 부분 용융이라고 한다. 부분 용융된 마그마는 주위 암석보다 밀도가 낮아 상승한다.

❷ 안산암선
태평양 주변을 따라 안산암이 분포하는 한계선으로, 판의 수렴형 경계와 대체로 일치한다. 이 경계선 주변에 있는 호상 열도와 습곡 산맥에서는 안산암질 마그마가 분출된다.

3 마그마의 성질

① **마그마의 종류**: 화학 조성(SiO_2 함량)에 따라 현무암질 마그마, 안산암질 마그마, 유문암질 마그마로 구분한다.

② **마그마의 성질**

구분		현무암질 마그마	안산암질 마그마	유문암질 마그마
SiO_2 함량		52 % 이하	←──────→	63 % 이상
온도		높다.	←──────→	낮다.
점성❸		작다.	←──────→	크다.
유동성❸		크다.	←──────→	작다.
화산 가스 함량		적다.	←──────→	많다.
분출 형태		조용히 분출	←──────→	격렬히 폭발
화산체	경사	완만하다.	←──────→	급하다.
	지형	순상 화산❹, 용암 대지	성층 화산	종상 화산❹, 용암돔

> **확인 문제 ❶**
> 1 마그마는 온도 상승, 압력 (   ), 물의 첨가에 의한 용융점 하강 등으로 생성된다.
> 2 마그마는 화학 조성에 따라 현무암질 마그마, (   ) 마그마, 유문암질 마그마로 구분한다.
> 3 현무암질 마그마는 유문암질 마그마보다 점성이 작고, 유동성이 커서 경사가 (   )한 화산체를 형성한다.

2 화성암의 생성과 분류   자료 분석 특강 37쪽 D

1 화성암의 생성   지구 내부에서 생성된 마그마가 지표 부근이나 지하에서 식어서 만들어진다.

2 화성암의 조직   생성 장소에 따라 냉각 속도가 달라 광물 결정의 크기가 달라진다.

① **세립질 암석의 생성**: 마그마가 지표로 분출하거나 지표 가까운 곳에서 비교적 빠르게 냉각되면 결정을 형성하지 못한 유리질이나 결정의 크기가 작은 세립질 암석이 된다.

② **조립질 암석의 생성**: 마그마가 지하 깊은 곳에서 천천히 냉각되면 결정이 크게 성장하여 조립질 암석이 된다.

화성암의 산출 상태와 조직

화산암 / 지표로 분출하여 빠르게 냉각됨. / 세립질

심성암 / 지하 깊은곳에서 천천히 냉각됨. / 조립질

plus 개념

❸ 점성과 유동성
· **점성**: 마그마와 같은 유체가 미끄러짐에 저항하는 정도로, 유체의 내부에 나타나는 마찰력이므로 내부 마찰이라고도 한다.
· **유동성**: 유체가 흘러 움직이려는 성질로 점성이 작을수록 유동성이 크다.

❹ 순상 화산과 종상 화산
· **순상 화산**: 유동성이 큰 용암이 분출하여 형성된 경사가 완만한 방패 모양의 화산
· **종상 화산**: 유동성이 작은 용암이 분출하여 형성된 경사가 급한 종 모양의 화산

궁금하지?

Q. 화산 가스의 성분은?
A. 화산 가스는 마그마가 지표로 올라오는 동안 압력이 감소하여 마그마로부터 휘발되어 생성된다. 화산 가스의 대부분은 수증기와 이산화 탄소이다.

용어 돋보기
· **세립질**(가늘 細, 알갱이 粒, 바탕 質): 마그마가 빠르게 냉각되어 암석을 구성하는 광물 결정의 크기가 작은 조직이다.
· **조립질**(굵을 粗, 알갱이 粒, 바탕 質): 마그마가 천천히 냉각되어 암석을 구성하는 광물 결정의 크기가 큰 조직이다.

03 변동대와 화성암

염기성암은 현무암질 마그마가, 중성암은 안산 암질 마그마가, 산성암은 유문암질 마그마가 식어서 만들어진 암석이다.

3 화성암의 분류 화학 조성과 생성 장소에 따라 분류한다.

① 화학 조성(SiO_2 함량)에 따른 분류: 염기성암, 중성암, 산성암으로 구분한다. ❺
- 염기성암: 감람석, 휘석, 각섬석과 같은 어두운색 광물의 함량이 많아 어두운색을 띤다.
- 산성암: 사장석, 정장석, 석영 등의 밝은색 광물의 함량이 많아 밝은색을 띤다.

② 생성 장소에 따른 분류: 화산암, 심성암으로 구분한다.
- 화산암: 마그마가 지표 부근에서 굳어진 것으로 구성 광물의 입자 크기가 작다. → 분출암
- 심성암: 마그마가 지하 깊은 곳에서 굳어진 것으로 구성 광물의 입자 크기가 크다. ❻ → 관입암

화성암의 분류

조직에 의한 분류	화학 조성에 의한 분류		염기성암	중성암	산성암
	성질	SiO_2 함량	적음. ←— 52 % —— 63 % —→ 많음.		
		색	어두운색 ←—— 중간 ——→ 밝은색		
	냉각 속도	구성 원소	Ca, Fe, Mg		Na, K, Si
	조직	밀도	큼. ←———→ 작음.		
화산암	세립질 조직	빠르다.	현무암	안산암	유문암
심성암	조립질 조직	느리다.	반려암	섬록암	화강암

조암 광물의 부피비(%)
□ 무색(밝은색) 광물
■ 유색(어두운색) 광물
석영 / 정장석 / 사장석 / 휘석 / 각섬석 / 감람석 / 흑운모

4 화성암과 지형

① 화성암의 분포
- 해양 지각은 주로 현무암, 대륙 지각은 주로 화강암으로 이루어져 있다.
- 현무암은 대륙에서 거대한 용암 대지를 형성하며, 하와이나 아이슬란드 등과 같은 화산 섬을 이루는 주요 암석이다.

② 한반도의 화성암 지형

화산암 지형	• 신생대 화산 활동으로 마그마가 지표로 분출하여 형성된 현무암이 제주도, 한탄강 일대, 울릉도, 독도 등에서 산출된다. ❼ • 제주도 마라도에서는 안산암을, 전라북도 변산반도에서는 유문암을 볼 수 있다.
심성암 지형	• 중생대 지각 변동으로 지하 깊은 곳에서 관입한 화강암이 북한산과 불암산, 계룡산, 월출산 등에서 산출된다. ❽ • 부산 황령산에서는 반려암을, 경주 양북면 해안에서는 섬록암을 볼 수 있다.

화산암 지형
제주도 주상 절리 / 마라도

심성암 지형
북한산 / 계룡산

확인 문제 ❷
4 화성암은 화학 조성에 따라 염기성암, 중성암, (   )(으)로 구분한다.
5 마그마가 지표 부근에서 굳어진 화성암을 (   ), 지하 깊은 곳에서 굳어진 화성암을 (   )(이)라고 한다.
6 제주도의 한라산은 (   ), 북한산과 불암산은 (   )(으)로 이루어져 있다.

---

plus 개념

❺ **염기성암과 산성암**
- SiO_2는 비금속 Si의 산화물이므로 SiO_2 함량이 낮은 화성암을 염기성암, SiO_2 함량이 높은 화성암을 산성암이라고 한다.
- 염기성암은 철과 마그네슘을 많이 포함하여 고철질암, 산성암은 석영과 장석을 많이 포함하여 규장질암 이라고도 한다.

❻ **심성암의 노출**
지하 깊은 곳에서 생성된 심성암은 지각이 융기하여 그 위를 덮고 있던 암석들이 침식되면 지표에 노출된다.

❼ **제주도**
신생대에 일어난 여러 차례의 화산 활동으로 형성된 화산섬으로 전체 면적의 90 % 이상이 현무암으로 이루어져 있다. 섬의 중앙에 위치한 한라산에는 분화구인 백록담이 있고, 해안에서는 육각기둥 모양으로 갈라진 주상 절리가 관찰된다.

❽ **북한산과 불암산**
약 1억 8천만 년 전~1억 6천만 년 전(중생대)에 일어난 지각 변동으로 지하 깊은 곳에서 형성된 화강암이 지표의 침식 작용으로 융기하여 노출되었다. 지하에 있을 때 화강암에 가해지던 압력이 감소하여 지표면과 평행하게 발달한 판상 절리가 형성되었다.

용어 돋보기
- **화산암**(불 火, 뫼 山, 바위 岩): 마그마가 지표 부근에서 굳어진 암석이다.
- **심성암**(깊을 深, 이룰 成, 바위 岩): 마그마가 지하 깊은 곳에서 굳어진 암석이다.

1 마그마 생성

01 그림은 지하의 온도 분포와 화강암 및 맨틀의 용융 곡선을 나타낸 것이다.

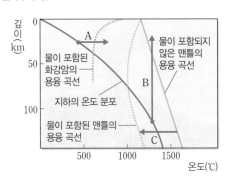

A~C 과정에 의해 마그마가 생성될 때, 각각의 원인은 무엇인지 쓰시오.

중요

02 그림 A~C는 마그마가 생성되는 장소를 나타낸 것이다.

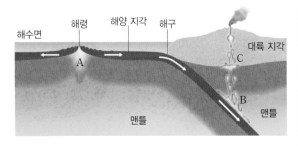

이에 대한 설명으로 옳은 것만을 〈보기〉에서 있는 대로 고른 것은?

┤ 보기 ├

ㄱ. A에서는 현무암질 마그마가 생성된다.
ㄴ. B에서는 압력 감소에 의해 마그마가 생성된다.
ㄷ. C에서 대륙 지각의 하부가 용융되면 유문암질 마그마가 생성된다.

① ㄱ   ② ㄴ   ③ ㄱ, ㄷ
④ ㄴ, ㄷ   ⑤ ㄱ, ㄴ, ㄷ

03 그림 (가)와 (나)는 해양판이 대륙판 아래로 섭입하는 수렴형 경계에서 마그마가 생성되는 과정을 나타낸 모식도이다.

이에 대한 설명으로 옳은 것만을 〈보기〉에서 있는 대로 고른 것은?

┤ 보기 ├

ㄱ. (가)에서는 해양 지각이 용융되어 마그마가 생성된다.
ㄴ. (나)에서는 물의 첨가에 의해 대륙 지각의 용융점이 낮아져 마그마가 생성된다.
ㄷ. (가)에서 생성되는 마그마는 (나)에서 생성되는 마그마보다 온도가 높다.

① ㄱ   ② ㄷ   ③ ㄱ, ㄴ
④ ㄴ, ㄷ   ⑤ ㄱ, ㄴ, ㄷ

서술형

04 하와이는 태평양판의 내부에서 일어나는 화산 활동으로 형성된 화산섬이다. 하와이섬을 형성한 마그마의 종류와 생성 원인을 설명하시오.

05 오른쪽 그림은 서로 다른 종류의 마그마 A, B의 화학 조성을 나타낸 것이다.

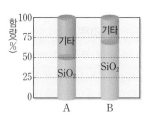

(1) 마그마 A, B의 점성을 부등호로 비교하시오.

(2) 마그마 A, B가 포함하고 있는 화산 가스 함량을 부등호로 비교하시오.

06 그림 (가)와 (나)는 서로 다른 두 화산이 분출하는 모습을 나타낸 것이다.

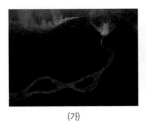 

(가) (나)

이에 대한 설명으로 옳은 것만을 〈보기〉에서 있는 대로 고른 것은?

┌ 보기 ┐
ㄱ. 마그마의 온도는 (가)가 (나)보다 높다.
ㄴ. 마그마의 SiO_2 함량은 (가)가 (나)보다 많다.
ㄷ. (가)는 (나)보다 경사가 급한 화산체를 형성한다.

① ㄱ   ② ㄷ   ③ ㄱ, ㄴ
④ ㄴ, ㄷ   ⑤ ㄱ, ㄴ, ㄷ

07 그림 (가)와 (나)는 서로 다른 종류의 마그마가 분출하여 형성된 화산의 모습을 모식적으로 나타낸 것이다.

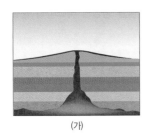 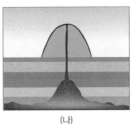

(가) (나)

이에 대한 설명으로 옳은 것만을 〈보기〉에서 있는 대로 고른 것은?

┌ 보기 ┐
ㄱ. (가)는 순상 화산, (나)는 종상 화산이다.
ㄴ. (가)는 (나)보다 격렬하게 분출하였다.
ㄷ. (가)는 (나)보다 유동성이 큰 마그마가 분출하여 형성되었다.

① ㄱ   ② ㄴ   ③ ㄴ, ㄷ
④ ㄴ, ㄷ   ⑤ ㄱ, ㄴ, ㄷ

2 화성암의 생성과 분류

08 그림은 화성암의 생성 장소를 나타낸 것이다.

A와 B에서 생성되는 화성암의 종류를 쓰고, 암석을 이루는 광물의 크기를 부등호로 비교하시오.

09 ⟨중요⟩ 그림 (가)와 (나)는 두 종류의 화성암을 돋보기로 관찰한 것이다.

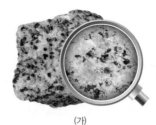 

(가) (나)

이에 대한 설명으로 옳은 것만을 〈보기〉에서 있는 대로 고른 것은?

┌ 보기 ┐
ㄱ. (가)는 (나)보다 지하 깊은 곳에서 생성되었다.
ㄴ. (가)는 (나)보다 규소와 산소의 함량이 많다.
ㄷ. 생성 당시 마그마의 냉각 속도는 (가)가 (나)보다 빨랐다.

① ㄱ   ② ㄷ   ③ ㄱ, ㄴ
④ ㄴ, ㄷ   ⑤ ㄱ, ㄴ, ㄷ

10 그림은 현무암, 안산암, 화강암을 구분하는 과정을 나타낸 것이다.

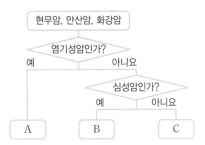

A~C에 해당하는 암석을 각각 쓰시오.

[11~12] 그림은 화성암의 종류와 구성 광물의 부피비(%)를 나타낸 것이다. 물음에 답하시오.

구분	염기성암	중성암	산성암
화산암	현무암	안산암	유문암
심성암	반려암	섬록암	화강암

주요 조암 광물의 부피비(%): 석영, 정장석, 사장석, 흑운모, 각섬석, 휘석, 감람석

(P)중요

11 이에 대한 설명으로 옳은 것만을 〈보기〉에서 있는 대로 고른 것은?

┤ 보기 ├
ㄱ. 현무암과 유문암은 화학 조성이 같다.
ㄴ. 현무암은 반려암보다 광물 결정의 크기가 크다.
ㄷ. 유문암과 화강암은 구성 광물의 종류가 비슷하다.

① ㄱ   ② ㄷ   ③ ㄱ, ㄴ
④ ㄴ, ㄷ   ⑤ ㄱ, ㄴ, ㄷ

(✎)서술형

12 다음은 어느 화성암의 특징을 정리한 것이다.

• 광물 결정의 크기가 큰 조립질 조직을 보인다.
• 주요 구성 광물은 감람석, 사장석, 휘석이다.

이 화성암은 무엇인지 쓰고, 이와 같이 판단한 까닭을 설명하시오.

13 다음은 서울 북한산의 특징과 모습을 나타낸 것이다.

• 산 전체가 거대한 화강암으로 이루어져 있다.
• 암석 표면이 양파 껍질처럼 벗겨지며 판상 절리가 발달해 있다.

북한산을 이루고 있는 암석에 대한 설명으로 옳은 것만을 〈보기〉에서 있는 대로 고른 것은?

┤ 보기 ├
ㄱ. 신생대에 생성되었다.
ㄴ. 마그마가 지하 깊은 곳에서 굳어진 것이다.
ㄷ. 표면의 절리는 지하 깊은 곳에 있던 암석이 융기하였기 때문에 형성되었다.

① ㄱ   ② ㄷ   ③ ㄱ, ㄴ
④ ㄴ, ㄷ   ⑤ ㄱ, ㄴ, ㄷ

(P)중요

14 다음은 제주도의 어느 해안 지역을 여행하면서 관찰한 암석의 특징과 모습을 나타낸 것이다.

• 주로 어두운색 광물로 이루어져 있다.
• 광물 입자의 크기가 매우 작아 육안으로 구별하기 어렵다.
• 단면이 4~6각형인 기둥 모양으로 갈라진 절리가 발달해 있다.

관찰한 암석에 대한 설명으로 옳은 것만을 〈보기〉에서 있는 대로 고른 것은?

┤ 보기 ├
ㄱ. 중생대에 생성되었다.
ㄴ. 마그마가 지표로 분출하여 생성되었다.
ㄷ. 구성 광물의 대부분은 석영과 정장석이다.

① ㄱ   ② ㄴ   ③ ㄱ, ㄷ
④ ㄴ, ㄷ   ⑤ ㄱ, ㄴ, ㄷ

실력을 올리는 실전 문제와
함께 보면 더 좋아요!

자료 분석 특강

A 지하의 온도 분포 곡선과 해령과 열점에서 생성되는 마그마

① 지하의 온도 분포와 암석의 용융 곡선

- 지하로 들어갈수록 온도와 압력이 높아진다.
- 지하의 온도 분포와 맨틀의 용융 곡선을 비교해 보면 맨틀의 용융점이 지하의 온도보다 높다. → 맨틀의 대부분이 고체 상태이다.

② 해령과 열점에서의 마그마 생성: 현무암질 마그마가 생성된다. → 맨틀 물질의 상승에 따른 압력 감소에 의해 현무암질 마그마가 생성된다(P → A 과정).

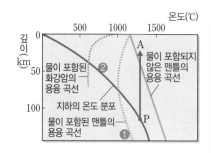

❶ 암석에 물이 포함되어 있으면 물이 포함되어 있지 않은 경우보다 용융점이 낮아진다.

❷ 지하의 온도 분포 곡선에서 깊이가 깊어질수록 온도 증가율은 감소한다.

해령에서의 마그마 생성	열점에서의 마그마 생성
맨틀 대류의 상승부에 위치한 곳으로 맨틀 물질이 상승하면서 압력이 감소하여 용융점이 낮아져 현무암질 마그마가 생성된다.	• 플룸 상승류에 의해 맨틀 물질이 상승하면서 압력이 감소하여 용융점이 낮아져 마그마가 생성된다. • 열점에 의해 생긴 화산 열도(하와이 열도)의 섬들은 대부분 현무암으로 이루어져 있다.

실력을 올리는 실전 문제 찾아가기

- 지하의 온도 분포 곡선과 암석의 용융 곡선을 통해 해령과 열점에서 생성되는 마그마의 생성 과정을 추론하는 문제_03, 04

B 섭입대(해구 부근)에서 생성되는 마그마

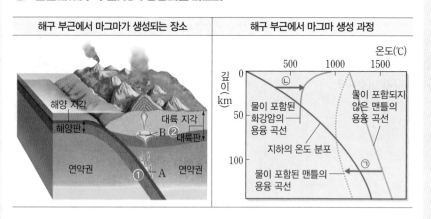

해구 부근에서 마그마가 생성되는 장소	해구 부근에서 마그마 생성 과정

① A에서 생성되는 마그마(현무암질 마그마): 해양판이 섭입하면서 온도와 압력이 높아지고, 해양 지각에서 물이 빠져나와 연약권으로 유입된다. → 이 물의 영향으로 연약권을 구성하는 암석의 용융점이 낮아져 현무암질 마그마가 생성된다(㉠ 과정).

② B에서 생성되는 마그마(유문암질 마그마와 안산암질 마그마)

- A에서 생성된 현무암질 마그마가 상승하여 대륙 지각 하부에 도달하면 현무암질 마그마의 열에 의해 대륙 지각 하부가 부분 용융되어 유문암질 마그마가 생성된다(㉡ 과정). ❸
- 생성된 유문암질 마그마가 깊은 곳에서 상승한 현무암질 마그마와 혼합되면 안산암질 마그마가 생성된다.

❶ 섭입하는 해양 지각에 포함되어 있는 각섬석 등은 함수 광물로 광물 구조 내에 OH^- 을 포함하고 있어 해양판이 섭입할 때 물이 빠져나오게 된다.

❷ 암석을 구성하는 광물의 일부가 용융되는 것을 부분 용융이라고 한다. 암석은 여러 광물로 이루어져 있으므로, 암석은 일정한 온도에서 모두 용융되지 않고 용융점이 낮은 광물부터 녹아 마그마가 만들어진다. 이처럼 부분 용융으로 만들어진 마그마는 주위의 암석보다 밀도가 낮기 때문에 위로 상승한다.

❸ A와 B에서 생성되는 마그마의 온도 비교
→ A(㉠ 과정)＞B(㉡ 과정)

실력을 올리는 실전 문제 찾아가기

- 수렴형 경계에서 생성되는 마그마의 종류와 생성 과정을 추론하는 문제_05, 06

C 마그마의 성질과 화산체의 형성

① 현무암질 마그마와 유문암질 마그마의 성질

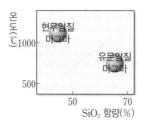

현무암질 마그마	유문암질 마그마
• SiO_2 함량: 52 % 이하	• SiO_2 함량: 63 % 이상
• 온도가 높고, 점성이 작아서 유동성이 크다.	• 온도가 낮고, 점성이 커서 유동성이 작다.
• 화산 가스 함량이 적고, 조용히 분출한다.	• 화산 가스 함량이 많고, 격렬한 폭발을 일으키며 분출한다.

② 마그마의 종류에 따른 화산체의 모양

순상 화산	종상 화산
완만한 경사를 이루는 화산	급한 경사를 이루는 화산
• 현무암질 마그마의 분출로 생성된 화산체 • 점성이 작고, 유동성이 크므로 완만한 경사를 이루는 순상 화산이 형성된다. ❸	• 유문암질 마그마의 분출로 생성된 화산체 • 점성이 크고, 유동성이 작으므로 급한 경사를 이루는 종상 화산이 형성된다.

❶ 화산체의 모습이 방패 모양이다.

❷ 화산체의 모습이 종 모양이다.

❸ 현무암질 용암의 분출로 개마고원과 같은 용암 대지가 형성되기도 한다.

실력을 올리는 실전 문제 찾아가기

• 화산 분출의 모습을 통해 분출한 마그마의 성질을 추론하는 문제_08
• 화산체의 형태를 통해 분출된 마그마의 성질을 추론하는 문제_09

D 화성암의 분류

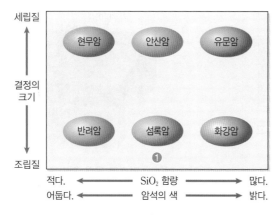

① 결정의 크기에 따른 분류(생성 장소에 따른 분류)

• 세립질(지표 부근에서 빠르게 냉각): 결정의 크기가 작은 암석 → 현무암, 안산암, 유문암
• 조립질(지하 깊은 곳에서 천천히 냉각): 결정의 크기가 큰 암석 → 반려암, 섬록암, 화강암

② SiO_2 함량에 따른 분류 ❷

• SiO_2 함량이 52 % 이하: 염기성암 → 어두운색 광물(감람석, 휘석, 각섬석 등)의 함량이 높아 어두운색을 띤다.
• SiO_2 함량이 63 % 이상: 산성암 → 밝은색 광물(장석, 석영)의 함량이 높아 밝은색을 띤다.

❶ SiO_2 함량이 52~63 %인 암석은 중성암으로 분류한다. → 안산암, 섬록암

❷ 염기성암을 고철질암(철, 마그네슘을 많이 포함), 산성암을 규장질암(규소, 알루미늄을 많이 포함)이라고도 한다.

실력을 올리는 실전 문제 찾아가기

• 여러 가지 기준에 따라 화성암을 분류하는 문제_10, 11, 12

실력을 올리는 실전 문제

→ 수능기출 변형

01 오른쪽 그림은 깊이에 따른 지하의 온도 분포와 맨틀의 용융 곡선 A, B를 나타낸 것이다. 이에 대한 설명으로 옳은 것만을 〈보기〉에서 있는 대로 고른 것은?

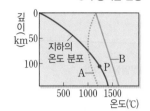

┤ 보기 ├
ㄱ. 맨틀에 물이 포함되면 맨틀의 용융점은 높아진다.
ㄴ. 맨틀의 용융 곡선이 A일 때, P의 맨틀 물질은 고체 상태이다.
ㄷ. 맨틀의 용융 곡선이 B일 때, P의 온도가 1500 ℃ 이상으로 상승하면 마그마가 생성된다.

① ㄱ　　　② ㄷ　　　③ ㄱ, ㄴ
④ ㄴ, ㄷ　　⑤ ㄱ, ㄴ, ㄷ

02 그림은 북대서양에 위치한 아이슬란드의 암석 연령과 화산 분포를 나타낸 것이다.

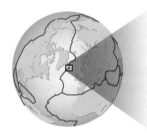

이에 대한 설명으로 옳은 것만을 〈보기〉에서 있는 대로 고른 것은?

┤ 보기 ├
ㄱ. 화산이 분포하는 지역을 따라 열곡대가 발달해 있다.
ㄴ. B의 하부에서는 주로 압력 감소에 의해 마그마가 생성된다.
ㄷ. 3백만 년 전에는 A와 C의 암석이 현재보다 가까운 거리에 위치하고 있었다.

① ㄱ　　　② ㄷ　　　③ ㄱ, ㄴ
④ ㄴ, ㄷ　　⑤ ㄱ, ㄴ, ㄷ

03 그림 (가)는 깊이에 따른 지하의 온도 분포와 암석의 용융 곡선을, (나)는 어느 판의 경계에서 마그마가 생성되는 모습을 나타낸 것이다.

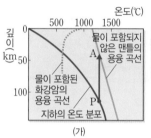

이에 대한 설명으로 옳은 것만을 〈보기〉에서 있는 대로 고른 것은?

┤ 보기 ├
ㄱ. 지구 내부의 온도 증가율은 깊이가 깊어질수록 증가한다.
ㄴ. 물이 포함된 화강암이 깊이 50 km까지 들어가면 마그마가 생성된다.
ㄷ. (나)에서는 P → A의 과정에 의해 현무암질 마그마가 생성된다.

① ㄱ　② ㄷ　③ ㄱ, ㄴ　④ ㄴ, ㄷ　⑤ ㄱ, ㄴ, ㄷ

04 그림은 태평양판의 내부에서 일어나는 화산 활동으로 형성된 하와이 열도를 나타낸 것이다.

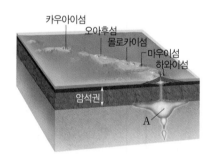

이에 대한 설명으로 옳은 것만을 〈보기〉에서 있는 대로 고른 것은?

┤ 보기 ├
ㄱ. A에서는 암석권이 용융되어 마그마가 생성된다.
ㄴ. 하와이 열도의 섬들은 대부분 현무암으로 이루어져 있다.
ㄷ. 카우아이섬을 이루는 암석의 나이는 오아후섬을 이루는 암석의 나이보다 많다.

① ㄱ　② ㄷ　③ ㄱ, ㄴ　④ ㄴ, ㄷ　⑤ ㄱ, ㄴ, ㄷ

05 그림 (가)는 수렴형 경계에서 마그마가 생성되는 장소를, (나)는 A와 B에서 마그마가 생성되는 과정을 ㉠과 ㉡으로 순서 없이 나타낸 것이다.

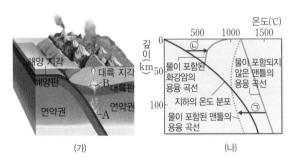

(가)　　　　　　　(나)

이에 대한 설명으로 옳은 것만을 〈보기〉에서 있는 대로 고른 것은?

| 보기 |

ㄱ. A에서 맨틀에 물이 공급되어 마그마가 생성된다.
ㄴ. B에서는 ㉠의 과정을 거쳐 마그마가 생성된다.
ㄷ. A와 B에서 생성된 마그마가 혼합되면 유문암질 마그마가 된다.

① ㄱ　　　　② ㄴ　　　　③ ㄱ, ㄷ
④ ㄴ, ㄷ　　　⑤ ㄱ, ㄴ, ㄷ

➡ 수능기출 변형

06 그림은 어느 판의 경계에서 관측된 지진의 진앙 분포를 나타낸 것이다.

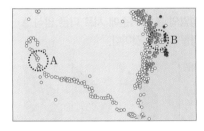

진원의 깊이
○ 0~70 km
◉ 70~300 km
● 300 km 이상

이에 대한 설명으로 옳은 것만을 〈보기〉에서 있는 대로 고른 것은?

| 보기 |

ㄱ. A에서는 맨틀 대류의 하강이 일어난다.
ㄴ. B에서 대륙 지각이 용융되면 유문암질 마그마가 생성된다.
ㄷ. A에서 생성되는 마그마는 B에서 대륙 지각이 용융되어 생성되는 마그마보다 온도가 높다.

① ㄱ　　　　② ㄷ　　　　③ ㄱ, ㄴ
④ ㄴ, ㄷ　　　⑤ ㄱ, ㄴ, ㄷ

07 그림 (가)~(다)는 서로 다른 마그마의 화학 조성을 나타낸 것이다.

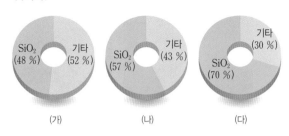

(가)　　　　　　(나)　　　　　　(다)

이에 대한 설명으로 옳은 것만을 〈보기〉에서 있는 대로 고른 것은?

| 보기 |

ㄱ. (가)는 (다)보다 점성이 작다.
ㄴ. (나)는 주로 해양 지각이 용융되어 생성된다.
ㄷ. 대륙판과 해양판이 수렴하는 판의 경계 부근에서는 (가)~(다)가 모두 생성될 수 있다.

① ㄱ　　　　② ㄴ　　　　③ ㄱ, ㄷ
④ ㄴ, ㄷ　　　⑤ ㄱ, ㄴ, ㄷ

➡ 수능모의평가기출 변형

08 그림 (가)는 성질이 다른 두 종류의 마그마 A, B의 특성을, (나)는 어느 화산이 분출하는 모습을 나타낸 것이다.

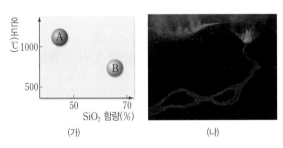

(가)　　　　　　　　(나)

이에 대한 설명으로 옳은 것만을 〈보기〉에서 있는 대로 고른 것은?

| 보기 |

ㄱ. A는 B보다 가스 성분의 함량이 많다.
ㄴ. 동일한 조건의 지표로 분출하였을 때 A는 B보다 멀리까지 흐른다.
ㄷ. (나)의 화산 활동을 일으키는 마그마의 화학 조성은 A보다 B에 가깝다.

① ㄱ　　　　② ㄴ　　　　③ ㄱ, ㄷ
④ ㄴ, ㄷ　　　⑤ ㄱ, ㄴ, ㄷ

09 그림 (가)와 (나)는 서로 다른 종류의 마그마가 분출하여 형성된 화산의 모습을 나타낸 것이다.

(가)   (나)

이에 대한 설명으로 옳은 것만을 〈보기〉에서 있는 대로 고른 것은?

┌─ 보기 ├─
ㄱ. (가)는 성층 화산이다.
ㄴ. (가)는 (나)보다 온도가 높은 마그마가 분출하였다.
ㄷ. (가)는 (나)보다 SiO_2 함량이 적은 마그마가 분출하였다.
└─────

① ㄱ   ② ㄴ   ③ ㄱ, ㄷ
④ ㄴ, ㄷ   ⑤ ㄱ, ㄴ, ㄷ

11 그림 (가)는 화성암 A, B의 특성을, (나)는 A와 B 중 한 암석의 주요 구성 광물의 비율(부피비)을 나타낸 것이다.

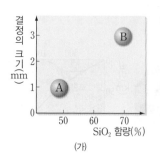

(가)   (나)

이에 대한 설명으로 옳은 것만을 〈보기〉에서 있는 대로 고른 것은?

┌─ 보기 ├─
ㄱ. A는 B보다 얕은 곳에서 생성되었다.
ㄴ. A는 B보다 고온의 마그마가 굳어서 생성되었다.
ㄷ. (나)에서 석영과 정장석의 크기는 대부분 2 mm보다 작을 것이다.
└─────

① ㄱ   ② ㄷ   ③ ㄱ, ㄴ
④ ㄴ, ㄷ   ⑤ ㄱ, ㄴ, ㄷ

10 표는 서로 다른 종류의 화성암 A∼C의 특징을 나타낸 것이다.

암석	SiO_2 함량(%)	조직	포함된 무색 광물
A	46	조립질	사장석
B	60	세립질	사장석 > 석영
C	72	조립질	석영 > 정장석

이에 대한 설명으로 옳은 것만을 〈보기〉에서 있는 대로 고른 것은?

┌─ 보기 ├─
ㄱ. A는 산성 화산암이다.
ㄴ. B는 C보다 밀도가 크다.
ㄷ. A가 C보다 밝은색 광물의 함량이 많다.
└─────

① ㄱ   ② ㄴ   ③ ㄱ, ㄷ
④ ㄴ, ㄷ   ⑤ ㄱ, ㄴ, ㄷ

→ 수능기출 변형

12 그림은 화성암의 분류 기준에 서로 다른 암석 A∼C의 상대적인 위치를 나타낸 것이다.

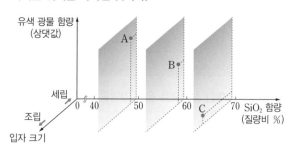

A∼C에 해당하는 화성암을 옳게 짝 지은 것은?

	A	B	C
①	현무암	안산암	유문암
②	현무암	안산암	화강암
③	반려암	현무암	유문암
④	반려암	현무암	화강암
⑤	화강암	반려암	현무암

→ 수능모의평가기출 변형

13 그림 (가)와 (나)는 각각 서울의 불암산과 경기도의 한탄강 일대를 이루고 있는 암석을 나타낸 것이다.

 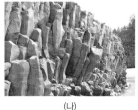

(가)   (나)

이에 대한 설명으로 옳은 것만을 〈보기〉에서 있는 대로 고른 것은?

보기
ㄱ. (가)는 (나)보다 먼저 생성되었다.
ㄴ. (가)는 (나)보다 깊은 곳에서 생성되었다.
ㄷ. 생성 당시 마그마의 냉각 속도는 (가)가 (나)보다 빨랐다.

① ㄱ   ② ㄷ   ③ ㄱ, ㄴ
④ ㄴ, ㄷ   ⑤ ㄱ, ㄴ, ㄷ

→ 수능기출 변형

14 다음은 현무암으로 이루어진 지질 명소인 총석정을 소재로 한 작품이다.

금란굴 돌아돌아 총석정 올라가니
백옥루 남은 기둥 다만 넷이 서 있구나
공수의 솜씨인가 귀신 도끼로 다듬었는가
구태여 육면은 무엇을 본떴던고

−김홍도 「총석정도」   −정철 「관동별곡」

이 작품에 나타난 암석에 대한 설명으로 옳은 것만을 〈보기〉에서 있는 대로 고른 것은?

보기
ㄱ. 지하 깊은 곳에서 서서히 냉각되어 생성되었다.
ㄴ. 주상 절리가 발달해 있다.
ㄷ. 어두운색 광물의 함량이 밝은색 광물의 함량보다 많다.

① ㄱ   ② ㄷ   ③ ㄱ, ㄴ
④ ㄴ, ㄷ   ⑤ ㄱ, ㄴ, ㄷ

15 그림은 서로 다른 두 종류의 마그마 A, B의 온도에 따른 점성의 관계를 나타낸 것이다.

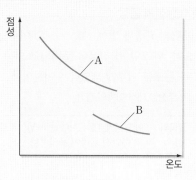

이에 대한 설명으로 옳은 것만을 〈보기〉에서 있는 대로 고른 것은?

보기
ㄱ. A는 B보다 SiO_2 함량이 많다.
ㄴ. A는 B보다 경사가 급한 화산체를 형성한다.
ㄷ. 같은 종류의 마그마라도 온도가 높을수록 유동성이 크다.

① ㄱ   ② ㄷ   ③ ㄱ, ㄴ
④ ㄴ, ㄷ   ⑤ ㄱ, ㄴ, ㄷ

16 그림은 화학 조성이 다른 종류의 마그마가 분출하여 형성된 화산 A~C의 모습을 모식적으로 나타낸 것이다.

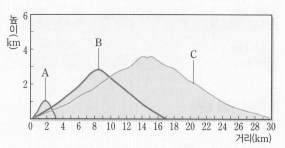

이에 대한 설명으로 옳은 것만을 〈보기〉에서 있는 대로 고른 것은?

보기
ㄱ. 화산체의 $\dfrac{높이}{밑면의 지름}$ 는 A가 가장 크다.
ㄴ. A의 암석은 B의 암석보다 Fe과 Mg의 함량이 많다.
ㄷ. B는 C보다 SiO_2 함량이 많은 마그마가 분출하여 형성되었다.

① ㄱ   ② ㄴ   ③ ㄱ, ㄷ
④ ㄴ, ㄷ   ⑤ ㄱ, ㄴ, ㄷ

핵심 정리 Ⅰ 단원 마무리

01 판 구조론의 정립

1. 대륙 이동설의 등장

① 대륙 이동설: 고생대 말에 (**1**   )(이)라는 초대륙이 존재했으며, 약 2억 년 전부터 분리되고 이동하여 현재와 같은 수륙 분포를 이루게 되었다는 이론이다.

② 베게너가 주장한 대륙 이동의 증거

해안선 굴곡의 유사성	아프리카 대륙 서해안과 남아메리카 대륙 동해안의 해안선 굴곡이 유사하다.
고생물 화석 분포	서로 멀리 떨어져 있는 여러 대륙에서 같은 종류의 고생물 화석이 발견된다.
지질 구조의 연속성	북아메리카 대륙과 유럽에 있는 산맥의 지질 구조가 연속적이다.
고생대 말 빙하의 흔적 분포	서로 떨어진 대륙에 분포하는 빙하의 흔적을 하나로 모으면 빙하가 남극을 중심으로 모인다.

2. 맨틀 대류설 (**2**   ) 원소가 붕괴하여 생성된 열로 맨틀이 대류하는 과정에서 대륙이 이동할 수 있다는 이론이다. → 대륙 이동의 원동력은 맨틀 대류이다.

맨틀 대류의 (**3**)	대륙 지각이 분리되면서 마그마의 활동으로 새로운 바다가 생성된다.
맨틀 대류의 (**4**)	지각이 맨틀 속으로 들어가며, 횡압력이 작용하면서 두꺼운 산맥이 형성된다.

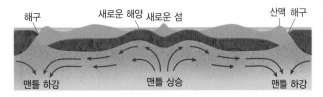

3. 해저 지형 탐사

① 음향 측심법: 음파가 해저면에서 반사되어 되돌아오는 데 걸리는 시간을 측정하여 수심을 알아낸다.

$$수심(d) = \frac{1}{2}vt \ (v: 음파의 속도, \ t: 음파의 왕복 시간)$$

② 해저 지형: (**5**   )을/를 중심으로 양쪽으로 멀어질수록 수심이 깊어지고, 육지 가까운 곳에는 해구가 존재한다. → 해양저 확장설의 등장에 중요한 역할을 하였다.

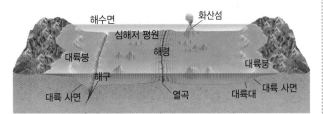

4. 해양저 확장설

① 해양저 확장설: 해령에서 고온의 맨틀 물질이 상승하여 새로운 해양 지각이 생성되고, 해령을 중심으로 양쪽으로 이동하면서 해저가 확장된다는 이론이다.

② 해저 확장의 증거

해양 지각의 나이와 퇴적물 분포	해령에서 멀어질수록 해양 지각의 나이가 많아지고, 해저 퇴적물의 두께가 두꺼워진다.
해저 고지자기 줄무늬의 분포	해저 고지자기의 줄무늬가 해령과 거의 나란하고, 해령을 축으로 (**6**)을/를 이룬다.
변환 단층	해양 지각이 확장되는 속도 차이 때문에 해령과 해령 사이에 변환 단층이 생성된다.
섭입대의 진원 분포	해구에서 대륙 쪽으로 갈수록 지진이 발생하는 깊이가 점차 (**7**)진다.

5. 판 구조론 지구의 겉부분이 여러 판으로 이루어져 있고, 이 판들이 맨틀 대류에 의해 이동함에 따라 판의 (**8**   )에서 지진이나 화산 활동, 조산 운동 등 다양한 지각 변동이 일어난다는 이론이다.

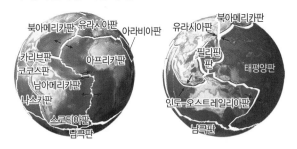

02 대륙 분포의 변화와 판 이동의 원동력

1. 고지자기 변화와 대륙 이동 복원

① 복각: 나침반의 자침이 (**9**   )과/와 이루는 각이다. → 자극에서 90°이고, 자극에서 멀어질수록 작아진다.

② 자극의 이동: 유럽과 북아메리카 대륙에서 측정한 자북극의 겉보기 이동 경로가 일치하지 않는다.

자북극의 겉보기 이동 경로를 합쳐보면 과거에 두 대륙이 하나로 붙어 있었다는 것을 알 수 있다.

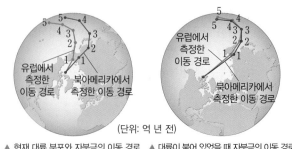

(단위: 억 년 전)

▲ 현재 대륙 분포와 자북극의 이동 경로   ▲ 대륙이 붙어 있었을 때 자북극의 이동 경로

③ 대륙 이동 복원: 고지자기 변화를 통해 과거 대륙의 분포와 이동을 알 수 있다.

고생대 후기	여러 대륙이 모여 하나의 초대륙을 이루었다.
중생대 초기	판게아가 분리되기 시작하였다.
중생대 중기~후기	남아메리카와 아프리카 대륙이 분리되었다.
중생대 후기~신생대 초기	남극 대륙과 오스트레일리아 대륙이 분리되었다.
신생대 초기~중기	인도 대륙이 유라시아판과 충돌하였고, 이후 현재의 수륙 분포를 이루었다.

2. 맨틀 대류와 판의 운동

① 맨틀 대류: 연약권은 (⑩　　　)을/를 띠고 있으며, 지구 중심으로 갈수록 온도가 높아지므로 맨틀 대류가 일어난다.

② 판의 운동: 암석권이 맨틀의 대류에 따라 이동한다.

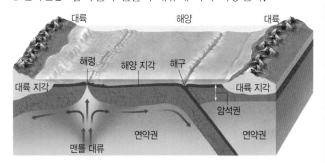

③ 판 이동의 원동력: 판을 밀어 내는 힘, 섭입하는 판이 잡아당기는 힘, 판이 미끄러지는 힘

3. 플룸 구조론과 열점

① 플룸 구조론: 플룸의 하강과 상승에 의해 지구 내부의 변동이 일어난다는 이론이다.

차가운 플룸	수렴형 경계에서 섭입된 판의 물질이 상부 맨틀과 하부 맨틀의 경계 부근에 쌓여 있다가 가라앉아 생성된다.
뜨거운 플룸	차가운 플룸이 맨틀과 (⑪　　　)의 경계에 도달하면 그 영향으로 일부 맨틀 물질이 상승하여 생성된다.

② 열점: (⑫　　　)이/가 지표면과 만나는 지점 아래의 마그마가 생성되는 곳이다.

판의 운동과 열점	열점에서 분출하는 마그마는 판의 아래 쪽에서 생성되므로 판이 이동해도 열점의 위치는 변하지 않는다.
화산섬의 나이	열점에서 형성된 화산섬은 판이 이동함에 따라 직선상으로 배열되며, 열점에서 멀어질수록 나이가 (⑬　　　)진다.

03 변동대와 화성암

1. 마그마 생성

① 마그마 생성: 마그마가 생성되는 장소의 온도가 그 곳에 존재하는 암석의 용융점보다 높아야 한다.

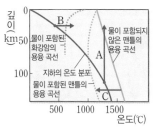

마그마의 생성 과정
- A: (⑭　　　) 감소
- B: 온도 상승
- C: 물의 첨가

② 마그마 생성 장소: 발산형 경계인 해령과 수렴형 경계인 해구 부근, 열점 등에서 생성된다.

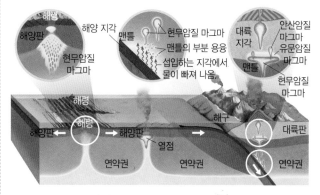

③ 마그마의 성질: 화학 조성에 따라 현무암질, 안산암질, 유문암질 마그마로 구분한다.

구분	(⑮　　　)	안산암질 마그마	유문암질 마그마
SiO_2 함량	적다. ←—— 52 % ←—— 63 % —→ 많다.		
온도	높다. ←———————————→ 낮다.		
점성	작다. ←———————————→ 크다.		
유동성	크다. ←———————————→ 작다.		
화산 가스	적다. ←———————————→ 많다.		
분출 형태	조용히 분출 ←———————→ 격렬히 폭발		
화산체	순상 화산	성층 화산	(⑯　　　) 화산

2. 화성암 분류

조직에 의한 분류	화학 조성에 의한 분류		염기성암	중성암	산성암
	성질	SiO_2 함량	적음. ←— 52 % —— 63 % —→ 많음.		
		색	어두운색 ←——— 중간 ——→ 밝은색		
		냉각 속도	Ca, Fe, Mg ←————————→ Na, K, Si		
		조직	큼. ←————————————→ 작음.		
화산암	세립질 조직 빠르다.		현무암	안산암	유문암
심성암	조립질 조직 느리다.		반려암	섬록암	화강암

조암 광물의 부피비(%)		
☐ 무색(밝은색) 광물　■ 유색(어두운색) 광물		

(조암 광물 부피비 그래프: 석영, 사장석, 정장석, 흑운모, 휘석, 각섬석, 감람석)

Ⅰ 단원 평가 문제

∞ 01. 판 구조론의 정립 10쪽

01 그림은 베게너가 주장한 대륙 이동설에 대하여 세 학생이 나눈 대화를 나타낸 것이다.

학생 A   학생 B   학생 C

대륙 이동설에 대하여 옳게 설명한 학생만을 있는 대로 고른 것은?

① A   ② C   ③ A, B
④ B, C   ⑤ A, B, C

∞ 01. 판 구조론의 정립 10쪽

02 그림은 해양 탐사선에서 발사한 음파가 해저면에서 반사되어 되돌아오는 데 걸리는 시간을 기준점으로부터의 거리에 따라 나타낸 것이다.

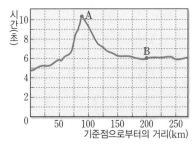

이에 대한 설명으로 옳은 것만을 〈보기〉에서 있는 대로 고른 것은?(단, 해수에서 음파의 속도는 약 1500 m/s이다.)

┤ 보기 ├

ㄱ. A에서는 화산 활동이 활발하게 일어난다.
ㄴ. B의 수심은 약 4500 m이다.
ㄷ. 이 지역에서 해양 지각은 A에서 B 방향으로 이동한다.

① ㄱ   ② ㄴ   ③ ㄱ, ㄷ
④ ㄴ, ㄷ   ⑤ ㄱ, ㄴ, ㄷ

∞ 01. 판 구조론의 정립 10쪽

03 그림 (가)와 (나)는 서로 다른 두 해령 부근에서 측정한 고지자기 분포를 열곡으로부터의 거리에 따라 나타낸 것이다.

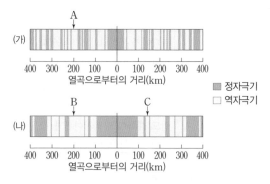

이에 대한 설명으로 옳은 것만을 〈보기〉에서 있는 대로 고른 것은?

┤ 보기 ├

ㄱ. 해양 지각의 연령은 A가 B보다 많다.
ㄴ. B와 C의 해양 지각은 같은 시기에 생성되었다.
ㄷ. 열곡으로부터 약 200 km까지 해저가 확장된 속도는 (가)보다 (나)가 빠르다.

① ㄱ   ② ㄴ   ③ ㄱ, ㄷ
④ ㄴ, ㄷ   ⑤ ㄱ, ㄴ, ㄷ

∞ 01. 판 구조론의 정립 10쪽

04 그림은 대서양에서 심해저 시추를 통해 알아낸 해양 지각의 연령을 나타낸 것이다.

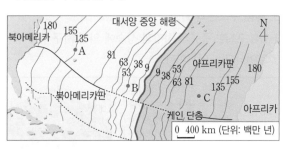

이에 대한 설명으로 옳은 것만을 〈보기〉에서 있는 대로 고른 것은?

┤ 보기 ├

ㄱ. 해저 퇴적물의 두께는 A에서 B로 갈수록 두꺼워진다.
ㄴ. 2천만 년 전에는 B와 C 사이의 거리가 현재보다 가까웠다.
ㄷ. 북아메리카판과 아프리카판은 케인 단층과 나란한 방향으로 이동했다.

① ㄱ   ② ㄷ   ③ ㄱ, ㄴ
④ ㄴ, ㄷ   ⑤ ㄱ, ㄴ, ㄷ

∞ 01. 판 구조론의 정립 10쪽

05 그림은 GPS 위성을 이용하여 관측한 판의 이동 방향과 속도를 나타낸 것이다.

이에 대한 설명으로 옳은 것만을 〈보기〉에서 있는 대로 고른 것은?

┤ 보기 ├
ㄱ. 필리핀판의 동쪽 해역에는 해구가 발달해 있다.
ㄴ. 남극 대륙과 오스트레일리아 대륙은 서로 멀어지고 있다.
ㄷ. 아프리카판의 서쪽 가장자리에서는 오래된 해양판의 소멸이 일어난다.

① ㄱ ② ㄷ ③ ㄱ, ㄴ
④ ㄴ, ㄷ ⑤ ㄱ, ㄴ, ㄷ

∞ 02. 대륙 분포의 변화와 판 이동의 원동력 16쪽

06 그림 (가)는 지구 표면에서 자기 적도의 위치를, (나)는 어느 지역에서 복각계의 자침이 기울어진 모습을 나타낸 것이다.

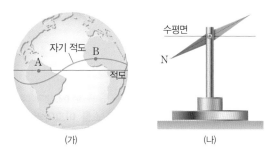

(가)   (나)

이에 대한 설명으로 옳은 것만을 〈보기〉에서 있는 대로 고른 것은?

┤ 보기 ├
ㄱ. A에서 복각계의 자침은 수평면과 나란하다.
ㄴ. B에서 복각은 0°보다 크다.
ㄷ. (나)는 B보다 자북극에 가까운 지점에서 측정한 것이다.

① ㄱ ② ㄷ ③ ㄱ, ㄴ
④ ㄴ, ㄷ ⑤ ㄱ, ㄴ, ㄷ

∞ 02. 대륙 분포의 변화와 판 이동의 원동력 16쪽

07 그림은 복각과 위도와의 관계를 나타낸 것이고, 표는 어느 대륙에서 측정한 고지자기 복각을 나타낸 것이다(단, 지질 시대 동안 이 대륙은 경도와 나란한 방향으로 이동했으며, 자극의 위치는 변하지 않았다고 가정한다.).

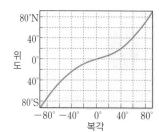

시기(만 년 전)	복각
현재	36°
1000	30°
3800	6°
5500	−21°
7100	−49°

이에 대한 설명으로 옳은 것만을 〈보기〉에서 있는 대로 고른 것은?

┤ 보기 ├
ㄱ. 7100만 년 동안 이 대륙은 일정한 속도로 이동했다.
ㄴ. 5500만 년 전에 이 대륙은 남반구에 위치해 있었다.
ㄷ. 3800만 년 전부터 현재까지 이 대륙에서 측정한 복각의 크기는 점점 증가했다.

① ㄱ ② ㄷ ③ ㄱ, ㄴ
④ ㄴ, ㄷ ⑤ ㄱ, ㄴ, ㄷ

∞ 02. 대륙 분포의 변화와 판 이동의 원동력 16쪽

08 그림은 북아메리카 대륙의 서부 지역에 분포하는 판의 경계를 나타낸 것이다.

이에 대한 설명으로 옳은 것만을 〈보기〉에서 있는 대로 고른 것은?

┤ 보기 ├
ㄱ. A에서는 맨틀 대류의 상승이 일어난다.
ㄴ. B에서 C로 갈수록 진원의 평균 깊이는 깊어진다.
ㄷ. D에서는 폭발적인 화산 활동이 활발하게 일어난다.

① ㄱ ② ㄷ ③ ㄱ, ㄴ
④ ㄴ, ㄷ ⑤ ㄱ, ㄴ, ㄷ

∞ 02. 대륙 분포의 변화와 판 이동의 원동력 16쪽

09 그림은 뜨거운 플룸의 발생 과정을 모식적으로 나타낸 것이다.

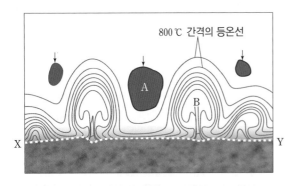

이에 대한 설명으로 옳은 것만을 〈보기〉에서 있는 대로 고른 것은?

┤ 보기 ├
ㄱ. X - Y는 맨틀과 외핵의 경계이다.
ㄴ. A는 발산형 경계 부근에서 낙하한 것이다.
ㄷ. A가 X - Y 부근에 도달하면 B의 상승이 일어난다.

① ㄱ
② ㄴ
③ ㄱ, ㄷ
④ ㄴ, ㄷ
⑤ ㄱ, ㄴ, ㄷ

∞ 02. 대륙 분포의 변화와 판 이동의 원동력 16쪽

10 오른쪽 그림은 어느 해역의 열점에서 형성되어 일렬로 배열되어 있는 화산섬들의 연령을 열점으로부터의 거리에 따라 나타낸 것이다. 이에 대한 설명으로 옳은 것만을 〈보기〉에서

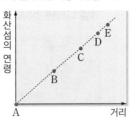

있는 대로 고른 것은?(단, A∼E의 화산섬이 형성되는 동안 판의 이동 방향은 변하지 않았고, A에서는 현재 화산 활동이 일어나고 있다.)

┤ 보기 ├
ㄱ. 열점에서의 화산 분출 주기가 점점 짧아졌다.
ㄴ. 화산섬이 위치한 판의 이동 속도는 일정했다.
ㄷ. A의 하부에서는 압력 감소에 의해 현무암질 마그마가 생성된다.

① ㄱ
② ㄷ
③ ㄱ, ㄴ
④ ㄴ, ㄷ
⑤ ㄱ, ㄴ, ㄷ

∞ 03. 변동대와 화성암 30쪽

11 그림은 깊이에 따른 지하의 온도 분포와 물이 포함되지 않은 맨틀의 용융 곡선을 나타낸 것이다.

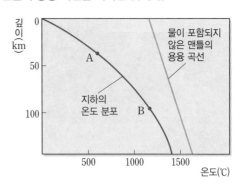

이에 대한 설명으로 옳은 것만을 〈보기〉에서 있는 대로 고른 것은?

┤ 보기 ├
ㄱ. 깊이가 깊어질수록 물이 포함되지 않은 맨틀의 용융점이 높아진다.
ㄴ. A의 암석이 지표 부근으로 상승하면 마그마가 생성된다.
ㄷ. B의 온도가 1500 ℃ 이상으로 상승하면 마그마가 생성된다.

① ㄱ
② ㄴ
③ ㄱ, ㄷ
④ ㄴ, ㄷ
⑤ ㄱ, ㄴ, ㄷ

∞ 03. 변동대와 화성암 30쪽

12 그림은 마그마가 생성되는 장소를 마그마의 생성 원인에 따라 구분한 것이다.

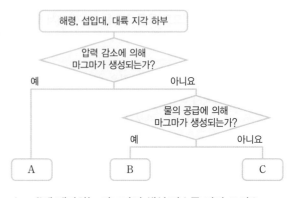

A∼C에 해당하는 마그마의 생성 장소를 각각 쓰시오.

13 ∽ 03. 변동대와 화성암 30쪽
그림 (가)는 화산체 A, B의 밑면적과 높이를, (나)는 A와 B를 형성한 마그마의 온도와 점성을 순서 없이 나타낸 것이다.

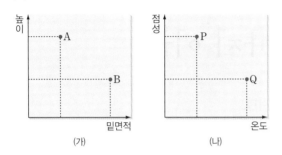

(가)   (나)

이에 대한 설명으로 옳은 것만을 〈보기〉에서 있는 대로 고른 것은?

┌─ 보기 ─────────────────────────┐
ㄱ. 화산체의 경사는 A가 B보다 급하다.
ㄴ. 분출 시 가스 성분의 함량은 A가 B보다 많았다.
ㄷ. P는 A를, Q는 B를 형성한 마그마의 온도와 점성을 나타낸 것이다.
└────────────────────────────┘

① ㄱ   ② ㄷ   ③ ㄱ, ㄴ
④ ㄴ, ㄷ   ⑤ ㄱ, ㄴ, ㄷ

14 ∽ 03. 변동대와 화성암 30쪽
그림은 화성암을 화학 조성과 광물 조성 및 입자의 크기에 따라 분류한 것이다.

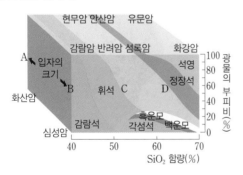

이에 대한 설명으로 옳은 것만을 〈보기〉에서 있는 대로 고른 것은?

┌─ 보기 ─────────────────────────┐
ㄱ. A에서 B로 갈수록 입자의 크기가 크다.
ㄴ. C에서 D로 갈수록 Ca의 함량이 증가한다.
ㄷ. 유문암의 화학 조성은 현무암보다 화강암에 가깝다.
└────────────────────────────┘

① ㄱ   ② ㄴ   ③ ㄱ, ㄷ
④ ㄴ, ㄷ   ⑤ ㄱ, ㄴ, ㄷ

1등급을 완성하는 서술형 문제

15 ∽ 01. 판 구조론의 정립 10쪽
해령에서 끊임없이 마그마가 분출하여 새로운 해양 지각이 생성되어도 지구의 표면이 모두 해양 지각으로 이루어지지는 않는다. 그 까닭은 무엇인지 판의 운동과 관련지어 설명하시오.

16 ∽ 02. 대륙 분포의 변화와 판 이동의 원동력 16쪽
그림은 판의 운동을 모식적으로 나타낸 것이다.

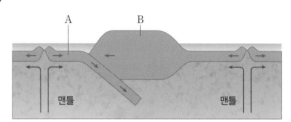

판 A와 B의 이동 속도를 비교하고, 그 까닭을 판을 이동시키는 힘과 관련지어 설명하시오.

17 ∽ 03. 변동대와 화성암 30쪽
그림 (가)는 제주도의 용두암을, (나)는 설악산의 울산 바위를 나타낸 것이다.

(가) 용두암   (나) 울산 바위

두 지역을 이루는 암석의 색깔과 입자의 크기를 비교하고, 그러한 차이를 보이는 까닭을 설명하시오.

성공의 세 가지 이유

마쓰시타 고노스케는 일본에서 '경영의 신'으로 불립니다.

그는 비교적 유복한 가정에서 여덟 형제 중 막내로 태어났습니다. 그러나 네 살 때 부친의 사업이 파산하면서 집안 형편이 어려워지고, 전염병과 결핵으로 형제들이 잇달아 사망하는 불운이 계속되었습니다. 결혼 후에는 외아들마저 요절하는 불운을 빗겨 갈 수 없었습니다. 그런 그가 어떻게 당대 세계적인 기업을 육성하는 대업을 이루었을까요?

"회장님의 성공 비결은 무엇입니까?"
한 직원이 그에게 물었습니다. 마쓰시타는 웃으면서 말했습니다.

"저는 집이 가난했기에 어릴 때부터 온갖 허드렛일을 하며 세상살이에 필요한 경험을 쌓을 수 있었습니다. 몸이 허약했기 때문에 항상 운동에 힘써 건강을 유지할 수 있었고, 학교를 제대로 마치지 못했기 때문에 만나는 모든 사람을 스승 삼으며 누구에게나 묻고 배우며 익혔습니다."

Ⅱ 지구의 역사

조금만 힘내서 달려보자!

이 단원에서는 지층의 형성 과정, 여러 가지 퇴적 구조와 퇴적 환경, 다양한 지질 구조의 형성 과정 및 지층의 나이를 결정하는 방법에 대해 알아본다. 또, 지질 시대에 살았던 생물의 변천을 통해 지질 시대의 환경과 생물이 끊임없이 변해 왔음을 알아본다.

04 퇴적암과 퇴적 구조

1 퇴적암의 생성 과정과 종류   자료 분석 특강 54쪽 A

1 퇴적암의 생성 과정❶

① 퇴적물: 풍화와 침식 작용으로 생긴 쇄설물이 물, 바람, 빙하 등과 함께 운반되어 쌓인 물질

② 퇴적암: 퇴적물이 다져지고 굳어져 생성된 암석

③ 속성 작용: 퇴적물이 쌓인 후 다져지고 굳어져 퇴적암이 되기까지의 전체 과정

> 속성 작용이 진행되는 동안 퇴적물의 밀도는 증가하고, 공극의 부피는 감소한다.

다짐 작용
퇴적물이 계속 쌓여 아래에 놓인 퇴적물이 압력을 받아 입자들 사이의 공간이 좁아지고, 밀도가 커지는 작용

다져짐. ─ 공극이라고 한다.

교결 작용
지하수에 녹아 있던 물질이 퇴적 입자에 침전되어 퇴적물이 굳어지는 작용❷

굳어짐.

교결 물질

퇴적물 ────────────────────→ 퇴적암

▲ 속성 작용 모든 종류의 퇴적암은 속성 작용을 거쳐 만들어진다.

2 퇴적암의 종류   퇴적물의 기원에 따라 쇄설성 퇴적암, 화학적 퇴적암, 유기적 퇴적암으로 구분한다.

> 석회암과 처트는 화학적(무기적) 과정에 의해 생성되지만, 유기물의 퇴적에 의해서도 생성된다.

구분	쇄설성 퇴적암❸				화학적 퇴적암			유기적 퇴적암		
정의	풍화와 침식을 받아 생성된 점토, 모래, 자갈, 화산재 등이 운반된 후 쌓여 생성된 퇴적암				물에 녹아 있던 물질이 화학적으로 침전하거나 물이 증발하면서 물질이 침전하여 생성된 퇴적암			동식물이나 미생물의 유해가 퇴적되어 생성된 퇴적암		
퇴적물	점토	모래, 점토	자갈, 모래, 점토	화산재	CaCO₃	NaCl	규질	식물체	산호, 조개껍데기	규질 생물체
퇴적암	셰일	사암	역암	응회암	석회암	암염	처트	석탄	석회암	처트
모습										

3 퇴적암의 특징과 가치   퇴적암은 층리가 발달하고, 화석이 발견되며, 다양한 퇴적 구조가 나타난다.

특징	층리	입자의 크기, 색깔, 성분 등이 다른 퇴적물이 해수면과 나란하게 겹겹이 퇴적되어 생긴 줄무늬 구조 → 셰일이나 사암과 같은 쇄설성 퇴적암에서 잘 나타난다.
가치	경제적	퇴적암에는 석탄, 석유 등의 에너지 자원이나 철 등의 광물 자원이 포함되어 있다.
	과학적	퇴적암에 포함된 화석은 생물 변천 과정이나 지구의 역사를 이해하는 자료로 이용된다.

층리

> 층리에 의하여 구분되는 구간을 층리라고 하며, 이 층들의 집합을 지층이라고 한다.

확인문제 ❶

1 퇴적물이 쌓인 후 다져지고, 굳어져 퇴적암이 되기까지의 전체 과정을 (   )(이)라고 한다.

2 석회암과 처트는 (   ) 퇴적암이나 (   ) 퇴적암에 속한다.

3 퇴적물이 겹겹이 퇴적되어 생긴 줄무늬를 (   )(이)라고 한다.

• 퇴적암의 생성 과정과 종류 이해하기
• 퇴적 구조의 형성 과정과 퇴적 환경 해석하기

핵심 개념
쇄설성 퇴적암, 화학적 퇴적암, 유기적 퇴적암, 층리, 퇴적 구조(점이 층리, 사층리, 연흔, 건열)

plus➕ 개념

❶ 퇴적암의 생성 과정

풍화와 침식	해수 증발과 침전	생물 유해의 침전
	↓	
	퇴적물의 퇴적	
	↓	
	속성 작용	
	↓	
	퇴적암	

❷ 교결 작용
탄산 칼슘, 규산염 광물, 철분 등이 알갱이 사이의 공간을 채우면 입자들은 보다 균일해지고, 생성 환경의 온도와 압력 조건에서 안정한 상태가 되어 단단한 퇴적암이 된다.

❸ 쇄설성 퇴적암
쇄설성 퇴적암은 퇴적물의 종류에 따라 육성 쇄설성 퇴적암과 화산 쇄설성 퇴적암으로 구분한다. 육성 쇄설성 퇴적암에는 역암, 사암, 셰일 등이 있고, 화산 쇄설성 퇴적암에는 응회암(화산재)과 집괴암(화산재+화산력)이 있다.

궁금하지?

Q. 셰일과 이암은 어떤 차이가 있을까?
A. 셰일과 이암은 모두 입자가 매우 작은 점토질 물질이 쌓여 형성된다. 하지만 셰일은 층리가 발달하여 얇은 층을 이루고, 이암은 층을 이루지 않는다는 차이점이 있다.

2 퇴적 구조와 퇴적 환경   자료 분석 특강 54쪽 B

— 여러 지층이 쌓여 있을 때 아래의 지층이 먼저 쌓인 것이지만 지각 변동을 받으면 먼저 쌓인 지층이 위에 놓이게 되는 경우도 있다.

1 퇴적 구조 퇴적 당시의 환경과 과정을 알려주며, 지층의 역전을 판단하는 데 기준이 된다.

구분	점이 층리	사층리	연흔	건열
퇴적 구조	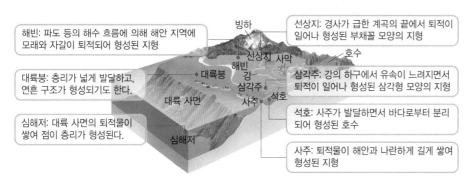			
	한 지층 내에서 위로 가면서 입자 크기가 점점 작아지는 구조	층리가 나란하지 않고 엇갈린 구조 → 경사진 층리	퇴적물의 표면에 생긴 물결 모양 자국의 흔적	가뭄이 들 때 논바닥이 갈라지는 것과 같이 갈라진 구조
퇴적 환경	• 수심이 깊은 바다나 호수 • 퇴적물이 빠르게 흐르다가 속도가 느려져 퇴적될 때 입자가 가라앉아 생성된다.④	• 수심이 얕은 곳이나 사막 • 물이 흐르거나 바람이 부는 방향으로 퇴적물이 운반되어 경사면을 따라 쌓여 생성된다.⑤	• 수심이 얕은 바다나 호수 • 물밑에서 흐르는 물이나 파도의 자국이 퇴적물의 표면에 새겨져 생성된다.	• 건조한 기후⑥ • 점토질 물질이 쌓인 후 퇴적물 표면이 대기에 노출되어 건조해질 때 퇴적물이 수축하여 갈라져 생성된다.

2 퇴적 환경 위치에 따라 육상 환경, 연안 환경, 해양 환경으로 구분한다.
  ① 육상 환경: 육지 내에 쇄설성 퇴적물이 퇴적되는 곳 → 선상지, 하천, 호수, 사막 등
  ② 연안 환경: 육상 환경과 해양 환경 사이에서 형성되는 곳 → 삼각주, 해빈, 사주, 석호 등
  ③ 해양 환경: 해저에서 퇴적물이 퇴적되는 곳 → 대륙붕, 대륙 사면, 대륙대, 심해저 등

해빈: 파도 등의 해수 흐름에 의해 해안 지역에 모래와 자갈이 퇴적되어 형성된 지형

대륙붕: 층리가 넓게 발달하고, 연흔 구조가 형성되기도 한다.

심해저: 대륙 사면의 퇴적물이 쌓여 점이 층리가 형성된다.

선상지: 경사가 급한 계곡의 끝에서 퇴적이 일어나 형성된 부채꼴 모양의 지형

삼각주: 강의 하구에서 유속이 느려지면서 퇴적이 일어나 형성된 삼각형 모양의 지형

석호: 사주가 발달하면서 바다로부터 분리되어 형성된 호수

사주: 퇴적물이 해안과 나란하게 길게 쌓여 형성된 지형

우리나라의 퇴적암 지형

제주도 수월봉	부안군 채석강	고성군 덕명리 해안	태백 구문소
화산재가 쌓여 층리를 이룬다.	중생대 퇴적암층으로, 연흔, 층리가 나타난다.	공룡 발자국 화석, 연흔, 건열이 나타난다.	고생대 석회암층으로, 연흔, 건열이 나타난다.

확인 문제 2

4 한 지층 내에서 위로 가면서 입자의 크기가 점점 작아지는 구조를 (   )(이)라고 한다.
5 건열은 건조한 기후보다 습윤한 기후 환경에서 잘 형성된다. (○, ×)
6 삼각주, 해빈, 사주 등은 (   ) 환경에서 형성된다.

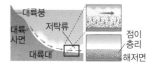 plus 개념

④ 저탁류와 점이 층리의 형성
경사가 급한 대륙 사면에 쌓여 있는 퇴적물은 해저 지진 등이 일어나면 수심이 깊고 평탄한 대륙대로 빠르게 흘러내리게 되는데, 이러한 퇴적물의 흐름을 저탁류라고 한다. 이때 대륙대에서는 입자가 큰 것부터 차례대로 가라앉아 점이 층리가 형성된다.

⑤ 사층리의 형성 과정
물 또는 바람

⑥ 건조 기후의 증거
지층에서 건열이 나타나거나 암염 등의 증발암이 지층을 이루면 지층이 형성될 당시에 기후가 건조했음을 알 수 있다.

 꼭 기억해!

퇴적 구조와 지층의 역전 판단(정상층의 경우)
• 점이 층리: 위로 갈수록 입자의 크기가 작아진다.
• 사층리: 위로 갈수록 수평면과 사층리가 이루는 각이 커진다.
• 연흔: 물결 흔적의 뾰족한 부분이 위를 향한다.
• 건열: V자 모양이 나타난다.

용어 돋보기
• 연흔(잔물결 漣, 흔적 痕): 파도에 의해 퇴적물에 생긴 흔적이다.
• 건열(마를 乾, 찢어질 裂): 퇴적물이 말라서 갈라진 구조이다.

1 퇴적암의 생성 과정과 종류

01 퇴적암에 대한 설명으로 옳지 <u>않은</u> 것은?

① 속성 작용을 받아 만들어진다.
② 화산 분출물에 의해 만들어진 것도 있다.
③ 모든 암석에서 층리가 뚜렷하게 나타난다.
④ 퇴적암에서 여러 종류의 화석이 산출되기도 한다.
⑤ 퇴적물의 종류, 입자 크기, 구성 성분에 따라 분류된다.

[02~03] 다음은 어느 퇴적암이 만들어지는 과정을 나타낸 것이다. 물음에 답하시오.

풍화 · 침식 · 운반 작용	퇴적 작용	다짐 작용	교결 작용
(가)	(나)	(다)	(라)

02 (가) → (나) 과정을 거치는 퇴적암만을 〈보기〉에서 있는 대로 고른 것은?

┤ 보기 ├
ㄱ. 셰일   ㄴ. 사암
ㄷ. 석탄   ㄹ. 암염

① ㄱ, ㄴ   ② ㄱ, ㄷ   ③ ㄴ, ㄷ
④ ㄴ, ㄹ   ⑤ ㄷ, ㄹ

03 (다) → (라) 과정을 거치는 동안 퇴적물의 공극과 밀도 변화를 각각 쓰시오.

[04~05] 그림 (가)와 (나)는 생성 과정이 다른 두 퇴적암을 나타낸 것이다. 물음에 답하시오.

(가) 역암   (나) 석회암

04 퇴적암 (가)와 (나)에 대한 설명으로 옳은 것만을 〈보기〉에서 있는 대로 고른 것은?

┤ 보기 ├
ㄱ. (가)는 자갈, 모래, 점토가 굳어진 것이다.
ㄴ. (나)는 기존 암석이 풍화와 침식을 받아 생성된 것이다.
ㄷ. (가)와 (나) 모두 교결 작용을 받아 생성되었다.

① ㄱ   ② ㄴ   ③ ㄱ, ㄷ
④ ㄴ, ㄷ   ⑤ ㄱ, ㄴ, ㄷ

(✐서술형)

05 (나)에서는 해양 생물의 화석이 산출되는 경우가 많다. 그 까닭을 (나)가 퇴적된 환경과 관련지어 설명하시오.

(🔎중요)

06 표는 퇴적물에 따라 퇴적암을 구분하여 나타낸 것이다.

구분	퇴적물	퇴적암
쇄설성 퇴적암	a	A
화학적 퇴적암	b	B
유기적 퇴적암	c	C

이에 대한 설명으로 옳은 것만을 〈보기〉에서 있는 대로 고른 것은?

┤ 보기 ├
ㄱ. 응회암은 A에 해당한다.
ㄴ. b가 NaCl이면 B는 석회암이다.
ㄷ. 석탄은 C에 해당한다.

① ㄱ   ② ㄴ   ③ ㄱ, ㄷ
④ ㄴ, ㄷ   ⑤ ㄱ, ㄴ, ㄷ

2 퇴적 구조와 퇴적 환경

07 특정한 퇴적 환경을 알 수 있는 퇴적 구조가 <u>아닌</u> 것은?

① 층리   ② 연흔   ③ 건열

④ 사층리   ⑤ 점이 층리

08 그림은 어떤 퇴적 구조를 나타낸 것이다.

이에 대한 설명으로 옳은 것만을 〈보기〉에서 있는 대로 고른 것은?

┤ 보기 ├

ㄱ. 연흔이다.

ㄴ. 퇴적된 당시에는 A가 아래, B가 위이다.

ㄷ. 가는 입자가 굵은 입자보다 먼저 가라앉아 생성되었다.

① ㄱ   ② ㄴ   ③ ㄱ, ㄷ

④ ㄴ, ㄷ   ⑤ ㄱ, ㄴ, ㄷ

09 그림은 어떤 퇴적 구조를 나타낸 것이다.

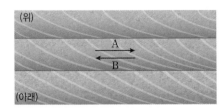

이에 대한 설명으로 옳은 것만을 〈보기〉에서 있는 대로 고르시오.

┤ 보기 ├

ㄱ. 위로 갈수록 나중에 퇴적된 지층이다.

ㄴ. 사막 환경에서 생성되는 경우가 있다.

ㄷ. A와 B 중 퇴적물이 이동한 방향은 A이다.

10 그림 (가)와 (나)는 어느 지역에서 관찰된 퇴적 구조를 나타낸 것이다.

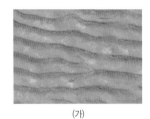 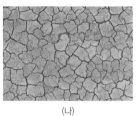

(가)   (나)

(가)와 (나)의 퇴적 구조가 생성될 때의 자연 환경에 대해 각각 설명하시오.

11 그림은 여러 가지 퇴적 환경을 나타낸 것이다.

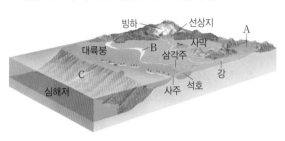

A~C 환경에 대한 설명으로 옳은 것만을 〈보기〉에서 있는 대로 고른 것은?

┤ 보기 ├

ㄱ. A에는 주로 쇄설성 퇴적물이 쌓인다.

ㄴ. B의 퇴적물은 주로 바람에 의해 운반되어온 것이다.

ㄷ. C의 퇴적물은 해저 지진이 일어나면 운반되어 연흔을 형성한다.

① ㄱ   ② ㄷ   ③ ㄱ, ㄴ

④ ㄴ, ㄷ   ⑤ ㄱ, ㄴ, ㄷ

12 오른쪽 그림은 어느 지역의 지형 사진을 나타낸 것이다. 이 지형의 이름을 쓰고, 이러한 퇴적 지형이 형성된 과정을 물의 유속 변화와 관련지어 설명하시오.

A 퇴적암의 형성과 분류

그림은 퇴적암이 형성되는 과정의 일부를 나타낸 것이다.

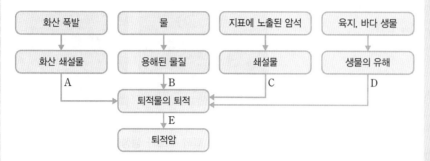

· A~E 과정 해석하기

A 과정	화산 폭발이 일어날 때 방출된 화산재, 화산력 등의 화산 쇄설물이 쌓인다. → 화산 쇄설성 퇴적암의 생성 ❶
B 과정	물에 녹아 있는 이온들이 화학적으로 서로 결합하여 침전되거나 물의 증발로 물질이 침전하여 퇴적물이 쌓인다. → 화학적 퇴적암의 생성 ❷
C 과정	지표에 노출된 암석이 풍화, 침식, 운반 작용을 받아 호수나 바다에 퇴적물이 쌓인다. → 육성 쇄설성 퇴적암의 생성 ❸
D 과정	육지나 바다에 사는 동식물이나 미생물이 죽으면 유해가 쌓인다. → 유기적 퇴적암의 생성 ❹
E 과정	퇴적물이 계속 쌓이면 하부의 퇴적물은 압력을 받아 다져져서 입자 사이의 공극이 감소하고, 밀도가 증가한다(다짐 작용). → 지하수에서 탄산 칼슘, 규산염 광물, 철분 등이 빠져나와 퇴적물 사이의 공극을 채우면 퇴적물은 단단하게 굳어진다(교결 작용).

❶ 화산 쇄설성 퇴적암의 생성: 화산 쇄설물이 퇴적되어 응회암(화산재), 집괴암(화산력, 화산재)이 생성된다.

❷ 화학적 퇴적암의 생성: 물에 용해된 물질이 침전되어 석회암($CaCO_3$), 암염(NaCl) 등이 생성된다.

❸ 육성 쇄설성 퇴적암의 생성: 풍화와 침식에 의해 생긴 쇄설물이 퇴적되어 셰일(점토), 사암(모래, 점토), 역암(자갈, 모래, 점토)이 생성된다.

❹ 유기적 퇴적암의 생성: 생물의 유해가 퇴적되어 석탄(식물체), 석회암(산호, 조개껍데기) 등이 생성된다.

TIP
퇴적물이 쌓인 후 퇴적암이 되기까지 다짐 작용과 교결 작용을 포함한 일련의 과정을 속성 작용이라고 한다.

실력을 올리는 실전 문제 찾아가기
· 퇴적암의 생성 과정에서 퇴적물에 일어나는 변화를 묻는 문제_01, 02, 03
· 퇴적암의 종류와 생성 원인에 대해 묻는 문제_06, 07

B 퇴적 구조의 해석

그림은 여러 가지 퇴적 구조와 단면을 모식적으로 나타낸 것이다.

구분	(가)	(나)	(다)	(라)
퇴적 구조				
단면 모식도	①	①②	③	④

· (가)~(라)의 퇴적 구조 해석하기

(가)	위로 갈수록 입자의 크기가 작아지는 점이 층리이다. → 홍수에 의해 호수의 퇴적물이 한꺼번에 유입되거나 대륙 사면의 퇴적물이 해저 지진이나 화산 활동에 의해 대륙대로 한꺼번에 흘러 생성된다.
(나)	층리가 비스듬하게 기울어진 모습이 엇갈려 나타나는 사층리이다. → 사막에서 바람이 퇴적물을 운반하여 만들어지거나, 수심이 얕은 곳에서 물이 경사면을 따라 흐르면서 퇴적물을 운반하여 생성된다.
(다)	흐르는 물이나 파도의 흔적이 퇴적물의 표면에 나타난 연흔이다. → 수심이 얕은 물밑에서 물결 모양의 흔적이 생성된다.
(라)	건조한 환경에서 퇴적물의 표면이 갈라져 생긴 건열이다. → 습윤한 환경에서 점토질의 퇴적물이 쌓인 후 물이 증발하거나 퇴적물이 수면 위로 노출되어 생성된다.

❶ 퇴적암에서 가장 흔히 나타나는 퇴적 구조는 층리이다. 층리는 종류, 색깔, 크기 등이 다른 퇴적물이 겹겹이 쌓여 만들어진 층상 구조이다.

❷ 사층리는 물이나 바람이 흐르면서 퇴적물이 유입된 방향을 해석할 수 있다. 기울기가 큰 부분이 위쪽이다.

❸ 단면에서 뾰족한 부분이 위쪽이다.

❹ 단면에서 뾰족한 부분이 아래쪽이다.

TIP
퇴적 구조는 퇴적암이 생성된 자연 환경을 유추하는 데 이용된다. 또한 지층의 상하를 판단하는 데 이용될 수 있다.

실력을 올리는 실전 문제 찾아가기
· 퇴적 구조의 사진이나 그림을 해석하여 퇴적암의 생성 환경을 추론하는 문제_08, 09, 12
· 지층 단면과 지층에서 나타나는 퇴적 구조, 화석 등을 제시하고, 지층의 생성 순서를 통합적으로 해석하는 문제 _11

01 그림은 퇴적암의 생성 과정을 나타낸 것이다.

이에 대한 설명으로 옳은 것만을 〈보기〉에서 있는 대로 고른 것은?

보기
ㄱ. A는 물과 공기의 순환 과정에서 일어난다.
ㄴ. B에서 퇴적물 입자 사이의 공극은 증가한다.
ㄷ. C를 다짐 작용이라고 한다.

① ㄱ   ② ㄴ   ③ ㄱ, ㄷ
④ ㄴ, ㄷ   ⑤ ㄱ, ㄴ, ㄷ

02 그림은 퇴적물에서 퇴적암이 되기까지의 과정을 나타낸 것이다.

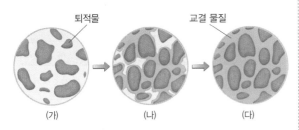

이에 대한 설명으로 옳은 것만을 〈보기〉에서 있는 대로 고른 것은?

보기
ㄱ. (가)의 퇴적물에는 사체도 포함된다.
ㄴ. 석회질 물질은 (다)의 교결 물질에 해당한다.
ㄷ. (가) → (나) → (다) 과정을 속성 작용이라고 한다.

① ㄱ   ② ㄴ   ③ ㄱ, ㄷ
④ ㄴ, ㄷ   ⑤ ㄱ, ㄴ, ㄷ

03 다음은 퇴적암이 생성되기까지의 과정을 나타낸 것이다.

이에 대한 설명으로 옳은 것만을 〈보기〉에서 있는 대로 고른 것은?

보기
ㄱ. (가)는 육지와 바다에서 모두 일어날 수 있다.
ㄴ. (다)는 지하수에 녹은 물질에 의해 일어난다.
ㄷ. (가) → (나) → (다) 과정에서 퇴적물의 밀도는 증가한다.

① ㄱ   ② ㄷ   ③ ㄱ, ㄴ
④ ㄴ, ㄷ   ⑤ ㄱ, ㄴ, ㄷ

◆ 수능모의평가기출 변형
04 그림은 퇴적암의 생성에 관해 세 학생 A, B, C가 대화하는 모습을 나타낸 것이다.

이에 대한 설명으로 옳은 것만을 〈보기〉에서 있는 대로 고른 것은?

보기
ㄱ. ㉠은 '퇴적 속도'이다.
ㄴ. B 학생은 옳은 내용을 제시하였다.
ㄷ. 석회암 중에는 ㉡의 물질이 퇴적되어 생성된 것이 있다.

① ㄱ   ② ㄷ   ③ ㄱ, ㄴ
④ ㄴ, ㄷ   ⑤ ㄱ, ㄴ, ㄷ

05 그림은 세 종류의 퇴적암을 분류하는 과정을 모식도로 나타낸 것이다.

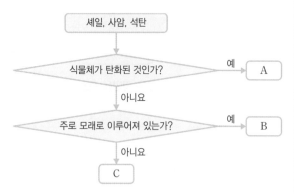

이에 대한 설명으로 옳은 것만을 〈보기〉에서 있는 대로 고른 것은?

┤ 보기 ├
ㄱ. A는 바다에서 퇴적되어 생성된다.
ㄴ. B는 풍화와 침식을 거쳐 생성된다.
ㄷ. C에서는 층리가 발달하지 않는다.

① ㄱ   ② ㄴ   ③ ㄱ, ㄷ
④ ㄴ, ㄷ   ⑤ ㄱ, ㄴ, ㄷ

07 표는 퇴적암을 분류하여 그 예를 나타낸 것이다.

퇴적암	예
A	역암, 사암, 셰일, 응회암
B	석회암, 암염, 처트
C	석회암, 석탄, 처트

이에 대한 설명으로 옳은 것만을 〈보기〉에서 있는 대로 고른 것은?

┤ 보기 ├
ㄱ. A~C는 퇴적물의 생성 원인에 따라 분류한 것이다.
ㄴ. B는 물에 용해된 물질이 퇴적되어 생성된 것이다.
ㄷ. B는 유기적 퇴적암, C는 화학적 퇴적암으로 분류된다.

① ㄱ   ② ㄷ   ③ ㄱ, ㄴ
④ ㄴ, ㄷ   ⑤ ㄱ, ㄴ, ㄷ

06 그림은 세 종류의 퇴적암을 나타낸 것이다.

(가) 응회암   (나) 석회암   (다) 암염

이에 대한 설명으로 옳은 것만을 〈보기〉에서 있는 대로 고른 것은?

┤ 보기 ├
ㄱ. (가)의 퇴적물은 물의 풍화 작용에 의해 생성되었다.
ㄴ. (나)는 (가)보다 화석이 발견될 가능성이 크다.
ㄷ. (가)~(다) 모두 속성 작용을 거쳐 생성되었다.

① ㄱ   ② ㄴ   ③ ㄱ, ㄷ
④ ㄴ, ㄷ   ⑤ ㄱ, ㄴ, ㄷ

➔ 수능모의평가기출 변형

08 다음은 지질 답사에서 촬영한 퇴적 구조와 관찰 결과이다.

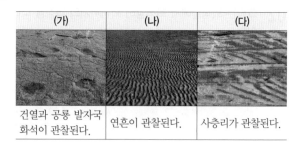

(가)	(나)	(다)
건열과 공룡 발자국 화석이 관찰된다.	연흔이 관찰된다.	사층리가 관찰된다.

(가)~(다)의 퇴적 구조에 대한 설명으로 옳은 것만을 〈보기〉에서 있는 대로 고른 것은?

┤ 보기 ├
ㄱ. (가)는 건조한 환경에서 형성되었다.
ㄴ. (나)는 지층 단면의 모습이다.
ㄷ. (다)에서는 위로 갈수록 퇴적물 입자의 크기가 작아진다.

① ㄱ   ② ㄴ   ③ ㄱ, ㄷ
④ ㄴ, ㄷ   ⑤ ㄱ, ㄴ, ㄷ

09 그림 (가)~(다)는 퇴적 구조의 단면을 나타낸 것이다.

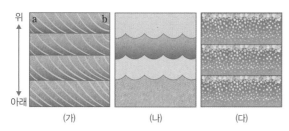

이에 대한 설명으로 옳은 것만을 〈보기〉에서 있는 대로 고른 것은?

┌ 보기 ┐
ㄱ. (가)에서 퇴적물은 a → b 방향으로 공급되었다.
ㄴ. (나)는 (다)보다 수심이 더 깊은 바다에서 퇴적되었다.
ㄷ. (가)~(다) 중 지층의 역전이 관찰되는 것은 (가)와 (나)이다.

① ㄱ   ② ㄴ   ③ ㄱ, ㄷ
④ ㄴ, ㄷ   ⑤ ㄱ, ㄴ, ㄷ

11 그림은 어느 지역의 지층 단면과 지층에서 관찰된 퇴적 구조를 나타낸 것이다.

이에 대한 설명으로 옳은 것만을 〈보기〉에서 있는 대로 고른 것은?(단, 지층의 역전은 일어나지 않았다.)

┌ 보기 ┐
ㄱ. 역암이 석회암보다 먼저 퇴적되었다.
ㄴ. 셰일이 퇴적된 후 이 지역은 건조한 환경으로 변했다.
ㄷ. 이 지역의 지층은 모두 쇄설물이 쌓여 퇴적암이 되었다.

① ㄱ   ② ㄴ   ③ ㄱ, ㄷ
④ ㄴ, ㄷ   ⑤ ㄱ, ㄴ, ㄷ

10 그림은 육지와 바다의 퇴적 환경을 나타낸 것이다.

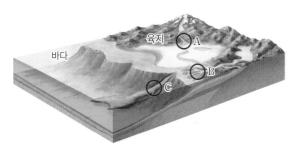

이에 대한 설명으로 옳은 것만을 〈보기〉에서 있는 대로 고른 것은?

┌ 보기 ┐
ㄱ. A에서는 지형의 경사가 완만해지면서 퇴적이 일어난다.
ㄴ. 퇴적물 입자의 평균 크기는 A보다 B에서 크다.
ㄷ. C의 퇴적물 흐름에 의해 연흔이 생성된다.

① ㄱ   ② ㄴ   ③ ㄱ, ㄷ
④ ㄴ, ㄷ   ⑤ ㄱ, ㄴ, ㄷ

12 다음은 우리나라 두 지역의 모습과 지질학적 특징을 정리한 것이다.

(가) 제주도 수월봉	(나) 전라북도 채석강
응회암이 두껍게 쌓여 지층을 형성하였다.	역암층, 셰일층 등이 쌓여 있으며, 연흔이 관찰된다.

이에 대한 설명으로 옳은 것만을 〈보기〉에서 있는 대로 고른 것은?

┌ 보기 ┐
ㄱ. (가)의 퇴적물은 화산 활동에 의해 분출되었다.
ㄴ. (나)의 연흔이 형성될 당시 이 지역은 대륙대에 해당하였다.
ㄷ. (가)와 (나) 모두 지층에서 층리가 발달한다.

① ㄱ   ② ㄴ   ③ ㄱ, ㄷ
④ ㄴ, ㄷ   ⑤ ㄱ, ㄴ, ㄷ

05 여러 가지 지질 구조

- 지질 구조의 생성 과정 이해하기
- 여러 가지 지질 구조가 나타나는 지질 단면도 해석하기

1 습곡과 단층 ❶

1 습곡 수평으로 퇴적된 지층이 횡압력을 받아 휘어진 지질 구조 ❷

└─ 암석이 높은 열과 압력을 받으면 쉽게 휘어진다.

① 습곡의 구조

배사	위로 볼록한 봉우리에 해당하는 부분
향사	아래로 오목한 골짜기에 해당하는 부분
습곡축	습곡 중앙의 축
날개	습곡축 양쪽의 경사면

② 습곡의 종류: 습곡축면의 기울기에 따라 분류한다.

종류	정습곡	경사 습곡	횡와 습곡
정의	습곡축면이 수평면에 대해 거의 수직인 습곡 습곡축을 연결한 면	습곡축면이 수평면에 대해 기울어진 습곡	습곡축면이 거의 수평으로 누운 습곡
모습			

2 단층 암석에 힘이 작용하여 암석이 끊어지면서 생긴 면을 경계로 양쪽의 암석이 상대적으로 이동하여 어긋난 지질 구조

└─ 장력, 횡압력, 중력 등

① 단층의 구조

단층면	단층에서 지층이 끊어진 면
상반	단층면을 경계로 위쪽의 부분
하반	단층면을 경계로 아래쪽의 부분

② 단층의 종류: 단층면을 기준으로 상반과 하반의 상대적인 이동에 따라 구분한다.

종류	정단층	역단층	주향 이동 단층
정의	장력이 작용하여 상반이 아래로 내려간 단층	횡압력이 작용하여 상반이 위로 밀려 올라간 단층	단층면을 따라 지층이 수평 방향으로 이동한 단층
모습			

양쪽에서 잡아당기는 힘 작용   양쪽에서 미는 힘 작용

확인 문제 ①

1 지층에 (　　　)이/가 작용하여 휘어진 지질 구조를 (　　　)(이)라고 한다.

2 습곡축면이 똑바로 선 습곡을 (　　　), 거의 수평으로 누운 습곡을 (　　　)(이)라고 한다.

3 지층에 (　　　)이/가 작용하여 지층이 끊어지면 정단층이 형성된다.

4 판의 수렴형 경계에서는 (　　　)이나 (　　　)이/가 발달한다.

핵심 개념

습곡, 단층, 부정합, 절리, 관입과 포획

plus 개념

❶ 습곡과 단층
지층은 탄성체이므로 외부에서 약한 힘이 가해지면 변형되었다가 힘이 제거되면 원래의 모양으로 되돌아간다. 그러나 탄성 한계를 넘는 힘이 가해지면 지층이 휘어지거나 파쇄되어 습곡 또는 단층이 생긴다.

❷ 횡압력과 장력
지층을 양쪽에서 미는 힘을 횡압력, 지층을 양쪽에서 잡아당기는 힘을 장력이라고 한다.

횡압력 역단층, 습곡

장력 정단층

✲ 판 경계와 지질 구조

발산형 경계	지층에 장력 작용 → 정단층 발달 ⓔ 동아프리카 열곡대, 대서양 중앙 해령
수렴형 경계	지층에 횡압력 작용 → 습곡, 역단층 발달 ⓔ 히말라야산맥, 알프스산맥
보존형 경계	주향 이동 단층 발달 ⓔ 산안드레아스 단층

꼭 기억해!

단층 모양대로 손을 세우고 손등을 상반, 손바닥을 하반이라고 하면 쉽게 상반과 하반을 구별할 수 있다.

손등 → 상반　단층면　손등 → 상반

손바닥 → 하반

2 부정합   자료 분석 특강 62쪽 A

> 상하 두 지층 간에 퇴적의 중단 없이 연속적으로 쌓이면 정합이라고 한다.

1 부정합[3]   상하 두 지층 사이에 퇴적 시간의 커다란 공백이 생긴 지질 구조로, 조륙 운동이나 조산 운동에 의해 퇴적 → 융기 → 침식 → 침강 → 퇴적의 과정을 거쳐 생성된다.[4]

> 부정합면 위에는 기저 역암이 존재하는 경우가 많다.

퇴적	융기	침식	침강 및 퇴적
	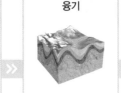	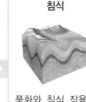	
해수면 아래에서 퇴적물이 쌓여 지층이 형성된다.	지층이 융기하여 육지로 드러난다. 습곡 작용이 일어나기도 한다.	풍화와 침식 작용을 받아 지층이 깎인다.	지층이 다시 해수면 아래로 침강하여 새로운 지층이 쌓인다.

2 부정합의 종류   부정합면 아래의 암석의 종류나 상태에 따라 구분한다.

> 부정합면을 경계로 상하 지층의 지질 구조나 산출되는 화석이 크게 달라진다.

종류	평행 부정합	경사 부정합	난정합
정의	부정합면을 경계로 상하 지층이 나란한 부정합 → 조륙 운동을 받은 경우	부정합면을 경계로 상하 지층의 경사가 다른 부정합 → 조산 운동을 받은 경우	부정합면 아래의 지층이 심성암이나 변성암으로 이루어진 부정합
모습	기저 역암 / 부정합면	부정합면	부정합면

3 절리 및 관입과 포획   자료 분석 특강 62쪽 B

1 절리   암석에 생긴 틈이나 균열로, 갈라진 틈을 따라 암석의 상대적인 이동이 없다.[5]

종류	주상 절리	판상 절리
정의	오각형, 육각형의 기둥 모양을 이루는 절리	얇은 판 모양으로 갈라진 절리
생성 과정	용암의 급격한 냉각과 수축에 의해 기둥 모양의 절리가 생성된다.	압력 감소 / 심성암 → 팽창 / 지하 깊은 곳에 있는 암석이 융기하면서 외부 압력의 감소로 판 모양의 절리가 생성된다.

2 관입과 포획

> 주변의 암석은 열에 의해 접촉 변성 작용을 받는다.

① 관입: 고온의 마그마가 주변 암석을 뚫고 들어가 굳어지는 과정
② 포획: 관입이 일어날 때 주변 암석의 일부가 관입암 속에 포함된 것
③ 생성 순서: 관입을 당하거나 포획된 암석이 오래된 것이다.

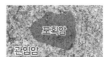
포획암 / 관입암

확인문제 2 3

5 부정합은 퇴적 → (   ) → 침식 → (   ) → 퇴적의 과정을 거쳐 생성된다.
6 (   ) 절리는 심성암이 융기하면서 압력 감소로 생성된다.
7 관입암 속에 포함된 포획암은 관입암보다 나중에 생성된 암석이다. (○, ×)

---

plus 개념

❸ 부정합으로 알 수 있는 사실
· 과거 큰 지각 변동을 받았다는 증거가 된다.
· 부정합면을 기준으로 상하 두 지층 사이에 오랜 시간 간격이 있다.
→ 지질 시대를 구분하는 중요한 기준이 된다.

❹ 조륙 운동과 조산 운동
조륙 운동은 빙하의 융해, 퇴적물의 퇴적 등과 같이 지각에 놓인 하중이 변하면서 지각이 융기하거나 침강하는 지각 변동을 말한다. 조산 운동은 판의 수렴형 경계에서 지층에 횡압력이 작용하여 습곡 산맥을 형성하는 지각 변동을 말한다.

궁금하지?

Q. 부정합면 위에는 왜 기저 역암이 나타날까?
A. 퇴적물은 수심이 깊어짐에 따라 자갈 → 모래 → 점토의 순으로 퇴적되므로 자갈은 수심이 얕은 곳에서 퇴적된다. 지층이 융기하여 침식 작용을 받은 후 침강하면 수심이 점차 깊어지면서 퇴적이 일어나는데, 수심이 얕은 곳에서 자갈이 먼저 퇴적되어 기저 역암을 이루게 되는 것이다.

❺ 절리의 종류
· 주상 절리: 화산암에서 잘 나타난다.

· 판상 절리: 심성암에서 잘 나타난다.

용어 돋보기

· **주상 절리**(기둥 柱, 형상 狀, 마디 節, 구별할 理): 용암의 냉각, 수축에 따라 생기는 기둥 모양의 절리이다.
· **판상 절리**(널빤지 板, 형상 狀, 마디 節, 구별할 理): 암석이 판 모양으로 갈라지는 절리이다.

1 습곡과 단층

01 습곡과 단층에 대한 설명으로 옳은 것은?

① 습곡은 지층에 장력이 작용하여 생긴다.
② 역단층은 지층에 장력이 작용하여 생긴다.
③ 정단층은 지층에 횡압력이 작용하여 생긴다.
④ 습곡과 단층은 지진과 화산 활동의 결과로 인해 형성된다.
⑤ 단층은 지층이 힘을 받아 끊어지고 상대적으로 이동한 구조이다.

02 그림은 습곡의 구조를 나타낸 것이다.

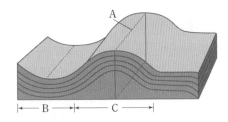

이에 대한 설명으로 옳은 것만을 〈보기〉에서 있는 대로 고른 것은?

보기
ㄱ. A는 습곡축이다.
ㄴ. A를 경계로 양쪽에 있는 경사진 부분을 날개라고 한다.
ㄷ. B는 배사 구조, C는 향사 구조이다.

① ㄱ   ② ㄷ   ③ ㄱ, ㄴ
④ ㄴ, ㄷ   ⑤ ㄱ, ㄴ, ㄷ

03 오른쪽 그림은 단층의 구조를 나타낸 것이다. 단층의 종류와 상반과 하반에 해당하는 기호를 각각 쓰시오.

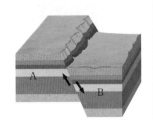

04 그림 (가)~(다)는 여러 가지 습곡을 나타낸 것이다.

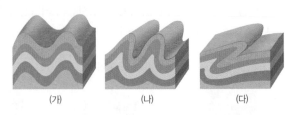

(가)   (나)   (다)

이에 대한 설명으로 옳은 것만을 〈보기〉에서 있는 대로 고른 것은?

보기
ㄱ. (가)는 정습곡이다.
ㄴ. (가)와 (나)는 횡압력, (다)는 장력에 의해 생성되었다.
ㄷ. 습곡축과 지표면이 이루는 각도는 (나)가 (다)보다 작다.

① ㄱ   ② ㄷ   ③ ㄱ, ㄴ
④ ㄴ, ㄷ   ⑤ ㄱ, ㄴ, ㄷ

05 그림 (가)~(다)는 여러 가지 단층을 나타낸 것이다.

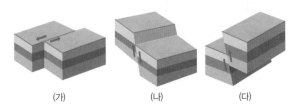

(가)   (나)   (다)

이에 대한 설명으로 옳은 것만을 〈보기〉에서 있는 대로 고른 것은?

보기
ㄱ. (가)는 주향 이동 단층이다.
ㄴ. (나)는 횡압력이 작용하여 생긴다.
ㄷ. (다)는 상반이 위로 올라간 단층이다.

① ㄱ   ② ㄴ   ③ ㄱ, ㄷ
④ ㄴ, ㄷ   ⑤ ㄱ, ㄴ, ㄷ

06 판의 발산형 경계와 수렴형 경계에서 발달하는 지질 구조를 각각 쓰시오.

2 부정합

07 부정합에 대한 설명으로 옳지 <u>않은</u> 것은?

① 지층에서 침식의 흔적이 나타난다.

② 기저 역암이 관찰되는 경우가 있다.

③ 부정합이 형성되기까지는 매우 오랜 시간이 걸린다.

④ 상하 지층의 표준 화석을 비교하면 부정합의 존재를 확인할 수 있다.

⑤ 상하 두 지층 간에 퇴적의 중단 없이 연속적으로 쌓인 관계를 말한다.

서술형

08 그림은 지층 A, B가 퇴적된 어느 지역의 지질 단면도를 나타낸 것이다.

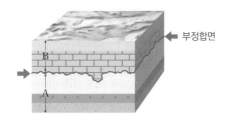

← 부정합면

이 지역의 지질학적 변화 과정을 순서대로 설명하시오.

09 그림은 어느 지역의 지질 단면도를 나타낸 것이다.

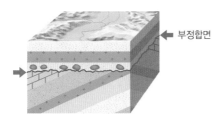

← 부정합면

이에 대한 설명으로 옳은 것만을 〈보기〉에서 있는 대로 고른 것은?

| 보기 |

ㄱ. 지층이 횡압력을 받은 적이 있다.

ㄴ. 최소한 2회의 융기 작용이 있었다.

ㄷ. 부정합면을 경계로 상하 지층의 지질 구조가 다르다.

① ㄱ   ② ㄴ   ③ ㄱ, ㄷ

④ ㄴ, ㄷ   ⑤ ㄱ, ㄴ, ㄷ

중요

10 그림 (가)와 (나)는 서로 다른 지역의 지질 단면도이다.

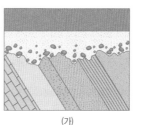 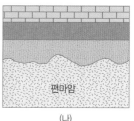

편마암

(가)   (나)

이에 대한 설명으로 옳은 것만을 〈보기〉에서 있는 대로 고른 것은?(단, 편마암 이외의 모든 지층은 퇴적암이다.)

| 보기 |

ㄱ. (가)의 지역은 횡압력을 받은 적이 있다.

ㄴ. (나)의 편마암은 생성된 후 침식 작용을 받았다.

ㄷ. (가)는 난정합이고, (나)는 평행 부정합이다.

① ㄱ   ② ㄷ   ③ ㄱ, ㄴ

④ ㄴ, ㄷ   ⑤ ㄱ, ㄴ, ㄷ

3 절리 및 관입과 포획

11 관입이 일어날 때 주변의 암석 일부가 관입암 속에 포함되는 것을 무엇이라고 하는지 쓰시오.

12 오른쪽 그림은 어느 지역의 절리를 나타낸 것이다. 이에 대한 설명으로 옳은 것만을 〈보기〉에서 있는 대로 고른 것은?

| 보기 |

ㄱ. 판상 절리이다.

ㄴ. 주로 화산암에서 생성된다.

ㄷ. 암석이 팽창하면서 생성된다.

① ㄱ   ② ㄴ   ③ ㄱ, ㄷ

④ ㄴ, ㄷ   ⑤ ㄱ, ㄴ, ㄷ

서술형

13 오른쪽 그림은 마그마가 관입하는 과정에서 형성된 포획암의 모습이다. 암석 A, B의 생성 순서와 그 까닭을 설명하시오.

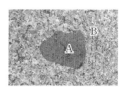

A 지질 단면도 해석

그림은 어느 지역의 지질 단면도를 나타낸 것이다(단, A와 B는 화성암이다.).

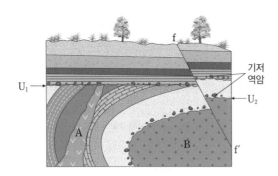

① 지질 단면도에 나타난 지질 구조 해석하기

• 부정합면 U_1을 경계로 하부는 경사층이고, 상부는 수평층이므로 경사 부정합이 형성되었다. ❶

• 부정합면 U_1 아래의 지층은 횡압력을 받아 습곡 구조가 형성된 뒤, 마그마가 관입하였다(A).

• 부정합면 U_2 아래에 화성암(B)이 있으므로 난정합이 형성되었다. ❷

• 부정합면 하부와 상부 지층은 모두 단층 f-f′에 의해 절단되었고, 단층면을 경계로 상반이 위로 올라갔으므로 역단층이 형성되었다.

② 부정합이 발견되는 지역의 지층 해석하기

• 부정합이 형성될 때 융기 → 침식 → 침강의 과정을 거치므로 2회의 융기가 있었고, 현재 지층이 육지로 드러났으므로 1회의 융기가 있었다. 따라서 이 지역은 최소 3회의 융기가 있었다.

❶ 경사 부정합은 부정합면을 경계로 상부와 하부 지층의 경사진 정도가 다르다. 대부분 조산 운동을 받은 지층에서 나타난다.

❷ 난정합은 부정합면 아래의 지층이 심성암이거나 변성암으로 되어 있다. 난정합은 다른 부정합에 비해 만들어질 때 더 오랜 시간이 걸린다.

TIP
지층에 횡압력이 작용하면 습곡이나 역단층이 형성되고, 장력이 작용하면 정단층이 형성된다.

실력을 올리는 실전 문제 찾아가기

• 지질 단면도를 제시하고, 부정합과 습곡, 단층의 종류를 묻는 문제_05, 11

• 실제 지질 단면 사진을 제시하고, 지질 구조를 해석하는 문제_12

B 절리와 포획암

그림 (가)~(다)는 우리나라 여러 지역의 지질 구조와 포획암을 나타낸 것이다.

| (가) 한탄강의 절리 | (나) 북한산의 절리 | (다) 백령도의 포획암 |

① (가)~(다) 지역의 지질 구조 해석하기

• (가) 기둥 모양의 수많은 암석이 분포한다. → 주상 절리

• (나) 얇은 판 모양으로 갈라진 암석이 분포한다. → 판상 절리

• (다) 현무암 속에 맨틀 물질인 감람암이 포함되어 있다. → 포획암

② (가)~(다) 지역의 생성 환경 해석하기

• (가)의 주상 절리는 지표로 분출한 용암이 빠르게 식으면서 수축하여 생기므로 현무암, 안산암, 유문암 등의 화산암에서 잘 나타난다. → 한탄강의 절리는 현무암으로 이루어져 있다. ❶

• (나)의 판상 절리는 지하 깊은 곳에서 화성암이 생성된 후 상부의 지층이 침식되면서 누르는 압력이 감소하여 화성암이 팽창하면서 생기므로 반려암, 섬록암, 화강암 등의 심성암에서 잘 나타난다. → 북한산의 절리는 화강암으로 이루어져 있다. ❷

• (다)는 지하 깊은 곳의 마그마가 지표로 이동하는 과정에서 맨틀 물질을 포획한 것이다. → 백령도에서는 현무암 내에 감람암이 포획되어 나타난다. ❸

❶ 우리나라에서는 제주도, 울릉도, 철원의 한탄강 등에서 주상 절리가 관찰된다.

❷ 우리나라에서는 설악산, 북한산 등과 같이 화강암이 거대한 암체를 이루는 곳에서 판상 절리가 관찰된다.

❸ 화성암의 포획암으로 발견되는 감람암은 맨틀 물질로 여겨지고 있다.

TIP
화산암에서는 주상 절리가 생기고, 심성암에서는 판상 절리가 생긴다.

실력을 올리는 실전 문제 찾아가기

• 주상 절리와 판상 절리의 생성 환경을 묻는 문제_08

• 우리나라에서 산출되는 지질 구조의 생성 환경을 묻는 문제_09

→ 수능기출 변형

01 그림 (가)와 (나)는 서로 다른 지질 구조를 나타낸 것이다.

(가)　　　　　　　　　(나)

이에 대한 설명으로 옳은 것만을 〈보기〉에서 있는 대로 고른 것은?

┌ 보기 ┐
ㄱ. (가)는 상반이 아래로 이동한 지질 구조이다.
ㄴ. (가)와 (나)에 작용한 힘의 종류는 서로 다르다.
ㄷ. (가)와 (나)는 모두 층리가 발달하는 암석에서 잘 관찰된다.

① ㄱ　　　　　② ㄷ　　　　　③ ㄱ, ㄴ
④ ㄴ, ㄷ　　　　⑤ ㄱ, ㄴ, ㄷ

→ 수능기출 변형

02 그림 (가)~(다)는 서로 다른 지질 구조를 나타낸 것이다.

(가)　　　　　　(나)　　　　　　(다)

이에 대한 설명으로 옳은 것만을 〈보기〉에서 있는 대로 고른 것은?

┌ 보기 ┐
ㄱ. (가)는 단층이다.
ㄴ. (나)에서는 배사 구조와 향사 구조를 모두 관찰할 수 있다.
ㄷ. (다)는 퇴적이 중단된 시기가 있었다.

① ㄱ　　　　　② ㄷ　　　　　③ ㄱ, ㄴ
④ ㄴ, ㄷ　　　　⑤ ㄱ, ㄴ, ㄷ

03 그림 (가)는 판의 경계를, (나)~(마)는 지질 구조를 나타낸 것이다.

(가)

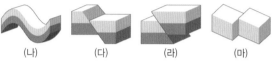

(나)　　　　(다)　　　　(라)　　　　(마)

판의 경계 A~C에서 발달하는 지질 구조를 옳게 짝 지은 것은?

	A	B	C
①	(나)	(다)	(라), (마)
②	(다)	(나)	(라), (마)
③	(다)	(나), (라)	(마)
④	(나), (다)	(마)	(라)
⑤	(다), (라)	(나)	(마)

04 그림 (가)와 (나)는 판의 경계에 발달하는 서로 다른 지형을 나타낸 것이다.

(가) 산안드레아스 단층　　　　(나) 아이슬란드 열곡

이에 대한 설명으로 옳은 것만을 〈보기〉에서 있는 대로 고른 것은?

┌ 보기 ┐
ㄱ. (가)는 보존형 경계이다.
ㄴ. (나)는 장력보다 횡압력이 우세하게 작용하여 생성된 지형이다.
ㄷ. (가)에는 정단층, (나)에는 주향 이동 단층이 발달한다.

① ㄱ　　　　　② ㄴ　　　　　③ ㄱ, ㄷ
④ ㄴ, ㄷ　　　　⑤ ㄱ, ㄴ, ㄷ

05 그림 (가)와 (나)는 다른 종류의 부정합을 나타낸 것이다.

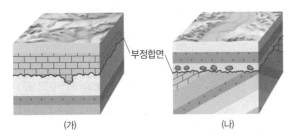

(가)   (나)

이에 대한 설명으로 옳은 것만을 〈보기〉에서 있는 대로 고른 것은?

┤ 보기 ├
ㄱ. (가)는 평행 부정합이다.
ㄴ. (가)와 (나) 모두 융기 과정을 거쳤다.
ㄷ. (가)는 조산 운동, (나)는 조륙 운동에 의해 생성된다.

① ㄱ   ② ㄷ   ③ ㄱ, ㄴ
④ ㄴ, ㄷ   ⑤ ㄱ, ㄴ, ㄷ

06 다음은 어떤 지질 구조가 형성되는 과정을 이해하기 위한 탐구 활동을 순서대로 나타낸 것이다.

(가) 색깔이 다른 찰흙 A와 B를 준비한다.

(나) A를 양쪽에서 밀어 주름을 만든다.

(다) 칼로 A의 윗부분을 자른다.

(라) A 위에 B를 놓는다.

이에 대한 설명으로 옳은 것만을 〈보기〉에서 있는 대로 고른 것은?

┤ 보기 ├
ㄱ. (나)는 장력이 작용한 지층을 가정한 것이다.
ㄴ. (다)는 지층이 침식을 받는 것을 가정한 것이다.
ㄷ. (가)~(라)는 경사 부정합이 형성되는 과정에 해당한다.

① ㄱ   ② ㄴ   ③ ㄱ, ㄷ
④ ㄴ, ㄷ   ⑤ ㄱ, ㄴ, ㄷ

07 다음은 어느 지역에서 부정합이 형성된 과정을 나타낸 것이다.

(가) 셰일층이 변성 작용을 받아 편마암층으로 됨.
(나) 편마암층이 융기하여 지표에서 침식 작용이 일어남.
(다) 편마암층이 침강한 후 그 위에 역암층과 사암층이 차례대로 쌓임.

이에 대한 설명으로 옳은 것만을 〈보기〉에서 있는 대로 고른 것은?

┤ 보기 ├
ㄱ. 경사 부정합이 생성되었다.
ㄴ. 부정합면 위에 기저 역암이 퇴적되었다.
ㄷ. 부정합면을 경계로 하부에 변성암이 분포한다.

① ㄱ   ② ㄷ   ③ ㄱ, ㄴ
④ ㄴ, ㄷ   ⑤ ㄱ, ㄴ, ㄷ

08 그림은 어떤 지질 구조가 생성되는 과정을 나타낸 것이다.

(가)   (나)

이에 대한 설명으로 옳은 것만을 〈보기〉에서 있는 대로 고른 것은?

┤ 보기 ├
ㄱ. 화성암을 누르는 압력은 (가)가 (나)보다 크다.
ㄴ. (가) → (나) 과정에서 주상 절리가 생성된다.
ㄷ. (나)의 절리는 화산암보다 심성암에서 잘 나타난다.

① ㄱ   ② ㄴ   ③ ㄱ, ㄷ
④ ㄴ, ㄷ   ⑤ ㄱ, ㄴ, ㄷ

09 → 수능모의평가기출 변형

그림 (가)와 (나)는 화성암에서 관찰할 수 있는 절리를 나타낸 것이다.

(가)   (나)

이에 대한 설명으로 옳은 것만을 〈보기〉에서 있는 대로 고른 것은?

보기
ㄱ. (가)는 압력의 감소로 생성된다.
ㄴ. (나)는 용암이 식으면서 생성된다.
ㄷ. (나)의 암석은 (가)의 암석보다 지하 깊은 곳에서 생성된다.

① ㄱ   ② ㄷ   ③ ㄱ, ㄴ
④ ㄴ, ㄷ   ⑤ ㄱ, ㄴ, ㄷ

11 그림은 어느 지역의 지질 단면도이다.

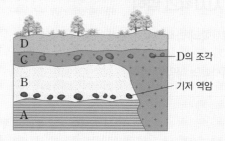

이에 대한 설명으로 옳은 것만을 〈보기〉에서 있는 대로 고른 것은?

보기
ㄱ. 지층 A가 쌓인 후 퇴적이 중단된 적이 있다.
ㄴ. 화성암 C는 지층 B와 지층 D를 관입하였다.
ㄷ. 지층 B가 쌓인 후 지층 D가 쌓이기 전에 융기 작용이 있었다.

① ㄱ   ② ㄷ   ③ ㄱ, ㄴ
④ ㄴ, ㄷ   ⑤ ㄱ, ㄴ, ㄷ

10 그림 (가)와 (나)는 화성암이 관입하거나 분출한 모습을 순서 없이 나타낸 것이다.

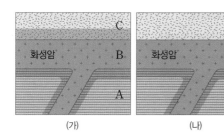

(가)   (나)

■ 변성된 부분

이에 대한 설명으로 옳은 것만을 〈보기〉에서 있는 대로 고른 것은?

보기
ㄱ. (가)는 A가 퇴적된 후 화성암이 분출하였다.
ㄴ. (가)에서는 화성암 내에 C의 암석 조각이 산출될 수 있다.
ㄷ. (가)와 (나) 모두 화성암 내에 A의 암석 조각이 산출될 수 있다.

① ㄱ   ② ㄴ   ③ ㄱ, ㄷ
④ ㄴ, ㄷ   ⑤ ㄱ, ㄴ, ㄷ

12 그림은 사암층과 화강암이 부정합을 이루는 어느 지역의 지질 단면을 나타낸 것이다.

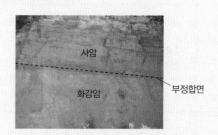

이에 대한 설명으로 옳은 것만을 〈보기〉에서 있는 대로 고른 것은?

보기
ㄱ. 난정합이 생성되었다.
ㄴ. 화강암이 사암층을 관입하였다.
ㄷ. 부정합면 위에는 접촉 변성 작용의 흔적이 관찰된다.

① ㄱ   ② ㄴ   ③ ㄱ, ㄷ
④ ㄴ, ㄷ   ⑤ ㄱ, ㄴ, ㄷ

06 지층의 생성과 지질 연대 측정

1 지사학의 법칙
지사학의 법칙은 지층의 생성 순서를 정하는 데 이용되므로 지층의 단면을 관찰할 때 적용된다.

1 지사학의 법칙 지층의 생성 순서를 판단하고, 지구의 역사를 추론하는 데 이용되는 법칙

2 지사학의 다양한 법칙

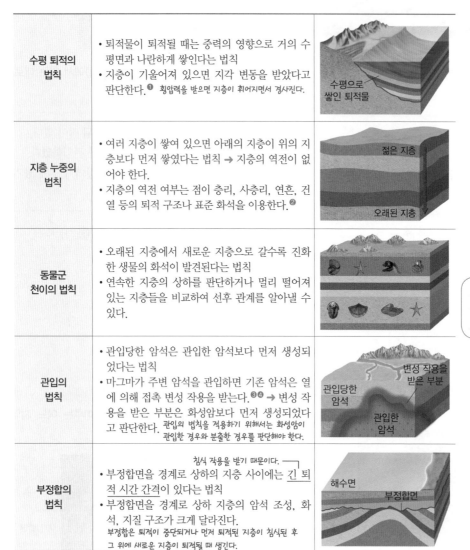

수평 퇴적의 법칙	• 퇴적물이 퇴적될 때는 중력의 영향으로 거의 수평면과 나란하게 쌓인다는 법칙 • 지층이 기울어져 있으면 지각 변동을 받았다고 판단한다. ❶ 횡압력을 받으면 지층이 휘어지면서 경사진다.	
지층 누중의 법칙	• 여러 지층이 쌓여 있으면 아래의 지층이 위의 지층보다 먼저 쌓였다는 법칙 → 지층의 역전이 없어야 한다. • 지층의 역전 여부는 점이 층리, 사층리, 연흔, 건열 등의 퇴적 구조나 표준 화석을 이용한다. ❷	젊은 지층 오래된 지층
동물군 천이의 법칙	• 오래된 지층에서 새로운 지층으로 갈수록 진화한 생물의 화석이 발견된다는 법칙 • 연속한 지층의 상하를 판단하거나 멀리 떨어져 있는 지층들을 비교하여 선후 관계를 알아낼 수 있다.	
관입의 법칙	• 관입당한 암석은 관입한 암석보다 먼저 생성되었다는 법칙 • 마그마가 주변 암석을 관입하면 기존 암석은 열에 의해 접촉 변성 작용을 받는다. ❸❹ → 변성 작용을 받은 부분은 화성암보다 먼저 생성되었다고 판단한다. 관입의 법칙을 적용하기 위해서는 화성암이 관입한 경우와 분출한 경우를 판단해야 한다.	관입당한 암석 변성 작용을 받은 부분 관입한 암석
부정합의 법칙	침식 작용을 받기 때문이다. • 부정합면을 경계로 상하의 지층 사이에는 긴 퇴적 시간 간격이 있다는 법칙 • 부정합면을 경계로 상하 지층의 암석 조성, 화석, 지질 구조가 크게 달라진다. 부정합은 퇴적이 중단되거나 먼저 퇴적된 지층이 침식된 후 그 위에 새로운 지층이 퇴적될 때 생긴다.	해수면 부정합면

동일 과정설
18세기 영국의 지질학자 허턴(Hutton, J., 1726~1797)은 풍화와 침식, 퇴적과 같은 작은 변화가 오랜 기간 서서히 일어나면서 산맥이나 계곡 형성 등과 같이 큰 변화가 일어날 수 있다고 생각하였다. 그는 높은 산맥을 이루는 암석이 풍화와 침식을 받아 쇄설물이 되면 호수나 바다로 운반되어 쌓이고, 다시 산맥을 형성한다고 하였다. 허턴이 남긴 '현재는 과거를 푸는 열쇠이다.'라는 말은 과거에 일어난 지질학적 변화는 현재의 변화와 같은 것이 반복된다는 의미이다. 이를 동일 과정설이라고 한다.

확인 문제 ①
1 지층이 역전되지 않았다면 아래의 지층일수록 먼저 퇴적되었다. (◯, ✕)
2 새로운 지층일수록 진화된 화석이 산출된다는 법칙을 (   )의 법칙이라고 한다.
3 화성암이 주변 지층을 관입하면 화성암이 먼저 생성된 것이다. (◯, ✕)

정리하는 출제 경향

• 지질 단면도에서 지층의 생성 순서 해석하기
• 암석의 절대 연령을 구하는 원리 이해하기

핵심 개념
수평 퇴적의 법칙, 지층 누중의 법칙, 동물군 천이의 법칙, 관입의 법칙, 부정합의 법칙, 상대 연령, 절대 연령

plus 개념

❶ 수평 퇴적의 법칙
만약 현재 관찰되는 지층이 기울어져 있다면 이 지층은 퇴적된 후 지각 변동을 받았음을 알 수 있다.

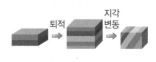

퇴적 → 지각 변동

꼭 기억해!

지층의 역전 여부는 점이 층리, 사층리, 연흔, 건열 등의 퇴적 구조와 표준 화석으로 알 수 있다.

❷ 표준 화석
지질 시대를 판단하는 데 이용되는 화석으로, 생물의 생존 기간이 짧고, 진화 속도가 빠르며 넓은 지역에 살았던 생물 화석이다. 고생대의 삼엽충, 중생대의 암모나이트와 공룡, 신생대의 화폐석과 매머드 등이 있다.

❸ 관입암
관입암은 고온의 마그마가 주변 암석을 뚫고 들어간 후 식어 굳은 화성암이므로 관입암 주변의 암석은 열에 의해 접촉 변성 작용을 받는다.

❹ 마그마의 분출
마그마가 분출한 경우에는 그 위로 쌓인 새로운 퇴적물은 변성 작용을 받지 않고, 용암류의 조각들이 새로운 지층에 포함된다.

2 지질 연대 측정 자료 분석 특강 78쪽 A

1 상대 연령 지층이나 암석의 생성 시기를 상대적인 선후 관계로 나타낸 것
　① 상대 연령을 알아내기 위해서는 지사학의 법칙을 적용한다.
　② 상대 연령의 측정은 서로 접촉하는 지층이나 암석뿐만 아니라 멀리 떨어져 있는 지층에
　　도 적용된다.

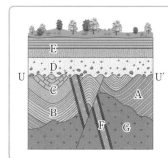

그림은 어느 지역의 지질 단면도를 나타낸 것이다.
- 지층과 암석이 생성된 순서는 A → B → C → G →
　F → D → E이다.
- A, B, C는 퇴적된 후 지각 변동을 받았으므로 지층이 경사져
　있다. → 지층 누중의 법칙이 적용된다.
- D와 E는 수평으로 퇴적되었으므로 지각 변동을 받지 않았다.
- A, F, G의 생성 순서를 정하는 데는 관입의 법칙이 적용된다.
- 이 지역은 최소한 2회의 융기 작용이 일어났다.

2 지층 대비 여러 지역의 지층들을 비교하여 시간적인 선후 관계를 밝히는 것
　① 암상에 의한 대비: 암석의 종류나 조직, 지질 구조 등을 파악하여 지층을 대비하는 것으
　　로 건층(열쇠층)을 이용한다.❺ → 비교적 가까이 있는 지역의 대비에 이용한다.

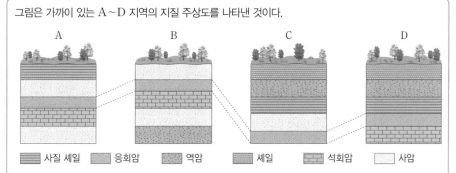

그림은 가까이 있는 A~D 지역의 지질 주상도를 나타낸 것이다.

| | 사질 셰일 | | 응회암 | | 역암 | | 셰일 | | 석회암 | | 사암 |

- A~D 지역에서 모두 응회암이 나타나므로 응회암을 건층으로 정하여 먼저 대비한다.
- 응회암의 대비 경향을 고려하여 나머지 지층을 대비한다.
- 지층이 퇴적된 순서는 역암 → 사암 → 석회암 → 응회암 → 사암 → 사질 셰일 → 역암 → 셰일이다.
- B 지역과 C, D 지역의 역암은 퇴적된 시기가 다르다.
- D 지역에는 응회암과 사질 셰일 사이에 사암이 퇴적되지 않았으므로 두 지층 사이에 부정합이 생겼을
　가능성이 있다.

　② 화석에 의한 대비: 동일한 시대에 번성하였던 생물의 화석을 이용하여 지층을 대비하는
　　　　　　　　　　　　　　　　┌─ 표준 화석
　　것❻ → 가까운 거리뿐만 아니라 멀리 떨어진 지역의 대비에도 이용된다.

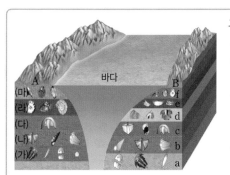

그림은 A, B 지역의 지질 단면도를 나타낸 것이다.
- 지층에서 산출되는 화석군을 서로 비교한다.
- (가)와 a, (나)와 b, (다)와 c, (라)와 f가 같은 시기
　에 퇴적되었다.
- A 지역에서는 B 지역의 d와 e에 해당하는 지층
　이 퇴적되지 않았거나 퇴적된 후 침식 작용을 받
　아 없어졌다.
- B 지역에서는 A 지역의 (마) 지층이 퇴적되지 않
　았거나 퇴적된 후 침식 작용을 받아 없어졌다.

※ 수평층과 경사층
해수면과 거의 나란한 방향으로 쌓여
있는 지층을 수평층이라고 하고, 해
수면에 대해 기울어진 지층을 경사층
이라고 한다.

궁금하지?

**Q. 부정합은 1회인데 융기 작용은 왜
2회일까?**
A. 부정합이 형성되는 과정은 융기 →
침식 → 침강의 과정이므로 부정합이
형성될 때 1회의 융기가 일어난다. 그
후 해수면 아래에서 새로운 퇴적층이
형성되고, 지반이 다시 융기하여 현재
육지 환경이 되었으므로 1회의 융기가
더 일어난 것이다.

❺ 건층(열쇠층)
지층을 대비할 때 기준이 되는 층으
로, 응회암층, 석회암층, 석탄층 등과
같이 특징이 뚜렷하고, 비교적 짧은
시간에 넓은 지역에서 생성된 지층이
주로 사용된다.

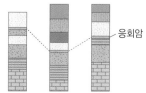
응회암

응회암층은 특정한 화산이 폭발할 때 방출
된 화산재가 짧은 시간 동안 넓은 지역으
로 퍼져 쌓이고, 석탄층은 특정한 시기에
생성되므로 건층으로 적절하다.

❻ 화석에 의한 대비
멀리 떨어진 지층의 대비는 표준 화
석을 이용하거나 동물군 천이의 법칙
을 적용할 수 있다.

용어 돋보기
- **암상**(바위 岩, 바탕 相): 암석의 조성,
　조직, 색 등의 종합적인 양상을 말
　한다.
- **대비**(대할 對, 견줄 比): 멀리 떨어진
　지층의 선후 관계를 판단하는 것을
　말한다.

06 지층의 생성과 지질 연대 측정

┌─── 절대 연령을 통해 지질학적 사건 순서와 사건이 일어난 후 경과한 시간을 알 수 있다.

3 절대 연령 방사성 동위 원소를 이용하여 지층이나 암석이 생성된 시기를 수치로 나타낸 것

① 방사성 동위 원소: 온도나 압력 등의 외부 환경에 관계없이 일정한 속도로 붕괴하여 안정한 원소로 변한다.❼

모원소	처음 상태의 방사성 동위 원소
자원소	모원소가 붕괴하여 새로 생성된 원소
반감기	방사성 동위 원소의 양이 처음의 절반으로 줄어드는 데 걸리는 시간 ➜ 방사성 동위 원소의 종류에 따라 반감기가 다르다.❽

② 절대 연령의 측정 원리❾

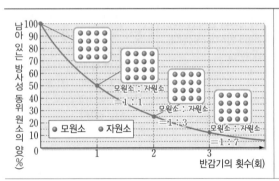

• 시간이 경과함에 따라 방사성 동위 원소가 붕괴되어 모원소의 양은 감소하고, 자원소의 양은 증가한다.
• 현재 암석이나 광물 속에 포함된 방사성 동위 원소의 모원소와 자원소의 비율을 측정하면 반감기를 이용하여 절대 연령을 알아낼 수 있다.

반감기를 1회, 2회, 3회 … 거치면 모원소의 양은 50 %, 25 %, 12.5 % …로 되고, 자원소의 양은 50 %, 75 %, 87.5 % …로 된다.

> **탐구/활동**
>
> **과정 »**
> ❶ 앞면과 뒷면이 다른 단추 200개를 상자에 넣고 흔든 후 앞면의 단추를 꺼내고 남은 단추를 센다.
> ❷ ❶의 과정을 총 6회 반복하고, 남은 단추의 개수를 기록한 후 그래프로 그린다.
>
> **결과 및 정리 »**
> • 상자 밖으로 꺼낸 횟수가 증가할수록 상자 속에 남은 단추의 개수는 감소하고, 상자 밖으로 꺼낸 단추의 개수는 증가한다.
> • 상자 속에 남은 단추는 방사성 동위 원소의 모원소, 상자 밖으로 꺼낸 단추는 자원소에 해당한다.
>
>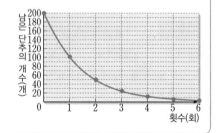

③ 절대 연령 측정의 유의점

• 화성암이나 변성암은 방사성 동위 원소를 이용하여 직접 절대 연령을 측정할 수 있다.
• 암석 속의 U, Th, K, Rb은 반감기가 길어서 오래된 지질 시대를 측정하는 데 적합하다.
• 유기물 속의 C는 반감기가 짧으므로 가까운 지질 시대나 고고학 유물의 시기를 측정하는 데 적합하다.

반감기가 짧은 방사성 동위 원소로 오래된 시대를 측정하면 현재 남아 있는 방사성 동위 원소의 양이 매우 적어지기 때문이다.

• 퇴적암은 주변 화성암이나 변성암의 절대 연령을 측정한 후 상대 연령을 고려하여 간접적인 방법으로 절대 연령을 알아낸다.❿

> **확인 문제 ❷**
>
> **4** 지층의 상대적인 생성 순서를 정하는 것을 (　　　　) 연령이라고 한다.
> **5** 암상을 이용하여 지층을 대비할 때는 먼저 (　　　　)을/를 정하여 퇴적된 경향성을 파악한다.
> **6** 방사성 동위 원소를 이용하여 측정한 암석의 연령을 (　　　　) 연령이라고 한다.
> **7** 방사성 동위 원소의 양이 처음의 절반으로 줄어드는 데 걸리는 시간을 (　　　　)(이)라고 한다.

---

plus⁺개념

❼ **동위 원소**
원자핵 내의 양성자 수가 같지만 중성자 수가 달라 질량수가 다른 원소를 동위 원소라고 한다. 방사성 원소 중에서 질량수가 다른 동위 원소들을 방사성 동위 원소라고 한다.

❽ **주요 방사성 동위 원소의 반감기**

모원소	자원소	반감기
^{238}U	^{206}Pb	약 45억 년
^{235}U	^{207}Pb	약 7억 년
^{232}Th	^{208}Pb	약 141억 년
^{40}K	^{40}Ar	약 13억 년
^{87}Rb	^{87}Sr	약 492억 년
^{14}C	^{14}N	약 5730년

❾ **절대 연령 측정의 일반식**

$$N = N_0 \left(\frac{1}{2}\right)^{\frac{t}{T}}$$

N: 남아 있는 방사성 동위 원소의 양
N_0: 방사성 동위 원소의 처음 양
t: 암석의 절대 연령
T: 반감기

❿ **퇴적암의 절대 연령 측정**
퇴적암은 지표의 암석이 풍화와 침식을 받아 운반되어 퇴적된 것이다. 따라서 퇴적암에서 추출한 방사성 동위 원소는 기존 암석이 생성될 당시부터 계속 붕괴되었으므로 방사성 동위 원소로 측정한 절대 연령은 퇴적암의 연령이 아니라 기존 암석의 연령이 된다.

·용어 돋보기

• **방사성**(놓을 放, 쏠 射, 성질 性): 방사능을 가진 성질이다.
• **동위 원소**(같을 同, 자리 位, 으뜸 元, 본디 素): 양성자 수가 같고, 중성자 수가 다르기 때문에 원자 번호는 같으나 원자량이 다른 원소이다.

1 지사학의 법칙

01 그림은 어느 지역의 지질 단면도를 나타낸 것이다.

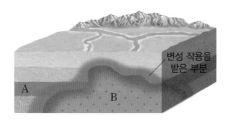

변성 작용을 받은 부분

지층 A와 화성암 B의 생성 순서를 쓰고, 생성 순서의 판단에 지사학의 어떤 법칙을 적용하였는지 쓰시오.

02 지사학의 법칙에 대한 설명으로 옳은 것만을 〈보기〉에서 있는 대로 고른 것은?

┤ 보기 ├
ㄱ. 아래의 지층은 항상 위의 지층보다 먼저 생성되었다.
ㄴ. 대부분의 지층은 생성 당시에 경사진 상태로 퇴적된다.
ㄷ. 나중에 퇴적된 지층일수록 더 진화된 생물 화석이 산출된다.

① ㄱ   ② ㄷ   ③ ㄱ, ㄴ
④ ㄴ, ㄷ   ⑤ ㄱ, ㄴ, ㄷ

03 지층 누중의 법칙에 대한 설명으로 옳은 것만을 〈보기〉에서 있는 대로 고른 것은?

┤ 보기 ├
ㄱ. 아래에 놓인 지층일수록 먼저 퇴적되었음을 나타낸다.
ㄴ. 지층의 역전 여부를 판단한 후 이 법칙을 적용해야 한다.
ㄷ. 화성암과 퇴적암의 선후 관계를 판단하기 위한 법칙이다.

① ㄱ   ② ㄷ   ③ ㄱ, ㄴ
④ ㄴ, ㄷ   ⑤ ㄱ, ㄴ, ㄷ

04 그림은 어느 지역의 경사진 지층 A~C를 나타낸 것이다.

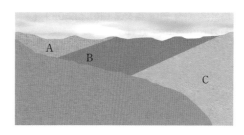

수평 퇴적의 법칙을 적용할 때 지층 A~C가 경사진 까닭을 설명하시오.

05 오른쪽 그림은 어느 지역의 지층 A, B를 나타낸 것이다. 지층 A, B 중 ㉠먼저 생성된 지층과 ㉡적용된 지사학의 법칙을 옳게 짝지은 것은?

	㉠	㉡
①	A	관입의 법칙
②	A	부정합의 법칙
③	A	동물군 천이의 법칙
④	B	관입의 법칙
⑤	B	동물군 천이의 법칙

06 오른쪽 그림은 어느 지역의 지질 단면도를 나타낸 것이다. 지층 A와 B에 대한 설명으로 옳은 것만을 〈보기〉에서 있는 대로 고른 것은?

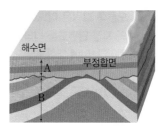

해수면
부정합면

┤ 보기 ├
ㄱ. A가 B보다 나중에 생성되었다.
ㄴ. B의 상부에는 침식의 흔적이 나타난다.
ㄷ. A, B의 생성 순서는 부정합의 법칙을 적용한다.

① ㄱ   ② ㄷ   ③ ㄱ, ㄴ
④ ㄴ, ㄷ   ⑤ ㄱ, ㄴ, ㄷ

2 지질 연대 측정

07 다음은 지질 연대 측정에 대한 설명이다. ( ) 안에 들어갈 알맞은 말을 쓰시오.

> 상대 연령은 지층이나 암석의 생성 시기를 상대적으로 나타낸 것으로 (㉠)의 법칙을 적용한다. 한편 멀리 떨어진 지층을 대비할 때는 (㉡)을/를 이용하는 대비 방법이 적절하다.

08 오른쪽 그림은 화성암 A와 지층 B~E가 생성된 어느 지역의 지질 단면도를 나타낸 것이다. 이에 대한 설명으로 옳은 것만을 〈보기〉에서 있는 대로 고른 것은?

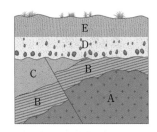

┤ 보기 ├
ㄱ. A와 B의 선후 관계는 지층 누중의 법칙을 적용한다.
ㄴ. B와 C는 퇴적된 후 지각 변동을 받았다.
ㄷ. D와 E의 선후 관계는 부정합의 법칙을 적용한다.

① ㄱ   ② ㄴ   ③ ㄱ, ㄷ
④ ㄴ, ㄷ   ⑤ ㄱ, ㄴ, ㄷ

09 오른쪽 그림은 어느 지역의 지질 단면도를 나타낸 것이다. 이에 대한 설명으로 옳은 것만을 〈보기〉에서 있는 대로 고른 것은?

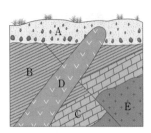

┤ 보기 ├
ㄱ. A와 B 사이에는 퇴적 시간의 긴 공백이 있다.
ㄴ. 단층 작용이 일어난 후 D가 관입하였다.
ㄷ. D는 E보다 나중에 생성되었다.

① ㄱ   ② ㄴ   ③ ㄱ, ㄷ
④ ㄴ, ㄷ   ⑤ ㄱ, ㄴ, ㄷ

10 그림은 서로 가까이 있는 지역 (가)~(다)의 지질 주상도를 나타낸 것이다.

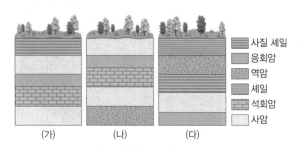

사질 셰일
응회암
역암
셰일
석회암
사암

이에 대한 설명으로 옳은 것은?

① (나)와 (다)의 역암은 생성 시기가 같다.
② 세 지역에서 가장 젊은 지층은 (다)에 있다.
③ 세 지역에서 가장 오래된 지층은 (가)에 있다.
④ 석회암층을 건층으로 대비하는 것이 가장 적절하다.
⑤ (나)에서 (가)의 사질 셰일과 같은 시기에 퇴적된 지층은 응회암 아래에 분포한다.

🄟중요

11 그림은 서로 멀리 떨어진 지역 (가)~(다)의 지층에서 산출되는 표준 화석을 나타낸 것이다.

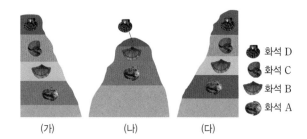

화석 D
화석 C
화석 B
화석 A

이에 대한 설명으로 옳은 것만을 〈보기〉에서 있는 대로 고른 것은?

┤ 보기 ├
ㄱ. (가)와 (다)에서 화석 A가 산출되는 지층은 같은 시기에 퇴적되었다.
ㄴ. (가)와 (다)에 퇴적된 지층 중 (나)에서는 동일한 시기에 퇴적되지 않은 지층이 있다.
ㄷ. (나)와 (다)의 화석 B가 산출되는 지층은 암상이 다르므로 서로 다른 시기에 퇴적되었다.

① ㄱ   ② ㄷ   ③ ㄱ, ㄴ
④ ㄴ, ㄷ   ⑤ ㄱ, ㄴ, ㄷ

12 방사성 원소에 대한 설명으로 옳은 것만을 〈보기〉에서 있는 대로 고른 것은?

┤ 보기 ├
ㄱ. 모든 방사성 원소는 붕괴 속도가 같다.
ㄴ. 온도가 낮아질수록 방사성 원소의 붕괴 속도는 느려진다.
ㄷ. 방사성 원소의 양이 처음의 절반으로 되는 데 걸리는 시간은 방사성 원소마다 다르다.

① ㄱ ② ㄷ ③ ㄱ, ㄴ
④ ㄴ, ㄷ ⑤ ㄱ, ㄴ, ㄷ

13 그림은 어느 방사성 동위 원소의 붕괴에 따른 모원소와 자원소의 함량 변화를 나타낸 것이다.

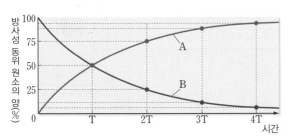

이에 대한 설명으로 옳은 것만을 〈보기〉에서 있는 대로 고른 것은?

┤ 보기 ├
ㄱ. A는 모원소, B는 자원소이다.
ㄴ. 반감기는 2T이다.
ㄷ. A 함량 : B 함량＝3 : 1이면 방사성 동위 원소가 붕괴를 시작한 후 2T의 시간이 경과하였다.

① ㄱ ② ㄷ ③ ㄱ, ㄴ
④ ㄴ, ㄷ ⑤ ㄱ, ㄴ, ㄷ

✏️서술형
14 표는 어느 방사성 원소 X의 시간에 따른 함량 변화를 나타낸 것이다.

시간(백만 년)	0	5	10	15	20
남은 양(%)	100.0	70.7	50.0	35.4	25.0

어느 화성암 속에 포함된 방사성 원소 X의 모원소와 자원소 비율이 1 : 7일 때 암석의 나이를 과정과 함께 구하시오.

15 방사성 탄소에 대한 설명으로 옳은 것만을 〈보기〉에서 있는 대로 고른 것은?

┤ 보기 ├
ㄱ. 반감기가 1억 년보다 길다.
ㄴ. 유기물의 절대 연령을 측정하는 데 이용된다.
ㄷ. 선캄브리아 시대 암석의 절대 연령을 측정하는 데 이용된다.

① ㄱ ② ㄴ ③ ㄱ, ㄷ
④ ㄴ, ㄷ ⑤ ㄱ, ㄴ, ㄷ

🔑중요
16 그림은 어느 지역의 지질 단면도이고, 표는 이 지역의 화성암 B와 C에 포함된 방사성 원소 X의 양을 나타낸 것이다.

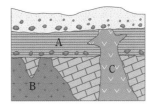

암석	B	C
모원소(%)	12.5	25
자원소(%)	87.5	75

이에 대한 설명으로 옳은 것만을 〈보기〉에서 있는 대로 고른 것은?(단, 방사성 원소 X의 반감기는 1억 년이다.)

┤ 보기 ├
ㄱ. A는 B보다 먼저 생성되었다.
ㄴ. A의 절대 연령은 2억〜3억 년이다.
ㄷ. A와 C의 선후 관계는 관입의 법칙을 적용한다.

① ㄱ ② ㄴ ③ ㄱ, ㄷ
④ ㄴ, ㄷ ⑤ ㄱ, ㄴ, ㄷ

17 그림은 어느 화성암 속에 들어 있는 방사성 원소 A, B의 시간에 따른 함량 변화를 나타낸 것이다.

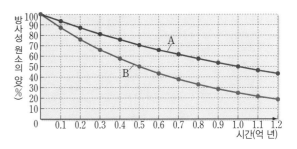

이 화성암의 절대 연령이 1억 년일 때 암석 속에 남아 있는 A와 B의 함량비(A : B)를 쓰시오(단, A와 B의 처음 양은 각각 100 %이다.).

07 지질 시대의 환경과 생물

한눈에
정리하는 출제 경향

• 지질 시대의 환경 이해하기
• 지질 시대의 생물 이해하기

핵심 개념
표준 화석, 시상 화석, 지질 시대의 기후,
선캄브리아 시대, 고생대, 중생대,
신생대의 환경과 생물

1 표준 화석과 시상 화석

1 지질 시대 지구가 탄생한 약 46억 년 전부터 현재까지의 시기 〈지층에서 발견되는 화석의 급격한 변화를 기준으로 구분한다.〉

2 표준 화석과 시상 화석

① 화석: 고생물의 유해나 활동 흔적이 지층 속에 보존되어 있는 것[❶]

② 화석의 생성 조건: 생물이 지층에 매몰된 후 화석화 작용을 받아 형성된다.

• 부패되기 전 퇴적물에 빨리 덮여야 한다. 〈고생물의 유해나 흔적이 퇴적물에 매몰된 후 화석으로 보존되기까지 일어난 작용〉

• 생물체에 단단한 골격이 있을수록 화석이 되기 유리하다.

• 퇴적암 생성 후 심한 지각 변동이나 변성 작용을 받지 않아야 한다.

③ 표준 화석과 시상 화석

구분	표준 화석	시상 화석
정의	지층이 생성된 시기를 판단하는 근거로 이용되는 화석	생물이 살던 당시의 환경을 추정하는 데 이용되는 화석
조건[❷]	생존 기간이 짧고, 넓은 지역에 걸쳐 분포하며, 개체 수가 많은 생물	생존 기간이 길고, 특정 환경에 제한적으로 분포하며, 환경 변화에 민감한 생물
예	삼엽충(고생대), 공룡과 암모나이트(중생대), 매머드(신생대)[❸]	산호(따뜻하고 수심이 얕은 바다), 고사리(따뜻하고 습한 육지)[❹] ┗수온 18 °C~25 °C의 바다

2 지질 시대의 기후 〈자료 분석 특강 78쪽 B〉

1 지질 시대의 기후

시대	기후
선캄브리아 시대	• 초기: 온난한 기후였을 것으로 추정된다. → 두꺼운 석회암층이 발견된다. • 중기, 말기: 대규모의 빙하기가 존재한다. → 빙하 퇴적물이 발견된다. ┗빙퇴석, 빙하 역암층
고생대	• 전반적으로 온난한 기후였을 것이다. • 중기, 말기: 대규모의 빙하기가 존재한다.
중생대	• 전반적으로 온난한 기후가 지속되었다. 〈거대한 식물과 파충류가 살기에 적합한 환경을 제공하였다.〉 • 말기: 기온이 낮아졌으나 빙하기가 없었다.
신생대	• 팔레오기와 네오기는 대체로 온난하였다. • 제4기에는 점차 한랭해져 여러 번의 빙하기와 간빙기가 있었다.

선캄브리아 시대	고생대						중생대		신생대		
	캄브리아기	오르도비스기	실루리아기	데본기	석탄기	페름기	트라이아스기	쥐라기	백악기	팔레오기	네오기	제4기

〈현재 평균 지구 온도 15 ℃〉
온난 / 한랭

4600 2000 1000 541   252.2   66 단위(백만 년 전)
┗ 가장 온난했던 지질 시대

2 고기후의 연구 방법 해저 퇴적물 속의 화석, 빙하 시추물, 꽃가루 화석, 나무의 나이테, 빙하 퇴적물과 빙하 흔적, 동굴 생성물 등의 시료를 연구한다. 〈빙하에 구멍을 뚫어 채취한 원통 모양의 얼음 기둥〉

plus 개념

❶ 체화석과 생흔 화석
• 체화석: 생물의 껍데기, 뼈, 이빨 등과 같은 골격으로 이루어진 화석
• 생흔 화석: 동물의 발자국, 기어간 자국, 동물의 배설물 등이 퇴적암에 남아 있는 경우

❷ 표준 화석과 시상 화석의 조건

넓다. ↑ 분포 면적 ↓ 좁다.
표준 화석
시상 화석
짧다. ← 생존 기간 → 길다.

❸ 표준 화석의 예

▲ 삼엽충 ▲ 암모나이트

❹ 시상 화석의 예

▲ 산호 화석 ▲ 고사리 화석

궁금하지?

Q. 중생대는 왜 빙하기가 없었을까?
A. 해저가 확장되면서 막대한 양의 마그마가 분출되었고, 대륙에서는 화산 활동이 활발해지면서 대기 중의 이산화 탄소 농도가 증가했기 때문이다.

고기후의 연구 방법

다음은 고기후를 연구하는 데 이용되는 여러 가지 자료를 나타낸 것이다.

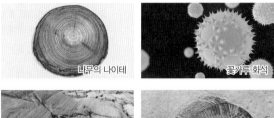

나무의 나이테 | 꽃가루 화석 | 빙하 시추물
빙하의 흔적 | 시상 화석 | 동굴 생성물

나무의 나이테	기온이 온난할수록 나무의 성장이 빨라 나이테 간격이 넓어진다.❺
꽃가루 화석	기후가 한랭하면 침엽수림의 꽃가루가 많아지고, 기후가 온난하면 활엽수림의 꽃가루가 많아진다.
빙하 시추물	빙하 시추물 속에 포획된 공기 방울로 대기 성분을 연구하거나 빙하를 이루는 물 분자(H_2O)의 산소 동위 원소 비율($^{18}O/^{16}O$)을 조사한다.❻
빙하의 흔적	빙하가 이동하는 동안 하중에 의해 긁힌 흔적이 나타나며, 이러한 시기에는 기후가 한랭하였다.
시상 화석	퇴적물이나 퇴적암 속의 시상 화석을 통해 생성 당시의 기후 환경을 알아낸다.
동굴 생성물	강수량에 따라 석회 동굴에 공급되는 지하수의 양이 달라지며, 종유석이나 석순을 이루는 화학 조성 변화로부터 기후 변화를 알아낸다.

천장에서 아래로 고드름처럼 성장하는 것을 종유석,
바닥에서 위로 성장하는 것을 석순이라고 한다.

확인 문제 ❶❷

1 지층이 생성된 시기를 판단하는 근거로 이용되는 화석을 (   )(이)라고 한다.

2 (   )은/는 생존 기간이 길고, 분포 지역이 한정되어 있을수록 가치가 높다.

3 지질 시대 중 여러 번의 빙하기와 간빙기가 반복된 때는 (   )이다.

3 지질 시대의 수륙 분포와 생물 자료 분석 특강 79쪽 **C, D**

1 지질 시대의 구분 생물계의 큰 변화, 지각 변동, 기후 변화 등을 기준으로 구분한다.

① 지질 시대의 단위: 누대 → 대 → 기 등으로 구분

누대	• 시생 누대, 원생 누대, 현생 누대로 구분한다. • 시생 누대와 원생 누대를 합쳐 선캄브리아 시대라고 한다.
대	현생 누대에서 생물계의 큰 변화가 나타난 시기를 기준으로 고생대, 중생대, 신생대로 구분한다.❼
기	고생대, 중생대, 신생대는 각각 기 단위로 세분한다.

지질 시대		절대 연대 (백만 년 전)
누대	대	
현생 누대	신생대	66.0
	중생대	252.2
	고생대	541.0
원생 누대	신원생대	1000
	중원생대	1600
	고원생대	2500
시생 누대	신시생대	2800
	중시생대	3200
	고시생대	3600
	초시생대	

지질 시대		절대 연대 (백만 년 전)
대	기	
신생대	제4기	2.58
	네오기	23.03
	팔레오기	66.0
중생대	백악기	145.0
	쥐라기	201.3
	트라이아스기	252.2
고생대	페름기	298.9
	석탄기	358.9
	데본기	419.2
	실루리아기	443.8
	오르도비스기	485.4
	캄브리아기	541.0

② 지질 시대의 상대적인 길이: 선캄브리아 시대 > 고생대 > 중생대 > 신생대 순이다.

전체 지구 역사의 대부분을 차지

← 선캄브리아 시대 →		← 현생 누대 →		
시생 누대	원생 누대	고생대	중생대	신생대
(88.2 %)		(6.3 %)	(4.1 %)	(1.4 %)

4600   2500   541.0   252.2   66.0   0(백만 년 전)

❺ 나무의 나이테
나무의 나이테를 이용하면 비교적 가까운 과거의 기후를 알아낼 수 있다. 이는 1년이 지날 때마다 나이테가 한 개씩 늘어나 기후를 정확히 복원하는 것이 가능하고, 나무의 생장 조건이 그 해의 기온이나 강수량에 의해 결정되기 때문이다.

❻ 산소 동위 원소비
^{18}O는 ^{16}O보다 무거우므로 ^{18}O를 포함하는 물 분자는 ^{16}O를 포함하는 물 분자보다 증발하기 어렵다. 따라서 기온이 온난하여 수온이 높은 시기에는 ^{18}O와 ^{16}O를 포함하는 물이 모두 잘 증발하여 빙하 속의 $^{18}O/^{16}O$가 높지만 기온이 한랭하여 수온이 낮은 시기에는 ^{18}O가 포함된 물 분자가 증발하기 어려워 빙하 속의 $^{18}O/^{16}O$가 낮다.

❼ 신생대
과거에는 신생대를 제3기와 제4기로 구분하였으나 현재는 제3기 대신에 팔레오기와 네오기로 구분하여 사용한다.

궁금하지?

Q. 선캄브리아 시대는 지질 시대의 약 88 %를 차지할 정도로 매우 긴데, 왜 자세히 구분하지 않을까?
A. 선캄브리아 시대에는 생물종이 다양하지 않았고, 여러 차례의 큰 지각 변동을 받아 화석이 드물게 산출되기 때문이다.

용어 돋보기

• **간빙기**(사이 間, 얼음 氷, 시기 期): 빙하기와 빙하기 사이의 온난한 기후가 유지되는 기간을 말한다.
• **고기후**(옛 古, 기운 氣, 기후 候): 기상을 관측하기 이전 지질 시대의 기후를 말한다.

07 지질 시대의 환경과 생물

2 지질 시대의 수륙 분포

시대	수륙 분포
선캄브리아 시대	대륙들이 하나로 모여 초대륙을 형성하였다가 흩어지기를 반복하였다. 이때의 초대륙을 로디니아라고 한다.
고생대	말기에 초대륙 판게아를 형성하면서 대규모 조산 운동이 일어났다.❽
중생대	• 트라이아스기 말부터 판게아가 분리되기 시작하였고, 대서양과 인도양이 형성되었다. • 조산 운동이 일어나 로키산맥, 안데스산맥 등 습곡 산맥이 형성되기 시작하였다.
신생대	대륙의 이동이 계속되어 수륙 분포가 오늘날과 거의 비슷해졌다. 히말라야산맥이 형성되고, 대서양이 넓어졌다.

선캄브리아 시대 후기 　고생대 페름기 　중생대 백악기 　신생대 팔레오기

3 지질 시대의 생물

시대	생물
선캄브리아 시대	• 스트로마톨라이트와 에디아카라 동물군이 대표적인 화석이다.❾ • 초기에는 강한 자외선이 지표에 도달하였으므로 최초 생명체는 바다에서 출현하였다. • 약 38억 년 전에 원핵 생물이 출현하였고, 이후 남세균의 광합성에 의해 대기 중에 산소가 증가하였다. 지구상에 생물이 처음 출현할 당시에는 대기 중에 산소가 없었다. • 말기에는 다세포 생물이 출현하였다.
고생대 캄브리아기-'삼엽충의 시대' 데본기-'어류의 시대'	• 초기에 다양한 생물이 폭발적으로 증가하였고, 중기 이후에는 오존층의 형성으로 자외선이 차단되어 육지에서도 생물이 출현하였다. • 삼엽충과 완족류(캄브리아기), 필석류(오르도비스기), 갑주어(데본기), 방추충과 산호류 및 완족류(석탄기) 등이 번성하였고, 고생대 말에는 생물의 대멸종이 일어났다.❿ • 식물계에서는 양치식물(석탄기)이 번성하였고, 겉씨식물(페름기 말)이 출현하였다. 삼엽충　필석류　방추충
중생대	• 공룡, 파충류, 암모나이트가 전 기간에 걸쳐 번성하기 시작하였고, 시조새(쥐라기 말)가 출현하였다. 파충류에서 조류로 진화하는 중간 단계 생물 • 식물계에서는 겉씨식물이 번성하였으며, 속씨식물(백악기)이 출현하였다. 암모나이트　공룡　겉씨식물
신생대	• 화폐석(팔레오기와 네오기), 포유류(제4기)가 번성하였고, 인류가 출현하였다. • 식물계에서는 속씨식물이 번성하였다. 화폐석　매머드　속씨식물

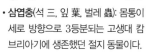

---

❽ 판게아
고생대 말기부터 중생대 초기까지 대륙들이 하나로 모여 형성한 거대한 초대륙을 말한다.

❾ 선캄브리아 시대의 생물
• 스트로마톨라이트: 남세균에 퇴적물 입자가 부착되어 여러 층을 이루는 화석
• 에디아카라 동물군: 오스트레일리아 남부 에디아카라 언덕에서 산출되는 다세포 해양 동물군

▲ 스트로마톨라이트 　▲ 에디아카라 동물군

❿ 생물의 대멸종
짧은 시간 동안에 많은 종의 생물들이 멸종한 사건을 대멸종이라고 하는데 지난 5억 년 동안 5번의 대멸종이 있었다. 대멸종은 지역적 또는 전 지구적으로 일어난 급격한 환경 변화에 의해 일어날 수 있다.

고생대 말 생물의 대멸종은 급격한 기후 변화, 판게아 형성으로 해안가 등의 서식지가 축소되었기 때문에 일어났다.

❋ 식물계의 변화

양치식물	겉씨식물	속씨식물
고생대 번성	중생대 번성	신생대 번성

용어 돋보기
• 삼엽충(석 三, 잎 葉, 벌레 蟲): 몸통이 세로 방향으로 3등분되는 고생대 캄브리아기에 생존했던 절지 동물이다.

확인 문제 ❸

4 지질 시대의 단위는 (　　　) → 대 → (　　　) 등으로 구분한다.

5 (　　　) 말기에는 초대륙 판게아가 형성되면서 조산 운동이 일어났다.

6 삼엽충과 필석류는 (　　　)에, 공룡과 암모나이트는 (　　　)에 번성하였다.

1 표준 화석과 시상 화석

01 화석이 잘 만들어지기 위한 조건으로 옳지 <u>않은</u> 것은?

① 개체 수가 많아야 한다.
② 단단한 부분이 있어야 한다.
③ 빠른 시간 안에 땅에 묻혀야 한다.
④ 심한 변성 작용이나 지각 변동을 받아야 한다.
⑤ 생물이 미생물에 의해 분해되기 전에 퇴적물에 묻혀야 한다.

(P)중요

02 오른쪽 그림은 표준 화석이나 시상 화석으로 적합한 조건을 나타낸 것이다. 이에 대한 설명으로 옳은 것만을 〈보기〉에서 있는 대로 고른 것은?

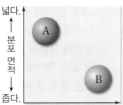

넓다.↑ 분포 면적 ↓좁다.
짧다.← 생존 기간 →길다.

┤ 보기 ├
ㄱ. A는 시상 화석으로 적합하다.
ㄴ. B는 A보다 환경 변화에 민감하다.
ㄷ. B는 주로 지층의 생성 시기를 판단하는 데 이용된다.

① ㄱ   ② ㄴ   ③ ㄱ, ㄷ
④ ㄴ, ㄷ   ⑤ ㄱ, ㄴ, ㄷ

(P)서술형

03 오른쪽 그림은 어느 지층에서 산출된 고사리 화석을 나타낸 것이다. 이 지층이 퇴적된 환경을 다음 조건을 참고하여 설명하시오.

[조건]
• 온난 또는 한랭   • 건조 또는 습윤
• 육지 또는 바다

04 지질 시대의 표준 화석을 옳게 짝 지은 것은?

	고생대	중생대	신생대
①	삼엽충	암모나이트	매머드
②	삼엽충	매머드	암모나이트
③	매머드	삼엽충	암모나이트
④	암모나이트	삼엽충	매머드
⑤	암모나이트	매머드	삼엽충

2 지질 시대의 기후

05 지질 시대 중 빙하기가 존재하지 않았던 시대로 옳은 것은?

① 선캄브리아 시대   ② 고생대
③ 중생대   ④ 신생대
⑤ 전 시대 모두 빙하기가 존재하였다.

(P)중요

06 그림 (가)와 (나)는 중생대와 신생대의 지구 기온을 순서 없이 나타낸 것이다.

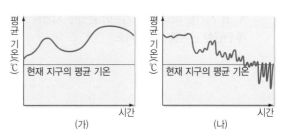

(가)   (나)

이에 대한 설명으로 옳은 것만을 〈보기〉에서 있는 대로 고른 것은?

┤ 보기 ├
ㄱ. (가)는 신생대, (나)는 중생대에 해당한다.
ㄴ. (가)의 지질 시대에는 말기에 빙하기가 있었다.
ㄷ. (나)의 지질 시대에는 말기에 빙하기와 간빙기가 반복되었다.

① ㄱ   ② ㄷ   ③ ㄱ, ㄴ
④ ㄴ, ㄷ   ⑤ ㄱ, ㄴ, ㄷ

07 고기후의 연구 방법에 대한 설명으로 옳은 것만을 〈보기〉에서 있는 대로 고른 것은?

| 보기 |
ㄱ. 나무의 나이테 간격이 넓은 시기는 온난하였다.
ㄴ. 활엽수림의 꽃가루 화석이 많은 시기에는 한랭하였다.
ㄷ. 빙하에 의해 긁힌 퇴적물이 나타나는 시기에는 한랭하였다.

① ㄱ　　② ㄴ　　③ ㄱ, ㄷ
④ ㄴ, ㄷ　　⑤ ㄱ, ㄴ, ㄷ

(서술형)

08 그림은 빙하 시추물 속의 산소 동위 원소를 분석하여 시간에 따른 $^{18}O/^{16}O$를 나타낸 것이다.

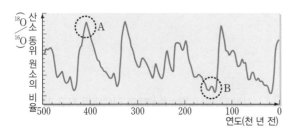

A, B 시기를 비교할 때 기온이 높았던 시기를 쓰고, 그렇게 판단한 근거를 설명하시오.

3 지질 시대의 수륙 분포와 생물

09 오른쪽 그림은 선캄브리아 시대, 고생대, 중생대, 신생대의 상대적인 길이를 나타낸 것이다. A~D에 해당하는 지질 시대를 각각 쓰시오.

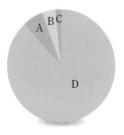

10 지질 시대의 구분에 대한 설명으로 옳은 것만을 〈보기〉에서 있는 대로 고른 것은?

| 보기 |
ㄱ. 대 단위는 기 단위로 세분된다.
ㄴ. 생물계의 큰 변화는 구분의 기준이 된다.
ㄷ. 시생 누대와 원생 누대를 합쳐 현생 누대라고 한다.

① ㄱ　　② ㄷ　　③ ㄱ, ㄴ
④ ㄴ, ㄷ　　⑤ ㄱ, ㄴ, ㄷ

11 오른쪽 그림은 어느 지질 시대 말기의 수륙 분포를 나타낸 것이다. 이 시기의 환경과 생물에 대한 설명으로 옳은 것만을 〈보기〉에서 있는 대로 고르시오.

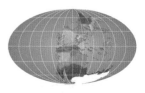

| 보기 |
ㄱ. 방추충이 화석으로 산출된다.
ㄴ. 육상 생물이 출현하기 이전이었다.
ㄷ. 대륙들이 모여 판게아를 형성하였다.

(중요)

12 그림 (가)와 (나)는 다른 시기의 수륙 분포를 나타낸 것이다.

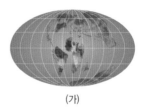　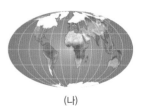

(가)　　　　(나)

이에 대한 설명으로 옳은 것만을 〈보기〉에서 있는 대로 고른 것은?

| 보기 |
ㄱ. 수륙 분포는 (가)에서 (나)로 변하였다.
ㄴ. (가)와 (나)의 시기 사이에 대서양이 넓어졌다.
ㄷ. (나) 시기에 인도 대륙은 북쪽으로 이동하였다.

① ㄱ　　② ㄷ　　③ ㄱ, ㄴ
④ ㄴ, ㄷ　　⑤ ㄱ, ㄴ, ㄷ

13 선캄브리아 시대의 환경과 생물에 대한 설명으로 옳은 것만을 〈보기〉에서 있는 대로 고른 것은?

┤ 보기 ├

ㄱ. 육지에는 생물이 살 수 없는 환경이었다.

ㄴ. 이 시기의 화석으로 에디아카라 동물군 화석이 있다.

ㄷ. 남세균의 광합성에 의해 대기 중의 산소 농도가 증가하였다.

① ㄱ　　　　② ㄷ　　　　③ ㄱ, ㄴ

④ ㄴ, ㄷ　　　⑤ ㄱ, ㄴ, ㄷ

✐ 서술형

14 그림 (가)와 (나)는 서로 다른 시기의 환경을 나타낸 것이다.

(가) 선캄브리아 시대 후기　　　(나) 고생대 석탄기

(가)에서 (나)로 생물의 서식 환경이 변하게 된 까닭을 대기 조성의 변화와 관련지어 설명하시오.

15 표는 지층 A~C에서 산출되는 화석을 나타낸 것이다.

지층	A	B	C
산출 화석	삼엽충, 필석	공룡 발자국	화폐석

이에 대한 설명으로 옳지 <u>않은</u> 것은?

① A는 고생대에 퇴적되었다.

② B는 C보다 먼저 퇴적되었다.

③ 팔레오기와 네오기는 C에 속한다.

④ A, B, C를 합쳐 현생 누대라고 한다.

⑤ A~C 지층은 모두 바다에서 퇴적되었다.

16 그림은 어느 지질 시대의 환경을 나타낸 것이다.

이 시기에 대한 설명으로 옳은 것만을 〈보기〉에서 있는 대로 고른 것은?

┤ 보기 ├

ㄱ. 육지에서는 속씨식물이 번성하였다.

ㄴ. 바다에서는 암모나이트가 번성하였다.

ㄷ. 빙하기와 간빙기가 반복적으로 나타났다.

① ㄱ　　　　② ㄴ　　　　③ ㄱ, ㄷ

④ ㄴ, ㄷ　　　⑤ ㄱ, ㄴ, ㄷ

⚑ 중요

17 그림 (가)와 (나)는 서로 다른 지질 시대의 화석을 나타낸 것이다.

(가) 방추충　　　　　(나) 화폐석

이에 대한 설명으로 옳은 것만을 〈보기〉에서 있는 대로 고른 것은?

┤ 보기 ├

ㄱ. (가)가 (나)보다 먼저 출현하였다.

ㄴ. (가)가 번성한 시기에 육지에서는 양치식물이 번성하였다.

ㄷ. (나)가 번성한 시기에 육지에서는 겉씨식물이 출현하였다.

① ㄱ　　　　② ㄷ　　　　③ ㄱ, ㄴ

④ ㄴ, ㄷ　　　⑤ ㄱ, ㄴ, ㄷ

실력을 올리는 실전 문제와 함께 보면 더 좋아요!

A 암석의 상대 연령과 절대 연령

그림 (가)는 어느 지역의 지질 단면도를, (나)는 화성암 P, Q에 포함되어 있는 방사성 동위 원소의 모원소와 자원소의 시간에 따른 함량 변화를 나타낸 것이다(단, 화성암에 포함된 모원소와 자원소의 비는 P는 2 : 3이고, Q는 1 : 3이다.).

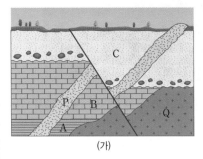
(가)

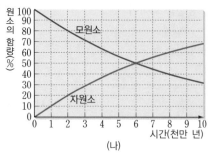
(나)

① (가)를 이용하여 지층의 생성 순서 파악하기
• 지층 A, B는 지층 누중의 법칙, 화성암 Q는 A, B를 관입하였으므로 관입의 법칙에 따라 A → B → Q 순으로 생성되었다. ❶❷
• B와 C는 부정합 관계이므로 부정합의 법칙에 따라 B → C 순으로 생성되었다.
• 화성암 P는 A, B, C를 관입하였으므로 관입의 법칙에 따라 C → P 순으로 생성되었다.
• 이 지역에서 지층 A~C와 화성암 P, Q의 생성 순서를 정하면 A → B → Q → C → P 순이다.

② (나)를 이용하여 암석의 절대 연령 구하기
• (나)에서 방사성 동위 원소의 반감기는 6천만 년이다. ❸
• 화성암 P, Q의 절대 연령은 각각 약 8천만 년, 약 1억 2천만 년이다.
• 지층 C의 절대 연령은 약 8천만 년~1억 2천만 년이므로 중생대에 퇴적되었다.

❶ 지층 누중의 법칙은 지층이 역전되지 않았다면 하부의 지층이 상부의 지층보다 먼저 퇴적되었다는 것이다.

❷ 관입의 법칙은 주변의 지층을 관입한 화성암은 주변의 지층보다 나중에 생성되었다는 것이다.

❸ 방사성 동위 원소가 붕괴하여 처음 양의 절반으로 줄어드는 데 걸리는 시간을 반감기라고 한다.

TIP
상대 연령과 절대 연령의 측정 방법을 상호 보완적으로 사용하여 지구 역사의 주요 사건들을 순서대로 구성할 수 있다.

실력을 올리는 실전 문제 찾아가기
• 지층의 상대 연령을 알아내기 위한 지사 법칙을 판단하는 문제_01
• 방사성 원소의 붕괴 원리를 이해하는 문제_03, 04

B 지질 시대의 기후

그림은 지질 시대의 기온 분포를 나타낸 것이다.

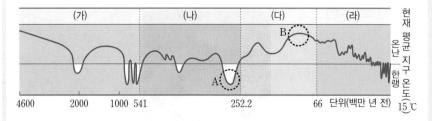

① 지질 시대별 기후 특징 분석하기

(가)	중기와 말기에 큰 빙하기가 있었다. → 선캄브리아 시대
(나)	중기와 말기에 큰 빙하기가 있었다. → 고생대 ❶
(다)	전 기간 동안 빙하기가 나타나지 않았다. → 중생대 ❷
(라)	말기에 빙하기와 간빙기가 반복되었다. → 신생대 ❸

② 기후와 해수면의 높이 변화
• 빙하기에는 해수면의 높이가 낮고, 간빙기에는 해수면의 높이가 높다. ❹
  → 그림에서 고생대의 A 시기는 중생대의 B 시기보다 해수면의 높이가 낮았을 것이다.

③ 지질 시대의 기후 연구 방법

가까운 과거	옛 문헌의 기록, 나무의 나이테, 고고학적 조사 등
먼 과거(지질 시대)	빙하 시추물, 동식물 화석, 꽃가루 연구 등

❶ 고생대는 온난한 시기와 한랭한 시기가 반복되어 나타난다.

❷ 중생대는 지질 시대 중 가장 온난했던 시기이다.

❸ 신생대 제4기에 4회의 빙하기와 3회의 간빙기가 반복되었다.

❹ 빙하기는 지구의 기온이 오랜 시간 동안 하강하여 북반구와 남반구의 빙하가 확장된 시기를 말하며, 간빙기는 빙하기와 빙하기 사이의 비교적 따뜻한 시기를 말한다.

실력을 올리는 실전 문제 찾아가기
• 지질 시대의 기후를 해석하는 문제_14
• 고기후를 연구하는 방법과 재료를 묻는 문제_05, 06

C 지질 시대의 수륙 분포

그림 (가)~(라)는 지질 시대의 수륙 분포 변화를 나타낸 것이다. ❶

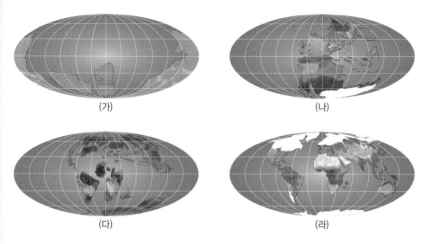

(가) (나)

(다) (라)

(가)	선캄브리아 시대 후기의 수륙 분포로 후기에는 초대륙 로디니아가 형성되었다가 분리되기 시작하였다. ❷
(나)	고생대 후기의 수륙 분포로 여러 대륙들이 모여 초대륙 판게아를 형성하면서 대규모 조산 운동이 일어났다. → 이 시기에 애팔래치아산맥, 우랄산맥과 같은 거대한 규모의 산맥이 형성되었다. ❸
(다)	중생대 후기의 수륙 분포로 남아메리카 대륙과 아프리카 대륙이 분리되면서 대서양이 점차 넓어졌다.
(라)	신생대 초기의 수륙 분포로 대서양과 인도양이 넓게 형성되었고, 인도 대륙과 유라시아 대륙이 충돌하면서 그 경계에 히말라야산맥이 형성되었다. → 계속된 대륙의 분리와 이동으로 현재와 비슷한 수륙 분포를 보이게 되었다.

❶ 여러 대륙이 충돌하거나 하나의 대륙이 분리될 때는 조산 운동, 화산 활동 등의 지각 변동이 일어난다.

❷ 로디니아는 '태어나다.'라는 뜻을 지닌 러시아어에서 유래한 것으로 약 11억 년 전부터 약 7억 5천만 년 전 사이의 기간에 존재했던 초대륙이다.

❸ 판게아는 중생대 트라이아스기 말부터 서서히 분리되기 시작하였다.

TIP
수륙 분포의 변화는 기후 변화, 생물의 서식 환경이 변하는 원인이 되었다.

실력을 올리는 실전 문제 찾아가기

• 지질 시대의 수륙 분포를 보고 지질 시대의 특징을 묻는 문제_10

D 지질 시대의 생물

그림은 (가)와 (나) 지역의 지질 주상도와 각 지층에서 산출되는 화석을 나타낸 것이다.

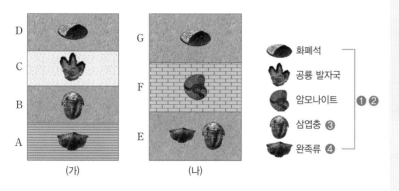

(가) (나)

화폐석
공룡 발자국
암모나이트 ❶❷
삼엽충 ❸
완족류 ❹

① 화석에 의한 대비하기
• 지층 A와 E에서 완족류, 지층 B와 E에서 삼엽충이 산출되므로 A, B, E는 고생대 지층이다.
• 지층 C와 F에서 중생대의 공룡 발자국, 암모나이트가 산출되므로 C와 F는 중생대 지층이다.
• 지층 D와 G에서 신생대의 화폐석이 산출되므로 D와 G는 신생대 지층이다.
• 지층의 생성 시기를 대비해 보면 A, B와 E가 같은 시기, C와 F, D와 G가 각각 같은 시기이다.
② 지층의 퇴적 환경 해석하기
• (가) 지역의 지층 A, B, D는 바다에서 퇴적되었고, 지층 C는 육지에서 퇴적되었다.
• (나) 지역의 지층 E~G는 모두 바다에서 퇴적되었다.

❶ 삼엽충은 고생대, 암모나이트와 공룡 발자국은 중생대, 화폐석은 신생대의 표준 화석이다.

❷ 완족류, 삼엽충, 암모나이트, 화폐석은 바다에서 번성하였고, 공룡은 육지에서 번성하였다.

❸ 삼엽충은 눈을 가진 최초의 생물체이다. 생물은 눈을 가지게 되면서 치열한 생존 경쟁을 하면서 급격한 진화를 하게 되었다.

❹ 완족류는 고생대에 출현하여 현재까지 서식하는데, 주로 고생대에 번성하였다.

실력을 올리는 실전 문제 찾아가기

• 화석을 이용하여 지층의 생성 시기를 묻는 문제_09
• 화석을 이용하여 지층이 생성된 지질 시대의 환경을 묻는 문제_11, 12

01 그림은 어느 지역의 지질 단면도와 산출 화석을 나타낸 것이다.

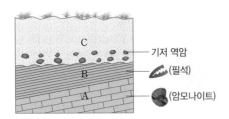

이에 대한 설명으로 옳은 것만을 〈보기〉에서 있는 대로 고른 것은?

| 보기 |
ㄱ. 지층 누중의 법칙에 따라 A는 B보다 먼저 형성되었다.
ㄴ. 부정합의 법칙에 따라 B는 C보다 먼저 형성되었다.
ㄷ. C에서는 삼엽충이 산출될 수 있다.

① ㄱ   ② ㄴ   ③ ㄱ, ㄷ
④ ㄴ, ㄷ   ⑤ ㄱ, ㄴ, ㄷ

02 그림은 서로 가까이 있는 세 지역 (가)~(다)의 지질 주상도를 나타낸 것이다.

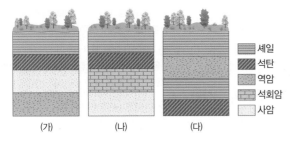

세 지역의 지층 대비에 대한 설명으로 옳은 것만을 〈보기〉에서 있는 대로 고른 것은?

| 보기 |
ㄱ. 건층으로 가장 적합한 층은 석탄이다.
ㄴ. (가)에서는 부정합이 나타날 가능성이 있다.
ㄷ. (가)의 역암층은 (다)의 역암층보다 나중에 형성되었다.

① ㄱ   ② ㄷ   ③ ㄱ, ㄴ
④ ㄴ, ㄷ   ⑤ ㄱ, ㄴ, ㄷ

03 다음은 절대 연령 측정을 이해하기 위한 탐구 활동이다.

[과정]
(가) 주사위 100개를 보자기 속에 넣고 잘 흔든 다음 책상 위에 펼친다.
(나) 주사위 눈금이 6인 것만 골라낸 후 남은 주사위를 가지고, (가)의 과정을 총 9회 반복한다.

[결과]

횟수(회)	0	1	2	3	4
남은 개수(개)	100	83	70	59	50
횟수(회)	5	6	7	8	9
남은 개수(개)	39	34	28	23	19

이에 대한 설명으로 옳은 것만을 〈보기〉에서 있는 대로 고른 것은?

| 보기 |
ㄱ. 눈금이 6인 주사위는 모원소에 해당한다.
ㄴ. 주사위 남은 개수의 반감 횟수는 약 4회이다.
ㄷ. 남은 개수가 13개가 되는 횟수는 약 12회이다.

① ㄱ   ② ㄴ   ③ ㄱ, ㄷ
④ ㄴ, ㄷ   ⑤ ㄱ, ㄴ, ㄷ

04 그림 (가)와 (나)는 어느 암석 속에 들어있는 방사성 원소 X, Y의 시간에 따른 함량 변화를 나타낸 것이다.

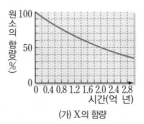 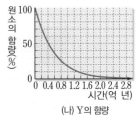

이에 대한 설명으로 옳은 것만을 〈보기〉에서 있는 대로 고른 것은?

| 보기 |
ㄱ. 반감기는 (가)가 (나)보다 5배 길다.
ㄴ. 암석의 나이가 2억 년이면 남은 방사성 원소의 함량(%)은 X : Y=16 : 1이다.
ㄷ. 암석의 나이가 6억 년이라면 방사성 원소 X의 $\dfrac{\text{자원소 함량}}{\text{모원소 함량}}$ 값은 7이다.

① ㄱ   ② ㄴ   ③ ㄱ, ㄷ
④ ㄴ, ㄷ   ⑤ ㄱ, ㄴ, ㄷ

→ 수능기출 변형

05 그림 (가)는 빙하 코어를 이용한 고기후 연구 방법을, 그림 (나)는 그린란드 빙하 코어를 분석하여 알아낸 산소 동위 원소비($^{18}O/^{16}O$)를 나타낸 것이다.

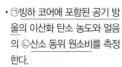

- ⊙빙하 코어에 포함된 공기 방울의 이산화 탄소 농도와 얼음의 ⓒ산소 동위 원소비를 측정한다.
- ⊙의 농도와 얼음의 ⓒ이 높을 때 기온이 높다고 추정한다.

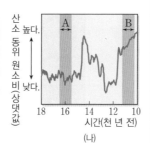

(가)　　　　　(나)

이에 대한 설명으로 옳은 것만을 〈보기〉에서 있는 대로 고른 것은?

┤ 보기 ├

ㄱ. ⊙으로 과거의 대기 조성을 알 수 있었다.

ㄴ. 해수면 높이는 A 시기가 B 시기보다 높았다.

ㄷ. 해수에서 대기로 이동하는 수증기의 ⓒ은 A 시기가 B 시기보다 높았다.

① ㄱ　　　② ㄷ　　　③ ㄱ, ㄴ
④ ㄴ, ㄷ　　　⑤ ㄱ, ㄴ, ㄷ

06 그림 (가)와 (나)는 고기후를 연구하는 데 이용되는 자료를 나타낸 것이다.

(가) 나무의 나이테　　　(나) 빙하 시추물

이에 대한 설명으로 옳은 것만을 〈보기〉에서 있는 대로 고른 것은?

┤ 보기 ├

ㄱ. (가)의 폭은 온난한 시기가 한랭한 시기보다 넓다.

ㄴ. (나)로 과거의 대기 조성을 알아낼 수 있다.

ㄷ. (가)는 (나)보다 더 오래된 과거의 기후를 알아낼 수 있다.

① ㄱ　　　② ㄷ　　　③ ㄱ, ㄴ
④ ㄴ, ㄷ　　　⑤ ㄱ, ㄴ, ㄷ

07 그림은 지질 시대 중 (가), (나), (다) 시대의 생물군 수의 변화를 나타낸 것이다.

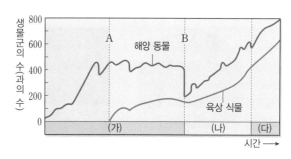

이에 대한 설명으로 옳은 것만을 〈보기〉에서 있는 대로 고른 것은?

┤ 보기 ├

ㄱ. (가)는 고생대, (나)는 중생대, (다)는 신생대이다.

ㄴ. 오존층은 A 시기 이전에 형성되었다.

ㄷ. B 시기 바다에서는 암모나이트가 멸종하였다.

ㄹ. 지질 시대를 구분하는 데는 해양 동물보다 육상 식물이 유용하다.

① ㄱ, ㄴ　　　② ㄴ, ㄷ　　　③ ㄷ, ㄹ
④ ㄱ, ㄴ, ㄷ　　　⑤ ㄴ, ㄷ, ㄹ

→ 수능모의평가기출 변형

08 그림은 어느 지역의 지층을 몇 가지 기준에 의해 구분한 후, 그 결과를 지질 시대와 대비한 것이다.

지층 단면	암석	해양 동물 화석	식물 화석	지질 시대
	다	D	c	Ⅳ
		C	b	Ⅲ
	나	B		Ⅱ
	가	A	a	Ⅰ

이에 대한 설명으로 옳은 것만을 〈보기〉에서 있는 대로 고른 것은?

┤ 보기 ├

ㄱ. 지질 시대 구분은 해양 동물 화석이 유용하다.

ㄴ. 식물의 출현 시기는 각 지질 시대가 시작한 시기와 일치한다.

ㄷ. 지질 시대를 구분한 경계는 암석 변화에 의한 지층 구분의 경계와 같다.

① ㄱ　　　② ㄴ　　　③ ㄱ, ㄷ
④ ㄴ, ㄷ　　　⑤ ㄱ, ㄴ, ㄷ

➔ 수능모의평가기출 변형

09 그림 (가)는 지질 시대의 상대적인 길이를, (나)는 어느 지층에서 산출된 화석을 나타낸 것이다.

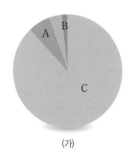 

(가)   (나) 양치식물

이에 대한 설명으로 옳은 것만을 〈보기〉에서 있는 대로 고른 것은?

┤ 보기 ├
ㄱ. (나)는 A 시대에 출현하였다.
ㄴ. 생물종의 수는 A 시대가 B 시대보다 많았다.
ㄷ. 기 단위로 세분된 지질 시대의 수는 C 시대가 가장 많다.

① ㄱ   ② ㄴ   ③ ㄱ, ㄷ
④ ㄴ, ㄷ   ⑤ ㄱ, ㄴ, ㄷ

➔ 수능모의평가기출 변형

11 그림은 서로 다른 지역 (가)와 (나)의 지층에서 산출되는 표준 화석을 나타낸 것이다.

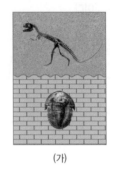 

(가)   (나)

이에 대한 설명으로 옳은 것만을 〈보기〉에서 있는 대로 고른 것은?

┤ 보기 ├
ㄱ. 두 지역 지층은 모두 바다에서 형성되었다.
ㄴ. (가) 지역에는 고생대에 형성된 지층이 있다.
ㄷ. 가장 나중에 퇴적된 지층은 (나) 지역에 있다.

① ㄱ   ② ㄷ   ③ ㄱ, ㄴ
④ ㄴ, ㄷ   ⑤ ㄱ, ㄴ, ㄷ

10 그림 (가)와 (나)는 서로 다른 지질 시대의 수륙 분포를 나타낸 것이다.

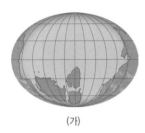 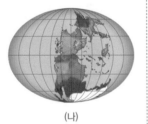

(가)   (나)

이에 대한 설명으로 옳은 것만을 〈보기〉에서 있는 대로 고른 것은?

┤ 보기 ├
ㄱ. 수륙 분포는 (가)에서 (나)로 변하였다.
ㄴ. (가) 시기에는 육지에 양치식물이 번성하였다.
ㄷ. (나) 시기의 지층에서 에디아카라 동물군 화석이 산출된다.

① ㄱ   ② ㄷ   ③ ㄱ, ㄴ
④ ㄴ, ㄷ   ⑤ ㄱ, ㄴ, ㄷ

12 그림은 지질 시대의 표준 화석 (가)~(라)를 나타낸 것이다.

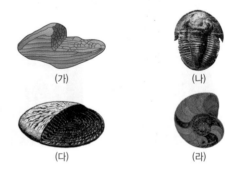

(가)   (나)

(다)   (라)

이에 대한 설명으로 옳은 것만을 〈보기〉에서 있는 대로 고른 것은?

┤ 보기 ├
ㄱ. (가)가 번성했던 시기에 육지에서는 겉씨식물이 번성하였다.
ㄴ. (나), (다)는 같은 시기의 바다에서 번성하였다.
ㄷ. (라)가 번성했던 시기에는 빙하기가 없었다.

① ㄱ   ② ㄷ   ③ ㄱ, ㄴ
④ ㄴ, ㄷ   ⑤ ㄱ, ㄴ, ㄷ

13 그림 (가)~(다)는 고생대, 중생대, 신생대의 환경을 순서 없이 나타낸 것이다.

(가)   (나)   (다)

이에 대한 설명으로 옳은 것만을 〈보기〉에서 있는 대로 고른 것은?

┤ 보기 ├

ㄱ. 지질 시대의 환경은 (가) → (나) → (다) 순으로 변하였다.

ㄴ. (나)의 시대에는 대기 중에 오존이 거의 없었다.

ㄷ. (다)의 시대에 바다에서는 암모나이트가 번성하였다.

① ㄱ   ② ㄷ   ③ ㄱ, ㄴ

④ ㄴ, ㄷ   ⑤ ㄱ, ㄴ, ㄷ

➜ 수능모의평가기출 변형

14 그림은 현생 누대 동안의 대륙 빙하 분포 범위와 기후 변화를 나타낸 것이다.

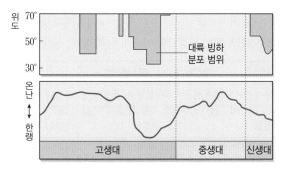

이에 대한 설명으로 옳은 것만을 〈보기〉에서 있는 대로 고른 것은?

┤ 보기 ├

ㄱ. 고생대 말기와 중생대 말기에는 각각 빙하기가 있었다.

ㄴ. 신생대에는 초기 이후로 평균 해수면이 계속 높아졌을 것이다.

ㄷ. 한랭했던 시기에는 대륙 빙하의 분포 범위가 저위도 쪽으로 확대된다.

① ㄱ   ② ㄷ   ③ ㄱ, ㄴ

④ ㄴ, ㄷ   ⑤ ㄱ, ㄴ, ㄷ

➜ 수능모의평가기출 변형

15 그림 (가)는 지질 시대 동안 완족류와 삼엽충의 과의 수 변화를, (나)는 전체 생물 중에서 멸종된 과의 수 변화를 나타낸 것이다.

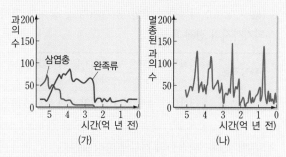

(가)   (나)

이에 대한 설명으로 옳은 것만을 〈보기〉에서 있는 대로 고른 것은?

┤ 보기 ├

ㄱ. 완족류는 고생대의 표준 화석이다.

ㄴ. 삼엽충은 고생대 전 기간에 걸쳐 서식하였다.

ㄷ. 삼엽충이 멸종한 시기에는 생물의 대량 멸종이 일어났다.

① ㄱ   ② ㄴ   ③ ㄱ, ㄷ

④ ㄴ, ㄷ   ⑤ ㄱ, ㄴ, ㄷ

16 그림은 1일을 24시간으로 나타낸 시계를, 표는 지질 시대의 시작 시기를 나타낸 것이다.

지질 시대	시작 시기
선캄브리아 시대	46억 년 전
고생대	5.41억 년 전
중생대	2.52억 년 전
신생대	0.66억 년 전

이에 대한 설명으로 옳은 것만을 〈보기〉에서 있는 대로 고른 것은?

┤ 보기 ├

ㄱ. 고생대는 12시 이전에 시작되었다.

ㄴ. 20시는 필석이 번성한 시기였다.

ㄷ. 화폐석이 번성한 기간을 시계에 나타내면 1시간보다 짧다.

① ㄱ   ② ㄷ   ③ ㄱ, ㄴ

④ ㄴ, ㄷ   ⑤ ㄱ, ㄴ, ㄷ

핵심 정리 ▍Ⅱ 단원 마무리

04 퇴적암과 퇴적 구조

1. 퇴적암의 생성 과정과 종류

① (**1**): 퇴적물이 쌓인 후 다져지고, 굳어져 퇴적암이 되기까지의 전체 과정

다짐 작용	퇴적물이 압력을 받아 입자들 사이의 공간이 좁아지고, 밀도가 커지는 작용
교결 작용	지하수에 녹아 있던 물질이 퇴적 입자에 침전되어 퇴적물이 굳어지는 작용

② 퇴적암의 종류: 퇴적물의 기원에 따라 구분

(**2**) 퇴적암	풍화·침식에 의해 생성된 입자 또는 화산재의 퇴적 ⓔ 셰일(점토), 사암(모래, 점토), 역암(자갈, 모래, 점토), 응회암(화산재) 등
화학적 퇴적암	물에 녹은 물질의 화학적 침전, 물의 증발에 의한 물질의 침전으로 생성 ⓔ (**3**)(CaCO₃), 암염(NaCl), 처트(규질) 등
유기적 퇴적암	동식물이나 미생물의 유해가 쌓여 퇴적 ⓔ 석탄(식물체), 석회암(산호, 조개껍데기), 처트(규질 생물체) 등

2. 퇴적 구조와 퇴적 환경

① 퇴적 구조: 퇴적 당시의 환경과 과정, 지층의 역전을 판단하는 데 기준이 된다.

(**4**)	한 지층 내에서 위로 가면서 입자의 크기가 점점 작아지는 구조
사층리	층리가 나란하지 않고 엇갈린 구조
연흔	퇴적물의 표면에 생긴 물결 자국의 흔적
(**5**)	가뭄이 들 때 논바닥이 갈라지는 것처럼 갈라진 구조

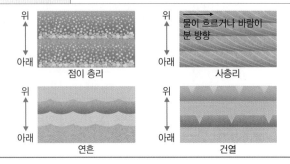

② 퇴적 환경

육상 환경	육지 내에 쇄설성 퇴적물이 퇴적되는 곳 ⓔ 선상지, 하천, 호수, 사막 등
(**6**) 환경	육상 환경과 해양 환경 사이에서 퇴적물이 퇴적되는 곳 ⓔ 삼각주, 조간대, 해빈, 사주, 석호 등
해양 환경	해저에서 퇴적물이 퇴적되는 곳 ⓔ 대륙붕, 대륙 사면, 대륙대, 심해저 등

05 여러 가지 지질 구조

1. 습곡과 단층

① 습곡: 수평으로 퇴적된 지층이 횡압력을 받아 휘어진 지질 구조

정습곡	(**7**)습곡	횡와 습곡
습곡축면이 수평면에 대해 거의 수직인 습곡	습곡축면이 수평면에 대해 기울어진 습곡	습곡축면이 거의 수평으로 누운 습곡

② 단층: 암석이 끊어지면서 생긴 면을 경계로 양쪽의 암석이 상대적으로 이동하여 어긋난 지질 구조

정단층	역단층	주향 이동 단층
(**8**)이/가 작용하여 상반이 아래로 내려간 단층	(**9**)이/가 작용하여 상반이 위로 밀려 올라간 단층	단층면을 따라 지층이 수평 방향으로 이동한 단층

2. 부정합

① 부정합: 퇴적 시간의 커다란 공백이 생긴 지질 구조로 퇴적 → 융기 → (**10**) → 침강 → 퇴적의 과정을 거쳐 생성

② 부정합의 종류: 부정합면 아래의 암석 종류, 상태에 따라 구분

(**11**)부정합	경사 부정합	난정합
부정합면을 경계로 상하 지층이 나란한 부정합	부정합면을 경계로 상하 지층의 경사가 다른 부정합	부정합면 아래 지층이 (**12**)이나 변성암인 부정합

3. 절리 및 관입과 포획

① 절리: 암석에 생긴 틈이나 균열

주상 절리	• 오각형이나 육각형의 기둥 모양을 이루는 절리 • (**13**)의 급격한 냉각과 수축에 의해 생성
판상 절리	• 얇은 판 모양으로 갈라진 절리 • 심성암이 융기하면서 외부 압력 감소로 팽창하여 생성

② 관입과 포획

관입	고온의 마그마가 주변 암석을 뚫고 들어가 굳어지는 과정
포획	주변 암석의 일부가 관입암 속에 포함된 것

06 지층의 생성과 지질 연대 측정

1. 지사학의 법칙

수평 퇴적의 법칙	퇴적물은 거의 수평으로 쌓인다는 법칙 → 지층이 기울어져 있으면 (⑭)을/를 받았다고 판단한다.	수평으로 쌓인 퇴적물
지층 누중의 법칙	지층이 쌓일 때 아래의 지층이 위의 지층보다 먼저 쌓였다는 법칙 → 먼저 지층의 역전 여부를 판단해야 한다.	젊은 지층 / 오래된 지층
동물군 천이의 법칙	오래된 지층에서 새로운 지층으로 갈수록 더 (⑮)한 생물의 화석이 발견된다는 법칙	
관입의 법칙	관입당한 암석은 관입한 암석보다 먼저 생성되었다는 법칙 → 마그마가 암석을 관입하면 기존 암석은 열에 의해 접촉 변성 작용을 받는다.	변성 작용을 받은 부분 / 관입한 암석
(⑯) 의 법칙	부정합면을 경계로 상하의 지층 사이에는 긴 퇴적 시간 간격이 있다는 법칙	해수면 / 부정합면

2. 지질 연대 측정

① 상대 연령 측정: 지사학의 법칙을 적용

② 지층의 대비

암상에 의한 대비	암석의 종류나 조직, 지질 구조 등을 파악하여 지층을 대비하는 것 → (⑰)을/를 이용하여 찾는다.
화석에 의한 대비	동일한 시대에 번성하였던 생물의 화석을 이용하여 지층을 대비

③ 절대 연령의 측정: 방사성 동위 원소를 이용

방사성 동위 원소	• 온도나 압력 등의 외부 환경에 관계없이 일정한 속도로 붕괴하여 안정한 원소로 변한다. • (⑱): 방사성 동위 원소의 양이 처음의 절반으로 줄어드는 데 걸리는 시간
절대 연령의 측정	• 시간이 경과함에 따라 모원소의 양은 (⑲)하고, 자원소의 양은 (⑳)한다. • 현재 암석이나 광물 속에 포함된 방사성 동위 원소의 모원소와 자원소의 비율을 측정하면 반감기를 이용하여 절대 연령을 알아낼 수 있다.
절대 연령 측정의 유의점	• U, Th, K, Rb은 반감기가 길어서 오래된 지질 시대를 측정하는 데 이용된다. • 유기물 속의 C는 반감기가 짧기 때문에 가까운 지질 시대나 고고학 유물의 시기를 측정하는 데 이용된다. • (㉑)은/는 주변 화성암이나 변성암의 절대 연령을 측정한 후 상대 연령을 고려하여 알아낸다.

07 지질 시대의 환경과 생물

1. 표준 화석과 시상 화석

표준 화석	생존 기간이 짧고, 넓은 지역에 걸쳐 분포하며, 개체 수가 많은 생물 화석 ⓔ 삼엽충(고생대), 공룡과 암모나이트(중생대), 매머드(신생대)
시상 화석	생존 기간이 길고, 특정 환경에 제한적으로 분포하며, 환경 변화에 민감한 생물 화석 ⓔ (㉒)(따뜻하고 수심이 얕은 바다), 고사리(따뜻하고 습한 육지)

2. 지질 시대의 기후

① 지질 시대의 기후

선캄브리아 시대	중기와 말기에 빙하기가 존재한다.
고생대	중기와 말기에 빙하기가 존재한다.
중생대	전반적으로 온난하였고, (㉓)이/가 없다.
신생대	(㉔)에는 빙하기와 간빙기가 반복되었다.

② 고기후의 연구 방법: 해저 퇴적물 속의 화석, 빙하 시추물, 꽃가루 화석, 나무의 나이테, 빙하 퇴적물과 빙하 흔적, 동굴 생성물 등의 시료를 연구한다.

3. 지질 시대의 수륙 분포와 생물

① 지질 시대의 구분: 누대 → 대 → 기로 구분

② 지질 시대의 상대적인 길이: (㉕   )＞고생대＞중생대＞신생대 순이다.

③ 지질 시대의 수륙 분포와 생물

선캄브리아 시대	• 대륙들이 하나로 모여 초대륙을 형성하였다가 흩어지기를 반복하였다. • 최초의 생명체 출현 이후 (㉖)의 광합성으로 대기 중에 산소가 증가했다. • 화석: 스트로마톨라이트, 에디아카라 동물군
고생대	• 말기에 초대륙 (㉗)을/를 형성하면서 대규모 조산 운동이 일어났다. • 초기에 다양한 생물이 폭발적으로 증가하고, 중기 이후 오존층의 형성으로 육상 생물이 출현하였다. • 고생대 말에는 생물의 대멸종이 일어났다. • (㉘)과/와 완족류(캄브리아기), 필석류(오르도비스기), 갑주어(데본기), 방추충과 산호류 및 완족류(석탄기), 양치식물(석탄기)이 번성했다.
중생대	• (㉙)기 말부터 판게아가 분리되기 시작하였고, 대서양과 인도양이 형성되었다. • 공룡, 파충류, 암모나이트가 전 기간에 걸쳐 번성했다. • 시조새가 출현(쥐라기 말)했고, 겉씨식물이 번성했다.
신생대	• 대륙의 이동이 계속되어 수륙 분포가 오늘날과 거의 비슷해졌다. • 화폐석(팔레오기와 네오기), 포유류(제4기), (㉚)식물이 번성했다.

실력 점검 Ⅱ 단원 평가 문제

∞ 04. 퇴적암과 퇴적 구조 50쪽

01 그림은 퇴적암 A, B, C가 생성되는 과정을 나타낸 것이다.

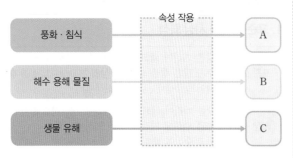

이에 대한 설명으로 옳은 것만을 〈보기〉에서 있는 대로 고른 것은?

보기
ㄱ. A는 쇄설성 퇴적암이다.
ㄴ. 암염은 B에 해당한다.
ㄷ. A, B, C는 모두 교결 작용을 받았다.

① ㄱ　　　　　② ㄴ　　　　　③ ㄱ, ㄷ
④ ㄴ, ㄷ　　　　⑤ ㄱ, ㄴ, ㄷ

∞ 04. 퇴적암과 퇴적 구조 50쪽

02 그림 (가)와 (나)는 퇴적암을 나타낸 것이다.

(가) 사암　　　　　(나) 응회암

이에 대한 설명으로 옳은 것만을 〈보기〉에서 있는 대로 고른 것은?

보기
ㄱ. (가)의 퇴적물 입자는 바다에서 생성되었다.
ㄴ. (나)는 모래와 자갈로 이루어진다.
ㄷ. (가)와 (나)는 모두 쇄설성 퇴적암이다.

① ㄱ　　　　　② ㄷ　　　　　③ ㄱ, ㄴ
④ ㄴ, ㄷ　　　　⑤ ㄱ, ㄴ, ㄷ

∞ 04. 퇴적암과 퇴적 구조 50쪽

03 그림 (가)와 (나)는 서로 다른 지역에서 물에 의해 형성된 퇴적 구조를 나타낸 것이다.

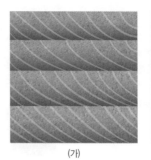　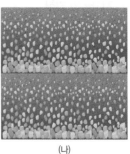

(가)　　　　　　　(나)

이에 대한 설명으로 옳은 것만을 〈보기〉에서 있는 대로 고른 것은?

보기
ㄱ. (가)의 지층은 역전되었다.
ㄴ. (나)로 물이 흐른 방향을 알 수 있다.
ㄷ. (가)는 (나)보다 수심이 더 얕은 곳에서 형성되었다.

① ㄱ　　　　　② ㄷ　　　　　③ ㄱ, ㄴ
④ ㄴ, ㄷ　　　　⑤ ㄱ, ㄴ, ㄷ

∞ 04. 퇴적암과 퇴적 구조 50쪽

04 그림은 퇴적 환경을 육상 환경, 연안 환경, 해양 환경으로 구분하여 나타낸 것이다.

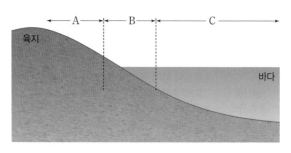

이에 대한 설명으로 옳은 것만을 〈보기〉에서 있는 대로 고른 것은?

보기
ㄱ. A에는 주로 쇄설성 퇴적물이 퇴적된다.
ㄴ. 선상지는 B의 퇴적 환경에 해당한다.
ㄷ. 연흔은 주로 C의 퇴적 환경에서 형성된다.

① ㄱ　　　　　② ㄷ　　　　　③ ㄱ, ㄴ
④ ㄴ, ㄷ　　　　⑤ ㄱ, ㄴ, ㄷ

∞ 05. 여러 가지 지질 구조 58쪽

05 그림 (가)와 (나)는 서로 다른 지질 구조를 나타낸 것이다.

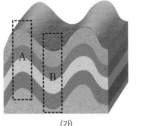 

(가) (나)

이에 대한 설명으로 옳은 것만을 〈보기〉에서 있는 대로 고른 것은?

┌─ 보기 ┤
ㄱ. (가)는 횡압력, (나)는 장력에 의해 형성되었다.
ㄴ. A는 배사 구조, B는 향사 구조가 나타난다.
ㄷ. (나)에서는 지층이 역전된 부분이 있다.
└─

① ㄱ　　　　② ㄴ　　　　③ ㄷ
④ ㄴ, ㄷ　　　⑤ ㄱ, ㄴ, ㄷ

∞ 05. 여러 가지 지질 구조 58쪽

07 그림 (가)와 (나)는 서로 다른 부정합을 나타낸 것이다.

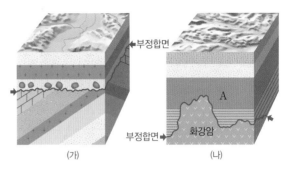

← 부정합면
부정합면 → 　화강암
(가) (나)

이에 대한 설명으로 옳은 것만을 〈보기〉에서 있는 대로 고른 것은?

┌─ 보기 ┤
ㄱ. (가)의 지층은 횡압력을 받은 적이 있다.
ㄴ. (나)에서 화강암이 지층 A를 관입하였다.
ㄷ. (가)와 (나) 모두 지반이 융기한 후 침식 작용을 받았다.
└─

① ㄱ　　　　② ㄴ　　　　③ ㄱ, ㄷ
④ ㄴ, ㄷ　　　⑤ ㄱ, ㄴ, ㄷ

∞ 05. 여러 가지 지질 구조 58쪽

06 그림은 어느 지역의 지형을 모식도로 나타낸 것이다.

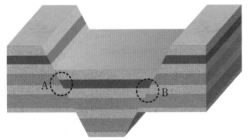

이에 대한 설명으로 옳은 것만을 〈보기〉에서 있는 대로 고른 것은?

┌─ 보기 ┤
ㄱ. A에서는 상반이 위로 이동하였다.
ㄴ. B에서는 정단층이 발달하였다.
ㄷ. A와 B의 지질 구조를 형성한 힘의 종류는 서로 같다.
└─

① ㄱ　　　　② ㄴ　　　　③ ㄱ, ㄷ
④ ㄴ, ㄷ　　　⑤ ㄱ, ㄴ, ㄷ

∞ 05. 여러 가지 지질 구조 58쪽

08 그림 (가)와 (나)는 서로 다른 지역의 절리를 나타낸 것이다.

(가) 한탄강의 절리 (나) 북한산의 절리

이에 대한 설명으로 옳은 것만을 〈보기〉에서 있는 대로 고른 것은?

┌─ 보기 ┤
ㄱ. (가)는 주상 절리이다.
ㄴ. (나)는 주로 화산암에서 나타난다.
ㄷ. (가)의 암석은 (나)의 암석보다 지하 깊은 곳에서 생성되었다.
└─

① ㄱ　　　　② ㄴ　　　　③ ㄱ, ㄷ
④ ㄴ, ㄷ　　　⑤ ㄱ, ㄴ, ㄷ

∞ 06. 지층의 생성과 지질 연대 측정 66쪽

09 그림은 어느 지역의 지질 단면도를 나타낸 것이다. A는 분출암이고, E는 관입암이다.

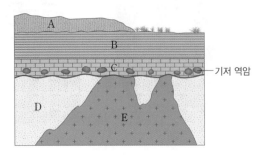

지층과 암석의 생성 순서를 정하는 데 이용된 지사학의 법칙을 옳게 짝 지은 것만을 〈보기〉에서 있는 대로 고른 것은?(단, 지층은 역전되지 않았다.)

┌ 보기 ├
ㄱ. A와 B: 관입의 법칙
ㄴ. B와 C: 지층 누중의 법칙
ㄷ. C와 D: 부정합의 법칙
ㄹ. D와 E: 수평 퇴적의 법칙

① ㄱ, ㄷ ② ㄱ, ㄹ ③ ㄴ, ㄷ
④ ㄱ, ㄴ, ㄹ ⑤ ㄴ, ㄷ, ㄹ

∞ 06. 지층의 생성과 지질 연대 측정 66쪽

10 그림은 (가), (나), (다) 지역의 지질 단면을 나타낸 것이다.

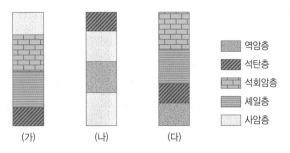

▨	역암층
▧	석탄층
▤	석회암층
▥	셰일층
░	사암층

세 지역 지층의 생성 순서에 대한 설명으로 옳은 것만을 〈보기〉에서 있는 대로 고른 것은?

┌ 보기 ├
ㄱ. 건층으로 사암층을 이용한다.
ㄴ. 가장 오래된 지층은 (나)에 있다.
ㄷ. (가)의 사암층과 (나)의 최하부에 있는 사암층은 생성 시기가 같다.

① ㄱ ② ㄴ ③ ㄱ, ㄷ
④ ㄴ, ㄷ ⑤ ㄱ, ㄴ, ㄷ

∞ 06. 지층의 생성과 지질 연대 측정 66쪽

11 그림은 어느 지역의 지질 단면도를, 표는 이 지역의 지층에서 산출되는 화석을 나타낸 것이다.

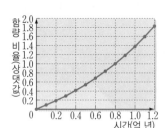

지층	화석
사암	암모나이트
석회암	삼엽충

이에 대한 설명으로 옳은 것만을 〈보기〉에서 있는 대로 고른 것은?(단, 지층은 역전되지 않았다.)

┌ 보기 ├
ㄱ. 사암층은 바다에서 퇴적되었다.
ㄴ. 셰일층에서는 화폐석이 산출될 수 있다.
ㄷ. 편마암과 석회암 사이에는 오랜 기간 동안의 퇴적 시간 간격이 있다.

① ㄱ ② ㄴ ③ ㄱ, ㄷ
④ ㄴ, ㄷ ⑤ ㄱ, ㄴ, ㄷ

∞ 06. 지층의 생성과 지질 연대 측정 66쪽

12 그림은 어느 방사성 원소 A의 시간에 따른 모원소와 자원소의 함량 비율($\frac{\text{자원소의 양}}{\text{모원소의 양}}$)을 나타낸 것이다. 표는 두 화성암 (가), (나) 속에 포함된 방사성 원소 A의 모원소와 자원소 함량을 나타낸 것이다.

암석	(가)	(나)
모원소 (10^{-6} g)	25	12.5
자원소 (10^{-6} g)	75	87.5

이에 대한 설명으로 옳은 것만을 〈보기〉에서 있는 대로 고른 것은?

┌ 보기 ├
ㄱ. 방사성 원소 A의 반감기는 0.5억 년이다.
ㄴ. (가)의 절대 연령은 1.6억 년이다.
ㄷ. (나)의 절대 연령은 (가)의 1.5배이다.

① ㄱ ② ㄴ ③ ㄱ, ㄷ
④ ㄴ, ㄷ ⑤ ㄱ, ㄴ, ㄷ

∞ 06. 지층의 생성과 지질 연대 측정 66쪽

13 고고학 유물로 출토된 볍씨의 절대 연령을 구하기에 가장 적합한 방사성 원소를 쓰시오.

∞ 07. 지질 시대의 환경과 생물 72쪽

14 그림은 현생 누대의 기후를 나타낸 것이다.

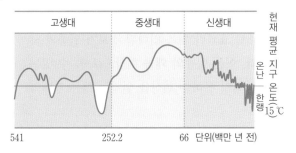

이에 대한 설명으로 옳은 것만을 〈보기〉에서 있는 대로 고른 것은?

보기

ㄱ. 고생대 중기와 말기에는 빙하기가 있었다.
ㄴ. 중생대에는 저위도까지 빙하의 면적이 점차 확대되었다.
ㄷ. 신생대 말기에는 중생대 말기보다 평균 해수면 높이가 높았을 것이다.

① ㄱ   ② ㄴ   ③ ㄱ, ㄷ
④ ㄴ, ㄷ   ⑤ ㄱ, ㄴ, ㄷ

∞ 07. 지질 시대의 환경과 생물 72쪽

15 그림 (가)~(다)는 지질 시대 생물의 화석을 나타낸 것이다.

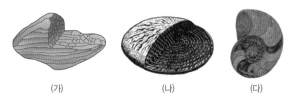

(가)   (나)   (다)

이에 대한 설명으로 옳은 것만을 〈보기〉에서 있는 대로 고른 것은?

보기

ㄱ. 고생물이 번성했던 순서는 (가) → (나) → (다)이다.
ㄴ. (나)가 산출되는 지층은 중생대에 퇴적되었다.
ㄷ. (다) 시기의 육지에는 겉씨식물이 번성하였다.

① ㄱ   ② ㄷ   ③ ㄱ, ㄴ
④ ㄴ, ㄷ   ⑤ ㄱ, ㄴ, ㄷ

1등급을 완성하는 서술형 문제

∞ 05. 여러 가지 지질 구조 58쪽

16 판이 수렴하는 경계에서는 대규모 습곡 산맥이 형성된다. 이러한 지역에서 습곡 산맥이 형성될 때 작용한 힘과 우세하게 발달하는 지질 구조에 대해 설명하시오.

∞ 07. 지질 시대의 환경과 생물 72쪽

17 오른쪽 그림은 시상 화석으로 가치가 높은 산호 화석을 나타낸 것이다. 이 화석이 시상 화석으로 이용될 수 있는 까닭을 생존 기간과 분포 지역의 관점에서 설명하시오.

∞ 07. 지질 시대의 환경과 생물 72쪽

18 오른쪽 그림은 지질 시대의 상대적인 길이를 나타낸 것이다. 육지에 생물이 최초로 출현한 시기를 A~D에서 고르고, 이러한 현상이 나타날 수 있었던 대기 환경의 변화에 대해 설명하시오.

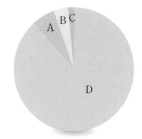

∞ 07. 지질 시대의 환경과 생물 72쪽

19 그림은 어느 지질 시대에 번성하였던 생물의 화석을 나타낸 것이다.

(가) 필석   (나) 삼엽충

이 지질 시대를 쓰고, 이 시대 말기의 수륙 분포는 어떤 특징이 있었는지 설명하시오.

닻 내림 효과

배가 닻을 내리면 그곳에서 배가 벗어나지 않듯이 닻 내림 효과란 처음 입력된 정보가 일종의 닻 (선입관)으로 작용해 판단에 영향을 주는 것을 말합니다. 이는 일종의 왜곡 현상으로 볼 수 있는 것으로, 초기에 접한 정보에 집착해 합리적인 판단을 내리지 못하는 현상을 일컫는 행동 경제학 용어입니다.

닻 내림 효과를 유용하게 활용하는 분야는 거래가 주로 이루어지는 사업장입니다. 백화점에서는 몇 천만 원을 호가하는 브랜드의 제품을 가장 먼저 눈에 띄도록 진열합니다. 그러면 소비자는 해당 금 액을 기준으로 하여 상대적으로 더 저렴한 제품에 대해 '살 만한 것'으로 인지하고 소비하게 됩니다.

이렇듯 어떤 사고의 기준에서 벗어나지 못하는 현상을 '닻'이라는 말로 함축할 수 있습니다. 우리는 어떻게 '닻'에서 벗어날 수 있을까요? 그것은 바로 잘못된 기준점이자 선입관, 즉 닻을 우리 마음속 에 세우지 않는 것입니다.

Ⅲ 대기와 해양의 변화

중요한 부분은 밑줄 쫙~!

이 단원에서는 일기도와 위성 영상 해석을 통해 정체성 고기압, 이동성 고기압, 온대 저기압, 태풍이 통과할 때의 날씨 변화를 알아보고, 우리나라에서 발생하는 주요 악기상인 뇌우, 국지성 호우, 폭설 등의 발생 과정과 피해에 대해 알아본다. 또, 해수의 온도, 염분, 밀도, 용존 기체 등 해수의 성질에 대해 알아본다.

08 날씨의 변화

1 기압과 날씨

1 고기압과 저기압[1]

구분	고기압	저기압
정의	주위보다 기압이 높은 곳	주위보다 기압이 낮은 곳
풍향[2] (북반구)	지면에서 바람이 시계 방향으로 불어 나 간다.	지면에서 바람이 시계 반대 방향으로 불어 들어온다.
단열 변화	하강 기류 → 단열 압축 → 기온 상승	상승 기류 → 단열 팽창 → 기온 하강
날씨	하강 기류 발달 → 구름 소멸 → 맑은 날씨	상승 기류 발달 → 구름 형성 → 날씨가 흐 리거나 강수

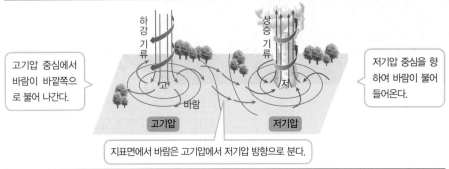

고기압 중심에서 바람이 바깥쪽으로 불어 나간다.

저기압 중심을 향하여 바람이 불어 들어온다.

지표면에서 바람은 고기압에서 저기압 방향으로 분다.

2 고기압과 날씨

① 정체성 고기압과 이동성 고기압

정체성 고기압	• 고기압의 중심부가 거의 이동하지 않고 한곳에 머무르는 규모가 큰 고기압을 말한다. • 세력의 확장과 축소를 반복하면서 주변 지역에 영향을 미친다. ☞ 시베리아 고기압, 북태평양 고기압, 오호츠크해 고기압[3]
이동성 고기압	• 정체성 고기압에서 떨어져 나와 이동하면서 날씨 변화를 일으키는 규모가 작은 고기압 • 시베리아 고기압과 양쯔강 고기압에서 떨어져 나와 우리나라를 지나가면서 봄과 가을철 날씨에 영향을 준다. • 한 곳에 머무르지 못하고 우리나라를 향하여 서쪽으로부터 이동해 온다(편서풍의 영향).

② 고기압의 발달과 우리나라의 계절별 날씨: 우리나라 주변 고기압의 세력 변화에 따라 계절
마다 다른 날씨가 나타난다.

겨울철	여름철	봄·가을철
• 시베리아 고기압이 발달한다. • 차고 건조한 북서 계절풍이 강하다. • 갑자기 추워지는 한파와 건조한 날씨가 나타난다.	• 북태평양 고기압이 발달한다. • 고온 다습한 남풍 계열의 바람이 분다. • 무더위와 습한 날씨가 나타나고, 열대야 현상이 나타난다.	• 이동성 고기압과 저기압이 교대로 지나가 변덕스러운 날씨가 나타난다. • 황사나 꽃샘 추위(봄), 또는 큰 일교차(가을)가 나타난다.

한눈에

정리하는 출제 경향

• 고기압의 발달과 우리나라의 날씨 해석하기
• 온대 저기압이 통과할 때 날씨 변화 해석하기
• 위성 영상을 통해 날씨 예측하기

핵심 개념

정체성 고기압, 이동성 고기압, 온대 저기압, 일기 예보

plus 개념

[1] 기압 차이가 발생하는 까닭

지표면이 가열되는 정도가 다르기 때문에 기온 분포가 달라져 기압의 차이가 발생한다.

[2] 바람이 부는 방향

기압이 다른 두 지점 사이에서 공기는 기압이 높은 곳에서 기압이 낮은 곳으로 움직인다. 따라서 지표면의 바람은 고기압에서 저기압 쪽으로 불고, 상층부에서는 반대로 나타난다.

상층부의 바람

상승 기류 / 지표 부근의 바람 / 하강 기류

저기압 지역 / 고기압 지역

[3] 오호츠크해 고기압

초여름과 가을에 영향을 주는 고기압으로 매년 발달 정도가 다르게 나타난다.

③ 기단의 발생: 성질(기온, 습도)이 비슷한 거대한 공기 덩어리로 지표면의 성질이 비슷한 넓은 지역에 공기 덩어리가 오래 머물 때 발생한다. → 각각 성질이 다른 우리나라 주변의 기단은 계절별로 영향을 미친다.❹

기단	성질	계절	주요 기상 현상
시베리아 기단	한랭 건조	겨울	폭설, 한파
북태평양 기단	고온 다습	여름	무더위, 장마
오호츠크해 기단	한랭 다습	초여름	장마, 높새 바람
양쯔강 기단	온난 건조	봄, 가을	황사, 건조

시베리아 기단
한랭 건조
(겨울철)

오호츠크해
기단
한랭 다습
(초여름)

양쯔강 기단
온난 건조
(봄, 가을)

북태평양 기단
고온 다습
(여름철)

❹ 기단의 발생
- 기단은 지표면의 성질이 비슷한 넓은 지역에서 생성되므로 넓은 평원이나 바다, 사막 등에서 잘 발달하게 된다.
- 고기압이 형성되는 지역은 바람이 약하여 기단의 발원지가 될 수 있다.

기단의 변질 /개념 심화

기단이 발원지를 떠나 다른 지역으로 이동하면서 지표면의 영향을 받아 성질이 변하는 현상

한랭한 기단의 변질 (찬 기단이 따뜻한 바다 위를 통과할 때)	온난한 기단의 변질 (따뜻한 기단이 차가운 바다 위를 통과할 때)
차고 건조한 기단 / 기단의 이동 / 적란운 / 열과 수증기 공급 / 차가운 대륙 / 따뜻한 바다 / 따뜻한 육지	따뜻하고 건조한 기단 / 기단의 이동 / 층운 또는 안개 / 차가운 대륙 / 차가운 바다 / 따뜻한 육지
기단의 하층 가열과 수증기 공급 → 기층 불안정 → 상승 기류 발달 → 적운형 구름, 비나 눈	기단의 하층 냉각 → 기층 안정 → 상승 기류 억제 → 층운형 구름이나 안개 생성
겨울철 시베리아 기단이 남하하여 황해를 통과할 때 열과 수증기를 공급받아 우리나라 서해안 지방에 폭설이 내린다.	여름철에 북태평양 기단이 북상하여 우리나라 동해 북쪽의 찬 해수면에 의해 냉각되어 해안에 안개를 형성한다.

❺ 적운형 구름과 층운형 구름

적운형 구름	- 수직으로 높게 발달한 구름 - 기층이 불안정한 지역에서 공기의 연직 운동이 활발할 때 생성, 강한 비를 동반 상승 기류가 강할 때
층운형 구름	- 수평으로 넓게 퍼진 구름 - 기층이 안정한 지역에서 공기의 연직 운동이 약할 때 생성, 약한 비를 동반 상승 기류가 약할 때

3 온대 저기압과 날씨   자료 분석 특강 106쪽 A

① 한랭 전선과 온난 전선❻

통과 시 기온, 기압, 풍향 변화가 급격하게 나타난다.

구분		한랭 전선(▲▲▲▲)	온난 전선(●●●●)
발달 과정		찬 공기가 따뜻한 공기를 밀고 갈 때 생기는 전선	따뜻한 공기가 찬 공기 위로 올라갈 때 생기는 전선
모식도		적란운, 이동 방향, 후면, 전면, 따뜻한 공기, 찬 공기, 소나기, 한랭 전선, 전선은 지표에 발달	이동 방향, 권운, 권층운, 고층운, 난층운, 후면, 전면, 따뜻한 공기, 온난 전선, 이슬비, 찬 공기
특징		- 전선면의 경사가 급하다. - 이동 속도가 빠르다.	- 전선면의 경사가 완만하다. - 이동 속도가 느리다.
구름과 강수		- 전선 후면에 적운형 구름 발달 - 좁은 구역에 소나기성 강우	- 전선 전면에 층운형 구름 발달 - 넓은 구역에 지속적인 강우(이슬비)
통과 후	날씨	기온 하강, 기압 상승	기온 상승, 기압 하강
	풍향	남서풍 → 북서풍	남동풍 → 남서풍

용어 돋보기
- **기단**(공기 氣 덩어리 團): 기온과 수증기량이 비슷한 공기 덩어리이다.
- **전선**(싸울 戰 줄 線): 성질이 다른 공기 덩어리가 부딪힐 때 지면에 생기는 경계선이다.

08 날씨와 변화

② 온대 저기압과 날씨 변화: 온대 저기압은 중위도 지방에서 발달하는 저기압으로 저기압 중심의 남서쪽에 한랭 전선을, 남동쪽에 온난 전선을 동반한다. ⑥ 찬 공기와 따뜻한 공기가 만나는 온대 지방에서 발달한다.

지역	풍향	지역별 특징과 날씨	
A, B 지역 (온난 전선 앞)	남동풍	• A 지역: 높은 구름이 다가 오므로 햇무리, 달무리 • B 지역: 넓은 지역에 걸친 층운형 구름, 지속성 강수	
C 지역 (한랭 전선과 온난 전선 사이)	남서풍	구름이 없고 날씨가 맑으며, 기온이 높아진다.	
D 지역 (한랭 전선 뒤)	북서풍	좁은 지역에 걸쳐 적운형 구름이 발달, 소나기	
E 지역 (저기압 중심)	북풍 계열	상승 기류가 발달하여 구름 발생, 흐린 날씨	

온대 저기압은 편서풍의 영향으로 서쪽에서 동쪽으로 이동하면서 날씨 변화를 일으킨다. → A → B → C → D 지역의 순서대로 날씨 변화가 일어난다.

③ 온대 저기압의 발생과 소멸

전선의 형성

찬 공기와 따뜻한 공기가 만나 정체 전선을 형성한다.

파동의 형성

파동이 생기면서 한랭 전선과 온난 전선으로 분리된다.

온대 저기압 발달

한랭 전선과 온난 전선이 발달하여 온대 저기압이 생성된다.

폐색 시작

한랭 전선이 온난 전선 쪽으로 이동한다.

폐색 전선 발달⑧

한랭 전선이 온난 전선과 겹쳐져 폐색 전선이 형성된다.

온대 저기압 소멸

따뜻한 공기는 위로 올라가고, 온대 저기압이 소멸한다.

오른쪽 설명란

⑥ 온대 저기압의 에너지원

찬 공기와 따뜻한 공기가 섞이면 처음 두 공기가 만났을 때보다 무게 중심이 내려간다. 따라서 감소하는 위치 에너지가 운동 에너지로 전환되면서 온대 저기압이 발달한다.

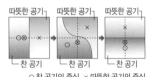

○ 찬 공기의 중심 × 따뜻한 공기의 중심 ⊗ 전체 중심

⑦ 온대 저기압과 구름

온대 저기압이 지나가면서 온난 전선과 한랭 전선이 통과할 때 구름의 모양은 일반적으로 권층운 → 고층운 → 난층운 → 적란운 순으로 변한다.

⑧ 폐색 전선과 정체 전선

• 폐색 전선(▲▲▲▲): 한랭 전선이 온난 전선과 만나 겹쳐지면서 형성된 전선 → 한랭 전선의 이동 속도가 온난 전선의 이동 속도보다 빠르기 때문에 생긴다.

• 정체 전선(▲▼▲▼): 세력이 비슷한 두 기단이 만나 한 곳에 오래 머무르는 전선 예 장마 전선

확인 문제 ①

1 주위보다 기압이 낮고 북반구에서 바람이 시계 반대 방향으로 불어 들어오는 곳은 (　　　　)의 중심부이다.

2 고기압의 중심부가 거의 이동하지 않고 한곳에 머무르는 규모가 큰 고기압을 (　　　　) 고기압이라고 한다.

3 우리나라의 겨울철에 가장 큰 영향을 미치는 고기압을 쓰시오.

4 어느 지역에 온대 저기압이 통과할 때 풍향은 남동풍 → (　　　　) → 북서풍으로 변화한다.

5 온대 저기압의 한랭 전선과 온난 전선 사이에 위치한 지역에서 나타나는 대체적인 기온과 풍향을 쓰시오.

궁금하지?

편서풍은 위도 30°~60° 지방에서 서쪽에서 동쪽으로 부는 바람으로, 중위도 지방의 기상 현상에 영향을 미친다.

2 일기도의 해석과 일기 예보 자료 분석 특강 106쪽 B

1 일기 예보 과정 기상 관측 및 기상 정보 수집 → 분석(슈퍼 컴퓨터) → 예보 협의 → 예보 및 통보
└─ 연속된 일기도 분석, 예상 일기도 작성

2 일기도 해석

① 해석: 등압선의 간격이 좁을수록 풍속이 강하고, 전선 부근에서는 풍향, 기온, 기압이 급변한다.

② 예측 방법: 우리나라는 편서풍의 영향을 받으므로 서쪽 날씨로 앞으로의 날씨를 예측한다.

③ 일기 기호: 기온, 풍향, 풍속, 기압, 운량 등이 나타나 있다.

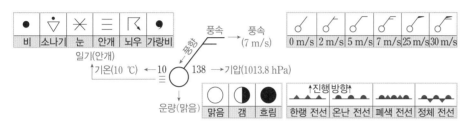

3 위성 영상의 해석

① 가시광선 영상: 구름에서 반사된 태양광의 강약에 의해 나타나는 영상 → 구름이 두꺼울 때 짙은 흰색으로 보인다.

② 적외선 영상: 물체가 방출하는 적외선 에너지양에 의해 나타나는 영상 → 구름이 높게 떠 있을 때 짙은 흰색으로 보인다.

일기도와 위성 영상의 해석

적외선 영상을 이용하여 야간에도 구름을 관측할 수 있다.

그림은 어느 날 우리나라 부근의 일기도와 가시광선 영상 및 적외선 영상을 나타낸 것이다.

일기도	가시광선 영상	적외선 영상
	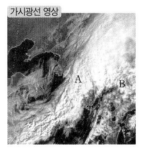	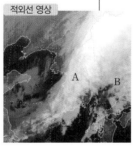

① 일기도의 서쪽 날씨로 앞으로의 날씨를 예측한다. → 우리나라는 서쪽에서 다가오는 고기압의 영향으로 맑은 날씨가 나타날 것으로 보인다.

② 가시광선 영상은 구름의 두께가 두꺼울 때 밝고(짙은 흰색), 적외선 영상은 구름의 고도가 높을 때 밝다. → A에 적운형 구름, B에 층운형 구름이 발달해 있다.

확인 문제 2

6 일기 예보는 기상 관측 및 기상 정보 수집 및 분석 후 예보 (　　　)을/를 거쳐 예보 및 통보한다.

7 일기도의 전선 부근에서 급변하는 기상 요소를 쓰시오.

8 가시광선 영상에서는 구름이 두꺼울수록, 적외선 영상에서는 구름의 고도가 (　　　)을수록 흰색으로 보인다.

---

plus 개념

✳ 온대 저기압이 나타난 일기도

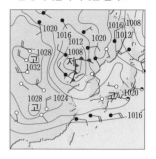

✳ 레이더 영상

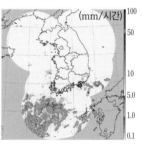

- 레이더 영상은 구름 속에 강수 입자가 얼마나 있는지를 나타내는 영상이다.
- 강수량 및 비 또는 눈이 내리는 강수대의 위치와 이동 경향을 파악하는 데 효과적이다.

꼭 기억해!

가시광선 영상은 태양 빛이 없는 밤에는 얻을 수 없지만, 적외선 영상은 낮과 밤을 구분하지 않고 얻을 수 있다.

용어 돋보기

- **등압선**(가지런할 等, 누를 壓, 줄 線) 일기도에서 기압이 같은 지점을 연결하여 이은 선. 고기압이나 저기압의 분포를 나타내기 위한 것으로 보통 4 hPa 간격으로 그린다.
- **가시광선**(옳을 可, 볼 視, 빛 光, 줄 線) 사람의 눈으로 볼 수 있는 빛의 파장 영역을 말한다.
- **적외선**(붉을 赤, 밖 外, 줄 線) 파장이 가시광선보다 긴 영역의 전자기파로 눈으로는 볼 수 없다.

개념을 다지는 기본 문제

1 기압과 날씨

01 그림은 우리나라 주변의 일기도를 나타낸 것이다.

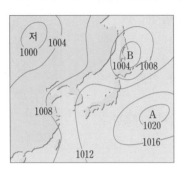

A와 B에 대한 설명으로 옳은 것은?

① A는 저기압이다.
② B는 고기압이다.
③ A에서는 상승 기류가 발달한다.
④ B에서는 하강 기류가 발달한다.
⑤ 날씨는 B보다 A에서 맑다.

02 그림은 고기압과 저기압 중심 부근에서 공기의 움직임을 나타낸 것이다.

이에 대한 설명으로 옳은 것만을 〈보기〉에서 있는 대로 고른 것은?

┤ 보기 ├
ㄱ. A는 주위보다 기압이 높은 곳이다.
ㄴ. B에서는 바람이 시계 방향으로 불어 나간다.
ㄷ. 북반구에서 공기의 움직임을 나타낸 것이다.

① ㄱ   ② ㄷ   ③ ㄱ, ㄴ
④ ㄴ, ㄷ   ⑤ ㄱ, ㄴ, ㄷ

(✏️서술형)

03 고기압과 저기압에서 나타나는 날씨를 공기의 수직적인 흐름과 관련지어 설명하시오.

(🔎중요)

04 그림은 어느 계절에 나타난 우리나라 부근의 일기도이다.

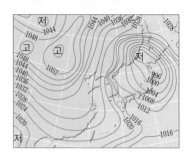

이에 대한 설명으로 옳은 것은?

① 여름철의 일기도이다.
② 서해안에 폭설이 내릴 수 있다.
③ 우리나라에는 대체로 남동풍이 분다.
④ 우리나라는 오랫동안 우기가 나타난다.
⑤ 이동성 고기압이 우리나라를 통과하고 있다.

05 그림은 어느 계절에 나타난 우리나라 부근의 일기도이다.

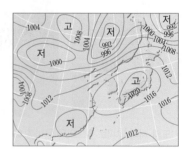

이에 대한 설명으로 옳은 것만을 〈보기〉에서 있는 대로 고른 것은?

┤ 보기 ├
ㄱ. 우리나라는 이동성 고기압의 영향을 받고 있다.
ㄴ. 앞으로 1주일 동안 맑은 날씨가 지속될 것이다.
ㄷ. 이 계절에 우리나라는 양쯔강 기단의 영향을 받는다.

① ㄱ   ② ㄴ   ③ ㄱ, ㄷ
④ ㄴ, ㄷ   ⑤ ㄱ, ㄴ, ㄷ

06 그림은 우리나라의 날씨에 영향을 미치는 기단을 나타낸 것이다.

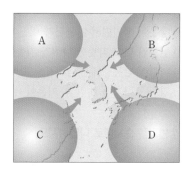

이에 대한 설명으로 옳은 것만을 〈보기〉에서 있는 대로 고른 것은?

┤ 보기 ├
ㄱ. A는 D보다 기온이 낮고 건조하다.
ㄴ. B는 C보다 기온이 높고 습도가 낮다.
ㄷ. D는 봄, 가을에 자주 통과하는 이동성 고기압과 관련있다.

① ㄱ   ② ㄷ   ③ ㄱ, ㄴ
④ ㄴ, ㄷ   ⑤ ㄱ, ㄴ, ㄷ

07 따뜻하고 건조한 기단이 찬 바다 위를 지날 때 일어날 수 있는 현상으로 옳은 것만을 〈보기〉에서 있는 대로 고른 것은?

┤ 보기 ├
ㄱ. 안개가 생긴다.
ㄴ. 기층이 안정해진다.
ㄷ. 상승 기류가 발달한다.
ㄹ. 층운형 구름이 형성된다.

① ㄱ, ㄷ   ② ㄴ, ㄹ   ③ ㄷ, ㄹ
④ ㄱ, ㄴ, ㄷ   ⑤ ㄱ, ㄴ, ㄹ

08 그림 (가)와 (나)는 성질이 다른 두 기단이 만나서 생기는 전선을 나타낸 것이다.

 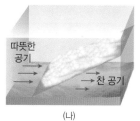

(가)   (나)

이에 대한 설명으로 옳지 않은 것은?

① (가)는 한랭 전선, (나)는 온난 전선이다.
② (가)는 (나)보다 전선면의 기울기가 급하다.
③ (가)는 (나)보다 전선의 이동 속도가 빠르다.
④ (가)와 (나) 사이에서는 대체로 날씨가 맑다.
⑤ 우리나라에서 온대 저기압이 지나갈 때, (나)보다 (가)가 먼저 통과한다.

ⓟ 중요

09 그림은 우리나라 부근에 발달한 온대 저기압의 모습을 나타낸 것이다.

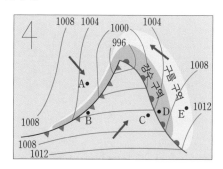

이에 대한 설명으로 옳은 것은?

① A 지역에서는 소나기가 그친 후 기온이 내려갔다.
② B 지역은 현재 기온이 높고 남동풍이 약하게 분다.
③ C 지역은 현재 날씨가 맑지만 동쪽에서 먹구름이 밀려온다.
④ D 지역은 현재 북서풍이 강하게 불고 소나기가 내린다.
⑤ E 지역에서는 저기압이 이동함에 따라 구름 밑면의 높이가 점점 높아진다.

[10~11] 그림 (가)는 어느 날 13시에 나타난 온대 저기압의 모습과 관측소 A, B, C의 위치를, (나)는 이날 B에서 관측한 기온과 기압을 나타낸 것이다. 물음에 답하시오.

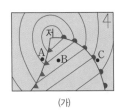
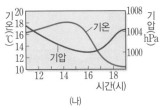

(가)   (나)

10 이에 대한 설명으로 옳지 <u>않은</u> 것은?

① 13시에 기압은 A가 B보다 낮다.

② 13시에 기온은 B가 C보다 높다.

③ 13시에 C에서는 남동풍이 분다.

④ B에서 한랭 전선은 18시에 통과하였다.

⑤ B에서 바람의 방향은 시계 방향으로 바뀔 것이다.

11 관측소 A~C에서 13시에 관측되는 바람의 방향을 각각 쓰시오.

12 그림은 북반구 어느 지역의 지상 기압 배치를 나타낸 것이다.

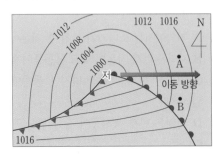

저기압이 이동함에 따라 A 지점과 B 지점에서 나타나는 풍향 변화를 각각 쓰시오.

13 다음 (가)~(라)는 온대 저기압의 중심이 북반구의 한 지점을 통과할 때의 날씨 변화를 순서없이 나열한 것이다.

> (가) 층운이 생기면서 이슬비가 내린다.
> (나) 한동안 맑고 따뜻한 날씨가 지속된다.
> (다) 바람이 남동풍에서 남서풍으로 바뀐다.
> (라) 강한 소나기가 내린 후 기온이 내려간다.

날씨의 변화를 순서대로 나열하시오.

[14~15] 그림은 북반구에서 발생하는 온대 저기압의 발생에서 소멸까지의 과정 중 일부를 나타낸 것이다. 물음에 답하시오.

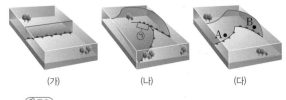

(가)   (나)   (다)

🄿중요

14 위 그림에 대한 설명으로 옳은 것만을 〈보기〉에서 있는 대로 고른 것은?

┤ 보기 ├

ㄱ. 온대 저기압은 (가) → (다) → (나)의 순으로 발달한다.

ㄴ. (나)에는 정체 전선이 형성되었다.

ㄷ. 천둥과 번개는 A보다 B 부근에서 발생할 가능성이 크다.

① ㄱ   ② ㄴ   ③ ㄱ, ㄷ

④ ㄴ, ㄷ   ⑤ ㄱ, ㄴ, ㄷ

🖉서술형

15 위 그림의 (나)에서 나타나는 전선(㉠)의 이름과 형성 원인을 설명하시오.

2 일기도의 해석과 일기 예보

16 그림은 어느 지역의 기상 상태를 일기 기호로 나타낸 것이다.

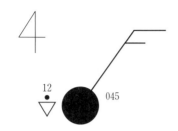

일기 기호에 나타난 다음 기상 요소 값을 쓰시오.

(1) 풍향   (2) 풍속
(3) 일기   (4) 기온
(5) 기압

중요

17 그림 (가)와 (나)는 어느 날 12시간 간격으로 작성한 우리나라 주변의 일기도를 순서 없이 나타낸 것이다.

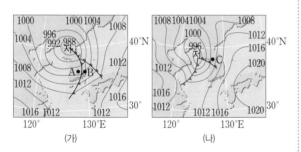

이에 대한 설명으로 옳은 것만을 〈보기〉에서 있는 대로 고른 것은?

| 보기 |

ㄱ. (가)는 (나)보다 먼저 작성된 것이다.
ㄴ. (가)에서 A 지역은 B 지역보다 기온이 높다.
ㄷ. (나)에서 C 지역에는 남풍 계열의 바람이 분다.

① ㄱ   ② ㄷ   ③ ㄱ, ㄴ
④ ㄴ, ㄷ   ⑤ ㄱ, ㄴ, ㄷ

18 그림 (가)는 어느 날 우리나라 주변의 일기도를, (나)는 A, B, C 세 지역의 날씨를 일기 기호로 순서 없이 나타낸 것이다.

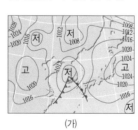
(가)   (나)

A~C 지역의 날씨에 대한 설명으로 옳은 것만을 〈보기〉에서 있는 대로 고른 것은?

| 보기 |

ㄱ. A 지역에는 소나기가 내린다.
ㄴ. B 지역의 풍향은 남서풍이다.
ㄷ. C 지역에서 기압이 가장 낮다.

① ㄱ   ② ㄴ   ③ ㄱ, ㄷ
④ ㄴ, ㄷ   ⑤ ㄱ, ㄴ, ㄷ

19 그림 (가)는 어느 날 우리나라 부근의 일기도를, (나)는 적외선 영상을 나타낸 것이다.

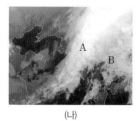
(가)   (나)

이에 대한 설명으로 옳은 것만을 〈보기〉에서 있는 대로 고른 것은?

| 보기 |

ㄱ. 구름의 높이는 A가 B보다 높다.
ㄴ. (나)와 같은 영상은 야간에도 얻을 수 있다.
ㄷ. 우리나라는 온대 저기압의 영향을 받고 있다.

① ㄱ   ② ㄴ   ③ ㄱ, ㄷ
④ ㄴ, ㄷ   ⑤ ㄱ, ㄴ, ㄷ

09 태풍과 날씨, 악기상

정리하는 출제 경향

• 태풍의 발생과 구조 해석하기
• 태풍 통과 시의 날씨 해석하기
• 악기상의 종류와 발생 과정 설명하기

핵심 개념

태풍, 태풍의 구조와 이동, 뇌우, 우박, 국지성 호우, 폭설, 강풍, 황사

1 태풍과 날씨 자료 분석 특강 106쪽 A, 107쪽 C

1 태풍의 발생과 구조

① 태풍: 북태평양에서 발생한 열대 저기압 중 중심 부근의 최대 풍속이 17 m/s 이상인 것으로 수권과 기권의 상호 작용으로 발생하는 기상 현상이다. ❶

② 태풍의 발생 과정: 적도 부근의 열대 해상(위도 5°~25°, 수온 약 27 ℃ 이상)에서 많은 양의 열과 수증기를 공급받아 발생한다.

③ 열대 저기압(태풍)의 에너지원: 수증기가 응결할 때 방출되는 응결열

④ 태풍의 구조: 지름이 수백 km인 대기의 거대한 소용돌이로, 시계 반대 방향으로 회전하면서 모여든 공기가 상승하여 대부분 바깥쪽으로 향하고, 일부는 중심부에서 하강한다.

지름 200 km~1500 km, 평균 높이 15 km

태풍의 구조와 일기도

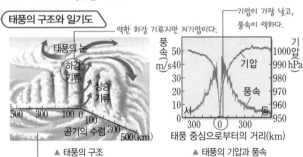

기압이 가장 낮고, 풍속이 약하다.
약한 하강 기류지만 저기압이다.
태풍의 등압선은 동심원 모양으로, 중심 기압이 낮을수록 세력이 강한 태풍이다.

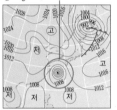

▲ 태풍의 구조
▲ 태풍의 기압과 풍속
▲ 태풍 발생 시의 일기도

• 기압: 중심 기압이 매우 낮고, 중심과 가장자리의 기압 차이가 매우 크다. → 강한 바람을 동반한다.

• 풍속: 풍속은 태풍 진행 방향의 오른쪽이 왼쪽보다 강하고, 중심에서 벗어난 부근에서 가장 강하다. → 중심에 태풍의 눈이 있기 때문

• 적란운 생성: 중심으로 공기가 모여들어 발생하는 강한 상승 기류에 의해 적란운이 발달한다. → 태풍의 눈 바깥에 거대한 눈벽을 형성하고 눈벽 주변에는 적운형 구름으로 이루어진 나선 모양의 구름 띠가 둘러싸고 있다.

• 태풍의 눈: 태풍의 중심에서 약 50 km 이내의 하강 기류가 나타나는 곳으로, 날씨가 맑고 바람이 약한 구간이다.

• 태풍 발생 시 일기도: 중심 기압이 낮을수록 세력이 강한 태풍이며, 일기도상에는 등압선이 동심원의 형태로 나타나며, 전선을 동반하지 않는다.

2 태풍의 이동과 소멸 자료 분석 특강 107쪽 D

이 지점을 전향점이라고 한다.

① 태풍의 이동: 발생 초기에는 무역풍의 영향으로 북서쪽으로 진행하다가 위도 25°~30° 부근에 도달하면 편서풍의 영향을 받아 북동쪽으로 방향을 바꾸어 진행한다. → 포물선 궤도로 북상 ❷

② 안전 반원과 위험 반원

안전 반원	• 태풍 진행 방향의 왼쪽 반원 • 태풍 내 풍향이 태풍의 이동 방향 및 대기 대순환의 풍향과 반대이다. → 풍속이 상대적으로 약하다.	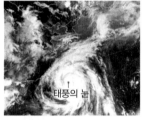
위험 반원	• 태풍 진행 방향의 오른쪽 반원 • 태풍 내 풍향이 태풍의 이동 방향 및 대기 대순환의 풍향과 같다. → 풍속이 상대적으로 강하여 큰 피해를 입을 수 있다.	▲ 태풍의 이동 경로와 바람의 세기

plus 개념

❶ 열대 저기압의 발생 지역과 이름

열대 저기압이 발생한 지역에 따라 다른 이름으로 불리운다. 태평양에서는 태풍, 대서양에서는 허리케인, 인도양에서는 사이클론이라고 한다.

❊ 태풍의 위성 영상

• 거대한 구름이 시계 반대 방향으로 휘감겨 있는 모습을 보인다.
• 태풍의 눈은 구멍이 뚫린 것처럼 보인다.
• 태풍의 중심에 가까워질수록 기압은 낮아지고 풍속이 강해지다가 중심에 들어서면 맑은 날씨가 된다.

❷ 태풍의 이동 경로

태풍의 이동 경로는 북태평양 고기압의 영향을 받기 때문에 북태평양 고기압의 세력이 미치는 범위에 따라 계절별로 이동 경로에 조금씩 차이를 보인다.

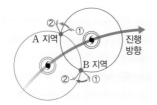

태풍의 진행 경로와 풍향 변화

A 지역

태풍 진행 방향의 왼쪽
→ 시계 반대 방향으로 풍
향이 변화

B 지역

태풍 진행 방향의 오른쪽
→ 시계 방향으로 풍향이
변화

③ **태풍의 소멸:** 태풍이 육지에 상륙하면 에너지원인 수증기의 공급이 차단되고 지면과의
마찰에 의해 세력이 약해지면서 소멸한다.

plus+개념

※ 태풍으로 인한 피해
· 강풍, 해일, 호우 발생으로 인한 인
명과 재산 피해
· 농작물 피해
· 항만 시설, 도로 파괴 및 산사태
발생

확인 문제	1 태풍은 적도 부근의 열대 해상에서 많은 양의 열과 ( )을/를 공급받아 발생한다.
	2 태풍은 중심부의 거대한 상승 기류로 인해 두꺼운 ( )이/가 발달한다.
	3 태풍에서 하강 기류가 나타나는 곳으로, 날씨가 맑고 바람이 약한 구역을 무엇이라고 하는지 쓰시오.
	4 태풍 진행 방향의 ( ) 반원은 풍속이 상대적으로 강한 위험 반원이다.
	5 태풍이 육지에 상륙하면 ( )의 공급이 차단되고, 지면과의 마찰이 작용하여 세력이 약해지면서 소멸한다.

※ 온대 저기압과 태풍 비교

구분	온대 저기압	태풍
발생 장소	온대 지방(위 도 60° 부 근)	열대 해상(위 도 5°~25°)
에너 지원	기층의 위치 에너지 감소	수증기 응결 에 의한 잠열
전선	동반	동반하지 않 음.
이동	서 → 동	북서 → 북동 (포물선 궤 도)
등압 선	타원형	조밀한 동심 원

2 우리나라의 주요 악기상

1 뇌우 강한 상승 기류에 의해 적란운이 발달하면서 천둥과 번개를 동반한 소나기가 내리
는 현상❸

뇌우의 발생	· 강한 햇빛을 받은 지표 부근의 공기가 가열될 때 발생한다. · 한랭 전선에서 찬 공기가 따뜻한 공기를 파고들 때 발생한다. · 태풍에서 강한 상승 기류가 발달할 때 발생한다.	
뇌우의 발달 과정	적운 단계	· 강한 상승 기류로 적운이 성장 · 강수 현상 미약 적운 ➡ 적란운 성장
	성숙 단계	· 상승 기류 발달, 하강 기류 공존 · 돌풍, 천둥, 번개, 소나기, 우박 동반
	소멸 단계	· 하강 기류가 우세 · 약한 비, 구름 소멸

① 적운 단계 ② 성숙 단계 ③ 소멸 단계

❸ **뇌우의 발생 모습**

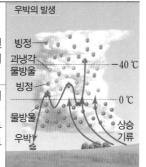

2 국지성 호우와 우박

국지성 호우 (집중 호우)	· 짧은 시간 동안 좁은 지역에 많은 양의 비가 내리는 현상 · 시간당 30 mm 이상 또는 하루 80 mm 이상의 비를 동반 · 강한 햇빛으로 지면이 가열되어 대기가 불안정해질 때, 전 선 부근에서 강한 상승 기류가 발달할 때, 태풍에 동반된 비 구름으로 발생
우박	· 눈의 결정 주위에 차가운 물방울이 얼어붙어 땅으로 떨어지 는 얼음덩어리로 보통 1 cm 미만 · 적란운 속에서 성장한 얼음 알갱이가 떨어지다가 상승 기류 를 만나 상승과 하강을 반복하면서 더욱 성장하여 지상으로 떨어짐.

우박의 발생

빙정
과냉각
물방울 —40 ℃
빙정
0 ℃
물방울
우박 상승
기류

용어 돋보기

· **응결열**(엉길 凝, 맺을 結, 더울 熱): 기
체가 액체로 응결될 때 방출하는 열량
을 말한다.
· **뇌우**(우뢰 雷, 비 雨): 천둥, 번개와 함
께 소나기가 내리는 현상이다.
· **호우**(호걸 豪, 비 雨): 많은 비가 연속
적으로 내리는 현상이다.

우리나라에서 우박은 상승 기류가 잘 발달하는 초여름이나 가을에 주로 발생한다.

09 태풍과 날씨, 악기상

3 폭설과 강풍

		서해안 폭설 발생 과정
폭설	• 짧은 시간에 많은 눈이 내리는 현상④ • 겨울철에 저기압이 통과하거나 시베리아 고기압이 확장하면서 해수면(황해)으로부터 열과 수증기를 공급받아 상승 기류가 발달할 때 발생	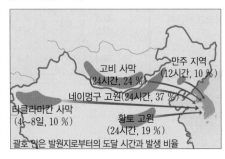
강풍	• 10분간 평균 풍속이 10 m/s 이상인 강한 바람 • 겨울철 시베리아 고기압의 영향을 받거나 태풍으로 인해 발생	

④ 폭설의 위성 영상

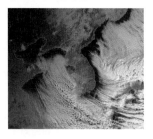

4 황사
중국 북부나 몽골의 사막 또는 건조한 황토 지대에서 강한 바람이 불어 상공으로 올라간 모래 먼지가 편서풍을 타고 우리나라까지 운반된 후 서서히 하강하는 현상

황사의 발생과 이동

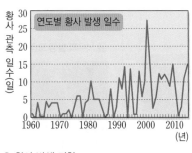

고비 사막 (24시간, 24 %)
만주 지역 (12시간, 10 %)
네이멍구 고원(24시간, 37 %)
타클라마칸 사막 (4~8일, 10 %)
황토 고원 (24시간, 19 %)
괄호 안은 발원지로부터의 도달 시간과 발생 비율

① 발생 시기: 주로 3월~5월, 얼었던 토양이 녹는 시기에 발생한다.
② 발생 원인: 발원지에서 강풍이 불거나 저기압이 생성될 때 발생한다. → 지권과 기권의 상호 작용
③ 이동 방향: 편서풍을 따라 서쪽에서 동쪽으로 이동
④ 발원지: 고비 사막, 타클라마칸 사막, 황토 고원 등

❀ 악기상으로 인한 피해
• 뇌우: 농작물 피해, 가옥 파괴 및 산사태
• 국지성 호우: 가옥과 농경지 피해, 도로 침수 및 산사태
• 우박: 농작물 피해, 시설물 파괴
• 폭설: 도로 마비와 교통 사고의 원인, 비닐하우스와 축사 시설물 붕괴
• 황사: 호흡기 질환, 농작물 생장 방해, 교통 및 항공 운항에 피해

우리나라의 황사 발생 경향과 대책

그림은 1960년부터 2015년까지 서울 지역의 황사 관측 결과를 나타낸 것이다.

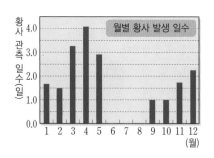

① 황사 발생 경향
• 황사 발생 일수의 변화: 황사 발생 일수가 증가하는 추세이다.
• 황사 발생 시기: 황사의 발원지인 중국 북부나 몽골의 사막이 건조해지는 봄철에 주로 발생한다.
② 대책: 창문을 닫고, 보호 안경이나 황사 마스크, 긴 소매 옷을 입고, 노약자나 호흡기 질환자는 실외 활동을 자제한다.

확인 문제

6 뇌우는 강한 (   )에 의해 적란운이 발달하면서 천둥과 번개를 동반한 소나기가 내리는 현상이다.

7 뇌우의 발달 단계 중 상승 기류와 하강 기류가 공존하는 단계를 쓰시오.

8 짧은 시간 동안에 좁은 지역에 많은 양의 비가 내리는 현상을 무엇이라고 하는지 쓰시오.

9 우리나라에서 황사가 주로 발생하는 계절을 쓰시오.

용어 돋보기
• **발원지**(떠날 發, 근원 源, 땅 地): 기단이 최초로 형성되는 지역을 말한다.

① **태풍과 날씨**

01 그림은 어느 날 우리나라 주변의 일기도를 나타낸 것이다.

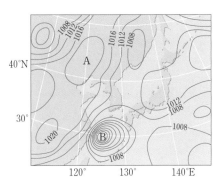

A, B 지역의 날씨를 비교하여 ( ) 안에 들어갈 알맞은 말을 고르시오.

- 중심 기압: A보다 B에서 ㉠(높다, 낮다).
- 최대 풍속: A 부근보다 B 부근에서 ㉡(크다, 작다).
- 날씨: A 부근보다 B 부근에서 ㉢(맑다, 흐리다).

02 그림은 북상하는 어떤 태풍의 동서 방향 단면을 나타낸 것이다.

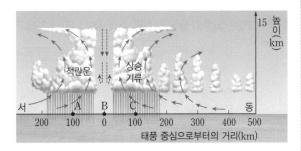

이에 대한 설명으로 옳지 **않은** 것은?

① 기압은 A보다 B에서 높다.
② 풍속은 B보다 A에서 강하다.
③ B에서는 하강 기류가 나타난다.
④ 날씨는 C보다 B에서 맑다.
⑤ 태풍의 눈 주변은 수직으로 발달한 구름의 벽으로 둘러싸여 있다.

(ρ)중요

03 그림은 우리나라 부근에서 북상하는 태풍의 중심으로부터의 거리에 따른 기압과 풍속을 나타낸 것이다.

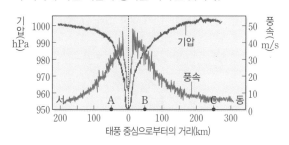

이에 대한 설명으로 옳은 것만을 〈보기〉에서 있는 대로 고른 것은?

┤ 보기 ├

ㄱ. A는 안전 반원, B는 위험 반원에 속한다.
ㄴ. A와 B 사이에 하강 기류가 나타나는 구역이 있다.
ㄷ. B에서 C로 갈수록 해수면의 높이는 높아진다.

① ㄱ   ② ㄷ   ③ ㄱ, ㄴ
④ ㄴ, ㄷ   ⑤ ㄱ, ㄴ, ㄷ

04 그림 (가)는 어느 해 우리나라를 통과한 태풍의 이동 경로를, (나)는 태풍의 발생 지역과 평균 진로를 나타낸 것이다.

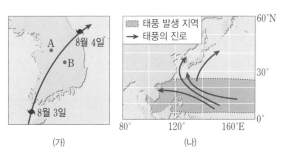

(가)   (나)

이에 대한 설명으로 옳은 것만을 〈보기〉에서 있는 대로 고른 것은?

┤ 보기 ├

ㄱ. A 지역에서 풍향은 시계 반대 방향으로 변하였다.
ㄴ. B 지역보다 A 지역이 더 큰 피해를 입었을 것이다.
ㄷ. 태풍의 세력은 우리나라를 지나면서 약해졌을 것이다.
ㄹ. 태풍은 주로 위도 5°~25° 사이의 열대 해상에서 발생한다.

① ㄱ, ㄴ   ② ㄱ, ㄹ   ③ ㄴ, ㄷ
④ ㄱ, ㄷ, ㄹ   ⑤ ㄴ, ㄷ, ㄹ

05 그림은 어느 해 발생한 태풍의 이동 경로를 일정한 시간 간격으로 나타낸 것이다.

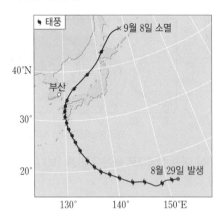

이에 대한 설명으로 옳은 것만을 〈보기〉에서 있는 대로 고른 것은?

| 보기 |

ㄱ. 태풍은 무역풍과 편서풍의 영향을 받았다.
ㄴ. 태풍의 이동 속도는 30°N 부근에서 가장 빨랐다.
ㄷ. 태풍이 우리나라 부근을 지나가는 동안 부산에서 바람의 방향은 시계 반대 방향으로 변하였다.

① ㄴ　　　　② ㄷ　　　　③ ㄱ, ㄴ
④ ㄱ, ㄷ　　　⑤ ㄱ, ㄴ, ㄷ

06 오른쪽 그림은 어느 해 우리나라에 접근한 태풍의 예상 진로와 실제 진로를 나타낸 것이다. 이에 대한 설명으로 옳은 것만을 〈보기〉에서 있는 대로 고른 것은?

| 보기 |

ㄱ. 태풍의 최대 풍속은 B보다 A에서 크다.
ㄴ. 태풍의 진로 변경으로 수증기의 공급량은 감소하였다.
ㄷ. 태풍의 진로가 바뀐 까닭은 북태평양 고기압의 세력이 강해졌기 때문이다.

① ㄱ　　　　② ㄷ　　　　③ ㄱ, ㄴ
④ ㄴ, ㄷ　　　⑤ ㄱ, ㄴ, ㄷ

07 〔서술형〕 태풍이 육지에 상륙하거나 수온이 낮은 해수면 위로 이동하면 세력이 약해지는 까닭을 태풍의 에너지원과 관련지어 설명하시오.

2 우리나라의 주요 악기상

08 뇌우에 대한 설명으로 옳은 것만을 〈보기〉에서 있는 대로 고른 것은?

| 보기 |

ㄱ. 천둥과 번개를 동반한다.
ㄴ. 주로 해뜨기 직전이나 오전에 발생한다.
ㄷ. 강한 상승 기류로 적란운이 생성될 때 발생한다.

① ㄱ　　　　② ㄴ　　　　③ ㄱ, ㄷ
④ ㄴ, ㄷ　　　⑤ ㄱ, ㄴ, ㄷ

09 〔중요〕 그림은 뇌우의 발달 단계를 순서 없이 나타낸 것이다.

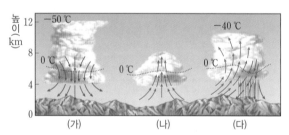

이에 대한 설명으로 옳은 것은?

① 비구름이 가장 발달하는 단계는 (가)이다.
② (나)에서 구름 내부의 온도는 주변보다 낮다.
③ (다)에서 강한 돌풍과 우박이 나타나기도 한다.
④ 뇌우는 (나) - (가) - (다)의 순서대로 발달한다.
⑤ 위와 같은 뇌우는 주로 겨울철에 많이 나타난다.

10 집중 호우에 대한 설명으로 옳은 것만을 〈보기〉에서 있는 대로 고른 것은?

┤ 보기 ├
ㄱ. 예측이 가능하므로 피해가 상대적으로 적은 편이다.
ㄴ. 짧은 시간에 좁은 지역에서 많은 양의 비가 내리는 것을 말한다.
ㄷ. 강한 상승 기류에 의해 형성된 적란운이 한 곳에 정체하여 계속 비가 내리는 경우 발생한다.

① ㄱ   ② ㄷ   ③ ㄱ, ㄴ
④ ㄴ, ㄷ   ⑤ ㄱ, ㄴ, ㄷ

11 다음은 12월 어느 날의 뉴스 보도 내용이다.

NEWS

매서운 겨울 날씨가 계속되는 가운데, 지난주 예년보다 확장한 시베리아 고기압의 영향으로 우리나라에 강추위가 발생했습니다. 더불어 서해안 지역에 많은 눈이 내려 비닐하우스와 축사 시설물이 붕괴되는 등 인근 주민들의 피해가 발생했습니다.

윗글에서 보도한 기상 현상을 무엇이라고 하는지 쓰시오.

🖊️서술형
12 연중 황사가 주로 발생하는 계절을 쓰고, 황사 발생 시 발생하는 피해를 2가지 이상 설명하시오.

🔑중요
13 그림은 1960년부터 2015년까지 서울 지역의 황사 관측 일수를 나타낸 것이다.

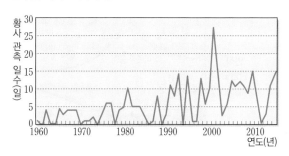

이 기간 동안 발생한 황사에 대한 설명으로 옳은 것만을 〈보기〉에서 있는 대로 고른 것은?

┤ 보기 ├
ㄱ. 황사 발생 일수는 대체로 증가하는 추세이다.
ㄴ. 중국 내륙의 사막 면적은 점점 감소하고 있다.
ㄷ. 중위도 상공에서 편서풍의 세기는 점점 강해졌다.

① ㄱ   ② ㄴ   ③ ㄱ, ㄷ
④ ㄴ, ㄷ   ⑤ ㄱ, ㄴ, ㄷ

🔑중요
14 우리나라에 발생하는 황사에 대한 설명으로 옳은 것만을 〈보기〉에서 있는 대로 고른 것은?

┤ 보기 ├
ㄱ. 무역풍에 의해 서쪽으로 이동한다.
ㄴ. 황사는 중국 북부나 몽골의 고비 사막에서 발생한다.
ㄷ. 폐나 안과 질환을 일으키며 반도체 산업에 피해를 입힌다.
ㄹ. 겨울철에 눈이 많이 내리면 봄철에 황사가 발생할 가능성이 높다.

① ㄱ, ㄹ   ② ㄴ, ㄷ   ③ ㄷ, ㄹ
④ ㄱ, ㄴ, ㄷ ⑤ ㄴ, ㄷ, ㄹ

자료 분석 특강

실력을 올리는 실전 문제와 함께 보면 더 좋아요!

A 온대 저기압과 태풍의 연직 단면도 비교와 각각의 특징

구분	온대 저기압	태풍
연직 단면도	1008 1004 1000 저 / 찬 공기 / 1008 1012 / 따뜻한 공기 / 적운형 구름 / 따뜻한 공기 / 층운형 구름 / 찬 공기 / 저 A B C D 동 / 구름 지역 강수 지역	② 적란운 ④ E F G
이동 방향	편서풍의 영향을 받아 동쪽으로 이동한다. → 따라서 날씨의 변화는 D → C → B → A 순으로 나타난다.	무역풍대에서 북서쪽으로 이동하다가 편서풍대에서는 북동쪽으로 이동한다.
에너지원	공기 덩어리의 위치 에너지 감소	수증기의 응결열
특징	• A 지역: 북서풍이 불고, 기온이 낮다. 좁은 지역에 걸쳐 적운형 구름이 발달하여 강한 소나기가 내린다. • B 지역: 남서풍이 불고, 기온이 높다. 구름이 없고 비교적 따뜻하고 맑은 날씨가 나타난다. • C 지역: 남동풍이 불고 기온이 낮다. 넓은 지역에 걸쳐 층운형 구름이 발달하므로 지속적으로 약한 비가 내린다. • D 지역: 온난 전선이 다가오기 시작하므로 높은 하늘에 구름이 나타나기 시작하고 햇무리, 달무리가 관찰된다.	• 풍속 비교: G > E > F → 가장 강한 풍속이 나타나는 G 지역은 태풍 진행 방향의 오른쪽으로, 바람의 세기가 강하여 큰 피해를 입는 위험 반원이다. • 태풍의 눈(태풍의 중심, F) 형성: 태풍은 강한 저기압이므로 주변에서 모여드는 공기의 상승 기류가 너무 강하여 중심부에 약한 하강 기류가 형성된다. → 태풍의 눈에서는 하강 기류에 의해 날씨가 맑고, 바람도 거의 불지 않는다. • 적란운 생성: 중심으로 모여드는 강한 상승 기류에 의해 두꺼운 적란운이 태풍의 눈 주변에 생성된다.

❶ 전선의 형성: 성질이 다른 두 기단의 충돌로 형성된다.

❷ 구름의 생성: 온대 저기압과 태풍 모두 공기가 상승하기 때문에 단열 팽창에 의해 구름이 생성되었다.

❸ 온대 저기압이 다가오는 지역: 서늘하고 남동풍이 불면서 구름의 높이가 점차 낮아지고 넓은 지역에 걸쳐 이슬비가 내리는 날씨 변화를 겪게 된다.

❹ 태풍의 눈: 하강 기류 → 구름 소멸 → 맑은 날씨

TIP
태풍은 열대 저기압이므로 중심으로 갈수록 기압은 낮아진다. 태풍의 눈에서 하강 기류가 나타난다고 해서 고기압이 형성되었다고 생각하면 안된다.

실력을 올리는 실전 문제 찾아가기
• 온대 저기압의 위치 변화를 통해 어느 지역의 날씨를 추론하는 문제_02, 06
• 온대 저기압과 태풍의 연직 단면도를 제시하여 두 저기압의 특징을 해석하는 문제_08

B 위성 영상 해석

구분	온대 저기압(가시광선 영상)	태풍(적외선 영상)
위성 영상	❶ ❷	❸
특징	• 전선을 동반하고 있으므로 전선을 따라 구름이 분포한다. • 구름은 온대 저기압의 중심을 시계 반대 방향으로 회전하는 형태로 분포한다. • 한랭 전선에 의해 생긴 적란운을 확인할 수 있다. → 진한 흰색으로 나타난다.	• 구름이 원형으로 휘감긴 모습을 보인다. • 태풍의 중심인 태풍의 눈에는 구름이 없는 모습이 뚜렷하게 나타난다. • 태풍의 눈 주변을 강한 상승 기류에 의해 생긴 높은 적란운이 둘러싸고 있다. → 태풍의 눈 주변 구름이 진한 흰색으로 나타난다.

❶ 저기압 중심부: 온대 저기압의 중심이 있는 곳으로 구름이 이곳을 중심으로 시계 반대 방향으로 회전한다.

❷ 한랭 전선 후면에 발달한 구름: 한랭 전선을 따라 적운형의 구름이 발달해 있다.

❸ 태풍의 눈: 구름이 없는 구역을 위성 영상에서 확인할 수 있다.

TIP
가시광선 영상은 구름이 두꺼울 때, 적외선 영상은 구름의 고도가 높을 때 밝게 나타난다(짙은 흰색으로 보인다.).

실력을 올리는 실전 문제 찾아가기
• 온대 저기압의 위성 사진을 보고 전선의 위치와 날씨를 추론하는 문제_07
• 태풍의 위성 사진을 보고 태풍의 눈과 주변에서의 기상 변화를 추론하는 문제_09

C 온대 저기압과 태풍 일기도의 비교와 해석

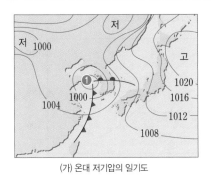

(가) 온대 저기압의 일기도　　　　(나) 태풍(열대 저기압)의 일기도

① 저기압 주변의 풍속 비교: 등압선 간격이 조밀한 (나)에서 강한 바람이 분다.

② 공기의 발산이 이루어지는 고기압 지역이다.

③ 북태평양 고기압: 태풍의 진행 경로에 영향을 미치는 고기압으로 세력이 클수록 태풍의 진행 경로가 서쪽으로 치우치고, 약할수록 동쪽으로 치우친다.

① 일기도 비교

전선의 유무	• 온대 저기압: 전선을 동반한다. • 태풍: 전선을 동반하지 않는다.
등압선 모양	• 온대 저기압: 전선 부근에서 날씨가 급변하기 때문에 휘어진다(타원형). • 태풍: 매우 낮은 저기압을 중심으로 동심원 모양을 이루고 있다.

② 일기도 해석

(가)	온대 저기압의 두 전선 사이에 위치한 우리나라 남부 지방은 남서풍이 불고 비교적 따뜻한 날씨를 보이고 있으며, 북부 지방은 남동풍이 불고 이슬비가 내리고 있다.
(나)	현재 제주도는 태풍의 영향권에 들어가 있고, 저기압 중심으로 바람이 불어 들어가므로 제주도는 북동풍 계열의 바람이 불고 있다.

실력을 올리는 실전 문제　찾아가기

• 온대 저기압과 태풍의 일기도를 비교하여 두 저기압의 특징을 비교하는 문제_10

D 태풍의 이동에 따른 풍향 변화와 태풍의 소멸

그림은 태풍의 현재 위치와 앞으로의 예상 이동 경로를 6시간 간격으로 나타낸 것이다.

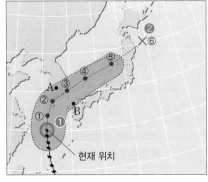

A 지점의 풍향 변화 / 시계 반대 방향 / 현재 위치 / B 지점의 풍향 변화 / 시계 방향

① 전향점(북위 25°~30°): 태풍의 이동 방향이 북동쪽으로 바뀌는 지점이다.

② 태풍의 소멸: 태풍이 전향점을 지나 우리나라 부근에 이르게 되면 고위도로 갈수록 중심 기압이 높아지면서 태풍의 세력이 약해지고, 결국 소멸하게 된다.

① 태풍의 이동 경로에 따른 풍향 변화: 주변에 태풍이 지나갈 때, 저기압인 태풍의 중심을 향하여 바람이 불어 들어가게 된다.

A 지점	태풍 진행 경로의 왼쪽 ➡ 태풍이 지나가는 동안 풍향이 시계 반대 방향으로 변한다.
B 지점	태풍 진행 경로의 오른쪽 ➡ 태풍이 지나가는 동안 풍향이 시계 방향으로 변한다.

② 태풍의 소멸: 태풍이 고위도로 이동하면 해수의 표층 수온이 낮아져 에너지의 공급이 줄어들게 되고, 육지에 상륙하게 될 경우 더 많은 에너지를 소모하기 때문에 급격히 약화되어 소멸한다.

실력을 올리는 실전 문제　찾아가기

• 태풍의 성장과 소멸에 따른 기압 변화와 태풍의 진로에 영향을 주는 요인을 추론하는 문제_11
• 태풍 진행 방향의 왼쪽과 오른쪽 지역에서 태풍이 통과할 때 풍향 변화를 추론하는 문제_13

→ 수능기출 변형

01 그림 (가)와 (나)는 온대 저기압에 동반된 전선을 나타낸 것이다.

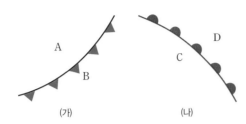

(가)   (나)

이에 대한 설명으로 옳은 것만을 〈보기〉에서 있는 대로 고른 것은?

┤ 보기 ├

ㄱ. (가)는 (나)보다 강수 구역이 넓다.

ㄴ. (가)는 (나)보다 강한 비를 내린다.

ㄷ. (가)는 전선이 통과하기 전, (나)는 전선이 통과한 후에 비가 내린다.

① ㄱ   ② ㄴ   ③ ㄱ, ㄷ

④ ㄴ, ㄷ   ⑤ ㄱ, ㄴ, ㄷ

→ 수능모의평가기출 변형

02 그림 (가)와 (나)는 어느 날 우리나라를 지나간 온대 저기압의 위치를 12시간 간격으로 나타낸 것이다.

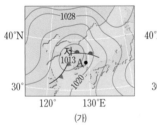 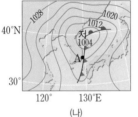

(가)   (나)

이에 대한 설명으로 옳은 것만을 〈보기〉에서 있는 대로 고른 것은?

┤ 보기 ├

ㄱ. 저기압은 점점 약해지고 있다.

ㄴ. 온대 저기압은 편서풍의 영향을 받았다.

ㄷ. A에서 바람의 방향은 시계 방향으로 변하였다.

① ㄱ   ② ㄷ   ③ ㄱ, ㄴ

④ ㄴ, ㄷ   ⑤ ㄱ, ㄴ, ㄷ

03 그림은 어느 날 온대 저기압이 통과하는 동안 관측소에서 관측한 기온과 기압을 나타낸 것이다.

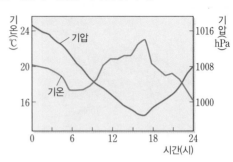

이에 대한 설명으로 옳은 것만을 〈보기〉에서 있는 대로 고른 것은?

┤ 보기 ├

ㄱ. 6시경에 한랭 전선이 통과하였다.

ㄴ. 18시경에 관측소에는 북서풍이 분다.

ㄷ. 온대 저기압의 중심은 관측소의 북쪽을 지나갔다.

① ㄱ   ② ㄷ   ③ ㄱ, ㄴ

④ ㄴ, ㄷ   ⑤ ㄱ, ㄴ, ㄷ

04 그림은 온대 저기압의 발달 과정을 순서대로 나타낸 것이다.

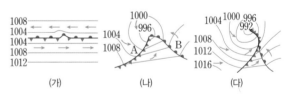

(가)   (나)   (다)

이에 대한 설명으로 옳은 것만을 〈보기〉에서 있는 대로 고른 것은?

┤ 보기 ├

ㄱ. (가)의 전선은 열대 해상에서 형성된다.

ㄴ. A에는 적운형 구름이, B에는 층운형 구름이 발달한다.

ㄷ. (나) → (다) 과정에서 온대 저기압의 세력은 더욱 강해졌다.

① ㄱ   ② ㄴ   ③ ㄱ, ㄷ

④ ㄴ, ㄷ   ⑤ ㄱ, ㄴ, ㄷ

➲ 수능모의평가기출 변형

05 그림 (가)는 어느 날 우리나라 부근의 일기도를, (나)는 우리나라 어느 지역에서 관측한 풍향계의 모습을 나타낸 것이다.

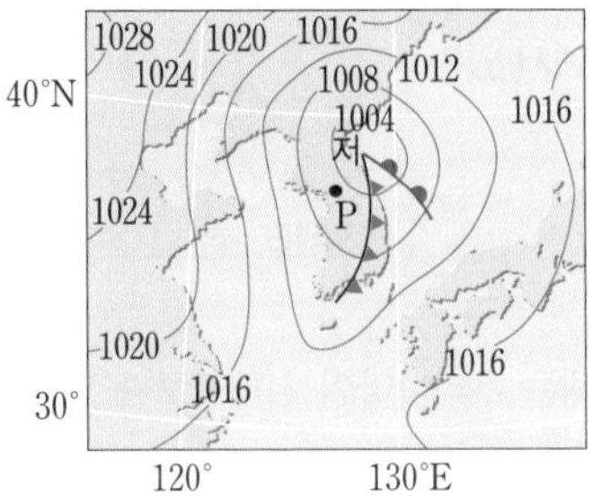

(가)

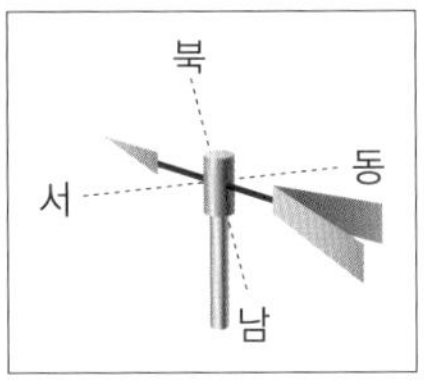

(나)

이에 대한 설명으로 옳은 것만을 〈보기〉에서 있는 대로 고른 것은?

보기
ㄱ. (가)에서 우리나라 상공에는 구름이 끼어 있다.
ㄴ. (나)에서 풍향계에 나타난 바람은 남동풍이다.
ㄷ. (가)의 P에서는 (나)와 같은 풍향계가 관측될 수 있다.

① ㄴ ② ㄷ ③ ㄱ, ㄴ ④ ㄱ, ㄷ ⑤ ㄱ, ㄴ, ㄷ

06 그림은 매일 정오에 온대 저기압의 위치를 하루 간격으로 나타낸 것이다.

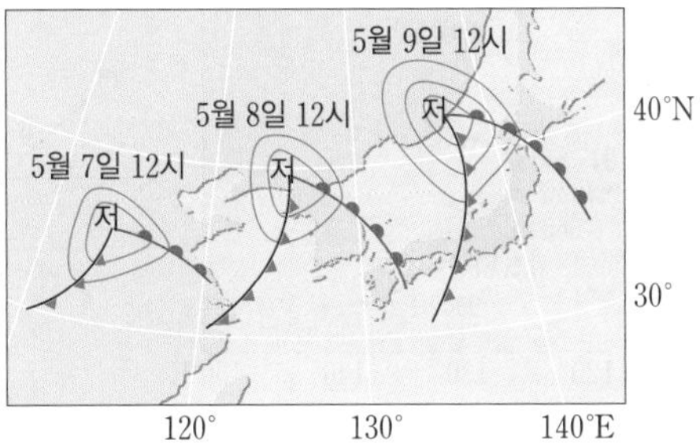

이에 대한 설명으로 옳은 것만을 〈보기〉에서 있는 대로 고른 것은?

보기
ㄱ. 온대 저기압은 편서풍의 영향을 받아 이동하였다.
ㄴ. 5월 8일 오전에 남부 지방에는 소나기가 내렸을 것이다.
ㄷ. 온대 저기압이 통과하는 동안 서울의 풍향은 시계 방향으로 변하였다.

① ㄴ ② ㄷ ③ ㄱ, ㄷ ④ ㄴ, ㄷ ⑤ ㄱ, ㄴ, ㄷ

➲ 수능모의평가기출 변형

07 그림은 폐색 전선을 동반한 온대 저기압의 모습을 인공위성에서 촬영한 가시광선 영상이다.

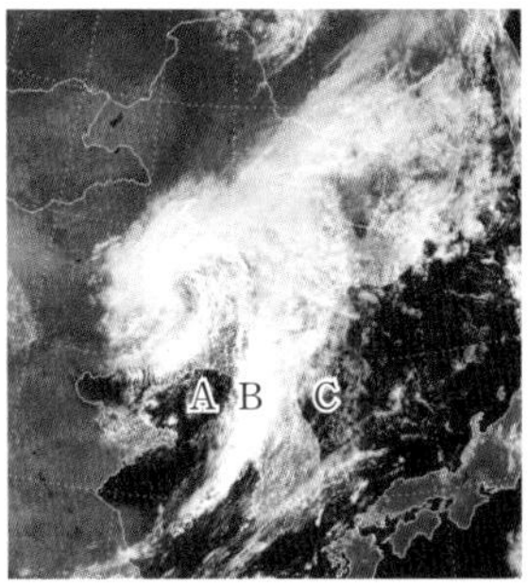

이에 대한 설명으로 옳은 것만을 〈보기〉에서 있는 대로 고른 것은?

보기
ㄱ. A, B, C 중 기온은 A에서 가장 높다.
ㄴ. B에는 소나기성 강수가 내린다.
ㄷ. C에는 남동풍이 분다.

① ㄱ ② ㄴ ③ ㄱ, ㄷ
④ ㄴ, ㄷ ⑤ ㄱ, ㄴ, ㄷ

08 그림 (가)와 (나)는 우리나라에 영향을 주는 두 저기압의 연직 단면의 모습을 나타낸 것이다.

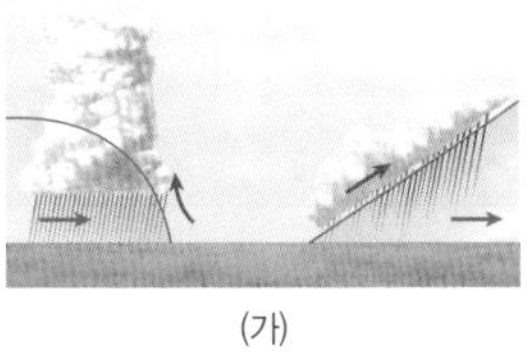

(가)

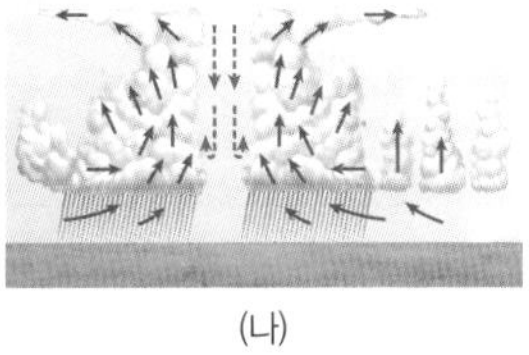

(나)

이에 대한 설명으로 옳은 것만을 〈보기〉에서 있는 대로 고른 것은?

보기
ㄱ. (가)에서는 서로 다른 기단의 충돌이 일어난다.
ㄴ. (가)와 (나)에서 모두 단열 팽창이 일어난다.
ㄷ. (가)와 (나)의 에너지원은 모두 수증기의 응결열이다.

① ㄱ ② ㄴ ③ ㄷ
④ ㄱ, ㄴ ⑤ ㄴ, ㄷ

09 그림 (가)는 어느 날의 일기도이고, (나)는 같은 시각에 기상 위성에서 촬영한 적외선 영상이다.

(가)　　　　　　　(나)

이에 대한 설명으로 옳은 것만을 〈보기〉에서 있는 대로 고른 것은?

| 보기 |
ㄱ. A는 고기압이다.
ㄴ. 태풍의 중심부에는 하강 기류가 존재한다.
ㄷ. A의 세력이 강해질수록 태풍이 더 빠르게 북상한다.

① ㄱ　　　　　② ㄷ　　　　　③ ㄱ, ㄴ
④ ㄱ, ㄷ　　　　⑤ ㄴ, ㄷ

10 그림 (가)와 (나)는 우리나라 부근에 서로 다른 종류의 저기압이 지날 때의 일기도를 나타낸 것이다.

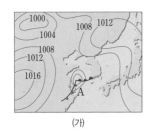 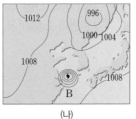

(가)　　　　　　　(나)

이에 대한 설명으로 옳은 것만을 〈보기〉에서 있는 대로 고른 것은?

| 보기 |
ㄱ. A는 편서풍의 영향을 받아 서쪽에서 동쪽으로 이동한다.
ㄴ. B가 이동하면서 세력이 약해지면 A와 같은 저기압으로 변한다.
ㄷ. A와 B의 에너지원은 모두 수증기의 응결열이다.

① ㄱ　　　　　② ㄷ　　　　　③ ㄱ, ㄴ
④ ㄴ, ㄷ　　　　⑤ ㄱ, ㄴ, ㄷ

➔ 수능모의평가기출 변형

11 오른쪽 그림은 어느 해 우리나라로 접근하는 태풍의 예상 경로를 나타낸 것이다. 이에 대한 설명으로 옳은 것만을 〈보기〉에서 있는 대로 고른 것은?

| 보기 |
ㄱ. 태풍의 피해는 우리나라의 서해안보다 남해안에서 클 것이다.
ㄴ. 21일에는 태풍의 중심 기압이 20일보다 낮아질 것이다.
ㄷ. 태풍이 중국 내륙에 상륙한 후 우리나라로 접근하면 태풍 피해는 예상보다 더 커질 것이다.

① ㄱ　　　　　② ㄷ　　　　　③ ㄱ, ㄴ
④ ㄴ, ㄷ　　　　⑤ ㄱ, ㄴ, ㄷ

➔ 수능기출 변형

12 그림 (가)는 어느 해 9월 9일부터 24시간 간격으로 태풍 중심의 이동 경로와 중심 기압을, (나)는 서로 다른 날 관측한 태풍 중심의 이동 방향과 속도를 ㉠, ㉡, ㉢으로 순서 없이 나타낸 것이다(단, 화살표의 길이는 상대적인 이동 속도이다.).

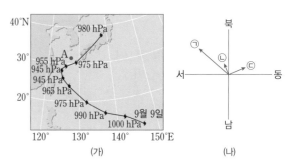

(가)　　　　　　　(나)

이에 대한 설명으로 옳은 것만을 〈보기〉에서 있는 대로 고른 것은?

| 보기 |
ㄱ. 태풍의 세력이 가장 약했던 시기는 14일과 15일이다.
ㄴ. (나)에서 관측 순서는 ㉠ - ㉡ - ㉢이다.
ㄷ. 16일~17일에 A 지점에서 바람의 방향은 시계 방향으로 변하였다.

① ㄱ　　　　　② ㄷ　　　　　③ ㄱ, ㄴ
④ ㄱ, ㄷ　　　　⑤ ㄱ, ㄴ, ㄷ

→ 수능기출 변형

13 그림 (가)는 어느 해 우리나라 부근을 지나간 태풍의 이동 경로를, (나)는 태풍이 T_1, T_2, T_3에 있을 때 어느 지점에서 관측한 풍향과 풍속을 나타낸 것이다.

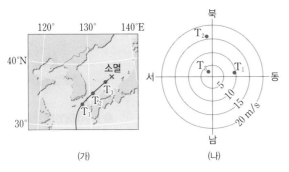

(가)　　　　　　　(나)

이에 대한 설명으로 옳은 것만을 〈보기〉에서 있는 대로 고른 것은?

| 보기 |

ㄱ. (가)와 같이 이동한 태풍의 피해는 우리나라보다 일본에서 컸다.

ㄴ. (나)는 태풍 진행 경로의 오른쪽에서 관측한 자료이다.

ㄷ. 태풍은 이동성 고기압으로 변하면서 소멸한다.

① ㄱ　　　　② ㄴ　　　　③ ㄷ

④ ㄱ, ㄴ　　⑤ ㄴ, ㄷ

14 그림 (가)와 (나)는 우리나라에서 발생하는 기상 현상의 모습이다.

(가) 집중 호우　　　　　(나) 뇌우

이에 대한 설명으로 옳은 것만을 〈보기〉에서 있는 대로 고른 것은?

| 보기 |

ㄱ. (가)는 하강 기류가 발달할 때 나타난다.

ㄴ. (나)는 주로 대기가 불안정할 때 발생한다.

ㄷ. (나)의 성숙 단계에서는 (가)에 의한 피해가 발생할 수 있다.

① ㄱ　　　　② ㄷ　　　　③ ㄱ, ㄴ

④ ㄴ, ㄷ　　⑤ ㄱ, ㄴ, ㄷ

15 그림 (가)와 (나)는 서로 다른 시기의 우리나라 부근의 일기도를 나타낸 것이다.

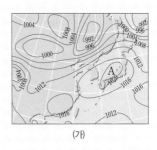　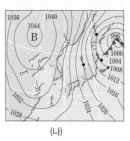

(가)　　　　　　　(나)

이에 대한 설명으로 옳은 것만을 〈보기〉에서 있는 대로 고른 것은?

| 보기 |

ㄱ. 이동 속도는 A가 B보다 빠르다.

ㄴ. (가)에서 우리나라에는 남풍 계열의 바람이 분다.

ㄷ. 우리나라는 (가)에서는 해양성 기단, (나)에서는 대륙성 기단의 영향을 받고 있다.

① ㄴ　　　　② ㄷ　　　　③ ㄱ, ㄴ

④ ㄱ, ㄷ　　⑤ ㄱ, ㄴ, ㄷ

16 그림은 태풍이 우리나라를 지나간 어느 날 어느 지점에서 관측한 기압, 풍속, 풍향의 변화를 나타낸 것이다.

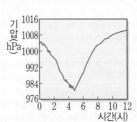　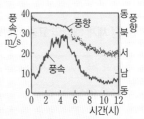

관측 지점의 날씨에 대한 설명으로 옳은 것만을 〈보기〉에서 있는 대로 고른 것은?

| 보기 |

ㄱ. 이날 오전에 비가 내렸다.

ㄴ. 4시에서 6시 사이에 태풍의 눈이 통과하였다.

ㄷ. 태풍은 관측 지점의 서쪽을 지나 북상하였다.

① ㄱ　　　　② ㄴ　　　　③ ㄱ, ㄷ

④ ㄴ, ㄷ　　⑤ ㄱ, ㄴ, ㄷ

10 해수의 성질

한눈에 😊
정리하는 출제 경향

· 해수의 염분과 수온 분포의 특성 파악하기
· 해수의 밀도 분포와 용존 산소량 과 이산화 탄소의 분포 분석하기

핵심 개념
해수의 염분, 해수의 온도, 해수의 밀도, 수온 연분도, 해수의 용존 기체

1 해수의 염분　자료 분석 특강 120쪽 A

1 염분　해수 1 kg 속에 녹아 있는 모든 염류의 양을 g수로 나타낸 것으로, 단위는 psu를 사용한다. → 해수의 염분은 주로 33~37 psu 사이에 분포하고, 전 세계 해수의 평균 염분은 약 35 psu이다.[1]

해수의 염류와 염분

· 염류: 해수에 녹아 있는 물질로, 녹아 있는 모든 물질의 총량(g)이 해수의 염분이 된다.

염류	염화 나트륨	염화 마그네슘	황산 마그네슘	황산 칼슘	황산 칼륨	탄산 칼슘	기타	총 합계
양 (g/kg)	27.21	3.81	1.66	1.26	0.86	0.12	0.08	35
비율(%)	77.74	10.89	4.74	3.60	2.46	0.34	0.23	100

▲ 염분이 35 psu인 해수의 염류와 구성 비율

· 염분비 일정 법칙: 해수의 염분은 해역마다 다르게 나타나지만 해수를 구성하는 염류의 비율은 일정하다. → 해수가 고르게 섞이고 있다는 것을 알 수 있다.

2 표층 염분 변화의 요인　증발량, 강수량, 하천수의 유입, 해수의 결빙과 해빙 등에 의해 변화한다.

① 증발량과 강수량: 표층 염분 변화에 가장 큰 영향을 미치는 값 → (증발량−강수량) 값이 클수록 표층 염분이 높으므로, 중위도 해역에서 염분이 가장 높다.[2]

② 하천수의 유입량: 강물의 유입량이 많을수록 표층 염분이 낮다.

③ 빙하의 결빙과 해빙: 결빙이 일어나는 바다는 염분이 높아지고, 빙하가 녹는 바다는 염분이 낮아진다. → 해수가 얼 때는 순수한 물만 얼기 때문이다.

▲ 위도별 증발량과 강수량

· 홍해는 사막으로 둘러싸여 있어서 염분이 높다. → 41 psu
· 지중해는 하천수의 유입이 거의 없어서 염분이 높다. → 38 psu
· 사해는 유입된 강물이 흘러나가지 못하고, 기온이 높아 증발량이 많아 염분이 높다. → 200 psu

3 전 세계 해양의 표층 염분의 분포

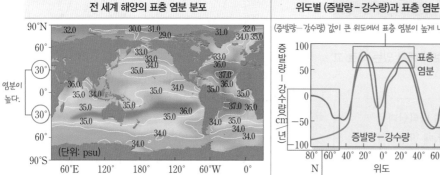

전 세계 해양의 표층 염분 분포

(단위: psu)

염분이 높다.

위도별 (증발량−강수량)과 표층 염분

(증발량−강수량) 값이 큰 위도에서 표층 염분이 높게 나타난다.

(증발량−강수량)과 표층 염분 분포 불일치

· 적도 해역은 강수량이 증발량보다 많은 지역으로 염분이 낮다.
· 중위도(위도 30° 부근) 해역은 증발량이 강수량보다 많아 염분이 높다. → 빙하의 영향이 큰 지역이기 때문이다.
· 극 해역은 증발량이 적고 해빙으로 염분이 낮다.
· 육지에서 가까운 해역은 육지에서 먼 해역보다 염분이 낮다. → 강물이 유입되기 때문이다.

대양의 중앙부보다 강물이 유입되는 대양 주변부의 염분이 낮다.

plus+개념

1 psu(실용염분단위)
· 전기 전도도로 측정한 염분의 단위이다.
· 염분과 전기 전도도 사이에는 일정한 관계가 있다는 것을 이용하여 염분을 알아낸다.

2 위도별 증발량과 강수량
· 적도 지역: 태양 에너지를 많이 받는 지역으로 저압대가 형성되어 강수량이 매우 많다.
· 중위도 지역: 고압대가 형성되는 지역으로 대부분 날씨가 맑아 증발량은 많고 강수량은 적다. → 해수의 염분이 높다.

꼭 기억해!
해수의 염분은 증발량이 많은 곳에서 높고, 강수량이 많은 곳에서 낮다.

2 해수의 온도 자료 분석 특강 120쪽 B

1 전 세계 해수면의 수온 분포 수온 분포에는 태양 복사 에너지가 가장 큰 영향을 미친다.

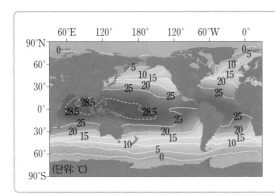

- 등수온선은 위도와 거의 나란하다.
- 수온은 저위도 지방에서 고위도 지방으로 갈수록 대체로 낮아진다.
- 수온에 가장 큰 영향을 주는 요인은 태양 복사 에너지이다. → 저위도 지역에 더 많은 태양 복사 에너지가 도달한다.❸
- 수륙 분포와 해류의 영향으로 등수온선이 위도와 나란하지 않은 곳도 있다.

2 해수의 연직 수온 분포

① 해수의 연직 수온 분포에 영향을 주는 요인: 태양 복사 에너지와 바람의 세기

② 해수의 층상 구조: 깊이에 따른 수온 분포에 따라 혼합층, 수온 약층, 심해층으로 구분한다.
수온 약층의 위쪽과 아래쪽의 수온 차이가 큰 곳일수록 해수의 연직 순환이 일어나기 어렵다.

혼합층	• 태양 복사 에너지에 의해 수온이 높은 층 • 바람에 의해 해수가 혼합되어 깊이에 따라 수온이 거의 일정한 층 • 바람이 강하게 부는 지역에서 두껍게 나타난다.	
수온 약층	• 깊이에 따라 수온이 급격히 낮아지는 층 • 해수의 연직 운동이 없어 안정한 층 → 혼합층과 심해층의 열과 물질 교환을 차단❹	
심해층	• 깊이에 따른 수온 변화가 거의 없는 층 • 연중 수온이 거의 일정한 층❺ • 태양 에너지가 도달하지 못하는 층 → 수온이 4 ℃ 이하로 매우 저온이다.	

③ 위도별 해수의 연직 수온 분포: 위도에 따라 해수면에 도달하는 태양 복사 에너지양과 바람의 세기가 다르기 때문에 위도별로 연직 수온 분포에 차이가 난다.

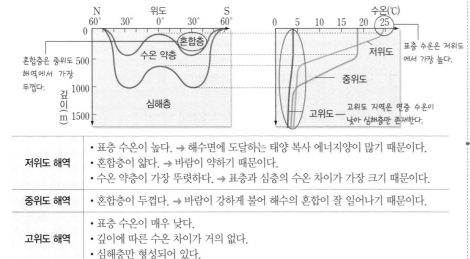

저위도 해역	• 표층 수온이 높다. → 해수면에 도달하는 태양 복사 에너지양이 많기 때문이다. • 혼합층이 얇다. → 바람이 약하기 때문이다. • 수온 약층이 가장 뚜렷하다. → 표층과 심층의 수온 차이가 가장 크기 때문이다.
중위도 해역	• 혼합층이 두껍다. → 바람이 강하게 불어 해수의 혼합이 잘 일어나기 때문이다.
고위도 해역	• 표층 수온이 매우 낮다. • 깊이에 따른 수온 차이가 거의 없다. • 심해층만 형성되어 있다.

plus⁺개념

❸ 위도에 따른 태양 복사 에너지양과 수온 분포

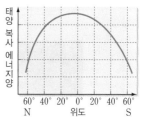

▲ 지표에 도달하는 태양 복사 에너지양
위도가 높아질수록 지표에 도달하는 태양 복사 에너지양이 감소하여 수온이 낮아진다.

❹ 안정한 층
아래로 갈수록 수온이 낮아지는 곳에서는 아래쪽에 찬 해수가 있으므로 해수의 연직 순환이 일어나기 어렵다. 이러한 상태를 '안정하다'라고 표현한다.

❺ 심해층의 수온이 연중 일정한 까닭
해수면에 도달하는 태양 복사 에너지의 대부분이 수심 100 m 이내에서 흡수된다. 따라서 깊은 바다의 해수는 태양 복사 에너지를 거의 흡수할 수 없기 때문에 심해층의 수온이 연중 일정하게 나타난다.

용어 돋보기
• **결빙**(맺을 結, 얼음 氷) 물이 얼어서 얼음이 되는 현상을 말한다.
• **해빙**(풀 解, 얼음 氷) 얼음이 녹아서 물이 되는 현상을 말한다.
• **약층**(뛰어오를 躍, 층 層) 수온과 같은 물리량이 급격히 변하는 층을 말한다.

10 해수의 성질

plus⊕ 개념

우리나라 근해의 계절별 해수면 온도와 염분 분포

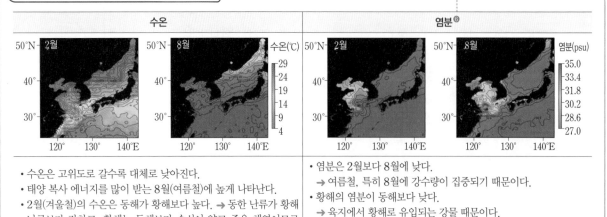

수온	염분⊕

- 수온은 고위도로 갈수록 대체로 낮아진다.
- 태양 복사 에너지를 많이 받는 8월(여름철)에 높게 나타난다.
- 2월(겨울철)의 수온은 동해가 황해보다 높다. → 동한 난류가 황해 난류보다 강하고, 황해는 동해보다 수심이 얕고 좁은 해역이므로 수온이 동해보다 비교적 쉽게 변하기 때문이다.

- 염분은 2월보다 8월에 낮다.
  → 여름철, 특히 8월에 강수량이 집중되기 때문이다.
- 황해의 염분이 동해보다 낮다.
  → 육지에서 황해로 유입되는 강물 때문이다.
  → 우리나라의 황해는 동해보다 수심이 얕고, 대륙으로 둘러싸여 있어 대륙의 영향을 많이 받는다.

확인 문제 1 2

1 전 세계 해양의 표층 염분의 평균은 (　　　) psu이다.

2 표층 염분 변화의 요인 중 가장 큰 영향을 미치는 값은 증발량과 (　　　)이다.

3 표층 염분은 (　　　) 해역에서 낮게 나타나고, 위도 (　　　) 부근 해역에서 높게 나타나는 경향이 있다.

4 해수의 연직 수온 분포에 영향을 미치는 요인 2가지를 쓰시오.

5 해수의 층상 구조 중 깊이에 따라 수온이 급격히 낮아지는 층을 무엇이라고 하는지 쓰시오.

6 겨울철 황해의 수온이 동해보다 낮은 까닭은 황해는 동해보다 (　　　)이/가 얕고 좁은 해역이기 때문이다.

❻ 우리나라 근해의 염분 분포
- 우리나라 주변 해수의 염분은 난류인 쿠로시오 해류의 영향을 받는 남해에서 가장 높다.
- 여름철에는 담수의 유입으로 인해 등염분선이 해안선과 나란한 경향을 보이기도 한다.

---

3 해수의 밀도　　자료 분석 특강 121쪽 C

1 해수의 밀도　해수의 평균 밀도는 $1.020 \text{ g/cm}^3 \sim 1.030 \text{ g/cm}^3$이며 주로 수온과 염분에 따라 달라진다. → 수온이 낮을수록, 염분이 높을수록 증가한다.

2 수온 염분도(T−S도)　해수의 수온과 염분에 따른 밀도 변화를 나타낸 그래프이다.

수온 염분도의 해석

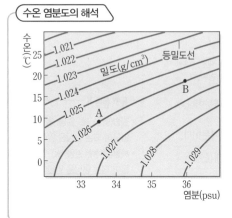

- 왼쪽 상단으로 갈수록 수온이 높고, 염분이 낮은 해수이다. → 밀도가 작은 해수
- 오른쪽 하단으로 갈수록 수온이 낮고, 염분이 높은 해수이다. → 밀도가 큰 해수
- 해수 A와 B는 수온과 염분은 다르지만 밀도는 같다. → 등밀도선에 있다.
- 해수의 수온과 염분으로부터 밀도를 구할 수 있다. → 예) 수온 $15\,°C$, 염분 35 psu인 해수의 밀도는 그래프로부터 약 1.026 g/cm^3임을 알 수 있다.

❇ 수압과 해수의 밀도
수온과 염분 이외에 해수의 밀도에 영향을 주는 요소로 수압이 있다. 수압이 높을수록 해수의 밀도는 커진다. 수압에 의한 해수의 밀도 변화는 작다.

꼭 기억해!

염분보다 수온으로 일어나는 해수의 밀도 변화가 매우 크다.

3 해수의 수온과 밀도 분포 해수의 밀도 분포는 수온과 대체적으로 반비례한다.❼

빙하가 융해되어 밀도가 감소한다.

위도별 해수의 수온과 밀도	깊이에 따른 해수의 수온과 밀도
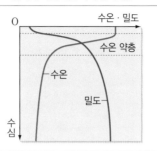	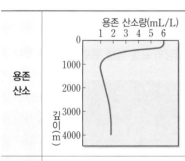
• 태양 복사 에너지를 많이 받아 수온이 높은 저위도 지방에서 대체적으로 해수의 밀도가 낮다. • 위도 50°~60° 부근에서 밀도가 높게 나타난다.	• 해수의 깊이에 따른 밀도의 연직 분포와 수온의 연직 분포는 대칭적인 분포를 보인다. • 수심에 따라 밀도가 급격히 커지는 밀도 약층이 존재한다. ➡ 수온이 급격히 낮아지기 때문이다.❽ • 밀도 약층과 수온 약층은 거의 일치한다.

plus 개념

❼ 우리나라 군산 근해의 수온과 밀도 분포

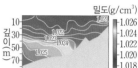

깊이가 깊어질수록 수온이 내려가고 해수의 밀도가 증가한다. ➡ 해수의 밀도 분포는 수온과 반비례한다.

4 해수의 용존 기체

자료 분석 특강 121쪽 **D**

1 해수의 용존 기체 해수에 녹아 있는 기체로 질소, 산소, 이산화 탄소 등이 있다. ➡ 용존 기체의 농도는 수압이 높을수록, 수온과 염분이 낮을수록 높아진다.

2 해수의 용존 산소와 용존 이산화 탄소 이산화 탄소는 산소보다 물에 잘 녹아들며, 수온 변화에 따라 용해도가 쉽게 변한다.

용존 산소	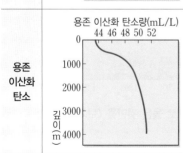	• 공급: 대기 중의 산소가 해수 표층으로 녹아 들어오거나 해양 생물의 광합성으로 공급된다.❾ • 표층에서 가장 높다. ➡ 대기와 접해 있고, 해양 생물이 광합성을 하기 때문이다. • 수심 약 1000 m까지 ➡ 수중 생물의 호흡으로 산소를 소비하여 크게 감소한다. • 1000 m보다 깊은 곳 ➡ 산소를 소비하는 생물의 수가 감소하고, 극지방의 표층에서 침강한 차가운 해수가 유입되어 증가한다.
용존 이산화 탄소		• 공급: 물에 잘 녹는 기체로 대기에서 해수 표층으로 녹아든다. • 표층에서 가장 낮다. ➡ 해양 생물의 광합성에 의해 소비되기 때문이다. • 수심이 깊어질수록 증가한다. ➡ 광합성에 의한 이산화 탄소의 소비가 줄어들고, 수온 감소와 수압 증가로 기체의 용해도가 커지기 때문이다.

❽ 밀도 약층의 발달과 해수의 혼합 깊이에 따른 수온의 변화가 커서 밀도 약층이 잘 발달하면 하층으로 갈수록 밀도가 증가하므로 표층과 심층의 해수가 잘 섞이지 않게 된다.

❾ 해양 생물과 용존 기체의 농도 변화
• 산소와 이산화 탄소는 해양 생물의 호흡과 광합성에 필요한 기체이다.
• 해양 생물이 광합성을 하면 용존 산소량이 증가하고 이산화 탄소량이 감소하며, 호흡을 하면 용존 산소량이 감소하고 이산화 탄소량이 증가한다.

확인 문제 ③ ④

7 해수의 밀도 변화에 주로 영향을 주는 요소 2가지를 쓰시오.

8 수심이 깊어질수록 밀도가 급격히 커지는 층을 무엇이라고 하는지 쓰시오.

9 해수의 깊이에 따른 연직 밀도 분포와 (　　　) 분포는 대칭적인 분포를 보인다.

10 해수의 표층에서 용존 산소량이 가장 높게 나타나는 까닭은 대기 중의 산소가 녹아 들어오고 해양 생물이 (　　　)을/를 하기 때문이다.

용어 돋보기

• **용존**(녹을 溶, 있을 存): 물속에 녹아 있는 상태를 말한다.

1 해수의 염분

01 해수 2 kg에 녹아 있는 염류의 총량이 70 g일 때, 이 해수의 염분(psu)을 구하시오.

02 표층 해수의 염분은 다양한 요인에 의해 변화한다. 염분이 증가할 수 있는 요인을 〈보기〉에서 있는 대로 고르시오.

┌ 보기 ├
ㄱ. 강수량 증가
ㄴ. 증발량 증가
ㄷ. 하천수의 유입량 증가
ㄹ. 혹한으로 인한 결빙
ㅁ. 지구 온난화로 인한 해빙

03 그림은 위도에 따른 연평균 증발량과 강수량을 나타낸 것이다.

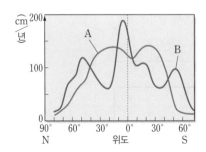

A, B에 해당하는 염분 변화의 요인을 각각 쓰고, 염분이 가장 높을 것으로 예상되는 대략적인 위도를 쓰시오.

⚙중요

04 그림은 위도별 (증발량-강수량)과 표층 염분 분포를 나타낸 것이다.

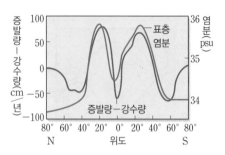

이에 대한 설명으로 옳은 것만을 〈보기〉에서 있는 대로 고른 것은?

┌ 보기 ├
ㄱ. (증발량-강수량) 값이 클수록 표층 염분은 낮아진다.
ㄴ. 적도 지역은 강수량이 많아 표층 염분이 낮게 나타난다.
ㄷ. 중위도 지역은 증발량보다 강수량이 많아 염분이 높게 나타난다.

① ㄱ   ② ㄴ   ③ ㄱ, ㄷ
④ ㄴ, ㄷ   ⑤ ㄱ, ㄴ, ㄷ

⚙중요

05 그림은 전 세계 해양의 표층 염분 분포를 나타낸 것이다.

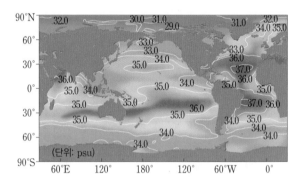

이에 대한 설명으로 옳은 것만을 〈보기〉에서 있는 대로 고른 것은?

┌ 보기 ├
ㄱ. 적도 해역은 중위도 해역보다 염분이 높다.
ㄴ. 대양의 중앙부가 가장자리보다 염분이 높다.
ㄷ. 결빙이 일어나는 곳에서는 염분이 높아진다.

① ㄱ   ② ㄷ   ③ ㄱ, ㄴ
④ ㄴ, ㄷ   ⑤ ㄱ, ㄴ, ㄷ

06 전 세계 표층 해수의 염분 분포에서 대양의 가장자리보다 대양의 중앙부에서 높게 나타나는 까닭을 설명하시오.

2 해수의 온도

07 다음은 해수면의 수온에 대한 설명이다. ( ) 안에 들어갈 알맞은 말을 쓰시오.

> 지구에 입사하는 태양 복사 에너지양은 (㉠) 지역일수록 많고, (㉡) 지역일수록 적다. 따라서 해수면 온도는 (㉠) 지역이 (㉡) 지역보다 높다.

08 그림은 전 세계 해양의 표층 수온 분포를 나타낸 것이다.

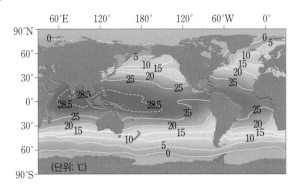

이에 대한 설명으로 옳은 것만을 〈보기〉에서 있는 대로 고른 것은?

> ┤ 보기 ├
> ㄱ. 표층 수온은 해류의 영향을 받는다.
> ㄴ. 대체로 대양의 동쪽보다 서쪽에서 수온이 높다.
> ㄷ. 해수의 표층 수온에 가장 큰 영향을 주는 요인은 태양 복사 에너지이다.

① ㄱ   ② ㄴ   ③ ㄱ, ㄷ
④ ㄴ, ㄷ   ⑤ ㄱ, ㄴ, ㄷ

09 그림은 해수의 연직 수온 분포를 위도별로 나타낸 것이다.

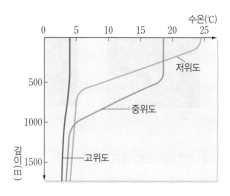

이에 대한 설명으로 옳은 것만을 〈보기〉에서 있는 대로 고른 것은?

> ┤ 보기 ├
> ㄱ. 해수 표층의 수온은 저위도에서 가장 높다.
> ㄴ. 혼합층의 두께는 중위도에서 가장 두껍다.
> ㄷ. 수온 약층은 고위도에서 가장 잘 발달한다.

① ㄱ   ② ㄷ   ③ ㄱ, ㄴ
④ ㄴ, ㄷ   ⑤ ㄱ, ㄴ, ㄷ

10 그림은 위도에 따른 해수의 연직 층상 구조와 수온 분포를 나타낸 것이다.

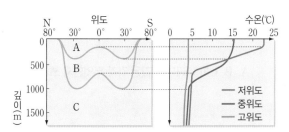

이에 대한 설명으로 옳은 것은?

① 극지방 해역에서는 A층만 존재한다.
② 모든 위도에서 해수의 연직 층상 구조가 나타난다.
③ 고위도 해역일수록 연직 층상 구조가 뚜렷하게 나타난다.
④ B층에서는 A층과 C층 사이의 물질과 에너지 교환이 활발하게 일어난다.
⑤ 적도 해역의 A층의 두께가 중위도 해역보다 얇은 것은 바람이 약하기 때문이다.

11 그림은 우리나라 주변 바다의 표층 수온을 나타낸 것이다.

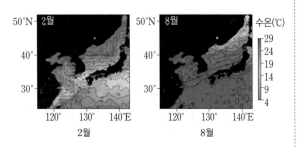

2월 8월

이에 대한 설명으로 옳지 않은 것은?

① 등온선은 위도와 나란한 경향이 있다.

② 2월에는 황해가 동해보다 수온이 낮다.

③ 8월에는 황해가 동해보다 수온이 높다.

④ 동해에서 남북 간의 수온 차는 2월보다 8월에 크다.

⑤ 해수의 표층 수온은 적외선을 이용하여 위성에서 관측할 수 있다.

3 해수의 밀도

12 그림은 표층 해수에서 측정한 수온, 밀도, 염분을 A, B, C로 순서 없이 나타낸 것이다.

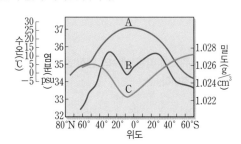

A, B, C가 나타내는 값은 각각 무엇인지 쓰시오.

13 다음은 해수의 밀도에 대한 설명이다. (   ) 안에 들어갈 알맞은 말을 고르시오.

> 해수의 밀도에 영향을 미치는 요인으로는 수온, 염분, 수압 등이 있다. 이 중 수압으로 일어나는 밀도 변화는 그 영향이 크지 않다. 해수의 밀도는 주로 수온이 ㉠(높, 낮)을수록, 염분이 ㉡(높, 낮)을수록 증가한다.

14 그림은 서로 다른 해수 A와 B를 수온 염분도에 나타낸 것이다.

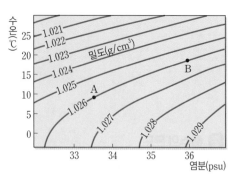

이에 대한 설명으로 옳은 것만을 〈보기〉에서 있는 대로 고른 것은?

> **보기**
> ㄱ. 밀도는 A와 B가 같다.
> ㄴ. 염분은 A가 B보다 낮다.
> ㄷ. 해수의 밀도는 수온이 낮을수록, 염분이 높을수록 크다.

① ㄱ   ② ㄴ   ③ ㄱ, ㄷ

④ ㄴ, ㄷ   ⑤ ㄱ, ㄴ, ㄷ

15 그림은 어느 해역의 한 지점에서 수심에 따라 측정된 수온과 염분을 수온 염분도에 나타낸 것이다.

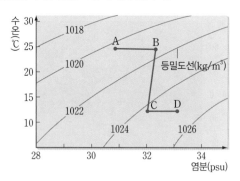

이에 대한 설명으로 옳은 것만을 〈보기〉에서 있는 대로 고른 것은?(단, A가 표층, D가 심층이다.)

> **보기**
> ㄱ. A – B 구간에서 밀도의 변화는 염분의 영향을 받는다.
> ㄴ. B – C 구간은 수온 약층이다.
> ㄷ. C – D 구간은 수온과 밀도가 일정하다.

① ㄱ   ② ㄷ   ③ ㄱ, ㄴ

④ ㄱ, ㄷ   ⑤ ㄱ, ㄴ, ㄷ

16 중위도 해역에서 해수의 연직 수온과 밀도 분포로 가장 적절한 것은?

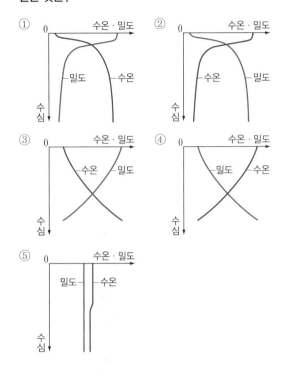

17 중위도 해양의 깊이에 따른 해수의 연직 밀도 분포와 밀도 약층을 연직 수온 분포와 관련지어 설명하시오.

4 해수의 용존 기체

18 다음은 해수에 녹아 있는 용존 기체에 대한 설명이다. ( ) 안에 들어갈 알맞은 말을 고르시오.

> 해수에 녹아 있는 기체에는 질소, 산소, 이산화 탄소 등이 있다. 용존 기체의 농도는 수압이 ㉠(높, 낮)을수록, 수온이 ㉡(높, 낮)을수록 높게 나타난다.

19 그림은 해수의 깊이에 따른 용존 산소량을 나타낸 것이다.

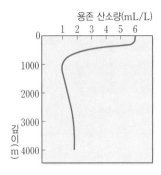

이에 대한 설명으로 옳은 것만을 〈보기〉에서 있는 대로 고른 것은?

> 보기
> ㄱ. 수심이 깊어질수록 용존 산소량은 계속 감소한다.
> ㄴ. 해수의 혼합 작용은 혼합층의 용존 산소량을 유지시키는 데 도움을 준다.
> ㄷ. 해수 표층에서 용존 산소량이 많은 까닭은 표층 생물의 활동과 대기 중의 산소가 녹아 들어오기 때문이다.

① ㄱ   ② ㄴ   ③ ㄱ, ㄷ
④ ㄴ, ㄷ   ⑤ ㄱ, ㄴ, ㄷ

20 그림은 해수의 깊이에 따른 용존 이산화 탄소량을 나타낸 것이다.

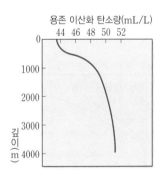

이에 대한 설명으로 옳은 것만을 〈보기〉에서 있는 대로 고른 것은?

> 보기
> ㄱ. 용존 이산화 탄소량은 용존 산소량보다 높다.
> ㄴ. 용존 이산화 탄소량은 수심이 깊을수록 높다.
> ㄷ. 심해층에서 용존 이산화 탄소량이 증가하는 까닭은 수중 생물의 호흡 작용 때문이다.

① ㄱ   ② ㄷ   ③ ㄱ, ㄴ
④ ㄴ, ㄷ   ⑤ ㄱ, ㄴ, ㄷ

A 전 세계 해수의 염분 분포

그림은 전 세계 해양의 표층 염분 분포와 위도별 강수량 및 증발량을 나타낸 것이다.

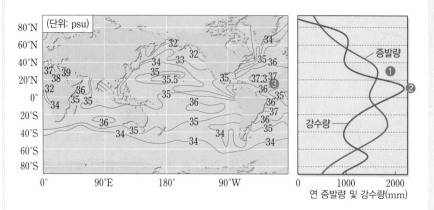

❶ 위도 30° 부근: 대기 대순환에서 하강 기류가 발달하여 고압대가 형성되는 지역 → 강수량이 적고 증발량이 많다.

❷ 적도와 위도 60° 부근: 대기 대순환에서 상승 기류가 발달하여 저압대가 형성되는 지역 → 증발량이 적고 강수량이 많다.

❸ 대서양은 태평양보다 염분이 대체로 높다.

① 해수의 표층 염분 분포와 증발량, 강수량: 해수의 표층 염분을 결정하는데 가장 큰 영향을 주는 요인은 증발량과 강수량이다.

② 위도별 해수의 표층 염분 분포
• 적도 부근과 중위도: 적도 부근에서는 강수량이 많고, 중위도 해역은 증발량이 많다. → 적도 부근보다 중위도 해역의 염분이 높다.
• 극 해역: 극 해역에서는 증발량이 작고 해빙에 의해 담수가 유입되므로 염분이 낮아지는데, 해빙이 활발한 북극해에서는 염분이 특히 낮게 나타난다.

③ 대양의 중심부와 주변부의 표층 염분 분포
• 대양의 중심부가 대양의 주변부보다 염분이 높다. → 대양의 주변부에는 육지로부터 담수가 유입되기 때문이다.

실력을 올리는 실전 문제 찾아가기
• 염분에 영향을 주는 요인을 추론하는 문제_02, 04
• 증발량과 강수량을 이용하여 염분 분포를 추론하는 문제_03

B 계절에 따른 해수의 연직 수온 분포 변화

그림은 어느 북태평양 해역에서 조사한 해수의 월별 연직 분포를 나타낸 것이다.

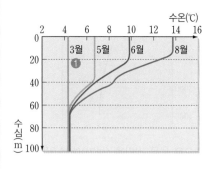

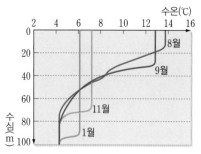

❶ 3월 수온의 연직 분포: 3월에는 해수면에 도달하는 태양 복사 에너지양이 적기 때문에 표층 수온이 낮고, 혼합층과 수온 약층이 형성되지 않는다.

표층 수온 변화	3월 → 5월 → 6월 → 8월로 갈수록 높아지고, 8월 → 9월 → 11월 → 1월로 갈수록 낮아진다. → 표층에 도달하는 태양 복사 에너지양은 8월에 가장 많다.
혼합층의 두께 변화	3월 → 5월 → 6월 → 8월로 갈수록 얇아지고, 8월 → 9월 → 11월 → 1월로 갈수록 두꺼워진다. → 바람의 세기는 8월에 가장 약하고, 1월에 가장 강하다.
수온 약층의 두께 변화	3월 → 5월 → 6월 → 8월로 갈수록 뚜렷해지고, 8월 → 9월 → 11월 → 1월로 갈수록 약해진다. → 표층 수온과 심층 수온의 차이가 클수록 잘 발달한다.

실력을 올리는 실전 문제 찾아가기
• 월별로 수온의 연직 분포를 조사한 자료를 해석하여 바람의 세기, 태양 복사 에너지양 등을 해석하는 문제_07

C 수온 염분도(T-S도)의 해석

그림 (가)는 수온 염분도에 세 해수 A~C의 수온과 염분을 나타낸 것이고, 그림 (나)는 어느 해역의 수심에 따른 수온과 염분의 분포를 나타낸 것이다.

(가)	(나)
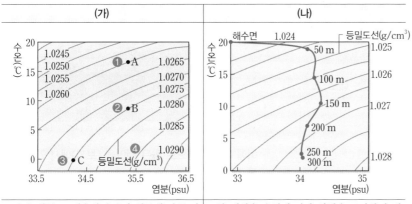	

- 수온 염분도: 해수의 수온과 염분에 따른 밀도를 나타낸다. 그래프에서 수온이 낮아지고 염분이 커지는 방향(오른쪽 아래)으로 갈수록 밀도가 커진다.
- 세 해수 A~C의 성질을 비교할 수 있다.
- 수온: A>B>C
- 염분: A=B>C
- 밀도: A<B=C

- 한 해역을 수심에 따라 성질을 조사하면 해당 해역의 연직 구조를 파악할 수 있다.
- 해수면~깊이 50 m: 깊이에 따라 수온의 변화가 적다. → 혼합층
- 깊이 50 m~250 m: 깊이에 따라 밀도의 변화가 급격하다. → 수온 약층
- 깊이 250 m~300 m: 깊이에 따른 수온의 변화가 매우 적다. → 심해층

❶ 해수 A → 수온 16.5, 염분 35.4, 밀도 1.0260

❷ 해수 B → 수온 8.5, 염분 35.4, 밀도 1.0275

❸ 해수 C → 수온 0, 염분 34.2 밀도 1.0275

❹ 등밀도선: 밀도가 같은 지점을 연결한 선으로 같은 등밀도선 위에 표시된 해수는 수온과 염분이 달라도 밀도가 같다.

실력을 올리는 실전 문제 찾아가기

- 수온 염분도를 해석하여 해수의 성질을 추론하는 문제_09, 10
- 어느 해역의 수심에 따른 수온 염분도를 해석하여 해수의 성질을 추론하는 문제_08, 11

D 해수의 용존 기체

그림은 해수의 깊이에 따른 용존 산소량과 용존 이산화 탄소량을 나타낸 것이다.

용존 산소량: 해수 1 L에 녹아 있는 산소의 양. 해수 표층에서 가장 높고, 깊이가 깊어지면 급격히 감소하였다가 깊이 약 1000 m 아래 심해에서는 다시 증가한다.

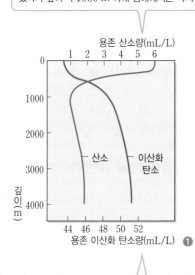

① 해수 표층: 해수 표층에 서식하는 생물 중 태양 복사 에너지를 이용하는 생물들의 광합성 작용에 의해 용존 산소량이 최대이고, 용존 이산화 탄소량은 최소이다.

② 표층~깊이 약 1000 m: 해수의 표층에서 깊어질수록 광합성을 하는 생물이 급격히 줄어들고 수중 생물이 산소를 소비하므로 용존 산소량이 급격히 감소하고 용존 이산화 탄소량은 급격히 증가한다.

③ 심해층: 극지방의 찬 해수가 가라앉아 심층수를 형성하므로 용존 산소량이 증가하고, 광합성에 의한 이산화 탄소의 소비가 줄어들고 수온 감소와 수압 증가에 의한 용해도 상승으로 이산화 탄소량이 증가한다. ❷

용존 이산화 탄소량: 해수 1 L에 녹아 있는 이산화 탄소의 양. 해수 표층에서 가장 낮고, 깊이가 깊어지면 급격히 증가하였다가 깊이 약 1000 m 아래 심해에서는 서서히 증가한다.

❶ 용존 산소량보다 용존 이산화 탄소량이 많은 까닭: 이산화 탄소의 용해도가 산소의 용해도보다 크기 때문이다.

❷ 수온과 용존 기체: 수온이 낮을수록 많은 양의 기체가 녹아들 수 있다. → 수온이 낮은 해역의 용존 산소량과 이산화 탄소량이 높다.

실력을 올리는 실전 문제 찾아가기

- 위도에 따른 용존 산소량의 차이를 추론하는 문제_13
- 용존 산소와 용존 이산화 탄소를 구분하는 문제_14

→ 수능기출 변형

01 표는 태평양 중앙부의 위도가 다른 두 해역 A, B에서의 풍속과 표층 염분을 나타낸 것이다.

구분	A 해역	B 해역
위도	5° N	30° N
풍속(m/s)	2~3	5~6
표층 염분(psu)	33.5	35.5

이에 대한 설명으로 옳은 것만을 〈보기〉에서 있는 대로 고른 것은?

┤ 보기 ├
ㄱ. (증발량−강수량)은 A가 B보다 많다.
ㄴ. 혼합층의 두께는 A가 B보다 두껍다.
ㄷ. 혼합층과 심해층의 수온 차이는 A가 B보다 크다.

① ㄱ   ② ㄷ   ③ ㄱ, ㄴ
④ ㄴ, ㄷ   ⑤ ㄱ, ㄴ, ㄷ

02 그림 (가)는 전 세계 해양의 표층 염분 분포를, (나)는 연 증발량 및 강수량의 위도별 분포를 나타낸 것이다.

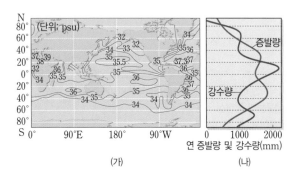

(가)   (나)

이에 대한 설명으로 옳은 것만을 〈보기〉에서 있는 대로 고른 것은?

┤ 보기 ├
ㄱ. 중위도 해역은 적도 해역보다 표층 염분이 높다.
ㄴ. 극 해역에서는 강수량이 많으므로 표층 염분이 낮다.
ㄷ. (증발량−강수량) 값이 큰 위도일수록 표층 염분이 높다.

① ㄱ   ② ㄴ   ③ ㄱ, ㄷ
④ ㄴ, ㄷ   ⑤ ㄱ, ㄴ, ㄷ

03 그림은 북태평양의 연간 (증발량−강수량) 값의 분포를 나타낸 것이다.

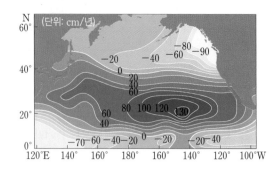

이에 대한 설명으로 옳은 것만을 〈보기〉에서 있는 대로 고른 것은?

┤ 보기 ├
ㄱ. (증발량−강수량) 값이 가장 큰 곳은 적도 해역이다.
ㄴ. 표층 염분은 위도 30° 부근 해역에서 가장 낮다.
ㄷ. 사막은 주로 20°N~40°N 지역에 분포할 것이다.

① ㄱ   ② ㄴ   ③ ㄷ
④ ㄱ, ㄴ   ⑤ ㄴ, ㄷ

→ 수능모의평가기출 변형

04 그림은 태평양의 연평균 표층 염분 분포를 나타낸 것이다.

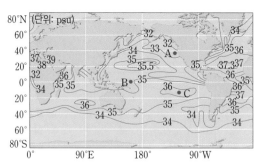

이에 대한 설명으로 옳은 것만을 〈보기〉에서 있는 대로 고른 것은?

┤ 보기 ├
ㄱ. A 해역은 동일 위도에 비해 대체로 염분이 낮다.
ㄴ. 북태평양에서는 가장자리로 갈수록 염분이 높다.
ㄷ. (강수량−증발량) 값은 B보다 C에서 크다.

① ㄱ   ② ㄴ   ③ ㄱ, ㄴ
④ ㄴ, ㄷ   ⑤ ㄱ, ㄴ, ㄷ

→ 수능기출 변형

05 그림은 우리나라 주변 바다의 8월 표층 염분 분포를, 표는 두 해역 A, B의 해수에 녹아 있는 염류량을 나타낸 것이다.

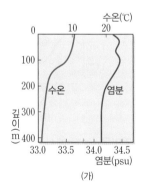

(단위: psu)

염류	A 해역	B 해역
NaCl	22.9	25.3
MgCl₂	3.2	3.5
MgSO₄	(x)	1.6
CaSO₄	( )	1.2
기타	( )	1.0
합계	(y)	32.6

이에 대한 설명으로 옳은 것만을 〈보기〉에서 있는 대로 고른 것은?

┤ 보기 ├
ㄱ. A 해역에는 중국 연안으로부터 염분이 낮은 해수가 유입되고 있다.
ㄴ. $x < 1.6$이다.
ㄷ. A 해역의 염분은 y이다.

① ㄱ　　② ㄴ　　③ ㄱ, ㄷ
④ ㄴ, ㄷ　　⑤ ㄱ, ㄴ, ㄷ

06 그림 (가), (나)는 우리나라 동해에서 서로 다른 계절에 측정한 수온과 염분을 깊이에 따라 나타낸 것이다.

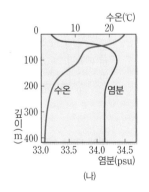

이에 대한 설명으로 옳은 것만을 〈보기〉에서 있는 대로 고른 것은?

┤ 보기 ├
ㄱ. 혼합층은 (가)가 (나)보다 두껍다.
ㄴ. (증발량－강수량)은 (나)가 (가)보다 크다.
ㄷ. 표층 해수의 밀도는 (가)가 (나)보다 크다.

① ㄴ　　② ㄷ　　③ ㄱ, ㄴ
④ ㄱ, ㄷ　　⑤ ㄱ, ㄴ, ㄷ

→ 수능기출 변형

07 그림은 어느 해역에서 관측된 수온 연직 분포의 계절 변화를 나타낸 것이다.

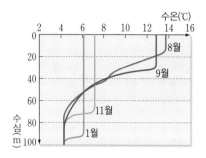

이에 대한 설명으로 옳은 것만을 〈보기〉에서 있는 대로 고른 것은?

┤ 보기 ├
ㄱ. 이 해역은 북반구에 위치한다.
ㄴ. 이 해역은 여름철보다 가을철에 바람이 강하게 분다.
ㄷ. 수온 약층은 여름철보다 가을철에 더 뚜렷하게 발달한다.

① ㄴ　　② ㄷ　　③ ㄱ, ㄴ
④ ㄴ, ㄷ　　⑤ ㄱ, ㄴ, ㄷ

08 그림은 어느 해역의 수심에 따른 수온과 염분의 분포를 나타낸 것이다.

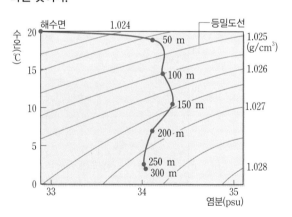

이에 대한 설명으로 옳은 것만을 〈보기〉에서 있는 대로 고른 것은?

┤ 보기 ├
ㄱ. 수온 약층의 두께는 약 200 m이다.
ㄴ. 수심 100 m에서는 연직 운동이 잘 일어난다.
ㄷ. 혼합층은 심해층보다 깊이에 따른 염분 변화가 크다.

① ㄱ　　② ㄴ　　③ ㄱ, ㄷ
④ ㄴ, ㄷ　　⑤ ㄱ, ㄴ, ㄷ

→ 수능기출 변형

09 그림은 수온 염분도를 나타낸 것이고, 글은 어떤 해수의 특징을 설명한 것이다.

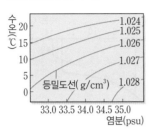

이 해수는 극지방에 위치하고 있으며 수온은 0 ℃, 염분은 34 psu이다.

이에 대한 설명으로 옳은 것만을 〈보기〉에서 있는 대로 고른 것은?

┤ 보기 ├
ㄱ. 이 해수의 밀도는 1.027 g/cm³보다 크다.
ㄴ. 결빙이 일어나면 얼음 주변의 해수 밀도는 작아진다.
ㄷ. 이 해수와 밀도는 같으나 수온이 높은 해수의 염분은 34 psu보다 작다.

① ㄱ   ② ㄴ   ③ ㄱ, ㄷ
④ ㄴ, ㄷ   ⑤ ㄱ, ㄴ, ㄷ

10 그림은 해수 A, B, C의 수온과 염분을 수온 염분도에 나타낸 것이다.

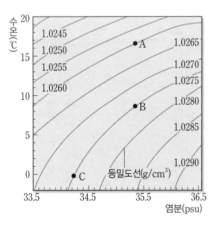

이에 대한 설명으로 옳은 것만을 〈보기〉에서 있는 대로 고른 것은?

┤ 보기 ├
ㄱ. 해수 A보다 수온이 높지만 밀도가 같은 해수는 염분이 A보다 높다.
ㄴ. C는 B보다 수온과 염분은 낮고 밀도는 크다.
ㄷ. B와 C를 반씩 섞은 해수는 밀도가 B와 같다.

① ㄱ   ② ㄷ   ③ ㄱ, ㄴ
④ ㄴ, ㄷ   ⑤ ㄱ, ㄴ, ㄷ

11 오른쪽 그림은 A, B 두 해역에서 수심 500 m까지 깊이에 따른 수온과 염분을 수온 염분도에 나타낸 것이다. 이에 대한 설명으로 옳은 것만을 〈보기〉에서 있는 대로 고른 것은?

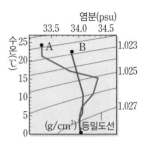

┤ 보기 ├
ㄱ. 해수 표면의 염분은 A가 B보다 낮다.
ㄴ. 표면 해수의 밀도는 A가 B보다 낮다.
ㄷ. 표면과 깊이 500 m 지점의 밀도 차이는 A가 B보다 크다.

① ㄱ   ② ㄷ   ③ ㄱ, ㄴ
④ ㄴ, ㄷ   ⑤ ㄱ, ㄴ, ㄷ

→ 수능기출 변형

12 그림 (가)는 깊이에 따른 해수의 온도와 밀도 분포를, (나)는 위도별 해수의 온도와 밀도 분포를 나타낸 것이다.

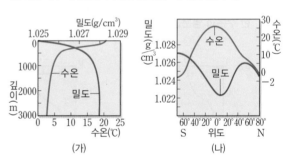

이에 대한 설명으로 옳은 것만을 〈보기〉에서 있는 대로 고른 것은?

┤ 보기 ├
ㄱ. 밀도 분포로 볼 때 해수는 안정한 구조를 이루고 있다.
ㄴ. 수온 변화가 큰 해역일수록 밀도 변화는 수온의 영향을 많이 받는다.
ㄷ. 깊이에 따른 밀도 증가율이 큰 곳일수록 해수의 연직 운동이 활발하다.

① ㄱ   ② ㄷ   ③ ㄱ, ㄴ
④ ㄴ, ㄷ   ⑤ ㄱ, ㄴ, ㄷ

13 그림은 고위도와 저위도에서 수심에 따른 용존 산소량을 나타낸 것이다.

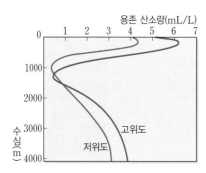

이에 대한 설명으로 옳은 것만을 〈보기〉에서 있는 대로 고른 것은?

보기

ㄱ. 용존 산소량은 대체로 저위도보다 고위도에서 높다.
ㄴ. 저위도와 고위도 모두 해수 표층에서 용존 산소량이 가장 높게 나타난다.
ㄷ. 해수 표층의 해양 생물에 의한 광합성은 저위도보다 고위도가 활발하다.

① ㄱ　　　　　② ㄷ　　　　　③ ㄱ, ㄴ
④ ㄴ, ㄷ　　　　⑤ ㄱ, ㄴ, ㄷ

14 그림은 해수에 녹아 있는 산소와 이산화 탄소의 농도를 A, B로 순서 없이 나타낸 것이다.

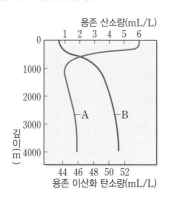

이에 대한 설명으로 옳은 것만을 〈보기〉에서 있는 대로 고른 것은?

보기

ㄱ. A는 이산화 탄소이다.
ㄴ. 해수 중 용존 기체의 양은 A가 B보다 많다.
ㄷ. 표층에서 B의 농도는 광합성 때문에 낮아진다.

① ㄱ　　　　　② ㄷ　　　　　③ ㄱ, ㄴ
④ ㄴ, ㄷ　　　　⑤ ㄱ, ㄴ, ㄷ

15 그림은 어느 해역의 월별 깊이에 따른 수온 분포이다.

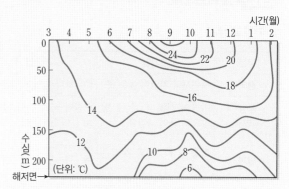

이에 대한 설명으로 옳은 것만을 〈보기〉에서 있는 대로 고른 것은?

보기

ㄱ. 해저면의 수온은 겨울에 가장 낮다.
ㄴ. 해수의 연직 혼합은 9월에 가장 잘 일어난다.
ㄷ. 수온 약층은 겨울보다 여름에 더 강하게 발달한다.

① ㄱ　　　　　② ㄴ　　　　　③ ㄷ
④ ㄱ, ㄷ　　　　⑤ ㄴ, ㄷ

➔ 수능기출 변형

16 그림 (가)는 제주도 남쪽 해상의 관측 지점 A, B, C를, (나)는 각 관측 지점에서 측정한 계절별 표층 수온과 염분이다.

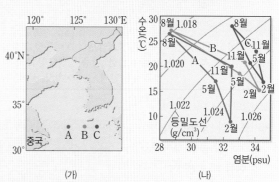

(가)　　　　　　　　　　(나)

이에 대한 설명으로 옳은 것만을 〈보기〉에서 있는 대로 고른 것은?

보기

ㄱ. 연간 염분 변화는 A에서 가장 크다.
ㄴ. 연간 밀도 변화는 C에서 가장 크다.
ㄷ. 중국으로부터 하천수가 유입되었을 시기는 8월이다.

① ㄱ　　　　　② ㄷ　　　　　③ ㄱ, ㄴ
④ ㄴ, ㄷ　　　　⑤ ㄱ, ㄴ, ㄷ

Ⅲ 단원 마무리
핵심 정리

08 날씨의 변화

1. 기압과 날씨

구분	고기압	저기압
정의	주위보다 기압이 높은 곳	주위보다 기압이 낮은 곳
풍향 (북반구)	바람이 (**1**) 방향으로 불어 나간다.	바람이 시계 반대 방향으로 불어 들어온다.
날씨	하강 기류가 발달 → 맑은 날씨	(**2**)이/가 발달 → 구름 형성 → 흐린 날씨, 강수

2. 고기압과 날씨

① 정체성 고기압과 이동성 고기압

(**3**) 고기압	• 고기압의 중심부가 거의 이동하지 않고 한곳에 머무르는 규모가 큰 고기압 **예** 시베리아 고기압, 북태평양 고기압, 오호츠크해 고기압
이동성 고기압	• 정체성 고기압에서 떨어져 나와 이동하면서 날씨 변화를 일으키는 규모가 작은 고기압 • 시베리아 고기압과 양쯔강 고기압에서 떨어져 나와 봄과 가을철 날씨에 영향을 준다.

② 고기압의 발달과 우리나라의 계절별 날씨

겨울철	(**4**)	봄·가을철
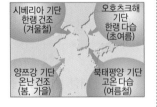		
• 시베리아 고기압 발달 • 차고 건조한 북서 계절풍, 한파	• 북태평양 고기압 발달 • 고온 다습한 남풍, 덥고 습한 날씨	• 이동성 고기압에 의한 변덕스러운 날씨 • 황사, 꽃샘 추위

③ 기단의 발생

• 지표면의 성질이 비슷한 넓은 지역에 공기 덩어리가 오래 머물 때 발생한다.
• 우리나라 주변의 기단은 계절별로 영향을 미친다.

시베리아 기단 한랭 건조 (겨울철)
오호츠크해 기단 한랭 다습 (초여름)
양쯔강 기단 온난 건조 (봄, 가을)
북태평양 기단 고온다습 (여름철)

3. 온대 저기압과 날씨

① 한랭 전선과 온난 전선

한랭 전선	온난 전선
• 찬 공기가 따뜻한 공기를 밀고 갈 때 생기는 전선 • 전선 후면에 (**5**) 구름 발달, 소나기성 강수, 통과 후 기온 하강, 기압 상승	• 따뜻한 공기가 찬 공기 위로 올라갈 때 생기는 전선 • 전선 전면에 (**6**) 구름 발달, 넓은 구역에 지속적 강수, 통과 후 기온 상승, 기압 하강

② 온대 저기압과 날씨 변화

지역	날씨
A	햇무리, 달무리
B	(**7**) 구름, 지속성 강수
C	구름이 없고 날씨가 맑으며, 기온이 높아진다.
D	좁은 지역에 걸쳐 적운형 구름이 발달, 소나기
E	상승 기류가 발달하여 구름 발생, 흐린 날씨

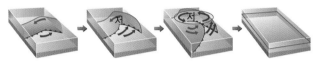

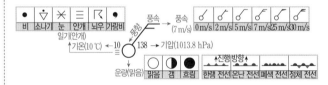

③ 온대 저기압의 발생과 소멸

• 파동 형성과 전선의 분리 · 온대 저기압 발달 · 폐색 전선 형성 · 소멸

4. 일기도의 해석과 일기 예보

① 일기 예보의 과정: 기상 관측 및 정보 수집 → 분석 → 예보 협의 → 예보 및 통보

② 일기 기호의 해석

비 소나기 눈 안개 뇌우 가랑비 일기(안개)
풍속 (7 m/s) 0 m/s 2 m/s 5 m/s 7 m/s 25 m/s 30 m/s
기온(10 ℃) ← 10 ⊟ 138 기압(1013.8 hPa)
운량(맑음) 맑음 갬 흐림
진행방향 한랭 전선 온난 전선 폐색 전선 정체 전선

③ 위성 영상의 해석

가시광선 영상	적외선 영상
• 구름에서 반사된 (**8**)의 강약으로 나타나는 영상 • 구름이 두꺼울 때 짙은 흰색	• 물체가 방출하는 적외선 에너지양에 의해 나타나는 영상 • 높은 구름일 때 짙은 흰색

09 태풍과 날씨, 악기상

1. 태풍과 날씨

① 태풍의 발생과 구조

발생	• 수온이 27 ℃ 이상인 열대 해상에서 열과 수증기를 공급받아 발생 • 에너지원은 수증기의 (**9**)이다.
구조	• 거대한 대기의 소용돌이로 강한 바람을 동반한다. • 중심 기압이 매우 낮아 강한 상승 기류와 적란운 발달 • 태풍의 중심에서 약 50 km 이내의 하강 기류가 나타나는 곳으로 맑고 바람이 약한 구역인 (**10**)이/가 있다.

② 태풍의 이동과 소멸

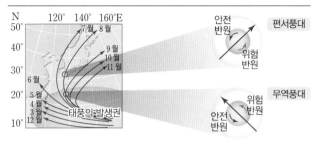

안전 반원	태풍 내 풍향이 태풍의 이동 방향 및 대기 대순환의 풍향과 반대이다. → 풍속이 상대적으로 약하다.
(⑪)	태풍 내 풍향이 태풍의 이동 방향 및 대기 대순환의 풍향과 같다. → 풍속이 상대적으로 바람이 강하며 큰 피해를 입을 수 있다.

2. 우리나라의 주요 악기상

(⑫)	• 강한 상승 기류에 의해 적란운이 발달하면서 천둥과 번개를 동반한 소나기가 내리는 현상 • 뇌우의 발달 단계: 적운 단계 → 성숙 단계 → 소멸 단계
국지성 호우	• 짧은 시간 동안에 좁은 지역에 많은 비가 내리는 현상
우박	• 눈의 결정 주위에 차가운 물방울이 얼어붙어 땅으로 떨어지는 얼음덩어리
폭설	• 짧은 시간에 많은 눈이 내리는 현상
강풍	• 10분간 평균 풍속이 10 m/s 이상인 강한 바람
(⑬)	• 중국 북부나 몽골의 사막 또는 건조한 황토 지대에서 강한 바람이 불어 상공으로 올라간 모래 먼지가 편서풍을 타고 우리나라까지 운반된 후 서서히 하강하는 현상 • 얼었던 땅이 녹는 봄철에 주로 발생

🔟 해수의 성질

1. 해수의 염분

① 염분: 해수 1 kg 속에 녹아 있는 모든 염류의 양(g수)
② 표층 염분 변화의 요인: 증발량, 강수량, (⑭)의 유입, 해수의 결빙과 해빙 등
③ 전 세계 해양의 표층 염분의 분포: 중위도에서 대체로 높다.

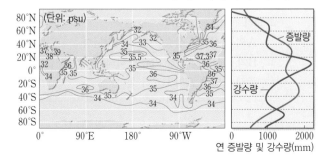

2. 해수의 온도

① 전 세계 해수면의 수온 분포: 수온 분포에 가장 큰 영향을 주는 요인은 (⑮)이다.

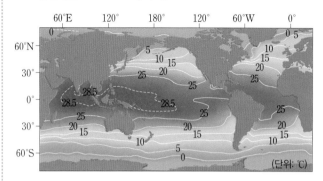

② 해수의 층상 구조

혼합층	바람에 의해 해수가 혼합되어 깊이에 따라 수온이 거의 일정한 층
수온 약층	깊이에 따라 수온이 급격히 낮아지는 층으로 안정하여 혼합층과 심해층의 열과 물질 교환을 차단
심해층	태양 빛이 도달하지 않아 연중 수온이 거의 일정한 층

3. 해수의 밀도: (⑯)이/가 낮을수록, 염분이 높을수록 증가한다.

① 수온 염분도(T – S도)

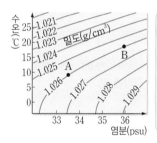

• 왼쪽 상단으로 갈수록 밀도가 작은 해수
• 오른쪽 하단으로 갈수록 밀도가 큰 해수
• 해수 A와 B는 수온과 염분은 다르지만 밀도는 같다. → 등밀도선에 있다.

② 해수의 수온과 밀도 분포

위도별 해수의 수온과 밀도	깊이에 따른 해수의 수온과 밀도
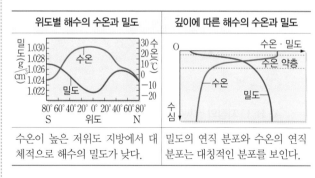	
수온이 높은 저위도 지방에서 대체적으로 해수의 밀도가 낮다.	밀도의 연직 분포와 수온의 연직 분포는 대칭적인 분포를 보인다.

4. 해수의 용존 기체 질소, 산소, 이산화 탄소 등이 있다.

① (⑰): 대기와 접해 있고, 해양 생물이 광합성을 하는 표층에서 가장 높다.
② 용존 이산화 탄소량: 해양 생물의 광합성에 의해 소비되는 표층에서 가장 낮게 나타난다.

실력 점검 **Ⅲ 단원 평가 문제**

∞ 08. 날씨의 변화 92쪽

01 그림은 우리나라에 영향을 주는 기단을 나타낸 것이다.

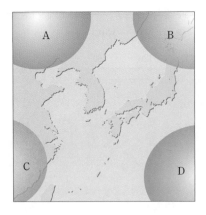

이에 대한 설명으로 옳지 <u>않은</u> 것은?

① A는 겨울철에 영향을 미친다.
② B는 주로 저기압의 형태로 영향을 미친다.
③ C는 건조한 기단이다.
④ D는 여름철 무더위에 영향을 준다.
⑤ A와 B는 C와 D보다 한랭하다.

∞ 08. 날씨의 변화 92쪽

02 그림은 온대 저기압의 모습을 나타낸 것이다.

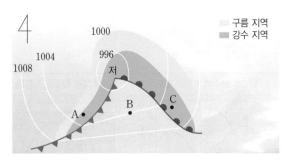

A, B, C 지점의 날씨에 대한 설명으로 옳은 것만을 〈보기〉에서 있는 대로 고른 것은?

┤ 보기 ├
ㄱ. A에는 북서풍이 분다.
ㄴ. 기압은 B에서 가장 낮다.
ㄷ. 빗방울의 평균 크기는 A보다 C에서 크다.

① ㄱ　　② ㄷ　　③ ㄱ, ㄴ
④ ㄴ, ㄷ　　⑤ ㄱ, ㄴ, ㄷ

∞ 08. 날씨의 변화 92쪽

03 그림은 어느 날 우리나라 주변의 일기도를 나타낸 것이다.

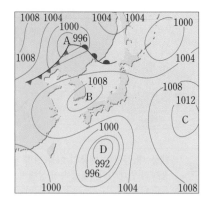

이에 대한 설명으로 옳은 것만을 〈보기〉에서 있는 대로 고른 것은?

┤ 보기 ├
ㄱ. A와 D는 저기압이다.
ㄴ. 우리나라에서 바람은 A에서 B로 분다.
ㄷ. B와 C가 있는 곳은 하강 기류가 발달한다.

① ㄱ　　② ㄴ　　③ ㄱ, ㄷ
④ ㄴ, ㄷ　　⑤ ㄱ, ㄴ, ㄷ

∞ 08. 날씨의 변화 92쪽

04 그림은 우리나라 주변에 태풍이 다가올 때의 일기도를 나타낸 것이다.

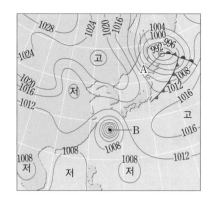

저기압 A, B에 대한 설명으로 옳은 것만을 〈보기〉에서 있는 대로 고른 것은?

┤ 보기 ├
ㄱ. A의 중심에는 상승 기류가 나타난다.
ㄴ. B의 중심에는 하강 기류가 나타난다.
ㄷ. 중심 기압은 A가 B보다 높다.

① ㄱ　　② ㄴ　　③ ㄱ, ㄷ
④ ㄴ, ㄷ　　⑤ ㄱ, ㄴ, ㄷ

∞ 08. 날씨의 변화 92쪽

05 그림 (가)~(다)는 어느 날 온대 저기압이 통과한 관측소에서 관측한 날씨를 일기 기호로 순서 없이 나타낸 것이다.

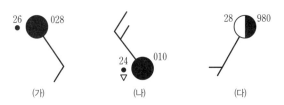

이에 대한 설명으로 옳은 것만을 〈보기〉에서 있는 대로 고른 것은?

| 보기 |
ㄱ. (가)가 관측될 때 비가 왔다.
ㄴ. 관측된 순서는 (다) → (가) → (나)의 순이다.
ㄷ. 이날 온대 저기압의 중심은 관측소의 북쪽을 지나갔다.

① ㄱ ② ㄷ ③ ㄱ, ㄷ
④ ㄴ, ㄷ ⑤ ㄱ, ㄴ, ㄷ

∞ 08. 날씨의 변화 92쪽

06 그림은 온대 저기압이 지나간 어느 날 관측소에서 관측한 기압과 기온을 나타낸 것이다.

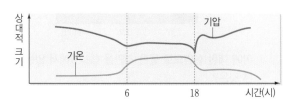

관측소의 날씨 변화에 대한 설명으로 옳은 것만을 〈보기〉에서 있는 대로 고른 것은?

| 보기 |
ㄱ. 4시~6시경에 구름의 높이는 점점 높아졌다.
ㄴ. 6시와 18시 사이에는 남서풍이 불었을 것이다.
ㄷ. 18시에 온난 전선이 지나갔다.

① ㄱ ② ㄴ ③ ㄱ, ㄷ
④ ㄴ, ㄷ ⑤ ㄱ, ㄴ, ㄷ

∞ 09. 태풍과 날씨, 악기상 100쪽

07 그림은 우리나라로 접근하는 태풍의 위성 영상을 나타낸 것이다.

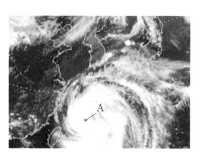

이에 대한 설명으로 옳은 것만을 〈보기〉에서 있는 대로 고른 것은?

| 보기 |
ㄱ. A에는 강한 상승 기류가 발달한다.
ㄴ. 태풍이 우리나라를 통과하는 시기는 주로 7월 ~8월이다.
ㄷ. 태풍 주변에서 바람은 태풍의 중심을 향하여 시계 반대 방향으로 불어 들어간다.

① ㄱ ② ㄷ ③ ㄱ, ㄴ
④ ㄴ, ㄷ ⑤ ㄱ, ㄴ, ㄷ

∞ 09. 태풍과 날씨, 악기상 100쪽

08 그림은 어느 해 우리나라를 지나간 태풍의 이동 경로를 나타낸 것이다.

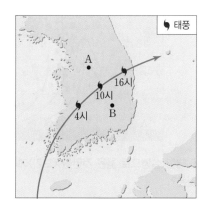

(1) A 지역과 B 지역에서 나타나는 풍향 변화를 각각 쓰시오.

(2) A 지역과 B 지역의 바람의 세기를 부등호로 비교하시오.

(3) 4시와 16시의 태풍 중심 기압을 부등호로 비교하시오.

∞ 09. 태풍과 날씨, 악기상 100쪽

09 그림은 서해안에 폭설이 내릴 때의 위성영상이다.

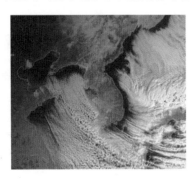

이에 대한 설명으로 옳은 것만을 〈보기〉에서 있는 대로 고른 것은?

┌─ 보기 ┐
ㄱ. 우리나라에는 북서풍이 불고 있다.
ㄴ. 동해 쪽에는 고기압이 발달해 있다.
ㄷ. 기단이 황해를 지나면서 불안정해진다.
└──────┘

① ㄴ   ② ㄷ   ③ ㄱ, ㄴ
④ ㄱ, ㄷ   ⑤ ㄱ, ㄴ, ㄷ

∞ 09. 태풍과 날씨, 악기상 100쪽

10 그림은 기상 현상에 의해 A가 생성되는 과정을 나타낸 것이다.

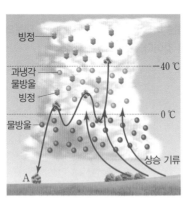

이에 대한 설명으로 옳은 것만을 〈보기〉에서 있는 대로 고른 것은?

┌─ 보기 ┐
ㄱ. A는 우박이다.
ㄴ. A는 겨울철에만 생성된다.
ㄷ. A의 내부에는 동심원 구조가 있다.
└──────┘

① ㄱ   ② ㄴ   ③ ㄱ, ㄷ
④ ㄴ, ㄷ   ⑤ ㄱ, ㄴ, ㄷ

∞ 09. 태풍과 날씨, 악기상 100쪽

11 그림은 우리나라의 황사 일수를 10년 단위로 나타낸 것이다.

(가) 1981년~1990년   (나) 1991년~2000년   (다) 2001년~2010년

이에 대한 설명으로 옳은 것만을 〈보기〉에서 있는 대로 고른 것은?

┌─ 보기 ┐
ㄱ. 황사 일수는 점차 증가하고 있다.
ㄴ. 황사는 대체로 남쪽 지방으로 갈수록 심해진다.
ㄷ. 황사는 동쪽보다 서쪽 지방에서 더 심한 편이다.
└──────┘

① ㄴ   ② ㄷ   ③ ㄱ, ㄴ
④ ㄱ, ㄷ   ⑤ ㄱ, ㄴ, ㄷ

∞ 10. 해수의 성질 112쪽

12 그림은 우리나라 주변 바다의 8월 염분 분포이다.

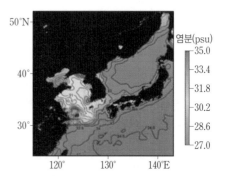

이에 대한 설명으로 옳은 것만을 〈보기〉에서 있는 대로 고른 것은?

┌─ 보기 ┐
ㄱ. 우리나라 주변 해수의 염분은 황해에서 가장 낮다.
ㄴ. 동해보다 황해에서 염분이 낮은 까닭은 강수량이 많기 때문이다.
ㄷ. 표층 염분은 해수 표면에서 방출되는 적외선을 인공위성에서 관측하여 알 수 있다.
└──────┘

① ㄱ   ② ㄷ   ③ ㄱ, ㄴ
④ ㄴ, ㄷ   ⑤ ㄱ, ㄴ, ㄷ

∞ 10. 해수의 성질 112쪽

13 그림은 동해안의 어느 지역에서 측정한 2월과 8월의 깊이에 따른 용존 산소량(mL/L)을 나타낸 것이다.

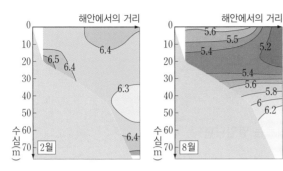

이에 대한 설명으로 옳은 것만을 〈보기〉에서 있는 대로 고른 것은?

┤ 보기 ├

ㄱ. 8월의 용존 산소량은 해수면 부근에서 가장 많다.

ㄴ. 용존 산소량은 여름철보다 겨울철에 더 높다.

ㄷ. 광합성은 수심 70 m 부근에서 가장 활발하다.

① ㄴ   ② ㄷ   ③ ㄱ, ㄴ

④ ㄱ, ㄷ   ⑤ ㄱ, ㄴ, ㄷ

∞ 10. 해수의 성질 112쪽

14 그림은 해수의 수온 염분도를 나타낸 것이다.

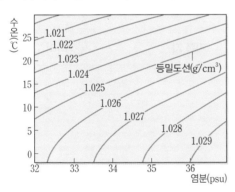

이에 대한 설명으로 옳은 것만을 〈보기〉에서 있는 대로 고른 것은?

┤ 보기 ├

ㄱ. 해수의 밀도는 수온이 낮을수록, 염분이 높을수록 커진다.

ㄴ. 극지방에서 해수의 결빙이 일어나면 해수의 밀도가 작아진다.

ㄷ. 수온이 10 ℃, 염분이 35 psu인 해수의 밀도는 약 1.027 g/cm³이다.

① ㄱ   ② ㄴ   ③ ㄱ, ㄷ

④ ㄴ, ㄷ   ⑤ ㄱ, ㄴ, ㄷ

1등급을 완성하는 서술형 문제

∞ 09. 태풍과 날씨, 악기상 100쪽

15 그림은 어느 날 우리나라 부근의 위성 영상이다.

구름 A가 무엇을 나타내는지 쓰고, 이 구름의 예상 이동 경로와 그 까닭을 설명하시오.

∞ 10. 해수의 성질 112쪽

16 그림은 동해안의 어느 지역에서 측정한 2월과 8월의 깊이에 따른 수온 분포를 나타낸 것이다.

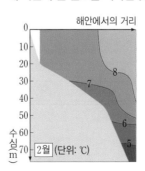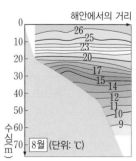

2월과 8월 중 해수의 연직 혼합이 더 일어나기 어려운 시기와 그 까닭을 설명하시오.

현량자고

현량자고는 태만함을 극복하고 학업에 정진함을 이르는 말입니다.

중국 전국 시대 소진은 송곳으로 허벅다리를 찌르며 졸음을 쫓았습니다. 초나라의 손경은 머리카락을 새끼로 묶어 대들보에 매달아서 졸음을 쫓았는데, 졸음에 겨워 고개가 떨궈지면 새끼가 머리카락을 잡아당겨 그 통증으로 정신을 차릴 수 있었습니다.

현두자고(懸頭刺股) 또는 자고현량(刺股懸梁)이라고도 하는데, 고통을 감수하고 분발하여 학문에 정진하는 것을 비유하는 대표적인 한자성어입니다.

☀ 따라 쓰며 소리 내어 읽어 보세요.

懸	梁	刺	股
매달 현	대들보 량	찌를 자	넓적다리 고

IV 대기와 해양의 상호 작용

이렇게 정리해 주니 정말 좋은 걸~!

이 단원에서는 기권과 수권의 상호 작용을 이해함으로써 대기와 해양의 운동이 서로 영향을 주는 유기적인 관계에 의한 것임을 알아본다. 특히 엘니뇨와 라니냐, 남방 진동과 같이 해양의 변화가 기후 변화에 영향을 주는 상호 작용을 알아본다.

11 해수의 순환

1 대기 대순환과 해수의 표층 순환 `자료 분석 특강 140쪽 A`

1 대기 대순환 지구 전체적인 규모로 일어나는 대규모 대기의 순환
① 발생 원인: 위도에 따른 태양 복사 에너지의 불균형과 지구 자전의 영향[1]

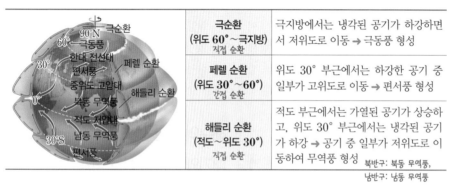

위도에 따른 에너지 불균형

저위도	태양 복사 에너지의 흡수량 > 지구 복사 에너지 방출량 → 에너지 과잉 상태	
고위도	태양 복사 에너지의 흡수량 < 지구 복사 에너지 방출량 → 에너지 부족 상태	

② 대기 대순환의 역할과 영향: 에너지 불균형을 해소하고 해수의 표층 순환을 일으킨다.
③ 대기 대순환 모형: 위도별 에너지 불균형과 지구 자전의 영향을 고려한 실제 대기 순환 모형 → 3개의 순환 세포로 구성된다.[2]

극순환 (위도 60°~극지방) 직접 순환	극지방에서는 냉각된 공기가 하강하면서 저위도로 이동 → 극동풍 형성
페렐 순환 (위도 30°~60°) 간접 순환	위도 30° 부근에서는 하강한 공기 중 일부가 고위도로 이동 → 편서풍 형성
해들리 순환 (적도~위도 30°) 직접 순환	적도 부근에서는 가열된 공기가 상승하고, 위도 30° 부근에서는 냉각된 공기가 하강 → 공기 중 일부가 저위도로 이동하여 무역풍 형성 북반구: 북동 무역풍, 남반구: 남동 무역풍

└─ 대기 대순환과 밀접한 관계가 있어 풍성 순환이라고도 한다.

2 해수의 표층 순환 대기 대순환에 의해 일정한 바람이 표층 해수에 지속적으로 불 때 해수가 일정한 방향으로 흐르는 해류가 형성되는데, 이 해류가 이루는 큰 순환을 말한다.
① 대기 대순환과 표층 해류: 대기 대순환을 이루는 바람에 의해 표층 해류가 발생한다.

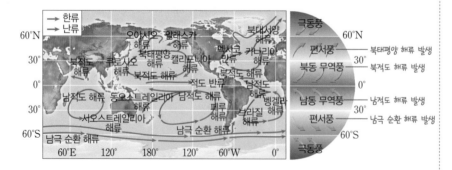

• 무역풍에 의해 발생한 해류: 북적도 해류, 남적도 해류(동 → 서)
• 편서풍에 의해 발생한 해류: 북태평양 해류, 북대서양 해류, 남극 순환 해류(서 → 동)
② 해수의 표층 순환: 해류가 이루는 큰 순환으로, 동서 방향으로 흐르던 해수는 대륙과 부딪치면 남북으로 이동하게 된다. → 북반구와 남반구의 순환은 적도를 경계로 서로 대칭적인 흐름을 보이고 있다.

한눈에
정리하는 출제 경향

• 대기 대순환과 주요 표층 순환의 관계 이해하기
• 심층 순환의 발생 원리와 분포 이해하기

핵심 개념

대기 대순환, 해수의 표층 순환, 우리나라 주변의 해류, 해수의 심층 순환, 전 지구적인 해수의 순환

`plus 개념`

❶ 지구가 자전하지 않는다고 가정할 때의 대기 대순환 모형

적도에서는 가열되어 상승하는 공기가 극으로 이동하고, 극에서는 냉각되어 하강한 공기가 적도로 이동할 것이다. → 북반구 지상에서는 북풍, 남반구 지상에서는 남풍만 분다.

❷ 대기 대순환에서 직접 순환과 간접 순환
• 직접 순환(열적 순환): 저위도와 고위도 사이의 가열과 냉각 차이에 의해 발생하는 열대류로 형성되는 순환 → 해들리 순환, 극순환
• 간접 순환: 열대류와 관련 없이 해들리 순환과 극순환에 의해 역학적으로 만들어진 순환 → 페렐 순환

꼭 기억해!

해수의 표층 순환은 지구의 자전, 대기 대순환, 대륙의 분포 등의 영향을 받아 형성된다.

❸ **해류와 주변 기후**
- 영국 런던의 1월 평균 기온은 난류의 영향을 받아 약 4 ℃이지만, 같은 위도의 캐나다의 퀘백은 약 −12 ℃이다.
- 페루 지역은 열대 지방이지만 한류의 영향을 받아 약 20 ℃의 덥지 않은 연평균 기온을 유지한다.

아열대 표층 순환

아열대 표층 순환: 무역풍대와 편서풍대에서 발생하는 해류에 의한 표층 순환

북반구 아열대 표층 순환(시계 방향)	남반구 아열대 표층 순환(시계 반대 방향)
• 북태평양: 북적도 해류 → 쿠로시오 해류 → 북태평양 해류 → 캘리포니아 해류 • 북대서양: 북적도 해류 → 멕시코 만류 → 북대서양 해류 → 카나리아 해류	• 남태평양: 남적도 해류 → 동오스트레일리아 해류 → 남극 순환 해류 → 페루 해류 • 남대서양: 남적도 해류 → 브라질 해류 → 남극 순환 해류 → 벵겔라 해류

③ 난류와 한류: 난류와 한류는 주변 지역의 기후에 영향을 미친다.❸
- 난류: 저위도에서 고위도로 흐르는 해류로 수온과 염분이 높고, 영양염류와 용존 산소량이 적다. **예** 쿠로시오 해류, 멕시코 만류 등
- 한류: 고위도에서 저위도로 흐르는 해류로 수온과 염분이 낮고, 영양염류와 용존 산소량이 많다. **예** 캘리포니아 해류, 카나리아 해류 등

④ **우리나라 주변의 해류와 조경 수역**

❹ **쿠로시오 해류**
쿠로시오 해류는 난류로 영양염류와 식물성 플랑크톤, 혼탁물이 적어 바닷물이 맑기 때문에 태양 빛 중 청남색을 많이 투과시켜 검게 보인다.

난류	쿠로시오 해류	우리나라 주변 난류의 근원❹	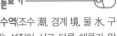 → 한류 / → 난류
	황해 난류	쿠로시오 해류의 일부가 황해로 북상	
	쓰시마 난류	쿠로시오 해류의 일부가 남해안을 지나 동해안으로 흘러가는 해류	
	동한 난류	쓰시마 난류의 일부가 동해안으로 북상	
한류	연해주 한류	연해주를 따라 남하하는 한류❺	
	북한 한류	연해주 한류의 일부가 동해안을 따라 남하	
조경 수역		• 난류와 한류가 만나는 경계 지역으로 영양염류와 플랑크톤이 풍부하여 좋은 어장이 형성된다. ➡ 동한 난류와 북한 한류가 만나 동해에 조경 수역 형성 • 난류가 강해지는 여름에는 북상하고, 한류가 강해지는 겨울에는 남하한다.	

❺ **연해주 한류**
한류인 쿠릴 해류의 지류로 오호츠크해의 남서 해역에서 타타르 해협을 거쳐 연해주 연안을 따라 남하하여 동해안에 이른다.

궁금하지?

Q. 해류의 역할은 무엇일까?
A. 물질과 에너지를 수송하며, 기온과 습도를 변화시키고, 지구의 기후 변화와 각 지역의 해양 환경 및 인간의 생활에 영향을 미친다.

확인 문제 1

1 대기 대순환에 의해 위도 30° 부근에서 하강한 공기 중 일부가 고위도로 이동하여 ( )을/를 형성한다.

2 북태평양에서 아열대 순환을 형성하는 해류는 북적도 해류 → ( ) 해류 → ( ) 해류 → 캘리포니아 해류이다.

3 우리나라의 동해에는 난류와 한류가 만나 ( )을/를 형성한다.

---

2 해수의 심층 순환   자료 분석 특강 140쪽 **B**

1 해수의 심층 순환   해양의 심층에서 일어나는 전 지구적인 규모의 해수 순환
① 발생 원인: 극 해역의 해류가 냉각되거나 결빙에 의해 염분이 높아지면 밀도가 커지므로 침강이 일어나고, 침강한 해수가 저위도로 이동하게 되면서 발생한다.
② 특징: 표층 순환보다 매우 느린 속도로 수온 약층 아래에서 일어나고, 전 지구적으로 발생하며, 심해에 산소를 공급한다.

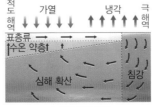

▲ 심층 순환 모형

용어 돋보기
- **조경 수역**(조수 潮, 경계 境, 물 水, 구역 域): 성질이 서로 다른 해류가 만나는 해역이다.
- **영양염류**(경영할 營, 기를 養, 소금 鹽, 무리 類): 해수에 들어 있는 질산염, 인산염 등으로 플랑크톤의 먹이가 된다.

11 해수의 순환

2 수온 염분도와 수괴 분석
— 수온과 염분을 밀도와 함께 그래프로 나타낸 것

심층 순환은 수괴 분석을 통하여 간접적으로 흐름을 알아낸다.
— 이동 속도가 매우 느려 직접 관측하기 어렵다.

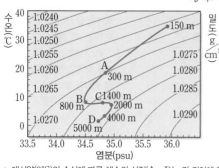

▲ 대서양(9°S)의 수심에 따른 해수의 성질(A~D는 각 깊이에 있는 수괴를 나타낸다.)

- 해수면에서 깊이가 깊어질수록 밀도가 증가하고 있다.
- 성질(수온, 염분, 밀도)이 다른 수괴는 잘 혼합되지 않는다.
 → 수괴의 성질을 조사하여 수온 염분도에 나타내면 수괴의 기원과 이동 경로를 추정할 수 있다. 심층 순환은 해수의 수온과 염분의 변화로 나타나므로 열염 순환이라고도 한다.

3 대서양의 심층 순환
밀도가 큰 해수일수록 심층에서 순환한다.

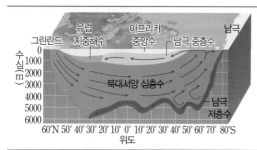

- 중앙수: 수온 약층 바닥까지의 해수
 → 대양의 중위도에서 표층을 차지한다.
- 중층수: 수심 약 1500 m까지의 해수
- 심층수: 수심 약 4000 m까지의 해수
- 저층수: 수심 약 4000 m 이상 깊이의 해저와 접하는 곳의 해수

남극 중층수	대서양 60°S 해역에서 형성된 남극 중층수는 수심 1000 m 부근에서 20°N까지 이동한다.
북대서양 심층수	그린란드 해역에서 냉각된 표층 해수가 침강하여 형성된 해수로, 수심 약 1500~4000 m 사이에서 남반구의 고위도까지 이동한다.❼
남극 저층수	남극 대륙 주변의 웨델해에서 결빙이 일어나 침강한 밀도가 매우 큰 해수로, 해저를 따라 북쪽으로 이동하여 남극 저층수를 이룬다. 적도까지 이동하는 데 약 1000년이 걸린다.

4 해수의 심층 순환과 표층 순환의 관계
표층 순환과 심층 순환의 발생 원인은 달라도 서로 컨베이어 벨트처럼 연결되어 전 지구를 순환한다.

- 서로 연결되어 있어 전체 해양에서 큰 순환을 이루고 있다.
- 지구 전체적인 열수지의 균형을 맞추는 데 있어서 중요한 역할을 한다.
- 하나의 순환에 변화가 일어나면 전체 해수 순환에 변화가 일어나 전 지구의 기후에 영향을 준다.

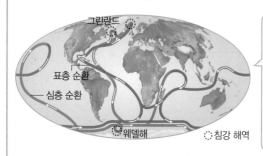

- 해수의 표층 순환 때문에 저위도의 따뜻한 해수는 고위도로 이동하면서 저위도의 열을 고위도로 운반한다.
- 고위도에서 열을 빼앗겨 냉각된 표층 해수는 밀도가 커져 침강하여 저위도로 이동하면서 표층 해수가 고위도로 움직이게 한다. 해수는 열에너지를 이동시키기 때문이다.

확인 문제 ❷

4 해수의 심층 순환을 일으키는 요인은 해수의 수온과 염분 변화에 의한 (　　　) 차이이다.
5 남극 저층수는 북대서양 심층수보다 수온이 (높, 낮)고, 밀도가 (크, 작)기 때문에 북대서양 심층수보다 아래로 침강한다.

---

plus 개념

※ 밀도가 다른 물이 만났을 때 일어나는 현상 알아보기

구멍이 뚫린 종이컵에 얼음을 가득 채우고, 착색한 차가운 소금물을 천천히 부으면서 일어나는 현상을 관찰한다. → 착색한 차가운 소금물은 보통 물보다 밀도가 크기 때문에 가라앉은 후 오른쪽 바닥으로 이동한다.

❻ 해수의 성질과 심층 해류
해수의 성질은 처음에 머물렀던 표층의 수온과 염분에 의해 결정되며, 잘 변하지 않는다. 따라서 수온 염분도를 이용하여 심층 해류의 흐름을 파악한다.

❼ 북대서양 심층수와 남극 저층수의 수온과 염분 비교

구분	북대서양 심층수	남극 저층수
평균 수온	3 ℃	−0.5 ℃
평균 염분	34.9 psu	34.7 psu
평균 밀도	작다.	크다.

→ 상대적으로 밀도가 큰 남극 저층수가 밀도가 작은 북대서양 심층수 아래로 침강한다.

용어 돋보기

- **수괴**(물 水, 덩어리 塊): 수온과 염분이 거의 같은 해수 덩어리를 말한다.
- **열염 순환**(더울 熱, 소금 鹽, 돌 循, 고리 環): 수온과 염분에 의해 결정되는 밀도 차이에 의한 해수의 심층 순환이다.

1 대기 대순환과 해수의 표층 순환

01 그림은 지구에서의 단위 면적당 연평균 복사 에너지양을 위도에 따라 나타낸 것이다.

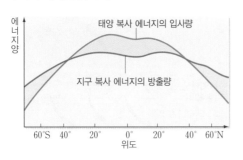

( ) 안에 들어갈 알맞은 말을 쓰시오.

- (㉠) 지방은 흡수되는 태양 복사 에너지가 방출되는 지구 복사 에너지보다 많으므로 에너지 과잉 상태이다.
- (㉡) 지방은 흡수되는 태양 복사 에너지가 방출되는 지구 복사 에너지보다 적으므로 에너지 부족 상태이다.

02 그림은 북반구 지역의 대기 대순환을 나타낸 것이다.

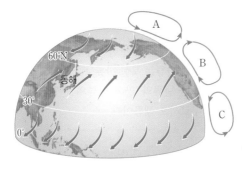

이에 대한 설명으로 옳은 것만을 〈보기〉에서 있는 대로 고른 것은?

┤ 보기 ├
ㄱ. 직접 순환은 A와 C이다.
ㄴ. 위도 30°N 지역에서는 상승 기류가 형성된다.
ㄷ. 위도 60°N 지역에서는 한대 전선대가 형성된다.

① ㄱ ② ㄴ ③ ㄱ, ㄷ
④ ㄴ, ㄷ ⑤ ㄱ, ㄴ, ㄷ

중요

03 그림은 지구에서 일어나는 대기 대순환의 모식도를 나타낸 것이다.

대기 대순환에 대한 설명으로 옳지 <u>않은</u> 것은?

① 위도에 따른 에너지 불균형이 원인이다.
② 위도 0°~30°의 지표면에서는 무역풍이 분다.
③ 위도 30°~60°의 대기 순환은 열대류에 의한 직접 순환이다.
④ 적도 부근에서는 수렴한 공기가 상승하여 저압대가 나타난다.
⑤ 지구가 자전하지 않는다면 대기 대순환은 각 반구에 한 개의 대류 세포를 형성할 것이다.

04 그림은 대기 대순환의 단면을 간단히 나타낸 것이다.

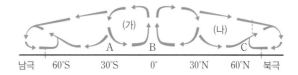

이에 대한 설명으로 옳은 것만을 〈보기〉에서 있는 대로 고른 것은?

┤ 보기 ├
ㄱ. (가)는 해들리 순환이다.
ㄴ. (나) 순환의 지상에는 편서풍이 분다.
ㄷ. A~C 중 연평균 강수량이 가장 적게 나타나는 곳은 A이다.

① ㄱ ② ㄷ ③ ㄱ, ㄴ
④ ㄴ, ㄷ ⑤ ㄱ, ㄴ, ㄷ

05 그림은 해양의 표층 순환을 이루는 몇 가지 해류를 나타낸 것이다.

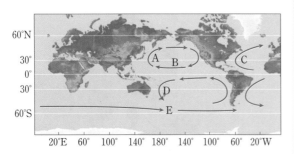

각 해류의 기호와 명칭을 짝 지은 것으로 옳지 <u>않은</u> 것은?

	기호	해류 명칭
①	A	쿠로시오 해류
②	B	북태평양 해류
③	C	멕시코 만류
④	D	동오스트레일리아 해류
⑤	E	남극 순환 해류

06 그림은 대기 대순환에 의한 지표의 바람과 태평양에서의 표층 해류의 분포를 나타낸 것이다.

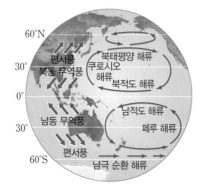

이에 대한 설명으로 옳은 것만을 〈보기〉에서 있는 대로 고른 것은?

┤ 보기 ├
ㄱ. 쿠로시오 해류는 난류이다.
ㄴ. 남적도 해류는 편서풍의 영향으로 형성된 해류이다.
ㄷ. 아열대 해양의 표층 순환은 북반구와 남반구에서 적도를 중심으로 거의 대칭적으로 분포한다.

① ㄱ   ② ㄴ   ③ ㄱ, ㄷ
④ ㄴ, ㄷ   ⑤ ㄱ, ㄴ, ㄷ

07 그림은 1492년 콜럼버스가 유럽을 출발하여 아메리카 대륙을 발견할 때의 항로와 유럽으로 되돌아 올 때의 항로를 나타낸 것이다.

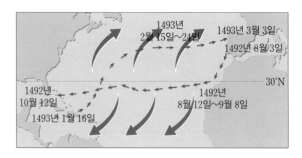

콜럼버스가 출발할 때와 되돌아 올 때 서로 다른 항로를 이용한 까닭을 바람과 해류를 모두 포함하여 설명하시오.

08 그림은 우리나라 주변의 해류를 나타낸 것이다.

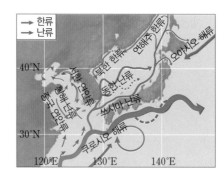

이에 대한 설명으로 옳은 것만을 〈보기〉에서 있는 대로 고른 것은?

┤ 보기 ├
ㄱ. 영양염류는 북한 한류가 동한 난류보다 적다.
ㄴ. 동한 난류는 북한 한류보다 염분과 수온이 높다.
ㄷ. 동한 난류와 황해 난류의 근원이 되는 해류는 쿠로시오 해류이다.

① ㄱ   ② ㄷ   ③ ㄱ, ㄴ
④ ㄴ, ㄷ   ⑤ ㄱ, ㄴ, ㄷ

09 다음에서 설명하는 해류의 이름을 쓰시오.

• 폭이 좁고 빠르게 흐르며, 수온이 높다.
• 우리나라 주변에 흐르는 난류의 근원이 되는 해류이다.

2 해수의 심층 순환

10 남극 중층수, 북대서양 심층수, 남극 저층수의 밀도를 부등호를 이용하여 비교하시오.

11 그림은 대서양(9°S)에서 측정한 수심 150~5000 m의 수온, 염분, 밀도를 나타낸 것으로, A~D는 각 깊이에 있는 수괴를 나타낸다.

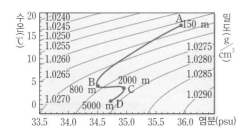

이에 대한 설명으로 옳지 <u>않은</u> 것은?

① A는 B보다 밀도가 작다.
② B에서 C로 갈수록 해수의 수온은 일정하나 염분은 감소한다.
③ C에서 D로 갈수록 해수의 밀도는 변화가 거의 없다.
④ 해수의 밀도는 수온과 염분에 따라 달라진다.
⑤ 수온 염분도를 분석하여 수괴의 기원과 이동 경로를 추정할 수 있다.

중요
12 그림은 대서양에서 해수의 심층 순환을 나타낸 것이다.

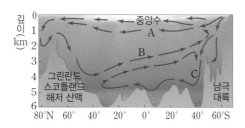

이에 대한 설명으로 옳은 것만을 〈보기〉에서 있는 대로 고른 것은?

┤ 보기 ├
ㄱ. A~C 중 밀도는 C가 가장 작다.
ㄴ. 심층 순환은 해수의 밀도 차로 발생한다.
ㄷ. 북대서양 심층수는 남극 중층수와 남극 저층수 사이에서 흐른다.

① ㄱ   ② ㄴ   ③ ㄱ, ㄷ
④ ㄴ, ㄷ   ⑤ ㄱ, ㄴ, ㄷ

중요
13 그림은 전 세계 해류의 순환 모습을 나타낸 것이다.

이에 대한 설명으로 옳은 것만을 〈보기〉에서 있는 대로 고른 것은?

┤ 보기 ├
ㄱ. 해수의 표층 순환은 저위도의 열을 고위도로 운반한다.
ㄴ. 표층 순환과 심층 순환은 서로 연결되어 전체 해양에서 큰 순환을 이룬다.
ㄷ. 침강 해역에서 해수의 침강이 약해지면 고위도로 수송되는 열에너지양이 감소한다.

① ㄱ   ② ㄷ   ③ ㄱ, ㄴ
④ ㄴ, ㄷ   ⑤ ㄱ, ㄴ, ㄷ

서술형
14 지구 온난화로 지구의 평균 기온이 상승할 때 일어나는 표층 해수의 침강 변화와 기후 변화를 설명하시오.

15 다음은 해수의 연직 순환을 알아보기 위한 실험이다.

파란색 잉크로 착색한 소금물을 얼음이 담긴 구멍 뚫린 종이컵에 천천히 부으면서 일어나는 현상을 관찰한다.

위 실험에 대한 설명으로 옳은 것만을 〈보기〉에서 있는 대로 고르시오.

┤ 보기 ├
ㄱ. 차가운 소금물은 바닥으로 가라앉는다.
ㄴ. 차가운 소금물은 심층 순환을 나타낸다.
ㄷ. 소금물의 농도를 높이면 순환이 강해진다.

실력을 올리는 실전 문제와
함께 보면 더 좋아요!

A 해수의 표층 순환

그림은 전 세계 주요 표층 해류를 나타낸 것이다. ❶

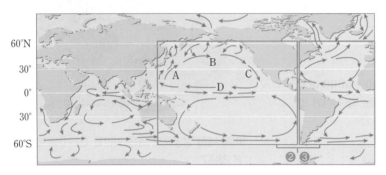

지역에 흐르는 해류	A 해역	쿠로시오 해류 → 아열대 해역에서 북상하는 난류이다. 수온과 염분이 높고, 용존 산소량과 영양염류가 적다.
	B 해역	북태평양 해류 → 편서풍의 영향을 받아 형성되며, 서에서 동으로 흐른다. 북적도 해류보다 상대적으로 수온이 낮은 해류이다.
	C 해역	캘리포니아 해류 → 고위도 해역에서 남하하는 한류이다. 수온과 염분이 낮으나 용존 산소량과 영양염류가 높다.
	D 해역	북적도 해류 → 북동 무역풍의 영향을 받아 형성되며, 동에서 서로 흐른다. 북태평양 해류보다는 상대적으로 수온이 높다.

❶ 표층 해류의 발생 원인: 대기 대순환에 의해 발생하는 바람의 영향으로 표층 순환이 일어난다.
→ 표층 해류의 방향과 바람의 방향이 유사하다.

❷ 북반구의 순환과 남반구의 순환: 태평양의 북반구와 남반구의 아열대 순환은 대체로 대칭을 이루며, 대서양의 북반구와 남반구의 아열대 순환도 대체로 대칭을 이룬다.

❸ 해류의 순환 방향은 북반구는 시계 방향, 남반구는 시계 반대 방향이다.

실력을 올리는 실전 문제 │ 찾아가기

· 대기 대순환의 방향과 표층 해류의 방향을 연관지어 추론하는 문제_02, 04, 05, 06
· 표층 해류의 방향, 수온, 용존 산소량 등의 특징을 묻는 문제_03

B 심층 순환과 수온 염분도

그림 (가)는 대서양의 심층 순환을, (나)는 세 심층수의 성질을 수온 염분도에 나타낸 것이다.

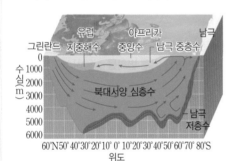

(가)

(나) ❶ ❷

❶ 수온 염분도(T−S도): 수온이 일정할 때 해수의 염분이 높을수록 밀도가 커지며, 염분이 일정할 때 수온이 낮을수록 밀도가 커진다.

❷ 수온 염분도 분석: 수심에 따른 해수의 성질을 쉽게 알 수 있고 서로 다른 해역에 있는 해수의 성질을 비교하기 좋다.

❸ 상대적으로 밀도가 큰 남극 저층수가 밀도가 작은 북대서양 심층수 아래로 침강한다.

① 세 심층수의 특징 비교하기

남극 중층수	수온이 가장 높고 염분도 상대적으로 작아 밀도가 가장 작다. 표층수 아래에서 흐르지만 심층수 중 가장 위에서 흐른다.
북대서양 심층수	그린란드 앞 해역에서 차가운 해수가 침강하여 적도를 지나 남극 대륙 부근까지 흐른다. 남극 중층수와 남극 저층수 사이에서 흐른다.
남극 저층수	남극 대륙 주변의 웨델 해역에서 형성된 남극 저층수는 두 심층수보다 밀도가 크므로 가장 아래에서 해저를 따라 북쪽으로 이동하여 30°N까지 흐른다.

② 세 심층수의 수온, 염분, 밀도 비교하기

평균 수온	남극 저층수 < 북대서양 심층수 < 남극 중층수
평균 염분	남극 중층수 < 남극 저층수 < 북대서양 심층수
평균 밀도	남극 중층수 < 북대서양 심층수 < 남극 저층수 ❸

실력을 올리는 실전 문제 │ 찾아가기

· 심층 순환의 흐름을 묻는 문제_09, 10
· 심층 순환의 단면도와 수온 염분도를 연관지어 추론하는 문제_12

01 그림 (가)는 위도별 복사 에너지양의 분포를, (나)는 북반구의 대기 대순환 모형을 나타낸 것이다.

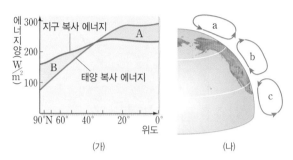

(가)　　　　(나)

이에 대한 설명으로 옳은 것만을 〈보기〉에서 있는 대로 고른 것은?

| 보기 |

ㄱ. (가)의 A는 에너지 부족량이고, B는 에너지 과잉량이다.
ㄴ. (나)에서 직접 순환은 a와 b이다.
ㄷ. (나)의 순환에 의해 저위도의 에너지가 고위도로 수송된다.

① ㄱ　　　　② ㄷ　　　　③ ㄱ, ㄴ
④ ㄴ, ㄷ　　　⑤ ㄱ, ㄴ, ㄷ

02 그림 (가)는 북태평양 표층 순환의 일부를 나타낸 것이고, (나)는 대기 대순환의 일부를 나타낸 것이다.

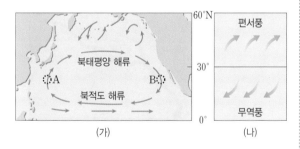

(가)　　　　(나)

이에 대한 설명으로 옳은 것만을 〈보기〉에서 있는 대로 고른 것은?

| 보기 |

ㄱ. 표층 해수의 용존 산소량은 A보다 B 해역에서 많다.
ㄴ. 북태평양 해류는 편서풍의 영향을 받는다.
ㄷ. 북태평양 아열대 순환의 방향은 시계 방향이다.

① ㄱ　　　　② ㄴ　　　　③ ㄱ, ㄷ
④ ㄴ, ㄷ　　　⑤ ㄱ, ㄴ, ㄷ

03 그림은 북태평양 표층 해수의 용존 산소량 분포를 나타낸 것이다.

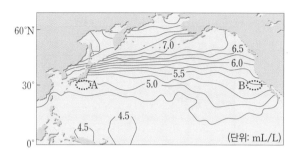

이에 대한 설명으로 옳은 것만을 〈보기〉에서 있는 대로 고른 것은?

| 보기 |

ㄱ. 용존 산소량은 고위도로 갈수록 대체로 증가한다.
ㄴ. 표층 수온은 A 해역이 B 해역보다 높을 것이다.
ㄷ. 겨울철에 비해 여름철에 쿠로시오 해류의 세력이 강해지면 A 해역의 용존 산소량은 증가할 것이다.

① ㄱ　　　　② ㄷ　　　　③ ㄱ, ㄴ
④ ㄴ, ㄷ　　　⑤ ㄱ, ㄴ, ㄷ

➔ 수능기출 변형

04 그림은 태평양의 주요 표층 해류가 흐르는 해역 A, B, C를 나타낸 것이다.

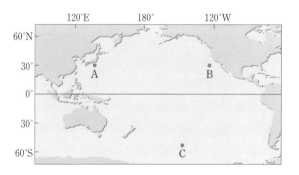

이에 대한 설명으로 옳은 것만을 〈보기〉에서 있는 대로 고른 것은?

| 보기 |

ㄱ. C의 표층 해류는 극동풍에 의해 형성된다.
ㄴ. 표층 해류의 용존 산소량은 B보다 A에 많다.
ㄷ. 남반구 아열대 표층 순환의 방향은 시계 반대 방향이다.

① ㄱ　　　　② ㄴ　　　　③ ㄷ
④ ㄱ, ㄴ　　　⑤ ㄴ, ㄷ

→ 수능기출 변형

05 그림은 남태평양의 주요 표층 해류가 흐르는 해역 A ~ D 를 나타낸 것이다.

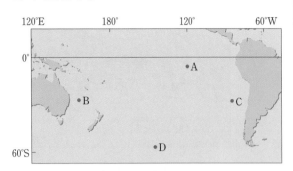

이에 대한 설명으로 옳은 것만을 〈보기〉에서 있는 대로 고른 것은?

┤ 보기 ├
ㄱ. A에서 해류는 서쪽으로 흐른다.
ㄴ. 용존 산소량은 C가 B보다 적다.
ㄷ. D는 극동풍대에 위치한다.

① ㄱ   ② ㄷ   ③ ㄱ, ㄴ
④ ㄴ, ㄷ   ⑤ ㄱ, ㄴ, ㄷ

06 그림은 1492 ~ 1493년에 콜럼버스가 북대서양을 왕복 항해한 경로를 나타낸 것이다.

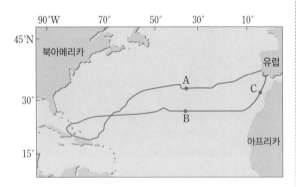

이에 대한 설명으로 옳은 것만을 〈보기〉에서 있는 대로 고른 것은?

┤ 보기 ├
ㄱ. A를 항해할 때는 무역풍을 이용하였다.
ㄴ. B를 통과할 때는 동쪽에서 서쪽으로 항해하였다.
ㄷ. C에 흐르는 해류는 난류이다.

① ㄱ   ② ㄴ   ③ ㄷ
④ ㄱ, ㄷ   ⑤ ㄴ, ㄷ

→ 수능모의평가기출 변형

07 그림은 우리나라 주변의 표층 해류 분포를 나타낸 것이다.

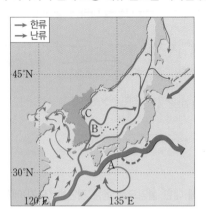

해류 A, B, C에 대한 설명으로 옳은 것만을 〈보기〉에서 있는 대로 고른 것은?

┤ 보기 ├
ㄱ. A는 북태평양 아열대 표층 순환의 일부이다.
ㄴ. B는 겨울에 주변 대기로 열을 공급한다.
ㄷ. 용존 산소량은 C가 B보다 적다.

① ㄱ   ② ㄷ   ③ ㄱ, ㄴ
④ ㄴ, ㄷ   ⑤ ㄱ, ㄴ, ㄷ

08 그림은 북태평양 서쪽 연안의 표층 해류를 나타낸 것이다.

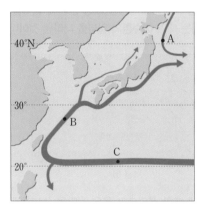

이에 대한 설명으로 옳은 것만을 〈보기〉에서 있는 대로 고른 것은?

┤ 보기 ├
ㄱ. A 해역에는 한류, B 해역에는 난류가 흐른다.
ㄴ. C 해역의 해류는 무역풍에 의해 형성된다.
ㄷ. 북태평양에서 아열대 순환 방향은 시계 방향이다.

① ㄱ   ② ㄴ   ③ ㄱ, ㄷ
④ ㄴ, ㄷ   ⑤ ㄱ, ㄴ, ㄷ

09 그림은 대서양 심층 순환의 단면을 나타낸 것이다.

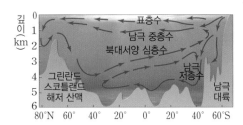

이에 대한 설명으로 옳은 것만을 〈보기〉에서 있는 대로 고른 것은?

┤ 보기 ├

ㄱ. 표층수가 침강하여 심해에 산소를 공급한다.

ㄴ. 남극의 빙하가 녹아 유입되면 남극 저층수의 흐름은 강화될 것이다.

ㄷ. 심층 해류의 흐름은 수온과 염분을 조사하여 간접적으로 알아낼 수 있다.

① ㄱ   ② ㄴ   ③ ㄱ, ㄷ

④ ㄴ, ㄷ   ⑤ ㄱ, ㄴ, ㄷ

10 그림은 전 지구적인 해수의 순환을 나타낸 것이다.

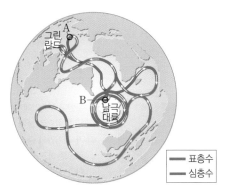

이에 대한 설명으로 옳은 것만을 〈보기〉에서 있는 대로 고른 것은?

┤ 보기 ├

ㄱ. A 해역에서 해수의 침강은 심해층에 산소를 공급한다.

ㄴ. B 해역에서 침강한 해수는 남극 저층수를 형성할 것이다.

ㄷ. 지구 온난화가 심해지면 A 해역에서 침강이 약해질 것이다.

① ㄱ   ② ㄴ   ③ ㄱ, ㄷ

④ ㄴ, ㄷ   ⑤ ㄱ, ㄴ, ㄷ

11 다음은 해수의 순환과 관련된 실험이다.

[실험 Ⅰ]

(가) 수조 바닥의 중앙에 P점을 표시한다.

(나) 4 ℃의 물 100 mL에 소금 3.0 g을 완전히 녹인 후 파란색 잉크를 몇 방울 떨어뜨린다.

(다) (나)의 소금물을 구멍이 뚫린 종이컵에 부으면서 소금물이 P점에 도달하는 시간을 측정한다.

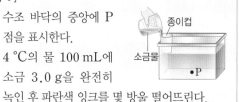

[실험 Ⅱ]

소금의 양을 1.0 g으로 바꾸어 실험한다.

이에 대한 설명으로 옳은 것만을 〈보기〉에서 있는 대로 고른 것은?

┤ 보기 ├

ㄱ. 소금물은 침강하는 표층 해수에 해당한다.

ㄴ. 실험 Ⅱ의 결과에서 P점에 소금물이 도달하는 시간은 실험 Ⅰ보다 길다.

ㄷ. 실험 Ⅱ에서 소금물의 농도를 낮춘 것은 극지방의 표층 해수가 결빙되는 경우에 해당한다.

① ㄱ   ② ㄷ   ③ ㄱ, ㄴ

④ ㄴ, ㄷ   ⑤ ㄱ, ㄴ, ㄷ

➔ 수능모의평가기출 변형

12 그림 (가)의 A~C는 남극 중층수, 남극 저층수, 북대서양 심층수를 순서 없이 나타낸 것이고, (나)는 (가)의 심층 순환을 수온 염분도(T-S도)에 순서 없이 나타낸 것이다.

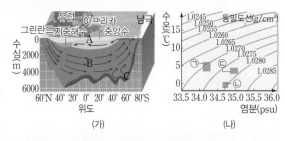

이에 대한 설명으로 옳은 것만을 〈보기〉에서 있는 대로 고른 것은?

┤ 보기 ├

ㄱ. (가)에서 A는 북대서양 심층수이다.

ㄴ. (나)에서 ⓛ의 밀도가 가장 크다.

ㄷ. (나)에서 ⓒ은 (가)의 B에 해당한다.

① ㄱ   ② ㄷ   ③ ㄱ, ㄷ

④ ㄴ, ㄷ   ⑤ ㄱ, ㄴ, ㄷ

12 대기와 해양의 상호 작용

1 용승과 침강 　자료 분석 특강 150쪽 A

1 용승과 침강

① 용승: 바람에 의해 해수가 수평 방향으로 이동하면 이를 채우기 위해 심층의 찬 해수가 위로 올라오는 현상[1]

② 침강: 바람에 의해 이동한 해수가 계속 쌓여 표층수가 심층으로 가라앉는 현상

> **해수의 이동**
>
> 해수가 전향력의 영향으로 북반구에서는 바람 방향의 오른쪽 직각 방향, 남반구에서는 왼쪽 직각 방향으로 이동하기 때문에 용승과 침강이 일어난다.
>
> | 북반구 | ↗ 편서풍 | ⇒ 북태평양 해류 |
> |---|---|---|
> | | ↙ 북동 무역풍 | ⇐ 북적도 해류 |

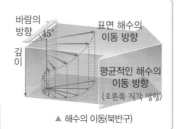
▲ 해수의 이동(북반구)

표면 해수는 풍향의 오른쪽 45° 방향으로 이동

2 용승과 침강의 종류

① 연안 용승과 연안 침강

연안 용승	북반구의 연안에서 계속해서 북풍이 불면 지구 자전의 영향으로 표층 해수는 외해로 이동하고, 이동한 해수를 채우기 위해 심층에서 차가운 해수가 올라온다. → 남반구 연안에서는 남풍이 불 때 일어난다.	
연안 침강	북반구의 연안에서 계속해서 남풍이 불면 지구 자전의 영향으로 외해의 표층 해수가 연안으로 이동하여 쌓이면서 해수가 심층으로 가라앉는다. → 남반구 연안에서는 북풍이 불 때 일어난다.	

② 적도 용승: 적도 해역에서 무역풍에 의해 해수가 양극 쪽으로 이동하고 이를 채우기 위해 심층의 차가운 해수가 올라온다.

③ 태풍에 의한 용승: 태풍(열대성 저기압)이 지나가는 동안 태풍의 강한 바람이 해수를 주변으로 발산시키고 심층의 해수가 올라온다.[2]

▲ 적도 용승
북동 무역풍의 오른쪽 직각 방향으로 해수가 이동하고, 남동 무역풍의 왼쪽 직각 방향으로 해수가 이동한다.

3 용승의 영향

① 기후 변화: 해수면의 온도가 낮아져 서늘한 기후가 나타나고, 안개가 자주 발생한다.

② 어장의 형성: 심층 해수에 포함된 많은 양의 영양염류가 표층으로 운반되므로, 플랑크톤이 번식하여 좋은 어장이 형성된다.

> **확인문제 1**
>
> 1 북반구의 연안에서 계속해서 북풍이 불 때 표층 해수는 외해로 이동하고, 심층 해수가 표층으로 올라오는 (　　　) 현상이 일어난다.
>
> 2 적도 용승은 적도 해역에서 (　　　)에 의해 심층에서 차가운 해수가 올라오는 현상이다.
>
> 3 근해에서 용승이 일어나면 해수면의 온도가 (　　　)아지고, 영양염류가 풍부해져 좋은 (　　　)이/가 형성된다.

한눈에
정리하는 출제 경향

- 해수의 용승과 침강이 발생하는 과정 이해하기
- 엘니뇨와 라니냐, 남방 진동의 발생 과정 이해하기

핵심 개념

용승, 침강, 엘니뇨, 라니냐, 남방 진동, 엔소(ENSO)

plus 개념

① 세계의 용승 해역

캘리포니아 연안, 페루 연안, 동태평양 적도 해역, 아프리카 서해안 해역에서 용승이 일어난다.

② 저기압에서의 용승

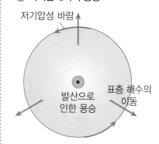

북반구 저기압에서는 바람이 시계 반대 방향으로 불기 때문에 표층 해수가 저기압의 중심으로부터 바깥쪽으로 이동하고 중심부에는 해수가 용승한다.

북반구 고기압에서는 바람이 시계 방향으로 불기 때문에 해수는 중심으로 수렴하여 침강한다.

※ 대기와 해양의 상호 작용

지구는 대기와 해양의 지구 규모의 순환에 의해 열을 분배하고 있고, 이러한 열 분배의 일시적 또는 장기적 변화는 특정 지역의 기후를 변화시킬 수 있다. 특히 대기와 해양은 서로 물질과 에너지를 주고받으며 상호 작용하므로 둘 중 하나의 변화는 다른 곳의 변화를 초래한다.

❷ 엘니뇨 남방 진동 　자료 분석 특강 150쪽 **B**

1 엘니뇨와 라니냐❸ 　적도 부근의 동태평양으로부터 태평양 중앙 해역까지 해수면의 온도
가 평상시보다 0.5 ℃ 이상 높아지거나(엘니뇨), 낮아지는 현상(라니냐) 5개월 이상 지속된다.

평상시	엘니뇨	라니냐
• 무역풍에 의해 적도 부근 동태평양의 표층 해수가 서태평양 쪽으로 이동한다. • 동태평양에는 용승이 일어난다.	• 무역풍의 약화로 서태평양의 표층 해수가 동태평양 쪽으로 이동한다. • 동태평양의 용승은 약해진다.	• 무역풍의 강화로 서태평양 쪽으로 이동하는 표층 해수가 증가한다. • 동태평양의 용승은 강해진다.

적도 부근 동태평양에서의 표층 수온 편차

수온 편차: 각 지점에서 관측한 표층 수온에서 각 지점의 30년 평균한 표층 수온을 뺀 값

▲ 적도 동태평양 해수의 표면 온도 변화

• 수온 편차(+): 관측한 표층 수온이 평균 수온보다 높다. → 엘니뇨 시기
• 수온 편차(-): 관측한 표층 수온이 평균 수온보다 낮다. → 라니냐 시기

2 엘니뇨 남방 진동(ENSO) 　엘니뇨와 라니냐 현상의 발생과 함께 나타나는 열대 태평양의
기압 분포 변화 엘니뇨와 라니냐의 기압 분포는 반대로 나타난다.
① 워커 순환: 서태평양에서 상승(저기압 발달)한 공기가 태평양을 지나 동태평양에서 하강
(고기압 발달)하고 하강한 공기는 서태평양으로 이동하는 거대한 대기의 순환 → 평상
시의 대기 대순환
② 남방 진동: 열대 적도 태평양에서 수년에 걸쳐 반복적으로 일어나는 동·서 대기의 기압
분포 변화

남방 진동 지수❹

• 엘니뇨의 규모를 나타낸 지수로, 타이티섬의 해면 기압에서 호주 다윈 지역의 해면 기압을 뺀 값
• 남방 진동 지수는 엘니뇨 시기에는 (-)값으로 나타나고, 평상시에는 (+)값, 라니냐 시기에는 큰 (+)값으로 나타난다.

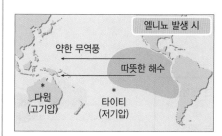 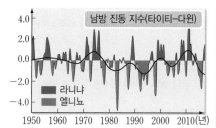

남방 진동 지수	(-) 값	엘니뇨 발생 시	다윈 해면 기압>타이티 해면 기압 → 타이티섬에서 저기압
	(+) 값	라니냐 발생 시	다윈 해면 기압<타이티 해면 기압 → 타이티섬에서 고기압

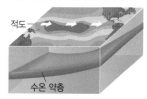
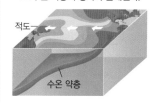

12 대기와 해양의 상호 작용

③ 엘니뇨 남방 진동(엔소, ENSO): 해수면 온도 변화인 엘니뇨(라니냐)와 기압 변동인 남방 진동이 대기와 해양의 상호 작용으로 함께 일어나므로 엘니뇨 남방 진동 또는 엔소 (ENSO)라고 한다.❺❻

구분	평상시	엘니뇨 발생 시	라니냐 발생 시
엘니뇨 남방 진동	 워커 순환 / 무역풍 / 저 서태평양 / 고 동태평양 / 차가운 해수	 무역풍 약화 / 고 서태평양 / 저 동태평양 / 차가운 해수	무역풍 강화 / 저 서태평양 / 고 동태평양 / 차가운 해수
바람	무역풍(동 → 서)	평소보다 약한 무역풍	평소보다 강한 무역풍
동태평양	• 용승 활발, 수온 낮다. • 하강 기류로 고기압 발달 • 적은 강수량	• 용승 약화 → 수온 상승 • 상승 기류로 인해 저기압 발달 • 강수량 증가 → 홍수, 폭우 증가	• 용승 강화 → 수온 하강 • 강한 하강 기류로 인해 강한 고기압 발달 • 강수량 감소 → 산불, 가뭄 증가
서태평양	• 수온 높다. • 상승 기류로 저기압 발달 • 많은 강수량 상승 기류가 발생하면 구름이 생성되기 쉽다.	• 수온 하강 • 하강 기류로 인해 고기압 발달 • 강수량 감소 → 산불, 가뭄 증가	• 수온 상승 • 강한 상승 기류로 인해 저기압 발달 • 강수량 증가 → 홍수, 폭우 증가

3 엘니뇨 남방 진동과 기후 변화 엘니뇨와 라니냐가 발생하면 대기와 해양의 상호 작용이 평상시와 달라져 많은 이상 기후가 발생한다. ➡ 열대 태평양의 변화는 전 지구적인 기후 변화에 영향을 미치고 있다.

엘니뇨와 라니냐 발생 시 나타나는 이상 기후와 피해

엘니뇨 발생 시
● 홍수   ● 가뭄

인도네시아 건조한 날씨로 니켈 생산에 필요한 수력 발전용 용수 부족

브라질 고온에 따른 커피 등 작황 부진

인도 강수량 감소로 쌀과 설탕 생산 감소

오스트레일리아 심각한 가뭄으로 밀 생산 감소

칠레 홍수 등으로 구리 생산에 차질

라니냐 발생 시
● 장마   ● 건조   ● 한파

캐나다·미국 겨울 한파로 인해 천연가스 수요 증가

미국 남부 가뭄으로 인해 옥수수 등 곡물 생산량 감소

오스트레일리아 폭우로 인해 곡물 작황이 안 좋아 가축 도축이 늘어 축산업 재고량 증가

아르헨티나 등 남미 건조한 날씨로 인해 대두 작황 감소

• 수온 변화로 인한 기압 배치 변화로 지구 곳곳에 이상 기후가 발생한다. ➡ 대기와 해양의 상호 작용이 평상시와는 다르게 일어나기 때문이다.
• 홍수, 가뭄, 한파 등이 발생하여 경제적, 사회적 피해가 발생한다.
• 우리나라의 경우 엘니뇨가 발생하면 여름에는 태풍과 집중 호우가 자주 나타난다.❼

❺ **엘니뇨와 라니냐 시기의 해수면 높이**

구분	동태평양	서태평양
엘니뇨	높아진다.	낮아진다.
라니냐	낮아진다.	높아진다.

┌ 동태평양: 페루, 남아메리카 연안
└ 서태평양: 인도네시아, 필리핀, 오스트레일리아 연안

❻ **엘니뇨와 라니냐 시기의 특징**
• 평상시: 용승한 차가운 해수에는 산소와 영양염류가 풍부하기 때문에 동태평양의 어획량이 풍부하다.
• 엘니뇨: 용승 현상 약화로 동태평양의 어획량이 감소한다.
• 라니냐: 태풍의 발생 빈도가 증가한다.

❼ **우리나라의 기상 이변**
우리나라는 엘니뇨 시기에는 겨울철이 온난해지고, 라니냐 시기에는 겨울철이 한랭해지는 경향을 보인다.

확인문제 ②	4 적도 부근 동태평양에서 태평양 중앙 해역까지의 해수면 온도가 평소보다 높아지는 현상을 ( )(이)라고 한다. 5 서태평양에서 상승한 공기가 태평양을 지나 동태평양에서 하강하고, 하강한 공기는 서태평양으로 이동하는 거대한 대기의 순환을 ( )(이)라고 한다. 6 엘니뇨와 라니냐 현상과 기압 분포 변화가 함께 일어나는 현상을 ( )(이)라고 한다.

 꼭 기억해!

엘니뇨 발생 시 동태평양은 용승 약화, 강수량 증가, 홍수 빈도가 증가한다. 서태평양은 강수량 감소, 가뭄 빈도가 증가한다.

■ 용승과 침강

[01~02] 그림은 북반구의 어느 연안에 일정하게 계속해서 바람이 부는 모습을 나타낸 것이다. 물음에 답하시오.

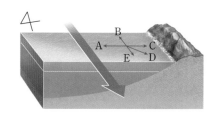

01 A ~ E 중 표층 해수의 이동 방향으로 옳은 것은?

① A   ② B   ③ C
④ D   ⑤ E

02 위 그림과 같이 표층 해수가 이동할 때 연안에서 일어나는 현상의 명칭으로 옳은 것은?

① 엘니뇨   ② 라니냐
③ 연안 침강   ④ 연안 용승
⑤ 적도 용승

03 용승과 침강에 대한 설명으로 옳지 <u>않은</u> 것은?

① 용승한 물은 영양염류가 풍부하다.
② 적도 지역은 대표적인 침강 해역이다.
③ 용승은 심층의 찬물이 위로 올라오는 현상이다.
④ 태풍의 중심이 지나가는 해역에서도 용승 현상이 일어난다.
⑤ 용승 해역의 대기는 안정하기 때문에 안개가 자주 발생한다.

04 오른쪽 그림과 같이 적도 해역에서 무역풍에 의해 해수가 양극 쪽으로 이동하고, 이를 채우기 위해 심층의 찬 해수가 올라오는 현상을 무엇이라고 하는지 쓰시오.

북동 무역풍　남동 무역풍

서술형
05 그림은 남반구의 페루 연안을 나타낸 것이다.

페루 연안

이곳에서 일정하게 남풍이 지속적으로 불 때 이 지역의 표층수의 이동 방향과 해수의 특징에 대해 설명하시오.

중요
06 그림은 북아메리카 대륙 서쪽 연안의 표층 수온 분포를 나타낸 것이다.

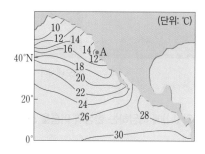

(단위: ℃)

A 해역에 대한 설명으로 옳은 것만을 〈보기〉에서 있는 대로 고른 것은?

┤ 보기 ├
ㄱ. 북풍 계열의 바람이 지속적으로 분다.
ㄴ. A 해역의 해수는 먼 바다 쪽으로 이동한다.
ㄷ. 찬 심층수가 위로 솟아오르는 용승 현상이 일어난다.

① ㄱ   ② ㄷ   ③ ㄱ, ㄴ
④ ㄴ, ㄷ   ⑤ ㄱ, ㄴ, ㄷ

07 그림은 어느 해안에서 지속적으로 남풍이 불 때 연직 수온 분포를 나타낸 것이다.

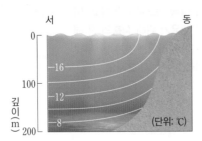

이에 대한 설명으로 옳은 것만을 〈보기〉에서 있는 대로 고른 것은?

> **보기**
> ㄱ. 이 지역은 남반구에 위치한다.
> ㄴ. 표층 해수의 이동 방향은 동쪽이다.
> ㄷ. 연안 지역에서는 안개가 자주 발생한다.

① ㄱ   ② ㄷ   ③ ㄱ, ㄷ
④ ㄴ, ㄷ   ⑤ ㄱ, ㄴ, ㄷ

② 엘니뇨 남방 진동

[08~09] 그림은 태평양에서 적도 부근 해수의 연직 단면을 나타낸 것이다. 물음에 답하시오.

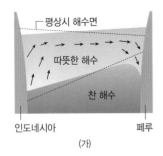 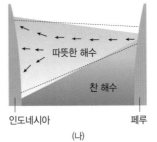

08 (가)와 (나)에 해당하는 현상의 이름을 쓰시오.

09 (가) 시기에 대한 설명으로 옳은 것만을 〈보기〉에서 있는 대로 고른 것은?

> **보기**
> ㄱ. 평소보다 약한 무역풍이 분다.
> ㄴ. 페루 앞바다는 용승이 약화된다.
> ㄷ. 동태평양 쪽에는 상승 기류가 자주 발생한다.

① ㄱ   ② ㄴ   ③ ㄱ, ㄷ
④ ㄴ, ㄷ   ⑤ ㄱ, ㄴ, ㄷ

10 그림 (가)~(다)는 평상시, 엘니뇨 시기, 라니냐 시기의 열대 태평양의 표층 수온 분포를 순서 없이 나타낸 것이다.

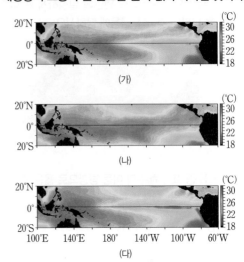

각 표층 수온 분포에 해당하는 시기를 옳게 짝 지은 것은?

	(가)	(나)	(다)
①	평상시	라니냐 시기	엘니뇨 시기
②	평상시	엘니뇨 시기	라니냐 시기
③	엘니뇨 시기	평상시	라니냐 시기
④	엘니뇨 시기	라니냐 시기	평상시
⑤	라니냐 시기	엘니뇨 시기	평상시

중요

11 그림 (가)와 (나)는 평상시와 엘니뇨 발생 시에 태평양 적도 부근의 대기 순환 모습을 순서 없이 나타낸 것이다.

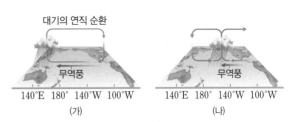

이에 대한 설명으로 옳지 않은 것은?

① 평상시의 대기 순환 모습은 (가)이다.
② 무역풍은 (가)보다 (나) 시기에 강하게 분다.
③ (나) 시기에 동태평양 해역의 강수량이 증가한다.
④ (가) 시기에 서태평양 해역의 지상에는 저기압이 발달한다.
⑤ (나) 시기에 페루 연안의 수온은 상승하고 용승이 약해진다.

12 그림은 엘니뇨와 라니냐 발생 시 적도 부근 동태평양 연안의 해수면 온도 편차(관측값−평균값)를 나타낸 것이다.

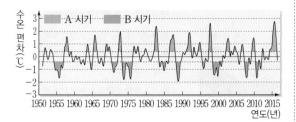

이에 대한 설명으로 옳은 것만을 〈보기〉에서 있는 대로 고른 것은?(단, 평균값은 1950~1979년의 해수면 온도를 평균한 값이다.)

┤ 보기 ├
ㄱ. A는 엘니뇨 시기, B는 라니냐 시기이다.
ㄴ. 동태평양 페루 연안의 따뜻한 해수층은 B 시기가 A 시기보다 두껍다.
ㄷ. 서태평양 인도네시아 해역에서는 A 시기가 B 시기보다 강수량이 적다.

① ㄱ   ② ㄴ   ③ ㄱ, ㄷ
④ ㄴ, ㄷ   ⑤ ㄱ, ㄴ, ㄷ

13 그림 (가)와 (나)는 엘니뇨 시기와 라니냐 시기의 해수의 연직 단면도를 나타낸 것이다.

(가) 엘니뇨 시기   (나) 라니냐 시기

엘니뇨 시기와 라니냐 시기의 수온 약층 경사를 비교하여 설명하시오.

14 표는 엘니뇨와 라니냐 발생 시의 특징을 비교한 것이다.

구분		수온 변화	기압 분포
엘니뇨	동태평양	상승	(㉠)
	서태평양	하강	(㉡)
라니냐	동태평양	(㉢)	고기압
	서태평양	(㉣)	저기압

㉠~㉣에 들어갈 말을 옳게 짝 지은 것은?

	㉠	㉡	㉢	㉣
①	고기압	저기압	하강	상승
②	고기압	저기압	상승	하강
③	저기압	고기압	하강	상승
④	저기압	고기압	상승	하강
⑤	저기압	고기압	상승	상승

15 그림 (가)와 (나)는 각각 엘니뇨와 라니냐가 발생했을 때 태평양 적도 부근 해역의 수온 분포를 순서 없이 나타낸 것이다.

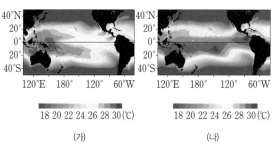

(가)   (나)

이에 대한 설명으로 옳은 것만을 〈보기〉에서 있는 대로 고른 것은?

┤ 보기 ├
ㄱ. (가)는 라니냐, (나)는 엘니뇨가 발생한 시기이다.
ㄴ. (나) 시기에는 동태평양 적도 부근 수온이 평상시보다 낮다.
ㄷ. 태평양 적도 부근 해역의 동서 간 표층 수온 차이는 (나)가 (가)보다 크다.

① ㄱ   ② ㄴ   ③ ㄱ, ㄷ
④ ㄴ, ㄷ   ⑤ ㄱ, ㄴ, ㄷ

실력을 올리는 실전 문제와
함께 보면 더 좋아요!

A 연안 용승과 적도 용승

① 연안 용승과 적도 용승의 발생

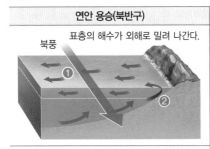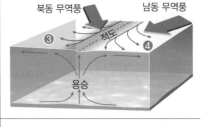

연안 용승(북반구)	적도 용승
북반구의 연안에서 계속해서 북풍이 분다. → 지구 자전의 영향(전향력)으로 표층 해수는 외해로 이동한다. → 이동한 해수를 채우기 위해 심층에서 차가운 해수가 올라오는 용승 현상이 발생한다.	적도 해역에서 무역풍에 의해 해수가 양극 쪽으로 이동한다. → 이동한 해수를 채우기 위해 심층의 차가운 해수가 올라온다.

② 용승에 의한 영향
- 용승에 의한 기후 변화: 심층에서 올라온 차가운 해수에 의해 대기가 냉각되므로 용승이 일어나는 주변 지역에서는 서늘한 기후가 나타나고, 안개가 자주 발생한다.
- 용승 해역의 어장 형성: 심층수에 녹아 있던 영양염류가 표층으로 이동하므로, 용승이 일어나는 해역에는 어류 등 해양 생물들이 풍부해지고 좋은 어장이 형성된다.

① 외해로 표층수가 이동: 북반구의 연안에 북풍이 지속적으로 불면 연안의 표층수가 외해(바람 방향의 오른쪽 직각 방향)로 이동한다.

② 심층 해수의 용승: 외해로 이동한 표층수를 보충하기 위하여 심층 해수가 위로 솟아오르는 용승 현상이 생긴다.

③, ④ 바람에 의한 해수의 이동은 지구 자전의 영향으로 북반구에서는 바람 방향의 오른쪽 직각 방향, 남반구에서는 왼쪽 직각 방향으로 일어나므로 적도 해역의 해수는 양극 쪽으로 이동한다.

실력을 올리는 실전 문제 찾아가기
- 연안 용승과 적도 용승을 비교하고 용승이 일어나는 지역의 기후를 추론하는 문제_01, 02
- 용승이 일어나는 지역과 각 지역에서의 용승 발생 원인 및 특징을 파악하는 문제_03, 04

B 엘니뇨와 라니냐

그림은 엘니뇨와 라니냐 발생 시의 대기 순환과 해수의 운동, 해면 기압 배치를 나타낸 것이다.

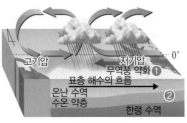

▲ 엘니뇨 발생 시   ▲ 라니냐 발생 시

① 엘니뇨와 라니냐의 발생 비교하기
- 평상시: 무역풍 → 동태평양 해역의 용승 → 동태평양의 수온이 낮다. → 동태평양은 강수량이 적다.
- 엘니뇨: 무역풍의 약화 → 동태평양 해역의 용승 약화 → 수온 상승 → 동태평양의 강수량 증가
- 라니냐: 무역풍의 강화 → 동태평양 해역의 용승 강화 → 수온 하강 → 동태평양의 강수량 감소

② 엘니뇨와 라니냐 발생 시 특징 비교하기

구분		수온 분포와 변화	해수면 높이	기압 분포	기상 현상
평상시	동태평양	저온	낮다.	고기압	건조
	서태평양	고온	높다.	저기압	다습
엘니뇨	동태평양	상승	높아짐.	저기압 발달	홍수, 폭우
	서태평양	하강	낮아짐.	고기압 발달	산불, 가뭄
라니냐	동태평양	하강	낮아짐.	고기압 발달	산불, 가뭄
	서태평양	상승	높아짐.	저기압 발달	홍수, 폭우

① 무역풍의 약화: 무역풍이 약화되어 엘니뇨가 발생하면 서태평양의 해수가 동태평양 해역으로 밀려와 동태평양의 온난 수역층이 두꺼워지고, 수온 약층의 기울기가 감소한다.

② 용승 현상의 약화: 동태평양 심해의 찬 해수의 상승이 약화되어 영양염류의 감소로 어장의 먹이가 줄어들어 어획량이 감소한다.

③ 무역풍의 강화: 무역풍이 강화되어 동태평양의 해수가 서태평양으로 더욱 강하게 이동하여 서태평양의 온난 수역층이 두껍게 발달한다.

④ 용승 현상의 강화: 동태평양 해수가 서태평양으로 평상시보다 많이 흘러들어가기 때문에 동태평양에서는 찬 해수가 평상시보다 많이 올라와 연안 해역이 냉해 피해를 입는다.

실력을 올리는 실전 문제 찾아가기
- 평상시와 엘니뇨 발생 시 대기 대순환의 모습과 발생하는 기후 변화를 추론하는 문제_05
- 태평양의 해수 단면도의 모습을 통해 엘니뇨 시기와 라니냐 시기를 구분하고 그와 관련된 현상을 추론하는 문제_07

➔수능기출 변형

01 그림 (가)와 (나)는 바람이 지속적으로 부는 북반구 중위도 어느 해역과 적도 부근 해역을 각각 나타낸 것이다.

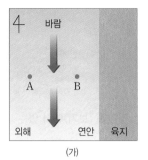
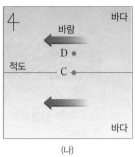

(가)   (나)

이에 대한 설명으로 옳은 것만을 〈보기〉에서 있는 대로 고른 것은?

| 보기 |

ㄱ. (가)의 B와 (나)의 C에는 모두 용승 현상이 생긴다.
ㄴ. (가)에서 표층 해수는 A에서 B로 이동한다.
ㄷ. 표층수의 수온은 (나)의 C 해역이 D 해역보다 낮다.

① ㄱ ② ㄴ ③ ㄱ, ㄷ
④ ㄴ, ㄷ ⑤ ㄱ, ㄴ, ㄷ

02 그림은 태평양에서 용승이 활발하게 발생하는 해역 A, B, C를 나타낸 것이다.

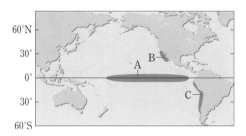

이에 대한 설명으로 옳은 것만을 〈보기〉에서 있는 대로 고른 것은?

| 보기 |

ㄱ. A에서는 표층 해수가 적도에서 양극 쪽으로 이동한다.
ㄴ. B에서 해수의 이동은 먼 바다 쪽으로 일어난다.
ㄷ. C에서 용승은 남풍 계열의 바람에 의해 발생한다.

① ㄱ ② ㄴ ③ ㄱ, ㄷ
④ ㄴ, ㄷ ⑤ ㄱ, ㄴ, ㄷ

➔수능기출 변형

03 그림 (가)와 (나)는 북반구 해양에서 고기압성 바람과 저기압성 바람에 의해 일어나는 해수의 이동을 순서 없이 모식적으로 나타낸 것이다.

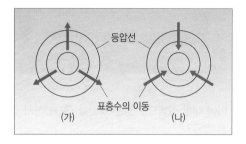

(가)   (나)

이에 대한 설명으로 옳은 것만을 〈보기〉에서 있는 대로 고른 것은?

| 보기 |

ㄱ. (가)의 중심부는 저기압이다.
ㄴ. (가)의 중심부에는 용승이, (나)의 중심부에는 침강이 일어난다.
ㄷ. 남반구에서는 (나)와 같은 방향으로 바람이 불 때 중심의 해수가 바깥으로 발산한다.

① ㄱ ② ㄷ ③ ㄱ, ㄴ
④ ㄴ, ㄷ ⑤ ㄱ, ㄴ, ㄷ

04 그림은 여름철 계절풍의 영향을 받아 용승이 일어나는 아라비아해 주변의 표층 수온 분포를 나타낸 것이다.

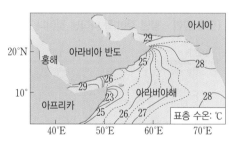

이에 대한 설명으로 옳은 것만을 〈보기〉에서 있는 대로 고른 것은?

| 보기 |

ㄱ. 남풍 계열의 바람이 분다.
ㄴ. 아라비아해는 동쪽보다 서쪽에서 용승 현상이 우세하다.
ㄷ. 용승 해역의 해수에는 용존 산소량이 주변 해역보다 많다.

① ㄱ ② ㄴ ③ ㄱ, ㄷ
④ ㄴ, ㄷ ⑤ ㄱ, ㄴ, ㄷ

05 그림 (가)와 (나)는 평상시와 엘니뇨 발생 시 태평양 적도 부근의 대기 순환을 순서 없이 나타낸 것이다.

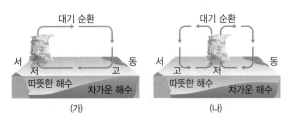

이에 대한 설명으로 옳은 것만을 〈보기〉에서 있는 대로 고른 것은?

┌─ 보기 ┐
ㄱ. 평상시의 대기 순환 모습은 (가)이다.
ㄴ. (나) 시기에 페루 연안의 용승 현상은 강화된다.
ㄷ. 인도네시아 해역의 강수량은 (가) 시기보다 (나) 시기가 적다.
└────────┘

① ㄱ   ② ㄴ   ③ ㄱ, ㄷ
④ ㄴ, ㄷ   ⑤ ㄱ, ㄴ, ㄷ

06 그림은 엘니뇨 또는 라니냐 시기에 태평양 적도 부근 해역에서 관측된 수온 약층이 나타나기 시작하는 깊이의 편차 (관측 깊이−평년 깊이)를 나타낸 것이다.

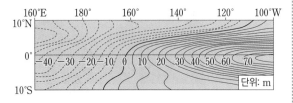

이에 대한 설명으로 옳은 것만을 〈보기〉에서 있는 대로 고른 것은?

┌─ 보기 ┐
ㄱ. 엘니뇨 시기이다.
ㄴ. 평년에 비해 동태평양 적도 해역에서 혼합층의 두께는 감소한다.
ㄷ. 평년에 비해 동태평양 적도 해역에서 표층 수온은 높게 나타난다.
└────────┘

① ㄱ   ② ㄴ   ③ ㄱ, ㄷ
④ ㄴ, ㄷ   ⑤ ㄱ, ㄴ, ㄷ

07 그림 (가)와 (나)는 태평양에서 약한 무역풍이 불 때와 강한 무역풍이 불 때 적도 부근 해수의 동서 방향 연직 단면과 이동 방향을 나타낸 것이다.

(가) 약한 무역풍이 불 때   (나) 강한 무역풍이 불 때

이에 대한 설명으로 옳은 것만을 〈보기〉에서 있는 대로 고른 것은?

┌─ 보기 ┐
ㄱ. (가)는 라니냐 시기이다.
ㄴ. 페루 연안의 영양염류의 양은 (가)보다 (나)에서 많다.
ㄷ. 동태평양의 혼합층 깊이는 (나)보다 (가)에서 더 두껍다.
└────────┘

① ㄱ   ② ㄷ   ③ ㄱ, ㄴ
④ ㄴ, ㄷ   ⑤ ㄱ, ㄴ, ㄷ

08 그림은 어느 해에 발생한 엘니뇨의 영향을 나타낸 것이다.

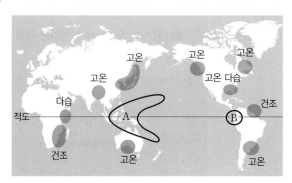

이에 대한 설명으로 옳은 것만을 〈보기〉에서 있는 대로 고른 것은?

┌─ 보기 ┐
ㄱ. A 지역에는 홍수가 나타날 것이다.
ㄴ. 엘니뇨는 평년과 다른 이상 기후가 전 지구적으로 발생한다.
ㄷ. A와 B 지역의 표층 수온 차이는 평년에 비해 커졌을 것이다.
└────────┘

① ㄱ   ② ㄴ   ③ ㄱ, ㄷ
④ ㄴ, ㄷ   ⑤ ㄱ, ㄴ, ㄷ

09 그림은 엘니뇨 또는 라니냐 중 어느 한 시기의 강수량 편차 (관측값−평년값)를 나타낸 것이다.

→ 수능기출 변형

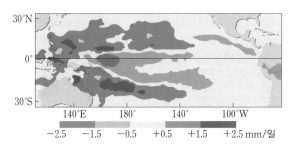

이 자료에 근거해서 평년과 비교할 때, 이 시기에 대한 설명으로 옳은 것만을 〈보기〉에서 있는 대로 고른 것은?

┌ 보기 ├
ㄱ. 강수량 편차가 $+0.5$ mm/일 이상인 해역은 주로 서태평양 적도 부근에 위치한다.
ㄴ. 서태평양 적도 해역과 동태평양 적도 해역 사이의 해수면 높이 차가 크다.
ㄷ. 이 시기는 무역풍이 약하게 분다.

① ㄱ   ② ㄷ   ③ ㄱ, ㄴ
④ ㄴ, ㄷ   ⑤ ㄱ, ㄴ, ㄷ

10 그림 (가)와 (나)는 태평양 적도 해역에서 엘니뇨와 라니냐 시기의 수온 연직 분포를 순서 없이 나타낸 것이다.

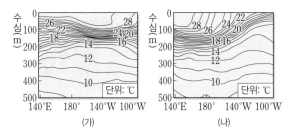

이에 대한 설명으로 옳은 것만을 〈보기〉에서 있는 대로 고른 것은?

┌ 보기 ├
ㄱ. 엘니뇨 시기의 수온 연직 분포는 (가)이다.
ㄴ. 서태평양 적도 해역에서 강수량은 (가) 시기가 (나) 시기보다 적다.
ㄷ. 동태평양 적도 해역에서 용승은 (가) 시기가 (나) 시기보다 강하게 일어난다.

① ㄱ   ② ㄷ   ③ ㄱ, ㄴ
④ ㄴ, ㄷ   ⑤ ㄱ, ㄴ, ㄷ

11 그림 (가)는 엘니뇨 또는 라니냐가 발생한 시기에 태평양의 대기 순환을, (나)는 남방 진동 지수(타히티의 해면 기압−다윈의 해면 기압)를 나타낸 것이다.

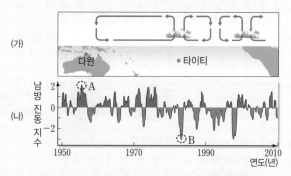

이에 대한 설명으로 옳은 것만을 〈보기〉에서 있는 대로 고른 것은?(단, A와 B 시기는 엘니뇨와 라니냐 중 하나이다.)

┌ 보기 ├
ㄱ. (가)의 대기 순환은 A 시기의 대기 순환이다.
ㄴ. 다윈 부근의 강수량은 A 시기가 B 시기보다 적다.
ㄷ. 동태평양 적도 부근 해역의 용승 현상은 A 시기가 B 시기보다 강하다.

① ㄱ   ② ㄷ   ③ ㄱ, ㄴ
④ ㄴ, ㄷ   ⑤ ㄱ, ㄴ, ㄷ

12 그림 (가)는 동태평양 적도 부근 해역 표층 해류의 평년 속도를, (나)는 엘니뇨 또는 라니냐가 일어난 어느 시기 표층 해류의 속도 편차(관측 속도−평년 속도)를 나타낸 것이다.

→ 수능모의평가기출 변형

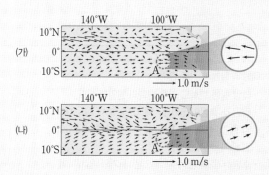

(나)의 A 해역에 대한 설명으로 옳은 것만을 〈보기〉에서 있는 대로 고른 것은?

┌ 보기 ├
ㄱ. 해수면은 평년보다 높다.
ㄴ. 표층 수온은 평년보다 높다.
ㄷ. 서쪽으로 흐르는 해류는 평년보다 강하다.

① ㄱ   ② ㄷ   ③ ㄱ, ㄴ
④ ㄴ, ㄷ   ⑤ ㄱ, ㄴ, ㄷ

13 지구의 기후 변화

1 기후 변화의 원인 자료 분석 특강 160쪽 A, B

1 기후 변화의 자연적 요인

① 지구 외적 요인(천문학적 요인)

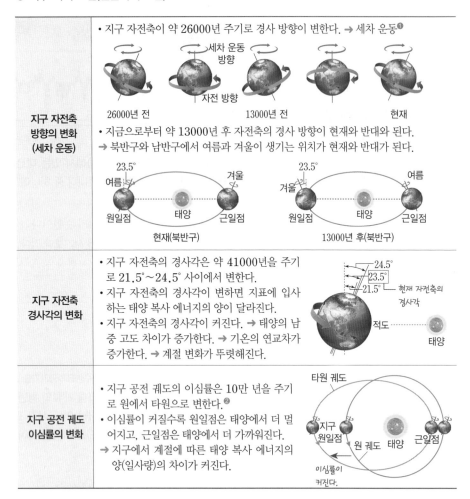

지구 자전축 방향의 변화 (세차 운동)	• 지구 자전축이 약 26000년 주기로 경사 방향이 변한다. → 세차 운동❶ 세차 운동 방향 자전 방향 26000년 전　　13000년 전　　현재 • 지금으로부터 약 13000년 후 자전축의 경사 방향이 현재와 반대가 된다. → 북반구와 남반구에서 여름과 겨울이 생기는 위치가 현재와 반대가 된다. 23.5°　여름　겨울 원일점　태양　근일점 현재(북반구) 23.5°　겨울　여름 원일점　태양　근일점 13000년 후(북반구)
지구 자전축 경사각의 변화	• 지구 자전축의 경사각은 약 41000년을 주기로 21.5°~24.5° 사이에서 변한다. • 지구 자전축의 경사각이 변하면 지표에 입사하는 태양 복사 에너지의 양이 달라진다. • 지구 자전축의 경사각이 커진다. → 태양의 남중 고도 차이가 증가한다. → 기온의 연교차가 증가한다. → 계절 변화가 뚜렷해진다.
지구 공전 궤도 이심률의 변화	• 지구 공전 궤도의 이심률은 10만 년을 주기로 원에서 타원으로 변한다.❷ • 이심률이 커질수록 원일점은 태양에서 더 멀어지고, 근일점은 태양에서 더 가까워진다. → 지구에서 계절에 따른 태양 복사 에너지의 양(일사량)의 차이가 커진다.

태양의 활동과 기후 변화

• 태양 활동 변화도 기후 변화의 원인이 된다.
• 태양의 흑점이 많아질 때 태양 복사 에너지의 양 증가 → 지구에 도달하는 태양 복사 에너지의 양 증가 → 기온 상승
• 소빙하기: 흑점 수가 적었던 시기와 일치하며, 최저 기온을 유지한 시기

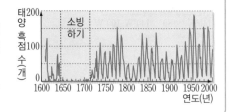

② 지구 내적 요인

화산 활동	대규모 화산 폭발 시 분출된 화산재가 성층권에 도달하여 태양 복사 에너지를 차단한다. → 지구의 평균 기온이 감소한다.❸
지표면의 상태 변화	지표면의 빙하 면적이 감소하면 지표면의 반사율이 감소하여 지구의 기온이 상승하고, 반대로 빙하 면적이 증가하면 반사율이 높아져 지구의 기온이 하강한다.❹
대륙과 해양의 분포 변화	판의 운동으로 수륙 분포가 변하면 육지와 해양의 비열과 반사율 차이 및 해류의 이동 방향 변화로 인해 기후가 변한다.

한눈에 👀
정리하는 출제 경향

• 지구의 기후 변화 원인과 영향 이해하기
• 온실 효과와 지구 온난화의 관계 이해하기

핵심 개념

세차 운동, 지구 자전축 기울기 변화, 지구 공전 궤도 이심률 변화, 온실 효과, 지구 온난화, 우리나라의 기후 변화

plus 개념

❶ 세차 운동

현재 지구 자전축은 북극성을 가리키고 있지만, 약 13000년 후에는 직녀성을 가리킨다.

❷ 이심률

• 타원의 납작한 정도를 나타내는 값이다.
• 0<이심률<1의 값을 가진다.
→ 이심률이 0에 가까울수록 원에 가깝고, 1에 가까울수록 납작한 타원 모양이다.

❸ 피나투보 화산 분출 후 지표와 대류권의 온도 변화

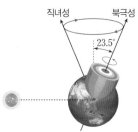

❹ 지표의 반사율

반사율이란 입사된 태양 에너지 중 흡수하지 않고 반사하는 양의 비율을 말한다.

지표	반사율(%)
침엽수림	8~15
녹색 잔디	25
사막 모래	40
콘크리트	55
빙하	50~70
눈	80~90

2 기후 변화의 인위적 요인 인간 활동의 결과로 기후 변화를 일으키는 요인을 말한다.

① 산림 파괴와 과도한 도시화 추진: 과도한 토지 이용, 사막화는 지표의 반사율을 변화시킨다.

② 에어로졸의 과량 배출: 태양 에너지의 반사율이 높아져 지구의 기온을 낮춘다.⑤

③ 온실 기체의 과량 배출: 온실 기체가 대기 중에 유입된다. → 지구의 평균 기온 상승
　　　　　　　　　　　└─ 이산화 탄소, 메테인 등

> **확인 문제** 1
>
> **1** 지구의 기후를 변화시키는 지구 외적 요인 3가지를 쓰시오.
>
> **2** 지구 자전축 경사각이 (　　　　)질수록 기온의 연교차는 커진다.
>
> **3** 지표면의 빙하 면적이 (　　　　)하면 지표의 반사율이 감소하여 지구의 기온이 상승한다.

② 인간의 활동과 기후 변화　자료 분석 특강 160쪽 C

1 지구의 복사 평형과 열수지

① **지구의 복사 평형**: 지구는 태양 복사 에너지 흡수량과 지구 복사 에너지 방출량이 같아서 복사 평형을 이룬다.⑥ → 지구의 연평균 기온이 거의 일정하게 유지된다.

> **지구의 열수지**
>
> • 지표면과 대기를 비롯하여 지구 전체는 에너지의 흡수량과 방출량이 같다. → 복사 평형
>
> • 지구의 복사 에너지 흡수량(70): 태양 복사 에너지(100)−지구 반사(30)
>
> • 지구의 복사 에너지 방출량(70): 대기와 구름의 방출(58)+지표면 방출(12)

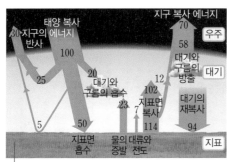

└─ 지구가 받는 태양 복사 에너지를 100이라고 했을 때, 지구는 태양 복사 에너지의 30은 반사하고, 70은 흡수하였다가 지구 복사 에너지 형태로 다시 방출한다.

> **대기**
>
> • 흡수량(152): 대기와 구름의 흡수(20)+대류와 전도(7)+물의 증발(23)+지표면 복사(102)
>
> • 방출량(152): 대기의 재복사(94)+대기와 구름의 방출(58)
>
> **지표**
>
> • 흡수량(144): 태양 복사(50)+대기의 재복사(94)
>
> • 방출량(144): 대류와 전도(7)+물의 증발(23)+지표면 복사(114)

② **온실 기체와 온실 효과**

온실 기체	• 지구 복사 에너지를 흡수하여 재복사하는 기체 → 온실 효과를 일으키는 기체⑦ • 수증기, 이산화 탄소, 메테인, 산화 이질소 등	
온실 효과	온실 기체가 태양 복사 에너지는 대부분 통과시키고, 지구 복사 에너지를 흡수하였다가 지표로 재복사함으로써 기온을 높이는 효과	

자연적인 온실 효과는 지구의 온도를 적당하게 유지시켜 생명체가 존재할 수 있게 해준다.

2 지구 온난화 대기 중 온실 기체가 증가함에 따라 온실 효과가 증대되어 지구의 평균 기온이 상승하는 현상

① **지구 온난화의 원인**: 산업 혁명 이후 화석 연료의 사용량 증가, 삼림 벌채 등으로 온실 기체의 농도가 증가하였다.

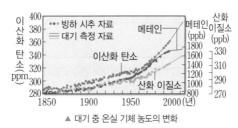

▲ 대기 중 온실 기체 농도의 변화

---

plus개념

⑤ 에어로졸

대기 중에 떠다니는 고체 또는 액체 상태의 작은 입자로 자연적 또는 화석 연료 사용 등에 의하여 인공적으로 형성된다. 에어로졸은 태양 빛을 산란시키기에 적합한 입자 크기를 가지고 있어서 대기 중에서 태양 빛을 산란시켜 기온을 하강시키는 역할을 한다.

⑥ 태양 복사 에너지와 지구 복사 에너지

• 태양 복사 에너지: 주로 가시광선 형태로, 지구 대기에 일부만 흡수되고 대부분 통과한다.

• 지구 복사 에너지: 주로 적외선 형태로, 지구 대기에 대부분 흡수된다. → 지표로 재복사되면서 지구의 기온을 높인다.

⑦ 온실 기체의 농도를 나타내는 단위

• ppm(parts per million)
 → 100만 분의 1

• ppb(parts per billion)
 → 10억 분의 1

꼭 기억해!

온실 효과는 온실 기체의 영향으로 대기가 따뜻하게 유지되는 현상이고, 지구 온난화는 온실 효과가 증대되어 지구의 평균 기온이 상승하는 현상이다.

용어 돋보기

• **세차 운동**(해 歲, 어긋날 差, 돌 運, 움직일 動): 회전하는 천체나 물체의 회전축이 도는 운동이나 현상을 말한다.

• **궤도 이심률**(길 軌, 법도 道, 분리할 離, 마음 心, 거느릴 率): 물체의 궤도가 완벽한 원에서 벗어나 있는 정도를 수치화한 정도이다.

• **열수지**(더울 熱, 거둘 收, 지탱할 支): 어떤 장소에서 열이 들어오고 나가는 것을 말한다.

② 지구 온난화의 영향

해수면 높이 상승	해수의 열팽창과 함께 대륙 빙하가 녹아 해수면이 상승하고 육지 면적 감소 또는 일부 지역 침수❽❾
이상 기후 발생	증발량과 강수량이 지역적으로 편중되어 폭우, 홍수, 강한 태풍, 가뭄 발생
생태계 변화	해수면 상승으로 서식지가 축소, 멸종 생물 증가, 식생대가 북상
사회·경제적 문제 발생	불볕더위로 인한 스트레스와 질병 증가, 열대성 질병이 고위도로 확산

빙하 면적이 감소 → 많은 태양 에너지 유입 → 수온 상승

3 우리나라의 기후 변화

① 연평균 기온과 강수량 증가: 관측 이래 지속적으로 증가하는 경향을 보인다. → 평균 기온이 약 100년 동안 약 1.5 ℃ 상승하였다. 우리나라의 평균 기온 상승은 전 세계 평균 상승률의 약 2배이다.

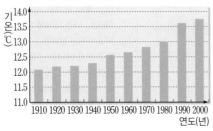
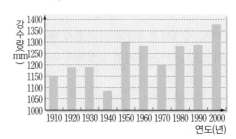

▲ **최근 약 100년 동안의 평균 기온과 강수량** 평균 기온은 전체적으로 증가하는 경향을 보이고 있으며, 강수량은 변화가 있지만 최근 20년 동안 큰 폭으로 증가하였음을 알 수 있다.

② 여름의 길이 증가: 여름이 길어지고 겨울이 짧아지고 있으며, 열대야 일수가 증가하고 있다.❿

③ 해수면 상승과 수온 상승: 제주 주변의 해수면이 40년간 약 22 cm 상승, 동해의 수온이 지난 100년간 약 1.2~1.6 ℃ 상승하였다.

④ 우리나라의 기후와 지구 온난화의 연관성: 한반도와 지구 전체의 기후 변화는 유사한 경향을 보인다. → 한반도가 전 지구적인 온난화의 영향을 받기 때문이다.

4 기후 변화를 해결하기 위한 노력

① 신재생 에너지 개발: 이산화 탄소의 발생을 줄일 수 있는 태양광 발전, 풍력 에너지, 수소 에너지 등

② 고효율 에너지 개발: 적은 양의 에너지만 소비하도록 하는 기술 예 발광 다이오드(LED)

③ 지구의 반사율 조절: 성층권에 에어로졸을 뿌려 지구의 반사율을 높인다.

④ 대기 중 이산화 탄소의 농도 감축: 산림 조성, 이산화 탄소 포집 및 저장 기술 개발, 식물성 플랑크톤의 양을 늘리는 해양 비옥화 등을 통해 대기 중 이산화 탄소의 농도를 줄인다.

⑤ 각종 기후 변화를 대비한 국제 협약

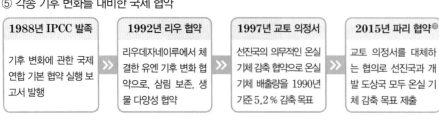

| **1988년 IPCC 발족** | **1992년 리우 협약** | **1997년 교토 의정서** | **2015년 파리 협약❶** |
| 기후 변화에 관한 국제 연합 기본 협약 실행 보고서 발행 | 리우데자네이루에서 체결한 유엔 기후 변화 협약으로, 삼림 보존, 생물 다양성 협약 | 선진국의 의무적인 온실 기체 감축 협약으로 온실 기체 배출량을 1990년 기준 5.2 % 감축 목표 | 교토 의정서를 대체하는 협약으로 선진국과 개발 도상국 모두 온실 기체 감축 목표 제출 |

확인 문제 ②

4 지표에서 방출된 지구 복사 에너지가 대기 중의 온실 기체에 흡수되었다가 지표면으로 재방출되어 지표면의 온도를 높이는 현상을 무엇이라고 하는지 쓰시오.

5 대기 중 온실 기체의 증가로 지구의 평균 기온이 상승하는 현상을 무엇이라고 하는지 쓰시오.

plus 개념

❽ **해수면 상승**

지구 온난화로 해수면의 높이가 꾸준히 상승하고 있다. 해수면이 상승하는 가장 큰 원인은 해수의 온도 상승에 따른 열팽창과 대륙 빙하의 융해로 인한 물의 유입이다.

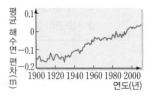

❾ **극지방의 빙하 면적 변화**

지구 온난화로 북극해의 빙하 면적은 점차 줄어가고 있다. 2015년 북극해의 얼음 면적은 2010년 대비 약 7.7 % 감소하였다.

❿ **우리나라의 열대야 일수 변화**

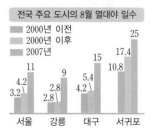

❶ **파리 협약의 주요 내용**

• 지구 평균 온도 상승폭을 산업화 이전과 비교해 1.5 ℃로 제한

• 2020년부터 개발 도상국 기후 변화 대처 사업에 1000억 달러 지원

• 2023년부터 5년마다 탄소 감축 상황 보고

용어 돋보기

• **열대야 현상**(더울 熱, 띠 帶, 밤 夜, 나타날 現, 형상 象): 밤이 되어도 방 밖의 온도가 25 ℃ 이상으로, 무더위가 지속되는 현상이다.

바른답·알찬풀이 54쪽

1 기후 변화의 원인

01 다음은 기후 변화의 여러 요인을 나열한 것이다.

> (가) 세차 운동   (나) 화산 활동
> (다) 빙하 면적 감소   (라) 지구 자전축 경사각 변화

(가)~(라)를 지구 외적 요인과 지구 내적 요인으로 구분하시오.

02 오른쪽 그림은 지구 자전축 경사각의 변화폭을 나타낸 것이다. 자전축 경사각 이외의 기후 변화 요인은 일정하다고 할 때 (   ) 안에 들어갈 알맞은 말을 고르시오.

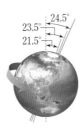

> • 지구 자전축의 경사각이 커지면 여름철 북반구의 일사량이 ㉠(증가, 감소)한다.
> • 지구 자전축의 경사각이 작아지면 겨울철 남반구의 일사량이 ㉡(증가, 감소)한다.

🔑중요

03 그림 (가)와 (나)는 지구 자전축의 세차 운동을 나타낸 것이다.

(가) 현재 / (나) 13000년 후

(가)에서 (나)로 변할 때 우리나라에 일어나는 현상으로 옳은 것만을 〈보기〉에서 있는 대로 고른 것은?(단, 세차 운동 이외의 기후 변화 요인은 일정하다.)

> ┤ 보기 ├
> ㄱ. 기온의 연교차가 작아진다.
> ㄴ. 여름철의 기온이 하강한다.
> ㄷ. 원일점에서 계절이 여름철에서 겨울철로 바뀐다.

① ㄱ   ② ㄷ   ③ ㄱ, ㄴ
④ ㄴ, ㄷ   ⑤ ㄱ, ㄴ, ㄷ

04 그림은 지구 공전 궤도의 모양 변화를 나타낸 것이다.

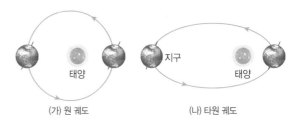

(가) 원 궤도 / (나) 타원 궤도

(가)에서 (나)로 변할 때 일어날 수 있는 현상으로 옳은 것만을 〈보기〉에서 있는 대로 고른 것은?(단, 지구 공전 궤도 이심률 이외의 기후 변화 요인은 일정하다.)

> ┤ 보기 ├
> ㄱ. 원일점에서 태양과 지구와의 거리가 멀어진다.
> ㄴ. 우리나라에서 겨울철 일사량이 증가한다.
> ㄷ. 우리나라 기온의 연교차가 감소한다.

① ㄱ   ② ㄷ   ③ ㄱ, ㄴ
④ ㄴ, ㄷ   ⑤ ㄱ, ㄴ, ㄷ

05 표는 지표의 성질에 따른 반사율을 나타낸 것이다.

지표	침엽수림	사막 모래	콘크리트	빙하
반사율(%)	8~15	40	55	50~70

이에 대한 설명으로 옳은 것만을 〈보기〉에서 있는 대로 고른 것은?

> ┤ 보기 ├
> ㄱ. 빙하의 면적이 감소하면 지구에 입사되는 태양 복사 에너지의 양은 증가한다.
> ㄴ. 도시화로 인해 침엽수림이 있는 지역이 콘크리트 구조물로 변경되면 반사율이 감소한다.
> ㄷ. 벌채로 인해 산림의 면적이 줄어들면 지구에 입사하는 태양 복사 에너지의 양은 감소한다.

① ㄱ   ② ㄴ   ③ ㄱ, ㄷ
④ ㄴ, ㄷ   ⑤ ㄱ, ㄴ, ㄷ

🖊서술형

06 대규모 화산 폭발 시 지구의 기후에는 어떤 영향을 미치는지 설명하시오.

2 인간의 활동과 기후 변화

07 지구 온난화의 가장 주된 원인은 무엇인지 쓰시오.

08 그림은 지구의 열수지를 나타낸 것이다.

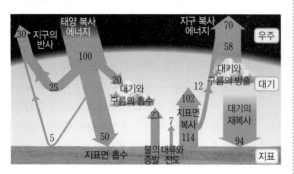

이에 대한 설명으로 옳지 <u>않은</u> 것은?

① 지구의 반사율은 30 %이다.
② 지표면의 흡수량은 144이다.
③ 지표면이 방출되는 열은 복사 에너지가 가장 많다.
④ 지구는 복사 에너지의 흡수량이 방출량보다 더 크다.
⑤ 대기는 우주 공간보다 지표면으로 더 많은 복사 에너지를 방출한다.

⟨중요⟩

09 그림 (가)는 지구에 대기가 없는 경우, (나)는 지구에 대기가 있는 경우의 복사 에너지 흐름을 간단히 나타낸 것이다.

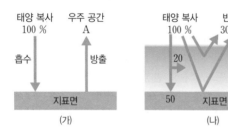

이에 대한 설명으로 옳은 것만을 〈보기〉에서 있는 대로 고른 것은?

> **보기**
> ㄱ. 'A=B+C'이다.
> ㄴ. (가)와 (나) 모두 복사 평형을 이루고 있다.
> ㄷ. 지표면의 온도는 (가)가 (나)보다 높게 나타난다.

① ㄱ   ② ㄴ   ③ ㄱ, ㄷ
④ ㄴ, ㄷ   ⑤ ㄱ, ㄴ, ㄷ

10 그림은 지구 온난화와 관련하여 연쇄적으로 일어나는 현상을 나타낸 것이다.

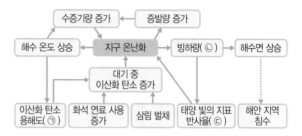

㉠~㉢에 들어갈 알맞은 말을 옳게 짝 지은 것은?

	㉠	㉡	㉢
①	증가	증가	증가
②	증가	증가	감소
③	증가	감소	감소
④	감소	증가	증가
⑤	감소	감소	감소

11 (가)~(다)는 지구의 기후 변화와 관련이 있는 현상들을 나타낸 것이다.

> (가) 북극 지방의 빙하 면적이 감소하였다.
> (나) 사막을 중심으로 사막화 현상이 진행된다.
> (다) 지구 자전축의 경사각이 현재보다 작아진다.

이에 대한 설명으로 옳은 것만을 〈보기〉에서 있는 대로 고른 것은?

> **보기**
> ㄱ. (가)가 지속되면 육지 면적이 감소할 것이다.
> ㄴ. (나)는 지표면의 온도를 낮추는 역할을 한다.
> ㄷ. (다)는 우리나라의 기온 연교차를 증가시키는 역할을 한다.

① ㄱ   ② ㄷ   ③ ㄱ, ㄴ
④ ㄴ, ㄷ   ⑤ ㄱ, ㄴ, ㄷ

⟨서술형⟩

12 지구 온난화를 해결하기 위한 노력 중에서 대기 중 이산화 탄소의 농도를 줄이는 방법 3가지만 설명하시오.

13 다음 (가)~(라)는 기후 변화 방지를 위한 국제 협약의 주요 내용을 나타낸 것이다.

> (가) 기후 변화에 관한 국제 연합 기본 협약 실행에 대한 보고서 발행
> (나) 리우데자네이루에서 체결한 유엔 기후 변화 협약으로 삼림 보존, 생물 다양성 협약
> (다) 선진국이 의무적으로 온실 기체를 줄여 지구 온난화를 방지하기 위한 계기를 마련
> (라) 선진국과 개발 도상국 모두 자발적으로 온실 기체 감축 목표를 제시

이에 대한 설명으로 옳은 것만을 〈보기〉에서 있는 대로 고른 것은?

┤ 보기 ├
ㄱ. 협약 시기는 (가) → (나) → (다) → (라) 순이다.
ㄴ. 교토 의정서에서는 온실 기체의 배출량을 1990년 기준 5.2 % 감축하기로 협정하였다.
ㄷ. 파리 협약에서는 지구의 평균 기온 상승 폭을 2 ℃보다 낮은 수준으로 합의하였다.

① ㄱ   ② ㄷ   ③ ㄱ, ㄴ
④ ㄴ, ㄷ   ⑤ ㄱ, ㄴ, ㄷ

중요
14 그림 (가)와 (나)는 1910년~2000년까지 우리나라의 평균 기온 변화와 평균 강수량 변화를 나타낸 것이다.

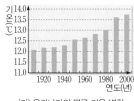
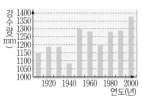
(가) 우리나라의 평균 기온 변화   (나) 우리나라의 평균 강수량 변화

이에 대한 설명으로 옳은 것만을 〈보기〉에서 있는 대로 고르시오.

┤ 보기 ├
ㄱ. 이 기간 동안 평균 강수량은 대체로 증가하는 경향이다.
ㄴ. 이 기간 동안 동해에는 한류성 어종이 증가하였을 것이다.
ㄷ. 이 기간 동안 우리나라는 온실 기체의 배출량이 증가하였을 것이다.

15 그림은 북극해 빙하의 면적 변화를 나타낸 것이다.

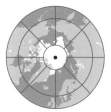
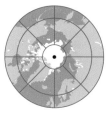
(가) 2010년 9월   (나) 2015년 9월

(가) 시기보다 (나) 시기에 더 큰 값을 갖는 것만을 〈보기〉에서 있는 대로 고른 것은?

┤ 보기 ├
ㄱ. 해수면의 높이
ㄴ. 지표면의 반사율
ㄷ. 해수 속의 이산화 탄소 농도

① ㄱ   ② ㄷ   ③ ㄱ, ㄴ
④ ㄴ, ㄷ   ⑤ ㄱ, ㄴ, ㄷ

16 그림 (가)와 (나)는 지난 30년 동안 기온 및 강수량의 변화 추세를 지역별로 나타낸 것이다.

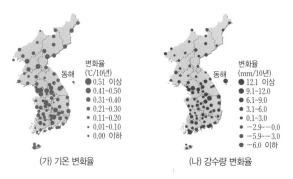
(가) 기온 변화율   (나) 강수량 변화율

이에 대한 설명으로 옳은 것만을 〈보기〉에서 있는 대로 고른 것은?(단, 이 기간에 전 지구 평균 기온은 0.16 ℃/10년 비율로 증가했다고 가정한다.)

┤ 보기 ├
ㄱ. 서울 지방은 호남의 해안 지역보다 온난화가 뚜렷하다.
ㄴ. 한반도의 기온과 강수량이 거의 모든 지역에서 상승하고 있다.
ㄷ. 한반도의 기온은 전 지구 평균 상승률보다 더 빠르게 증가하고 있다.

① ㄱ   ② ㄷ   ③ ㄱ, ㄴ
④ ㄴ, ㄷ   ⑤ ㄱ, ㄴ, ㄷ

실력을 올리는 실전 문제와
함께 보면 더 좋아요!

A 세차 운동과 지구 자전축 경사각 변화로 인한 기후 변화

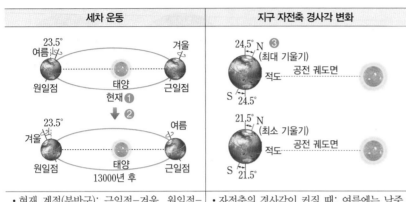

세차 운동	지구 자전축 경사각 변화

- 현재 계절(북반구): 근일점-겨울, 원일점-여름
- 13000년 후 계절(북반구): 근일점-여름, 원일점-겨울 → 계절이 현재와 반대
- 13000년 후 기온의 연교차(북반구): 여름은 현재보다 기온이 높아지고, 겨울은 현재보다 낮아진다. → 기온의 연교차가 커진다.

- 자전축의 경사각이 커질 때: 여름에는 남중 고도가 높아지고, 겨울에는 낮아진다. → 계절 변화가 뚜렷해지고 기온의 연교차가 커진다.
- 자전축의 경사각이 작아질 때: 여름에는 남중 고도가 낮아지고, 겨울에는 높아진다. → 기온의 연교차가 작아진다. ❹

❶ 현재 남반구는 근일점에서 여름, 원일점에서 겨울이다.

❷ 세차 운동의 주기는 약 26000년이다.

❸ 자전축의 경사각 변화 범위는 21.5°~24.5°로 현재는 23.5°이다.

❹ 자전축의 경사각이 작아질 때 일사량의 차이가 작아져 기온의 연교차가 작아진다.

실력을 올리는 실전 문제 **찾아가기**
- 세차 운동과 지구 자전축 경사각 변화에 따른 기후 변화를 추론하는 문제_03, 05, 11, 12

B 지구 공전 궤도 이심률과 기후 변화

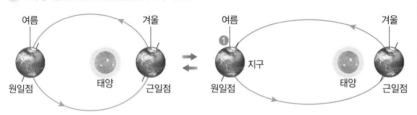

구분	이심률이 커질 때(북반구)	이심률이 작아질 때(북반구)
일사량	원일점과 근일점의 일사량 차이가 커진다.	원일점과 근일점의 일사량 차이가 작아진다.
기온의 연교차	여름은 시원해지고 겨울은 따뜻해진다. → 기온의 연교차가 작아진다. ❷	여름은 더 더워지고 겨울은 더 추워진다. → 기온의 연교차가 커진다. ❸

❶ 지구 공전 궤도의 이심률 변화 주기는 약 10만 년이다.

❷ 이심률이 커지면 남반구의 겨울은 더 추워지고, 여름은 더 더워지므로 기온의 연교차가 커진다.

❸ 이심률이 작아지면 남반구의 겨울은 따뜻해지고, 여름은 시원해지므로 기온의 연교차가 작아진다.

실력을 올리는 실전 문제 **찾아가기**
- 지구 공전 궤도 이심률에 의한 현상을 추론하는 문제_03, 04, 12

C 온실 기체 증가와 지구 온난화

그림 (가)는 지구의 기온 변화를, (나)는 대기 중 온실 기체의 농도 변화를 나타낸 것이다.

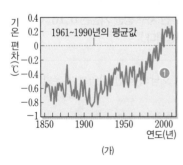

(가)

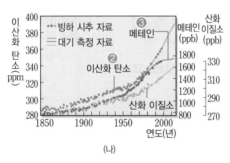

(나)

- 1850년부터 2012년까지 지구의 기온 변화와 온실 기체 농도는 증가하는 경향성을 보인다.
- 온실 기체(이산화 탄소, 메테인 등)의 대기 중의 농도 증가는 지구의 기온 상승과 관계가 있다.
- 지구 온난화의 주된 원인은 자연적 기후 변동보다는 석유, 석탄 등 화석 연료의 사용량 증가에 따른 온실 기체 농도의 증가이다.

❶ 최근 지구 기온의 상승 정도가 커지고 있다.

❷ 이산화 탄소는 대부분 인간 활동으로 방출된다. 산업 혁명으로 화석 연료의 사용이 증가하고 점점 공업화될수록 대기 중의 이산화 탄소 농도가 급증하고 있다.

❸ 메테인은 쓰레기가 분해될 때 발생하거나 가축을 키울 때 발생한다. 메테인도 산업 혁명 이후 대기 중의 농도가 급증하였다.

실력을 올리는 실전 문제 **찾아가기**
- 지구의 기온 변화와 온실 기체의 농도 변화의 연관성을 추론하는 문제_10

바른답·알찬풀이 56쪽

→ 수능기출 변형

01 다음은 필리핀 피나투보 화산 분출에 대한 설명이고, 그림은 화산 분출 전후 지구의 평균 기온 변화를 나타낸 것이다.

- 피나투보 화산은 화산 분출물을 격렬히 뿜어냈다.
- 많은 양의 화산재가 성층권까지 도달하여 지구 전체로 확산되었다.

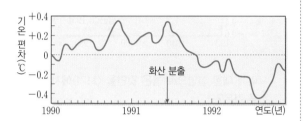

이에 대한 설명으로 옳은 것만을 〈보기〉에서 있는 대로 고른 것은?

| 보기 |

ㄱ. 화산 분출은 약 1년 동안 지구의 평균 기온을 높이는 데 영향을 주었다.
ㄴ. 화산 가스에 포함된 이산화 탄소는 지구의 평균 기온을 높이는 역할을 했다.
ㄷ. 대기 중에 분출된 화산재는 지표에 도달하는 태양 에너지를 증가시키는 역할을 했다.

① ㄱ   ② ㄴ   ③ ㄱ, ㄷ
④ ㄴ, ㄷ   ⑤ ㄱ, ㄴ, ㄷ

→ 수능기출 변형

02 그림은 지구의 기후 변화 요인 (가)~(다)에 대하여 세 학생이 나눈 대화를 나타낸 것이다.

- (가) 지구 자전축 경사각이 23.5°에서 24.5°로 증가
- (나) 화산 폭발로 인해 다량의 화산재가 대기로 유입
- (다) 산업화 이후로 대기 중 이산화 탄소의 농도 증가

제시한 내용이 옳은 학생만을 있는 대로 고른 것은?

① A   ② C   ③ A, B
④ B, C   ⑤ A, B, C

03 그림은 지구 기후 변화에 영향을 주는 지구 외적 요인을 나타낸 것이다.

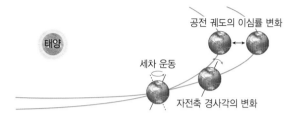

이에 대한 설명으로 옳은 것만을 〈보기〉에서 있는 대로 고른 것은?

| 보기 |

ㄱ. 세차 운동에 의해 천구 북극 부근에 보이는 별자리가 바뀐다.
ㄴ. 다른 요인의 변화 없이 자전축의 경사각이 작아지면 우리나라에서 기온의 연교차는 커진다.
ㄷ. 공전 궤도 이심률이 커지면 근일점에서 지구와 태양 사이의 거리는 더 가까워진다.

① ㄱ   ② ㄴ   ③ ㄱ, ㄷ
④ ㄴ, ㄷ   ⑤ ㄱ, ㄴ, ㄷ

→ 수능기출 변형

04 그림은 현재 지구의 공전 궤도를 나타낸 것이다.

현재보다 공전 궤도 이심률이 커질 때 나타날 수 있는 현상으로 옳은 것만을 〈보기〉에서 있는 대로 고른 것은?(단, 공전 궤도 이심률 변화 이외의 요인은 변하지 않는다고 가정한다.)

| 보기 |

ㄱ. 우리나라에서 기온의 연교차는 작아진다.
ㄴ. 1월과 7월에서의 공전 속도 차는 커진다.
ㄷ. 7월에 지구에 입사하는 태양 복사 에너지의 양은 증가한다.

① ㄱ   ② ㄴ   ③ ㄷ
④ ㄱ, ㄴ   ⑤ ㄴ, ㄷ

05 그림은 지구 자전축의 경사각 변화를 나타낸 것이다.

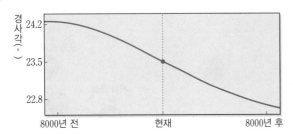

이에 대한 설명으로 옳은 것만을 〈보기〉에서 있는 대로 고른 것은?(단, 자전축 경사각 이외의 요인은 변하지 않는다고 가정한다.)

┤ 보기 ├
ㄱ. 8000년 후 우리나라 기온의 연교차는 8000년 전보다 작을 것이다.
ㄴ. 현재 하짓날 자오선을 지나는 태양의 고도가 가장 높은 곳은 23.5°N이다.
ㄷ. 8000년 후 우리나라의 12월은 여름이 된다.

① ㄱ   ② ㄷ   ③ ㄱ, ㄴ
④ ㄴ, ㄷ   ⑤ ㄱ, ㄴ, ㄷ

06 그림 (가)와 (나)는 기후 변화를 일으키는 요인을 나타낸 것이다.

(가) 화산재의 방출   (나) 대륙의 이동

이에 대한 설명으로 옳은 것만을 〈보기〉에서 있는 대로 고른 것은?

┤ 보기 ├
ㄱ. (가)는 지구의 기온을 낮추는 역할을 한다.
ㄴ. (나)의 대륙의 이동은 지구의 반사율에 영향을 준다.
ㄷ. (가)와 (나)는 지구 기후 변화의 내적 요인이다.

① ㄱ   ② ㄴ   ③ ㄱ, ㄷ
④ ㄴ, ㄷ   ⑤ ㄱ, ㄴ, ㄷ

07 그림은 1920년부터 2015년까지 북반구와 남반구에서의 기온 편차(관측값－평균값)를 나타낸 것이다.

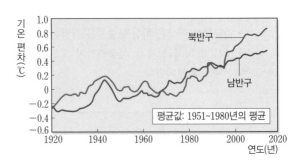

이에 대한 설명으로 옳은 것만을 〈보기〉에서 있는 대로 고른 것은?

┤ 보기 ├
ㄱ. 이 기간 동안 지구의 평균 기온은 대체로 상승하였다.
ㄴ. 이 기간 동안의 기온 변화는 북반구보다 남반구에서 더 크다.
ㄷ. 1960년 이후 극지방의 반사율은 대체로 증가하였을 것이다.

① ㄱ   ② ㄷ   ③ ㄱ, ㄴ
④ ㄴ, ㄷ   ⑤ ㄱ, ㄴ, ㄷ

08 그림은 1961년부터 2003년까지 전 세계 빙하 무게의 전년 대비 증감량을 나타낸 것이다.

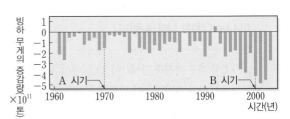

이 기간 동안 지구 환경 변화에 대한 설명으로 옳은 것만을 〈보기〉에서 있는 대로 고른 것은?

┤ 보기 ├
ㄱ. 연간 빙하의 무게 감소량은 A 시기가 B 시기보다 적다.
ㄴ. 이 기간 동안 극지방의 지표 반사율은 대체로 감소했을 것이다.
ㄷ. 이 기간 동안 평균 해수면은 상승했을 것이다.

① ㄱ   ② ㄴ   ③ ㄱ, ㄷ
④ ㄴ, ㄷ   ⑤ ㄱ, ㄴ, ㄷ

→ 수능기출 변형

09 그림은 지구에 도달하는 태양 복사 에너지양을 **100**이라고 할 때 복사 평형에 있는 지구의 열수지를 나타낸 것이다.

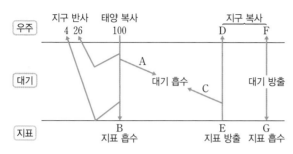

이에 대한 설명으로 옳은 것만을 〈보기〉에서 있는 대로 고른 것은?

┤ 보기 ├

ㄱ. A+E=D+F+G이다.

ㄴ. D는 지표에서 우주로 직접 방출되는 에너지양이다.

ㄷ. 적외선 영역에서 대기가 흡수하는 에너지양은 방출하는 에너지양보다 작다.

① ㄱ   ② ㄷ   ③ ㄱ, ㄴ

④ ㄴ, ㄷ   ⑤ ㄱ, ㄴ, ㄷ

10 그림 (가)는 최근 **160**년 동안의 지구의 기온 편차를, (나)는 이 기간의 온실 기체 농도 변화를 나타낸 것이다.

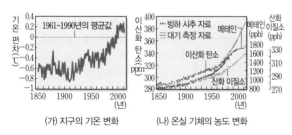

(가) 지구의 기온 변화   (나) 온실 기체의 농도 변화

이에 대한 설명으로 옳은 것만을 〈보기〉에서 있는 대로 고른 것은?

┤ 보기 ├

ㄱ. 이 기간 동안 극지방의 빙하 면적은 증가했다.

ㄴ. 기온 변화와 온실 기체 농도 변화 경향은 대체로 비슷하다.

ㄷ. 해수면의 높이는 1900년대보다 2000년대가 높았을 것이다.

① ㄱ   ② ㄷ   ③ ㄱ, ㄴ

④ ㄴ, ㄷ   ⑤ ㄱ, ㄴ, ㄷ

11 그림 (가)는 세차 운동에 의한 자전축 변화를, (나)는 시간에 따른 지구 자전축 경사각의 변화를 나타낸 것이다.

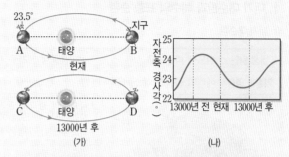

(가)   (나)

이에 대한 설명으로 옳은 것만을 〈보기〉에서 있는 대로 고른 것은?(단, 지구 자전축 경사 방향과 경사각 변화 이외의 요인은 고려하지 않는다.)

┤ 보기 ├

ㄱ. (가)에서 A~D 중 북반구가 여름철인 위치는 B와 C이다.

ㄴ. 북반구 겨울의 평균 기온은 현재가 13000년 전보다 낮다.

ㄷ. 남반구 기온의 연교차는 13000년 후가 현재보다 작을 것이다.

① ㄱ   ② ㄴ   ③ ㄱ, ㄷ

④ ㄴ, ㄷ   ⑤ ㄱ, ㄴ, ㄷ

12 그림 (가)와 (나)는 현재와 미래 어느 시점의 지구 공전 궤도와 자전축 방향을 모식도로 나타낸 것이다.

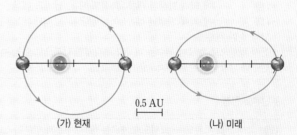

(가) 현재   (나) 미래

(가)에 비해 (나)일 때의 지구 환경 변화에 대한 설명으로 옳은 것만을 〈보기〉에서 있는 대로 고른 것은?(단, 공전 궤도 이심률과 자전축 방향 이외의 요인은 변하지 않는다고 가정한다.)

┤ 보기 ├

ㄱ. 지구의 공전 주기는 짧아진다.

ㄴ. 하짓날 태양의 남중 고도는 낮아진다.

ㄷ. 원일점과 근일점의 일사량 차이가 커진다.

① ㄱ   ② ㄷ   ③ ㄱ, ㄷ

④ ㄴ, ㄷ   ⑤ ㄱ, ㄴ, ㄷ

핵심 정리 Ⅳ 단원 마무리

11 해수의 순환

1. 대기 대순환과 해수의 표층 순환

① 대기 대순환

발생 원인	위도에 따른 (**1**)의 불균형과 지구 자전
역할과 영향	에너지 불균형 해소, 해수의 (**2**) 발생

- 극지방의 냉각된 공기가 하강하면서 저위도로 이동
- 지표 부근에는 극동풍 형성

- 위도 30° 부근에서 하강한 공기 중 일부가 고위도로 이동
- 위도 30°~60°의 지표 부근에는 편서풍 형성

- 적도 부근에서 가열된 공기가 상승하고, 위도 30° 부근에서 냉각된 공기가 하강
- 지표 부근에는 무역풍 형성

② 해수의 표층 순환: 대기 대순환에 의해 형성되는 해류가 이루는 큰 순환

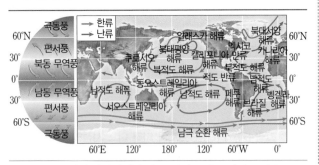

- (**3**)에 의해 발생한 해류: 북적도 해류, 남적도 해류
- (**4**)에 의해 발생한 해류: 북태평양 해류, 북대서양 해류, 남극 순환 해류
- 동서 방향으로 흐르던 해수는 대륙과 부딪치면 남북으로 이동 → 북반구와 남반구의 순환은 적도를 경계로 (**5**) 분포

③ 난류와 한류

(**6**)	저위도 → 고위도로 흐르는 해류, 수온과 염분이 높다.
(**7**)	고위도 → 저위도로 흐르는 해류, 수온과 염분이 낮다.

④ 우리나라 주변의 해류와 조경 수역

- 난류: 쿠로시오 해류(근원 해류), 황해 난류, 쓰시마 난류, 동한 난류
- 한류: 연해주 한류, 북한 한류
- (**8**): 난류와 한류가 만나는 경계 지역 → 동한 난류와 북한 한류가 동해에 조경 수역을 형성해 좋은 어장이 형성된다.

2. 해수의 심층 순환

① 해수의 심층 순환: (**9**)과/와 염분 변화에 따른 해수의 밀도 차이에 의해 해수가 침강하여 발생 → 매우 느린 속도로 전 지구적으로 발생하며, 심해에 산소를 공급한다.

② 수온 염분도와 수괴 분석: 해수의 수온, 염분, (**10**)을/를 도표로 나타내어 심층 순환의 흐름을 간접적으로 알아낸다.

③ 대서양의 심층 순환: 밀도가 높은 해수일수록 심층에서 순환한다.

남극 중층수	대서양 60°S 해역에서 형성된 해수
(**11**)	그린란드 해역에서 냉각된 표층 해수가 침강하여 남쪽으로 이동하는 해수
남극 저층수	남극 웨델해에서 결빙이 일어나 침강하여 북쪽으로 이동하는 해수로 밀도가 가장 큰 해수

④ 해수의 심층 순환과 표층 순환의 관계: 해수의 표층 순환과 심층 순환은 서로 연결되어 있어 전체 해양에서 큰 순환을 이루고 있다.

12 대기와 해양의 상호 작용

1. 용승과 침강

① 용승과 침강

(**12**)	바람에 의해 해수가 이동하면 이를 채우기 위해 심층의 찬 해수가 올라오는 현상
침강	바람에 의해 이동한 해수가 계속 쌓여 표층수가 심층으로 가라앉는 현상

② 용승의 종류

연안 용승	북반구의 연안에서 계속해서 (**13**)이/가 불면 표층 해수는 외해로 이동하고 심층에서 찬 해수가 올라온다.
(**14**) 용승	적도 해역에서 무역풍에 의해 해수가 양극 쪽으로 이동하고 심층의 찬 해수가 올라온다.
태풍에 의한 용승	태풍이 지나가는 동안 태풍의 강한 바람이 해수를 주변으로 발산시키고 심층의 찬 해수가 올라온다.

▲ 연안 용승(북반구)

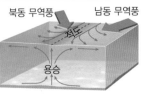

▲ 적도 용승

③ 용승의 영향

- 해수면의 온도가 낮아져 기후가 서늘해진다.
- 심층 해수에 포함된 (**15**)이/가 표층으로 운반되어 좋은 어장이 형성된다.

2. 엘니뇨 남방 진동

① 엘니뇨와 라니냐

엘니뇨	라니냐
• 적도 부근 동태평양에서 태평양 중앙 해역까지의 해수면 온도가 평소보다 0.5 ℃ 이상 높아지는 현상 • 무역풍 약화 → 서쪽으로 해수 이동 감소 → 용승 약화	• 적도 부근 동태평양에서 태평양 중앙 해역까지의 해수면 온도가 평소보다 0.5 ℃ 이상 낮아지는 현상 • 무역풍 강화 → 서쪽으로 해수 이동 증가 → 용승 강화

② 엘니뇨 남방 진동(ENSO): 엘니뇨와 라니냐 현상의 발생과 함께 나타나는 열대 태평양의 (⑯　　　) 분포 변화

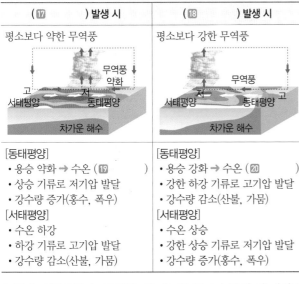

(⑰) 발생 시	(⑱) 발생 시
평소보다 약한 무역풍	평소보다 강한 무역풍
[동태평양] • 용승 약화 → 수온 (⑲　　) • 상승 기류로 저기압 발달 • 강수량 증가(홍수, 폭우) **[서태평양]** • 수온 하강 • 하강 기류로 고기압 발달 • 강수량 감소(산불, 가뭄)	**[동태평양]** • 용승 강화 → 수온 (⑳　　) • 강한 하강 기류로 고기압 발달 • 강수량 감소(산불, 가뭄) **[서태평양]** • 수온 상승 • 강한 상승 기류로 저기압 발달 • 강수량 증가(홍수, 폭우)

③ 엘니뇨 남방 진동과 기후 변화: 엘니뇨와 라니냐 발생 시 대기와 해양의 상호 작용이 평상시와 달라져 많은 이상 기후가 발생한다. → 전 지구적인 기후 변화에 영향을 미친다.

13 지구의 기후 변화

1. 기후 변화의 원인

① 기후 변화의 자연적 요인(지구 외적 요인)

지구 자전축 방향의 변화 (세차 운동)	• 지구 자전축이 약 (㉑　　　)년 주기로 회전하면서 경사 방향이 변하는 현상 • 지금으로부터 약 13000년 후 자전축의 경사 방향이 현재와 반대가 된다. → 북반구와 남반구의 여름과 겨울이 생기는 위치가 현재와 반대가 된다.
지구 자전축 경사각의 변화	• 지구 자전축의 경사각은 약 41000년을 주기로 21.5°~24.5° 사이에서 변한다. • 지구 자전축의 경사각이 변하면 각 위도의 지표에 입사하는 태양 복사 에너지의 양이 달라진다.
지구 공전 궤도 이심률 변화	• 공전 궤도의 이심률은 약 10만 년을 주기로 변한다. • 이심률이 (㉒　　　)질수록 원일점은 태양에 더 멀어지고, 근일점은 태양에 더 가까워진다.

② 기후 변화의 자연적 요인(지구 내적 요인): 대규모 화산 폭발 시 분출된 화산재, 빙하 면적 변화, 대륙과 해양의 분포 변화 등

③ 기후 변화의 인위적 요인: 인간 활동의 결과로 일어나는 기후 변화 → 산림 파괴와 과도한 도시화 추진, 에어로졸의 과량 배출, (㉓　　　)의 과량 배출 등

2. 인간의 활동과 기후 변화

① 지구의 복사 평형: 지구는 태양 복사 에너지의 흡수량과 지구 복사 에너지의 방출량이 같다. → 지구의 기온을 일정하게 유지한다.

② 지구의 열수지

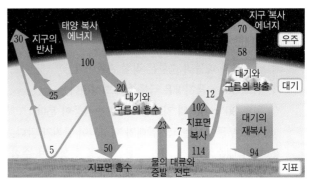

지구 전체	흡수량(70)	• 태양 복사 에너지(100) − 지구 반사(30) • 지구 반사(30) = 대기 반사(25) + 지표 반사(5)
	방출량(70)	대기와 구름의 우주로 방출(58) + 지표면 방출(12)

③ 온실 효과와 지구 온난화

(㉔)	대기 중의 온실 기체(수증기, 이산화 탄소, 메테인 등)가 지구 복사 에너지를 흡수하여 지표로 재복사함으로써 기온을 높이는 효과
(㉕)	온실 효과가 증대되어 지구의 평균 기온이 상승하는 현상 → 원인: 화석 연료 사용량의 증가에 따른 대기 중 온실 기체 증가(이산화 탄소의 과량 배출)
지구 온난화의 영향	• 해수면 높이 상승　• 이상 기후 발생 • 생태계 변화　• 사회·경제적 문제 발생

④ 우리나라의 기후 변화: 연평균 기온 상승, 강수량 증가, 여름의 길이 증가, (㉖　　　) 상승 등이 나타난다. → 한반도가 전 지구적인 온난화의 영향을 받기 때문에 전 지구적 변화와 유사하다.

⑤ 기후 변화를 해결하기 위한 노력: (㉗　　　) 에너지 개발, 고효율 에너지 개발, 지구의 반사율 조절, 대기 중 이산화 탄소의 농도 조절 등

⑥ 각종 기후 변화를 대비한 국제 협약: 1988년 IPCC 발족, 1992년 리우 협약, 1997년 교토 의정서, 2015년 (㉘　　　) 협약 등을 통해 기후 변화를 해결하고자 노력하고 있다.

실력 점검 Ⅳ 단원 평가 문제

∞ 11. 해수의 순환 134쪽

01 그림은 지구에서 일어나는 대기 대순환의 모식도를 나타낸 것이다.

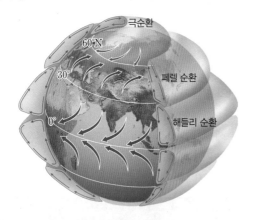

이에 대한 설명으로 옳지 <u>않은</u> 것은?

① 극순환과 해들리 순환은 직접 순환이다.
② 위도 60°~극지방은 극동풍이 형성된다.
③ 위도 30°~60°의 지표면에서는 편서풍이 분다.
④ 적도 부근에서는 고기압대가 형성되어 날씨가 맑다.
⑤ 대기 대순환은 세 개의 대류 세포를 형성하여 순환한다.

∞ 11. 해수의 순환 134쪽

02 그림은 해양의 표층 순환을 이루는 몇 가지 해류를 나타낸 것이다.

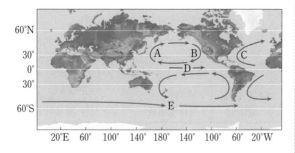

해류 A~E에 대한 설명으로 옳은 것만을 〈보기〉에서 있는 대로 고른 것은?

┤ 보기 ├
ㄱ. A는 B보다 염분이 높다.
ㄴ. C는 난류이다.
ㄷ. D와 E는 모두 편서풍에 의해 형성된다.

① ㄱ   ② ㄷ   ③ ㄱ, ㄴ
④ ㄴ, ㄷ   ⑤ ㄱ, ㄴ, ㄷ

∞ 11. 해수의 순환 134쪽

03 그림은 우리나라 주변의 해류를 나타낸 것이다.

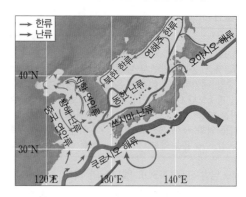

이에 대한 설명으로 옳은 것만을 〈보기〉에서 있는 대로 고른 것은?

┤ 보기 ├
ㄱ. 동한 난류의 근원은 쿠로시오 해류이다.
ㄴ. 조경 수역은 황해보다 동해에 잘 나타난다.
ㄷ. 동한 난류는 북한 한류보다 영양염류가 풍부하다.

① ㄱ   ② ㄷ   ③ ㄱ, ㄴ
④ ㄴ, ㄷ   ⑤ ㄱ, ㄴ, ㄷ

∞ 11. 해수의 순환 134쪽

04 그림은 남극 중층수, 북대서양 심층수, 남극 저층수의 수온, 염분, 밀도를 나타낸 것이다.

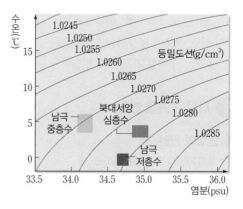

이에 대한 설명으로 옳은 것만을 〈보기〉에서 있는 대로 고른 것은?

┤ 보기 ├
ㄱ. 남극 중층수가 수온이 가장 높다.
ㄴ. 북대서양 심층수의 염분이 가장 높다.
ㄷ. 가장 아래에서 흐르는 해류는 남극 저층수이다.

① ㄱ   ② ㄴ   ③ ㄷ
④ ㄴ, ㄷ   ⑤ ㄱ, ㄴ, ㄷ

∞ 11. 해수의 순환 134쪽

[05~06] 그림은 대서양에서 일어나는 심층 순환을 모식적으로 나타낸 것이다. 물음에 답하시오.

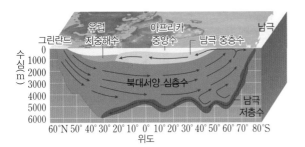

05 수온이 가장 높고 염분도 상대적으로 낮아 표층수 아래에서 흐르는 심층수의 이름을 쓰시오.

∞ 11. 해수의 순환 134쪽

06 위 그림에 대한 설명으로 옳은 것만을 〈보기〉에서 있는 대로 고른 것은?

| 보기 |
ㄱ. 가장 무거운 해수는 남극 저층수이다.
ㄴ. 심층 순환은 해수의 밀도 차로 발생한다.
ㄷ. 북대서양 해수는 그린란드 부근에서 침강하여 남극 대륙 부근까지 흐른다.

① ㄱ   ② ㄴ   ③ ㄷ
④ ㄱ, ㄴ   ⑤ ㄱ, ㄴ, ㄷ

∞ 12. 대기와 해양의 상호 작용 144쪽

07 그림은 북반구의 어느 연안에 일정하게 북풍이 계속해서 부는 모습을 나타낸 것이다.

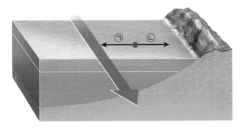

이에 대한 설명으로 옳은 것만을 〈보기〉에서 있는 대로 고른 것은?

| 보기 |
ㄱ. 연안에는 용승 현상이 일어난다.
ㄴ. 연안에는 안개가 자주 발생한다.
ㄷ. 표층 해수는 ⊙ 방향으로 이동한다.

① ㄱ   ② ㄴ   ③ ㄷ
④ ㄱ, ㄴ   ⑤ ㄱ, ㄴ, ㄷ

∞ 12. 대기와 해양의 상호 작용 144쪽

08 그림 (가)와 (나)는 엘니뇨 발생 시와 라니냐 발생 시의 해수의 연직 단면도를 나타낸 것이다.

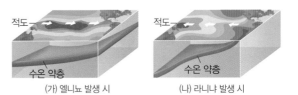

(가) 엘니뇨 발생 시   (나) 라니냐 발생 시

이에 대한 설명으로 옳은 것만을 〈보기〉에서 있는 대로 고른 것은?

| 보기 |
ㄱ. 무역풍은 엘니뇨 시기가 라니냐 시기보다 약하다.
ㄴ. 동태평양의 용승 현상은 엘니뇨 시기가 라니냐 시기보다 강하다.
ㄷ. 수온 약층의 경사는 엘니뇨 시기가 라니냐 시기보다 급하게 나타난다.

① ㄱ   ② ㄴ   ③ ㄱ, ㄷ
④ ㄴ, ㄷ   ⑤ ㄱ, ㄴ, ㄷ

∞ 12. 대기와 해양의 상호 작용 144쪽

09 그림은 어떤 해에 태평양 적도 부근 해역에서 평상시 표층 수온 분포에 대한 수온 편차(관측값−평균값)를 나타낸 것이다.

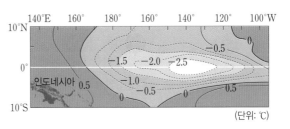

(단위: ℃)

이 시기와 관계 깊은 것만을 〈보기〉에서 있는 대로 고른 것은?

| 보기 |
ㄱ. 무역풍이 강해진다.
ㄴ. 동태평양 적도 부근의 용승이 약해진다.
ㄷ. 동태평양 적도 부근의 표층 수온이 올라간다.
ㄹ. 동태평양 적도 부근의 강수량이 평년보다 감소한다.

① ㄱ, ㄴ   ② ㄱ, ㄷ   ③ ㄱ, ㄹ
④ ㄴ, ㄷ   ⑤ ㄷ, ㄹ

∞ 13. 지구의 기후 변화 154쪽

10 그림은 현재와 13000년 후의 지구 자전축 경사 방향을 나타낸 것이다.

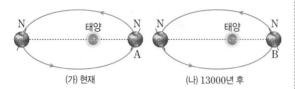

(가) 현재   (나) 13000년 후

이에 대한 설명으로 옳은 것만을 〈보기〉에서 있는 대로 고른 것은?(단, 지구 자전축의 경사 방향 변화 이외의 요인은 고려하지 않는다.)

┌ 보기 ┐
ㄱ. 우리나라는 A일 때 겨울, B일 때 여름이다.
ㄴ. 13000년 후 북반구에서 기온의 연교차는 더 작아질 것이다.
ㄷ. (가)와 (나)일 때 1년 동안 받는 태양 복사 에너지의 총량은 변하지 않는다.

① ㄱ   ② ㄴ   ③ ㄱ, ㄷ
④ ㄴ, ㄷ   ⑤ ㄱ, ㄴ, ㄷ

∞ 13. 지구의 기후 변화 154쪽

11 그림은 현재의 타원 궤도에서 10만 년 후 원 궤도로 변한다고 가정할 때를 나타낸 것이다.

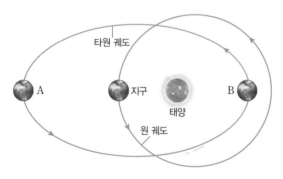

이에 대한 설명으로 옳은 것만을 〈보기〉에서 있는 대로 고른 것은?

┌ 보기 ┐
ㄱ. 현재 북반구의 겨울 위치는 B이다.
ㄴ. 북반구에서 여름은 현재보다 10만 년 후가 더 더워진다.
ㄷ. 북반구 기온의 연교차는 현재보다 10만 년 후에 더 커질 것이다.

① ㄱ   ② ㄴ   ③ ㄱ, ㄷ
④ ㄴ, ㄷ   ⑤ ㄱ, ㄴ, ㄷ

∞ 13. 지구의 기후 변화 154쪽

12 그림은 복사 평형을 이루고 있는 지구의 에너지 출입을 모식도로 나타낸 것이다.

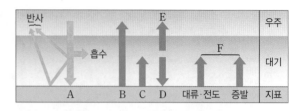

이에 대한 설명으로 옳은 것만을 〈보기〉에서 있는 대로 고른 것은?

┌ 보기 ┐
ㄱ. (A+D)와 (B+C)의 차는 F와 같다.
ㄴ. 지구 온난화가 진행되면 D는 감소한다.
ㄷ. F가 일정할 때, 사막의 면적이 넓어지면 대류·전도에 의한 열 전달이 증가한다.

① ㄱ   ② ㄴ   ③ ㄱ, ㄷ
④ ㄴ, ㄷ   ⑤ ㄱ, ㄴ, ㄷ

∞ 13. 지구의 기후 변화 154쪽

13 그림 (가)와 (나)는 IPCC(정부 간 기후 변화 협의체)가 두 가지 온실 기체 배출 시나리오를 바탕으로 제시한 대기의 CO_2 농도와 지표면 온도의 변화량을 나타낸 것이다.

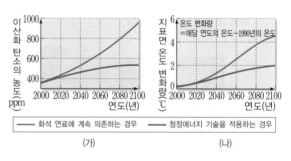

(가)   (나)

이 자료에 근거한 예측으로 옳은 것만을 〈보기〉에서 있는 대로 고르시오.

┌ 보기 ┐
ㄱ. 2100년의 지구 빙하 면적은 현재보다 좁을 것으로 예측된다.
ㄴ. 청정에너지 기술을 적용하는 경우 이산화 탄소 농도의 증가율이 감소할 것이다.
ㄷ. 청정에너지 기술을 적용하였을 때 2100년의 지표면 온도는 현재보다 낮을 것이다.

∞ 13. 지구의 기후 변화 154쪽

14 다음 글의 ( ) 안에 들어갈 현상을 옳게 짝 지은 것은?

> • 지구 온난화로 극지방의 빙하가 녹으면, (㉠)로 해수가 흡수하는 열이 많아져 기온이 상승한다.
> • 지구 온난화로 고위도의 토탄 습지가 따뜻해지면, 대기 중의 (㉡)로 대기가 흡수하는 열이 많아져서 기온이 상승한다.

	㉠	㉡
①	반사율 증가	메테인 농도 증가
②	반사율 증가	메테인 농도 감소
③	반사율 감소	메테인 농도 증가
④	반사율 감소	수증기 증가
⑤	반사율 증가	수증기 증가

∞ 13. 지구의 기후 변화 154쪽

15 그림은 남극 보스토크 빙하 표본을 분석하여 얻은 이산화 탄소의 양, 메테인의 양, 상대적 온도를 나타낸 것이다.

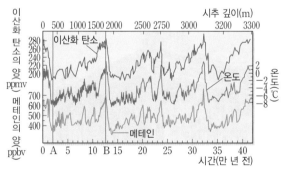

A 시기와 비교한 B 시기의 특징에 대한 설명으로 옳은 것만을 〈보기〉에서 있는 대로 고른 것은?

> ┤ 보기 ├
> ㄱ. 온실 기체의 양이 많다.
> ㄴ. 해수면의 높이는 상승한다.
> ㄷ. 지구 복사의 대기 흡수율이 증가한다.

① ㄱ ② ㄷ ③ ㄱ, ㄴ
④ ㄴ, ㄷ ⑤ ㄱ, ㄴ, ㄷ

1등급을 완성하는 서술형 문제

∞ 12. 대기와 해양의 상호 작용 144쪽

16 그림은 엘니뇨 시기 태평양의 수온 편차(관측값−평년값) 분포를 나타낸 것이다.

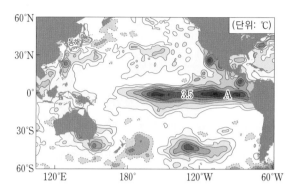

A 지역의 기압과 수온 변화를 평년과 비교하여 설명하시오.

∞ 13. 지구의 기후 변화 154쪽

17 그림은 지구 자전축의 경사 방향 변화와 자전축 경사각의 감소를 현재와 비교하여 나타낸 것이다. 물음에 답하시오.

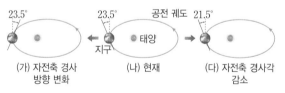

(1) (가)와 같이 변하는 경우 우리나라에는 어떤 변화가 나타날지 설명하시오.

(2) (다)와 같이 변하는 경우 지구 전역에는 어떤 변화가 나타날지 설명하시오.

∞ 13. 지구의 기후 변화 154쪽

18 지구 온난화로 인한 영향을 3가지만 설명하시오.

할리카르나소스의 마우솔레움

할리카르나소스는 현재 터키 보드룸시의 옛 지명입니다. 오늘날 마우솔레움은 무덤 기념물, 즉 영묘를 일컫지만, 원래는 마우솔로스 왕을 기르는 무덤 기념물의 이름이었습니다.

마우솔레움은 페르시아 제국에 속한 소아시아반도 갈리아 지방의 총독, 마우솔로스가 죽자 그의 누이이자 부인인 아르테미시아가 세상에서 가장 멋진 무덤을 만들겠다며 조성하기 시작했습니다.

건축 설계는 당대 유명한 미술가가, 건물 사면을 둘러싸는 조각은 당대의 명망 있는 그리스 조각가들이 담당했습니다. 1층 기단부는 사각형 대리석 토대를 설치하고, 그 토대 위의 네 모서리에는 말을 탄 전사들의 입상을 배치했습니다. 2층 영안실은 대리석으로 만든 36개의 기둥으로 사방을 둘러쌌습니다. 그 위로는 24단의 피라미드형 지붕이 솟아 있으며 마지막 층에는 4두 마차를 탄 마우솔로스 총독과 그의 부인 아르테미시아의 조각상을 설치하여 그들이 통치하는 땅을 내려다보도록 했습니다.

서기 2세기 사람 필론은 마우솔레움을 고대 세계 7대 불가사의 중 하나로 꼽았는데, 그 이유가 장엄한 건축미와 정교한 장식 등이 불가사의할 만큼 아름답고 신비로워서였습니다. 현재 마우솔레움은 그 건축 잔해가 대영박물관에 남아 몇 점의 유물로만 만나볼 수 있습니다.

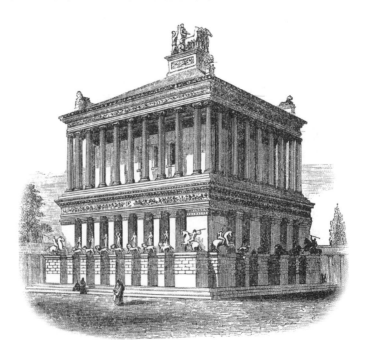

V

별과 외계 행성계

자~ 이제 별을
관찰해 볼까?

이 단원에서는 별의 분광형과 계급으로부터 별의 표면 온
도와 광도를 결정하는 원리를 이해하고, 별의 H-R도에
나타난 자료로부터 별의 진화 과정의 특징을 알아본다.
주계열성의 에너지원을 알고, 별의 질량에 따른 주계열
성의 내부 구조를 알아본다. 또, 외계 생명체 탐사에 관
련된 과학적 원리와 의의를 알아본다.

14 별의 물리량과 H-R도

자료 분석 특강 188쪽 A

1 별의 색과 표면 온도

1 별의 복사 별은 흑체와 유사하게 온도에 따라 각 파장에서 방출하는 복사 에너지양이 다르다.[1]

① 흑체: 입사된 복사 에너지를 모두 흡수하고 흡수한 양만큼 모두 방출하는 이상적인 물체

② 플랑크 곡선: 흑체가 방출하는 복사 에너지의 파장에 따른 분포 곡선

③ 빈의 변위 법칙: 흑체의 표면 온도(T)가 높을수록 최대 에너지를 방출하는 파장(λ_{max})이 짧아진다.

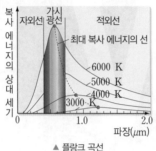
▲ 플랑크 곡선

$$\lambda_{max} = \frac{a}{T} \ (a: 2.898 \times 10^3 \ \mu\mathrm{m \cdot K})$$

2 별의 표면 온도와 색 별의 표면 온도에 따라 색이 달라진다.

① 표면 온도가 높은 별: 최대 에너지를 방출하는 파장이 짧아 파란색으로 보인다.

② 표면 온도가 낮은 별: 최대 에너지를 방출하는 파장이 길어 붉은색으로 보인다.

3 별의 색지수와 표면 온도

① 색지수: 사진 등급(m_p)에서 안시 등급(m_v)을 뺀 값

사진 등급(m_p)	안시 등급(m_v)
별을 사진으로 촬영할 때의 밝기 등급 → 사진 건판은 파란색에 민감하여 표면 온도가 높은 별(파란색을 띠는 별)은 사진 등급이 작게 나타난다.	별을 맨눈으로 관측할 때의 밝기 등급 → 사람의 눈은 노란색에 민감하여 표면 온도가 낮은 별(노란색을 띠는 별)은 안시 등급이 작게 나타난다.

② U, B, V 등급: U(자외선) 필터, B(파랑) 필터, V(노랑) 필터를 써서 각 파장 영역을 통과한 빛의 밝기로 정한 별의 겉보기 등급[2]

③ U, B, V 등급과 색지수: B 등급은 사진 등급, V 등급은 안시 등급과 비슷하므로, 보통 B−V를 색지수로 사용한다.

④ 별의 표면 온도와 색지수: 별의 표면 온도가 높을수록 색지수가 작다.

색지수	음(−)의 값	0	양(+)의 값
표면 온도	10000 K보다 높은 별	10000 K인 별	10000 K보다 낮은 별

U, B, V 등급과 색지수

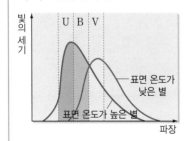

• 표면 온도가 높은 별: B 필터를 통과한 별빛이 V 필터를 통과한 별빛보다 많다. → B 등급이 V 등급보다 작다. → 색지수(B−V)가 (−) 값이다.

• 표면 온도가 낮은 별: B 필터를 통과한 별빛이 V 필터를 통과한 별빛보다 적다. → B 등급이 V 등급보다 크다. → 색지수(B−V)가 (+) 값이다.

한눈에
정리하는 출제 경향

• 별의 분광형과 표면 온도 관계 알기
• 별의 온도, 광도, 크기 관계 해석하기
• H−R도 해석하기

핵심 개념
별의 분광형, 별의 광도와 크기, 별의 광도 계급, H−R도

plus 개념

❶ 흑체 복사의 파장에 따른 세기 변화
흑체를 구성하는 물질의 종류나 모양 등에 관계없이 온도에 의해서만 결정된다.

❷ U, B, V 필터의 투과 영역

U 필터	보라색(0.36 μm 부근 파장) 빛만 통과
B 필터	파란색(0.42 μm 부근 파장) 빛만 통과
V 필터	노란색(0.54 μm 부근 파장) 빛만 통과

꼭 기억해!

별의 표면 온도가 높을수록 파란색을 띠고 색지수는 (−)이며, 별의 표면 온도가 낮을수록 붉은색을 띠고 색지수는 (+)이다.

2 별의 분광형과 표면 온도

1 스펙트럼의 종류

연속 스펙트럼	방출 스펙트럼	흡수 스펙트럼
백열등처럼 모든 파장 영역에서 빛이 연속적인 띠로 나타나는 것	고온·저밀도의 기체가 방출하는 선 스펙트럼	연속 스펙트럼이 나타나는 빛을 저온·저밀도의 기체에 통과시킬 때 나타나는 선 스펙트럼

└ 연속 스펙트럼을 배경으로 검은색의 선으로 나타난다.

2 별의 분광형과 표면 온도

① **별의 스펙트럼**: 흡수 스펙트럼이 나타나며, 별마다 스펙트럼이 다르게 나타난다.❸
 → **까닭**: 별의 표면 온도에 따라 스펙트럼의 특정한 영역에서 흡수선을 형성하기 때문

② **별의 분광형**: 별의 표면 온도에 따라 스펙트럼에 나타나는 흡수선의 종류와 세기를 기준으로 O, B, A, F, G, K, M형의 7가지로 분류하였다.

• 표면 온도는 O형이 가장 높고, M형으로 갈수록 낮아진다.

• O형과 M형을 제외한 각 분광형은 고온의 0에서 저온의 9까지 10단계로 세분하였다.

• 태양은 표면 온도가 약 5800 K로, 분광형은 G2형이다.

분광형	흡수 스펙트럼의 예	표면 온도(K)		색깔
O	H선 / He선	27000 이상	높다.	파란색
B	He선 C선	10000~27000		청백색
A	Ca선 Fe선	7200~10000		흰색
F	Fe선 O선 Mg선 Na선	6000~7200		황백색
G	O선	5100~6000		노란색
K	여러 가지 분자선	3700~5100		주황색
M	여러 가지 분자선	3700 이하	낮다.	붉은색

별의 분광형에 따른 흡수선의 종류와 세기

별의 표면 온도에 따라 원소들이 특정한 흡수선을 형성한다.

• O형 별: 이온화된 헬륨(He Ⅱ) 흡수선이 강하게 나타난다.

• A형 별: 수소(H) 흡수선이 강하게 나타난다.

• G형 별: 이온화된 칼슘(Ca Ⅱ), 이온화된 철 (Fe Ⅱ) 흡수선이 강하게 나타난다.

---

plus개념

❸ 별의 스펙트럼에 대한 연구

프라운호퍼는 태양의 스펙트럼에서 흡수선을 발견하였고, 이후에 과학자들은 별의 스펙트럼에서도 흡수선을 발견하였다. 당시에는 별의 스펙트럼에서 나타나는 흡수선의 차이가 별의 화학 조성이 다르기 때문이라고 생각하였으나, 별들의 화학 조성은 거의 같으며, 흡수 스펙트럼의 차이는 별의 표면 온도가 다르기 때문이라는 것을 알게 되었다.

❈ 중성 원자와 이온 표시

He Ⅰ, Ca Ⅱ, Si Ⅲ 등에서 로마 숫자 Ⅰ은 중성 상태를, Ⅱ는 +1가의 이온화된 상태를, Ⅲ은 +2가의 이온화된 상태를 의미한다.

용어 돋보기

• **흑체**(검을 黑, 몸 體): 모든 파장의 빛을 흡수하고, 방출하는 이상적인 물체이다.

• **분광형**(나눌 分, 빛 光, 모형 型): 별빛을 스펙트럼에 따라 분류한 것이다.

확인 문제 1 2

1 별의 표면 온도가 높을수록 파장이 (　　　)지고, (　　　)색을 띤다.

2 사진 등급에서 안시 등급을 뺀 값을 무엇이라고 하는지 쓰시오.

3 흡수선의 종류와 세기를 기준으로 별을 분류한 것을 무엇이라고 하는지 쓰시오.

4 (　　　)형 별은 표면 온도가 가장 높고, (　　　)형 별은 표면 온도가 가장 낮다.

14 별의 물리량과 H-R도

3 별의 광도와 크기

1 별의 광도

① 광도: 별의 표면에서 단위 시간 동안 방출하는 총 에너지양

② 슈테판·볼츠만 법칙: 흑체가 단위 시간 동안 단위 면적에서 방출하는 에너지양(E)은 표면 온도(T)의 4제곱에 비례한다.

$$E = \sigma T^4 \text{ (슈테판·볼츠만 상수 } \sigma = 5.670 \times 10^{-8} \text{ W} \cdot \text{m}^{-2} \cdot \text{K}^{-4})$$

③ 별의 광도(L): 별이 단위 시간 동안 단위 면적에서 방출하는 에너지양과 별의 표면적에 비례한다.

> **별의 광도**
> · 별이 단위 시간 동안 단위 면적에서 방출하는 에너지양(E): σT^4
> · 별의 표면적: $4\pi R^2$
> · 별의 광도(L): 별이 단위 시간 동안 단위 면적에서 방출하는 에너지양 × 별의 표면적
>
> $$L = 4\pi R^2 \cdot \sigma T^4$$

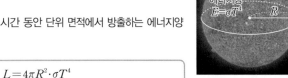

▲ 별의 광도와 크기 관계

2 별의 크기 별의 광도(L)와 표면 온도(T)를 알면, 별의 반지름(R)을 구할 수 있다.

$$L = 4\pi R^2 \cdot \sigma T^4 \rightarrow R = \sqrt{\dfrac{L}{4\pi \cdot \sigma T^4}}$$

> **별의 광도와 표면 온도를 구하는 방법**
>
> 별의 반지름 $R \propto \dfrac{\sqrt{L}}{T^2}$이므로, 별의 반지름을 구하려면 별의 광도와 표면 온도를 알아야 한다.
>
> ① 별의 광도: 별의 절대 등급을 알아낸 후 태양의 절대 등급과 비교하여 태양에 대한 상대적 광도를 구한다. 태양의 광도 $L_\odot = 4 \times 10^{26}$ J/s이며, 별의 절대 등급은 별까지의 거리와 겉보기 등급을 측정하여 구할 수 있다.❹❺
>
> ② 별의 표면 온도: 별의 스펙트럼을 분석하여 분광형을 알아내거나 색지수를 이용하여 별의 표면 온도를 구할 수 있다.

확인 문제 ❸

5 흑체가 단위 시간 동안 단위 면적에서 방출하는 에너지양은 표면 온도의 (   )에 비례한다.

6 별의 표면에서 단위 시간 동안 방출하는 총 에너지양을 (   )(이)라고 한다.

7 별의 광도와 (   )을/를 알면 별의 반지름을 구할 수 있다.

4 H-R도와 별의 종류   자료 분석 특강 188쪽 B

└─ 두 과학자 Hertzsprung과 Russell의 첫 글자를 나타낸다.

1 H-R도 별의 분광형과 절대 등급을 두 축으로 하여 별의 분포를 나타낸 그래프

① 가로축: 별의 분광형 또는 표면 온도로 나타낸다.

② 세로축: 별의 절대 등급 또는 광도로 나타낸다. 절대 등급이 작을수록 광도가 크다.

---

❹ **별의 광도와 절대 등급의 관계**
광도는 별의 실제 밝기를 나타내는 값이다. 따라서 두 별의 실제 밝기가 100배 차이일 때 광도도 100배 차이이며, 두 별의 절대 등급은 5등급 차이난다. 즉, 1등급 사이에는 $100^{\frac{1}{5}}$($\fallingdotseq 2.5$)배의 밝기 차이가 있다.

예 절대 등급이 태양보다 5등급 작은 별은 광도가 태양보다 100배 크고, 절대 등급이 태양보다 1등급 작은 별은 광도가 태양보다 약 2.5배 크다.

❺ **포그슨 공식**
별의 밝기와 등급의 관계를 나타내는 식으로, 별의 광도와 절대 등급을 각각 L, M이라 하고 태양의 광도와 절대 등급을 각각 $L_\odot$, $M_\odot$이라고 하면 다음과 같은 식이 성립한다.

$$M - M_\odot = -2.5 \log \dfrac{L}{L_\odot}$$

오해하지마!

절대 등급을 나타내는 숫자가 작을수록 밝은 별이므로 광도가 크다는 사실에 주의한다.

2 H-R도와 별의 종류

별의 종류	H-R도에서 위치	특징	대표적인 별
주계열성	H-R도의 왼쪽 위에서 오른쪽 아래로 이어지는 좁은 띠 영역에 분포하는 별	• 별의 약 90 %가 주계열성에 속한다. • 주계열성은 H-R도에서 왼쪽 위에 분포할수록 표면 온도가 높고 광도가 크며, 질량과 반지름이 크다.	태양, 스피카, 시리우스 A 등
적색 거성	H-R도에서 주계열성의 오른쪽 위에 분포하는 별	• 표면 온도가 낮아 붉은색을 띠지만 반지름이 매우 커서 광도가 크다. • 평균 밀도가 주계열성보다 작다.	알데바란, 아르크투루스 등
초거성	H-R도에서 적색 거성의 위쪽에 분포하는 별	• 표면 온도가 낮아 붉은색을 띠지만 적색 거성보다 반지름이 커서 광도는 매우 크다. • 평균 밀도가 적색 거성보다 작다.	베텔게우스, 안타레스 등
백색 왜성	H-R도에서 주계열성의 왼쪽 아래에 분포하는 별	• 표면 온도가 높아 백색으로 보이지만 반지름이 매우 작기 때문에 광도가 매우 작다. • 크기는 작지만 질량은 태양과 비슷하므로 평균 밀도가 매우 크다.	시리우스 B 등

H-R도의 특징

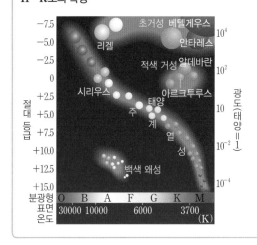

• 가로축에서 오른쪽으로 갈수록 표면 온도가 낮아지고, 색깔이 붉은색을 띤다.
• 세로축에서 위로 갈수록 광도가 크고, 절대 등급이 작아진다.
• 오른쪽 위로 갈수록 표면 온도는 낮아지지만 광도는 크다. → 까닭: 별의 반지름이 크기 때문
• 별의 반지름: 초거성 > 적색 거성 > 주계열성 > 백색 왜성❻
• 별의 평균 밀도: 초거성 < 적색 거성 < 주계열성 < 백색 왜성

3 광도 계급 별을 광도에 따라 계급으로 분류하는 것

① M-K 분류법: 모건과 키넌은 별을 분광형과 광도 계급을 기준으로 분류하였다.

예 태양: G2V
분광형 ── 광도 계급

② 별의 분광형과 광도: 분광형이 같더라도 광도 계급에 따라 별의 광도가 다르다. → 별의 반지름이 다르기 때문이다.
예 분광형이 G0으로 같아도 광도 계급이 Ⅲ인 별이 V인 별보다 광도가 크다.

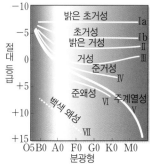

▲ M-K 분류법

---

plus 개념

※ H-R도에서 별의 반지름 비교하기

별의 반지름 $R \propto \dfrac{\sqrt{L}}{T^2}$ 이므로 광도가 클수록, 표면 온도가 낮을수록 별의 크기가 크다. 따라서 H-R도에서 오른쪽 위에 있는 별일수록 반지름이 크고, 왼쪽 아래에 있는 별일수록 반지름이 작다.

※ H-R도에서 별의 물리량

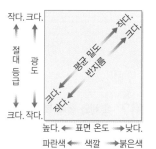

❻ 별의 크기 비교

태양은 주계열성이고, 알데바란은 태양의 약 40배인 거성, 베텔게우스는 태양의 수백 배인 초거성이다.

용어 돋보기

• **광도**(빛 光, 법도 度): 별의 절대 밝기를 나타내는 물리량이다.
• **적색 거성**(붉을 赤, 색 色, 클 巨, 별 星): 온도가 낮아 붉은색을 띠는 거대한 크기의 별이다.
• **백색 왜성**(흰 白, 색 色, 난장이 矮, 별 星): 온도가 높아 흰색을 띠는 작은 크기의 별이다.

확인 문제 ❹

8 가로축에 별의 분광형, 세로축에 별의 절대 등급을 나타낸 도표를 (   )(이)라고 한다.

9 H-R도의 왼쪽 위에서 오른쪽 아래로 이어지는 좁은 띠 영역에 분포하는 별로, 가장 큰 비율을 차지하는 별은 무엇인지 쓰시오.

1 별의 색과 표면 온도

01 다음은 흑체 복사에 대한 설명이다. (　　) 안에 들어갈 알맞은 말을 쓰시오.

> 흑체는 표면 온도가 높을수록 최대 에너지를 방출하는 파장이 (㉠)진다. 이를 빈의 (㉡) 법칙이라고 한다.

02 흑체와 흑체 복사에 대한 설명으로 옳은 것은?

① 흑체는 흡수율이 100 %인 물체이다.
② 태양계에서 흑체와 가장 유사한 천체는 지구이다.
③ 흑체는 에너지를 흡수하거나 방출하지 않는 물체이다.
④ 흑체는 입사된 에너지 중 특정한 파장의 빛만 흡수한다.
⑤ 흑체가 최대 에너지를 방출하는 파장은 표면 온도에 비례한다.

(P)중요

03 별의 표면 온도와 색지수에 대한 설명으로 옳은 것을 모두 고르면?(정답 2개)

① 별은 표면 온도에 따라 색이 달라진다.
② 별은 표면 온도가 높을수록 붉은색을 띤다.
③ 별은 표면 온도가 낮을수록 색지수가 크다.
④ 표면 온도가 높은 별은 B 등급이 V 등급보다 크다.
⑤ 안시 등급에서 사진 등급을 뺀 값을 색지수라고 한다.

04 그림은 표면 온도가 6000 K인 별 A와 3000 K인 별 B의 파장에 따른 복사 에너지의 상대적 세기를 나타낸 것이다.

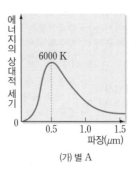 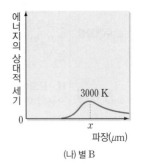

(가) 별 A　　　　　　　(나) 별 B

이에 대한 설명으로 옳은 것만을 〈보기〉에서 있는 대로 고른 것은?

> **보기**
> ㄱ. 색지수는 별 A가 B보다 작다.
> ㄴ. 별 A는 B보다 붉은색을 띤다.
> ㄷ. 별 B는 최대 세기의 복사 에너지를 방출하는 파장(x)이 1.0 μm이다.

① ㄱ　　　　② ㄴ　　　　③ ㄱ, ㄷ
④ ㄴ, ㄷ　　　⑤ ㄱ, ㄴ, ㄷ

(P)중요

05 그림은 별 a와 b의 파장에 따른 복사 에너지의 상대적 세기를 나타낸 것이다.

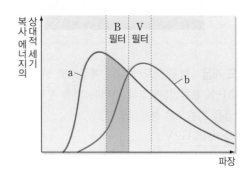

이에 대한 설명으로 옳은 것만을 〈보기〉에서 있는 대로 고른 것은?

> **보기**
> ㄱ. 별 a는 B 등급보다 V 등급이 작다.
> ㄴ. 별 a는 별 b보다 표면 온도가 낮다.
> ㄷ. 별 b의 색지수(B−V)는 (+)값을 가진다.

① ㄱ　　　　② ㄷ　　　　③ ㄱ, ㄴ
④ ㄱ, ㄷ　　　⑤ ㄴ, ㄷ

2 별의 분광형과 표면 온도

06 스펙트럼에 대한 설명으로 옳은 것만을 〈보기〉에서 있는 대로 고른 것은?

┤ 보기 ├
ㄱ. 모든 파장 영역에서 빛이 연속적인 띠로 나타나는 것을 선 스펙트럼이라고 한다.
ㄴ. 백열등의 빛을 파장에 따라 분해하면 연속 스펙트럼이 나타난다.
ㄷ. 별의 스펙트럼에서 검은색의 선 스펙트럼이 관측된다.

① ㄱ   ② ㄴ   ③ ㄱ, ㄴ
④ ㄱ, ㄷ   ⑤ ㄴ, ㄷ

07 간이 분광기로 관측할 때 흡수 스펙트럼이 나타날 수 있는 경우로 옳은 것만을 〈보기〉에서 있는 대로 고른 것은?

┤ 보기 ├
ㄱ. 햇빛을 관찰할 때
ㄴ. 고온, 저밀도의 기체가 방출하는 빛을 관찰할 때
ㄷ. 백열등 빛을 저온, 저밀도의 기체에 통과시킨 후 관찰할 때

① ㄱ   ② ㄴ   ③ ㄷ
④ ㄱ, ㄷ   ⑤ ㄴ, ㄷ

⟨서술형⟩

08 다음은 별의 분광형에 대한 설명이다.

(가) 별의 표면 온도에 따라 나타나는 연속 스펙트럼의 종류와 세기를 기준으로 별의 분광형을 O, B, A, F, G, K, M형의 7가지로 분류하였다.
(나) O형 별에서 M형 별로 갈수록 표면 온도가 높아지고 파란색을 띤다.

(가)와 (나)에서 틀린 부분을 찾아 옳게 고치시오.

⟨중요⟩

09 표는 분광형이 서로 다른 별의 스펙트럼을 나타낸 것이다.

분광형	스펙트럼
O	
M	
G	

이에 대한 설명으로 옳은 것만을 〈보기〉에서 있는 대로 고른 것은?

┤ 보기 ├
ㄱ. 별의 표면 온도는 O형 별이 가장 낮다.
ㄴ. M형 별은 G형 별보다 파란색을 띤다.
ㄷ. 태양 스펙트럼은 G형 별과 가장 비슷할 것이다.

① ㄱ   ② ㄷ   ③ ㄱ, ㄴ
④ ㄴ, ㄷ   ⑤ ㄱ, ㄴ, ㄷ

⟨중요⟩

10 그림은 분광형에 따른 원소들의 흡수선 종류와 세기를 나타낸 것이다.

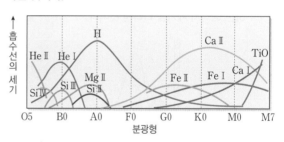

이에 대한 설명으로 옳은 것만을 〈보기〉에서 있는 대로 고른 것은?

┤ 보기 ├
ㄱ. 표면 온도가 높은 별에서는 헬륨 흡수선이 잘 나타난다.
ㄴ. 태양 스펙트럼에서는 수소 흡수선이 가장 강하게 나타난다.
ㄷ. 분광형에 따라 흡수선의 종류와 세기가 다른 주된 까닭은 별들의 화학 조성이 다르기 때문이다.

① ㄱ   ② ㄷ   ③ ㄱ, ㄴ
④ ㄴ, ㄷ   ⑤ ㄱ, ㄴ, ㄷ

3 별의 광도와 크기

11 별의 광도에 대한 설명으로 옳은 것은?

① 별의 표면에서 단위 시간 동안 단위 면적에서 방출하는 총 에너지양이다.
② 광도는 별의 반지름에 비례한다.
③ 광도는 별의 표면 온도의 제곱에 비례한다.
④ 광도가 클수록 절대 등급이 크다.
⑤ 별의 표면 온도가 같다면 광도가 클수록 반지름이 크다.

12 별의 반지름을 구하기 위해 필요한 물리량만을 〈보기〉에서 있는 대로 고른 것은?

┌ 보기 ┐
ㄱ. 질량　　　　　　ㄴ. 광도
ㄷ. 표면 온도　　　　ㄹ. 별까지의 거리
└───────────┘

① ㄱ, ㄷ　　　② ㄱ, ㄹ　　　③ ㄴ, ㄷ
④ ㄴ, ㄹ　　　⑤ ㄷ, ㄹ

13 그림은 두 별 A, B의 단위 면적에서 단위 시간 동안 방출하는 에너지 세기를 나타낸 것이다.

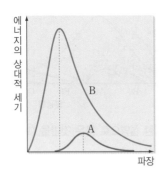

이에 대한 설명으로 옳은 것만을 〈보기〉에서 있는 대로 고른 것은?

┌ 보기 ┐
ㄱ. 표면 온도는 A가 B보다 높다.
ㄴ. 별의 크기가 같다면, 광도는 A가 B보다 크다.
ㄷ. 별의 광도가 같다면, 반지름은 A가 B보다 크다.
└───────────────────────┘

① ㄱ　　　② ㄴ　　　③ ㄷ
④ ㄱ, ㄷ　　　⑤ ㄴ, ㄷ

ⓟ중요

14 표는 두 별 A, B의 표면 온도와 광도를 나타낸 것이다.

물리량 ＼ 별	A	B
표면 온도(K)	4000	8000
광도(태양=1)	0.5	2

별 A의 크기는 B의 몇 배인지 구하시오.

4 H-R도와 별의 종류

15 H-R도에 대한 설명으로 옳은 것은?

① 가로축의 물리량은 별의 절대 등급이다.
② 세로축의 물리량은 별의 표면 온도이다.
③ 태양은 H-R도에서 오른쪽 상단에 위치한다.
④ H-R도의 왼쪽 하단에 있는 별들은 반지름이 매우 크다.
⑤ 대부분의 별이 분포하는 영역은 왼쪽 위부터 오른쪽 아래로 이어지는 대각선 영역이다.

ⓟ중요

16 다음은 H-R도에 위치한 별의 종류에 대한 설명이다.

(가) H-R도에서 광도와 반지름이 가장 큰 집단
(나) 표면 온도가 높고 반지름은 매우 작은 집단
(다) H-R도에서 대부분의 별들이 속해 있는 집단

(가)~(다)에 해당하는 별의 종류를 옳게 짝 지은 것은?

	(가)	(나)	(다)
①	초거성	주계열성	백색 왜성
②	초거성	백색 왜성	주계열성
③	초거성	백색 왜성	적색 거성
④	적색 거성	주계열성	백색 왜성
⑤	적색 거성	백색 왜성	주계열성

17 그림은 두 별 X, Y와 태양의 위치를 H−R도에 나타낸 것이다.

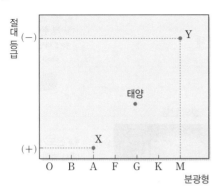

Y가 X보다 큰 값을 갖는 물리량만을 〈보기〉에서 있는 대로 고른 것은?

┤ 보기 ├
ㄱ. 광도　　　　ㄴ. 표면 온도　　　ㄷ. 반지름

① ㄱ　　　　　② ㄴ　　　　　③ ㄱ, ㄷ
④ ㄴ, ㄷ　　　　⑤ ㄱ, ㄴ, ㄷ

⊕중요

18 그림은 별의 H−R도를 나타낸 것이다.

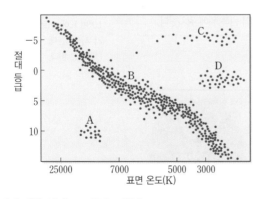

이에 대한 설명으로 옳은 것은?

① A는 적색 거성이다.
② A는 B보다 평균 밀도가 크다.
③ B에 속하는 별들은 왼쪽 위로 갈수록 질량이 작다.
④ B는 C보다 반지름이 크다.
⑤ D는 C보다 광도가 크다.

19 그림은 여러 별들을 H−R도에 나타낸 것이다.

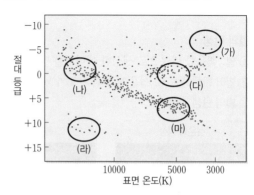

(가)~(마)에 대한 설명으로 옳은 것만을 〈보기〉에서 있는 대로 고른 것은?

┤ 보기 ├
ㄱ. 별의 색지수는 (가)가 가장 크다.
ㄴ. 별의 광도는 (나)가 (라)보다 크다.
ㄷ. 별의 반지름은 (다)가 (마)보다 작다.

① ㄱ　　　　　② ㄷ　　　　　③ ㄱ, ㄴ
④ ㄴ, ㄷ　　　　⑤ ㄱ, ㄴ, ㄷ

20 그림은 별들을 광도 계급에 따라 구분하여 나타낸 것이다.

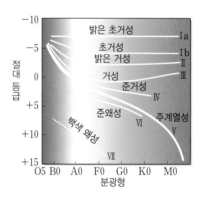

이에 대한 설명으로 옳은 것만을 〈보기〉에서 있는 대로 고른 것은?

┤ 보기 ├
ㄱ. 분광형이 F0으로 같을 때 광도 계급 I형 별은 II형 별보다 광도가 크다.
ㄴ. 태양의 광도 계급은 V형에 속한다.
ㄷ. 별의 표면 온도가 같아도 광도가 다르면 스펙트럼이 다르게 나타난다.

① ㄱ　　　　　② ㄴ　　　　　③ ㄱ, ㄷ
④ ㄴ, ㄷ　　　　⑤ ㄱ, ㄴ, ㄷ

15 별의 진화와 내부 구조

1 별의 탄생

1 별의 탄생

① 별: 핵융합 반응으로 생성한 에너지를 방출하여 스스로 빛을 내는 천체
② 별이 탄생하는 곳: 성운 내부의 온도가 낮고 밀도가 높은 영역❶
③ 별의 탄생 과정

성운의 형성	원시별 생성	별의 탄생

우주 공간에 기체나 먼지로 이루어진 거대한 구름이 만들어진다.	성운 내부의 온도가 낮고 밀도가 높은 영역에서 중력에 의한 수축으로 원시별이 생성된다.❷	중심부 온도가 약 1000만 K에 이르면 중심부에서 수소 핵융합 반응이 일어나는 별(주계열성)이 된다.

└ 원시별은 내부 압력에 의해 밀어내는 힘보다 중력이 커서 반지름이 계속 작아진다.

④ 질량에 따른 원시별의 진화 경로: 원시별은 H－R도의 오른쪽에서 왼쪽으로 진화하여 주계열에 도달하고, 원시별의 질량이 클수록 주계열에 빨리 도달한다.

질량에 따른 원시별의 진화 경로와 속도

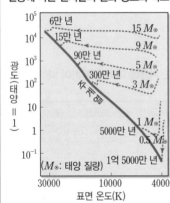

• 질량이 태양보다 큰 원시별: H－R도에서 수평 방향으로 진화하고 상대적으로 빨리 주계열에 도달한다.❸
• 질량이 태양과 비슷하거나 태양보다 작은 원시별: 중력 수축하면서 광도가 작아져 H－R도에서 아래로 이동한다.
• 질량이 태양 질량의 0.08배보다 작은 원시별: 중심부의 온도가 낮아 핵융합 반응을 할 수 없으므로 별이 될 수 없다.
• 진화 속도와 경로: 원시별의 질량이 클수록 중력 수축이 빠르게 일어나 주계열에 빨리 도달하고, 표면 온도와 광도가 커서 H－R도에서 주계열의 왼쪽 위에 위치한다.

2 주계열 단계(주계열성)

에너지원	수소 핵융합 반응으로 에너지를 생성한다.	
별의 크기	내부 기체 압력과 중력이 평형을 이룬다. → 크기가 일정하게 유지된다.	
주계열에 머무는 기간	일생의 대부분(약 90 %)을 주계열 단계에 머무른다. – 관측되는 별 중 주계열성이 가장 많다.	
수명	질량이 클수록 핵융합 반응이 빠르게 진행되어 수소가 빨리 소모되므로 수명이 짧다.	

▲ 주계열성의 힘의 평형

확인문제 1

1 원시별은 성운 내부에서 온도가 (높, 낮)고 밀도가 (높, 낮)은 영역에서 만들어진다.
2 주계열성은 내부 기체 압력과 (　　　)이/가 평형을 이루므로 크기가 (　　　).
3 별은 일생의 대부분을 (　　　) 단계에 머물며, 질량이 (큰, 작은) 별일수록 수명이 짧다.

• 별의 질량에 따른 진화 경로 이해하기
• 별의 에너지원과 별의 종류에 따른 내부 구조 이해하기

핵심 개념
원시별, 주계열성, 적색 거성, 행성상 성운, 백색 왜성, 중성자별, 블랙홀, 중력 수축 에너지, 정역학 평형 상태

plus⊕개념

❶ **온도가 낮고 밀도가 높은 성운에서 별이 탄생하는 까닭**
주계열성은 중심핵에서 수소 핵융합 반응이 일어나고 있는 별이므로, 성운의 물질이 중력 수축하여 중심부의 온도가 핵융합 반응이 일어날 수 있을 만큼 높아져야 한다. 이때 성운의 온도가 높으면 내부 압력(기체압)이 높아서 중력 수축하기 어려우므로 온도가 낮고 밀도가 높은 성운일수록 중력 수축이 쉽고, 별이 탄생할 수 있다.

❷ **전주계열 단계**
원시별이 주위 물질을 끌어당겨 밀도가 높아지고 표면 온도가 상승하여 1000 K에 이르면 서서히 빛을 내기 시작하는데, 이 단계를 전주계열 단계라고 한다.

❸ **영년 주계열**
원시별에서 수소 핵융합 반응이 일어나기 시작하면 질량에 따라 H-R도 상에서 대각선으로 늘어선다. 주계열성으로 진화를 시작하는 이 위치를 영년 주계열이라고 한다.

② 별의 진화 자료 분석 특강 189쪽 C

1 태양과 질량이 비슷한 별의 진화

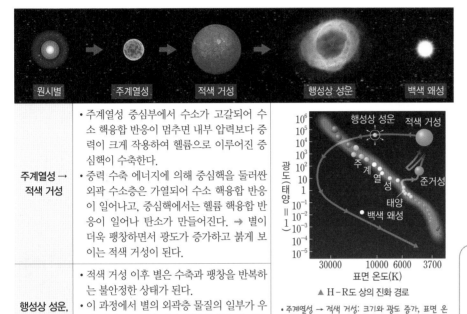

주계열성 → 적색 거성	• 주계열성 중심부에서 수소가 고갈되어 수소 핵융합 반응이 멈추면 내부 압력보다 중력이 크게 작용하여 헬륨으로 이루어진 중심핵이 수축한다. • 중력 수축 에너지에 의해 중심핵을 둘러싼 외곽 수소층은 가열되어 수소 핵융합 반응이 일어나고, 중심핵에서는 헬륨 핵융합 반응이 일어나 탄소가 만들어진다. → 별이 더욱 팽창하면서 광도가 증가하고 붉게 보이는 적색 거성이 된다.
행성상 성운, 백색 왜성	• 적색 거성 이후 별은 수축과 팽창을 반복하는 불안정한 상태가 된다. • 이 과정에서 별의 외곽층 물질의 일부가 우주 공간으로 방출되어 행성상 성운이 만들어지고, 별의 중심부는 더욱 수축하여 밀도가 매우 큰 백색 왜성이 된다.❹

▲ H-R도 상의 진화 경로

• 주계열성 → 적색 거성: 크기와 광도 증가, 표면 온도와 밀도 감소
• 적색 거성 → 백색 왜성: 크기와 광도 감소, 표면 온도와 밀도 증가

2 태양보다 질량이 매우 큰 별의 진화

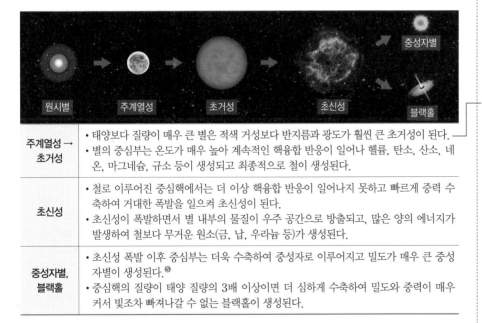

주계열성 → 초거성	• 태양보다 질량이 매우 큰 별은 적색 거성보다 반지름과 광도가 훨씬 큰 초거성이 된다. • 별의 중심부는 온도가 매우 높아 계속적인 핵융합 반응이 일어나 헬륨, 탄소, 산소, 네온, 마그네슘, 규소 등이 생성되고 최종적으로 철이 생성된다.
초신성	• 철로 이루어진 중심핵에서는 더 이상 핵융합 반응이 일어나지 못하고 빠르게 중력 수축하여 거대한 폭발을 일으켜 초신성이 된다. • 초신성이 폭발하면서 별 내부의 물질이 우주 공간으로 방출되고, 많은 양의 에너지가 발생하여 철보다 무거운 원소(금, 납, 우라늄 등)가 생성된다.
중성자별, 블랙홀	• 초신성 폭발 이후 중심부는 더욱 수축하여 중성자로 이루어지고 밀도가 매우 큰 중성자별이 생성된다.❺ • 중심핵의 질량이 태양 질량의 3배 이상이면 더 심하게 수축하여 밀도와 중력이 매우 커서 빛조차 빠져나갈 수 없는 블랙홀이 생성된다.

확인 문제 **②**

4 태양과 질량이 비슷한 별의 진화 과정은 원시별 → 주계열성 → (   ) → 행성상 성운과 (   )이다.

5 철로 이루어진 중심핵이 빠르게 중력 수축하여 거대한 폭발을 일으켜 (   )이/가 된다.

6 태양보다 질량이 매우 큰 별의 진화 마지막 단계는 중성자별 또는 (   )이다.

plus⁺개념

❹ 행성상 성운
별이 적색 거성 단계에서 별의 외곽 물질을 우주 공간으로 방출하여 만들어진 가스와 전리된 기체로 된 성운이다.

궁금하지?

Q. 철로 이루어진 핵이 더 이상 핵융합하지 않는 까닭은?
A. 철 원자핵은 다른 원자핵에 비해 안정하다. 철 핵융합이 일어나려면 에너지를 흡수하여 더 불안정한 원자핵이 되어야 한다. 따라서 별 중심에서 최종적으로 만들어지는 원소는 철이다.

H-R도의 오른쪽 맨 위쪽으로 이동한다.

❺ 중성자별
크기는 수십 km 정도로, 별의 대부분은 중성자로 이루어져 있으며, 매우 빠르게 자전한다.

용어 돋보기
• 성운(별 토, 구름 雲) 가스와 먼지 등으로 이루어진 대규모의 성간 물질을 말한다.

15 별의 진화와 내부 구조

3 별의 에너지원

1 원시별의 에너지원

① 중력 수축 에너지: 성간 물질이 중력에 의해 수축될 때 위치 에너지의 감소로 생기는 에너지로, 원시별의 에너지원이다.

② 원시별의 에너지원: 원시별에서 중력 수축에 의해 발생된 에너지 중 일부는 복사 에너지로 방출되고, 나머지는 원시별 내부의 온도를 높이는 데 사용된다.

2 주계열성의 에너지원

① 수소 핵융합 반응: 수소 원자핵 4개가 핵융합하여 헬륨 원자핵 1개가 만들어지는 반응

② 주계열성의 에너지원: 온도가 1000만 K 이상인 주계열성의 중심부에서는 수소 핵융합 반응에 의해 에너지를 생성한다.[6]

수소 핵융합 에너지

수소 원자핵 4 개
H H H H
에너지 발생 $E = \Delta mc^2$
질량 합: 4.0312 u

헬륨 원자핵 1 개
He
질량: 4.0026 u

4개의 수소 원자핵이 융합하여 1개의 헬륨 원자핵을 생성하는 과정에서 감소한 질량(Δm)만큼 에너지(E)로 전환된다.
→ $E = \Delta mc^2$
($c = 3 \times 10^8$ m/s)
(1 u $= 1.66 \times 10^{-27}$ kg)

---

③ 수소 핵융합 반응의 종류: 중심부의 온도에 따라 일어나는 반응의 종류가 다르다.

구분	양성자·양성자 반응(P-P 반응)	탄소·질소·산소 순환 반응(CNO 순환 반응)
조건	질량이 태양의 2배 이하로 중심부 온도가 약 1800만 K보다 낮은 별 ─ 2000만 K을 기준으로 구분하기도 한다.	질량이 태양의 2배 이상으로 중심부 온도가 약 1800만 K보다 높은 별
과정	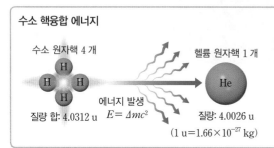 양성자 ○ 전자 중성자 ν 중성미자 ∿∿ 감마선	
	6개의 수소 원자핵이 반응하여 1개의 헬륨 원자핵을 형성하고, 2개의 수소 원자핵을 방출	탄소, 질소, 산소가 촉매 역할을 하여 수소 원자핵 4개를 융합시켜 1개의 헬륨 원자핵 생성

3 적색 거성과 초거성의 에너지원

① 적색 거성의 에너지원: 헬륨 핵의 중력 수축으로 온도가 1억 K에 이르면 3개의 헬륨이 1개의 탄소 핵을 만드는 헬륨 핵융합 반응에 의해 에너지를 생성한다.

② 초거성의 에너지원: 중심부의 온도가 매우 높기 때문에 계속적인 핵융합 반응에 의해 더 무거운 원소의 핵융합 반응이 일어난다.[7]

확인 문제 3

7 원시별의 에너지원은 (　　　) 에너지이다.

8 주계열성의 중심부에서는 (　　　) 핵융합 반응에 의해 에너지가 생성된다.

9 중심부 온도가 약 1800만 K보다 (높, 낮)은 별에서는 양성자·양성자 반응이 우세하다.

plus 개념

⑥ 수소 핵융합 반응의 온도
수소 핵융합 반응은 수소 핵을 구성하는 양성자가 전기적 반발력을 견디고 핵력이 작용할 수 있는 가까운 거리까지 접근해야 일어날 수 있으므로 온도가 1000만 K 이상이 되어야 가능하다.

궁금하지?

Q. u가 의미하는 것은?
A. u는 원자나 분자와 같이 작은 질량을 나타낼 때 사용되는 단위이다.

⑦ 중심부의 온도와 핵융합 반응
원자핵이 무거울수록 핵 사이에 작용하는 전기적 반발력이 커서 핵융합 반응에 필요한 온도가 증가한다.

핵융합 반응	반응 온도(K)
수소	1000만
헬륨	1억
탄소	8억
네온	15억
산소	20억
규소	30억

고온

4 별의 내부 구조 자료 분석 특강 189쪽 D

1 정역학 평형

① 정역학 평형: 별 내부의 기체 압력 차로 발생한 힘과 별의 중력이 평형을 이루고 있는 상태
② 정역학 평형 상태의 별: 구형을 유지하며, 안정적인 기간을 보낸다. ➡ 주계열성은 정역학 평형 상태를 유지하므로 모양과 크기가 일정하다.

2 별의 내부 구조

① 주계열성의 내부 구조: 주계열성의 질량에 따라 에너지를 전달하는 방법이 달라 내부 구조가 다르게 나타난다.

태양 질량의 2배 이하인 별	에너지 전달 방법	중심부에서 생성된 에너지가 반지름의 70 %에 이르는 거리까지 복사로 전달되고, 그 바깥으로는 대류로 표면까지 전달된다.	대류층 복사층 핵
	구조	핵융합 반응이 일어나는 중심핵이 있고 차례로 복사층, 대류층이 둘러싸고 있다.[8]	
태양 질량의 2배 이상인 별 1.5배를 기준으로 구분하기도 한다.	에너지 전달 방법	중심부와 표면의 온도 차이가 크므로 중심부에서는 대류로 에너지가 전달되고, 바깥층에서는 복사로 에너지가 전달된다.	핵 복사층 대류핵 대류층
	구조	중심부에 핵융합 반응과 대류가 함께 일어나는 중심핵(대류핵)이 있고, 그 주위로 복사층이 있다.	

② 주계열성에서 거성으로 진화할 때의 내부 구조: 중심부의 수소가 모두 소모되어 수소 핵융합 반응이 끝나면 헬륨 핵의 중력 수축으로 외곽 수소층의 온도가 높아져 수소 핵융합 반응이 일어난다.[9]

③ 별의 마지막 단계에서의 내부 구조

| 질량이 태양 정도인 별 | • 헬륨 핵의 중력 수축으로 온도가 높아짐에 따라 중심부에서 헬륨 핵융합 반응이 일어나 탄소가 만들어진다.[10]
 • 바깥층은 팽창하여 크기가 커지고 표면 온도는 낮아져 적색 거성이 된다. | H He C |
| 질량이 태양보다 매우 큰 별 | • 질량이 충분히 큰 별은 계속적인 핵융합 반응을 거쳐 최종적으로 중심부에 철로 된 핵이 만들어지고, 별의 내부는 양파껍질 같은 구조를 가지게 된다.
 • 별의 바깥층은 적색 거성보다 더 크게 팽창하여 초거성이 된다. | He C+O H Fe O+Ne+Mg S+Si |

확인 문제 **4**

10 태양 질량의 2배 이하인 주계열성은 중심핵, (　　　　), 대류층으로 이루어져 있다.

11 태양 질량의 2배 이상인 주계열성의 중심핵에서는 주로 (　　　　)(으)로 에너지가 전달된다.

12 질량이 태양보다 매우 큰 별은 계속적인 핵융합 반응을 거쳐 최종적으로 (　　　　)(으)로 된 핵이 만들어진다.

---

plus 개념

⑧ 복사층과 대류층의 차이
중심으로부터의 거리에 따른 온도 감소율이 크고 물질의 불투명도가 큰 경우에는 복사보다 대류로 에너지가 잘 전달된다.

⑨ 거성으로 진화할 때의 내부 구조
바깥층(최외각층)은 팽창하여 크기가 커지고 표면 온도는 낮아져 거성이 된다.

⑩ 헬륨 핵융합 반응
중심부의 온도가 1억 K 이상이 되면 헬륨 핵융합 반응이 시작된다. 2개의 헬륨 원자핵이 핵융합하여 베릴륨 원자핵을 형성하지만, 매우 불안정하여 다시 헬륨 원자핵으로 분해된다. 따라서 분해되기 전에 1개의 헬륨 핵이 추가로 융합하여 탄소 핵을 형성하는 반응이 주로 일어난다.

$$3He \longrightarrow C$$

용어 돋보기
• **복사**(바퀴살 輻, 쏠 射): 매질의 도움 없이 전자기파의 형태로 에너지가 전달되는 방식이다.
• **대류**(대할 對, 흐를 流): 가열된 유체가 직접 이동하면서 열을 전달하는 방식이다.

1 별의 탄생

01 성운 내부에서 원시별이 탄생하기 좋은 조건으로 옳은 것은?

① 온도가 가장 높은 영역
② 밀도와 온도가 모두 낮은 영역
③ 밀도와 온도가 모두 높은 영역
④ 밀도가 높고, 온도가 낮은 영역
⑤ 중력보다 기체 압력이 강한 영역

중요

02 그림은 질량에 따른 원시별의 진화 경로를 나타낸 것이다.

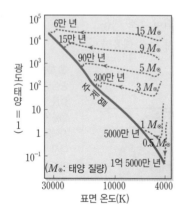

이에 대한 설명으로 옳은 것만을 〈보기〉에서 있는 대로 고른 것은?

┤ 보기 ├

ㄱ. 원시별은 질량이 클수록 주계열 단계에 이르는 데 걸리는 시간이 짧다.
ㄴ. 질량이 작은 원시별은 주계열의 왼쪽 위에 위치한다.
ㄷ. 원시별이 주계열로 진화하는 동안 표면 온도와 광도는 모두 증가한다.

① ㄱ   ② ㄴ   ③ ㄷ
④ ㄱ, ㄷ   ⑤ ㄴ, ㄷ

03 주계열성에 대한 설명으로 옳지 않은 것은?

① 크기가 일정하게 유지된다.
② 질량이 큰 별일수록 수명이 길다.
③ 기체 내부 압력과 중력이 평형을 이룬다.
④ 수소 핵융합 반응으로 에너지를 생성한다.
⑤ 일생의 대부분을 주계열 단계에 머무른다.

2 별의 진화

04 다음은 질량이 서로 다른 별의 마지막 진화 단계이다.

| (가) 중성자별   (나) 블랙홀   (다) 백색 왜성 |

(가)~(다) 중 태양과 질량이 비슷한 별과 질량이 가장 큰 별의 마지막 진화 단계를 각각 골라 순서대로 쓰시오.

중요

05 그림은 태양과 질량이 같은 어느 주계열성의 진화 과정을 나타낸 것이다.

이에 대한 설명으로 옳은 것만을 〈보기〉에서 있는 대로 고른 것은?

┤ 보기 ├

ㄱ. 별 A의 분광형은 G형이다.
ㄴ. 별 B의 표면 온도는 태양보다 높다.
ㄷ. (가) 과정에서 별의 광도는 감소한다.
ㄹ. 행성상 성운은 (나) 과정에서 형성된다.

① ㄱ, ㄷ   ② ㄱ, ㄹ   ③ ㄴ, ㄷ
④ ㄱ, ㄴ, ㄹ   ⑤ ㄴ, ㄷ, ㄹ

06 그림은 태양의 진화 경로를 H − R도에 나타낸 것이다.

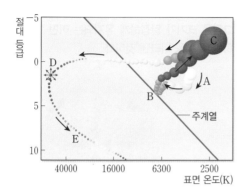

이에 대한 설명으로 옳은 것만을 〈보기〉에서 있는 대로 고른 것은?

┤ 보기 ├
ㄱ. A → B 과정에서 중력 수축에 의해 중심부의 온도가 상승한다.
ㄴ. B는 C보다 중심부의 온도가 낮고 표면 온도는 높다.
ㄷ. 진화 단계 중 B보다 D에 오랫동안 머무른다.
ㄹ. E 단계에서는 수소 핵융합 반응이 일어난다.

① ㄱ, ㄴ   ② ㄱ, ㄷ   ③ ㄴ, ㄷ
④ ㄴ, ㄹ   ⑤ ㄷ, ㄹ

중요
07 그림은 어느 별의 진화 과정을 나타낸 것이다.

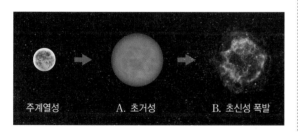

주계열성   A. 초거성   B. 초신성 폭발

이에 대한 설명으로 옳은 것만을 〈보기〉에서 있는 대로 고른 것은?

┤ 보기 ├
ㄱ. 이 별의 수명은 태양보다 짧다.
ㄴ. A 단계에서는 중심부에서 수소 핵융합 반응이 일어난다.
ㄷ. B 단계 이후 백색 왜성이 된다.

① ㄱ   ② ㄷ   ③ ㄱ, ㄴ
④ ㄴ, ㄷ   ⑤ ㄱ, ㄴ, ㄷ

08 다음은 여러 가지 별의 종류를 나타낸 것이다.

(가) 적색 거성   (나) 백색 왜성   (다) 중성자별

이에 대한 설명으로 옳은 것만을 〈보기〉에서 있는 대로 고른 것은?

┤ 보기 ├
ㄱ. (가)는 (나)보다 별의 반지름이 크다.
ㄴ. 별의 평균 밀도는 (나)보다 (다)가 크다.
ㄷ. (가), (나), (다)는 모두 중심부에서 핵융합 반응이 일어난다.

① ㄱ   ② ㄷ   ③ ㄱ, ㄴ
④ ㄴ, ㄷ   ⑤ ㄱ, ㄴ, ㄷ

3 별의 에너지원
중요
09 원시별과 주계열성의 에너지원을 옳게 짝 지은 것은?

	원시별	주계열성
①	중력 수축 에너지	수소 핵융합 반응
②	중력 수축 에너지	헬륨 핵융합 반응
③	수소 핵융합 반응	중력 수축 에너지
④	수소 핵융합 반응	헬륨 핵융합 반응
⑤	헬륨 핵융합 반응	수소 핵융합 반응

10 다음은 어떤 별의 중심부에서 핵융합 반응에 의해 만들어지는 원소이다.

• 탄소   • 규소   • 헬륨   • 철

이 중 (가)가장 먼저 만들어지는 원소와 (나)가장 나중에 만들어지는 원소를 각각 순서대로 쓰시오.

11 그림은 주계열성에서 일어나는 핵융합 반응을 나타낸 것이다.

수소 원자핵 4 개 → 에너지 발생 → 헬륨 원자핵 1 개

이 반응에 대한 설명으로 옳은 것만을 〈보기〉에서 있는 대로 고른 것은?

┌ 보기 ┐
ㄱ. 헬륨 핵융합 반응이다.
ㄴ. 온도가 1억 K 이상일 때 일어날 수 있다.
ㄷ. 수소 원자핵 4개의 질량은 헬륨 원자핵 1개의 질량보다 크다.
└────┘

① ㄱ   ② ㄷ   ③ ㄱ, ㄴ
④ ㄴ, ㄷ   ⑤ ㄱ, ㄴ, ㄷ

12 그림 (가)와 (나)는 주계열성에서 일어나는 수소 핵융합 반응을 나타낸 것이다.

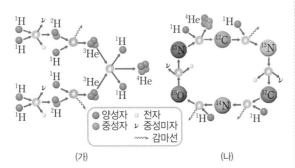

● 양성자 ○ 전자
● 중성자 ν 중성미자
〰 감마선

(가)   (나)

이에 대한 설명으로 옳은 것만을 〈보기〉에서 있는 대로 고른 것은?

┌ 보기 ┐
ㄱ. (가)는 양성자 · 양성자 반응이다.
ㄴ. 중심부의 온도가 높을수록 (가)의 반응이 더 활발하다.
ㄷ. 태양의 중심부에서는 (가)보다 (나)의 반응이 우세하다.
└────┘

① ㄱ   ② ㄴ   ③ ㄷ
④ ㄱ, ㄷ   ⑤ ㄴ, ㄷ

4 별의 내부 구조

13 그림은 크기가 일정하게 유지되는 어떤 별의 내부에 작용하는 두 힘을 나타낸 것이다.

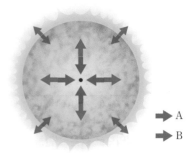

→ A
→ B

이에 대한 설명으로 옳은 것은?

① 이 별은 적색 거성이다.
② A는 기체 압력 차이에 의해 발생하는 힘이다.
③ B는 중력이다.
④ 별의 중심부에서는 A가 B보다 크다.
⑤ 별의 중심부에서는 수소 핵융합 반응이 일어난다.

14 그림은 태양의 내부 구조를 나타낸 것이다.

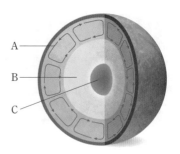

A
B
C

A~C층에 대한 설명으로 옳은 것만을 〈보기〉에서 있는 대로 고른 것은?

┌ 보기 ┐
ㄱ. A층에서는 주로 대류에 의해 에너지가 전달된다.
ㄴ. B층의 온도는 1000만 K보다 높다.
ㄷ. C층의 중심에는 헬륨이 쌓이고 있다.
└────┘

① ㄱ   ② ㄴ   ③ ㄱ, ㄷ
④ ㄴ, ㄷ   ⑤ ㄱ, ㄴ, ㄷ

✏서술형

15 그림은 어느 주계열성의 내부 구조를 나타낸 것이다.

이 별의 질량과 중심부 온도를 태양과 비교하여 설명하시오.

🔍중요

16 그림 (가)와 (나)는 질량이 서로 다른 주계열성의 내부 구조를 나타낸 것이다.

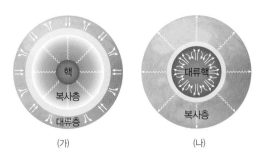

이에 대한 설명으로 옳은 것만을 〈보기〉에서 있는 대로 고른 것은?

| 보기 |

ㄱ. (가)는 (나)보다 질량이 크다.
ㄴ. 중심부 온도는 (나)가 (가)보다 높다.
ㄷ. (가)에서는 수소 핵융합 반응이, (나)에서는 헬륨 핵융합 반응이 일어난다.

① ㄱ   ② ㄴ   ③ ㄱ, ㄴ
④ ㄱ, ㄷ   ⑤ ㄴ, ㄷ

17 그림 (가)와 (나)는 진화 단계가 서로 다른 두 별의 내부 구조를 나타낸 것이다.

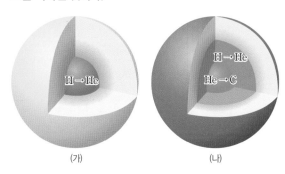

(가)보다 (나)가 큰 값을 갖는 물리량만을 〈보기〉에서 있는 대로 고른 것은?(단, 두 별의 질량은 모두 태양과 같다.)

| 보기 |

ㄱ. 광도   ㄴ. 반지름
ㄷ. 표면 온도   ㄹ. 중심부의 온도

① ㄱ, ㄴ   ② ㄱ, ㄷ   ③ ㄷ, ㄹ
④ ㄱ, ㄴ, ㄹ   ⑤ ㄴ, ㄷ, ㄹ

🔍중요

18 그림 (가)와 (나)는 적색 거성과 초거성의 내부 구조를 나타낸 것이다.

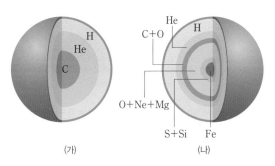

이에 대한 설명으로 옳은 것만을 〈보기〉에서 있는 대로 고른 것은?

| 보기 |

ㄱ. (가)의 중심부에서는 탄소 핵융합 반응이 활발하다.
ㄴ. (나)는 태양보다 수명이 짧다.
ㄷ. (나)는 진화 마지막 단계에서 백색 왜성이 된다.

① ㄱ   ② ㄴ   ③ ㄱ, ㄷ
④ ㄴ, ㄷ   ⑤ ㄱ, ㄴ, ㄷ

실력을 올리는 실전 문제와
함께 보면 더 좋아요!

A 흑체 복사와 온도

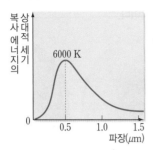

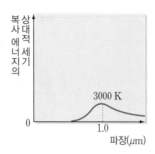

❶ 별은 흑체에 가까우므로 별빛의 파장에 따른 에너지 세기를 구하면 플랑크 곡선으로 표면 온도를 알 수 있다.

❷ 표면 온도가 높은 별일수록 최대 에너지를 방출하는 파장이 짧아지고, 가시광선 중 파장이 짧은 파란색 빛이 우세하여 파란색 별로 보인다.

❸ 그래프 아래 면적은 흑체가 단위 시간 동안 단위 면적에서 방출하는 에너지양에 해당한다.

• 플랑크 곡선: 흑체가 방출하는 복사 에너지의 파장에 따른 분포 곡선 → 표면 온도(T)가 높을수록 최대 에너지를 방출하는 파장(λ_{max})이 짧아진다. ❶ ❷

$$\lambda_{max} = \frac{a}{T} \ (a\text{는 상수})$$

• 슈테판 · 볼츠만 법칙: 흑체가 단위 시간 동안 단위 면적에서 방출하는 복사 에너지의 양은 표면 온도의 4제곱에 비례한다. → 그래프의 면적이 넓을수록 단위 시간 동안 단위 면적에서 방출하는 에너지양이 많다. ❸

실력을 올리는 실전 문제 찾아가기

• 온도에 따른 흑체 복사의 특성에 대해 파악하는 문제_03
• 슈테판 · 볼츠만 법칙과 별의 복사 에너지의 관계를 추론하는 문제_04

B H-R도와 별의 분류

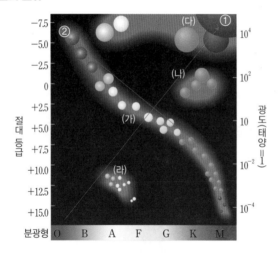

❶ 오른쪽 위에 위치할수록 반지름이 크고, 평균 밀도가 작으며, 왼쪽 아래에 위치할수록 반지름이 작고 평균 밀도가 크다.

❷ 주계열성은 H-R도의 왼쪽 위에 위치할수록 질량이 크다.

• 가로축 물리량: 분광형 또는 표면 온도 → H-R도에서 오른쪽으로 갈수록 표면 온도가 낮아지고, 붉은색을 띤다.
• 세로축 물리량: 절대 등급 또는 광도 → H-R도에서 위로 갈수록 절대 등급 값이 작아지고, 광도가 커서 밝은 별이다.
• H-R도 상의 별의 분류: 크게 주계열성, 적색 거성, 초거성, 백색 왜성으로 분류할 수 있다.

구분	(가) 주계열성	(나) 적색 거성	(다) 초거성	(라) 백색 왜성
H-R도 상의 위치	왼쪽 위에서 오른쪽 아래로 이어지는 대각선 상에 분포	주계열성 오른쪽 위에 분포	적색 거성 위쪽에 분포	주계열성의 왼쪽 아래에 분포
특징	• 별의 약 90 %가 분포 • 중심핵에서 수소 핵융합 반응이 일어남. • 표면 온도가 높을수록 광도가 크고 반지름과 질량도 큼.	• 표면 온도가 낮아 붉은색을 띰. • 반지름은 태양의 수십 배이며, 광도가 커서 밝은 별	태양보다 반지름이 수백 배 큰 별이며, 광도가 매우 큼.	표면 온도는 비교적 높으나 반지름이 매우 작아 광도가 작음.

실력을 올리는 실전 문제 찾아가기

• H-R도에 표시된 별의 물리량을 비교하는 문제_07
• H-R도에서 별의 종류와 특성을 파악하는 문제_08

C 질량에 따른 별의 진화

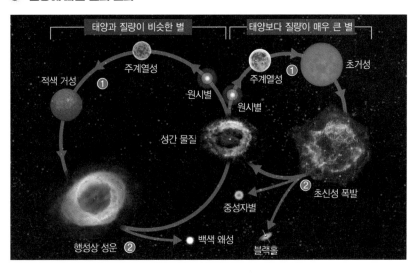

- **원시별의 탄생**: 성운의 저온·고밀도 영역에서 중력 수축에 의해 원시별이 탄생한다.
- 질량에 따른 별의 진화 과정

태양과 질량이 비슷한 별	원시별 → 주계열성 → 적색 거성 → 행성상 성운, 백색 왜성
태양보다 질량이 매우 큰 별	원시별 → 주계열성 → 초거성 → 초신성 폭발 → 중성자별 또는 블랙홀

- 별의 최종 단계에서 우주 공간으로 흩어진 성간 물질은 다시 뭉쳐 원시별을 만드는 데 이용된다.
  → 초신성 폭발 단계에서는 철보다 무거운 원소가 생성되고, 우주 공간으로 방출된다.

❶ 주계열성 이후 진화 과정은 질량에 따라 다르게 나타난다.

❷ 진화의 최종 단계에서 태양과 질량이 비슷한 별은 비교적 조용히 물질을 분출하면서 행성상 성운과 백색 왜성이 되고, 태양보다 질량이 매우 큰 별은 격렬하게 폭발하여 중성자별이나 블랙홀이 된다.

실력을 올리는 실전 문제 찾아가기
- 태양과 질량이 비슷한 별의 진화 경로를 H−R도 상에서 추론하는 문제_09
- 별의 질량에 따른 진화 경로의 차이점을 파악하는 문제_11

D 별의 내부 구조

(가) 주계열성

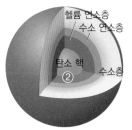

(나) 적색 거성

(다) 초거성

- 각 별의 내부 구조

별의 종류	(가) 주계열성	(나) 적색 거성	(다) 초거성
내부 구조	중심부에서 수소 핵융합 반응이 일어나 헬륨으로 이루어진 핵이 생성된다. → 주계열성의 질량에 따라 수소 핵융합 반응의 종류가 다르다.	중심부에서 헬륨 핵융합 반응에 의해 탄소로 이루어진 핵이 생성된다.	연속적으로 핵융합 반응이 일어나 중심부로 갈수록 더 무거운 원자핵으로 이루어진 양파껍질 같은 구조를 이룬다.

- **주계열성의 질량에 따른 수소 핵융합 반응**: 질량이 태양의 2배 이하인 주계열성은 양성자·양성자 반응이 우세하고, 질량이 태양의 2배 이상인 주계열성은 탄소·질소·산소 순환 반응이 우세하다.
- (가)~(다) 각 별의 중심부 온도 비교: 초거성 > 적색 거성 > 주계열성 → 중심부 온도가 높을수록 더 무거운 원소의 핵융합 반응이 일어난다.

❶ 별 중심부의 온도가 1000만 K 이상이 되면 수소 핵융합 반응이 일어나 일정한 크기가 유지되는 주계열성이 된다.

❷ 별 중심부의 온도가 약 1억 K에 도달하면 헬륨 핵융합 반응을 하여 탄소 핵이 만들어진다. 질량이 태양 정도인 별은 중심에서 헬륨 핵융합 반응까지만 일어난다.

❸ 별 중심부의 온도가 약 30억 K까지 올라가면 최종적으로 철로 구성된 중심핵이 만들어진다. 중심부의 철로 이루어진 층에서는 더 이상 핵융합 반응이 일어나지 않는다.

실력을 올리는 실전 문제 찾아가기
- 주계열성의 질량에 따른 수소 핵융합 반응의 종류를 파악하는 문제_13, 14
- 질량에 따른 거성의 내부 구조의 차이점을 추론하는 문제_16

01 그림은 두 주계열성 (가)와 (나)의 스펙트럼과 흡수선을 나타낸 것이다.

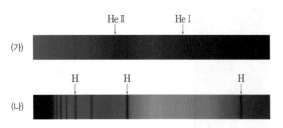

이에 대한 설명으로 옳은 것만을 〈보기〉에서 있는 대로 고른 것은?

┤ 보기 ├
ㄱ. 흡수선은 별의 대기층을 통과하면서 형성된다.
ㄴ. (가)는 태양보다 표면 온도가 높은 별이다.
ㄷ. 별의 광도는 (나)가 (가)보다 크다.

① ㄱ   ② ㄷ   ③ ㄱ, ㄴ
④ ㄴ, ㄷ   ⑤ ㄱ, ㄴ, ㄷ

02 그림은 분광형에 따른 흡수선의 종류와 세기를, 표는 세 별 A, B, C의 분광형을 나타낸 것이다.

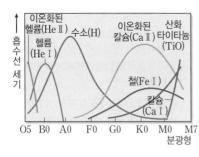

별	분광형
A	A0
B	M3
C	G2

이에 대한 설명으로 옳은 것만을 〈보기〉에서 있는 대로 고른 것은?

┤ 보기 ├
ㄱ. 표면 온도는 별 A가 가장 높다.
ㄴ. 분자 흡수선은 별 B보다 C에서 뚜렷하다.
ㄷ. 태양 스펙트럼에서는 이온화된 칼슘 흡수선이 강하게 나타난다.

① ㄱ   ② ㄴ   ③ ㄷ
④ ㄱ, ㄴ   ⑤ ㄱ, ㄷ

03 그림 (가)와 (나)는 두 주계열성 A와 B의 파장에 따른 복사 에너지의 상대 세기를 나타낸 것이다.

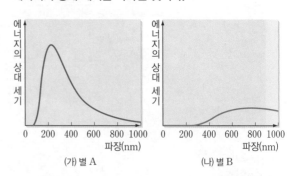

별 A가 B보다 큰 값을 갖는 물리량만을 〈보기〉에서 있는 대로 고른 것은?

┤ 보기 ├
ㄱ. 절대 등급
ㄴ. 최대 세기의 에너지를 방출하는 파장
ㄷ. 단위 면적에서 단위 시간당 방출하는 에너지

① ㄱ   ② ㄷ   ③ ㄱ, ㄴ
④ ㄴ, ㄷ   ⑤ ㄱ, ㄴ, ㄷ

04 그림은 두 별 A, B의 단위 면적에서 단위 시간 동안 방출하는 에너지의 세기를 파장에 따라 나타낸 것이다.

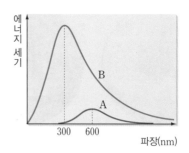

이에 대한 설명으로 옳은 것만을 〈보기〉에서 있는 대로 고른 것은?(단, A와 B의 광도는 같다.)

┤ 보기 ├
ㄱ. 표면 온도는 A가 B의 $\frac{1}{2}$ 배이다.
ㄴ. 단위 면적에서 단위 시간 동안 방출하는 에너지 양은 B가 A의 4배이다.
ㄷ. 반지름은 B가 A의 $\frac{1}{4}$ 배이다.

① ㄱ   ② ㄴ   ③ ㄷ
④ ㄱ, ㄷ   ⑤ ㄴ, ㄷ

05 표는 서로 다른 종류의 별 A, B와 태양의 절대 등급과 분광형을 나타낸 것이다.

별	A	B	태양
절대 등급	+12.5	−5.0	+5.0
분광형	A0	K8	G2

이에 대한 설명으로 옳은 것만을 〈보기〉에서 있는 대로 고른 것은?

┌ 보기 ┐
ㄱ. 표면 온도는 A가 태양보다 높다.
ㄴ. 반지름은 B가 태양보다 크다.
ㄷ. A와 B는 모두 중심부에서 수소 핵융합 반응이 일어난다.
└────┘

① ㄱ   ② ㄴ   ③ ㄷ
④ ㄱ, ㄴ   ⑤ ㄴ, ㄷ

06 그림은 오리온자리에서 관측된 두 별 A, B의 모습을, 표는 A, B의 물리량을 나타낸 것이다.

별	A	B
광도 (태양=1)	1.2×10^5	1.2×10^5
색	붉은색	청백색
겉보기 등급	+0.4	+0.1

이에 대한 설명으로 옳은 것만을 〈보기〉에서 있는 대로 고른 것은?

┌ 보기 ┐
ㄱ. 절대 등급은 A와 B가 같다.
ㄴ. H-R도에서 A는 B보다 왼쪽에 위치한다.
ㄷ. 별까지의 거리는 A가 B보다 가깝다.
└────┘

① ㄱ   ② ㄴ   ③ ㄷ
④ ㄱ, ㄴ   ⑤ ㄴ, ㄷ

07 그림은 여러 별들의 분광형과 절대 등급을 나타낸 것이다.

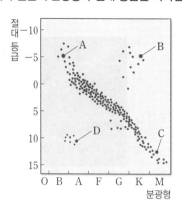

별 A~D에 대한 설명으로 옳은 것은?

① 반지름은 A가 B보다 크다.
② 별의 질량은 A와 C가 거의 비슷하다.
③ 표면 온도는 C가 D보다 높다.
④ A와 C는 각각 일정한 크기를 유지한다.
⑤ A~D 중 평균 밀도는 D가 가장 작다.

→ 수능기출 변형

08 표는 별 A와 B의 관측 결과를, 그림은 두 별이 포함된 H-R도를 나타낸 것이다.

별	A	B
절대 등급	−1.0	5.0
분광형	M	G

별 A, B에 대한 설명으로 옳은 것만을 〈보기〉에서 있는 대로 고른 것은?

┌ 보기 ┐
ㄱ. A는 주계열성이다.
ㄴ. B의 중심부에서는 수소 핵융합 반응이 일어난다.
ㄷ. 별의 표면에서 단위 시간당 방출하는 에너지양은 A가 B보다 많다.
└────┘

① ㄱ   ② ㄴ   ③ ㄷ
④ ㄱ, ㄴ   ⑤ ㄴ, ㄷ

09 그림은 태양과 질량이 비슷한 별의 예상 진화 경로를 H-R도에 나타낸 것이다.

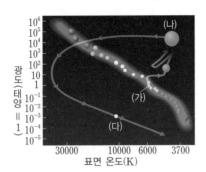

이에 대한 설명으로 옳은 것만을 〈보기〉에서 있는 대로 고른 것은?

보기

ㄱ. (가) 단계에서 가장 오랫동안 머무른다.
ㄴ. (나)의 중심핵에서 헬륨 핵융합 반응이 일어난다.
ㄷ. (다) 이후 별의 외곽 물질이 바깥으로 분출한다.

① ㄱ   ② ㄷ   ③ ㄱ, ㄴ
④ ㄴ, ㄷ   ⑤ ㄱ, ㄴ, ㄷ

➔ 수능기출 변형

10 그림은 주계열성 A와 B가 각각 거성 C와 D로 진화하는 경로를 H-R도에 나타낸 것이다.

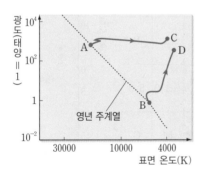

이에 대한 설명으로 옳은 것만을 〈보기〉에서 있는 대로 고른 것은?

보기

ㄱ. 별의 색은 A가 B보다 붉게 보인다.
ㄴ. 중심핵에서 탄소 · 질소 · 산소 순환 반응은 A보다 B에서 우세하다.
ㄷ. A에서 C로 진화하는 데 걸리는 시간은 B에서 D로 진화하는 데 걸리는 시간보다 짧다.

① ㄱ   ② ㄷ   ③ ㄱ, ㄴ
④ ㄱ, ㄷ   ⑤ ㄴ, ㄷ

11 그림은 별의 진화 단계를 나타낸 것이다.

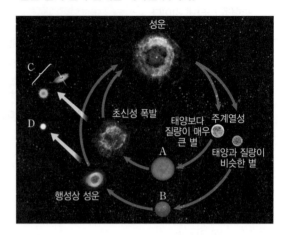

이에 대한 설명으로 옳은 것만을 〈보기〉에서 있는 대로 고른 것은?

보기

ㄱ. 별의 광도는 A가 B보다 크다.
ㄴ. 별의 밀도는 C가 D보다 크다.
ㄷ. 별의 진화가 반복될수록 성운에 포함된 무거운 원소의 비율이 증가한다.

① ㄱ   ② ㄷ   ③ ㄱ, ㄴ
④ ㄴ, ㄷ   ⑤ ㄱ, ㄴ, ㄷ

12 그림 (가)와 (나)는 질량이 다른 두 별이 각각 진화하는 과정 중 하나를 나타낸 것이다.

(가)   (나)

이에 대한 설명으로 옳은 것만을 〈보기〉에서 있는 대로 고른 것은?

보기

ㄱ. (가)의 중심부에는 백색 왜성이 있다.
ㄴ. (나)는 질량이 태양 정도인 별에서 진화하였다.
ㄷ. (가)와 (나)는 모두 초신성 폭발에 의해 생성되었다.

① ㄱ   ② ㄷ   ③ ㄱ, ㄴ
④ ㄱ, ㄷ   ⑤ ㄴ, ㄷ

13 그림은 주계열성의 중심핵 온도에 따른 수소 핵융합 반응의 상대적인 에너지 생성 효율을 나타낸 것이다. ⊙과 ⓒ은 각각 양성자·양성자 반응과 탄소·질소·산소 순환 반응 중 하나이다.

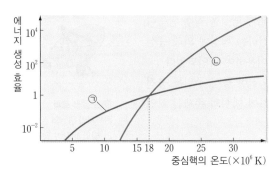

이에 대한 설명으로 옳은 것만을 〈보기〉에서 있는 대로 고른 것은?

> **보기**
> ㄱ. ⊙은 양성자·양성자 반응이다.
> ㄴ. ⓒ은 ⊙보다 중심핵의 온도에 따른 상대적인 에너지 생성 효율 차이가 크다.
> ㄷ. 태양의 중심핵에서는 ⊙보다 ⓒ이 활발하다.

① ㄱ   ② ㄷ   ③ ㄱ, ㄴ
④ ㄴ, ㄷ   ⑤ ㄱ, ㄴ, ㄷ

14 그림 (가)와 (나)는 질량이 다른 두 주계열성의 내부 구조를 나타낸 것이다.

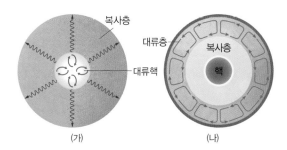

이에 대한 설명으로 옳은 것만을 〈보기〉에서 있는 대로 고른 것은?

> **보기**
> ㄱ. (가)는 태양보다 질량이 크다.
> ㄴ. (가)의 중심부에서 탄소·질소·산소 순환 반응이 우세하다.
> ㄷ. 태양은 (나)와 같은 내부 구조를 갖는다.

① ㄱ   ② ㄷ   ③ ㄱ, ㄴ
④ ㄴ, ㄷ   ⑤ ㄱ, ㄴ, ㄷ

15 표는 별 A, B, C의 물리량을 나타낸 것이다.

별	절대 등급	광도 계급	분광형
A	−7.0	I	M0
B	( )	II	G4
C	+5.0	V	G2

이에 대한 설명으로 옳은 것만을 〈보기〉에서 있는 대로 고른 것은?

> **보기**
> ㄱ. 별의 반지름은 A가 가장 크다.
> ㄴ. B의 절대 등급은 C보다 크다.
> ㄷ. 별이 단위 면적에서 단위 시간 동안 방출하는 에너지양은 C가 가장 많다.

① ㄱ   ② ㄷ   ③ ㄱ, ㄴ
④ ㄱ, ㄷ   ⑤ ㄴ, ㄷ

16 그림 (가)와 (나)는 태양과 질량이 비슷한 별과 태양보다 질량이 큰 별의 내부 구조를 나타낸 것이다.

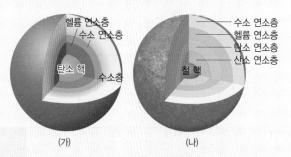

이에 대한 설명으로 옳은 것만을 〈보기〉에서 있는 대로 고른 것은?

> **보기**
> ㄱ. 중심부의 온도는 (가)가 (나)보다 높다.
> ㄴ. (가)의 표면에서 중력의 크기는 태양보다 작다.
> ㄷ. (나)는 앞으로 팽창과 수축을 반복하면서 별의 외곽 물질을 우주 공간으로 방출한다.

① ㄱ   ② ㄴ   ③ ㄱ, ㄴ
④ ㄴ, ㄷ   ⑤ ㄱ, ㄴ, ㄷ

16 외계 행성계와 생명체 탐사

1 외계 행성계 탐사
자료 분석 특강 200쪽 A. B

1 외계 행성계 태양이 아닌 다른 별 주위를 공전하는 행성들이 이루는 계
└── 외계 행성

2 외계 행성계 탐사 방법 행성은 별의 밝기에 비해 어둡기 때문에 외계 행성을 직접 관측하기는 매우 어렵다. → 지금까지 발견된 외계 행성계는 대부분 공전하는 행성에 의해 중심에 있는 별에 발생하는 미세한 변화를 감지하는 간접적인 방법을 이용하여 확인되었다.

① **중심별의 시선 속도 변화를 이용하는 방법**: 행성과 중심별은 공통 질량 중심 주위를 공전하면서 도플러 효과가 나타난다.[1] → 별빛의 스펙트럼을 분석하여 행성의 존재를 확인할 수 있다.

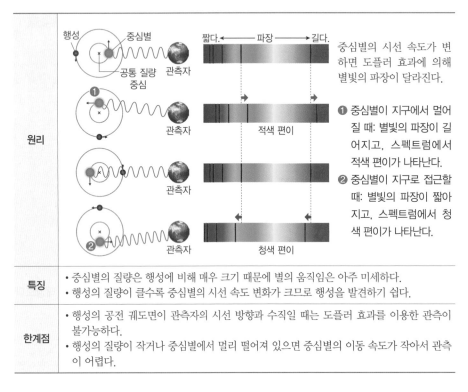

원리	(그림: 행성, 중심별, 공통 질량 중심, 관측자, 파장 스펙트럼, 적색 편이, 청색 편이)	• 중심별의 시선 속도가 변하면 도플러 효과에 의해 별빛의 파장이 달라진다. ❶ 중심별이 지구에서 멀어질 때: 별빛의 파장이 길어지고, 스펙트럼에서 적색 편이가 나타난다. ❷ 중심별이 지구로 접근할 때: 별빛의 파장이 짧아지고, 스펙트럼에서 청색 편이가 나타난다.
특징	• 중심별의 질량은 행성에 비해 매우 크기 때문에 별의 움직임은 아주 미세하다. • 행성의 질량이 클수록 중심별의 시선 속도 변화가 크므로 행성을 발견하기 쉽다.	
한계점	• 행성의 공전 궤도면이 관측자의 시선 방향과 수직일 때는 도플러 효과를 이용한 관측이 불가능하다. • 행성의 질량이 작거나 중심별에서 멀리 떨어져 있으면 중심별의 이동 속도가 작아서 관측이 어렵다.	

② **식 현상을 이용하는 방법**: 행성이 중심별 앞면을 지날 때 별의 일부가 가려져 별의 밝기가 감소한다. → 별의 주기적인 밝기 변화를 관측하여 행성의 존재를 확인할 수 있다.

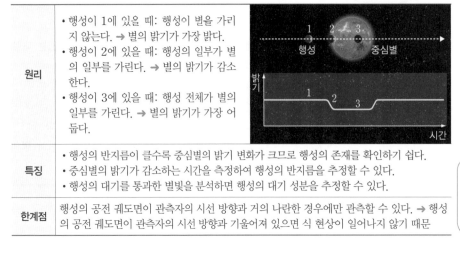

원리	• 행성이 1에 있을 때: 행성이 별을 가리지 않는다. → 별의 밝기가 가장 밝다. • 행성이 2에 있을 때: 행성의 일부가 별의 일부를 가린다. → 별의 밝기가 감소한다. • 행성이 3에 있을 때: 행성 전체가 별의 일부를 가린다. → 별의 밝기가 가장 어둡다.	(그림: 행성, 중심별, 밝기-시간 그래프)
특징	• 행성의 반지름이 클수록 중심별의 밝기 변화가 크므로 행성의 존재를 확인하기 쉽다. • 중심별의 밝기가 감소하는 시간을 측정하여 행성의 반지름을 추정할 수 있다. • 행성의 대기를 통과한 별빛을 분석하면 행성의 대기 성분을 추정할 수 있다.	
한계점	행성의 공전 궤도면이 관측자의 시선 방향과 거의 나란한 경우에만 관측할 수 있다. → 행성의 공전 궤도면이 관측자의 시선 방향과 기울어져 있으면 식 현상이 일어나지 않기 때문	

한눈에 😊 정리하는 출제 경향

• 외계 행성계 탐사 방법과 탐사 결과 이해하기
• 외계 생명체가 존재할 수 있는 조건 이해하기

핵심 개념
시선 속도 변화, 별의 식 현상, 미세 중력 렌즈 현상, 생명 가능 지대, 외계 생명체의 존재 조건

plus 개념

❶ 도플러 효과
관측자와 광원의 상대적인 운동에 따라 빛의 파장이 달라지는 효과를 말한다. 광원이 관측자에게 가까워질 때는 빛의 파장이 원래의 파장보다 짧아지고, 멀어질 때는 원래의 파장보다 길어진다.

꼭 기억해!
시선 속도 변화를 이용하는 방법과 식 현상을 이용하는 방법은 행성의 공전 궤도면과 관측자의 시선 방향이 거의 나란해야 한다.

③ 미세 중력 렌즈 현상을 이용하는 방법: 거리가 다른 2개의 별이 같은 방향에 있을 때 배경별의 별빛이 앞쪽 별의 중력에 의해 미세하게 굴절되어 휘어져 보이는 미세 중력 렌즈 현상이 나타난다. → 앞쪽 별이 행성을 가지고 있다면 배경별의 밝기 변화가 추가로 나타나므로 이를 통해 행성의 존재를 알 수 있다.

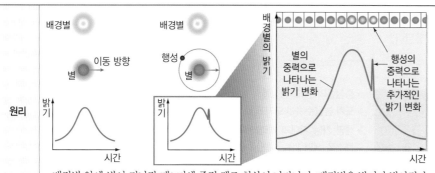

원리	
	• 배경별 앞에 별이 지나갈 때: 미세 중력 렌즈 현상이 나타나며, 배경별은 밝기가 밝아진다. • 배경별 앞에 행성이 있는 별이 지나갈 때: 행성의 중력으로 인한 효과가 더해져 추가적인 밝기 증가가 나타난다.
특징	• 행성의 공전 궤도면과 관측자의 시선 방향이 나란하지 않아도 행성을 발견할 수 있다. • 질량이 작은 행성을 찾는 데에 유리하다.
한계점	외계 행성계가 먼 천체 앞을 여러 번 지나가지 않으므로 주기적인 관측이 불가능하다.

④ **직접 촬영**: 중심별의 밝기가 행성에 비해 매우 밝으므로 중심별을 가리고 행성을 찾는다.

특징	• 행성의 존재를 사진으로 확인할 수 있다. • 분광 관측으로 행성의 대기 성분을 알아낼 수 있다.
한계점	지구에서 중심별까지의 거리가 멀면 직접 촬영하여 행성을 관측하기 어렵다.

Q. 외계 행성을 직접 탐사하기 어려운 까닭은?
A. 외계 행성은 스스로 빛을 내지 못하고 중심별에서 오는 빛을 반사시킨다. 이 빛은 너무 약하기 때문에 성능이 좋은 망원경을 사용하더라도 직접 관측하기 어렵다. 2017년까지 직접 관측에 의해 발견된 외계 행성의 수는 약 22개이다.

3 외계 행성계 탐사 결과

① **탐사 방법과 발견된 외계 행성의 수**: 식 현상에 의해 발견된 외계 행성의 수가 가장 많고, 직접 관측을 통해 발견된 외계 행성은 매우 적다.

② **발견된 외계 행성계의 규모**: 탐사 초기에는 질량이 크고 중심별과 가까운 행성이 주로 발견되었으나 최근 관측 기술의 발달로 지구 규모의 행성들도 발견되고 있다.

③ **최근의 탐사 경향**: 지구와 질량이 비슷하고 암석으로 된 행성 탐사에 주목하고 있다. *외계 생명체 탐사의 기본이 된다.*

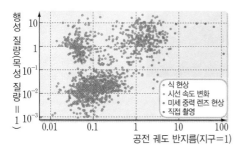

▲ 외계 행성의 공전 궤도 반지름과 질량

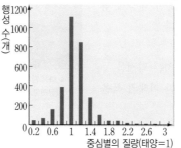

▲ 중심별의 질량에 따른 외계 행성 개수

확인 문제 ①

1 별의 시선 속도가 변하면 (　　　　) 효과에 의한 별빛의 파장이 달라진다.
2 배경별의 별빛이 앞쪽 별의 (　　　　)에 의해 미세하게 굴절되어 밝게 관측된다.
3 탐사 초기에 발견된 외계 행성들의 질량은 대부분 지구보다 (크, 작)다.

16 외계 행성계와 생명체 탐사

2 외계 생명체 탐사   자료 분석 특강 200쪽 C

1 외계 생명체 존재의 필수 요소

① 외계 생명체 존재의 필수 요소: 액체 상태의 물 → 물은 비열이 커서 열을 오래 보존할 수 있고, 다양한 물질을 녹이므로 생명체가 탄생하고 진화하기에 유리한 환경을 제공한다.[3]

② 생명 가능 지대: 별의 주변에서 물이 액체 상태로 존재할 수 있는 영역으로, 중심별의 광도와 별까지의 거리에 따라 결정된다.

생명 가능 지대

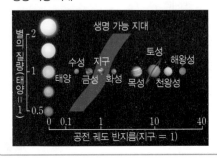

- 중심별의 광도: 중심별의 질량이 크고 표면 온도가 높을수록 광도가 크다.
- 생명 가능 지대의 거리와 폭: 중심별의 광도가 클수록 생명 가능 지대는 별로부터 먼 곳에 형성되고 생명 가능 지대의 폭도 넓어진다.
- 태양계의 이론적인 생명 가능 지대: 금성과 화성 사이에 형성된다.

2 외계 생명체가 존재하기 위한 조건

생명 가능 지대에 위치	액체 상태의 물은 생명체가 존재하기 위한 필수 요소이므로 행성은 표면 온도가 적절하게 유지될 수 있는 생명 가능 지대에 위치해야 한다.
적당한 중심별의 질량	생명체가 탄생하여 진화하기까지는 상당히 긴 시간이 필요하다. 따라서 행성의 환경이 안정적으로 유지되기 위해 중심별의 질량이 너무 크거나 작지 않아야 한다.
적절한 대기압	대기는 온실 효과를 일으켜 생명체가 살아가기에 적당한 온도를 유지해 주며, 유해한 자외선을 막아 주는 역할을 한다.
자기장의 존재	자기장은 지상에 생명체가 살 수 있도록 우주에서 들어오는 고에너지 입자와 중심별에서 들어오는 항성풍을 막아 주는 역할을 한다.
적당한 자전축의 기울기	자전축의 기울기가 적당하여 계절 변화가 너무 심하지 않아야 한다.

3 외계 생명체 탐사 활동과 탐사 의의

① 탐사 활동: 탐사정을 이용한 태양계 내 생명체 탐사, 세티(SETI) 등을 통한 태양계 밖 생명체 탐사가 이루어지고 있다.[4]

② 탐사 의의

- 외계 생명체를 연구하고 탐사하는 과정을 통해 인류는 우주와 생명에 대한 이해의 폭을 더욱 넓힐 수 있다.
- 연구 과정에서 새로운 과학 기술의 진보로 산업 발전에 실용적인 도움을 준다.

▲ 화성 탐사 로봇
(큐리오시티)

▲ 세티에 활용된
전파 망원경(ATA)

확인
문제
2

4 별 주변에서 물이 액체 상태로 존재할 수 있는 영역을 (　　　　　)(이)라고 한다.

5 행성의 (　　　)은/는 우주에서 들어오는 고에너지 입자와 항성풍을 막아 주는 역할을 한다.

6 질량이 매우 큰 별은 (　　　)이/가 너무 짧으므로 행성에서 생명체가 탄생하여 진화하기 어렵다.

---

❸ 액체 상태의 물이 생명체에게 중요한 까닭

- 비열이 크다. → 온도가 쉽게 변하지 않기 때문에 생명체의 항상성 유지에 중요한 역할을 한다.
- 고체가 될 때 부피가 커진다. → 물이 얼 때 표면부터 얼기 때문에 추운 겨울철에 호수나 강의 수중 생태계가 유지될 수 있다.
- 다양한 물질이 잘 녹는다. → 생명 현상에 필요한 다양한 물질들이 물에 녹아 생명체에게 흡수된다.

❹ 세티(SETI)

외계 지적 생명체 탐사 프로젝트의 줄임말이다. SETI는 외계의 지적 생명체들이 지구로 전파를 보낸다는 가정 아래 우주에서 들어오는 인공적인 신호를 찾는 작업이다. 1960년대에는 정부의 지원과 많은 사람들의 관심을 받으며 신행되었고, 1999년에는 개인들이 참여할 수 있는 세티 앳(SETI@Home)이 되었다.

용어 돋보기

- **항성풍**(항상 恒, 별 星, 바람 風): 별(항성)의 상층부 대기에서 분출되는 전하를 띤 입자의 흐름을 말한다.

1 외계 행성계 탐사

01 외계 행성을 탐사하는 방법으로 적절하지 <u>않은</u> 것은?

① 외계 행성은 주로 간접적인 방법으로 탐사한다.

② 중심별의 표면 온도에 따른 스펙트럼형을 확인한다.

③ 행성의 식 현상에 의해 나타나는 중심별의 밝기 변화를 측정한다.

④ 앞쪽에 놓인 별과 행성의 중력에 의한 배경별의 밝기 변화를 측정한다.

⑤ 중심별이 행성과 공통 질량 중심을 회전할 때 나타나는 시선 속도 변화를 측정한다.

02 다음은 중심별의 시선 속도 변화를 이용한 외계 행성 탐사 방법에 대한 설명이다. (   ) 안에 들어갈 알맞은 말을 쓰시오.

> 행성이 공전할 때 중심별도 공전하여 시선 속도가 변하면 도플러 효과에 의해 별빛의 (㉠)이/가 달라진다. 이때 행성의 (㉡)이/가 클수록 중심별의 시선 속도 변화가 크므로 행성의 존재를 확인하기 쉽다.

서술형

03 외계 행성을 탐사할 때 직접 관측하여 찾는 경우가 매우 드문 까닭을 설명하시오.

중요

04 그림 (가)와 (나)는 중심별과 행성이 공통 질량 중심 주위를 회전할 때 나타나는 별빛의 파장 변화를 나타낸 것이다.

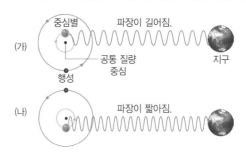

이에 대한 설명으로 옳은 것만을 〈보기〉에서 있는 대로 고른 것은?

> **보기**
> ㄱ. (가)에서 별빛 스펙트럼의 청색 편이가 나타난다.
> ㄴ. (나)일 때 행성은 관측자로부터 멀어지고 있다.
> ㄷ. 공통 질량 중심을 회전하는 주기는 중심별이 행성보다 길다.

① ㄱ   ② ㄴ   ③ ㄷ

④ ㄱ, ㄷ   ⑤ ㄴ, ㄷ

중요

05 그림은 어느 외계 행성계에서 행성에 의한 중심별의 밝기 변화를 나타낸 것이다.

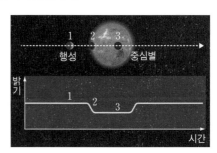

이에 대한 설명으로 옳은 것만을 〈보기〉에서 있는 대로 고른 것은?

> **보기**
> ㄱ. 행성의 공전 궤도면은 관측자의 시선 방향에 수직하다.
> ㄴ. 행성의 반지름이 클수록 중심별의 밝기 변화는 작아진다.
> ㄷ. 중심별의 밝기 변화가 나타나는 주기는 행성의 공전 주기와 같다.

① ㄱ   ② ㄴ   ③ ㄷ

④ ㄱ, ㄷ   ⑤ ㄴ, ㄷ

중요

06 그림은 미세 중력 렌즈 현상에 의한 별의 밝기 변화를 나타낸 것이다.

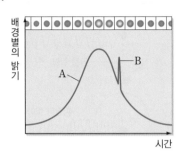

이에 대한 설명으로 옳은 것만을 〈보기〉에서 있는 대로 고른 것은?

┤ 보기 ├

ㄱ. 앞쪽에 있는 별의 중력 때문에 뒤쪽에 있는 별에서 오는 빛이 휘어진다.

ㄴ. A는 뒤쪽에 있는 별의 밝기 변화를 나타낸 것이다.

ㄷ. B는 뒤쪽에 있는 별 주위를 공전하는 행성에 의해 나타난 추가적인 밝기 변화이다.

① ㄱ   ② ㄷ   ③ ㄱ, ㄴ

④ ㄴ, ㄷ   ⑤ ㄱ, ㄴ, ㄷ

07 그림 (가)와 (나)는 외계 행성을 탐사하는 서로 다른 방법을 나타낸 것이다.

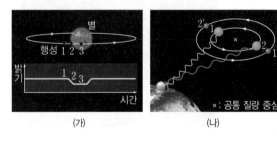

(가)   (나)

이에 대한 설명으로 옳은 것만을 〈보기〉에서 있는 대로 고른 것은?

┤ 보기 ├

ㄱ. (가)에서는 행성의 크기가 클수록 탐사에 유리하다.

ㄴ. (나)에서는 별빛의 스펙트럼을 분석하여 별의 떨림을 측정한다.

ㄷ. (가)와 (나) 모두 행성의 공전 궤도면이 관측자의 시선 방향에 나란해야 한다.

① ㄱ   ② ㄴ   ③ ㄱ, ㄷ

④ ㄴ, ㄷ   ⑤ ㄱ, ㄴ, ㄷ

08 그림은 외계 행성들의 크기에 따라 발견된 개수를 나타낸 것이다.

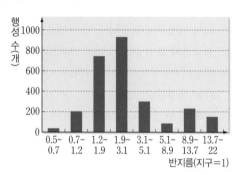

이에 대한 설명으로 옳은 것만을 〈보기〉에서 있는 대로 고른 것은?

┤ 보기 ├

ㄱ. 외계 행성의 크기는 대부분 지구보다 크다.

ㄴ. 질량이 작은 외계 행성일수록 발견될 가능성이 크다.

ㄷ. 최근에는 지구와 같이 크기가 작고 암석형 행성을 찾기 위해 노력한다.

① ㄱ   ② ㄴ   ③ ㄱ, ㄴ

④ ㄱ, ㄷ   ⑤ ㄴ, ㄷ

2 외계 생명체 탐사

09 외계 생명체가 존재하기 위한 필수적인 요소는 무엇인가?

① 자기장의 존재

② 적절한 대기압의 존재

③ 액체 상태의 물의 존재

④ 적당한 자전축의 기울기

⑤ 적당한 질량의 중심별의 존재

10 그림은 주계열성의 물리량 X에 따른 생명 가능 지대의 위치를 나타낸 것이다.

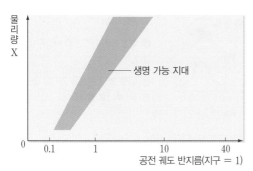

물리량 X에 해당하는 것만을 〈보기〉에서 있는 대로 고른 것은?

┌ 보기 ├
ㄱ. 광도   ㄴ. 반지름
ㄷ. 표면 온도   ㄹ. 별의 수명
└──

① ㄱ, ㄴ   ② ㄱ, ㄹ   ③ ㄴ, ㄹ
④ ㄱ, ㄴ, ㄷ   ⑤ ㄴ, ㄷ, ㄹ

11 생명체가 살 수 있는 행성의 조건에 대한 설명으로 옳은 것만을 〈보기〉에서 있는 대로 고른 것은?

┌ 보기 ├
ㄱ. 자기장이 존재해야 한다.
ㄴ. 액체 상태의 물이 존재해야 한다.
ㄷ. 중심별의 질량이 매우 커야 한다.
ㄹ. 행성의 대기압이 높을수록 유리하다.
└──

① ㄱ, ㄴ   ② ㄱ, ㄹ   ③ ㄴ, ㄷ
④ ㄴ, ㄹ   ⑤ ㄷ, ㄹ

(ρ)중요

12 그림은 별의 질량에 따른 생명 가능 지대를 나타낸 것이다.

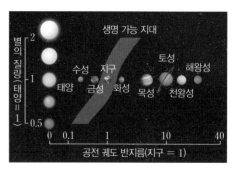

생명 가능 지대에 대한 설명으로 옳은 것만을 〈보기〉에서 있는 대로 고른 것은?

┌ 보기 ├
ㄱ. 별 주위에 액체 상태의 물이 존재할 수 있는 영역이다.
ㄴ. 별의 광도가 클수록 생명 가능 지대는 별로부터 멀어지고 폭은 넓어진다.
ㄷ. 태양계의 생명 가능 지대에는 지구만 속해 있다.
└──

① ㄱ   ② ㄴ   ③ ㄱ, ㄷ
④ ㄴ, ㄷ   ⑤ ㄱ, ㄴ, ㄷ

(✎)서술형

13 그림은 지구에 생명체가 존재하는 까닭에 대해 학생 A~D가 나눈 대화를 나타낸 것이다.

만일 지구가 금성 부근에 위치해 있다면 생물은 훨씬 다양하게 존재했을 거야.

지구 대기는 적절한 온실 효과를 일으켜 생명체가 살아가기에 알맞은 온도를 유지해 주고 있어.

태양의 질량이 너무 크거나 작지 않기 때문에 지구 환경이 오랫동안 안정적으로 유지될 수 있어.

지구 자기장이 태양의 자외선을 차단해 주기 때문에 지상에 생명체가 존재할 수 있는 거야.

학생 A   학생 B   학생 C   학생 D

학생 A~D 중 잘못 설명한 학생을 모두 찾고, 그 까닭을 설명하시오.

실력을 올리는 실전 문제와
함께 보면 더 좋아요!

A 외계 행성 탐사 방법

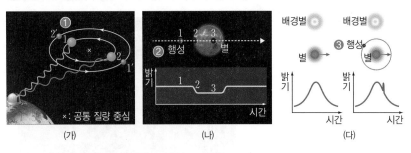

(가)

(나)

배경별 ● 배경별 ●
② 행성 별
③ 행성
별 ◯→ 별 ◯→

밝기 / 시간   밝기 / 시간

(다)

• (가) 시선 속도 변화 이용: 중심별이 지구에 접근할 때는 별빛의 파장이 짧아져 청색 편이가 나타나고, 지구에서 멀어질 때는 별빛의 파장이 길어져 적색 편이가 나타난다. → 행성의 공전 궤도면이 관측자의 시선 방향과 나란할 때 이용
• (나) 식 현상 이용: 중심별 주위를 공전하는 행성이 중심별 앞면을 지날 때 별의 일부를 가려 별의 밝기가 감소한다. → 행성의 공전 궤도면이 관측자의 시선 방향과 나란할 때 이용
• (다) 미세 중력 렌즈 현상 이용: 배경별의 별빛이 앞쪽 별의 중력에 의해 미세하게 휘어진다. → 행성의 공전 궤도면이 관측자의 시선 방향과 나란하지 않아도 이용 가능

❶ 행성은 중심별과 공통 질량 중심을 같은 주기로 공전한다. 행성의 질량이 클수록 중심별의 시선 속도 변화가 크다.

❷ 행성의 반지름이 클수록 중심별의 밝기 변화가 크다.

❸ 앞쪽 별이 행성을 가지고 있는 경우 배경별의 밝기가 추가로 밝아진다.

실력을 올리는 실전 문제 찾아가기

• 외계 행성 탐사 방법과 그 특징을 파악하는 문제_01, 02, 03
• 외계 행성 탐사 방법을 이용하는 경우를 관련지어 추론하는 문제_04

B 지금까지 발견된 외계 행성계의 특징

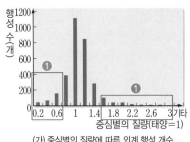

(가) 중심별의 질량에 따른 외계 행성 개수

(나) 외계 행성의 공전 궤도 반지름과 질량

• 중심별의 질량과 발견된 외계 행성: 중심별의 질량이 태양과 비슷한 별(태양 질량의 0.8~1.4배) 주변에서 행성이 가장 많이 발견되었다.
• 지금까지 발견된 외계 행성들은 지구 규모의 암석형 행성보다는 목성 규모의 기체형 행성 또는 해왕성 규모의 얼음형 행성이 많다.

❶ 태양보다 질량이 매우 적거나, 매우 큰 별 주변에서 발견된 행성의 수는 매우 적다.

❷ 외계 행성들은 대부분 시선 속도 변화와 식 현상을 이용한 방법을 통해 발견되었다.

실력을 올리는 실전 문제 찾아가기

• 현재까지 발견된 외계 행성들의 특성에 대해 파악하는 문제_05
• 발견된 외계 행성의 특성을 탐사 방법과 관련지어 추론하는 문제_06

C 생명 가능 지대

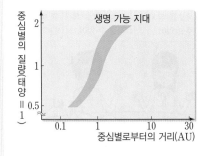

• 생명 가능 지대: 중심별의 광도가 클수록 생명 가능 지대는 별에서 멀어지고, 폭이 넓어진다. ❶
• 별의 질량이 너무 작은 경우: 생명 가능 지대의 폭이 너무 작아 행성이 생명 가능 지대에 위치할 가능성이 매우 적다. 또한 중심별에서 생명 가능 지대까지의 거리가 가까워 행성의 공전 주기와 자전 주기가 같아진다.
• 별의 질량이 너무 큰 경우: 중심별의 수명이 짧아 생명체가 존재할 가능성이 낮다. ❷

❶ 태양계는 생명체가 탄생하여 진화하기에 매우 적절한 조건을 갖추고 있다.

❷ 행성에 생명체가 존재하려면 행성에 생명체가 탄생하고 진화할 때까지 에너지를 안정적으로 제공할 수 있어야 한다.

실력을 올리는 실전 문제 찾아가기

• 생명 가능 지대의 범위를 주계열성의 물리량과 관련지어 추론하는 문제_10
• 주계열성의 질량과 생명체 존재 가능성의 관계를 추론하는 문제_12

→ 수능모의평가기출 변형

01 그림은 도플러 효과를 이용한 외계 행성 탐사 방법을 모식적으로 나타낸 것이다.

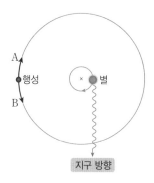

이에 대한 설명으로 옳은 것만을 〈보기〉에서 있는 대로 고른 것은?

┤ 보기 ├
ㄱ. 외계 행성의 공전 방향은 A이다.
ㄴ. 지구 관측자에게 별빛의 적색 편이가 나타난다.
ㄷ. 행성의 질량이 클수록 탐사에 유리하다.

① ㄱ   ② ㄴ   ③ ㄱ, ㄷ
④ ㄴ, ㄷ   ⑤ ㄱ, ㄴ, ㄷ

02 그림은 외계 행성 A, B의 식 현상에 의해 나타난 중심별의 밝기 변화를 나타낸 것이다.

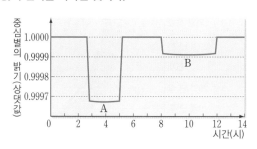

이에 대한 설명으로 옳은 것만을 〈보기〉에서 있는 대로 고른 것은?

┤ 보기 ├
ㄱ. A와 B의 공전 궤도면은 관측자의 시선 방향에 수직하다.
ㄴ. 행성의 반지름은 A가 B보다 크다.
ㄷ. 행성이 중심별의 앞면을 통과하는 데 걸리는 시간은 A가 B보다 길다.

① ㄱ   ② ㄴ   ③ ㄱ, ㄷ
④ ㄴ, ㄷ   ⑤ ㄱ, ㄴ, ㄷ

03 그림은 미세 중력 렌즈 현상을 이용한 외계 행성의 탐사 방법을 나타낸 것이다.

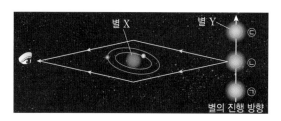

이에 대한 설명으로 옳은 것만을 〈보기〉에서 있는 대로 고른 것은?

┤ 보기 ├
ㄱ. 별 Y의 밝기는 ⓒ일 때 최소가 된다.
ㄴ. 별 X를 공전하는 행성에 의해 별 Y의 밝기가 불규칙하게 변한다.
ㄷ. 이 탐사 방법은 행성의 공전 궤도면이 관측자의 시선 방향에 수직할 경우에는 이용하기 어렵다.

① ㄱ   ② ㄴ   ③ ㄱ, ㄷ
④ ㄴ, ㄷ   ⑤ ㄱ, ㄴ, ㄷ

04 그림은 외계 행성이 별 주위를 공전하는 모습을 나타낸 것이다.

이 행성의 존재를 알아내기 위한 관측 방법으로 옳은 것만을 〈보기〉에서 있는 대로 고른 것은?

┤ 보기 ├
ㄱ. 중심별의 연주 시차를 측정한다.
ㄴ. 별빛 스펙트럼의 파장 변화를 관측한다.
ㄷ. 행성의 중력에 의한 중심별의 밝기 변화를 관측한다.
ㄹ. 행성의 식 현상에 의한 중심별의 밝기 변화를 관측한다.

① ㄱ, ㄴ   ② ㄱ, ㄷ   ③ ㄴ, ㄹ
④ ㄱ, ㄷ, ㄹ   ⑤ ㄴ, ㄷ, ㄹ

→ 수능모의평가기출 변형

05 그림은 중심별의 질량에 따른 외계 행성 개수를, 표는 케플러 우주 망원경을 이용하여 발견한 외계 행성의 크기에 따른 개수를 나타낸 것이다.

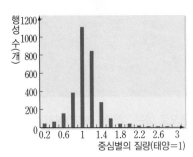

반지름 (지구=1)	개수
1.25 미만	808
1.25~2	1233
2~6	1542
6~15	260
15~25	49

이 자료에 대한 설명으로 옳은 것만을 〈보기〉에서 있는 대로 고른 것은?

┤ 보기 ├
ㄱ. 행성을 거느린 별들은 대부분 태양과 질량이 비슷하다.
ㄴ. 발견된 외계 행성의 질량은 대부분 지구보다 크다.
ㄷ. 외계 행성들은 대부분 생명 가능 지대에 위치한다.

① ㄴ ② ㄷ ③ ㄱ, ㄴ
④ ㄱ, ㄷ ⑤ ㄱ, ㄴ, ㄷ

06 그림은 현재까지 발견된 외계 행성의 공전 궤도 반지름과 질량을 탐사 방법에 따라 구분하여 나타낸 것이다.

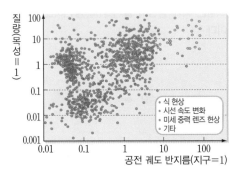

이 자료에 대한 설명으로 옳은 것만을 〈보기〉에서 있는 대로 고른 것은?(단, 목성 질량은 지구 질량의 약 300배이다.)

┤ 보기 ├
ㄱ. 발견된 외계 행성들의 공전 궤도면은 대부분 시선 방향에 나란하다.
ㄴ. 공전 주기가 긴 행성들은 주로 식 현상에 의해 발견되었다.
ㄷ. 발견된 행성들은 대부분 지구보다 질량이 크다.

① ㄱ ② ㄴ ③ ㄱ, ㄴ
④ ㄱ, ㄷ ⑤ ㄴ, ㄷ

07 그림은 별의 질량에 따른 생명 가능 지대와 질량이 서로 다른 별 주위를 돌고 있는 행성 A, B, C를 나타낸 것이다.

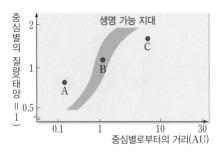

이에 대한 설명으로 옳은 것만을 〈보기〉에서 있는 대로 고른 것은?

┤ 보기 ├
ㄱ. 중심별의 절대 등급이 클수록 생명 가능 지대는 중심별로부터 멀어진다.
ㄴ. 중심별의 표면 온도가 높을수록 생명 가능 지대의 폭이 넓어진다.
ㄷ. A, B, C 중 액체 상태의 물이 존재할 가능성이 가장 높은 행성은 B이다.

① ㄱ ② ㄷ ③ ㄱ, ㄴ
④ ㄴ, ㄷ ⑤ ㄱ, ㄴ, ㄷ

08 그림은 태양 생성 이후 시간에 따른 생명 가능 지대의 변화를 나타낸 것이다.

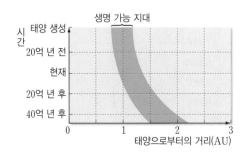

이에 대한 설명으로 옳은 것만을 〈보기〉에서 있는 대로 고른 것은?

┤ 보기 ├
ㄱ. 주계열성은 시간이 지날수록 광도가 증가한다.
ㄴ. 지구는 탄생 이후 현재까지 생명 가능 지대에 위치하였다.
ㄷ. 20억 년 후 금성 표면에 액체 상태의 물이 존재할 수 있다.

① ㄱ ② ㄴ ③ ㄷ
④ ㄱ, ㄴ ⑤ ㄴ, ㄷ

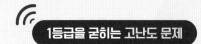
09 그림은 케플러-452 행성계와 태양계 행성들의 공전 궤도를 나타낸 것이다.

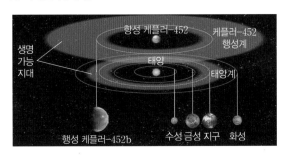

이에 대한 설명으로 옳은 것만을 〈보기〉에서 있는 대로 고른 것은?

| 보기 |

ㄱ. 중심별의 광도는 케플러-452가 태양보다 크다.
ㄴ. 행성 케플러-452b에는 액체 상태의 물이 존재할 수 있다.
ㄷ. 대기 조건이 같다면 행성의 평균 온도는 행성 케플러-452b가 금성보다 높을 것이다.

① ㄱ   ② ㄷ   ③ ㄱ, ㄴ
④ ㄴ, ㄷ   ⑤ ㄱ, ㄴ, ㄷ

10 그림은 주계열성의 질량과 수명을 H-R도에 나타낸 것이다.

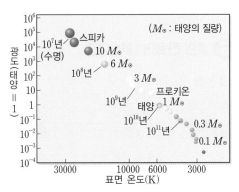

이에 대한 설명으로 옳은 것만을 〈보기〉에서 있는 대로 고른 것은?

| 보기 |

ㄱ. 주계열성의 질량이 클수록 수소 핵융합 반응의 효율이 높아진다.
ㄴ. 생명 가능 지대의 폭은 스피카보다 프로키온에서 넓다.
ㄷ. 행성이 생명 가능 지대에 머물 수 있는 시간은 별의 질량이 작을수록 길다.

① ㄱ   ② ㄴ   ③ ㄱ, ㄷ
④ ㄴ, ㄷ   ⑤ ㄱ, ㄴ, ㄷ

➔ 수능모의평가기출 변형

11 그림 (가)는 외계 행성 탐사 방법을, (나)는 A 위치부터 1회 공전하는 동안 중심별의 스펙트럼 변화를 나타낸 것이다.

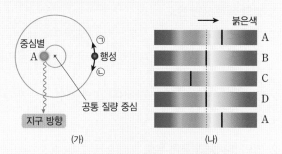

이에 대한 설명으로 옳은 것만을 〈보기〉에서 있는 대로 고른 것은?(단, 행성의 공전 궤도면은 관측자의 시선 방향에 나란하다.)

| 보기 |

ㄱ. 행성의 공전 방향은 ㉠이다.
ㄴ. B 위치일 때 행성에 의한 식 현상이 관측된다.
ㄷ. 행성의 질량이 클수록 스펙트럼의 편이량은 작아진다.

① ㄱ   ② ㄴ   ③ ㄱ, ㄷ
④ ㄴ, ㄷ   ⑤ ㄱ, ㄴ, ㄷ

12 다음은 별의 질량에 따른 수명과 생명체 존재 가능성의 관계에 대한 설명이다.

(가) 주계열성의 (㉠)에서 수소가 소진되는 데 걸리는 시간을 t, 별의 질량을 M, 별의 광도를 L이라고 하면, $t \propto \dfrac{M}{L}$이 성립한다.

(나) 주계열성의 광도는 질량의 세제곱에 비례한다.

(다) 태양의 예상 수명이 100억 년이므로 만약 태양의 질량이 더 컸다면 지구에서 생명체가 탄생하여 진화하기 어려웠을 것이다.

이에 대한 설명으로 옳은 것만을 〈보기〉에서 있는 대로 고른 것은?

| 보기 |

ㄱ. ㉠은 온도가 1000만 K 이상인 영역이다.
ㄴ. 주계열성의 수명은 질량의 제곱에 반비례한다.
ㄷ. 태양의 질량이 현재의 2배였다면 지구에 척추동물이 출현할 수 없었을 것이다.

① ㄱ   ② ㄷ   ③ ㄱ, ㄴ
④ ㄴ, ㄷ   ⑤ ㄱ, ㄴ, ㄷ

Ⅴ 단원 마무리

핵심 정리

14 별의 물리량과 H-R도

1. 별의 색과 표면 온도

① 별의 표면 온도와 색: 표면 온도가 높은 별일수록 (**1**   ) 색을 띠고, 표면 온도가 낮은 별일수록 (**2**   )색을 띤다.

② 색지수: 보통 $B-V$를 사용하며, 별의 표면 온도가 높을수록 색지수가 (**3**   ).

2. 별의 분광형과 표면 온도

① 분광형: 별의 (**4**   )에 따라 스펙트럼에 나타나는 흡수선을 기준으로 별을 분류한 것

② 별의 분광형과 표면 온도

분광형	O	B	A	F	G	K	(**5**)
색깔	파란색	청백색	흰색	황백색	노란색	주황색	붉은색
표면 온도 (K)	27000 이상	10000 ~ 27000	7200 ~ 10000	6000 ~ 7200	5100 ~ 6000	3700 ~ 5100	3700 이하

3. 별의 광도와 크기

① (**6**   ) 법칙: 흑체가 단위 시간 동안 단위 면적에서 방출하는 복사 에너지양(E)은 표면 온도(T)의 4제곱에 비례한다.

$$E = \sigma T^4$$

② (**7**   ): 별이 단위 시간 동안 방출하는 총 에너지의 양

$$L = 4\pi R^2 \cdot \sigma T^4$$

③ 별의 크기: 별의 광도(L)와 표면 온도(T)를 이용하여 별의 반지름(R)을 구할 수 있다.

4. H-R도와 별의 종류

① H-R도: 가로축에 별의 (**8**   ) 또는 표면 온도, 세로축에 별의 절대 등급 또는 광도를 나타낸 도표

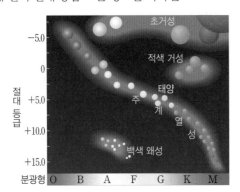

② 별의 종류

(**9**)	• H-R도의 왼쪽 위에서 오른쪽 아래로 이어지는 좁은 띠 영역에 분포하는 별 • 별의 약 90 %가 분포한다.
적색 거성	• H-R도에서 주계열성의 오른쪽 위에 분포하는 별 • 표면 온도가 낮아 붉은색이고 광도는 매우 크다.
초거성	• H-R도에서 적색 거성보다 위쪽에 분포하는 별 • 광도와 반지름이 적색 거성보다 크다.
(**10**)	• H-R도에서 주계열성의 왼쪽 아래에 분포하는 별 • 표면 온도가 높아 백색으로 보이지만 광도는 매우 작다.

③ 광도 계급

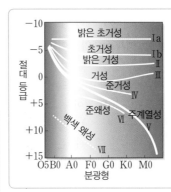

• 광도 계급: 별을 광도에 따라 계급으로 분류하였다.

• 분광형이 같더라도 광도 계급에 따라 별의 광도가 다르다.

• 태양의 경우 표면 온도와 광도 계급을 고려하면 (**11**   )에 해당한다.

15 별의 진화와 내부 구조

1. 별의 진화

① 원시별의 탄생

탄생 장소	성운 내부의 온도가 (**12**) 밀도가 높은 곳
원시별의 진화	• 중력 수축에 의해 반지름은 감소하고, 중심부의 온도는 계속 상승한다. • (**13**)이/가 클수록 중력 수축이 빠르게 일어나 주계열에 빨리 도달하고, 표면 온도와 광도가 커서 주계열의 왼쪽 위에 위치한다.

② 주계열성

특징	• 중심부에서 (**14**) 반응이 일어나는 별 • 별의 안쪽으로 향하는 중력과 바깥쪽으로 향하는 기체의 내부 압력이 평형을 이루어 별의 크기가 일정하게 유지된다. • 질량이 큰 별은 H-R도에서 왼쪽 위에, 질량이 작은 별은 오른쪽 아래에 위치한다. • (**15**)이/가 클수록 중심부 온도 및 표면 온도가 높고 광도도 크다.
진화	• 별은 일생의 대부분을 주계열 단계에 머무른다. • 질량이 클수록 에너지를 빨리 소모하여 수명이 짧다.

③ 주계열성 이후의 단계

태양과 질량이 비슷한 별	태양보다 질량이 매우 큰 별
• 중심부에서 수소 고갈 → 헬륨핵 수축 → 온도 상승 → 헬륨 핵융합 반응 시작 • 중심핵을 둘러싼 외곽 수소층에서 수소 핵융합 반응 시작 → 별이 팽창하여 적색 거성이 됨. • 적색 거성 이후 별의 외곽층 물질을 우주 공간으로 방출 → 행성상 성운 형성 → 별의 중심부는 수축하여 (⑯　　　　)이 됨.	• 태양보다 질량이 매우 큰 별은 반지름과 광도가 훨씬 큰 초거성으로 진화 • 태양보다 질량이 매우 큰 별에서는 중심부에서 계속적인 핵융합 반응이 일어나 최종적으로 철까지 생성 → 철로 이루어진 핵이 빠르게 수축 → (⑰　　　　)을 일으킴. → 중성자별 또는 블랙홀 형성

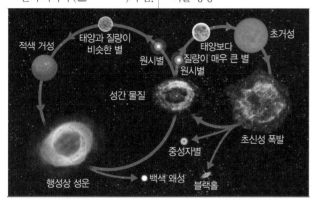

적색 거성 / 태양과 질량이 비슷한 별 / 원시별 / 성간 물질 / 초거성 / 태양보다 질량이 매우 큰 별 / 원시별 / 초신성 폭발 / 중성자별 / 행성상 성운 / 백색 왜성 / 블랙홀

2. 별의 에너지원

① 원시별의 에너지원: 중력 수축 에너지

② 주계열성의 에너지원: 수소 핵융합 반응에 의한 에너지

수소 핵융합 반응	• 수소 원자핵 4개가 핵융합하여 헬륨 원자핵 1개가 만들어지는 반응 → 줄어든 질량만큼 에너지로 전환된다. 수소 원자핵 4 개 → 헬륨 원자핵 1 개 에너지 발생 $E = \Delta mc^2$ 질량 합: 4.0312 u　　질량: 4.0026 u ($1\ u = 1.66 \times 10^{-27}\ kg$)
수소 핵융합 반응의 종류	• 태양 질량의 2배 이하인 별: (⑱　　　　) 반응이 우세하다. • 태양 질량의 2배 이상인 별: 탄소·질소·산소 순환 반응이 우세하다.

3. 별의 내부 구조

① 주계열성의 내부 구조

태양 질량의 2배 이하인 별	태양 질량의 2배 이상인 별
대류층 / 복사층 / 핵 구조: 중심부터 핵 – 복사층 – 대류층으로 이루어짐.	복사층 / 대류핵 구조: 중심부터 대류핵 – 복사층으로 이루어짐.

② 거성의 내부 구조

질량이 태양 정도인 별	질량이 태양보다 매우 큰 별
H / He / C	O+Ne+Mg / He / H / C+O / Fe / S+Si
헬륨 핵융합 반응으로 중심에 탄소로 이루어진 핵이 만들어짐.	최종적으로 중심에 철로 이루어진 핵이 만들어짐.

16 외계 행성계와 생명체 탐사

1. 외계 행성계 탐사

탐사 방법	탐사 원리
(⑲　　　　) 변화 이용: 별과 행성이 공통 질량 중심을 회전 → 별이 시선 방향으로 접근하거나 후퇴 → 스펙트럼의 파장 변화 → 행성의 존재 확인	중심별 / 파장이 길어짐. / 공통 질량 중심 / 행성
식 현상 이용: 행성이 별 앞을 지날 때 별의 일부가 가려짐. → 별의 밝기가 약간 감소 → 행성의 존재 확인	행성 / 별 / 밝기 / 시간
미세 중력 렌즈 현상 이용: 멀리 있는 배경별의 빛이 앞쪽 별의 (⑳　　　　)에 의해 굴절 → 앞쪽 별이 행성을 갖고 있을 경우 미세한 밝기 변화가 추가로 나타남. → 행성의 존재 확인	배경별 / 행성 / 별 / 배경별의 밝기 / 시간

2. 생명체가 존재하기 위한 조건

생명 가능 지대에 위치	• (㉑　　　　): 별 주변에서 액체 상태의 물이 존재할 수 있는 영역 • 중심별의 광도가 클수록 생명 가능 지대는 별로부터 멀어지고, 그 폭도 넓어진다.
적절한 대기압	대기는 온실 효과를 일으켜 적당한 온도를 유지해 주고, 유해한 자외선을 막아 주는 역할을 한다.
(㉒　　　　)	우주에서 들어오는 고에너지 입자와 중심별에서 나오는 항성풍을 막아 준다.
중심별의 적절한 질량	행성의 환경이 오랫동안 안정적으로 유지되려면 중심별의 질량이 너무 크거나 작지 않아야 한다.
적당한 자전축 기울기	자전축의 기울기가 적당하여 계절 변화가 너무 심하지 않아야 한다.

실력 점검 Ⅴ 단원 평가 문제

∞ 14. 별의 물리량과 H−R도 172쪽

01 별의 표면 온도를 알아낼 수 있는 물리량만을 〈보기〉에서 있는 대로 고른 것은?

┤ 보기 ├
ㄱ. 분광형　　　　　ㄴ. 겉보기 등급
ㄷ. 별까지의 거리　　ㄹ. 색지수

① ㄱ, ㄴ　　　② ㄱ, ㄹ　　　③ ㄴ, ㄷ
④ ㄴ, ㄹ　　　⑤ ㄷ, ㄹ

∞ 14. 별의 물리량과 H−R도 172쪽

02 별의 크기와 광도에 대한 설명으로 옳은 것은?

① 별의 크기가 같다면 별의 분광형도 같다.
② 별의 광도가 같다면 별의 표면 온도도 같다.
③ 별의 광도가 클수록 짧은 파장의 빛을 많이 방출한다.
④ 별의 광도에 따라 O, B, A, F, G, K, M형의 7가지로 분류할 수 있다.
⑤ 별이 단위 시간 동안 단위 면적에서 방출하는 복사에너지양은 표면 온도의 4제곱에 비례한다.

∞ 14. 별의 물리량과 H−R도 172쪽

03 그림은 별의 분광형에 따른 흡수선 세기를 나타낸 것이다.

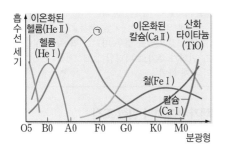

이에 대한 설명으로 옳은 것만을 〈보기〉에서 있는 대로 고른 것은?

┤ 보기 ├
ㄱ. ㉠은 중성 수소에 의한 흡수선 세기이다.
ㄴ. 태양에서는 헬륨 흡수선이 강하게 나타난다.
ㄷ. 표면 온도가 높을수록 분자 흡수선이 강하게 나타난다.

① ㄱ　　　② ㄴ　　　③ ㄷ
④ ㄱ, ㄴ　　　⑤ ㄱ, ㄴ, ㄷ

∞ 14. 별의 물리량과 H−R도 172쪽

04 표는 서로 다른 주계열성 A, B, C의 분광형과 광도를 나타낸 것이다.

구분	A	B	C
분광형	G2	A0	K5
광도(상댓값)	1	100	10000

이에 대한 설명으로 옳은 것만을 〈보기〉에서 있는 대로 고른 것은?

┤ 보기 ├
ㄱ. 별의 표면에서 단위 시간 동안 방출하는 에너지양은 B>A>C이다.
ㄴ. 표면 온도는 C>B>A이다.
ㄷ. 별의 크기는 C가 가장 크다.

① ㄱ　　　② ㄷ　　　③ ㄱ, ㄴ
④ ㄴ, ㄷ　　　⑤ ㄱ, ㄴ, ㄷ

∞ 14. 별의 물리량과 H−R도 172쪽

05 그림은 태양과 별 A~D를 H−R도에 나타낸 것이다.

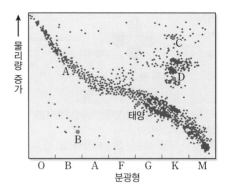

이에 대한 설명으로 옳은 것은?

① 세로축의 물리량은 표면 온도이다.
② A는 태양보다 질량이 큰 별이다.
③ B는 주계열성이다.
④ C는 태양보다 밀도가 큰 별이다.
⑤ 단위 면적에서 단위 시간 동안 방출하는 에너지양은 D가 태양보다 많다.

∞ 14. 별의 물리량과 H – R도 172쪽

06 다음은 H – R도에 나타나는 별의 종류에 따른 특징을 설명한 것이다.

> (가) 전체 별의 약 90 %가 속해 있으며, H – R도의 왼쪽 위에서 오른쪽 아래로 이어지는 좁은 띠 영역에 분포한다.
> (나) H – R도에서 오른쪽 위에 분포하는 별들로, 광도와 반지름이 가장 큰 별들이다.
> (다) 표면 온도는 높지만 광도가 작은 별들로 밀도가 매우 큰 별들이다.

(가)~(다)에 해당하는 별의 종류를 각각 쓰시오.

∞ 15. 별의 진화와 내부 구조 180쪽

07 그림은 질량이 다른 두 별 A와 B의 진화 경로 일부를 H – R도에 나타낸 것이다.

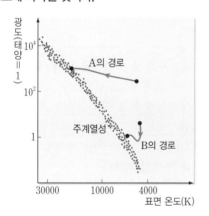

이에 대한 설명으로 옳은 것만을 〈보기〉에서 있는 대로 고른 것은?

> ┤ 보기 ├
> ㄱ. 질량은 A가 B보다 크다.
> ㄴ. 경로를 따라 진화하는 데 걸리는 시간은 A가 B보다 길다.
> ㄷ. 진화하는 동안의 주요 에너지원은 수소 핵융합 반응이다.

① ㄱ   ② ㄷ   ③ ㄱ, ㄴ
④ ㄴ, ㄷ   ⑤ ㄱ, ㄴ, ㄷ

∞ 15. 별의 진화와 내부 구조 180쪽

08 그림은 태양의 예상 진화 경로를 H – R도에 나타낸 것이다.

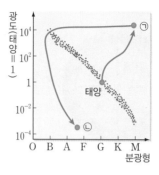

이에 대한 설명으로 옳은 것만을 〈보기〉에서 있는 대로 고른 것은?

> ┤ 보기 ├
> ㄱ. 태양 → ㉠ 과정에서 표면 온도가 증가한다.
> ㄴ. 행성상 성운은 ㉠ → ㉡ 과정에서 형성된다.
> ㄷ. 별의 중심부에서 일어나는 핵융합 반응은 ㉠보다 ㉡일 때 활발하다.

① ㄱ   ② ㄴ   ③ ㄱ, ㄷ
④ ㄴ, ㄷ   ⑤ ㄱ, ㄴ, ㄷ

∞ 15. 별의 진화와 내부 구조 180쪽

09 그림은 어떤 별의 중심부에서 일어나는 반응을 나타낸 것이다.

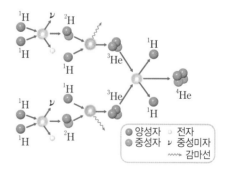

이에 대한 설명으로 옳은 것만을 〈보기〉에서 있는 대로 고른 것은?

> ┤ 보기 ├
> ㄱ. 이 별은 주계열성이다.
> ㄴ. 반응 전보다 반응 후 질량이 더 작다.
> ㄷ. 이 반응이 진행되는 동안 별의 크기는 거의 일정하게 유지된다.

① ㄱ   ② ㄷ   ③ ㄱ, ㄴ
④ ㄴ, ㄷ   ⑤ ㄱ, ㄴ, ㄷ

∞ 15. 별의 진화와 내부 구조 180쪽

10 그림 (가)와 (나)는 질량이 다른 두 주계열성의 내부 구조를 나타낸 것이다.

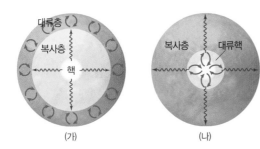

이에 대한 설명으로 옳은 것만을 〈보기〉에서 있는 대로 고른 것은?

┌ 보기 ├─
ㄱ. 질량은 (가)가 (나)보다 작다.
ㄴ. 중심부의 온도는 (가)가 (나)보다 높다.
ㄷ. 탄소 · 질소 · 산소 순환 반응은 (가)보다 (나)에서 우세하다.

① ㄱ   ② ㄴ   ③ ㄱ, ㄷ
④ ㄴ, ㄷ   ⑤ ㄱ, ㄴ, ㄷ

∞ 15. 별의 진화와 내부 구조 180쪽

11 그림은 어느 별의 내부 구조를 나타낸 것이다.

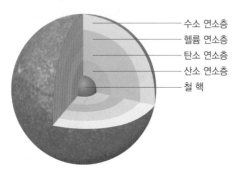

수소 연소층
헬륨 연소층
탄소 연소층
산소 연소층
철 핵

이 별에 대한 설명으로 옳은 것만을 〈보기〉에서 있는 대로 고른 것은?

┌ 보기 ├─
ㄱ. 태양보다 질량이 매우 큰 별이다.
ㄴ. 이후 중심핵이 수축하여 초신성 폭발을 일으킬 것이다.
ㄷ. 진화의 최종 단계에서 백색 왜성이 될 것이다.
ㄹ. 중심부에서 철보다 무거운 원소가 생성될 것이다.

① ㄱ, ㄴ   ② ㄱ, ㄷ   ③ ㄴ, ㄷ
④ ㄴ, ㄹ   ⑤ ㄷ, ㄹ

∞ 16. 외계 행성계와 생명체 탐사 194쪽

12 그림은 공통 질량 중심 주위를 회전하는 별과 행성의 모습을 나타낸 것이다. A, B는 별 또는 행성 중 하나이다.

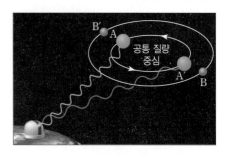

B'   A
공통 질량 중심
A   B

이에 대한 설명으로 옳은 것은?

① A는 행성, B는 별이다.
② 별의 질량이 클수록 공통 질량 중심은 별에서 멀어진다.
③ 공통 질량 중심을 도는 회전 주기는 A가 B보다 짧다.
④ A의 위치에서 청색 편이, A′의 위치에서 적색 편이가 나타난다.
⑤ 별이 공통 질량 중심을 회전함에 따라 공통 질량 중심의 위치가 달라진다.

∞ 16. 외계 행성계와 생명체 탐사 194쪽

13 다음은 2009년 발사된 케플러 우주 망원경에 대한 설명이다.

• 백조자리 부근 영역에서 지구와 비슷한 조건을 가진 외계 행성을 탐사한다.
• ㉠행성에 의해 별의 일부가 가려질 때 나타나는 밝기 변화를 측정하여 행성의 존재를 확인한다.
• 최근까지 ㉡생명 가능 지대에 위치한 행성을 여러 개 발견하였다.

이에 대한 설명으로 옳은 것만을 〈보기〉에서 있는 대로 고른 것은?

┌ 보기 ├─
ㄱ. 케플러 우주 망원경이 발견한 외계 행성들은 공전 궤도면이 시선 방향에 거의 나란하다.
ㄴ. 외계 행성이 별을 1회 공전하는 동안 ㉠은 2회 나타난다.
ㄷ. ㉡은 별 주변에서 액체 상태의 물이 존재할 수 있는 영역에 위치한다.

① ㄱ   ② ㄴ   ③ ㄱ, ㄷ
④ ㄴ, ㄷ   ⑤ ㄱ, ㄴ, ㄷ

∞ 16. 외계 행성계와 생명체 탐사 194쪽

14 그림은 외계 행성을 탐사하는 어떤 방법을 나타낸 것이다.

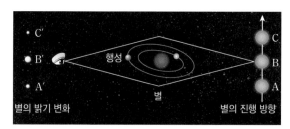

이에 대한 설명으로 옳은 것만을 〈보기〉에서 있는 대로 고른 것은?

┤ 보기 ├

ㄱ. 별의 시선 속도 변화를 측정하여 외계 행성을 탐사하는 방법이다.

ㄴ. 뒤쪽 별빛은 앞쪽 별의 중력에 의해 굴절이 일어난다.

ㄷ. 앞쪽 별이 행성을 가지고 있을 경우 뒤쪽 별의 밝기가 추가적으로 감소한다.

① ㄱ   ② ㄴ   ③ ㄱ, ㄷ
④ ㄴ, ㄷ   ⑤ ㄱ, ㄴ, ㄷ

∞ 16. 외계 행성계와 생명체 탐사 194쪽

15 표는 태양과 별 A, B의 물리량을 나타낸 것이다.

별 \ 물리량	표면 온도 (K)	질량 (태양=1)	예상 수명 (년)
태양	6000	1	10^{10}
A	3000	0.1	( )
B	( )	11	10^8

이에 대한 설명으로 옳은 것만을 〈보기〉에서 있는 대로 고른 것은?(단, 별 A와 B는 모두 주계열성이다.)

┤ 보기 ├

ㄱ. 별에서 생명 가능 지대까지의 거리는 A보다 태양에서 멀다.

ㄴ. 생명 가능 지대의 폭은 A보다 B가 넓다.

ㄷ. 행성의 환경이 안정적으로 가장 오랫동안 유지될 수 있는 곳은 B 주변의 행성이다.

① ㄱ   ② ㄷ   ③ ㄱ, ㄴ
④ ㄴ, ㄷ   ⑤ ㄱ, ㄴ, ㄷ

1등급을 완성하는 서술형 문제

∞ 15. 별의 진화와 내부 구조 180쪽

16 주계열성의 질량이 클수록 수명이 짧아지는 까닭을 핵융합 반응과 관련지어 설명하시오.

∞ 15. 별의 진화와 내부 구조 180쪽

17 그림은 정역학 평형 상태에 있는 주계열성의 내부에 작용하는 힘 A, B를 나타낸 것이다.

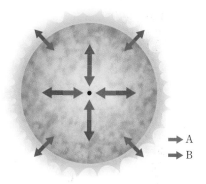

힘 A, B는 무엇인지 쓰고, 주계열성 내부에서 두 힘의 관계와 별의 크기를 설명하시오.

∞ 16. 외계 행성계와 생명체 탐사 194쪽

18 그림은 질량이 태양 정도인 주계열성이 시간 t_0일 때와 시간 t_1일 때 별 주변의 생명 가능 지대를 나타낸 것이다.

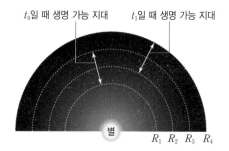

t_0일 때 생명 가능 지대 t_1일 때 생명 가능 지대

별 R_1 R_2 R_3 R_4

시간 t_0일 때와 시간 t_1일 때 별의 광도와 생명 가능 지대의 폭을 비교하여 설명하시오(단, R는 중심별과 행성 사이의 거리이다.).

고민의 매듭

나를 단단히 묶고 있는 고민들을
풀 수 있는 것 또한 나 자신이야.

풀릴 땐 또 술술
풀린단 말이지..

그러게!

고민의 매듭을 찾아 풀어 보자.

VI

외부 은하와 우주 팽창

자~ 마지막까지 열심히 공부하자!

이 단원에서는 외부 은하를 분류해 보고, 보통의 은하와는 다른 특징을 보이는 은하를 알아본다. 또, 최신 관측 자료를 바탕으로 우주의 급팽창과 가속 팽창을 포함한 빅뱅 우주론 및 우주 대부분을 이루고 있는 암흑 에너지에 대해서도 알아본다.

VI. 외부 은하와 우주 팽창

17 외부 은하

1 은하의 분류   자료 분석 특강 222쪽 A

1 외부 은하

① 외부 은하: 우리은하 밖에 존재하는 은하

② 허블의 외부 은하 관측: 세페이드 변광성을 이용하여 당시 안드로메다성운으로 알려진 천체의 거리를 측정하였다. → 안드로메다성운이 우리은하 밖의 외부 은하임을 밝혀내었다.

2 허블의 은하 분류   허블은 외부 은하를 형태에 따라 타원 은하, 나선 은하, 불규칙 은하로 분류하였다. 허블의 은하 분류 체계는 은하의 진화 순서와는 관계없는 형태학적 분류이다.

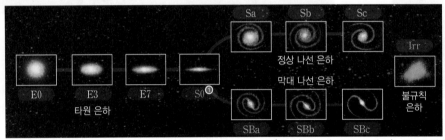

▲ 허블의 은하 분류   관측된 은하들 중 약 77 %가 나선 은하, 20 %가 타원 은하, 나머지 3 % 정도가 불규칙 은하로 분류된다.

3 형태에 따른 은하의 특징

타원 은하	• 나선팔이 없는 타원 모양의 은하이다. • 성간 물질이 거의 없으며, 비교적 나이가 많고 붉은색의 별들로 이루어져 있다. • 편평도에 따라 E0에서 E7까지 나눈다. → E0에서 E7로 갈수록 편평하다.❷	
나선 은하	• 납작한 원반 형태이며, 은하핵과 나선팔이 존재한다. • 중심부에는 나이가 많은 붉은색의 별과 구상 성단이 분포하며, 나선팔에는 성간 물질이 많아 나이가 적은 파란색의 별이 분포한다. • 막대 구조의 유무에 따라 정상 나선 은하(S)와 막대 나선 은하(SB)로 나눈다. • 나선팔이 감긴 정도와 은하핵의 상대적인 크기에 따라 a, b, c로 세분한다. → a에서 c로 갈수록 핵의 크기가 작아지고, 나선팔이 느슨하게 감겨 있다.	
	정상 나선 은하	**막대 나선 은하**
	은하핵에서 나선팔이 직접 뻗어 나온 모양 예 안드로메다은하	은하핵을 가로지르는 막대 구조의 양 끝에서 나선팔이 뻗어 나온 모양 예 우리은하
불규칙 은하	• 모양이 일정하지 않고 규칙적인 구조가 없는 은하이다. • 보통 규모가 작으며, 성간 물질이 풍부하고 젊은 별을 많이 포함한다. 예 대마젤란 은하, 소마젤란은하	

확인 문제 ❶

1 허블은 외부 은하를 형태에 따라 타원 은하, 나선 은하, (   ) 은하로 구분하였다.

2 (   ) 은하는 성간 물질이 거의 없으며, 편평도에 따라 E0에서 E7까지 세분한다.

3 나선 은하의 (   )에는 성간 물질과 젊은 별들이 많이 분포한다.

한눈에 정리하는 출제 경향

• 허블의 은하 분류 체계 이해하기
• 특이 은하와 충돌 은하의 특징 이해하기

핵심 개념

타원 은하, 나선 은하, 불규칙 은하, 세이퍼트은하, 충돌 은하

plus⊕개념

❶ 렌즈형 은하(S0)

나선팔이 없으나 원반이 존재하는 은하를 렌즈형 은하(S0)라고 한다.

❷ 편평도(e)

타원체의 편평한 정도를 나타내는 값으로, e값이 0에 가까울수록 구형에 가깝다.

$$e = \frac{(a-b)}{a}$$

(a: 타원체의 긴반지름, b: 타원체의 짧은 반지름)

궁금하지?

Q. 나선 은하에서 막대 구조가 생기는 까닭은?

A. 나선 은하 근처에 다른 은하가 있을 때 막대 구조를 갖고 있는 비율이 높다. 따라서 나선 은하가 역학적으로 불안정하면 막대 구조가 형성되는 것으로 알려져 있다. 대략 나선 은하의 절반 이상이 막대 구조를 가지고 있는 것으로 추정된다.

❷ 특이 은하와 충돌 은하   자료 분석 특강 **222**쪽 **B**

1 특이 은하   허블의 은하 분류 체계로 분류되기 어려운 특이한 성질을 가진 은하

전파 은하	• 전파 영역에서 매우 강한 복사를 방출하는 은하 • 중심에 핵을 가지고 양쪽에 로브라고 불리는 거대한 돌출부가 있으며, 로브와 핵이 제트로 연결되어 있다. ❸ • 로브의 크기는 은하의 수 배 정도이고, 로브 사이의 간격은 은하 크기의 수백 배에 이른다. • 로브와 제트에서는 강한 자기장에 의해 X선이 방출된다. → 고속으로 움직이는 대전 입자(전자)와 강한 자기장이 존재한다는 것을 의미한다. • 가시광선 영역에서 대부분 타원 은하로 관측된다.	가시광선 영상 전파 영상
퀘이사	• 수많은 별들로 이루어진 거대한 은하이지만 너무 멀리 있어서 하나의 별처럼 보이는 은하 • 적색 편이가 매우 크게 나타난다. → 매우 먼 거리에 있는 천체로, 우주 탄생 초기의 천체이다. • 태양계 정도의 크기로 추정하지만 방출하는 에너지양이 우리은하의 수백~수천 배에 이른다. ❹ → 중심부에 질량이 매우 큰 블랙홀이 있을 것으로 추정된다.	
세이퍼트 은하	• 보통의 은하들에 비하여 은하 전체의 광도에 대한 중심부의 광도가 비정상적으로 높게 관측되는 은하 • 중심핵이 유난히 밝고 스펙트럼에서 넓은 방출선을 보인다. ❺ → 은하 중심부에 거대한 블랙홀이 있을 것으로 추정되며, 성운이 빠른 속도로 회전함을 알 수 있다. • 대부분 나선 은하로 관측된다. 나선 은하 중 약 1~2 %를 차지한다.	

2 충돌 은하

① 충돌 은하: 은하와 은하의 상호 작용으로 은하가 충돌하는 과정에서 형성되는 은하

② 충돌 은하의 특징

• 은하가 충돌하더라도 내부의 별들이 서로 충돌할 가능성은 거의 없다. → 별의 크기보다 별 사이의 공간이 크기 때문이다.

• 은하 안의 거대한 분자 구름들은 충돌하고 압축되면서 새로운 별의 탄생을 촉진시킨다.

• 은하의 충돌과 병합이 반복되면서 은하의 질량이 증가하며 형태가 변한다.

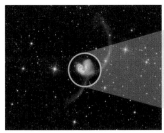

우리은하는 약 40억 년 후에 안드로메다 은하와 충돌할 것으로 예상된다.❻

▲ 충돌 은하 NGC 4038과 NGC 40039가 충돌하여 형성되었다.

확인
문제
❷

4 전파 은하는 일반 은하에 비해 (   ) 영역에서 매우 강한 복사를 방출한다.

5 별처럼 보이지만 매우 큰 적색 편이가 나타나는 특이 은하를 (   )(이)라고 한다.

6 일반 은하에 비해 아주 밝은 핵과 넓은 방출 스펙트럼이 관측되는 은하를 (   )은하라고 한다.

---

plus 개념

❸ **전파 은하의 구조**

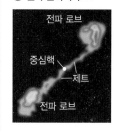
전파 로브 / 중심핵 / 제트 / 전파 로브

❹ **퀘이사의 에너지**
퀘이사의 원반 물질이 중심부의 블랙홀로 끌려들어 가면서 중력 위치 에너지가 빛 에너지로 바뀌며, 이때 엄청난 양의 에너지가 방출되는 것으로 추정한다.

❺ **스펙트럼의 선폭**
방출원인 가스 입자들의 운동이 빠를수록 도플러 효과에 의해 선 스펙트럼의 파장 폭이 넓어진다.

❻ **우리은하의 충돌**
우리은하는 안드로메다은하와 가까워지고 있으며, 약 40억 년이 지나면 충돌할 것으로 예상되고, 약 60억 년 후에는 두 은하의 충돌이 완전히 끝나고 이 과정에서 두 나선 은하가 합쳐져 거대 타원 은하가 될 것으로 예측된다.

▲ 우리은하의 충돌 상상도

용어 돋보기
• **제트(jet):** 핵과 전파 로브를 연결하는 좁은 선처럼 보이는 강력한 물질의 흐름이다.

1 은하의 분류

01 허블의 은하 분류 체계에 대한 설명으로 옳은 것은?

① 외부 은하를 형태에 따라 타원 은하, 나선 은하, 불규칙 은하로 분류하였다.
② 타원 은하는 일정한 모양이나 규칙적인 구조가 없다.
③ 나선 은하는 나선팔의 유무에 따라 정상 나선 은하와 막대 나선 은하로 분류한다.
④ 관측된 은하들 중 불규칙 은하의 비율이 가장 많다.
⑤ 정상 나선 은하는 시간이 지나면서 막대 나선 은하가 된다.

(중요)

02 외부 은하를 형태에 따라 분류할 때 우리은하와 같은 집단으로 분류되는 은하는?

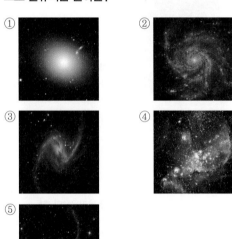

(서술형)

03 그림 (가)와 (나)는 두 외부 은하의 모습을 나타낸 것이다.

(가)   (나)

은하 (가)와 (나)의 종류를 쓰고, 두 은하의 특징을 성간 물질의 분포와 관련지어 설명하시오.

04 그림은 우리은하에서 가까운 거리에 있는 어떤 천체의 모습을 나타낸 것이다.

이 천체에 대한 설명으로 옳은 것만을 〈보기〉에서 있는 대로 고른 것은?

┤ 보기 ├
ㄱ. 타원 은하이다.
ㄴ. 납작한 원반에 나선팔이 존재한다.
ㄷ. 나선팔에는 나이가 적고 파란색의 별들이 분포한다.

① ㄱ   ② ㄴ   ③ ㄷ
④ ㄱ, ㄷ   ⑤ ㄴ, ㄷ

(중요)

05 그림은 허블의 은하 분류 체계를 나타낸 것이다.

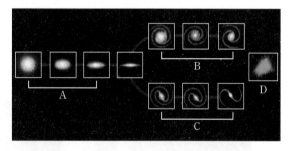

이에 대한 설명으로 옳은 것만을 〈보기〉에서 있는 대로 고른 것은?

┤ 보기 ├
ㄱ. A 집단은 크기에 따라 E0에서 E7까지 세분할 수 있다.
ㄴ. B와 C를 구분하는 기준은 막대 구조의 유무이다.
ㄷ. D는 A보다 성간 물질의 비율이 높다.

① ㄱ   ② ㄴ   ③ ㄱ, ㄴ
④ ㄱ, ㄷ   ⑤ ㄴ, ㄷ

2 특이 은하와 충돌 은하

06 다음은 서로 다른 종류의 특이 은하에 대한 설명이다.

> (가) 보통의 은하들보다 중심핵이 훨씬 밝고, 넓은 방출선이 관측된다.
> (나) 별처럼 보이지만 방출하는 에너지양은 우리은 하의 수백~수천 배에 이른다.
> (다) 전파 영역에서 매우 강한 복사 에너지를 방출한다.

(가)~(다)에 해당하는 은하의 종류를 각각 쓰시오.

중요

07 다음은 어느 천체의 특징을 설명한 것이다.

> • 중심핵 양쪽에 로브라고 불리는 거대한 돌출부가 있으며, 로브와 핵이 제트로 연결되어 있다.
> • 로브와 제트에서는 강한 자기장에 의해 X선이 방출된다.

이 천체의 모습으로 가장 적절한 것은?

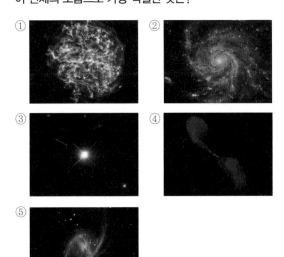

중요

08 퀘이사에 대한 설명으로 옳은 것만을 〈보기〉에서 있는 대로 고른 것은?

> 보기
> ㄱ. 매우 큰 적색 편이가 나타난다.
> ㄴ. 초기 우주에서 형성된 천체이다.
> ㄷ. 전 파장에 걸쳐 많은 양의 에너지를 방출하며, 중심부에 블랙홀이 존재한다.

① ㄱ   ② ㄴ   ③ ㄱ, ㄷ
④ ㄴ, ㄷ   ⑤ ㄱ, ㄴ, ㄷ

09 세이퍼트은하에서 관측되는 일반적인 특징으로 옳은 것만을 〈보기〉에서 있는 대로 고른 것은?

> 보기
> ㄱ. 우주 탄생 초기에 생성된 천체이다.
> ㄴ. 스펙트럼에서 폭이 넓은 방출선이 나타난다.
> ㄷ. 일반 은하에 비해 아주 밝은 핵이 존재한다.

① ㄱ   ② ㄴ   ③ ㄱ, ㄷ
④ ㄴ, ㄷ   ⑤ ㄱ, ㄴ, ㄷ

서술형

10 그림은 은하의 충돌 모습을 나타낸 것이다.

수많은 별로 이루어진 은하가 충돌하더라도 내부에 있는 별끼리 충돌하는 일이 거의 없는 까닭을 설명하시오.

18 빅뱅 우주론과 암흑 에너지

한눈에 👀
정리하는 출제 경향

• 허블 법칙과 빅뱅 우주론 이해하기
• 암흑 물질과 암흑 에너지의 특징 이해하기

핵심 개념

외부 은하의 후퇴, 허블 법칙, 우주 팽창,
정상 우주론과 빅뱅 우주론, 급팽창 우주,
암흑 물질, 암흑 에너지

plus 개념

1 허블 법칙과 우주 팽창   자료 분석 특강 223쪽 C

1 외부 은하의 후퇴 관측   허블은 외부 은하의 스펙트럼에서 대부분 적색 편이가 나타나는 것을 확인하였다.

① 적색 편이량과 후퇴 속도의 관계: 외부 은하의 스펙트럼에 나타난 흡수선의 파장 변화량 ($\Delta\lambda$)을 측정하여 은하의 후퇴 속도(v)를 구할 수 있다. [1]

$$v = c \times \frac{\Delta\lambda}{\lambda_0} \ (c: \text{광속}, \ \lambda_0: \text{흡수선의 파장}, \ \Delta\lambda: \text{흡수선의 파장 변화량})$$

② 외부 은하의 후퇴 속도 계산하기

탐구 / 활동

과정 ≫

그림은 거리가 다른 외부 은하들의 사진과 스펙트럼을 나타낸 것이다. 노란색 화살표는 흡수선의 적색 편이량이고, 흡수선의 고유 파장 λ_0는 395.1 nm이다.

❶ 외부 은하 (가)~(다)의 스펙트럼 사진의 화살표 길이를 자로 측정하고, 흡수선의 적색 편이량을 구한다.

❷ 외부 은하 (가)~(다)의 후퇴 속도를 계산한다. [2]

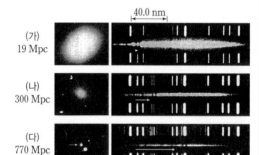

(가) 19 Mpc
(나) 300 Mpc
(다) 770 Mpc

40.0 nm

결과 및 정리 ≫

외부 은하	거리(Mpc)	화살표 길이(mm)	적색 편이량 (nm)	후퇴 속도(km/s)
(가)	19	0.5	2	1519
(나)	300	4	16	12149
(다)	770	11	44	33409

• 외부 은하의 거리와 후퇴 속도 관계: 외부 은하의 거리가 멀수록 후퇴 속도가 빠르다.

2 허블 법칙과 우주 팽창

① 허블 법칙: 외부 은하의 후퇴 속도가 외부 은하까지의 거리에 비례한다는 법칙

관계식	$v = H \cdot r$ (H: 허블 상수, r: 외부 은하까지의 거리)	
의미	• 그래프의 기울기는 허블 상수(H)를 의미한다. [3] • 최근의 연구에 의하면 허블 상수(H)≒68 km/s/Mpc 이다. • 멀리 있는 은하일수록 더 빠른 속도로 멀어진다. → 우주가 팽창하고 있다는 확실한 증거이다.	

② 우주 팽창: 우주 공간이 모든 방향에 대하여 균일하게 팽창하고 있으며, 우주는 특별한 팽창의 중심이 없다.

③ 우주의 나이(t): 과거 어느 시점에 한 점에 모여 있던 은하가 현재의 속력(v)으로 현재의 거리(r)만큼 멀어지는 데 걸린 시간

$$t = \frac{r}{v} = \frac{r}{H \cdot r} = \frac{1}{H} \ (\text{허블 상수의 역수})$$

❶ 적색 편이량
관측된 파장(λ)이 원래의 파장(λ_0)보다 길게 관측되는 현상을 적색 편이라고 하며, 그 크기는 다음과 같이 구할 수 있다.

$$\Delta\lambda = \lambda - \lambda_0$$

❷ 후퇴 속도 구하기
(가) 은하의 후퇴 속도는 다음과 같이 구할 수 있다.

$$v_{(가)} = c \times \frac{\Delta\lambda}{\lambda_0}$$
$$= 3 \times 10^5 \text{ km/s} \times \frac{2 \text{ nm}}{395.1 \text{ nm}}$$
$$≒ 1519 \text{ km/s}$$

❸ 허블 상수의 의미
외부 은하의 거리와 후퇴 속도 사이의 관계를 나타내는 비례 상수로, 우주가 팽창하는 정도를 나타내는 값이다. 즉, 단위 길이의 공간이 우주의 팽창으로 인해 단위 시간 동안 늘어나는 정도를 나타낸 값이다.

궁금하지? ❓

Q. 우주가 팽창함에 따라 태양계도 점점 넓어질까?
A. 가까운 거리에 위치한 두 물체의 경우 우주 팽창에 의한 효과는 중력에 비해 무시할 수 있을 정도로 작다. 따라서 작은 규모(태양계, 우리은하 등)의 현상에서는 우주 팽창 효과를 고려하지 않는다.

1 외계 행성계 탐사

01 외계 행성을 탐사하는 방법으로 적절하지 <u>않은</u> 것은?

① 외계 행성은 주로 간접적인 방법으로 탐사한다.

② 중심별의 표면 온도에 따른 스펙트럼형을 확인한다.

③ 행성의 식 현상에 의해 나타나는 중심별의 밝기 변화를 측정한다.

④ 앞쪽에 놓인 별과 행성의 중력에 의한 배경별의 밝기 변화를 측정한다.

⑤ 중심별이 행성과 공통 질량 중심을 회전할 때 나타나는 시선 속도 변화를 측정한다.

02 다음은 중심별의 시선 속도 변화를 이용한 외계 행성 탐사 방법에 대한 설명이다. ( ) 안에 들어갈 알맞은 말을 쓰시오.

> 행성이 공전할 때 중심별도 공전하여 시선 속도가 변하면 도플러 효과에 의해 별빛의 (㉠)이/가 달라진다. 이때 행성의 (㉡)이/가 클수록 중심별의 시선 속도 변화가 크므로 행성의 존재를 확인하기 쉽다.

서술형

03 외계 행성을 탐사할 때 직접 관측하여 찾는 경우가 매우 드문 까닭을 설명하시오.

중요

04 그림 (가)와 (나)는 중심별과 행성이 공통 질량 중심 주위를 회전할 때 나타나는 별빛의 파장 변화를 나타낸 것이다.

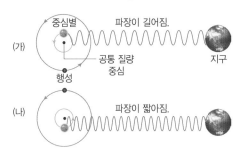

이에 대한 설명으로 옳은 것만을 〈보기〉에서 있는 대로 고른 것은?

> **보기**
>
> ㄱ. (가)에서 별빛 스펙트럼의 청색 편이가 나타난다.
>
> ㄴ. (나)일 때 행성은 관측자로부터 멀어지고 있다.
>
> ㄷ. 공통 질량 중심을 회전하는 주기는 중심별이 행성보다 길다.

① ㄱ   ② ㄴ   ③ ㄷ

④ ㄱ, ㄷ   ⑤ ㄴ, ㄷ

중요

05 그림은 어느 외계 행성계에서 행성에 의한 중심별의 밝기 변화를 나타낸 것이다.

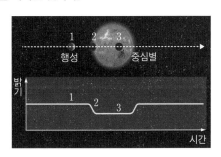

이에 대한 설명으로 옳은 것만을 〈보기〉에서 있는 대로 고른 것은?

> **보기**
>
> ㄱ. 행성의 공전 궤도면은 관측자의 시선 방향에 수직하다.
>
> ㄴ. 행성의 반지름이 클수록 중심별의 밝기 변화는 작아진다.
>
> ㄷ. 중심별의 밝기 변화가 나타나는 주기는 행성의 공전 주기와 같다.

① ㄱ   ② ㄴ   ③ ㄷ

④ ㄱ, ㄷ   ⑤ ㄴ, ㄷ

06 그림은 미세 중력 렌즈 현상에 의한 별의 밝기 변화를 나타낸 것이다.

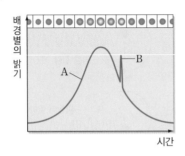

이에 대한 설명으로 옳은 것만을 〈보기〉에서 있는 대로 고른 것은?

┤ 보기 ├
ㄱ. 앞쪽에 있는 별의 중력 때문에 뒤쪽에 있는 별에서 오는 빛이 휘어진다.
ㄴ. A는 뒤쪽에 있는 별의 밝기 변화를 나타낸 것이다.
ㄷ. B는 뒤쪽에 있는 별 주위를 공전하는 행성에 의해 나타난 추가적인 밝기 변화이다.

① ㄱ   ② ㄷ   ③ ㄱ, ㄴ
④ ㄴ, ㄷ   ⑤ ㄱ, ㄴ, ㄷ

07 그림 (가)와 (나)는 외계 행성을 탐사하는 서로 다른 방법을 나타낸 것이다.

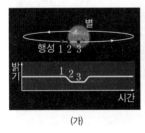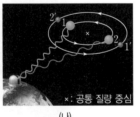

(가)   (나)

이에 대한 설명으로 옳은 것만을 〈보기〉에서 있는 대로 고른 것은?

┤ 보기 ├
ㄱ. (가)에서는 행성의 크기가 클수록 탐사에 유리하다.
ㄴ. (나)에서는 별빛의 스펙트럼을 분석하여 별의 떨림을 측정한다.
ㄷ. (가)와 (나) 모두 행성의 공전 궤도면이 관측자의 시선 방향에 나란해야 한다.

① ㄱ   ② ㄴ   ③ ㄱ, ㄷ
④ ㄴ, ㄷ   ⑤ ㄱ, ㄴ, ㄷ

08 그림은 외계 행성들의 크기에 따라 발견된 개수를 나타낸 것이다.

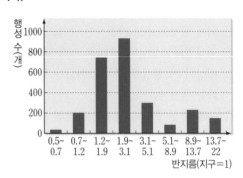

이에 대한 설명으로 옳은 것만을 〈보기〉에서 있는 대로 고른 것은?

┤ 보기 ├
ㄱ. 외계 행성의 크기는 대부분 지구보다 크다.
ㄴ. 질량이 작은 외계 행성일수록 발견될 가능성이 크다.
ㄷ. 최근에는 지구와 같이 크기가 작고 암석형 행성을 찾기 위해 노력한다.

① ㄱ   ② ㄴ   ③ ㄱ, ㄴ
④ ㄱ, ㄷ   ⑤ ㄴ, ㄷ

2 외계 생명체 탐사

09 외계 생명체가 존재하기 위한 필수적인 요소는 무엇인가?

① 자기장의 존재
② 적절한 대기압의 존재
③ 액체 상태의 물의 존재
④ 적당한 자전축의 기울기
⑤ 적당한 질량의 중심별의 존재

1 허블 법칙과 우주 팽창

01 허블이 외부 은하의 후퇴 속도를 알아내기 위해 관측한 내용은 무엇인가?

① 은하를 형태에 따라 분류하였다.
② 특이 은하의 존재 여부를 확인하였다.
③ 은하에 속해 있는 별들의 분광형을 조사하였다.
④ 외부 은하의 스펙트럼에서 적색 편이량을 측정하였다.
⑤ 다양한 파장 영역에서 촬영한 은하의 사진을 비교하였다.

02 그림은 멀리 있는 외부 은하 (가)와 (나)의 스펙트럼을 나타낸 것이다.

이에 대한 설명으로 옳은 것만을 〈보기〉에서 있는 대로 고른 것은?

┤ 보기 ├
ㄱ. 적색 편이량은 (가)가 (나)보다 작다.
ㄴ. 후퇴 속도는 (가)가 (나)보다 빠르다.
ㄷ. 우리은하로부터의 거리는 (가)가 (나)보다 멀다.

① ㄱ   ② ㄷ   ③ ㄱ, ㄴ
④ ㄴ, ㄷ   ⑤ ㄱ, ㄴ, ㄷ

📝서술형

03 지구에서 **50 Mpc** 떨어진 외부 은하의 적색 편이량이 원래 파장의 **0.01**배였다. 이 은하의 후퇴 속도와 허블 상수를 구하시오(단, 빛의 속도는 3×10^5 **km/s**이다.).

🅿중요

04 그림은 허블이 측정한 외부 은하의 거리와 후퇴 속도의 관계를 나타낸 것이다.

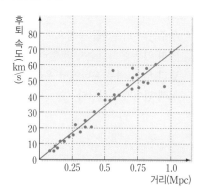

이에 대한 설명으로 옳은 것만을 〈보기〉에서 있는 대로 고른 것은?

┤ 보기 ├
ㄱ. 그래프의 기울기는 허블 상수이다.
ㄴ. 거리가 먼 은하일수록 후퇴 속도가 빠르다.
ㄷ. 5 Mpc 거리에 있는 은하는 약 350 km/s의 속도로 멀어지고 있다.

① ㄱ   ② ㄷ   ③ ㄱ, ㄴ
④ ㄴ, ㄷ   ⑤ ㄱ, ㄴ, ㄷ

🅿중요

05 표는 외부 은하 (가)~(다)의 거리, 적색 편이량, 후퇴 속도를 나타낸 것이다.

은하	거리 (Mpc)	적색 편이량 $\varDelta\lambda$(nm)	후퇴 속도 (km/s)
(가)	300	( )	1519
(나)	20	2	( )
(다)	( )	26	19742

은하 (가)~(다)에 대한 설명으로 옳은 것만을 〈보기〉에서 있는 대로 고른 것은?

┤ 보기 ├
ㄱ. 적색 편이량은 (가)가 (나)보다 작다.
ㄴ. 후퇴 속도는 (나)가 (다)보다 크다.
ㄷ. 가장 멀리 있는 은하는 (다)이다.

① ㄱ   ② ㄴ   ③ ㄷ
④ ㄱ, ㄷ   ⑤ ㄴ, ㄷ

06 우주 팽창에 대한 설명으로 옳은 것만을 〈보기〉에서 있는 대로 고른 것은?

┤ 보기 ├
ㄱ. 우주는 우리은하를 중심으로 팽창한다.
ㄴ. 멀리 있는 은하일수록 더 빨리 멀어진다.
ㄷ. 멀리 있는 외부 은하에서 우리은하를 관측하면 청색 편이가 나타난다.

① ㄱ   ② ㄴ   ③ ㄱ, ㄷ
④ ㄴ, ㄷ   ⑤ ㄱ, ㄴ, ㄷ

2 빅뱅 우주론

07 그림은 어느 우주론에 근거하여 시간에 따른 우주의 변화 모습을 나타낸 것이다.

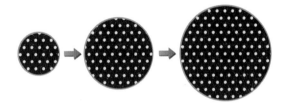

이 우주론에 대한 설명으로 옳은 것은?

① 우주의 밀도는 감소한다.
② 우주의 질량은 증가한다.
③ 우주의 온도는 감소한다.
④ 우주의 중심은 우리은하이다.
⑤ 우주는 과거의 어느 시점에 생성되었다.

08 빅뱅 우주론에서 설명하는 물리량 중 시간이 지남에 따라 증가하는 값만을 〈보기〉에서 있는 대로 고른 것은?

┤ 보기 ├
ㄱ. 우주의 밀도   ㄴ. 우주의 나이
ㄷ. 우주의 크기   ㄹ. 우주 배경 복사의 온도

① ㄱ, ㄷ   ② ㄱ, ㄹ   ③ ㄴ, ㄷ
④ ㄱ, ㄴ, ㄹ   ⑤ ㄴ, ㄷ, ㄹ

중요
09 그림은 팽창하는 우주의 모습을 풍선과 동전을 이용하여 모형실험한 것이다.

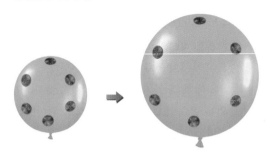

이 모형실험에 대한 설명으로 옳은 것만을 〈보기〉에서 있는 대로 고른 것은?

┤ 보기 ├
ㄱ. 동전은 우리은하 안에 있는 별에 해당한다.
ㄴ. 동전 사이의 거리가 가까울수록 더 빨리 멀어진다.
ㄷ. 풍선이 팽창할 때 풍선 표면에서 팽창의 중심이 없다.

① ㄱ   ② ㄴ   ③ ㄷ
④ ㄱ, ㄷ   ⑤ ㄴ, ㄷ

중요
10 그림은 우주 배경 복사의 관측 값과 2.7 K 흑체 복사 곡선을 나타낸 것이다.

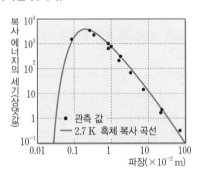

우주 배경 복사에 대한 설명으로 옳은 것만을 〈보기〉에서 있는 대로 고른 것은?

┤ 보기 ├
ㄱ. 약 2.7 K 흑체 복사에 해당한다.
ㄴ. 과거에 우주의 온도가 훨씬 높았을 때 형성된 복사 에너지이다.
ㄷ. 우리은하의 중심 방향에서 가장 강하게 나타난다.

① ㄱ   ② ㄴ   ③ ㄷ
④ ㄱ, ㄴ   ⑤ ㄴ, ㄷ

11 빅뱅 우주론을 뒷받침하는 증거 두 가지를 설명하시오.

12 다음은 빅뱅 우주론의 문제점에 대한 설명이다.

> (가) 초기 우주에서 형성된 자기 홀극이 많이 존재해야 하지만 지금까지 발견되지 않고 있다.
> (나) 서로 상호 작용할 수 없는 우주의 반대쪽 양 끝에서 오는 우주 배경 복사가 완전히 균일하다.
> (다) 우주는 거의 완벽하게 평탄하며, 이를 위해서는 초기 우주의 밀도가 특정한 값을 가져야만 한다.

(가)~(다)에 해당하는 문제점을 옳게 짝 지은 것은?

	(가)	(나)	(다)
①	지평선 문제	편평성 문제	자기 홀극 문제
②	지평선 문제	자기 홀극 문제	편평성 문제
③	편평성 문제	지평선 문제	자기 홀극 문제
④	자기 홀극 문제	지평선 문제	편평성 문제
⑤	자기 홀극 문제	편평성 문제	지평선 문제

13 우주의 급팽창 이론에서 주장한 내용으로 옳은 것만을 〈보기〉에서 있는 대로 고른 것은?

> ┤ 보기 ├
> ㄱ. 빅뱅 직후 매우 짧은 시간 동안 우주가 급격히 팽창하였다.
> ㄴ. 급팽창 직후 우주의 곡률은 거의 평탄해졌다.
> ㄷ. 급팽창 이전에는 우주의 크기가 매우 작아서 전체적인 정보 교환이 가능하다.
> ㄹ. 급팽창 직후 우주 배경 복사가 형성되었다.

① ㄱ, ㄷ ② ㄱ, ㄹ ③ ㄴ, ㄹ
④ ㄱ, ㄴ, ㄷ ⑤ ㄴ, ㄷ, ㄹ

③ 암흑 물질과 암흑 에너지

중요

14 그림은 우주의 구성 성분을 나타낸 것이다.

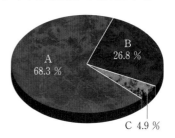

이에 대한 설명으로 옳은 것만을 〈보기〉에서 있는 대로 고른 것은?

> ┤ 보기 ├
> ㄱ. A는 천체의 운동에 미치는 중력 효과에 의해 그 존재를 확인할 수 있다.
> ㄴ. B는 척력으로 작용하여 우주를 가속 팽창시키는 역할을 한다.
> ㄷ. C는 전자기파를 방출하거나 흡수할 수 있는 물질이다.

① ㄱ ② ㄷ ③ ㄱ, ㄴ
④ ㄴ, ㄷ ⑤ ㄱ, ㄴ, ㄷ

중요

15 그림은 우주의 크기 변화에 관한 세 가지 모형을 나타낸 것이다.

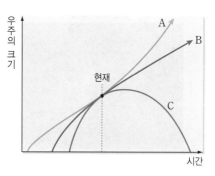

이에 대한 설명으로 옳은 것만을 〈보기〉에서 있는 대로 고른 것은?

> ┤ 보기 ├
> ㄱ. A는 평탄 우주 모형을 나타낸다.
> ㄴ. C는 우주의 밀도가 임계 밀도보다 크다.
> ㄷ. 앞으로 우주는 B 모형과 같이 팽창할 것으로 예상된다.

① ㄱ ② ㄴ ③ ㄱ, ㄴ
④ ㄱ, ㄷ ⑤ ㄴ, ㄷ

자료 분석 특강

실력을 올리는 실전 문제와 함께 보면 더 좋아요!

A 허블의 은하 분류

허블은 외부 은하를 형태에 따라 타원 은하, 나선 은하(정상 나선 은하, 막대 나선 은하), 불규칙 은하로 분류하였다.

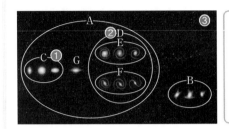

- A: 규칙적인 형태의 은하
- B: 불규칙 은하
- C: 타원 은하
- D: 나선 은하
- E: 정상 나선 은하
- F: 막대 나선 은하
- G: 렌즈형 은하

- 분류 기준

구분	A와 B	C와 D	E와 F
분류 기준	모양의 규칙성 여부	나선팔의 유무	막대 구조의 유무

- 타원 은하, 나선 은하, 불규칙 은하의 특징 비교

구분	타원 은하	나선 은하	불규칙 은하
지름(kpc)	1~200	2~20	1 내외
성간 물질	거의 없음.	있음.	많음.
구성원	주로 늙은 별	젊은 별~늙은 별	주로 젊은 별
특징	• 나선팔이 없음. • 편평도에 따라 세분	나선팔이 감긴 정도와 은하핵의 크기에 따라 세분	모양이 일정하지 않고 규칙적인 구조가 없음.

❶ 타원 은하는 별들이 대부분 질량이 작고 나이가 많기 때문에 대체로 붉은색을 띤다. 규모가 매우 작은 왜소 타원 은하부터 거대 타원 은하까지 존재한다.

❷ 나선 은하의 나선팔에는 성간 물질이 많아 젊은 별이 많고, 중심부에는 늙은 별이 많다.

❸ 관측된 은하의 약 77 %가 나선 은하이고, 약 20 %가 타원 은하, 약 3 %가 불규칙 은하이다. 하지만 거리가 가까운 은하들의 비율만 비교하면 나선 은하가 33 %, 타원 은하가 13 %, 불규칙 은하가 54 %이다.

실력을 올리는 실전 문제 **찾아가기**

- 허블의 은하 분류 기준에 대한 문제_01
- 은하의 종류에 따른 특징에 대한 문제_02, 03

B 특이 은하의 스펙트럼 분석

구분	(가) 세이퍼트은하	(나) 퀘이사
모습	❶	❸
스펙트럼	복사 강도 / 6200 6400 6600 6800 파장(Å) / ❷	복사 강도 / 3C 273 / Hε Hδ Hγ Hβ Hα ❸ / 4000 4800 5600 6400 7200 8000 파장(Å)
특징	• 넓은 방출선이 나타난다. → 빠른 속도로 회전한다는 것을 알 수 있다. • 밝은 핵 → 중심부에 거대 블랙홀이 존재한다. • 대부분 나선 은하에 속한다.	• 큰 적색 편이가 나타나므로 매우 먼 거리에 위치한다. → 초기 우주에서 형성 • 별처럼 보인다. → 준항성체라고도 한다. • 많은 양의 에너지를 방출한다. → 중심부에 거대 블랙홀이 존재한다.

❶ 세이퍼트은하는 일반 은하에 비해 은하 전체의 광도에 대한 중심부의 광도가 훨씬 높게 관측된다.

❷ 세이퍼트은하는 매우 밝은 핵을 갖고 있으며 빠르게 회전하기 때문에 도플러 효과에 의한 파장 변화가 커서 방출선의 폭이 매우 넓게 나타난다.

❸ 적색 편이로부터 퀘이사까지 거리를 계산해 보면, 거리가 100억 광년 이상인 것도 관측된다.

실력을 올리는 실전 문제 **찾아가기**

- 스펙트럼에 나타난 세이퍼트은하의 특징에 대한 문제_05
- 스펙트럼에 나타난 퀘이사의 적색 편이를 통해 특징을 추론하는 문제_06

C 풍선 모형실험

고무풍선을 작게 불어 표면에 일정한 간격으로 스티커를 붙인 후, 고무풍선에 바람을 불어넣으면서 스티커의 움직임을 관찰한다.

팽창 후

- 스티커와 고무풍선의 비유: 스티커는 은하, 고무풍선의 표면은 우주 공간을 의미한다. ❶
- 풍선의 팽창과 스티커 사이의 거리: 고무풍선이 부풀어 오를 때 스티커 사이의 거리가 멀어진다. 이때 스티커 사이의 거리가 멀수록 더 빨리 멀어진다. ❷ → 허블 법칙이 성립한다.
- 팽창의 중심: 스티커 사이의 간격이 멀어질 때 팽창의 중심은 존재하지 않는다. → 팽창하는 우주에서도 팽창의 중심은 존재하지 않는다. ❸

❶ 풍선 모형실험은 3차원의 우주 공간을 2차원의 풍선 표면에 비유한 실험이다. 따라서 풍선의 내부 공간은 의미 없는 공간이므로 팽창의 중심이 풍선의 내부에 존재하는 것이 아니다.

❷ X로부터 멀어지는 속력은 Y보다 Z가 크다.

❸ 우주의 팽창은 등방적이고, 균질하게 일어난다는 점을 풍선 모형실험을 통해 확인할 수 있다.

실력을 올리는 실전 문제 **찾아가기**

- 우주의 팽창과 외부 은하의 거리에 따른 후퇴 속도를 파악하는 문제_07
- 풍선 모형실험과 우주의 팽창을 연관지어 해석하는 문제_08

D 우주 배경 복사

▲ 펜지어스와 윌슨 관측

▲ 코비(COBE) 위성 관측　　▲ 더블유맵(WMAP) 위성 관측

▲ 플랑크 망원경 관측

- 우주 배경 복사: 우주의 온도가 약 3000 K일 때 물질에서 빠져나와 형성된 복사로, 우주 팽창으로 온도가 낮아져 현재 약 2.7 K에 해당하는 복사로 관측된다. → 빅뱅 우주론의 증거 ❶
- 우주 배경 복사 관측: 더 정밀해진 관측을 통해 초기 우주의 미세한 밀도 불균일을 관측하였다. ❷

❶ 펜지어스와 윌슨은 하늘의 모든 방향에서 거의 같은 세기로 방출되는 약 7.3 cm의 전파를 발견하였다. 그 후 이 전파는 약 2.7 K의 흑체가 방출하는 에너지 분포와 거의 일치한다는 사실을 알아내었다.

❷ 관측의 정밀도: 코비 위성 < 더블유맵 위성 < 플랑크 망원경

실력을 올리는 실전 문제 **찾아가기**

- 우주 배경 복사로부터 알 수 있는 사실에 대한 문제_10
- 우주 배경 복사가 형성된 시기에 대한 문제_11

E 우주의 미래 모형

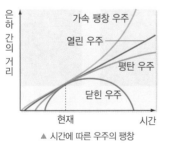

▲ 시간에 따른 우주의 팽창

68.3 % 암흑 에너지
26.8 % 암흑 물질
4.9 % 별, 기타 은하 간 기체

▲ 우주의 구성 성분

❶ 우주의 팽창 속도 변화: 빅뱅 → 급팽창 → 감속 팽창 → 가속 팽창

❷ 우주가 팽창함에 따라 물질이 차지하는 비율이 감소하고 상대적으로 암흑 에너지가 차지하는 비율이 커지면서 우주가 가속 팽창하는 것으로 추정된다.

- 우주의 미래 모형

열린 우주	평탄 우주	닫힌 우주
우주의 밀도 < 임계 밀도	우주의 밀도 = 임계 밀도	우주의 밀도 > 임계 밀도

- 우주의 구성 성분: 암흑 에너지(약 68.3 %) > 암흑 물질(약 26.8 %) > 보통 물질(약 4.9 %)
- 우주 팽창의 실제 모습: 우주는 팽창 속도가 점점 빨라지는 가속 팽창을 하고 있다. ❶
- 가속 팽창의 에너지원: 암흑 에너지 ❷

실력을 올리는 실전 문제 **찾아가기**

- 우주의 미래 모형의 특징에 대한 문제_14
- 우주의 팽창 속도 변화에 암흑 에너지가 미친 영향에 대한 문제_16

01 그림은 허블이 외부 은하들을 관측하여 형태에 따라 분류한 것이다.

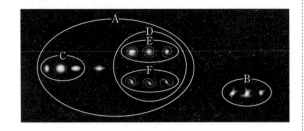

이에 대한 설명으로 옳은 것만을 〈보기〉에서 있는 대로 고른 것은?

┤ 보기 ├
ㄱ. A와 B를 구분하는 기준은 우리은하로부터의 거리이다.
ㄴ. B는 주로 나이가 많은 별들로 이루어져 있다.
ㄷ. C는 D보다 성간 물질의 양이 적은 편이다.
ㄹ. E와 F를 구분하는 기준은 막대 구조의 유무이다.

① ㄱ, ㄷ   ② ㄱ, ㄹ   ③ ㄴ, ㄷ
④ ㄴ, ㄹ   ⑤ ㄷ, ㄹ

02 표는 은하 (가)~(다)의 형태에 따른 특징을 나타낸 것이다.

구분	(가)	(나)	(다)
형태	나선팔이 없음.	나선팔과 중앙 팽대부	일정한 형태가 없음.
지름(kpc)	1~200	2~20	1
구성원	늙은 별이 많음.	젊은 별과 늙은 별	젊은 별이 많음.

이에 대한 설명으로 옳은 것만을 〈보기〉에서 있는 대로 고른 것은?

┤ 보기 ├
ㄱ. (가)는 타원 은하이다.
ㄴ. (나)에서 나이가 많은 별은 주로 나선팔에 분포한다.
ㄷ. 성간 물질이 차지하는 비율이 가장 적은 은하는 (다)이다.

① ㄱ   ② ㄴ   ③ ㄷ
④ ㄱ, ㄴ   ⑤ ㄱ, ㄷ

03 그림 (가)~(다)는 서로 다른 형태의 세 은하의 모습을 나타낸 것이다.

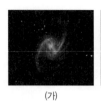 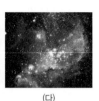

(가)   (나)   (다)

이에 대한 설명으로 옳은 것만을 〈보기〉에서 있는 대로 고른 것은?

┤ 보기 ├
ㄱ. 우리은하와 같은 형태의 은하는 (가)이다.
ㄴ. (나)는 성간 물질이 거의 없고, 대부분 늙은 별들로 이루어져 있다.
ㄷ. 규모가 매우 큰 은하들은 주로 (다)의 형태를 갖는다.

① ㄱ   ② ㄷ   ③ ㄱ, ㄴ
④ ㄴ, ㄷ   ⑤ ㄱ, ㄴ, ㄷ

04 그림 (가)와 (나)는 어떤 특이 은하를 전파 영역과 가시광선 영역에서 관측한 모습을 순서 없이 나타낸 것이다.

(가)   (나)

이에 대한 설명으로 옳은 것만을 〈보기〉에서 있는 대로 고른 것은?

┤ 보기 ├
ㄱ. 이 은하는 충돌 은하이다.
ㄴ. 전파 영역으로 관측한 자료는 (가)이다.
ㄷ. 로브와 제트는 (나)에서 잘 관측된다.

① ㄱ   ② ㄴ   ③ ㄷ
④ ㄱ, ㄷ   ⑤ ㄴ, ㄷ

05 다음은 어느 은하의 스펙트럼과 특징을 나타낸 것이다.

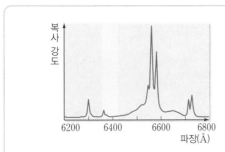

- 스펙트럼에 나타난 방출선의 폭이 넓다.
- 방출선의 폭이 넓은 까닭은 중심핵 부근의 성운
  이 매우 빠른 속도로 회전하고 있기 때문이다.

이 은하에 대한 설명으로 옳은 것만을 〈보기〉에서 있는 대
로 고른 것은?

| 보기 |
ㄱ. 전파 은하이다.
ㄴ. 일반 은하에 비해 중심핵이 매우 밝다.
ㄷ. 중심부에는 거대한 블랙홀이 있을 것이다.

① ㄱ   ② ㄴ   ③ ㄱ, ㄷ
④ ㄴ, ㄷ   ⑤ ㄱ, ㄴ, ㄷ

06 그림은 퀘이사 3C 273의 스펙트럼에 나타난 파장의 변화
량(X)을 나타낸 것이다.

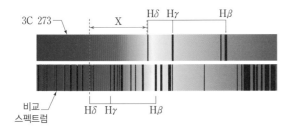

이에 대한 설명으로 옳은 것만을 〈보기〉에서 있는 대로 고
른 것은?

| 보기 |
ㄱ. X는 스펙트럼의 적색 편이량이다.
ㄴ. 스펙트럼에서 수소에 의해 형성된 강한 방출선
   이 나타난다.
ㄷ. 퀘이사 3C 273은 매우 빠르게 멀어지고 있다.

① ㄱ   ② ㄴ   ③ ㄱ, ㄷ
④ ㄴ, ㄷ   ⑤ ㄱ, ㄴ, ㄷ

07 그림은 A 은하에서 관측한 외부 은하 ㉠~㉣의 이동 방향
과 후퇴 속도를 나타낸 것이다.

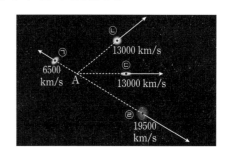

이에 대한 설명으로 옳은 것만을 〈보기〉에서 있는 대로 고
른 것은?

| 보기 |
ㄱ. A 은하는 우주의 중심에 위치한다.
ㄴ. A 은하로부터의 거리는 ㉡이 ㉠의 2배이다.
ㄷ. ㉣에서 ㉢을 관측하면 스펙트럼의 청색 편이가
   나타난다.

① ㄱ   ② ㄴ   ③ ㄷ
④ ㄱ, ㄴ   ⑤ ㄴ, ㄷ

08 그림은 팽창하는 우주의 모습을 풍선 모형실험으로 나타낸
것이다.

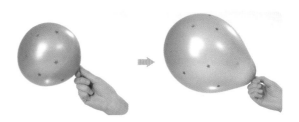

이에 대한 설명으로 옳은 것만을 〈보기〉에서 있는 대로 고
른 것은?

| 보기 |
ㄱ. 풍선의 표면은 우주 공간에 해당한다.
ㄴ. 풍선이 팽창할 때 스티커 사이의 거리가 멀수록
   더 빨리 멀어진다.
ㄷ. 팽창의 중심은 풍선 내부에 있다.

① ㄱ   ② ㄷ   ③ ㄱ, ㄴ
④ ㄴ, ㄷ   ⑤ ㄱ, ㄴ, ㄷ

09 그림 (가)와 (나)는 정상 우주론과 빅뱅 우주론 모형을 순서 없이 나타낸 것이다.

(가)   (나)

이에 대한 설명으로 옳은 것만을 〈보기〉에서 있는 대로 고른 것은?

| 보기 |

ㄱ. (가)에서 우주의 밀도는 일정하게 유지된다.
ㄴ. (나)에서 멀리 있는 은하의 적색 편이가 관측 된다.
ㄷ. 2.7 K 우주 배경 복사는 (가)의 이론을 뒷받침 해 주는 증거이다.

① ㄱ　　　　② ㄷ　　　　③ ㄱ, ㄴ
④ ㄴ, ㄷ　　　⑤ ㄱ, ㄴ, ㄷ

10 그림 (가)와 (나)는 지상 망원경과 플랑크 망원경을 이용하여 관측한 우주 배경 복사를 나타낸 것이다.

(가) 지상 망원경　　　　(나) 플랑크 망원경

이에 대한 설명으로 옳은 것만을 〈보기〉에서 있는 대로 고른 것은?

| 보기 |

ㄱ. (가)는 가시광선 영역에서 관측한 것이다.
ㄴ. (나)로부터 초기 우주의 밀도 분포를 추정할 수 있다.
ㄷ. (가)와 (나)로부터 우주에 존재하는 수소와 헬륨 의 질량비가 약 3 : 1임을 알 수 있다.

① ㄱ　　　　② ㄴ　　　　③ ㄱ, ㄷ
④ ㄴ, ㄷ　　　⑤ ㄱ, ㄴ, ㄷ

11 그림 (가)는 빅뱅 이후 원자핵이 형성된 시기, (나)는 원자가 형성된 시기의 우주 상태를 나타낸 것이다.

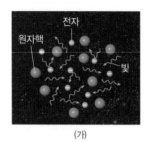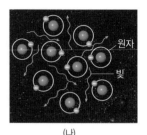

(가)   (나)

이에 대한 설명으로 옳은 것만을 〈보기〉에서 있는 대로 고른 것은?

| 보기 |

ㄱ. (가) 시기의 빛은 오늘날 우주 배경 복사로 관측 된다.
ㄴ. (나) 시기에 우주의 급팽창이 일어났다.
ㄷ. 우주의 온도는 (나)보다 (가)에서 높았다.

① ㄱ　　　　② ㄴ　　　　③ ㄷ
④ ㄱ, ㄷ　　　⑤ ㄴ, ㄷ

12 그림은 급팽창 이론에 의한 우주의 크기를 시간에 따라 나타낸 것이다.

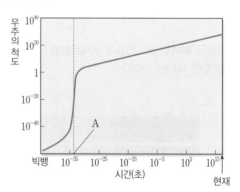

이에 대한 설명으로 옳은 것만을 〈보기〉에서 있는 대로 고른 것은?

| 보기 |

ㄱ. A 시기를 전후하여 우주의 급팽창이 일어났다.
ㄴ. A 시기 이후부터 우주의 반대편 끝에 있는 두 지점은 서로 정보를 교환할 수 있게 되었다.
ㄷ. 빅뱅 이후 현재까지 우주의 온도는 계속 낮아 졌다.

① ㄱ　　　　② ㄷ　　　　③ ㄱ, ㄴ
④ ㄱ, ㄷ　　　⑤ ㄴ, ㄷ

➡ 수능기출 변형

13 그림은 외부 은하에서 발견된 Ia형 초신성의 관측 자료와 우주 팽창을 설명하기 위한 두 모델 A와 B를, 표는 A와 B의 특징을 나타낸 것이다.

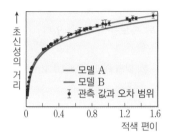

모델	특징
A	보통 물질, 암흑 물질, 암흑 에너지를 고려함.
B	보통 물질과 암흑 물질을 고려함.

이에 대한 설명으로 옳은 것만을 〈보기〉에서 있는 대로 고른 것은?

┤ 보기 ├

ㄱ. Ia형 초신성들은 최대로 밝아졌을 때의 밝기가 동일하다.

ㄴ. 모델 A에서는 우주 팽창 시 중력의 반대 방향으로 작용하는 척력을 고려하였다.

ㄷ. Ia형 초신성 관측 자료로부터 우주의 구성은 모델 B보다 모델 A에 가깝다는 것을 알 수 있다.

① ㄱ ② ㄷ ③ ㄱ, ㄴ
④ ㄴ, ㄷ ⑤ ㄱ, ㄴ, ㄷ

14 그림은 우주의 미래에 관한 여러 가지 모형을 나타낸 것이다.

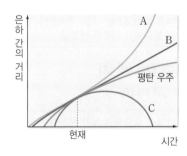

이에 대한 설명으로 옳은 것만을 〈보기〉에서 있는 대로 고른 것은?

┤ 보기 ├

ㄱ. 암흑 에너지의 효과는 B보다 A에서 크다.

ㄴ. 평탄 우주에서 우주의 밀도는 임계 밀도와 같다.

ㄷ. A, B, C 중에서 우주의 밀도는 C가 가장 작다.

① ㄱ ② ㄷ ③ ㄱ, ㄴ
④ ㄴ, ㄷ ⑤ ㄱ, ㄴ, ㄷ

➡ 수능모의평가기출 변형

15 그림은 외부 은하 X의 스펙트럼을 비교 스펙트럼과 함께 나타낸 것이고, 표는 파장이 4000 Å인 흡수선의 적색 편이량($\Delta\lambda$)과 은하 X까지의 거리를 나타낸 것이다.

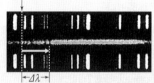

$\Delta\lambda$(Å)	X까지의 거리 (Mpc)
200	300

이 자료에 대한 설명으로 옳은 것만을 〈보기〉에서 있는 대로 고른 것은?(단, 광속은 3×10^5 km/s이다.)

┤ 보기 ├

ㄱ. X의 후퇴 속도는 15000 km/s이다.

ㄴ. X를 이용하여 구한 허블 상수는 75 km/s/Mpc이다.

ㄷ. 광속의 $\frac{1}{10}$배로 멀어지는 천체의 거리는 약 600 Mpc이다.

① ㄱ ② ㄴ ③ ㄱ, ㄷ
④ ㄴ, ㄷ ⑤ ㄱ, ㄴ, ㄷ

➡ 수능기출 변형

16 그림은 어느 팽창 우주 모형에서 시간에 따른 우주의 크기와 우주 구성 요소의 비율을 나타낸 것이다.

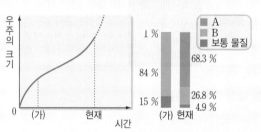

이에 대한 설명으로 옳은 것만을 〈보기〉에서 있는 대로 고른 것은?

┤ 보기 ├

ㄱ. A는 중력 렌즈 현상을 관측하여 그 존재를 확인할 수 있다.

ㄴ. B의 양은 현재보다 (가) 시기에 많았다.

ㄷ. 앞으로 암흑 에너지의 비율은 계속 증가할 것이다.

① ㄱ ② ㄴ ③ ㄷ
④ ㄱ, ㄴ ⑤ ㄴ, ㄷ

핵심 정리 VI 단원 마무리

바른답·알찬풀이 **79**쪽

17 외부 은하

1. 은하의 분류

① 허블의 은하 분류: 외부 은하를 형태에 따라 타원 은하, 나선 은하, 불규칙 은하로 분류하였다.

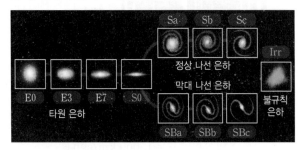

② 은하의 특징

(❶) 은하		• 성간 물질이 매우 적고, 대부분 나이가 많은 별로 구성 • 편평도에 따라 E0∼E7로 세분
정상 나선 은하		• 은하핵과 나선팔이 있음. • 은하핵에 나이가 많은 붉은색 별, (❷)에 나이가 적은 파란색 별이 존재
막대 나선 은하		• 은하핵, 나선팔, (❸) 구조가 있음. • 은하핵에 나이가 많은 붉은색 별, 나선팔에 나이가 적은 파란색 별이 존재
불규칙 은하		• 모양이 일정하지 않고 규칙적인 구조가 없는 은하 • 주로 나이가 적은 별로 구성 • 새로운 별들이 매우 활발하게 생성

2. 특이 은하와 충돌 은하

① 특이 은하: 허블의 은하 분류 방식에 속하지 않는 은하

전파 은하	• 전파 영역에서 매우 강한 복사를 방출하는 은하 • 중심핵 양쪽에 로브가 있고, 로브와 핵이 제트로 연결됨.
(❹)	• 너무 멀리 있어서 하나의 별처럼 보이는 은하 • 매우 큰 적색 편이가 나타남. • 방출하는 에너지양이 우리은하의 수백∼수천 배
세이퍼트 은하	• 일반 은하들에 비하여 중심핵이 아주 밝고 스펙트럼에서 넓은 (❺)이/가 관측되는 은하 • 대부분 나선 은하임.

② (❻) 은하: 은하들이 충돌하는 과정에서 형성되는 은하 ➡ 은하 안의 거대한 분자 구름에서 서로 충돌하고 압축되면서 새로운 별들의 탄생을 일으킨다.

18 빅뱅 우주론과 암흑 에너지

1. 허블 법칙과 우주 팽창

① 외부 은하의 후퇴 속도: 외부 은하의 스펙트럼에 나타난 적색 편이량($\Delta\lambda$)으로부터 후퇴 속도를 구할 수 있다.

$$후퇴\ 속도(v) = c \times \frac{\Delta\lambda}{\lambda_0}\ (c:\ 빛의\ 속도 ≒ 3 \times 10^5\ km/s)$$

② 허블 법칙과 우주 팽창

• 허블 법칙: 외부 은하의 거리(r)와 후퇴 속도(v)는 비례한다.
$v = H \cdot r$ (H: 허블 상수)
• 우주의 팽창: 우주 공간이 팽창하고 있기 때문에 은하들 사이의 거리가 (❼)지며, 팽창하는 우주의 중심은 없다.

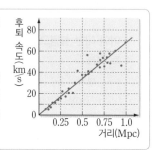

2. 빅뱅 우주론

① 빅뱅 우주론의 증거

(❽)	약 3000 K일 때 생성된 복사가 현재는 약 2.7 K으로 우주의 모든 방향에서 거의 같은 세기로 관측
가벼운 원소의 비율	우주 전체에서 수소와 헬륨의 질량비는 약 3 : 1

② 급팽창 이론과 가속 팽창 우주

급팽창 이론	• 빅뱅 직후 매우 짧은 시간 동안 우주가 급격히 팽창했다는 이론 • 지평선 문제, 편평성 문제, (❾) 문제 해결
가속 팽창 우주	Ia형 초신성의 거리를 측정하여 우주의 팽창 속도가 점점 빨라지고 있음을 확인함.

3. 암흑 물질과 암흑 에너지

① 암흑 물질과 암흑 에너지

(❿)	빛을 방출하지 않기 때문에 중력적인 방법으로 추정
암흑 에너지	중력과 반대인 척력으로 작용하며 가속 팽창의 원인으로 추정

② 우주의 미래

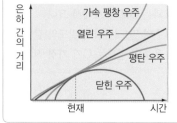

• (⓫): 우주의 밀도>임계 밀도
• 평탄 우주: 우주의 밀도=임계 밀도
• 열린 우주: 우주의 밀도<임계 밀도

실력 점검 Ⅵ 단원 평가 문제

바른답·알찬풀이 79쪽

∞ 17. 외부 은하 212쪽

01 그림은 허블의 은하 분류 체계를 나타낸 것이다.

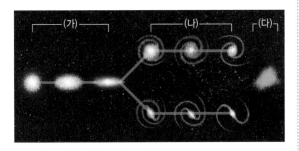

(가)~(다)에 대한 설명으로 옳은 것은?

① (가)는 타원 모양의 은하이다.
② (가)는 (나)로 진화한다.
③ (나)는 모두 막대 구조를 갖고 있다.
④ (다)는 편평도에 따라 세분할 수 있다.
⑤ (다)는 주로 나이가 많은 별들로 이루어져 있다.

∞ 17. 외부 은하 212쪽

02 그림 (가)와 (나)는 형태가 다른 두 외부 은하의 모습을 나타낸 것이다.

 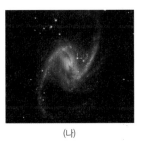

(가)   (나)

이에 대한 설명으로 옳은 것만을 〈보기〉에서 있는 대로 고른 것은?

| 보기 |
ㄱ. (가)에는 팽대부와 나선팔이 존재한다.
ㄴ. 우리은하와 비슷한 구조의 은하는 (나)이다.
ㄷ. 나이가 많은 별들의 비율은 (가)가 (나)보다 높다.

① ㄱ   ② ㄴ   ③ ㄷ
④ ㄴ, ㄷ   ⑤ ㄱ, ㄴ, ㄷ

∞ 17. 외부 은하 212쪽

03 퀘이사에 대한 설명으로 옳은 것만을 〈보기〉에서 있는 대로 고른 것은?

| 보기 |
ㄱ. 최근에 형성된 은하이다.
ㄴ. 광도는 보통의 항성과 비슷하다.
ㄷ. 스펙트럼의 적색 편이가 매우 크다.

① ㄱ   ② ㄷ   ③ ㄱ, ㄴ
④ ㄴ, ㄷ   ⑤ ㄱ, ㄴ, ㄷ

∞ 17. 외부 은하 212쪽

04 그림은 어느 은하의 모습을 가시광선 영상과 전파 영상을 합성하여 나타낸 것이다.

이 은하에 대한 설명으로 옳은 것만을 〈보기〉에서 있는 대로 고른 것은?

| 보기 |
ㄱ. 나선 은하에 해당한다.
ㄴ. 은하의 중심핵에서 제트가 분출하고 있다.
ㄷ. 양쪽의 둥근 돌출부는 전파 영상보다 가시광선 영상에서 잘 나타난다.

① ㄱ   ② ㄴ   ③ ㄷ
④ ㄴ, ㄷ   ⑤ ㄱ, ㄴ, ㄷ

∞ 17. 외부 은하 212쪽

05 다음은 어느 은하에 대한 설명이다.

이 은하는 일반 은하에 비해 스펙트럼에 나타난 방출선의 폭이 매우 넓다. 이는 은하의 중심핵 부근에 뜨거운 성운이 있다는 것을 뜻하며, 이 성운이 빠른 속도로 회전하고 있다는 것을 의미한다.

이 은하의 종류는 무엇인지 쓰시오.

∞ 17. 외부 은하 212쪽

06 그림은 충돌 은하의 모습을 나타낸 것이다.

이 은하에 대한 설명으로 옳은 것만을 〈보기〉에서 있는 대로 고른 것은?

| 보기 |

ㄱ. 별들이 서로 부딪혀 파괴되기도 한다.
ㄴ. 은하 안의 성간 물질들이 서로 압축되면서 새로운 별들이 탄생할 수 있다.
ㄷ. 은하의 충돌과 병합을 거쳐 질량이 매우 큰 거대 은하가 형성될 수 있다.

① ㄱ   ② ㄴ   ③ ㄱ, ㄷ
④ ㄴ, ㄷ   ⑤ ㄱ, ㄴ, ㄷ

∞ 18. 빅뱅 우주론과 암흑 에너지 216쪽

08 그림은 서로 다른 천문대에서 관측한 외부 은하까지의 거리와 후퇴 속도를 나타낸 것이다.

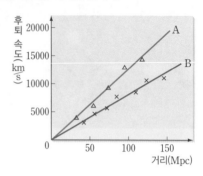

A, B의 관측 결과를 비교한 내용으로 옳은 것만을 〈보기〉에서 있는 대로 고른 것은?

| 보기 |

ㄱ. 허블 상수는 A가 더 크다.
ㄴ. 우주의 팽창 속도는 B가 더 크다.
ㄷ. 관측 결과로 추정한 우주의 나이는 B가 더 많다.

① ㄱ   ② ㄴ   ③ ㄱ, ㄷ
④ ㄴ, ㄷ   ⑤ ㄱ, ㄴ, ㄷ

∞ 18. 빅뱅 우주론과 암흑 에너지 216쪽

07 그림은 거리가 다른 두 외부 은하 (가), (나)의 모습과 스펙트럼을 나타낸 것이다. 스펙트럼에서 노란색 화살표는 칼슘 H+K 흡수선의 적색 편이량이다.

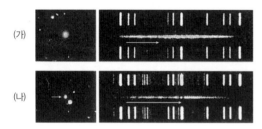

이에 대한 설명으로 옳은 것만을 〈보기〉에서 있는 대로 고른 것은?

| 보기 |

ㄱ. 관측된 칼슘 H+K 흡수선의 파장은 (가)가 (나)보다 짧다.
ㄴ. 은하의 후퇴 속도는 (가)가 (나)보다 빠르다.
ㄷ. 은하까지의 거리는 (가)가 (나)보다 멀다.

① ㄱ   ② ㄴ   ③ ㄱ, ㄷ
④ ㄴ, ㄷ   ⑤ ㄱ, ㄴ, ㄷ

∞ 18. 빅뱅 우주론과 암흑 에너지 216쪽

09 다음은 어느 우주론에서 설명하는 우주의 진화 과정이다.

우주는 극히 작고 뜨거운 한 점에서 폭발이 일어나 팽창을 거치면서 물질이 형성되었다. 계속된 팽창으로 온도는 점차 낮아졌고 생성된 물질들이 모여 별과 은하를 형성하였고, 현재의 우주로 진화하였다.

이 이론으로 설명할 수 있는 현상으로 옳은 것만을 〈보기〉에서 있는 대로 고른 것은?

| 보기 |

ㄱ. 2.7 K의 우주 배경 복사가 관측된다.
ㄴ. 먼 은하의 스펙트럼에서 적색 편이가 나타난다.
ㄷ. 우주에서 관측되는 수소와 헬륨의 질량비가 약 3 : 1이다.

① ㄱ   ② ㄷ   ③ ㄱ, ㄴ
④ ㄴ, ㄷ   ⑤ ㄱ, ㄴ, ㄷ

∞ 18. 빅뱅 우주론과 암흑 에너지 216쪽

10 오른쪽 그림은 빅뱅 우주론의 지평선 문제를 나타낸 것이다. 이에 대한 설명으로 옳은 것만을 〈보기〉에서 있는 대로 고른 것은?

┤ 보기 ├

ㄱ. A와 B 방향에서 오는 우주 배경 복사는 거의 균일하다.

ㄴ. 현재 A와 B는 상호 작용할 수 있는 위치에 있다.

ㄷ. 급팽창 이론으로 지평선 문제를 해결할 수 있다.

① ㄱ   ② ㄷ   ③ ㄱ, ㄴ

④ ㄱ, ㄷ   ⑤ ㄴ, ㄷ

∞ 18. 빅뱅 우주론과 암흑 에너지 216쪽

11 오른쪽 그림은 빅뱅 이후 시간에 따른 우주의 크기 변화를 나타낸 것이다. 이에 대한 설명으로 옳지 않은 것은?

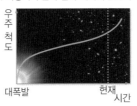

① 우주는 한 점에서 시작되었다.

② 우주의 밀도는 점점 작아진다.

③ 대폭발 직후에 급팽창이 일어났다.

④ 현재 우주의 팽창 속도는 점점 빨라지고 있다.

⑤ 충분한 시간이 흐른 후 우주는 다시 수축할 것이다.

∞ 18. 빅뱅 우주론과 암흑 에너지 216쪽

12 표는 우주를 구성하는 요소 A~C의 비율을 나타낸 것이다.

우주 구성 요소	A	B	C
비율(%)	68.3	26.8	4.9

이에 대한 설명으로 옳은 것만을 〈보기〉에서 있는 대로 고른 것은?

┤ 보기 ├

ㄱ. A는 암흑 물질이다.

ㄴ. B는 우주를 가속 팽창시키는 원인으로 추정된다.

ㄷ. C는 우리 눈에 보이는 별, 행성, 은하 등이다.

① ㄱ   ② ㄷ   ③ ㄱ, ㄴ

④ ㄴ, ㄷ   ⑤ ㄱ, ㄴ, ㄷ

1등급을 완성하는 서술형 문제

∞ 18. 빅뱅 우주론과 암흑 에너지 216쪽

13 허블 상수 값을 결정하기 위해 알아야 할 외부 은하의 물리량 2가지를 설명하시오.

∞ 18. 빅뱅 우주론과 암흑 에너지 216쪽

14 그림은 풍선에 스티커를 붙인 후 바람을 불어 넣으면서 스티커의 움직임을 관찰하여 나타낸 것이다.

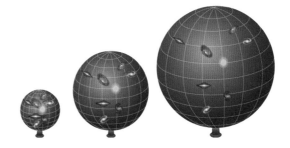

우주가 특별한 중심 없이 팽창하고 있다는 사실을 풍선의 팽창을 이용하여 설명하시오.

∞ 18. 빅뱅 우주론과 암흑 에너지 216쪽

15 그림은 나선 은하에서 은하 중심으로부터의 거리에 따른 별과 기체의 회전 속도를 나타낸 것이다.

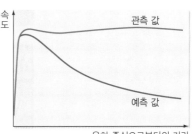

은하 중심부에서 멀어질수록 예상되는 속도값과 관측되는 속도값이 차이나는 까닭을 암흑 물질과 관련지어 설명하시오.

사각사각
네컷만화

글 / 그림 우쿠쥐

지구과학 Ⅰ

- 핵심 개념과 자료 분석으로 원리를 이해하는 **개념 탐구 학습**
- 단계별, 수준별 다양한 문제 구성으로 든든한 **내신 완성 학습**
- 개념 + 기본 문제 + 실전 문제의 1 : 1 : 1 구성으로 빠른 **문제 적용 학습**

시험대비편

NEW 올리드
Allead

내신 잡는 필수 개념서

Mirae N 에듀

내신 잡는 필수 개념서
NEW 올리드 Allead

시험대비편

10분 TEST 문제 01. 판 구조론의 정립 맞은 개수 _____ /14

01 고생대 말에 존재했던 거대한 초대륙이 약 2억 년 전부터 분리되고 이동하여 현재의 수륙 분포를 이루었다는 이론을 무엇이라고 하는지 쓰시오.

02 다음 (   ) 안에 들어갈 알맞은 말을 쓰시오.

> 베게너는 대륙 이동의 증거로 (㉠) 굴곡의 유사성, 고생물 (㉡)의 분포, (㉢)의 연속성, 고생대 말 (㉣)의 흔적 분포를 들었다.

03 홈스가 제시한 대륙 이동의 원동력은 무엇인지 쓰시오.

04 다음 (   ) 안에 들어갈 알맞은 말을 고르시오.

> 맨틀 대류의 ㉠(상승부, 하강부)에서는 대륙 지각이 분리되고 새로운 바다가 생성되며, 맨틀 대류의 ㉡(상승부, 하강부)에서는 횡압력이 작용하면서 두꺼운 산맥이 형성된다.

[05~07] 해저 지형에 대한 설명으로 옳은 것은 ○표, 옳지 <u>않은</u> 것은 ×표 하시오.

05 수심이 깊을수록 해수면에서 발사한 음파가 해저면에서 반사되어 되돌아오는 데 걸리는 시간이 길다. (   )

06 해령을 중심으로 양쪽으로 멀어질수록 점차 수심이 깊어진다. (   )

07 육지 근처에서 갑자기 수심이 증가하는 곳을 해구라고 한다. (   )

08 그림은 해양 탐사선에서 해저면으로 발사한 음파가 반사되어 되돌아오는 데 걸리는 시간을 해안으로부터의 거리에 따라 나타낸 것이다.

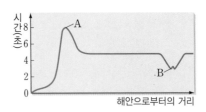

A와 B 중에서 해구일 것으로 예상되는 곳의 기호를 쓰시오.

[09~12] 고지자기 연구에 대한 설명으로 옳은 것은 ○표, 옳지 <u>않은</u> 것은 ×표 하시오.

09 암석이 생성될 때 자성을 띠는 광물은 당시의 지구 자기장 방향으로 배열된다. (   )

10 암석이 생성된 후 지구 자기장의 방향이 변하면 자성 광물의 자화 방향도 변한다. (   )

11 지질 시대 동안 지구 자기장의 방향은 변하지 않았다. (   )

12 해령 부근에 나타나는 고지자기 줄무늬는 해령을 중심으로 대칭적인 분포를 보인다. (   )

13 다음 (   ) 안에 들어갈 알맞은 말을 쓰시오.

> 해양저 확장설에 의하면 (㉠)에서 멀어질수록 해양 지각의 나이는 많아지고, 해저 퇴적물의 두께는 (㉡)진다. 해저 고지자기에서 나타나는 줄무늬는 (㉢)을/를 축으로 대칭을 이룬다.

14 오른쪽 그림은 해저 지형을 나타낸 것이다. A, B에 해당하는 명칭을 쓰시오.

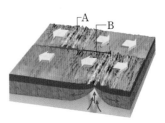

10분 TEST 문제

02. 대륙 분포의 변화와 판 이동의 원동력
맞은 개수 _____/17

01 다음 ( ) 안에 들어갈 알맞은 말을 쓰시오.

(㉠)은/는 나침반의 자침이 수평면과 이루는 각으로, 자극에서는 (㉡)°이고 자극에서 멀어질수록 (㉢)진다.

[02~04] 고지자기 변화에 대한 설명으로 옳은 것은 ○표, 옳지 않은 것은 ×표 하시오.

02 남북 방향으로 이동하는 대륙에서 만들어진 암석은 생성 시기에 따라 복각의 크기가 다르다. ( )

03 암석에 기록되어 있는 복각을 연구하면 암석 생성 당시의 경도를 알 수 있다. ( )

04 유럽과 북아메리카 대륙에서 측정한 자북극의 겉보기 이동 경로가 일치한다. ( )

05 암석권 아래에 위치하며 유동성을 띠고 있어 맨틀 대류가 일어나는 층을 무엇이라고 하는지 쓰시오.

[06~09] 맨틀 대류의 상승부에 대한 설명은 '상', 맨틀 대류의 하강부에 대한 설명은 '하'라고 쓰시오.

06 해구가 존재한다. ( )

07 새로운 해양 지각이 생성된다. ( )

08 해령에서 뜨거운 마그마가 분출한다. ( )

09 해양 지각이 맨틀 속으로 섭입하여 소멸한다. ( )

[10~14] 판의 경계 중 발산형 경계에 대한 설명은 '발', 수렴형 경계에 대한 설명은 '수', 보존형 경계에 대한 설명은 '보'라고 쓰시오.

10 해구나 습곡 산맥이 만들어진다. ( )

11 화산 활동이 활발하고 천발 지진만 발생한다. ( )

12 화산 활동이 활발하고 천발~심발 지진이 발생한다. ( )

13 판의 생성이나 소멸 없이 서로 어긋나게 스치기만 한다. ( )

14 천발 지진만 발생하고 화산 활동은 거의 일어나지 않는다. ( )

15 다음 ( ) 안에 들어갈 알맞은 말을 고르시오.

수렴형 경계에서 섭입된 판의 물질이 상부 맨틀과 하부 맨틀의 경계 부근에 쌓여 있다가 가라앉아 생성되는 플룸을 ㉠(차가운, 뜨거운) 플룸이라 하며 주변 맨틀보다 온도가 ㉡(낮, 높)으므로 지진파의 속도가 ㉢(느리다, 빠르다).

16 플룸 상승류가 지표면과 만나는 지점 아래의 마그마가 생성되는 곳을 무엇이라 하는지 쓰시오.

17 오른쪽 그림은 하와이 열도를 이루는 화산섬들의 위치와 나이를 나타낸 것이다. 하와이 열도가 형성되는 동안 판이 이동한 방향을 쓰시오.

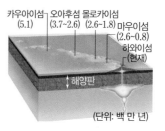

카우아이섬 (5.1) 오아후섬 (3.7~2.6) 몰로카이섬 (2.6~1.8) 마우이섬 (2.6~0.8) 하와이섬 (현재) 해양판 (단위: 백 만 년)

10분 TEST 문제

03. 변동대와 화성암

맞은 개수 _____ /14

01 다음은 마그마가 생성되는 조건에 대한 설명이다. ( ) 안에 들어갈 알맞은 말을 쓰시오.

> 지하에서 암석의 온도가 (㉠)하거나 맨틀 물질이 상승하여 압력이 (㉡)하는 경우, 또는 맨틀 물질에 (㉢)이/가 공급되어 용융점이 낮아지면 마그마가 생성될 수 있다.

02 그림은 지하의 온도 분포와 암석의 용융 곡선을 나타낸 것이다.

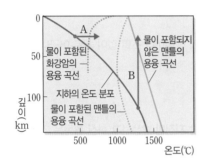

마그마가 생성되는 조건 A, B를 각각 쓰시오.

[03~07] 현무암질 마그마의 생성 과정은 '현', 안산암질 마그마의 생성 과정은 '안', 유문암질 마그마의 생성 과정은 '유'라고 쓰시오.

03 발산형 경계에서 맨틀 물질이 상승하여 압력이 낮아진다.
( )

04 판의 내부에서 지하 깊은 곳의 뜨거운 물질이 상승하여 압력이 낮아진다.
( )

05 섭입하는 해양 지각에서 빠져나온 물에 의해 연약권을 구성하는 암석의 용융점이 낮아진다.
( )

06 수렴형 경계에서 현무암질 마그마가 상승하여 대륙 지각의 구성 암석을 가열한다.
( )

07 유문암질 마그마와 현무암질 마그마가 혼합된다. ( )

[08~11] 마그마의 성질에 대한 설명으로 옳은 것은 ○표, 옳지 않은 것은 ×표 하시오.

08 현무암질 마그마는 유문암질 마그마보다 SiO_2 함량이 높다.
( )

09 현무암질 마그마는 유문암질 마그마보다 온도가 높다.
( )

10 현무암질 마그마는 유문암질 마그마보다 화산 가스 함량이 적다.
( )

11 현무암질 마그마는 유문암질 마그마보다 점성이 크므로 분출하면 종상 화산이 만들어진다.
( )

12 다음 ( ) 안에 들어갈 알맞은 말을 쓰시오.

> 마그마가 지표 부근에서 굳어서 형성된 화성암을 (㉠)(이)라고 하며 구성 광물의 입자 크기가 (㉡). 또한, 마그마가 지하 깊은 곳에서 굳어서 형성된 화성암을 (㉢)(이)라고 하며 구성 광물의 입자 크기가 (㉣).

13 다음 화성암들을 염기성암과 산성암으로 구분하시오.

> • 현무암   • 유문암   • 반려암   • 화강암

14 다음 우리나라의 지형들을 현무암 지형과 화강암 지형으로 구분하시오.

> • 제주도   • 설악산   • 불암산
> • 울릉도   • 계룡산   • 한탄강 일대

10분 TEST 문제

04. 퇴적암과 퇴적 구조

맞은 개수 _____ /17

01 퇴적물이 쌓인 후 다져지고, 굳어져 퇴적암이 되기까지의 전체 과정을 무엇이라고 하는지 쓰시오.

02 다음은 퇴적암의 생성 과정에 대한 설명이다. ( ) 안에 들어갈 알맞은 말을 쓰시오.

> (가) 퇴적물이 계속 쌓이면 아래에 놓인 퇴적물은 압력을 받아 입자들 사이의 공간이 좁아지는데, 이를 (㉠) 작용이라고 한다.
> (나) 지하수에 녹아 있던 물질이 퇴적 입자에 침전되면 퇴적물이 굳어지는데, 이를 (㉡) 작용이라고 한다.

[03~05] 퇴적암의 생성 과정에 대한 설명으로 옳은 것은 ○표, 옳지 않은 것은 ×표 하시오.

03 속성 작용은 쇄설성 퇴적암에서만 일어난다. ( )

04 다짐 작용을 받으면 퇴적물 입자의 밀도는 커진다. ( )

05 교결 작용을 거치면 퇴적물 입자는 퇴적암이 된다. ( )

[06~09] 퇴적암과 퇴적물의 종류를 옳게 연결하시오.

06 셰일 ·   · ㉠ 화산재

07 응회암 ·   · ㉡ 점토

08 석회암 ·   · ㉢ 식물체

09 석탄 ·   · ㉣ 산호, $CaCO_3$, 조개껍데기

10 다양한 종류의 퇴적물이 해수면과 나란하게 겹겹이 퇴적되어 생긴 줄무늬 구조를 무엇이라고 하는지 쓰시오.

[11~12] 그림 (가)~(라)는 퇴적 구조를 나타낸 것이다. 물음에 답하시오.

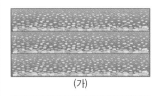
(가)

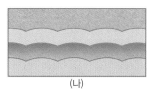
(나)

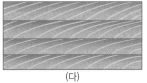
(다)

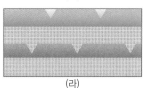
(라)

11 그림 (가)~(라)의 퇴적 구조 이름을 각각 쓰시오.

12 그림 (가)~(라) 중 지층이 역전된 것을 모두 쓰시오.

[13~16] 다음에서 설명하는 퇴적 구조의 이름을 쓰시오.

13 퇴적물 표면이 건조해질 때 퇴적물이 수축하여 갈라져 생긴다. ( )

14 흐르는 물이나 파도의 자국이 퇴적물의 표면에 새겨져 생긴다. ( )

15 물이나 바람의 흐름에 의해 퇴적물이 경사면을 따라 비스듬하게 쌓여 생긴다. ( )

16 퇴적물이 퇴적될 때 큰 입자가 빠르게 가라앉고, 작은 입자가 천천히 가라앉아 생긴다. ( )

17 그림은 퇴적 환경을 나타낸 것이다.

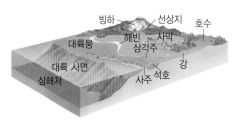

연안 환경에 해당하는 지형을 모두 쓰시오.

10분 TEST 문제

05. 여러 가지 지질 구조

맞은 개수 _____ /12

[01~04] 다음에서 설명하는 지질 구조의 이름을 쓰시오.

01 수평으로 퇴적된 지층이 횡압력을 받아 휘어진 지질 구조
( )

02 상하 두 지층 사이에 퇴적 시간의 커다란 공백이 생긴 지질 구조
( )

03 암석에 생긴 틈이나 균열로, 암석의 상대적인 이동이 없는 지질 구조
( )

04 암석이 끊어지면서 생긴 면을 경계로 양쪽의 암석이 상대적으로 이동하여 어긋난 지질 구조
( )

05 그림은 습곡의 구조를 나타낸 것이다. ( ) 안에 들어갈 알맞은 말을 쓰시오.

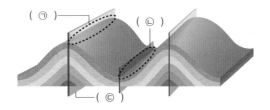

06 다음은 습곡의 종류에 대한 설명이다. ( ) 안에 들어갈 알맞은 습곡의 이름을 쓰시오.

> 습곡축면이 수평면에 대해 거의 수직인 습곡을 (㉠), 습곡축면이 수평면에 대해 기울어진 습곡을 (㉡), 습곡축면이 거의 수평으로 누운 습곡을 (㉢)(이)라고 한다.

07 오른쪽 그림은 단층의 구조를 나타낸 것이다. ( ) 안에 들어갈 알맞은 말을 쓰시오.

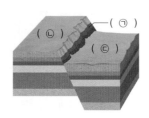

08 다음은 단층의 종류에 대한 설명이다. ( ) 안에 들어갈 알맞은 말을 쓰시오.

> (㉠)이/가 작용하여 상반이 아래로 내려간 단층을 정단층, (㉡)이/가 작용하여 상반이 위로 밀려 올라간 단층을 역단층이라고 한다.

09 다음은 부정합이 생성되는 과정을 순서 없이 나타낸 것이다. 순서대로 나열하시오.

> (가) 퇴적   (나) 침식
> (다) 융기   (라) 침강 및 퇴적

10 그림 (가)~(다)는 부정합의 종류를 나타낸 것이다.

 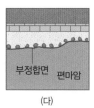

부정합의 이름을 각각 쓰시오.

11 다음은 서로 다른 절리 (가)와 (나)의 생성 과정에 대한 설명이다. ( ) 안에 들어갈 알맞은 말을 고르시오.

(가)는 용암이 급격하게 냉각하면서 ㉠(수축, 팽창)하여 생성된 것이고, (나)는 심성암이 융기하면서 압력이 ㉡(증가, 감소)하여 생성된 것이다.

12 고온의 마그마가 주변 암석을 뚫고 들어가 굳어지는 과정을 무엇이라고 하는지 쓰시오.

06. 지층의 생성과 지질 연대 측정

맞은 개수 _____/13

[01~05] 다음에서 설명하는 지사학의 법칙을 쓰시오.

01 관입당한 암석은 관입한 암석보다 먼저 생성되었다.
( )

02 부정합면을 경계로 상하의 지층 사이에는 긴 퇴적 시간 간격이 있다. ( )

03 퇴적물이 퇴적될 때는 중력의 영향으로 거의 수평면과 나란하게 쌓인다. ( )

04 여러 지층이 쌓여 있으면 아래의 지층이 위의 지층보다 먼저 쌓인 것이다. ( )

05 오래된 지층에서 새로운 지층으로 갈수록 진화한 생물의 화석이 발견된다. ( )

[06~08] 지사학의 법칙에 대한 설명으로 옳은 것은 ○표, 옳지 않은 것은 ×표 하시오.

06 부정합면을 경계로 상하 지층의 암석 조성과 지질 구조는 거의 같다. ( )

07 지층 누중의 법칙을 적용하기 위해서는 지층의 역전 여부를 판단해야 한다. ( )

08 마그마가 주변 암석을 관입하면 기존 암석은 열에 의해 접촉 변성 작용을 받는다. ( )

09 다음은 지질 연대에 대한 설명이다. ( ) 안에 들어갈 알맞은 말을 쓰시오.

> 지층이나 암석의 생성 시기를 상대적인 선후 관계로 나타낸 것을 (㉠)(이)라고 하고, 지층이나 암석이 생성된 시기를 수치로 나타낸 것을 (㉡)(이)라고 한다.

10 다음은 (가)~(다) 지역의 지층에 대한 설명이다. ( ) 안에 들어갈 알맞은 말을 쓰시오.

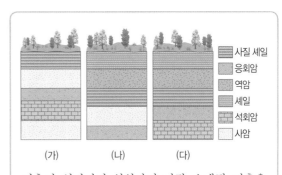

	사질 셰일
	응회암
	역암
	셰일
	석회암
	사암

(가) (나) (다)

지층이 역전되지 않았다면 가장 오래된 지층은 (㉠) 지역에 있다. 세 지역의 지층을 대비하는 데 이용되는 건층은 (㉡)층이 가장 적합하다.

11 오른쪽 그림은 화석 A~D의 생존 기간과 분포 면적을 나타낸 것이다. 지층 대비에 가장 유리한 조건을 가진 화석은 어느 것인지 쓰시오.

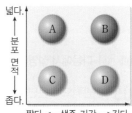

넓다.↑ 분포 면적 ↓좁다.
짧다. ←생존 기간→ 길다.

[12~13] 그림은 어느 방사성 동위 원소의 시간에 따른 모원소와 자원소의 함량을, 표는 암석 속에 포함된 이 방사성 동위 원소의 함량을 나타낸 것이다. 물음에 답하시오.

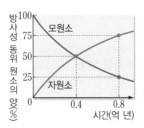

구분	함량(%)
모원소	12.5
자원소	87.5

12 이 방사성 동위 원소의 반감기를 쓰시오.

13 암석의 절대 연령을 구하시오.

10분 TEST 문제

07. 지질 시대의 환경과 생물

맞은 개수 _____ /14

[01~03] 화석에 대한 설명으로 옳은 것은 ○표, 옳지 않은 것은 ×표 하시오.

01 생물체에 단단한 골격이 있을수록 화석으로 되기 유리하다.
( )

02 지층이 생성된 시기를 판단하는 근거로 이용되는 화석을 표준 화석이라고 한다. ( )

03 분포 지역이 넓고, 생존 기간이 짧은 화석일수록 시상 화석으로서의 가치가 높다. ( )

04 고기후 연구 방법 중 공기 방울을 이용하여 대기 성분을 연구하고, 당시 기온을 알아낼 수 있는 것은 무엇인지 쓰시오.

[05~06] 다음에서 설명하는 지질 시대의 이름을 쓰시오.

05 전반적으로 온난한 기후가 지속되었으며, 말기에는 기온이 낮아졌으나 빙하기가 없었다. ( )

06 초기에는 대체로 온난하였으나 점차 한랭해져 말기에는 여러 번의 빙하기와 간빙기가 반복적으로 있었다. ( )

[07~09] 지질 시대에 대한 설명으로 옳은 것은 ○표, 옳지 않은 것은 ×표 하시오.

07 지질 시대의 구분 단위는 누대가 가장 크다. ( )

08 시생 누대는 생물계의 변화를 기준으로 고생대, 중생대, 신생대로 구분한다. ( )

09 지질 시대의 상대적인 길이는 선캄브리아 시대＞중생대＞신생대＞고생대의 순이다. ( )

10 그림은 지질 시대의 수륙 분포를 순서 없이 나타낸 것이다.

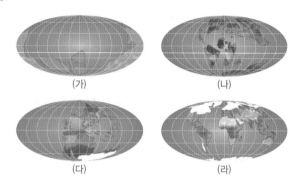

(가)　　　　　(나)

(다)　　　　　(라)

(가)～(라)를 시간 순서대로 나열하시오.

11 다음에서 설명하는 지질 시대의 이름을 쓰시오.

• 이 시기의 화석으로 에디아카라 동물군 화석이 있다.
• 남세균의 광합성에 의해 대기 중에 산소가 증가하였다.

[12-13] 그림 (가)～(다)는 지질 시대의 생물을 나타낸 것이다. 물음에 답하시오.

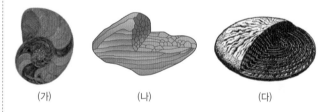

(가)　　　　　(나)　　　　　(다)

12 (가)～(다) 생물의 이름을 각각 쓰시오.

13 생물이 번성하였던 시기의 순서대로 나열하시오.

14 다음에서 설명하는 지질 시대의 이름을 쓰시오.

• 초기에 다양한 생물이 폭발적으로 증가하였다.
• 중기에 오존층이 형성되어 육상 생물이 출현했다.
• 말기에 생물의 대멸종이 일어났다.

08. 날씨의 변화

맞은 개수 _____/14

[01~04] 고기압에 대한 설명은 '고', 저기압에 대한 설명은 '저'를 쓰시오.

01 중심부에 상승 기류가 나타난다. ( )

02 중심부에 하강 기류가 나타난다. ( )

03 중심 부근에 맑은 날씨가 나타난다. ( )

04 중심 부근에 비 또는 흐린 날씨가 나타난다. ( )

[05~06] 다음에서 설명하는 고기압의 종류를 쓰시오.

05 시베리아 고기압이나 북태평양 고기압과 같이 고기압의 중심부가 이동하지 않고 한 곳에 머무르며, 주변의 날씨에 영향을 미친다.

06 봄이나 가을에 우리나라를 지나가는 고기압으로 규모가 작으며, 시베리아 기단의 일부가 떨어져 나오거나 양쯔강 기단에서 발달한다.

07 다음은 시베리아 기단이 남하하여 우리나라 날씨에 영향을 미치는 과정을 나타낸 것이다. ( ) 안에 들어갈 알맞은 말을 쓰시오.

> 차가운 기단이 따뜻한 바다로 이동 → 기단의 하층 가열과 (㉠) 공급 → 기층 불안정 → (㉡) 기류 발달 → (㉢) 구름, 비나 눈이 내림.

[08~11] 그림 (가)와 (나)는 한랭 전선과 온난 전선을 순서 없이 나타낸 것이다. 이에 대한 설명으로 옳은 것은 ○, 옳지 않은 것은 ×표 하시오.

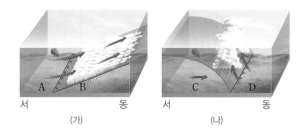

08 기온은 A보다 B에서 낮다. ( )

09 C에서는 북서풍, D에서는 남서풍이 분다. ( )

10 (가)의 강수 구역이 (나)보다 넓다. ( )

11 (가)의 이동 속도가 (나)보다 빠르다. ( )

[12~13] 그림 (가)~(라)는 온대 저기압의 발달 과정을 순서 없이 나타낸 것이다. 물음에 답하시오.

12 온대 저기압의 발달 과정을 순서대로 나열하시오.

13 그림 (가)의 A, B의 이름을 각각 쓰시오.

14 일기 예보에 이용하는 위성 영상 중 가시광선 영상과 달리 밤에도 영상을 얻어낼 수 있는 것은 무엇인지 쓰시오.

⑩분 TEST 문제

09. 태풍과 날씨, 악기상

맞은 개수 _____/12

01 그림은 태풍의 기압과 풍속을 나타낸 것이다.

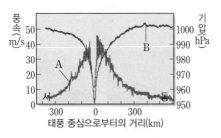

A와 B가 나타내는 물리량을 각각 쓰시오.

[02~03] 오른쪽 그림은 태풍의 모습을 나타낸 것이다. 물음에 답하시오.

02 태풍 중심에서 바람이 약하고 구름이 없는 A 구역을 무엇이라 하는지 쓰시오.

03 A 구역에서 나타나는 수직 방향의 공기 흐름을 쓰시오.

04 다음 (　　) 안에 들어갈 알맞은 말을 쓰시오.

태풍은 수온이 (㉠)℃ 이상인 (㉡) 해상에서 발생한다.

05 그림은 태풍의 이동 경로를 나타낸 것이다.

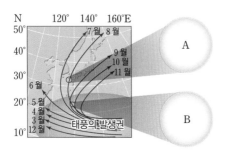

8월에 태풍이 A와 B를 지나갈 때 태풍의 이동 경로에 영향을 주는 대기 대순환의 바람을 각각 쓰시오.

06 다음은 태풍의 에너지원에 대한 설명이다. (　　) 안에 들어갈 알맞은 말을 쓰시오.

고온 다습한 열대 해상에서 해수의 표면 온도가 상승하면 대기가 불안정해져서 구름이 발달한다. 이 구름에서 수증기가 응결하면서 많은 양의 (　　)이/가 방출되는데 이것이 열대 저기압의 에너지원이다.

[07~09] 태풍에 대한 설명으로 옳은 것은 ○표, 옳지 <u>않은</u> 것은 × 표 하시오.

07 위험 반원은 태풍 진행 방향의 오른쪽이다.　　　(　　)

08 위험 반원에 속한 지역에서는 바람의 방향이 시계 방향으로 변한다.　　　(　　)

09 태풍이 소멸할 때 중심 기압은 낮아진다.　　　(　　)

[10~11] 다음과 같은 날씨 현상을 일으키는 악기상의 종류를 쓰시오.

10 짧은 시간 동안 좁은 지역에 많은 비가 내린다.

11 눈의 결정 주위에 차가운 물방울이 얼어 붙어서 성장한 얼음덩어리가 땅으로 떨어진다.

12 우리나라에서 황사가 가장 많이 발생하는 계절을 쓰시오.

10. 해수의 성질

맞은 개수 _____ /12

01 그림은 위도별 해수의 표층 염분을 나타낸 것이다.

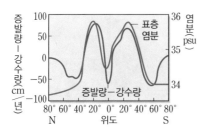

위 그림을 보고 (   ) 안에 들어갈 알맞은 말을 고르시오.

> 위도 60° 이내에서 표층 염분은 증발량에서 강수량을 뺀 값에 대체로 (비례, 반비례)한다.

[02~04] 해수의 염분에 대한 설명으로 옳은 것은 ○표, 옳지 <u>않은</u> 것은 ×표 하시오.

02 해수의 결빙이 일어나면 염분이 높아진다.   (   )

03 담수의 유입이 있는 곳은 염분이 높다.   (   )

04 우리나라 주변 바다의 염분은 황해보다 동해에서 높다.
(   )

[05~06] 그림은 해수의 연직 수온 분포를 나타낸 것이다. 물음에 답하시오.

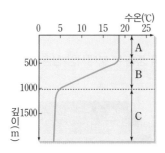

05 A~C층의 이름을 쓰시오.

06 A~C층에서 안정한 상태인 층을 쓰시오.

07 혼합층, 수온 약층, 심해층 중에서 해수의 연직 혼합이 가장 일어나기 어려운 층을 쓰시오.

08 적도 해역과 중위도 해역 중 혼합층의 두께가 더 두껍게 나타나는 해역을 쓰시오.

[09~10] 해수의 밀도에 대한 설명으로 옳은 것은 ○표, 옳지 <u>않은</u> 것은 ×표 하시오.

09 해수의 밀도는 수온이 낮을수록 크다.   (   )

10 해수의 밀도는 염분이 낮을수록 크다.   (   )

11 다음은 해수에 녹아 있는 용존 기체에 대한 설명이다. (   ) 안에 들어갈 알맞은 말을 고르시오.

> 용존 산소량은 ㉠(해수 표층, 심해층)에서 가장 높고, 용존 이산화 탄소량은 ㉡(해수 표층, 심해층)에서 가장 높다.

12 그림은 해수에 녹아 있는 어떤 기체의 깊이에 따른 분포를 나타낸 것이다.

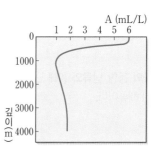

기체 A는 무엇인지 쓰고, 해수 표층에서 가장 높게 나타나는 까닭을 쓰시오.

10분 TEST 문제

11. 해수의 순환

맞은 개수 _____/15

01 지구 전체적인 규모로 일어나는 대규모 대기의 순환을 무엇이라고 하는지 쓰시오.

02 다음에서 설명하는 순환은 무엇인지 쓰시오.

> 적도 부근에서는 가열된 공기가 상승하고, 위도 30°부근에서는 냉각된 공기가 하강한다. 이 공기 중 일부가 저위도로 이동하여 무역풍을 형성한다.

[03~09] 다음 (   ) 안에 들어갈 알맞은 말을 쓰시오.

03 대기 대순환은 위도에 따른 (   )의 불균형과 지구 자전의 효과에 의해 발생한다.

04 대기 대순환은 해들리 순환, (   ) 순환, 극순환의 3개의 순환으로 이루어져 있다.

05 대기 대순환은 저위도의 (   ) 에너지를 에너지가 부족한 고위도로 수송시키는 역할을 한다.

06 해류는 (   )에 의한 바람과 해수면 사이의 마찰에 의해 발생한다.

07 해류의 순환은 적도를 경계로 북반구와 남반구가 거의 (   )적인 분포를 보인다.

08 우리나라의 동한 난류와 황해 난류의 근원이 되는 해류는 (   ) 해류이다.

09 우리나라의 동해에서는 차가운 북한 한류와 따뜻한 동한 난류가 만나 (   )을/를 형성한다.

[10~11] 그림은 대기 대순환을 나타낸 것이다. 물음에 답하시오.

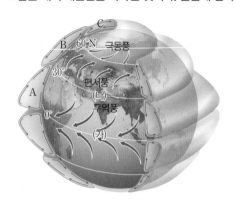

10 A, B, C 순환의 이름을 각각 쓰시오.

11 (가)와 (나)에 생기는 기압대의 이름을 쓰시오.

[12~14] 아열대 표층 순환과 그 예를 옳게 연결하시오.

12 북태평양 아열대 순환 ·

13 남태평양 아열대 순환 ·

14 북대서양 아열대 순환 ·

· ㉠ 남적도 해류 → 동오스트레일리아 해류 → 남극 순환 해류 → 페루 해류

· ㉡ 북적도 해류 → 쿠로시오 해류 → 북태평양 해류 → 캘리포니아 해류

· ㉢ 북적도 해류 → 멕시코 만류 → 북대서양 해류 → 카나리아 해류

15 그림은 남극 중층수, 북대서양 심층수, 남극 저층수를 나타낸 것이다.

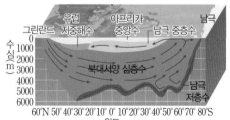

밀도가 가장 큰 해수와 작은 해수를 순서대로 쓰시오.

10분 TEST 문제

12. 대기와 해양의 상호 작용

맞은 개수 _____ /13

01 그림 (가)와 (나)는 북반구 어느 연안에 북풍과 남풍이 부는 모습을 나타낸 것이다.

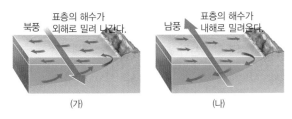

(가), (나) 현상의 이름을 각각 쓰시오.

[02~05] 다음 (   ) 안에 들어갈 알맞은 말을 쓰시오.

02 적도 해역에서 무역풍에 의해 해수가 양극 쪽으로 이동하고, 이를 채우기 위해 심층의 찬 해수가 올라오는데 이를 (   )(이)라고 한다.

03 (   )성 바람에 의해 해수가 중심으로 수렴하면 표층수가 가라앉는 침강 현상이 생긴다.

04 (   )성 바람에 의해 해수가 중심으로부터 외부로 발산하면 심층 해수가 올라오는 용승 현상이 생긴다.

05 찬 해수의 용승 현상으로 심층 해수에 포함된 많은 양의 (   )이/가 표층으로 운반되어 좋은 어장이 형성된다.

06 태평양의 적도 부근을 따라 남아메리카 해안에서 태평양 중앙부에 이르는 넓은 범위에 걸쳐 평상시보다 해수면 온도가 0.5 ℃ 이상 높아지는 현상을 무엇이라고 하는지 쓰시오.

07 평상시에는 서태평양에서 상승한 공기가 태평양을 지나 동태평양에서 하강하고, 하강한 공기는 서태평양으로 이동하는 거대한 대기의 순환을 무엇이라고 하는지 쓰시오.

[08~11] 그림은 엘니뇨 발생 시의 대기와 해수의 순환을 나타낸 것이다. 이 시기에 대한 설명으로 옳은 것은 ○표, 옳지 않은 것은 ×표 하시오.

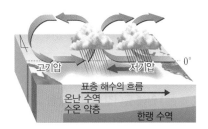

08 평상시보다 무역풍이 약화된다. (   )

09 동태평양의 연안에서는 용승이 강화된다. (   )

10 동태평양 연안 수온이 상승하며, 상승 기류가 발달하여 강수량이 증가한다. (   )

11 서태평양에서는 평상시보다 수온이 하강하고, 하강 기류가 발달하여 강수량이 증가한다. (   )

12 그림은 라니냐 발생 시의 대기와 해수의 순환을 나타낸 것이다. (   ) 안에 들어갈 알맞은 말을 쓰시오.

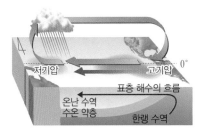

라니냐 시기에는 평상시보다 무역풍이 (㉠)되며, 동태평양 연안에는 용승 현상이 (㉡)된다. 또한, 라니냐 시기에 서태평양에서는 평상시보다 수온이 (㉢)하고, 강한 (㉣) 기류가 발달하여 강수량이 증가한다.

13 엘니뇨와 라니냐는 해수면의 온도 변화를, 남방 진동은 대기의 기압 분포 변화를 의미한다. 이 현상들이 대기와 해양의 상호 작용에 의해 함께 일어나는 현상임을 의미하는 말을 쓰시오.

10분 TEST 문제

13. 지구의 기후 변화

맞은 개수 _____/14

01 다음 ( ) 안에 들어갈 알맞은 말을 쓰시오.

> 지구 기후 변화의 외적 요인에는 지구 자전축 방향의 변화, ( ), 지구 공전 궤도 이심률의 변화, 태양 활동 변화 등이 있다.

[02~04] 다음 ( ) 안에 들어갈 알맞은 말을 고르시오.

02 지구 자전축 경사각이 커질수록 기온의 연교차는 (커, 작아)진다.

03 지구의 공전 궤도 이심률이 커질수록 일사량의 차이가 (커, 작아)진다.

04 빙하의 면적이 (감소, 증가)할 경우 지구의 평균 기온은 상승한다.

[05~06] 그림은 현재와 약 13000년 후 지구 자전축의 경사 방향을 나타낸 것이다. 물음에 답하시오.

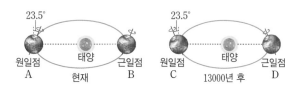

05 지구가 A~D 위치에 있을 때 북반구는 어떤 계절이 되는지 각각 쓰시오.

06 현재와 비교하여 13000년 후 북반구의 기온의 연교차는 어떻게 될지 쓰시오.

[07~08] 지구의 평균 기온을 높이는 요인으로 옳은 것은 ○표, 옳지 <u>않은</u> 것은 ×표 하시오.

07 화석 연료의 사용으로 대기 중에 에어로졸이 많아진다. ( )

08 화산 폭발에 의해 대기 중에 많은 양의 화산재가 공급된다. ( )

09 다음은 온실 효과에 대한 설명이다. ( ) 안에 들어갈 알맞은 말을 쓰시오.

> 지구 대기의 온실 기체는 지표면에서 방출하는 (㉠) 파장 영역의 복사 에너지를 흡수한 후 (㉡)(으)로 재방출한다. 그 결과 지표면의 온도가 높아지는 온실 효과가 발생한다.

10 대기 중 온실 기체의 농도가 증가하여 온실 효과가 증대되면 지구의 평균 기온이 상승하게 되는데, 이러한 현상을 무엇이라고 하는지 쓰시오.

[11~14] 그림은 지구의 열수지를 나타낸 것이다. ( ) 안에 들어갈 알맞은 숫자를 쓰시오.

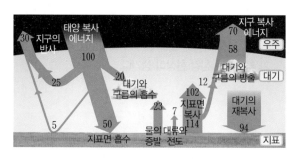

11 지구로 들어오는 태양 복사 에너지 중 ( )은/는 우주로 반사된다.

12 지구로 들어오는 태양 복사 에너지 중 (㉠)은/는 대기에 흡수되며, 나머지 (㉡)은/는 지표면에 흡수된다.

13 지표면은 태양으로부터 흡수하는 에너지 (㉠)과/와 대기의 재복사에 의해 지표로 되돌아오는 에너지 (㉡)의 합으로 모두 144를 흡수한다.

14 대기는 태양으로부터 흡수하는 에너지 (㉠)과/와 지표면으로부터의 대류와 전도에 의해 7, 물의 증발 23, 지표면의 복사 에너지 (㉡)의 합으로 모두 152를 흡수한다.

⑩분 TEST 문제

14. 별의 물리량과 H-R도

맞은 개수 _____/14

01 그림은 여러 가지 스펙트럼의 종류를 나타낸 것이다.

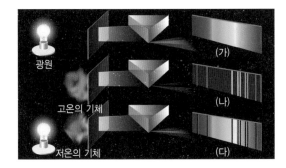

(가)~(다)에 해당하는 스펙트럼의 종류를 쓰시오.

02 별의 분광형은 O, B, A, F, G, K, M형의 7가지로 분류한다. 이때 별의 분광형을 결정하는 물리량은 무엇인지 쓰시오.

03 다음 (   ) 안에 들어갈 알맞은 말을 고르시오.

> 분광형이 ㉠(O형, M형)인 별은 표면 온도가 매우 높은 ㉡(파란색, 붉은색) 별이며, 색지수가 ㉢(크다, 작다).

04 흰색 별로 중성 수소의 흡수선이 가장 강하게 나타나는 별의 분광형은 무엇인지 쓰시오.

[05~07] 별의 광도와 크기에 대한 설명으로 옳은 것은 ○표, 옳지 않은 것은 ×표 하시오.

05 흑체가 단위 시간 동안 단위 면적에서 방출하는 복사 에너지양은 표면 온도의 제곱에 비례한다.   (   )

06 별은 표면 온도가 높고, 반지름이 클수록 별의 표면에서 단위 시간 동안 방출하는 에너지양이 많다.   (   )

07 별의 광도가 같다면 별의 표면 온도가 높을수록 반지름이 크다.   (   )

08 가로축에 별의 분광형, 세로축에 별의 절대 등급을 나타낸 도표를 무엇이라고 하는지 쓰시오.

09 그림은 별의 종류를 H-R도에 나타낸 것이다.

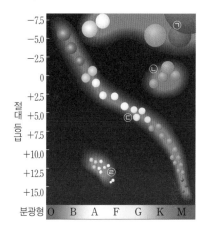

㉠~㉣에 해당하는 별의 종류를 쓰시오.

10 다음 (   ) 안에 들어갈 알맞은 말을 쓰시오.

> 모건과 키넌은 별을 (㉠)과 광도 계급에 따라 분류하였으며, 이 분류법에 따르면 태양은 (㉡)이다.

[11~14] 별의 종류와 그 특성을 옳게 연결하시오.

11 주계열성 •   • ㉠ 별의 90 %가 속한 집단

12 적색 거성 •   • ㉡ 광도와 반지름이 가장 큰 별들

13 초거성 •   • ㉢ 표면 온도가 낮아 붉은색을 띠고, 광도는 비교적 큰 별들

14 백색 왜성 •   • ㉣ 반지름이 매우 작지만 표면 온도가 높은 별들

⑩분 TEST 문제

15. 별의 진화와 내부 구조

맞은 개수 _____/13

01 성운 내부에서 별이 탄생하기 좋은 영역을 쓰시오.

02 다음 (   ) 안에 들어갈 알맞은 말을 쓰시오.

> 원시별이 수축함에 따라 반지름이 감소하고, 중심부의 온도가 상승한다. 별의 중심부 온도가 약 (㉠) K에 도달하면 중심부에서 (㉡) 핵융합 반응이 일어나는 주계열성이 된다.

[03~06] 별의 진화에 대한 설명으로 옳은 것은 ○표, 옳지 <u>않은</u> 것은 ×표 하시오.

03 별은 일생의 대부분을 주계열 단계에서 머문다. (   )

04 별의 중심부에서 수소가 고갈되면 헬륨으로 이루어진 중심핵이 수축한다. (   )

05 별의 중심핵을 둘러싼 외곽 수소층에서 수소 핵융합 반응이 일어나면 별의 반지름이 작아진다. (   )

06 태양은 진화의 마지막 단계에서 초신성 폭발을 일으킬 것이다. (   )

07 다음은 태양과 질량이 비슷한 주계열성의 진화 순서이다. (   ) 안에 들어갈 알맞은 말을 쓰시오.

> 주계열성 → 적색 거성 → (   )과 백색 왜성

08 그림은 태양보다 질량이 매우 큰 별의 진화 과정을 나타낸 것이다.

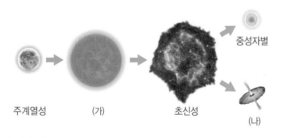

(가), (나)는 각각 무엇인지 쓰시오.

09 원시별의 주요 에너지원은 무엇인지 쓰시오.

10 다음 (   ) 안에 들어갈 알맞은 말을 쓰시오.

> 주계열성의 중심부에서는 (㉠)개의 수소 원자핵이 융합하여 (㉡)개의 헬륨 원자핵을 생성한다. 이 과정에서 감소한 (㉢)만큼 에너지로 전환된다.

11 다음 (   ) 안에 들어갈 알맞은 말을 고르시오.

> 중심부 온도가 약 1800만 K보다 ㉠(낮은, 높은) 별에서는 양성자·양성자 반응이 우세하고, 약 1800만 K보다 ㉡(낮은, 높은) 별에서는 탄소·질소·산소 순환 반응이 우세하다.

12 그림은 주계열성의 내부 구조를 나타낸 것이다.

태양 질량의 2배 이하인 별   태양 질량의 2배 이상인 별

㉠~㉢에 해당하는 부분의 이름을 쓰시오.

13 그림은 적색 거성과 초거성의 내부 구조를 나타낸 것이다.

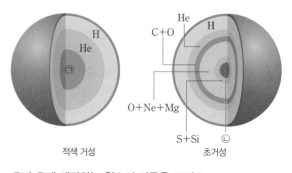

적색 거성   초거성

㉠과 ㉡에 해당하는 원소의 이름을 쓰시오.

10분 TEST 문제

16. 외계 행성계와 생명체 탐사

맞은 개수 _____ /17

01 다음 (   ) 안에 들어갈 알맞은 말을 쓰시오.

> 태양이 아닌 다른 별 주위를 공전하고 있는 행성을
> (㉠)(이)라고 하며, 이들이 이루고 있는 계를
> (㉡)(이)라고 한다.

[02~05] 외계 행성계를 탐사하는 방법과 그에 대한 설명을 옳게 연결하시오.

02 시선 속도 변화 이용 •

        • ㉠ 행성이 별 앞을 지날 때 별의 일부가 가려져 별의 밝기가 감소한다.

03 식 현상 이용 •

        • ㉡ 뒤쪽에 있는 별빛이 앞쪽 별의 중력에 의해 굴절된다.

04 미세 중력 렌즈 현상 이용 •

        • ㉢ 매우 가까운 거리에 있는 외계 행성만 발견할 수 있다.

05 직접 촬영 •

        • ㉣ 별과 행성이 공통 질량 중심을 회전한다.

[06~09] 외계 행성계 탐사에 대한 설명으로 옳은 것은 ○표, 옳지 않은 것은 ×표 하시오.

06 중심별이 지구로 접근할 때는 별빛 스펙트럼에서 적색 편이가 나타난다. (   )

07 행성의 반지름이 클수록 중심별의 밝기 변화가 크므로 행성의 존재를 확인하기 쉽다. (   )

08 미세 중력 렌즈 현상을 이용한 탐사는 행성의 공전 궤도면과 관측자의 시선 방향이 나란한 경우에만 행성을 발견할 수 있다. (   )

09 외계 행성들은 대부분 직접 관측을 통해 발견되었다. (   )

[10~12] 그림 (가)와 (나)는 외계 행성 탐사 결과를 나타낸 것이다. 이에 대한 설명으로 옳은 것은 ○표, 옳지 않은 것은 ×표 하시오.

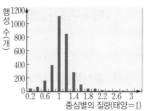
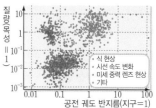

(가) 중심별의 질량에 따른 외계 행성의 개수 (나) 외계 행성의 공전 궤도 반지름과 질량

10 발견된 외계 행성들의 질량은 대부분 지구보다 크다. (   )

11 식 현상에 의해 발견된 외계 행성은 대부분 공전 궤도 반지름이 크다. (   )

12 질량이 작은 외계 행성들은 주로 중심별로부터 먼 곳에서 발견된다. (   )

13 별 주변에서 물이 액체 상태로 존재할 수 있는 영역을 무엇이라고 하는지 쓰시오.

14 다음 (   ) 안에 들어갈 알맞은 말을 고르시오.

> 중심별의 광도가 클수록 행성에 액체 상태의 물이 존재할 수 있는 영역은 중심별로부터 ㉠(가까운, 먼) 곳에 형성되고, 그 영역의 폭은 ㉡(좁아, 넓어)진다.

[15~17] 생명체가 존재하기에 적절한 조건으로 옳은 것은 ○표, 옳지 않은 것은 ×표 하시오.

15 중심별의 질량이 클수록 좋다. (   )

16 행성에 자기장이 존재해야 한다. (   )

17 대기압이 매우 높을수록 유리하다. (   )

10분 TEST 문제

17. 외부 은하

맞은 개수 _____/15

[01~04] 외부 은하의 종류와 그 특징을 옳게 연결하시오.

01 타원 은하 •

• ㉠ 나선팔은 존재하지만, 막대 구조가 없다.

02 정상 나선 은하 •

• ㉡ 중심핵을 가로지르는 막대 구조가 있다.

03 막대 나선 은하 •

• ㉢ 일정한 모양이 없다.

04 불규칙 은하 •

• ㉣ 편평도에 따라서 세분할 수 있다.

05 그림 (가)~(다)에 해당하는 은하의 종류를 쓰시오.

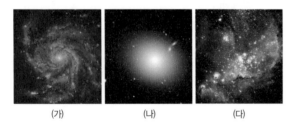

(가)　　　　　(나)　　　　　(다)

[06~09] 허블의 은하 분류에 대한 설명으로 옳은 것은 ○표, 옳지 않은 것은 ×표 하시오.

06 타원 은하는 성간 물질이 많고, 주로 나이가 적은 별들로 이루어져 있다. (　　　)

07 나선 은하의 나선팔에는 성간 물질이 많으며, 주로 나이가 적은 별들이 분포한다. (　　　)

08 우리은하는 막대 나선 은하로 분류된다. (　　　)

09 불규칙 은하는 성간 물질이 거의 없으며, 주로 나이가 많은 별들로 이루어져 있다. (　　　)

[10~12] 특이 은하의 종류와 그 특징을 옳게 연결하시오.

10 전파 은하 •

• ㉠ 별처럼 보이지만 매우 큰 적색 편이가 나타난다.

11 퀘이사 •

• ㉡ 중심핵 양쪽에 로브가 있으며, 로브와 핵은 제트로 연결되어 있다.

12 세이퍼트은하 •

• ㉢ 일반 은하들에 비하여 아주 밝은 핵과 넓은 방출 스펙트럼이 관측된다.

13 그림 (가)~(다)에 해당하는 특이 은하의 종류를 쓰시오.

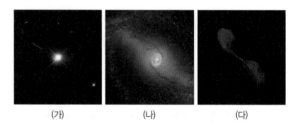

(가)　　　　　(나)　　　　　(다)

14 다음은 세이퍼트은하에 대한 설명이다. (　　　) 안에 들어갈 알맞은 말을 고르시오.

세이퍼트은하는 스펙트럼에서 ㉠(넓은, 좁은) 방출선이 나타난다. 이로부터 성운이 매우 ㉡(빠른, 느린) 속도로 움직이고 있을 것으로 추정한다.

15 은하가 충돌하는 과정에서 형성되는 은하를 무엇이라고 하는지 쓰시오.

⑩분 TEST 문제   18. 빅뱅 우주론과 암흑 에너지   맞은 개수 _____/14

01 외부 은하의 후퇴 속도를 알아내기 위해 측정해야 하는 것은 무엇인지 쓰시오.

[02~04] **오른쪽 그림은 외부 은하의 거리와 후퇴 속도의 관계를 나타낸 것이다. 물음에 답하시오.**

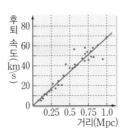

02 이 그래프에서 기울기는 무엇을 나타내는지 쓰시오.

03 외부 은하의 거리와 후퇴 속도의 관계를 쓰시오.

04 거리가 2 Mpc인 은하의 후퇴 속도는 얼마인지 쓰시오.

05 그림 (가)와 (나)는 각각 어떤 우주론의 모형인지 쓰시오.

(가)   (나)

06 다음 (   ) 안에 들어갈 알맞은 말을 쓰시오.

> 빅뱅 이후 우주의 온도가 약 3000 K이 되었을 때 생성된 복사 에너지는 우주의 팽창으로 현재 약 2.7 K 복사로 관측되는데, 이를 (   )(이)라고 한다.

07 빅뱅 우주론의 증거를 2가지 쓰시오.

[08~10] **빅뱅 우주론의 문제점과 그와 관련된 내용을 옳게 연결하시오.**

08 지평선 문제 ·   · ㉠ 지금까지 자기 홀극이 발견되지 않았다.

09 편평성 문제 ·   · ㉡ 우주의 반대쪽 양 끝에서 오는 우주 배경 복사가 균일하다.

10 자기 홀극 문제 ·   · ㉢ 우주는 거의 완벽하게 평탄하다.

11 빅뱅 우주론의 세 가지 문제점을 해결한 이론은 무엇인지 쓰시오.

12 다음 (   ) 안에 들어갈 알맞은 말을 쓰시오.

> Ⅰa형 초신성을 이용하여 우주의 팽창 속도를 알아낸 결과 현재 (   ) 팽창하고 있다는 것이 밝혀졌다.

13 오른쪽 그림은 우주의 구성 성분을 나타낸 것이다. A~C는 각각 무엇인지 쓰시오.

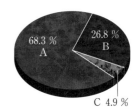

14 오른쪽 그림은 시간에 따른 우주의 팽창 정도를 나타낸 것이다. (가)~(라) 중 우주의 밀도가 임계 밀도와 같은 경우를 쓰시오.

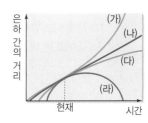

01 그림 (가)와 (나)는 각각 고생대 말 빙하의 흔적과 습곡 산맥 분포를 나타낸 것이다.

(가)   (나)

이에 대한 설명으로 옳은 것만을 〈보기〉에서 있는 대로 고른 것은?

| 보기 |
ㄱ. (가)의 빙하 흔적과 이동 방향은 한곳에서 흩어져 나간 모양이다.
ㄴ. (나)의 습곡 산맥에 나타나는 암석과 지질 구조가 연속적으로 이어진다.
ㄷ. (가)와 (나)는 모두 대륙 이동의 증거가 된다.

① ㄱ   ② ㄷ   ③ ㄱ, ㄴ
④ ㄴ, ㄷ   ⑤ ㄱ, ㄴ, ㄷ

02 그림 (가)는 태평양의 서로 다른 두 해역 A와 B의 위치를, (나)는 이 두 해역에서 직선 구간을 따라 음향 측심법으로 측정한 수심 분포 ㉠, ㉡을 순서 없이 나타낸 것이다.

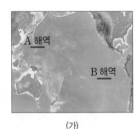
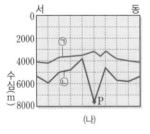

(가)   (나)

이에 대한 설명으로 옳은 것만을 〈보기〉에서 있는 대로 고른 것은?(단, 해수에서 음파의 속도는 약 1500 m/s이다.)

| 보기 |
ㄱ. ㉠은 A 해역의 수심 분포를 나타낸 것이다.
ㄴ. B 해역에서는 새로운 해양 지각이 생성된다.
ㄷ. P에서는 발사한 음파가 해저면에 반사되어 되돌아오는 데 걸리는 시간이 약 5초이다.

① ㄱ   ② ㄴ   ③ ㄱ, ㄷ
④ ㄴ, ㄷ   ⑤ ㄱ, ㄴ, ㄷ

03 그림은 확장 속도가 다른 세 해령의 단면과 해양 지각의 나이를 나타낸 것이다.

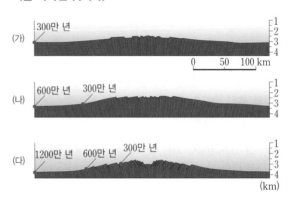

이에 대한 설명으로 옳은 것만을 〈보기〉에서 있는 대로 고른 것은?

| 보기 |
ㄱ. 해저 확장 속도가 가장 빠른 것은 (가)이다.
ㄴ. 열곡은 (가)가 (나)보다 뚜렷하게 발달해 있다.
ㄷ. 열곡으로부터의 거리에 따른 수심 변화는 (나)가 (다)보다 크다.

① ㄱ   ② ㄷ   ③ ㄱ, ㄴ
④ ㄴ, ㄷ   ⑤ ㄱ, ㄴ, ㄷ

04 그림은 동태평양 해령 주변에서 해양 지각의 연령 분포를 나타낸 것이다.

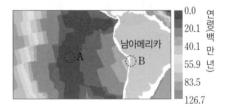

이에 대한 설명으로 옳은 것만을 〈보기〉에서 있는 대로 고른 것은?

| 보기 |
ㄱ. 진원의 평균 깊이는 A보다 B 부근에서 깊다.
ㄴ. 인접한 두 판의 밀도 차는 A보다 B에서 크다.
ㄷ. A에서 B로 갈수록 해저 퇴적물의 두께가 두꺼워진다.

① ㄱ   ② ㄷ   ③ ㄱ, ㄴ
④ ㄴ, ㄷ   ⑤ ㄱ, ㄴ, ㄷ

05 오른쪽 그림은 유럽과 북아메리카 대륙에서 측정한 과거 약 5억 년 동안 지자기 북극의 겉보기 이동 경로를 나타낸 것이다. 이에 대한 설명으로 옳은 것만을 〈보기〉에서 있는 대로 고른 것은?

(단위: 억 년 전)

┤ 보기 ├
ㄱ. 5억 년 전에도 자북극은 현재와 같이 하나였다.
ㄴ. 최근 1억 년 사이에 두 대륙은 점점 가까워졌다.
ㄷ. 두 대륙에서 측정한 자북극의 이동 경로가 다른 까닭은 대륙이 이동했기 때문이다.

① ㄱ 　　② ㄴ 　　③ ㄱ, ㄷ
④ ㄴ, ㄷ 　　⑤ ㄱ, ㄴ, ㄷ

06 그림 (가)와 (나)는 각각 고생대 말과 현재의 대륙 분포를 나타낸 것이다.

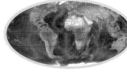

(가) 고생대 말 　　(나) 현재

이에 대한 설명으로 옳은 것만을 〈보기〉에서 있는 대로 고른 것은?

┤ 보기 ├
ㄱ. (가) 시기에 지질 시대 최초로 초대륙이 형성되었다.
ㄴ. 대서양에는 (가) 시기 이전의 해양 지각이 존재하지 않는다.
ㄷ. 지구 전체 해안선의 길이는 (가) 시기가 현재보다 길었다.

① ㄱ 　　② ㄴ 　　③ ㄱ, ㄷ
④ ㄴ, ㄷ 　　⑤ ㄱ, ㄴ, ㄷ

✐ 서술형

07 높이가 수천 m에 달하는 봉우리들로 이루어진 히말라야산맥에서는 해양 생물의 화석이 발견된다. 그 까닭을 대륙의 이동에 따른 히말라야산맥의 형성 과정과 관련지어 설명하시오.

08 그림은 판의 상대적인 이동 방향에 따라 판의 경계를 구분하는 과정을 나타낸 것이다.

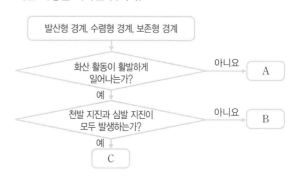

A~C에 해당하는 판의 경계를 각각 쓰시오.

09 그림은 플룸 구조론을 모식적으로 나타낸 것이다.

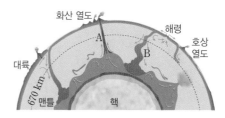

이에 대한 설명으로 옳은 것만을 〈보기〉에서 있는 대로 고른 것은?

┤ 보기 ├
ㄱ. A는 외핵을 구성하는 물질이 상승하는 것이다.
ㄴ. B는 수렴형 경계에서 섭입되는 판에 의해 형성된다.
ㄷ. A와 B의 상승과 하강 운동은 모두 액체 상태에서 일어난다.

① ㄱ 　　② ㄴ 　　③ ㄱ, ㄷ
④ ㄴ, ㄷ 　　⑤ ㄱ, ㄴ, ㄷ

10 그림은 판의 경계와 마그마가 생성되는 장소 A~C를 나타낸 것이다.

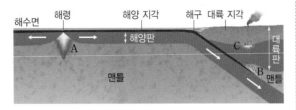

A~C에서 마그마가 생성되는 과정을 다음 그림의 ㉠~㉢에서 각각 고르시오.

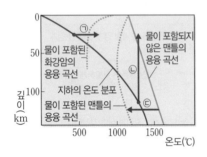

11 그림은 전 세계에 분포하는 판의 경계와 마그마가 분출되는 지역 A~C를 나타낸 것이다.

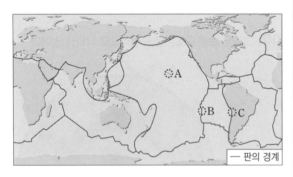

이에 대한 설명으로 옳은 것만을 〈보기〉에서 있는 대로 고른 것은?

┌ 보기 ├
ㄱ. A에서 분출되는 마그마의 근원지는 판이 이동함에 따라 그 위치가 변한다.
ㄴ. B의 하부에서는 현무암질 마그마가 생성된다.
ㄷ. B에서 분출하는 마그마는 C에서 분출하는 마그마보다 SiO_2 평균 함량이 높다.

① ㄱ   ② ㄴ   ③ ㄱ, ㄷ
④ ㄴ, ㄷ   ⑤ ㄱ, ㄴ, ㄷ

12 그림은 서로 다른 종류의 화성암 A~D를 밝은색 광물의 함량과 생성 깊이에 따라 분류한 것이다.

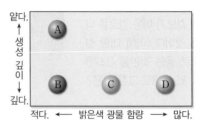

A~D에 대한 설명으로 옳은 것만을 〈보기〉에서 있는 대로 고른 것은?

┌ 보기 ├
ㄱ. 광물 입자의 크기가 가장 큰 것은 A이다.
ㄴ. B는 C보다 철과 마그네슘의 함량이 많다.
ㄷ. C는 D보다 유동성이 큰 마그마가 굳어서 생성되었다.

① ㄱ   ② ㄷ   ③ ㄱ, ㄴ
④ ㄴ, ㄷ   ⑤ ㄱ, ㄴ, ㄷ

13 그림은 화성암이 분포하는 한반도의 지질 명소 A와 B의 위치를 나타낸 것이다.

A와 B를 구성하는 암석에 대한 설명으로 옳은 것만을 〈보기〉에서 있는 대로 고른 것은?

┌ 보기 ├
ㄱ. A는 B보다 먼저 생성되었다.
ㄴ. A는 산성암이다.
ㄷ. B에 나타나는 절리는 암석에 가해지는 압력이 감소하여 생성된 것이다.

① ㄱ   ② ㄷ   ③ ㄱ, ㄴ
④ ㄴ, ㄷ   ⑤ ㄱ, ㄴ, ㄷ

01 그림은 퇴적물이 쌓인 후 퇴적암이 되기까지의 과정을 나타낸 것이다.

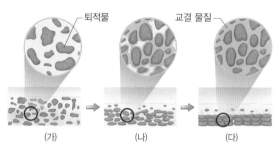

퇴적물   교결 물질

(가)   (나)   (다)

이에 대한 설명으로 옳은 것만을 〈보기〉에서 있는 대로 고른 것은?

┤ 보기 ├
ㄱ. 화산재가 쌓여 (가)의 퇴적물을 이루는 경우가 있다.
ㄴ. (나) → (다)의 과정을 변성 작용이라고 한다.
ㄷ. (가) → (나) → (다)에서 퇴적물의 밀도는 증가한다.

① ㄱ   ② ㄴ   ③ ㄱ, ㄷ
④ ㄴ, ㄷ   ⑤ ㄱ, ㄴ, ㄷ

02 표는 퇴적암의 종류를 퇴적물의 기원에 따라 구분하여 나타낸 것이다.

퇴적암	퇴적물
A	점토, 모래, 자갈, 화산재
B	해수에 녹은 이온
C	산호, 식물체, 조개껍데기, 규질 생물체

이에 대한 설명으로 옳은 것만을 〈보기〉에서 있는 대로 고른 것은?

┤ 보기 ├
ㄱ. 셰일은 A에 해당한다.
ㄴ. 석회암은 B와 C에 모두 해당한다.
ㄷ. C는 유기적 퇴적암이다.

① ㄱ   ② ㄷ   ③ ㄱ, ㄴ
④ ㄴ, ㄷ   ⑤ ㄱ, ㄴ, ㄷ

03 그림 (가)와 (나)는 서로 다른 퇴적 구조를 나타낸 것이다.

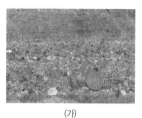

(가)   (나)

이에 대한 설명으로 옳은 것만을 〈보기〉에서 있는 대로 고른 것은?

┤ 보기 ├
ㄱ. (가)는 주로 수심이 깊은 곳에서 형성된다.
ㄴ. (나)로 퇴적물이 공급된 방향을 알 수 있다.
ㄷ. (가)와 (나)는 모두 지층의 역전을 판단하는 데 이용될 수 있다.

① ㄱ   ② ㄷ   ③ ㄱ, ㄴ
④ ㄴ, ㄷ   ⑤ ㄱ, ㄴ, ㄷ

04 그림 (가)와 (나)는 서로 다른 지질 구조를 나타낸 것이다.

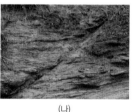

A   B

(가)   (나)

이에 대한 설명으로 옳은 것만을 〈보기〉에서 있는 대로 고른 것은?

┤ 보기 ├
ㄱ. (가)에서 A는 배사 구조, B는 향사 구조이다.
ㄴ. (나)는 단층면을 경계로 상반이 아래로 내려갔다.
ㄷ. (가)는 횡압력, (나)는 장력에 의해 형성되었다.

① ㄱ   ② ㄷ   ③ ㄱ, ㄴ
④ ㄴ, ㄷ   ⑤ ㄱ, ㄴ, ㄷ

05 화강암 주변에 사암이 변성된 암석이 있다면 먼저 생성된 암석은 무엇인지 쓰시오.

✎ 서술형

06 그림은 어느 지역의 지질 단면도를 나타낸 것이다.

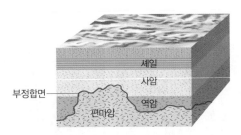

이 지역에 부정합이 형성되었다는 것을 판단할 수 있는 근거를 암석의 분포 차이로 설명하시오.

07 절리에 대한 설명으로 옳은 것만을 〈보기〉에서 있는 대로 고르시오.

┤ 보기 ├
ㄱ. 상반이 위로 밀려 올라간 지질 구조이다.
ㄴ. 주상 절리는 주로 용암이 냉각되는 과정에서 생긴다.
ㄷ. 판상 절리는 심성암에 가해지는 외부 압력이 증가하여 생긴다.

08 그림은 어느 지역의 지질 단면도를 나타낸 것이다.

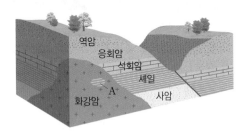

이에 대한 설명으로 옳은 것만을 〈보기〉에서 있는 대로 고른 것은?

┤ 보기 ├
ㄱ. 셰일은 정단층에 의해 절단되었다.
ㄴ. 사암은 화강암보다 먼저 퇴적되었다.
ㄷ. A는 열에 의한 변성 작용을 받았다.

① ㄱ   ② ㄷ   ③ ㄱ, ㄴ
④ ㄴ, ㄷ   ⑤ ㄱ, ㄴ, ㄷ

09 그림 (가)는 어느 지역의 지층 A～E에서 화석이 산출되는 범위를, (나)는 (가)로부터 멀리 떨어진 두 지층 ㉠과 ㉡에서 산출되는 화석을 나타낸 것이다.

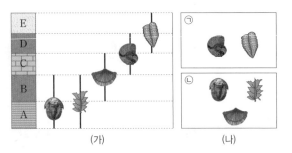

(가)   (나)

이에 대한 설명으로 옳은 것만을 〈보기〉에서 있는 대로 고른 것은?

┤ 보기 ├
ㄱ. ㉠은 D층, ㉡은 B층에 대비된다.
ㄴ. ㉡은 중생대의 지층이다.
ㄷ. B층과 C층의 퇴적 시기 사이에 생물계의 급격한 변화가 있었다.

① ㄱ   ② ㄴ   ③ ㄱ, ㄷ
④ ㄴ, ㄷ   ⑤ ㄱ, ㄴ, ㄷ

10 그림은 어느 지역의 지질 단면도를 나타낸 것이다.

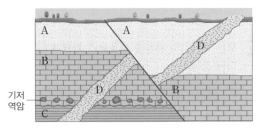

이에 대한 설명으로 옳은 것만을 〈보기〉에서 있는 대로 고른 것은?(단, 지층은 역전되지 않았다.)

┤ 보기 ├
ㄱ. A층과 B층의 생성 순서는 지층 누중의 법칙을 적용한다.
ㄴ. B층과 C층의 생성 순서는 부정합의 법칙을 적용한다.
ㄷ. 단층은 암맥 D보다 먼저 생성되었다.

① ㄱ   ② ㄷ   ③ ㄱ, ㄴ
④ ㄴ, ㄷ   ⑤ ㄱ, ㄴ, ㄷ

11 그림은 어느 지역의 지질 단면도를, 표는 이 지역의 화성암 A, B에 포함된 방사성 원소 X의 모원소와 자원소의 함량을 나타낸 것이다.

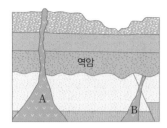

화성암	모원소 함량(%)	자원소 함량(%)
A	50	50
B	25	75

이에 대한 설명으로 옳은 것만을 〈보기〉에서 있는 대로 고른 것은?(단, 방사성 원소 X의 반감기는 0.8억 년이다.)

┤ 보기 ├
ㄱ. 화성암 A의 절대 연령은 1.6억 년이다.
ㄴ. 역암층에서는 중생대의 화석이 산출될 수 있다.
ㄷ. 화성암 B는 화성암 A보다 절대 연령이 2배 많다.

① ㄱ   ② ㄴ   ③ ㄱ, ㄷ
④ ㄴ, ㄷ   ⑤ ㄱ, ㄴ, ㄷ

12 그림 (가)와 (나)는 서로 다른 지층에서 산출된 화석을 나타낸 것이다.

(가)   (나)

이에 대한 설명으로 옳은 것만을 〈보기〉에서 있는 대로 고른 것은?

┤ 보기 ├
ㄱ. (가)가 산출되는 지층은 고생대에 퇴적되었다.
ㄴ. (가)는 (나)보다 고생물 종의 생존 기간이 길다.
ㄷ. (가)와 (나)가 함께 산출되는 지층은 따뜻하고 수심이 얕은 바다였다.

① ㄱ   ② ㄴ   ③ ㄱ, ㄷ
④ ㄴ, ㄷ   ⑤ ㄱ, ㄴ, ㄷ

13 그림은 어느 지질 시대의 환경을 나타낸 것이다.

이 시대의 환경에 대한 설명으로 옳은 것만을 〈보기〉에서 있는 대로 고른 것은?

┤ 보기 ├
ㄱ. 시조새가 출현하였다.
ㄴ. 바다에서는 화폐석이 번성하였다.
ㄷ. 이 시대 말기에는 여러 대륙이 모여 초대륙을 이루었다.

① ㄱ   ② ㄴ   ③ ㄱ, ㄷ
④ ㄴ, ㄷ   ⑤ ㄱ, ㄴ, ㄷ

✎ 서술형

14 선캄브리아 시대는 전체 지구 역사의 대부분을 차지할 정도로 긴데, 자세히 구분하지 않은 까닭은 무엇인지 설명하시오.

15 그림 (가)와 (나)는 고생대와 중생대의 기후를 순서 없이 나타낸 것이다.

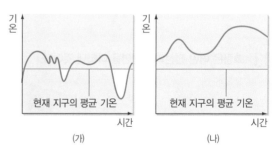

(가)   (나)

이에 대한 설명으로 옳은 것만을 〈보기〉에서 있는 대로 고른 것은?

┤ 보기 ├
ㄱ. (가)는 고생대, (나)는 중생대이다.
ㄴ. (나) 시대 육지에서는 겉씨식물이 번성하였다.
ㄷ. (나) 시대의 말기에는 빙하기와 간빙기가 반복되었다.

① ㄱ   ② ㄴ   ③ ㄷ
④ ㄱ, ㄴ   ⑤ ㄴ, ㄷ

III. 대기와 해양의 변화

맞은 개수 _____/14

01 기단과 전선에 대한 설명으로 옳은 것을 〈보기〉에서 모두 고르시오.

┤ 보기 ├
ㄱ. 기단과 기단의 경계는 전선면이다.
ㄴ. 기단이 발원지를 떠나 이동하면 변질된다.
ㄷ. 기단은 대륙과 해양이 만나는 곳에서 생성된다.
ㄹ. 여름철에 우리나라는 주로 해양성 기단의 영향을 받는다.

02 그림은 어느 날 우리나라 주변의 일기도를 나타낸 것이다.

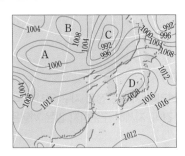

A∼D 중 상승 기류가 나타나는 곳의 기호를 모두 쓰시오.

03 그림은 어떤 전선의 전선면을 나타낸 것이다.

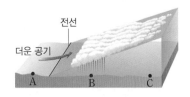

A∼C 지역에서 나타나는 날씨에 대한 설명으로 옳은 것만을 〈보기〉에서 있는 대로 고른 것은?

┤ 보기 ├
ㄱ. A에서 기온이 가장 높게 나타난다.
ㄴ. B에는 소나기가 내린다.
ㄷ. C에서는 햇무리나 달무리를 볼 수 있다.

① ㄴ   ② ㄷ   ③ ㄱ, ㄴ
④ ㄱ, ㄷ   ⑤ ㄱ, ㄴ, ㄷ

04 그림은 어느 날 우리나라 주변의 일기도를 나타낸 것이다.

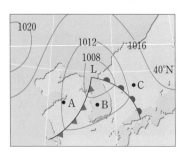

이에 대한 설명으로 옳은 것만을 〈보기〉에서 있는 대로 고른 것은?

┤ 보기 ├
ㄱ. A 지역보다 B 지역의 기온이 높다.
ㄴ. C에는 소나기가 내리고 있다.
ㄷ. 우리나라의 남부 지방은 흐리고 비가 오고 있다.

① ㄱ   ② ㄴ   ③ ㄱ, ㄷ
④ ㄴ, ㄷ   ⑤ ㄱ, ㄴ, ㄷ

05 그림 (가)와 (나)는 서로 다른 계절의 일기도를 나타낸 것이다.

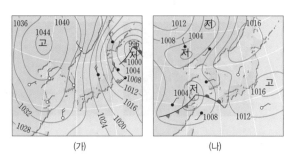

(가)   (나)

이에 대한 설명으로 옳은 것만을 〈보기〉에서 있는 대로 고른 것은?

┤ 보기 ├
ㄱ. (가)에는 정체성 고기압이 나타난다.
ㄴ. (나)에는 이동성 고기압이 나타난다.
ㄷ. 서울 지방의 풍속은 (가)가 (나)보다 강하다.

① ㄱ   ② ㄴ   ③ ㄱ, ㄷ
④ ㄴ, ㄷ   ⑤ ㄱ, ㄴ, ㄷ

06 오른쪽 그림은 우리나라 부근을 지나는 태풍의 이동 경로를 나타낸 것이다. 이에 대한 설명으로 옳지 <u>않은</u> 것은?

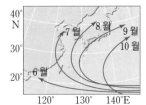

① 태풍은 무역풍대의 열대 해상에서 주로 발생한다.

② 태풍의 진로를 결정하는 가장 중요한 요인은 태풍의 중심 기압이다.

③ 태풍이 북서진할 때는 무역풍, 북동진할 때는 편서풍의 영향을 받는다.

④ 북태평양 고기압의 세력이 약화될수록 태풍의 진로는 오른쪽으로 더 많이 휘게 된다.

⑤ 8월과 같은 진로를 따라 이동하는 태풍은 우리나라보다 일본에 더 큰 피해를 입힌다.

(✎ 서술형)

07 오른쪽 그림은 우리나라를 지나간 두 태풍 A, B의 이동 경로를 나타낸 것이다. 태풍 A와 B가 지나갈 때 서울에서 나타난 풍향 변화의 차이점을 설명하시오.

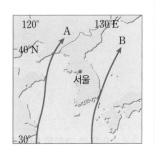

08 그림은 뇌우의 발달 단계를 순서 없이 나타낸 것이다.

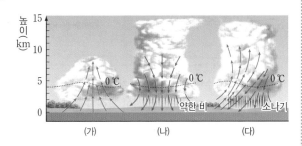

(가)~(다)를 시간 순서대로 옳게 나열한 것은?

① (가) - (나) - (다)　　② (가) - (다) - (나)
③ (나) - (다) - (가)　　④ (다) - (가) - (나)
⑤ (다) - (나) - (가)

09 그림은 태풍의 이동 경로와 태풍 내 바람의 방향을 나타낸 것이다.

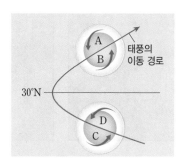

이에 대한 설명으로 옳은 것만을 〈보기〉에서 있는 대로 고른 것은?

┤ 보기 ├

ㄱ. 태풍의 피해는 A보다 B에서 크다.

ㄴ. A와 C에서는 바람의 방향이 태풍의 이동 방향과 같다.

ㄷ. 태풍이 이동하지 않으면 D에서 바람의 세기는 더욱 강해질 것이다.

① ㄱ　　　② ㄷ　　　③ ㄱ, ㄴ
④ ㄴ, ㄷ　　⑤ ㄱ, ㄴ, ㄷ

10 그림은 황사의 발원지와 이동 경로를 나타낸 것이다.

이에 대한 설명으로 옳은 것만을 〈보기〉에서 있는 대로 고른 것은?

┤ 보기 ├

ㄱ. 황사의 발원지는 주로 사막이나 고원이다.

ㄴ. 황사의 모래 먼지는 동풍을 타고 이동한다.

ㄷ. 중국 내륙의 사막화가 심해지면 우리나라의 황사 일수가 증가한다.

① ㄱ　　　② ㄷ　　　③ ㄱ, ㄴ
④ ㄱ, ㄷ　　⑤ ㄴ, ㄷ

11 그림은 우리나라 부근 해수의 2월과 8월의 염분 분포를 나타낸 것이다.

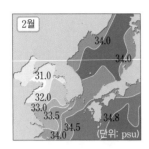
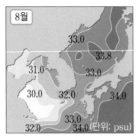

2월보다 8월에 크게 나타나는 것만을 〈보기〉에서 있는 대로 고른 것은?

┤ 보기 ├
ㄱ. 남해의 염분
ㄴ. 황해에서 남북 간의 염분 차이
ㄷ. 중국으로부터 황해로 유입되는 담수의 양

① ㄴ ② ㄷ ③ ㄱ, ㄴ
④ ㄱ, ㄷ ⑤ ㄱ, ㄴ, ㄷ

12 그림은 어느 해 동해에서 관측한 해수의 온도와 염분을 나타낸 것이다.

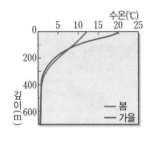
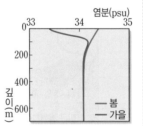

이에 대한 설명으로 옳은 것만을 〈보기〉에서 있는 대로 고른 것은?

┤ 보기 ├
ㄱ. 담수의 유입은 봄보다 가을에 많다.
ㄴ. 수온 약층은 봄보다 가을에 더 강하게 발달한다.
ㄷ. 400 m보다 깊은 곳은 계절에 따른 수온과 염분의 변화가 거의 없다.

① ㄱ ② ㄷ ③ ㄱ, ㄴ
④ ㄴ, ㄷ ⑤ ㄱ, ㄴ, ㄷ

13 그림은 해수 중에 녹아 있는 산소와 이산화 탄소의 양을 깊이에 따라 나타낸 것이다.

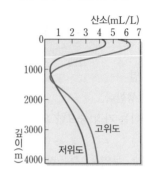
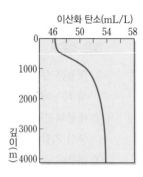

이에 대한 설명으로 옳은 것만을 〈보기〉에서 있는 대로 고른 것은?

┤ 보기 ├
ㄱ. 용존 산소량은 저위도보다 고위도 해수에 많다.
ㄴ. 수심에 관계없이 용존 이산화 탄소량이 용존 산소량보다 많다.
ㄷ. 표층의 이산화 탄소 농도가 낮은 주된 원인은 해양 생물의 광합성 때문이다.

① ㄱ ② ㄴ ③ ㄱ, ㄷ
④ ㄴ, ㄷ ⑤ ㄱ, ㄴ, ㄷ

14 오른쪽 그림은 어느 해 8월에 동해의 두 관측 지점 A와 B에서 수심에 따라 측정한 수온과 염분을 수온 염분도에 나타낸 것이다. 이에 대한 설명으로 옳은 것만을 〈보기〉에서 있는 대로 고른 것은?

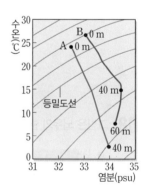

┤ 보기 ├
ㄱ. 해수면의 염분은 A 지점이 B 지점보다 낮다.
ㄴ. B 지점에서는 수심이 깊어짐에 따라 염분이 계속 낮아진다.
ㄷ. A 지점의 수심 40 m 해수는 B 지점의 수심 60 m 해수보다 밀도가 크다.

① ㄱ ② ㄴ ③ ㄱ, ㄷ
④ ㄴ, ㄷ ⑤ ㄱ, ㄴ, ㄷ

Ⅳ. 대기와 해양의 상호 작용

맞은 개수 _____/14

01 대기 대순환에 대한 설명으로 옳지 <u>않은</u> 것은?

① 페렐 순환은 직접 순환이다.

② 극지방에는 극고압대가 형성된다.

③ 위도 30° 부근에는 중위도 고압대가 발달한다.

④ 적도에는 공기의 수렴으로 상승 기류가 발달한다.

⑤ 해들리 순환은 적도와 위도 30° 사이의 대기 순환이다.

02 그림 (가)는 태평양에 분포하는 표층 해류를, (나)는 대기 대순환의 영향으로 지표 부근에서 부는 바람을 나타낸 것이다.

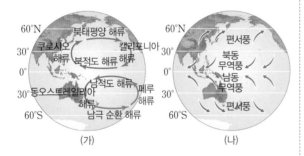

(가)　　　　　　(나)

이에 대한 설명으로 옳은 것만을 〈보기〉에서 있는 대로 고른 것은?

┤ 보기 ├

ㄱ. 북태평양 해류는 무역풍의 영향으로 흐른다.

ㄴ. 쿠로시오 해류는 캘리포니아 해류보다 염분이 높다.

ㄷ. 태평양 아열대 해역에서의 순환은 북반구와 남반구가 대칭적으로 분포한다.

① ㄱ　　　　② ㄷ　　　　③ ㄱ, ㄴ

④ ㄴ, ㄷ　　　⑤ ㄱ, ㄴ, ㄷ

🖊️서술형

03 그림은 우리나라에서 태평양을 지나 미국으로 향하는 배의 항로를 나타낸 것이다.

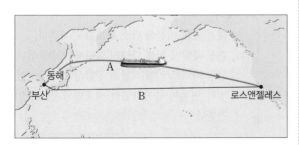

최단 직선거리(B) 경로를 따라가지 않고, 주변부를 돌아가는 경로(A)를 선택하여 항해하는 까닭을 설명하시오.

04 그림은 1492~1493년에 콜럼버스가 바람과 해류를 이용하여 북대서양을 왕복 항해한 경로를 나타낸 것이다.

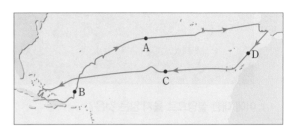

이에 대한 설명으로 옳은 것만을 〈보기〉에서 있는 대로 고른 것은?

┤ 보기 ├

ㄱ. A 해역을 항해할 때는 편서풍을 이용하였다.

ㄴ. A 해역의 해수는 C 해역의 해수보다 수온이 낮다.

ㄷ. B 해역의 해수는 D 해역의 해수보다 용존 산소량이 많다.

① ㄱ　　　　② ㄷ　　　　③ ㄱ, ㄴ

④ ㄴ, ㄷ　　　⑤ ㄱ, ㄴ, ㄷ

05 그림은 우리나라 주변의 해류의 분포를 나타낸 것이다.

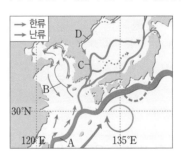

이에 대한 설명으로 옳은 것만을 〈보기〉에서 있는 대로 고른 것은?

┤ 보기 ├

ㄱ. A는 B와 C의 근원이 되는 해류이다.

ㄴ. C는 D보다 영양염류의 양이 많다.

ㄷ. 조경 수역은 동해보다 황해에 잘 형성된다.

① ㄱ　　　　② ㄷ　　　　③ ㄱ, ㄴ

④ ㄴ, ㄷ　　　⑤ ㄱ, ㄴ, ㄷ

06 그림은 해수의 연직 순환이 일어나는 과정을 나타낸 것이다.

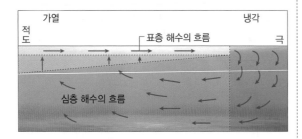

이에 대한 설명으로 옳지 않은 것은?

① 해수의 연직 순환은 고위도 해역에서 시작된다.
② 저위도의 열에너지를 고위도로 운반하는 역할을 한다.
③ 빠른 속도로 일어나기 때문에 측정하기가 매우 어렵다.
④ 심해층에 용존 산소가 많은 것은 연직 순환의 결과이다.
⑤ 연직 순환의 원인은 수온과 염분에 의한 밀도 변화이다.

07 그림은 대서양에서 일어나는 심층 순환을 모식적으로 나타낸 것이다.

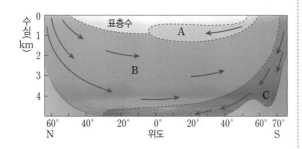

이에 대한 설명으로 옳은 것만을 〈보기〉에서 있는 대로 고른 것은?

┤ 보기 ├
ㄱ. 밀도가 가장 작은 해수는 A이다.
ㄴ. B는 북대서양 심층수, C는 남극 저층수이다.
ㄷ. 심층 순환은 수온과 염분으로 결정되는 밀도 차이로 일어난다.

① ㄱ   ② ㄷ   ③ ㄱ, ㄴ
④ ㄴ, ㄷ   ⑤ ㄱ, ㄴ, ㄷ

08 그림 (가)와 (나)는 엘니뇨 시기와 라니냐 시기일 때의 열대 태평양 해역의 모습을 순서 없이 나타낸 것이다.

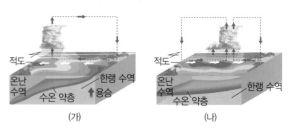

(가) 시기에 비해 (나) 시기에 큰 값을 갖는 것만을 〈보기〉에서 있는 대로 고른 것은?

┤ 보기 ├
ㄱ. 무역풍의 세기
ㄴ. 동태평양의 용승의 세기
ㄷ. 적도 부근 서태평양의 표면 기압

① ㄱ   ② ㄷ   ③ ㄱ, ㄴ
④ ㄴ, ㄷ   ⑤ ㄱ, ㄴ, ㄷ

09 그림은 적도 부근 동태평양 해수의 표면 온도 변화를 1950 ~1979년 평균값과 비교하여 나타낸 것이다.

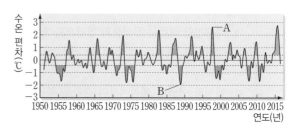

A와 B 시기 중 무역풍이 더 강하게 부는 시기를 쓰시오.

10 지구의 평균 기온을 상승시키는 요인이 되는 현상만을 〈보기〉에서 있는 대로 고른 것은?

┤ 보기 ├
ㄱ. 대기 중의 이산화 탄소 농도가 증가한다.
ㄴ. 화산 폭발에 의해 다량의 화산재가 방출된다.
ㄷ. 삼림 파괴로 인해 식물의 광합성량이 감소한다.
ㄹ. 빙하 면적이 증가하면서 지표면의 반사율이 증가한다.

① ㄱ, ㄴ   ② ㄱ, ㄷ   ③ ㄱ, ㄹ
④ ㄴ, ㄷ   ⑤ ㄷ, ㄹ

11 그림은 현재와 13000년 후의 지구가 태양 주위를 공전하고 있는 모습을 나타낸 것이다.

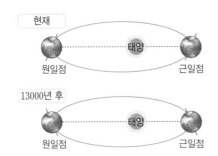

이에 대한 설명으로 옳은 것만을 〈보기〉에서 있는 대로 고른 것은?

┤ 보기 ├
ㄱ. 현재 근일점에서 북반구는 겨울철이다.
ㄴ. 13000년 후 북반구 기온의 연교차는 현재보다 커질 것이다.
ㄷ. 13000년 후 남반구의 여름철 기온은 현재보다 올라갈 것이다.

① ㄱ   ② ㄷ   ③ ㄱ, ㄴ
④ ㄱ, ㄷ   ⑤ ㄴ, ㄷ

12 그림 (가)와 (나)는 복사 평형 상태에서의 지구 열수지를 대기의 유무에 따라 나타낸 것이다.

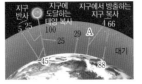

(가) 대기가 없는 경우   (나) 대기가 있는 경우

이에 대한 설명으로 옳은 것만을 〈보기〉에서 있는 대로 고른 것은?

┤ 보기 ├
ㄱ. 지표면의 평균 온도는 (가)가 (나)보다 높다.
ㄴ. (나)에서 A는 100이다.
ㄷ. (나)에서 지구 반사율이 증가하면 지구에서 방출하는 지구 복사는 증가한다.

① ㄱ   ② ㄴ   ③ ㄱ, ㄷ
④ ㄴ, ㄷ   ⑤ ㄱ, ㄴ, ㄷ

13 그림 (가)와 (나)는 지난 100년 동안 지구 대기 중의 이산화 탄소 농도와 평균 기온을 나타낸 것이고, (다)는 1979년부터 2005년까지의 북극해 빙하 면적을 나타낸 것이다.

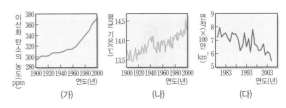

(가)   (나)   (다)

이에 대한 설명으로 옳은 것만을 〈보기〉에서 있는 대로 고른 것은?

┤ 보기 ├
ㄱ. (가)에서 1960년 이후의 이산화 탄소 농도 증가율은 1960년 이전에 비해 증가하였다.
ㄴ. 대기 중 이산화 탄소 농도의 증가는 (나)에 나타난 시간에 따른 평균 기온 상승에 기여하였다.
ㄷ. (다)의 경향이 지속되면 북극해의 지표면 반사율이 감소할 것이다.

① ㄱ   ② ㄴ   ③ ㄱ, ㄷ
④ ㄴ, ㄷ   ⑤ ㄱ, ㄴ, ㄷ

14 다음은 IPCC(기후 변화에 관한 정부 간 협의회)의 보고서를 소개한 기사 내용이다.

NEWS

2007년 4월에 IPCC가 발표한 2차 보고서에 따르면, 2020년 지구 평균 기온은 2000년과 비교하여 평균 1.2 ℃ 상승하고, 2080년 3.5 ℃, 금세기 말 (2100년)에는 6 ℃ 정도 상승할 것이라고 경고했다.

이 기사를 통해 금세기 말에 나타날 미래의 지구 환경 변화를 옳게 예측한 것만을 〈보기〉에서 있는 대로 고른 것은?

┤ 보기 ├
ㄱ. 육지의 면적이 감소한다.
ㄴ. 빙하의 면적이 증가할 것이다.
ㄷ. 태풍의 발생 빈도와 강도가 증가한다.

① ㄱ   ② ㄴ   ③ ㄱ, ㄷ
④ ㄴ, ㄷ   ⑤ ㄱ, ㄴ, ㄷ

V. 별과 외계 행성계

맞은 개수 _____ /15

01 그림은 온도가 다른 흑체 A, B의 단위 면적에서 방출하는 복사 에너지의 상대적 세기를 파장에 따라 나타낸 것이다.

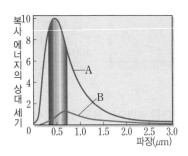

이에 대한 설명으로 옳은 것만을 〈보기〉에서 있는 대로 고른 것은?

┤ 보기 ├

ㄱ. 표면 온도는 A가 B보다 높다.

ㄴ. B는 A보다 붉게 보인다.

ㄷ. 단위 면적에서 방출하는 에너지양은 A가 B보다 많다.

① ㄱ   ② ㄷ   ③ ㄱ, ㄴ

④ ㄴ, ㄷ   ⑤ ㄱ, ㄴ, ㄷ

02 그림은 분광형에 따른 흡수선의 종류와 세기를 나타낸 것이다.

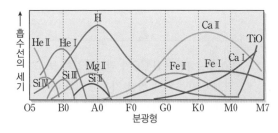

이에 대한 설명으로 옳은 것만을 〈보기〉에서 있는 대로 고른 것은?

┤ 보기 ├

ㄱ. 붉은색 별에서 헬륨 흡수선이 잘 관측된다.

ㄴ. 태양 스펙트럼에서 칼슘 흡수선이 강하게 나타난다.

ㄷ. 표면 온도가 낮을수록 분자 흡수선이 강하게 나타난다.

① ㄱ   ② ㄷ   ③ ㄱ, ㄴ

④ ㄴ, ㄷ   ⑤ ㄱ, ㄴ, ㄷ

03 표는 두 별 A, B의 물리량을 나타낸 것이다.

구분	A	B
표면 온도(K)	4000	8000
광도(태양=1)	100	1

A의 반지름은 B의 몇 배인가?

① 0.4   ② 2.5   ③ 4

④ 25   ⑤ 40

04 H-R도에 대한 설명으로 옳은 것은?

① 가로축의 물리량은 별의 광도이다.

② 세로축의 물리량은 별의 표면 온도이다.

③ 대부분의 별들은 H-R도에서 오른쪽 상단에 위치한다.

④ H-R도의 왼쪽 하단에 있는 별들은 반지름이 매우 크다.

⑤ 태양은 H-R도에서 왼쪽 위부터 오른쪽 아래로 향하는 대각선 영역에 위치한다.

05 그림은 별 A~D를 H-R도에 나타낸 것이다.

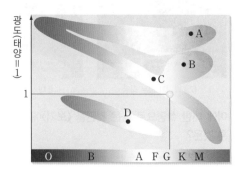

A~D에 대한 설명으로 옳은 것은?

① A는 주계열성이다.

② B는 반지름이 가장 크다.

③ C는 D보다 표면 온도가 높다.

④ D는 평균 밀도가 가장 크다.

⑤ 절대 등급은 A가 가장 크다.

06 그림은 원시별 A, B, C의 진화 경로를 나타낸 것이다.

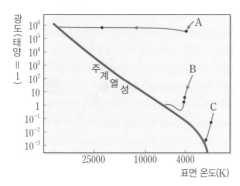

이에 대한 설명으로 옳은 것만을 〈보기〉에서 있는 대로 고른 것은?

┤ 보기 ├
ㄱ. 주계열에 도달하는 데 걸리는 시간은 A가 가장 길다.
ㄴ. 별의 질량은 B가 C보다 크다.
ㄷ. A, B, C 모두 진화하는 동안 반지름이 감소한다.

① ㄱ　　　　② ㄷ　　　　③ ㄱ, ㄴ
④ ㄴ, ㄷ　　　⑤ ㄱ, ㄴ, ㄷ

07 그림은 태양의 진화 경로를 H-R도에 나타낸 것이다.

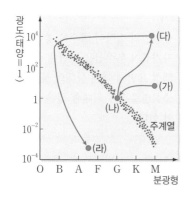

이에 대한 설명으로 옳은 것은?

① 현재 태양은 (가) 단계에 위치한다.
② (가)에서 (나)로 진화할 때 반지름은 증가한다.
③ (나)에서 (다)로 진화할 때 표면 온도는 낮아진다.
④ (다)에서 (라)로 진화하는 동안 강력한 폭발이 일어난다.
⑤ (라)의 중심에서 핵융합 반응이 일어난다.

08 다음은 질량이 태양보다 매우 큰 별의 진화 과정을 순서 없이 나타낸 것이다.

(가) 정역학 평형 상태가 안정적으로 유지된다.
(나) 초신성 폭발을 일으켜 블랙홀이 형성된다.
(다) 별의 중심부 온도가 높아져 수소 핵융합 반응이 시작된다.
(라) 중심핵에서 헬륨, 탄소, 네온 등 계속적인 핵융합 반응이 일어난다.

별의 진화 과정을 시간 순으로 옳게 나열하시오.

〔✎서술형〕

09 그림은 주계열성의 중심부에서 일어나는 어떤 반응을 나타낸 것이다.

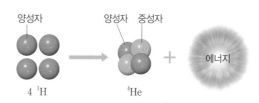

이 과정에서 에너지가 어떻게 생성되는지 설명하시오.

10 그림 (가)와 (나)는 질량이 다른 주계열성의 내부 구조를 나타낸 것이다.

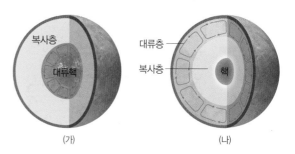

이에 대한 설명으로 옳은 것만을 〈보기〉에서 있는 대로 고른 것은?

┤ 보기 ├
ㄱ. (가)와 (나)는 모두 정역학 평형 상태이다.
ㄴ. (가)의 수소 핵융합 반응에서는 양성자·양성자 반응이 우세하다.
ㄷ. 중심부의 온도는 (가)가 (나)보다 높다.

① ㄱ　　　　② ㄴ　　　　③ ㄱ, ㄷ
④ ㄴ, ㄷ　　　⑤ ㄱ, ㄴ, ㄷ

11 그림은 외계 행성을 탐사할 때 이용하는 어떤 방법을 나타 낸 것이다.

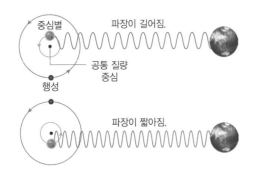

이 탐사 방법에 대한 설명으로 옳은 것은?

① 식 현상을 이용하는 방법이다.
② 행성의 위치를 직접 관측하는 방법이다.
③ 별빛의 도플러 효과를 이용하는 방법이다.
④ 행성의 미세 중력 렌즈 현상을 이용하는 방법이다.
⑤ 행성의 질량이 작을수록 탐사에 유리하다.

12 그림은 외계 행성을 탐사하는 어떤 방법을 나타낸 것이다.

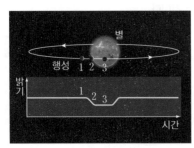

이 탐사 방법에 대한 설명으로 옳은 것만을 〈보기〉에서 있 는 대로 고른 것은?

┤ 보기 ├
ㄱ. 행성의 반지름이 클수록 행성을 발견하기 쉽다.
ㄴ. 행성의 공전 주기 동안 중심별의 밝기 변화는 2회 나타난다.
ㄷ. 행성의 공전 궤도면이 관측자의 시선 방향에 수 직할 경우에도 이용할 수 있다.

① ㄱ   ② ㄷ   ③ ㄱ, ㄴ
④ ㄴ, ㄷ   ⑤ ㄱ, ㄴ, ㄷ

13 그림은 외계 행성이 별 주위를 공전하는 모습을 나타낸 것 이다.

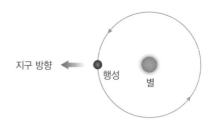

지구에서 이 행성의 존재를 알아내기 위한 관측 방법으로 옳은 것만을 〈보기〉에서 있는 대로 고른 것은?

┤ 보기 ├
ㄱ. 별의 거리를 측정한다.
ㄴ. 별의 겉보기 등급을 관측한다.
ㄷ. 별의 흡수 스펙트럼의 파장을 측정한다.
ㄹ. 멀리 있는 배경별의 밝기 변화를 관측한다.

① ㄱ, ㄴ   ② ㄱ, ㄹ   ③ ㄴ, ㄷ
④ ㄱ, ㄷ, ㄹ   ⑤ ㄴ, ㄷ, ㄹ

14 생명체가 살 수 있는 행성의 조건에 대한 설명으로 옳은 것 만을 〈보기〉에서 있는 대로 고른 것은?

┤ 보기 ├
ㄱ. 중심별의 질량이 클수록 좋다.
ㄴ. 자기장이 우주선을 차단해 주어야 한다.
ㄷ. 행성 표면에 액체 상태의 물이 존재해야 한다.
ㄹ. 중심별로부터 최대한 많은 양의 에너지를 받아 야 한다.

① ㄱ, ㄴ   ② ㄱ, ㄹ   ③ ㄴ, ㄷ
④ ㄱ, ㄷ, ㄹ   ⑤ ㄴ, ㄷ, ㄹ

✎서술형
15 중심별이 주계열성일 때 중심별의 질량에 따라 생명 가능 지대의 거리와 폭은 어떻게 달라지는지 설명하시오.

Ⅵ. 외부 은하와 우주 팽창

맞은 개수 _____ /15

01 허블의 은하 분류에 대한 설명으로 옳은 것은?

① 크기에 따라 분류하였다.
② 타원 은하는 편평도에 따라서 세분할 수 있다.
③ 타원 은하는 시간이 흐르면 나선 은하로 진화한다.
④ 정상 나선 은하는 중심부에 막대 구조를 갖고 있다.
⑤ 나선팔이 없는 은하는 모두 불규칙 은하이다.

02 나선 은하에 대한 설명으로 옳은 것만을 〈보기〉에서 있는 대로 고른 것은?

┤ 보기 ├
ㄱ. 나선팔과 중앙 팽대부가 존재한다.
ㄴ. 정상 나선 은하와 막대 나선 은하로 나눌 수 있다.
ㄷ. 은하 중심부에 성간 물질들이 많이 존재하며 새로 태어난 별이 많다.

① ㄱ   ② ㄷ   ③ ㄱ, ㄴ
④ ㄴ, ㄷ   ⑤ ㄱ, ㄴ, ㄷ

03 그림 (가)~(다)는 서로 다른 형태의 은하를 나타낸 것이다.

(가)   (나)   (다)

이에 대한 설명으로 옳은 것만을 〈보기〉에서 있는 대로 고른 것은?

┤ 보기 ├
ㄱ. (가)는 타원 은하이다.
ㄴ. 우리은하의 구조는 (나)와 가장 유사하다.
ㄷ. (다)의 나선팔에는 주로 나이가 많은 별들이 분포한다.

① ㄱ   ② ㄷ   ③ ㄱ, ㄴ
④ ㄴ, ㄷ   ⑤ ㄱ, ㄴ, ㄷ

04 다음은 어느 은하의 특징을 설명한 것이다.

• 전파 영역에서 막대한 양의 에너지를 방출한다.
• 중심부에 블랙홀이 있을 것으로 추정한다.
• 중심에 핵을 가지고 양쪽에 로브가 있으며, 로브와 핵은 제트로 연결되어 있다.

이 은하의 모습으로 옳은 것은?

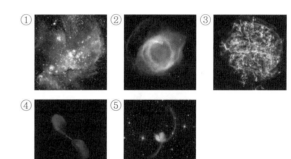

05 다음은 어떤 특이 은하의 모습과 특징을 나타낸 것이다.

• 후퇴 속도가 광속의 0.1~0.82배이다.
• 수많은 별들로 이루어져 있지만 하나의 별처럼 보인다.

이 특이 은하에 대한 설명으로 옳은 것만을 〈보기〉에서 있는 대로 고른 것은?

┤ 보기 ├
ㄱ. 퀘이사이다.
ㄴ. 두 은하가 서로 충돌하여 형성된 은하이다.
ㄷ. 스펙트럼에서 적색 편이가 매우 크게 나타난다.

① ㄱ   ② ㄴ   ③ ㄷ
④ ㄱ, ㄷ   ⑤ ㄴ, ㄷ

서술형

06 그림은 은하의 충돌 모습을 나타낸 것이다.

은하의 충돌이 별의 탄생에 미치는 영향에 대해 설명하시오.

07 그림은 외부 은하 A, B의 스펙트럼을 나타낸 것이다.

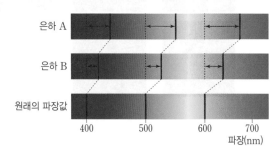

B보다 A가 큰 값을 갖는 것만을 〈보기〉에서 있는 대로 고른 것은?

┤ 보기 ├
ㄱ. 적색 편이량
ㄴ. 후퇴 속도
ㄷ. 우리은하로부터의 거리

① ㄱ   ② ㄷ   ③ ㄱ, ㄴ
④ ㄴ, ㄷ   ⑤ ㄱ, ㄴ, ㄷ

08 빅뱅 우주론에서 주장하는 것으로 옳은 것만을 〈보기〉에서 있는 대로 고른 것은?

┤ 보기 ├
ㄱ. 과거에 우주는 작고 뜨거웠다.
ㄴ. 기본 입자가 생성된 후 가벼운 원소들이 만들어진다.
ㄷ. 과거에 방출된 복사 에너지가 전파 형태로 남아 있다.

① ㄱ   ② ㄷ   ③ ㄱ, ㄴ
④ ㄴ, ㄷ   ⑤ ㄱ, ㄴ, ㄷ

09 표는 은하 A, B, C의 적색 편이량과 후퇴 속도를 나타낸 것이다.

은하	A	B	C
적색 편이량(상댓값)	10	( )	40
후퇴 속도(km/s)	500	1000	( )

이에 대한 설명으로 옳은 것만을 〈보기〉에서 있는 대로 고른 것은?

┤ 보기 ├
ㄱ. 적색 편이량은 B가 A의 2배이다.
ㄴ. C의 후퇴 속도는 A의 4배이다.
ㄷ. 가장 멀리 있는 은하는 A이다.

① ㄱ   ② ㄴ   ③ ㄷ
④ ㄱ, ㄴ   ⑤ ㄴ, ㄷ

10 그림은 전파 망원경으로 관측한 파장에 따른 복사 에너지의 상대적 세기를 나타낸 것이다.

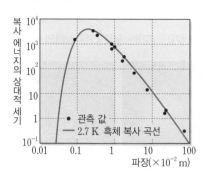

이에 대한 설명으로 옳은 것만을 〈보기〉에서 있는 대로 고른 것은?

┤ 보기 ├
ㄱ. 외부 은하에서 방출된 빛이다.
ㄴ. 우주의 팽창으로 적색 편이량이 매우 큰 빛이다.
ㄷ. 2.7 K 흑체가 방출하는 복사 에너지와 잘 일치한다.

① ㄱ   ② ㄷ   ③ ㄱ, ㄴ
④ ㄴ, ㄷ   ⑤ ㄱ, ㄴ, ㄷ

11 그림은 플랑크 위성이 관측한 우주 배경 복사를 나타낸 것이다.

이 복사 에너지가 빅뱅 우주론의 근거가 되는 까닭을 설명하시오.

12 다음은 빅뱅 우주론의 문제점에 대한 설명이다.

- 우주 (㉠)의 반대쪽 양 끝에서 오는 우주 배경 복사가 완전히 균일하다.
- 우주는 거의 완벽하게 (㉡) 우주이며, 특정한 밀도 값을 갖는다.
- 현재까지 (㉢)이/가 발견되지 않고 있다.

㉠~㉢에 들어갈 말을 옳게 짝 지은 것은?

	㉠	㉡	㉢
①	지평선	열린	자기 홀극
②	지평선	편평한	자기 홀극
③	지평선	편평한	기본 입자
④	우리은하	열린	자기 홀극
⑤	우리은하	열린	기본 입자

13 암흑 물질과 암흑 에너지에 대한 설명으로 옳은 것은?

① 암흑 물질은 질량을 갖고 있지 않다.
② 암흑 물질은 빛을 흡수하지만 방출하지 않는다.
③ 우주를 이루고 있는 요소들 중 암흑 물질의 비율이 가장 크다.
④ 암흑 에너지는 우주를 가속 팽창시키는 역할을 한다.
⑤ 암흑 에너지는 중력에 의해 다른 물질과 상호 작용한다.

14 그림은 빅뱅 이후 시간에 따른 우주의 크기 변화를 나타낸 것이다.

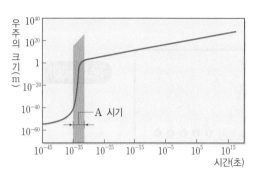

A 시기에 일어난 사건으로 옳은 것만을 〈보기〉에서 있는 대로 고른 것은?

┤보기├
ㄱ. 우주의 급팽창이 일어났다
ㄴ. 우주 배경 복사가 형성되었다.
ㄷ. 수소와 헬륨의 질량비가 약 3 : 1이 되었다.

① ㄱ   ② ㄷ   ③ ㄱ, ㄴ
④ ㄱ, ㄷ   ⑤ ㄱ, ㄴ, ㄷ

15 그림은 우주의 미래에 대한 여러 가지 모형을 나타낸 것이다.

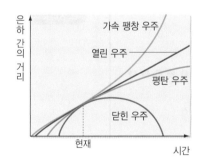

이에 대한 설명으로 옳은 것만을 〈보기〉에서 있는 대로 고른 것은?

┤보기├
ㄱ. 우주의 밀도는 닫힌 우주에서 가장 작다.
ㄴ. 평탄 우주에서 우주의 밀도는 임계 밀도와 같다.
ㄷ. 암흑 에너지의 효과는 가속 팽창 우주보다 열린 우주에서 크다.

① ㄱ   ② ㄴ   ③ ㄱ, ㄷ
④ ㄴ, ㄷ   ⑤ ㄱ, ㄴ, ㄷ

오답노트

오답노트 로 틀린 문제를 다시 점검하여
실력을 쌓아 보세요.

날짜:

단원명:

페이지:

복습 횟수: ❶ ❷ ❸ ❹ ❺

(KEY PONT)

문제 붙이기

풀이 »

✄ 자르는 선

날짜:

단원명:

페이지:

복습 횟수: ❶ ❷ ❸ ❹ ❺

(KEY PONT)

문제 붙이기

풀이 »

날짜:

단원명:

페이지:

복습 횟수: ❶ ❷ ❸ ❹ ❺

KEY PONT

문제 붙이기

풀이 ≫

Memo

고등 도서안내

기본서

국어

손쉬운

작품 이해에서 문제 해결까지
손쉬운 비법을 담은 문학 입문서

현대 문학, 고전 문학

문학기본서 물음표 ?

핵심 질문과 해답을 탐구하며
작품 감상의 즐거움을 배우는 프리미엄 문학 종합 해설서

현대시에 던지는 물음표
고전 시가에 던지는 물음표
현대 산문에 던지는 물음표
고전 산문에 던지는 물음표

영어

BITE

GRAMMAR
문법의 기본 개념과 문장 구성 원리를
학습하는 고등 문법 기본서

핵심문법편, 필수구문편

READING
정확하고 빠른 문장 해석 능력과
읽는 즐거움을 키워 주는 고등 독해 기본서

도약편, 발전편

word
동사로 어휘 실력을 다지고 적중 빈출 어휘로
수능을 저격하는 고등 영단어 필독서

핵심동사 830, 수능적중 2000

수학

수학중심

개념과 유형을 한 번에 잡는 강력한 개념 기본서

고등 수학(상), 고등 수학(하)
수학Ⅰ, 수학Ⅱ, 확률과 통계, 미적분, 기하

유형중심

체계적인 유형별 학습으로 실전에서 강력한 문제 기본서

고등 수학(상), 고등 수학(하)
수학Ⅰ, 수학Ⅱ, 확률과 통계, 미적분

미래엔 교과서 연계

자습서

미래엔 교과서 자습서

교과서 예습 복습과 학교 시험 대비까지
한 권으로 완성하는 자율 학습서

국어 고등 국어(상), 고등 국어(하), 문학, 독서, 언어와 매체, 화법과 작문, 실용 국어
수학 고등 수학, 수학Ⅰ, 수학Ⅱ, 확률과 통계, 미적분, 기하
사회 통합사회, 한국사
과학 통합과학(과학탐구실험)
제2외국어 일본어Ⅰ, 중국어Ⅰ, 한문Ⅰ

NEW 올리드 Allead

내신 잡는 필수 개념서

지구과학 I

바른답·알찬풀이

NEW 올리드

바른답 · 알찬풀이

내신 잡는 필수 개념서
NEW 올리드 Allead

바른답·알찬풀이

개념학습편

시험대비편

개념학습편

I 지권의 변동

01 판 구조론의 정립

확인문제		
		┤10~12쪽├
1 판게아	**2** 빙하	**3** 맨틀 대류
4 7500 m	**5** 많아, 두꺼워	**6** 고지자기
7 반대	**8** 판 구조론	

01 베게너는 그의 저서 「대륙과 해양의 기원」에서 고생대 말에는 모든 대륙들이 하나로 모여 판게아라는 거대한 초대륙을 형성하였다고 주장하였다.

04 해수에서 음파의 속도를 v, 해양 탐사선에서 발사한 음파가 해저면에서 반사되어 되돌아오는 데 걸리는 시간을 t라고 하면, 관측 지점의 수심$(d) = \frac{1}{2}vt$이다. 따라서 조사 지역의 수심은 $\frac{1}{2} \times 1500 \text{ m/s} \times 10 \text{ s} = 7500 \text{ m}$이다.

05 해령에서 새로운 해양 지각이 생성되어 양쪽으로 이동하므로 해령에서 멀어질수록 해양 지각의 나이가 많아지고, 해양 지각 위에 쌓인 퇴적물의 두께가 두꺼워진다.

07 변환 단층은 해령과 해령 사이에 존재하는 단층으로 서로 접해 있는 해양 지각이 반대 방향으로 어긋나게 이동하는 구간이다.

개념을 다지는 **기본 문제**
13~15쪽

01 ①	02 ②	03 해설 참조	04 ③	05 ③	06 약 15 km
07 ⑤	08 ④	09 ③	10 해설 참조	11 ④	12 ③
13 (나) → (다) → (라) → (가)			14 A	15 ③	

01 ① 해령에서 멀어질수록 해양 지각의 연령이 증가하는 것은 해양저 확장설의 증거에 해당하고, 베게너가 대륙 이동의 증거로 제시한 것은 아니다.

[오답 피하기] ② 서로 멀리 떨어져 있는 대륙에서 글로소프테리스, 메소사우루스 등 같은 종류의 고생물 화석이 발견된다.

③ 북아메리카 대륙과 유럽에 분포하는 고생대 말의 습곡 산맥의 암석과 지질 구조가 연속적으로 이어진다.

---

④ 대서양을 사이에 두고 아프리카 대륙 서해안과 남아메리카 대륙 동해안의 해안선 모양이 비슷하여 잘 들어맞는다.

⑤ 서로 떨어져 있는 대륙에 분포하는 빙하의 흔적으로 대륙의 이동 방향을 역으로 추적해보면 빙하가 남극을 중심으로 모인다.

02 ㄷ. 고생대 말 빙하의 흔적 분포를 역으로 추적하면 빙하가 남극을 중심으로 모이고, 현재 메소사우루스 화석이 발견되는 지역을 연결하면 남아메리카 대륙과 아프리카 대륙이 서로 붙어 있었다는 것을 알 수 있다.

[오답 피하기] ㄱ. 빙하는 주로 기온이 낮은 극지방에서 형성되므로 고생대 말 인도 대륙은 남극에 가까운 곳에 위치해 있었다. 그러므로 현재보다 고위도에 위치해 있었다.

ㄴ. 메소사우루스는 연안 지대에서 서식하던 수생 파충류로 대서양을 횡단하여 건널 수는 없었다. 따라서 메소사우루스는 남아메리카 대륙과 아프리카 대륙이 분리되기 전에 출현하였다.

03 [예시 답안] 대륙 이동의 원동력을 명쾌하게 설명하지 못하였기 때문에 당시의 대부분 과학자들이 대륙 이동설을 받아들이지 않았다.

채점 기준	배점(%)
대륙 이동의 원동력을 명쾌하게 설명하지 못하였기 때문이라고 설명한 경우	100
대륙 이동의 원인을 설명하지 못했기 때문이라는 내용으로 설명하였지만 표현이 적절하지 않은 경우	50

04 ㄱ. 맨틀 대류설에 의하면 맨틀 대류의 상승부에서는 맨틀이 서로 반대 방향으로 이동하면서 대륙이 갈라지고, 갈라진 대륙은 맨틀이 대류하는 방향으로 이동한다.

ㄴ. 홈스는 맨틀 내 방사성 원소가 붕괴하여 발생한 열로 맨틀 상부와 하부 사이에 온도 차가 생기고, 그 결과 맨틀 내부에서 느리게 열대류가 일어난다고 주장했다.

[오답 피하기] ㄷ. 홈스가 맨틀 대류설을 발표할 당시에는 탐사 기술이 발전하지 않아 맨틀 대류를 확인할 수 있는 지구 내부 탐사 자료나 지질학적인 증거가 없어 과학자들에게 널리 받아들여지지 않았다.

05 ③ 맨틀 대류의 상승부에서는 장력이 작용하여 대륙 지각이 분리되며, 맨틀 대류의 하강부에서 횡압력이 작용하여 두꺼운 산맥이나 해구가 생성된다.

[오답 피하기] ① 1929년에 홈스가 주장하였다.

② 맨틀은 유동성을 띠는 고체 상태이다.

④ 맨틀 대류의 상승부에서는 장력이 작용하여 대륙 지각이 분리된다.

⑤ 맨틀 대류는 구체적 탐사 자료나 증거가 없어서 발표와 동시에 인정받지는 못하였다.

06 해양 탐사선에서 해저면에 발사한 음파의 왕복 시간이 짧을수록 수심이 얕다. 조사 지역에서 기준점으로부터의 거리가 약 15 km인 지점은 음파의 왕복 시간이 약 0.5초로 가장 짧으므로 수심이 가장 얕다.

07 자료 분석 하기

음향 측심법

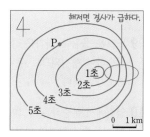

- 해수에서 음파의 속도를 v, 해양 탐사선에서 발사한 음파가 해저면에서 반사되어 되돌아오는 데 걸리는 시간을 t라고 하면, 관측 지점의 수심(d) $= \frac{1}{2}vt$이다.
- 동일한 수평 거리에서 음파의 왕복 시간 차가 작을수록 해저면의 경사가 완만하고, 음파의 왕복 시간 차가 클수록 해저면의 경사가 급하다.

ㄱ. 해양 탐사선에서 해저면에 발사한 초음파의 왕복 시간은 수심이 깊을수록 길어진다.

ㄴ. 해수에서 음파의 속도는 약 1500 m/s이고, P 지점에서 음파의 왕복 시간은 4초이므로 P 지점의 수심은 $3000 \text{ m}(= \frac{1}{2} \times 1500 \text{ m/s} \times 4초)$이다.

ㄷ. 이 해저 지형에서는 동일한 수평 거리에 대하여 서쪽 사면보다 동쪽 사면에서 수심이 크게 변하므로 서쪽 사면보다 동쪽 사면의 경사가 더 가파르다.

08 ④ 암석이 생성된 후에는 지구 자기장의 방향이 변해도 자성 광물의 자화 방향은 생성 당시 그대로 보존된다.

[오답 피하기] ① 고지자기는 지질 시대에 생성된 암석에 남아 있는 지구 자기이다.

② 암석이 생성될 때 자성을 띠는 광물은 그 당시의 지구 자기장 방향으로 배열된다.

③ 암석에 기록된 고지자기를 연구한 결과 지구 자기장의 남극과 북극이 반복적으로 바뀌었다는 것이 밝혀졌다.

⑤ 대륙 지각에서 알아낸 암석의 연령과 고지자기 줄무늬를 해양 지각의 고지자기 줄무늬와 비교하여 해양 지각의 연령을 알아낸다.

09 자료 분석 하기

고지자기 줄무늬의 해석

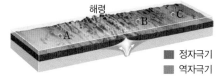

■ 정자극기
▨ 역자극기

- 지구 자기장의 방향이 현재와 같은 시기를 정자극기, 현재와 반대인 시기를 역자극기라고 한다.
- 해령에서 새로운 해양 지각이 생성될 때 지구 자기장 방향으로 자화되었고, 해저가 해령을 중심으로 양쪽으로 확장되었다. 이때 지구 자기의 역전 현상이 반복되었으므로 고지자기 줄무늬는 해령과 거의 나란하며, 해령을 축으로 대칭적인 분포를 보인다.

ㄱ. B의 해양 지각은 지구 자기장의 방향이 현재와 반대인 시기에 생성되었고, A의 해양 지각은 B의 해양 지각이 생성되기 전 지구 자기장의 방향이 현재와 같았던 시기에 형성되었다. 따라서 해양 지각의 나이는 A 지점이 B 지점보다 많다.

ㄷ. C 지점의 암석은 지구 자기장의 방향이 현재와 반대였던 시기에 생성되었다. 따라서 C 지점의 암석이 생성될 당시 나침반의 N극이 가리키는 방향은 현재와 반대였다.

[오답 피하기] ㄴ. 해령에서 생성된 해양 지각이 양쪽으로 이동하면서 해저가 확장된다. A와 B 지점 사이에 해령이 위치하므로 시간이 지나도 B 지점과 C 지점 사이의 거리는 변하지 않는다.

10 예시 답안 고지자기의 방향이 반복적으로 바뀌는 것은 해양 지각이 서로 다른 시기에 형성되었다는 것을 의미하고, 해령을 축으로 대칭적인 분포를 보인다는 것은 해령에서 생성된 해양 지각이 양쪽으로 이동하면서 해저가 확장되었음을 의미한다.

채점 기준	배점(%)
해양 지각의 생성 시기 차이와 해저 확장을 모두 옳게 설명한 경우	100
해양 지각의 생성 시기 차이와 해저 확장 중 1가지만 옳게 설명한 경우	50

11 ㄴ. 해령에서 대륙 쪽으로 갈수록 오래 전에 생성된 해양 지각이 분포하므로 그 위에 쌓인 해저 퇴적물의 두께도 점점 두꺼워진다.

ㄷ. 대서양의 해저에 약 1억5천만 년 전에 생성된 해양 지각이 존재하는 것으로 보아 대서양은 적어도 그 이전부터 형성되기 시작했다는 것을 알 수 있다.

[오답 피하기] ㄱ. 해저를 이루고 있는 해양 지각은 해령에서 생성되어 양쪽으로 이동해 가므로 해양 지각의 나이는 해령에서 가장 적고, 해령에서 멀어질수록 증가한다. 따라서 해양 지각의 등연령선은 대체로 해령과 나란하게 분포한다.

12 ㄱ. A를 경계로 두 판이 서로 반대 방향으로 멀어지고 있으므로 A는 발산형 경계인 해령이다. 해령에서는 마그마가 분출하여 새로운 해양 지각이 생성된다.

ㄴ. B는 단열대, C는 변환 단층에 위치한다. 단열대에서는 판의 이동 방향이 같으므로 지진이 거의 발생하지 않지만, 변환 단층에서는 서로 접해 있는 두 판의 이동 방향이 반대이므로 지진이 자주 발생한다.

[오답 피하기] ㄷ. 해양 지각의 연령은 해령에서 멀어질수록 증가한다. E는 해양 지각이 생성되는 발산형 경계인 해령에 위치하고, D는 해령으로부터 떨어져 있으므로 해양 지각의 나이는 E보다 D에서 많다.

13 베게너의 대륙 이동설을 시작으로 맨틀 대류설, 해양저 확장설을 거쳐 판 구조론이 정립되었다.

14 판은 지각과 맨틀 일부를 포함한 암석권을 말한다. 암석권 아래는 연약권이라고 하며, 이 곳의 유동성으로 인해 맨틀 대류가 일어나고 판이 이동하게 된다.

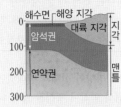
판의 구조

- 암석권(지각+상부 맨틀): 단단한 암석으로 이루어져 있으며, 판이라고 한다.
- 연약권: 부분 용융 상태로 유동성이 있으며, 맨틀 대류가 일어난다.

15 ㄱ. 판은 지각과 상부 맨틀의 일부를 포함하여 단단한 암석으로 이루어진 암석권이 크고 작은 여러 개의 조각으로 나뉜 것이다.

ㄷ. C는 해양판이 대륙판 아래로 비스듬히 섭입하는 수렴형 경계이다. 해양판과 대륙판의 수렴형 경계에서는 해구에서 대륙 쪽으로 갈수록 진원의 깊이가 점점 깊어진다.

[오답 피하기] ㄴ. A는 발산형 경계, B는 보존형 경계이다. 발산형 경계인 해령에서는 화산 활동이 활발하게 일어나지만, 보존형 경계인 변환 단층에서는 화산 활동이 거의 일어나지 않는다.

02 대륙 분포의 변화와 판 이동의 원동력

확인 문제 ├16~19쪽┤

1 복각 **2** 위도 **3** ×
4 판게아 **5** 맨틀 대류 **6** 해령
7 경계, 지각 변동 **8** 차가운 플룸 **9** 느리 **10** ×

01 나침반의 자침은 자성을 띠는 광물로 만들어졌기 때문에 자침은 항상 지구 자기장의 북극 방향을 가리키는데, 나침반의 자침이 수평면에 대하여 기울어진 각을 복각이라고 한다.

03 유럽과 북아메리카 대륙에서 측정한 자북극의 겉보기 이동 경로가 다른 것은 대륙이 서로 다른 경로로 이동하였기 때문이다.

04 지질 시대 동안 여러 차례 초대륙이 형성되었다가 분리되었다. 판게아는 고생대 말에 형성되었던 초대륙이다.

05 연약권은 암석권 아래에 위치하며, 맨틀이 부분 용융되어 있으며 상부와 하부의 온도 차이로 맨틀 대류가 일어난다.

07 맨틀 대류의 상승부에는 발산형 경계, 하강부에는 수렴형 경계가 형성되므로 판의 경계는 맨틀 대류의 상승부나 하강부와 거의 일치한다.

08 차가운 플룸은 수렴형 경계에서 섭입된 판의 물질이 상부 맨틀과 하부 맨틀의 경계 부근에 쌓여 있다가 가라앉아 생성된다.

09 뜨거운 플룸은 차가운 플룸의 영향으로 뜨거운 맨틀 물질이 상승하여 형성되므로 주위의 맨틀보다 온도가 높아 지진파의 속도가 느리다.

10 열점에서 분출하는 마그마는 판의 아래 쪽에서 생성되므로 판이 이동해도 열점의 위치는 변하지 않는다.

01 (1) (나) (2) (다) **02** ③ **03** ④ **04** ④ **05** (나)→(라)→(가)→(다) **06** ③ **07** ③ **08** (1) A: 해령, B: 해구 (2) A (3) A<B **09** ⑤ **10** ① **11** 발산형 경계 **12** ③ **13** 해설 참조 **14** (1) A: 차가운 플룸, B: 뜨거운 플룸 (2) B **15** ④ **16** ② **17** ③ **18** 해설 참조

01 자기 적도에서 자침은 지면과 수평을 이루며, 우리나라는 북반구에 위치하고 있어 자침의 N극이 지면을 가리킨다.

02 자료 분석 하기

지구 자기장과 복각

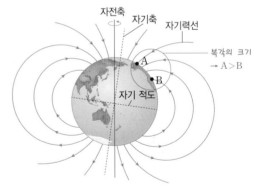

- 지구 자기장은 지구 고유의 자기력이 미치는 공간이다. ➡ 나침반의 N극이 가리키는 방향은 자기력선의 방향과 같다.
- 지구를 거대한 자석이라고 할 때, 지구 고유의 극성이 S극인 방향의 축과 지표가 만나는 지점을 자북극이라고 한다.
- 복각의 크기는 자북극에서 최대이고(+90°), 자기 적도에서 최소(0°, 지면과 수평)이다.

③ 나침반의 자침이 수평면과 이루는 각을 복각이라고 한다. 자북극에서는 자침이 수평면에 수직이므로 복각이 +90°이고, 자기 적도에서는 자침이 수평면과 나란하므로 복각이 0°이다. 따라서 복각의 크기는 A 지점이 B 지점보다 크다.

[오답 피하기] ①, ② 지리상의 북극(진북)은 나침반의 자침이 가리키는 북극(자북극)과 일치하지 않는다.

④ 지구 자기장의 자기력선은 자남극에서 나와 자북극으로 들어간다.

⑤ 암석 속에 들어 있는 자성 광물은 암석이 생성될 당시 지구 자기장의 방향과 나란하게 배열된다. 따라서 암석을 이루는 광물을 이용하여 복각을 연구하면 암석이 생성될 당시의 위도를 알 수 있다.

03 ㄴ. 유럽과 북아메리카 대륙을 이동하여 두 대륙에서 측정한 고지자기 자북극의 겉보기 이동 경로를 겹쳐보면, 두 대륙이 거의 한 덩어리로 모인다. 따라서 과거에 두 대륙은 하나로 모여 있었던 적이 있다는 것을 알 수 있다.

ㄷ. 유럽과 북아메리카 대륙에서 측정한 자북극의 겉보기 이동 경로가 다르게 나타나는 것은 대륙이 이동하였기 때문이다.

[오답 피하기] ㄱ. 지질 시대의 같은 시기에 자북극은 2개일 수 없다.

⊕ **개념 더하기**

지구 자기 3요소
• 편각: 자침의 N극이 가리키는 방향인 자북극과 지리상의 북극 방향인 진북 사이의 각이다.
• 복각: 자침이 수평면에 대해 기울어져 있는 각도로 자기 적도에서 0°이고 자극에서 90°이다.
• 수평 자기력: 지구 자기장의 세기를 전 자기력이라고 하며, 이 힘의 수평 성분을 수평 자기력이라고 한다. 한편, 연직 성분을 연직 자기력이라고 한다.

04 ㄴ. 5500만 년 전에는 인도 대륙이 유라시아 대륙과 분리되어 있었다.

ㄷ. P 지점은 1000만 년 전보다 3800만 년 전에 저위도에 위치해 있었다. 따라서 P 지점의 1000만 년 전 암석에서 측정한 복각은 3800만 년 전 암석에서 측정한 복각보다 크다.

[오답 피하기] ㄱ. 7100만 년 전에는 인도 대륙과 아시아 대륙이 분리되어 있었으며 히말라야산맥이 형성되지 않았다. 히말라야산맥은 인도 대륙이 북상하여 유라시아 대륙과 충돌하여 형성되었다.

05 고생대 말에 형성된 하나의 초대륙은 중생대 초기에 분리되기 시작하여 현재와 같은 수륙 분포를 이루게 되었다. (가)는 중생대 후기~신생대 초기, (나)는 중생대 초기, (다)는 신생대 초기~중기, (라)는 중생대 중기~후기에 일어난 대륙 분포의 변화이다.

06 ㄱ. (가)는 신생대 초기~중기의 대륙 분포이고, (나)는 중생대 중기~후기의 대륙 분포이다. 따라서 (가)는 (나)보다 최근의 대륙 분포이다.

ㄴ. 대서양은 고생대 후기에 형성되었던 초대륙 판게아가 중생대 초기부터 분리되면서 형성되기 시작했다. 따라서 대서양의 면적은 신생대 초기~중기인 (가) 시기가 중생대 중기~후기인 (나) 시기보다 넓었다.

[오답 피하기] ㄷ. 대서양은 중생대 초기에 형성되기 시작했으므로 고생대에는 대서양이 존재하지 않았다. 따라서 대서양의

해저에서는 고생대에 해양에서 서식하던 생물의 화석이 발견될 수 없다.

07 ㄱ. 약 2억5천만 년 후의 대륙 분포에서 현재의 지중해와 대서양이 사라진 것으로 보아 앞으로 대서양에는 수렴형 경계가 형성될 것이다.

ㄴ. 약 2억5천만 년 후의 대륙 분포에서 남극 대륙이 북쪽으로 이동하여 현재보다 저위도에 위치하는 것으로 보아 남극 대륙의 기후는 현재보다 온난해질 것이다.

[오답 피하기] ㄷ. 여러 개로 나뉘어져 있던 대륙들이 하나로 모여 초대륙을 형성하면 지구 전체의 해안선 길이가 짧아진다.

08 A는 맨틀 대류의 상승부에서 발달하는 해령이고, B는 맨틀 대류의 하강부에서 발달한 해구이다. 해령에서 생성된 지각은 맨틀 대류를 따라 양옆으로 이동하여 해구에서 소멸하므로 해구 쪽으로 갈수록 해양 지각을 구성하는 암석의 나이가 많아진다.

09 ㄱ. 수렴형 경계에서는 해령에서 생성되어 해구 쪽으로 이동해 오면서 밀도가 커진 해양판이 맨틀 속으로 침강하면서 판을 끌어당기는 힘이 작용한다.

ㄴ. 해저 지형은 해령에서 해구 쪽으로 갈수록 낮아지기 때문에 판 자체가 해구 쪽으로 미끄러지는 힘이 작용한다.

ㄷ. 발산형 경계인 해령에서는 맨틀 대류가 상승하는 과정에서 생성된 마그마가 관입하여 판을 양쪽으로 밀어내는 힘이 작용한다.

10 ① A는 대륙판과 대륙판이 충돌하는 수렴형 경계이다. 대륙판과 대륙판의 수렴형 경계에서는 지진이 자주 발생하고, 화산 활동은 거의 일어나지 않는다.

[오답 피하기] ② B는 해양판이 다른 해양판 아래로 섭입하는 수렴형 경계이다. 해양판과 해양판의 수렴형 경계에서는 판의 경계와 나란하게 해구와 호상 열도가 형성된다.

③ E는 해양판이 대륙판 아래로 섭입하는 수렴형 경계이다. 해양판과 대륙판의 수렴형 경계에서 화산 활동은 대부분 대륙판에서 일어난다.

④ 해양판과 해양판의 수렴형 경계인 B에서는 천발~심발 지진이 발생하고, 두 판이 서로 어긋나게 이동하는 보존형 경계인 C에서는 천발 지진만 발생한다. 따라서 지진이 발생하는 최대 깊이는 B가 C보다 깊다.

⑤ D는 두 해양판이 멀어지는 발산형 경계이고, E는 해양판이 대륙판 아래로 섭입하는 수렴형 경계이다. 따라서 서로 접해 있는 두 판의 밀도 차는 D보다 E에서 크다.

11 동아프리카 열곡대는 판이 양쪽으로 멀어지고 있는 발산형 경계이다.

12 ㄱ. 동아프리카 열곡대는 맨틀 대류의 상승부인 발산형 경계가 육지에 노출되어 있는 것이다.

ㄴ. 발산형 경계에서는 천발 지진과 화산 활동이 활발하게 일어난다.

[오답 피하기] ㄷ. 동아프리카 열곡대를 경계로 동쪽과 서쪽의 판이 서로 반대 방향으로 이동한다. 따라서 이와 같은 운동이 지속된다면 동아프리카 열곡대에는 해령이 형성될 것이다.

13 발산형 경계에 해당하는 지역의 면적은 점점 넓어진다.

[예시 답안] 홍해는 아라비아판과 아프리카판이 멀어지는 발산형 경계에 위치해 있으므로 시간이 지남에 따라 홍해의 면적은 점점 넓어질 것이다.

채점 기준	배점(%)
홍해의 면적 변화와 원인을 옳게 설명한 경우	100
홍해의 면적 변화만 옳게 설명한 경우	50

14 〔자료 분석 하기〕

플룸 구조론 모식도

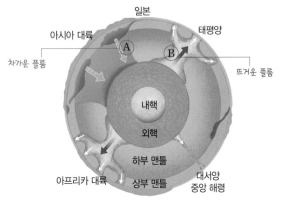

• 뜨거운 플룸이 생성되는 곳: 하와이, 남태평양(타이티), 대서양 중앙 해령, 아프리카 대륙
• 차가운 플룸이 생성되는 곳: 아시아(일본), 동태평양

A는 수렴형 경계에서 섭입된 판의 물질이 상부 맨틀과 하부 맨틀의 경계 부근에 쌓여 있다가 가라앉아 생성되는 차가운 플룸이고, B는 차가운 플룸이 맨틀과 외핵의 경계에 도달하면 그 영향으로 일부 맨틀 물질이 상승하여 형성되는 뜨거운 플룸이다. 뜨거운 플룸이 상승하여 열점이 생성되면 화산섬이 생길 수 있다.

15 ㄴ. 지진파는 일반적으로 온도가 낮을수록 빠르다. A는 B보다 지진파의 속도가 느리므로 온도는 A가 B보다 높다.
ㄷ. A는 주변의 맨틀보다 온도가 높으므로 플룸이 상승하는 영역에 해당한다.
[오답 피하기] ㄱ. A는 B보다 지진파의 속도 편차가 작으므로 지진파의 속도는 A보다 B에서 빠르다.

16 ㄷ. 열점은 판의 경계가 아닌 지역에도 분포하므로 판의 경계가 아닌 지역에서 일어나는 화산 활동을 설명할 수 있다.
[오답 피하기] ㄱ. 열점은 플룸 상승류가 지표면과 만나는 지점 아래의 마그마가 생성되는 곳으로 해양판뿐만 아니라 대륙판의 내부에도 존재한다.
ㄴ. 열점에서는 뜨거운 맨틀 물질이 상승하여 마그마가 생성된다.

17 〔자료 분석 하기〕

화산섬 배열과 열점

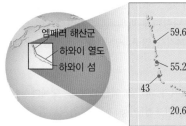

• 엠페러 해산군과 하와이 열도의 섬들은 모두 같은 열점에서 생성되었다.
• 엠페러 해산군이 생성될 당시 태평양판은 북북서 방향으로 이동했고, 하와이 열도가 생성될 당시 태평양판은 북서쪽으로 이동했다.

ㄱ. 하와이섬에서 멀어질수록 화산섬과 해산의 형성 시기가 오래되었으므로 열점은 하와이섬 부근에 위치한다.
ㄴ. 열점에서 생성된 화산섬은 판과 함께 이동하므로 시간이 지남에 따라 새로운 화산섬이 연속적으로 만들어지면서 일정한 배열을 보인다. 현재 엠페러 해산군을 이루는 섬들은 북북서에서 남남동 방향으로 배열되어 있으므로, 엠페러 해산군이 형성된 시기에 태평양 판은 북북서쪽으로 이동하였다.
[오답 피하기] ㄷ. 열점에서 분출하는 마그마는 판의 아래쪽에서 생성되므로 판이 이동해도 열점의 위치는 변하지 않는다.

18 [예시 답안] 태평양판은 현재 북서쪽으로 이동하고 열점의 위치는 고정되어 있으므로 하와이 열도를 생성한 열점에서 마그마가 분출되면 하와이섬의 남동쪽에 새로운 섬이 생성될 것이다.

채점 기준	배점(%)
태평양판의 운동과 열점의 위치, 새로운 화산섬의 위치를 모두 옳게 설명한 경우	100
태평양판의 운동과 새로운 화산섬의 위치만 옳게 설명한 경우	70
새로운 화산섬 위치만 옳게 설명한 경우	50

실력을 올리는 실전 문제   26~29쪽

| 01 ② | 02 ③ | 03 ② | 04 ② | 05 ③ | 06 ⑤ | 07 ③ | 08 ④ |
| 09 ② | 10 ⑤ | 11 ① | 12 ① | 13 ① | 14 ⑤ |

1등급을 굳히는 고난도 문제

15 ④   16 ④

01 ㄴ. 현재 대서양을 사이에 두고 멀리 떨어져 있는 북아메리카 동부, 영국, 스칸디나비아 반도, 아프리카 북부 지역에 분포하는 고생대 말 습곡 산맥의 암석과 지질 구조가 연속적으로 이어진다.
[오답 피하기] ㄱ. 현재 적도 부근에 분포하는 고생대 말 빙하 퇴적층은 고생대 말에 기온이 낮은 고위도 지방에서 형성된 빙하 퇴적층이 대륙과 함께 현재의 위치로 이동한 것이다.

ㄷ. 메소사우루스는 고생대 말에 출현하여 연안 지대에서 서식하다 멸종한 생물로, 대서양을 가로질러 남아메리카 대륙과 아프리카 대륙을 횡단할 수는 없었다.

02 ㄱ. 홈스의 맨틀 대류설에 의하면 맨틀 대류의 하강부에서는 지각이 맨틀 속으로 들어가면서 해구가 형성되고, 횡압력이 작용하면서 두꺼운 습곡 산맥이 형성된다.

ㄷ. 맨틀 내 방사성 원소가 붕괴하여 생성된 열에 의해 맨틀 상부와 하부 사이에 온도 차이가 생기고, 이로 인해 서서히 맨틀 대류가 일어난다.

[오답 피하기] ㄴ. 맨틀 대류의 상승부에서는 장력이 작용하여 대륙 지각이 분리되면서 새로운 해양 지각이 생성되고, 분리된 두 대륙은 서로 반대 방향으로 이동한다. 따라서 시간이 지남에 따라 A와 B 사이의 거리는 점점 멀어진다.

03 〔자료 분석 하기〕
해저 지형 탐사 결과 해석

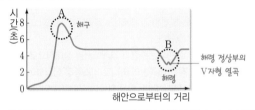

• 해양 탐사선에서 발사한 초음파의 왕복 시간이 길다. ➡ 수심이 깊은 곳이다. ➡ A는 수심이 깊은 해구이다.
• 해양 탐사선에서 발사한 초음파의 왕복 시간이 짧다. ➡ 수심이 얕은 곳이다. ➡ B에서는 열곡이 발달한 것을 볼 수 있으며, 해령이 발달해 있는 곳이다.

ㄴ. A는 해구, B는 해령이다. 해령에서 새로운 해양 지각이 생성되어 양쪽으로 이동하므로 해양 지각의 나이는 해령에서 해구로 갈수록 많아진다.

[오답 피하기] ㄱ. A에서는 해양 탐사선에서 해저면에 발사한 음파의 왕복 시간이 주변 지역에 비하여 매우 길다. 따라서 A는 주변 지역보다 수심이 깊은 해구에 해당한다.

ㄷ. 해수에서 음파의 속도를 v, 해양 탐사선에서 발사한 음파가 해저면에서 반사되어 되돌아오는 데 걸리는 시간을 t라고 하면, 관측 지점의 수심(d)$=\dfrac{1}{2}vt$이다. 탐사 지역에서 수심이 가장 깊은 곳은 초음파의 왕복 시간이 약 8초인 곳으로 이 곳의 수심은 약 $6000\,\text{m}\left(=\dfrac{1}{2}\times1500\,\text{m/s}\times8\,\text{s}\right)$이다.

04 ㄷ. 250만 년 전에는 지구 자기장의 방향이 현재와 같았으며, 350만 년 전에는 지구 자기장의 방향이 현재와 반대였다. 따라서 250만 년 전과 350만 년 전에 지구 자기장의 방향은 서로 반대였다.

[오답 피하기] ㄱ. 지구 자기의 북극과 남극이 현재와 반대인 때를 지구 자기장의 역전이라고 한다. 최근 150만 년 동안 지구 자기장이 역전된 시기가 2번 있었으므로 지구 자기장의 북극과 남극은 3번 바뀌었다.

ㄴ. 과거 450만 년 동안 지구 자기장이 현재와 같았던 기간과 역전되었던 기간이 일정하지 않으므로 지구 자기장의 역전 주기는 일정하지 않았다.

05 ㄱ. A의 암석은 지구 자기장의 방향이 현재와 같은 정자극기에 생성되었고, C의 암석은 지구 자기장의 방향이 현재와 반대인 역자극기에 생성되었다. 따라서 A와 C의 암석이 생성될 당시 지구 자기장의 방향은 서로 반대였다.

ㄷ. 고지자기의 방향이 서로 다른 것은 해양 지각이 서로 다른 시기에 생성되었다는 것을 의미하고, 해령을 축으로 고지자기 분포가 대칭적인 분포를 보이는 것은 해령에서 생성된 해양 지각이 양쪽으로 이동하면서 해저가 확장되었음을 의미하므로 해양저 확장설의 증거가 된다.

[오답 피하기] ㄴ. B는 마그마의 분출에 의해 새로운 해양 지각이 생성되는 해령이다. 해령에서는 장력이 작용하여 정단층이 발달한다. 습곡과 역단층은 횡압력이 작용하는 해구나 습곡 산맥 부근에 발달한다.

06 〔자료 분석 하기〕
해양 지각의 나이

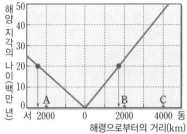

같은 나이의 해양 지각을 비교하면 서쪽이 해령으로부터 더 멀리 떨어져 있다.
➡ 서쪽의 확장 속도가 빠르다.

• 해양 지각의 나이가 0인 곳(해령)에서는 새로운 해양 지각이 생성된다.
• 해령으로부터의 거리에 따른 해양 지각의 나이를 나타낸 그래프에서 기울기의 역수는 해저 확장의 속도를 의미한다.

ㄱ. 해령을 중심으로 A와 B는 서로 반대 방향에 위치하므로 A와 B의 해양 지각은 서로 반대 방향으로 이동한다.

ㄴ. 해령에서 멀어질수록 해양 지각이 나이가 증가하고, 해저 퇴적물의 두께가 두꺼워진다. B보다 C가 해령에서 멀리 떨어져 있으므로 해저 퇴적물의 두께는 B보다 C에서 두껍다.

ㄷ. 최근 2천만 년 동안 해령에서 생성된 해양 지각은 해령의 서쪽으로 약 2500 km, 동쪽으로 약 1700 km 이동하였다. 따라서 최근 2천만 년 동안 해양저 확장 속도는 해령의 서쪽이 동쪽보다 빨랐다.

07 ㄱ. 해저 퇴적물 중 바닥 퇴적물의 나이는 해양 지각의 생성 시기와 거의 같다. A는 B보다 바닥 퇴적물의 나이가 적으므로 A의 퇴적물 두께 ㉠은 B의 500 m보다 작다.

ㄴ. 해저 퇴적물의 두께가 두꺼운 지역일수록 해양 지각의 나이가 많다. C는 B보다 해저 퇴적물의 두께가 두꺼우므로 C의 바닥 퇴적물 나이 ㉡은 B의 바닥 퇴적물 나이 7천5백만 년 보다 크다.

[오답 피하기] ㄷ. 해령에서 생성된 해양 지각은 해령에서 멀어

짐에 따라 냉각되어 부피가 감소하므로 수심이 깊어진다. 따라서 세 지점 중 수심이 가장 얕은 곳은 퇴적물의 두께가 가장 얇고 바닥 퇴적물의 나이가 가장 적은 A이다.

08 ㄴ. 밀도가 큰 판이 상대적으로 밀도가 작은 판 아래로 섭입하는 수렴형(섭입형) 경계에서는 폭이 좁고 깊은 해저 골짜기인 해구가 형성된다.

ㄷ. 수렴형(섭입형) 경계에서 진원은 대체로 섭입하는 판을 따라서 분포한다. 이 지역에서는 지진이 약 500 km 깊이까지 발생하는 것으로 보아 섭입하는 판은 적어도 500 km 깊이까지 섭입하였다.

[오답 피하기] ㄱ. 수렴형(섭입형) 경계에서는 상대적으로 밀도가 큰 판이 밀도가 작은 판 아래로 비스듬히 섭입하므로 판의 경계에서 밀도가 작은 판 쪽으로 갈수록 진원의 깊이가 점점 깊어진다.

09 ㄷ. 섭입대 주변의 정밀한 지진 관측 결과 해구에서 대륙 쪽으로 갈수록 진원의 깊이가 깊어진다는 사실을 알게 되었다. 이는 해령에서 생성된 해양 지각이 해구에서 소멸한다는 해양저 확장설의 증거가 되었다.

[오답 피하기] ㄱ, ㄴ. (가)는 대륙 이동설, (나)는 맨틀 대류설, (다)는 해양저 확장설이다. 음향 측심법으로 알아낸 해령, 해구 등의 특징적인 해저 지형은 이후 해양저 확장설이 등장하는데 중요한 역할을 하였으며, 해저에 기록된 고지자기 줄무늬 분포는 해양저 확장설의 증거가 되었다.

10 ㄱ, ㄴ. 자기장을 나타내는 선을 자기력선이라 하고, 자기력선의 방향은 나침반 자침의 N극이 가리키는 방향이다. (가) 지역은 자기력선이 수평면과 나란하므로 자기 적도이고, (나) 지역은 자기력선과 수평면이 이루는 각이 45°이므로 복각이 +45°이다.

ㄷ. 자기 적도에서는 자기력선이 수평면과 나란하므로 복각이 0°이고, 자기 적도에서 자북극으로 갈수록 자기력선과 수평면이 이루는 각이 증가하여 자북극에서는 수직을 이루므로 복각은 +90°가 된다.

11 ㄱ. 남극 대륙과 남아메리카 대륙 사이의 거리가 5000만 년 전에 비하여 현재가 더 멀어졌으므로 두 대륙 사이에서는 맨틀 대류의 상승이 일어나며 발산형 경계가 발달해 있다.

[오답 피하기] ㄴ. 아프리카 대륙은 5000만 년 전보다 현재 더 북쪽으로 이동했으므로 자남극에서 더 멀어졌다. 따라서 아프리카 대륙의 최남단에 위치한 지점의 복각은 5000만 년 전보다 현재가 더 작다.

ㄷ. 최근 5000만 년 동안 남극 대륙을 기준으로 오스트레일리아 대륙은 남아메리카 대륙보다 더 먼 거리를 이동했다. 따라서 최근 5000만 년 동안 남아메리카 대륙은 오스트레일리아 대륙보다 평균 이동 속도가 느렸다.

12 ㄱ. (가)는 대륙판과 대륙판의 발산형 경계이다. 서로 접해 있는 두 대륙판이 멀어지는 발산형 경계에서는 장력이 작용하여 정단층이 발달하고 좁고 긴 골짜기인 열곡대가 형성된다.

[오답 피하기] ㄴ. (나)는 대륙판과 해양판의 수렴형 경계이다. 대륙판과 해양판이 만나는 수렴형 경계에서는 해양판이 대륙판 아래로 비스듬히 섭입하면서 해구가 형성되고, 해구에서 대륙판 쪽으로 갈수록 진원의 깊이가 점점 깊어진다.

ㄷ. (다)는 두 해양판이 서로 어긋나게 이동하는 보존형 경계이다. 발산형 경계인 해령에서는 새로운 해양 지각이 생성되어 양쪽으로 이동하므로 해양 지각의 등연령선은 대체로 해령에 나란하고, 보존형 경계인 변환 단층에 수직인 분포를 보인다.

✚ 개념 더하기

판의 경계와 지각 변동

▲ 발산형 경계   ▲ 수렴형 경계   ▲ 보존형 경계

- 대륙판이 갈라지는 발산형 경계에서는 열곡대가 형성되고, 천발 지진과 화산 활동이 일어난다.
- 해양판과 대륙판이 만나는 수렴형 경계에서는 상대적으로 밀도가 큰 해양판이 밀도가 작은 대륙판의 아래로 비스듬히 섭입하여 소멸하고, 천발~심발 지진이 발생하며, 화산 활동이 활발하게 일어난다.
- 두 판이 접하면서 서로 반대 방향으로 어긋나게 이동하는 보존형 경계에서는 화산 활동이 거의 일어나지 않고 천발 지진이 자주 발생한다.

13 ㄱ. A는 수렴형 경계에서 섭입된 판의 물질이 상부 맨틀과 하부 맨틀의 경계 부근에 쌓여 있는 것이다. 따라서 X - X'는 상부 맨틀과 하부 맨틀의 경계 부근이다.

[오답 피하기] ㄴ. 지진파의 전파 속도는 일반적으로 온도가 낮을수록 빠르다. A는 주변보다 온도가 낮으므로 지진파의 전파 속도는 A를 통과할 때 빨라진다.

ㄷ. B는 섭입된 판의 물질이 판에서 떨어져 나와 가라앉는 것으로 차가운 플룸을 형성한다. 뜨거운 플룸은 차가운 플룸이 변하여 형성되는 것이 아니라, 차가운 플룸이 핵과 맨틀의 경계 부근에 도달하여 주변의 뜨거운 물질을 밀어내어 형성된다.

14 **자료 분석 하기**

열점에서 형성된 해산의 분포와 판의 이동

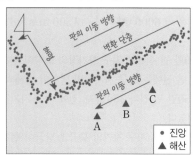

- 열점에서 형성된 화산섬이나 해산은 판의 이동 방향으로 배열된다.
- 열점은 C 부근에 위치하고, 해산은 A → B → C 순으로 생성되었다.

ㄱ. 현재 화산 활동이 C에서 일어나고 있으므로 열점의 위치는 A보다 C에 가깝다.

ㄴ. 이 지역에는 해산들과 나란하게 보존형 경계인 변환 단층과 변환 단층에 수직으로 발산형 경계인 해령이 발달해 있다. 변환 단층과 해령에서는 천발 지진이 발생한다.

ㄷ. 열점에서 분출하는 마그마는 판의 아래쪽에서 생성되므로 판이 이동해도 열점의 위치는 변하지 않으며, 열점에서 형성된 해산이나 화산섬은 판의 이동 방향과 나란하게 분포한다. 열점에서 형성된 해산들이 남서쪽으로 배열되어 있으므로 해산이 위치한 판은 남서쪽으로 이동하고 있다.

15 고난도 문제 해결 전략

STEP 1 출제 의도 파악하기
해령 부근의 고지자기 분포를 해석하여 해양 지각의 생성 시기와 해저의 확장 속도를 구하고, 복각 분포를 해석하여 해령이 이동한 방향을 묻는 문제이다.

STEP 2 자료 분석하기

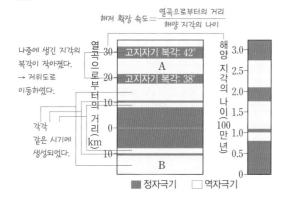

해저 확장 속도 = 열곡으로부터의 거리 / 해양 지각의 나이

STEP 3 관련 개념 모으기

❶ 고지자기란?
➡ 지질 시대에 생성된 암석에 남아 있는 지구 자기로, 지구 자기장의 방향이 현재와 같은 시기를 정자극기, 반대인 시기를 역자극기라고 한다. 지구 자기는 반복적으로 바뀌었으므로 정자극기와 역자극기가 번갈아 나타난다.

❷ 해양저 확장 속도는?
➡ 해령의 열곡에서는 새로운 해양 지각이 생성되어 양쪽으로 이동하므로 해양 지각의 나이와 열곡으로부터의 거리를 알면 해저 확장 속도를 알 수 있다.

ㄴ. 최근 100만 년 동안 해양 지각은 약 10 km 확장되었으므로 이 기간 동안 해저의 평균 확장 속도는 약 10 mm/년 $\left(= \dfrac{10000000 \text{ mm}}{1000000\text{년}} \right)$이다.

ㄷ. 복각은 자기 적도에서 0°로 가장 작고, 자북극에서 +90°로 가장 크다. 300만 년 전~200만 년 전 사이에 고지자기 복각의 크기는 감소했으므로 이 기간에 해령은 저위도로 이동했다.
[오답 피하기] ㄱ. A는 300만 년 전~200만 년 전 사이의 역자극기에 생성되었고, B는 200만 년 전~100만 년 전 사이의 역자극기에 생성되었다. 따라서 A와 B는 같은 시기에 생성되지 않았다.

16 고난도 문제 해결 전략

STEP 1 출제 의도 파악하기
판의 이동 속도 자료를 해석하여 판 경계의 종류를 알아내고 각각의 판의 경계에서 일어나는 지각 변동을 설명할 수 있는지를 묻는 문제이다.

STEP 2 자료 분석하기

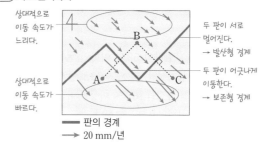

STEP 3 관련 개념 모으기

❶ 판의 경계 종류
➡ 판의 경계는 서로 접해 있는 두 판의 상대적인 이동 방향에 따라 발산형 경계, 수렴형 경계, 보존형 경계로 구분한다.

❷ 판의 경계와 지각 변동
➡ 발산형 경계인 해령에서는 천발 지진과 화산 활동이 활발하게 일어나고, 보존형 경계인 변환 단층에서는 천발 지진이 자주 발생하고 화산 활동은 거의 일어나지 않는다.

ㄴ. B가 위치한 판은 C가 위치한 판보다 상대적으로 이동 속도가 느리므로 B와 C 사이에는 두 판이 서로 멀어지는 발산형 경계인 해령이 발달해 있다.

ㄷ. A가 위치한 판은 B가 위치한 판보다 남동쪽으로 빠르게 이동하므로 5000만 년 후 A와 B 사이의 거리는 현재보다 멀어진다. 그러나 A와 C는 같은 판에 위치해 있으므로 5000만 년 후 A와 C 사이의 거리는 현재와 같다. 따라서 5000만 년 후 A와 B 사이의 거리는 A와 C 사이의 거리보다 멀어질 것이다.
[오답 피하기] ㄱ. A와 B 사이에는 두 판이 접하면서 서로 반대 방향으로 어긋나게 이동하는 보존형 경계인 변환 단층이 발달해 있다. 변환 단층에서는 천발 지진이 자주 발생하고 화산 활동은 거의 일어나지 않는다.

03 변동대와 화성암

확인 문제 ──────────30~32쪽─
1 감소 **2** 안산암질 **3** 완만
4 산성암 **5** 화산암, 심성암 **6** 현무암, 화강암

01 고체 상태인 지각이나 맨틀 물질은 온도가 상승하거나, 압력이 하강하거나, 물이 첨가되어 용융점이 하강하면 액체 상태로 변하여 마그마가 될 수 있다.

02 마그마는 화학 조성에 따라 SiO_2 함량이 52 % 이하인 현무암질 마그마, 52 %~63 %인 안산암질 마그마, 63 % 이상인 유문암질 마그마로 구분한다.

03 현무암질 마그마는 유문암질 마그마보다 점성이 작고, 유동성이 커서 잘 흐를 수 있으므로 경사가 완만한 화산체를 형성한다.

04 화성암은 SiO_2 함량이 52 % 이하인 현무암질 마그마가 식어서 만들어진 염기성암, 52 %~63 %인 안산암질 마그마가 식어서 만들어진 중성암, 63 % 이상인 유문암질 마그마가 식어서 만들어진 산성암으로 구분한다.

05 마그마가 지표 부근에서 빠르게 냉각되어 굳어진 화성암을 화산암(또는 분출암)이라 하고, 지하 깊은 곳에서 서서히 냉각되어 굳어진 화성암을 심성암(또는 관입암)이라고 한다.

개념을 다지는 기본 문제
33~35쪽

01 A: 온도 상승, B: 압력 감소, C: 물의 공급　　02 ③　　03 ②
04 해설 참조　　05 (1) A<B (2) A<B　　06 ①　　07 ③　　08
A: 심성암, B: 화산암, A>B　　09 ③　　10 A: 현무암, B: 화강암,
C: 안산암　　11 ②　　12 해설 참조　　13 ④　　14 ②

01 자료 분석 하기

지하의 온도 분포 곡선과 마그마의 생성

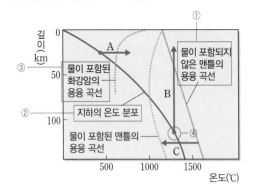

① 물이 포함되지 않은 맨틀은 물이 포함된 맨틀보다 용융점이 높다.
② 깊이 증가에 따른 온도 상승 비율은 깊은 곳일수록 작다.
③ 물이 포함되어 있는 화강암의 용융 곡선은 지하로 깊이 들어갈수록 용융점이 낮아진다.
④ 이 위치의 맨틀은 물을 포함하고 있지 않은 맨틀의 용융점보다 온도가 낮으므로 맨틀이 물을 포함하고 있지 않으면 마그마가 생성되지 않는다.

A는 온도 상승에 의한 마그마 생성, B는 압력 감소에 의한 마그마 생성, C는 물의 공급에 의한 마그마의 생성 과정이다.

02 ㄱ. A는 맨틀 대류의 상승부이다. 맨틀 대류의 상승부에서는 고온의 맨틀 물질이 상승하면서 압력이 낮아지므로 맨틀 물질이 용융되어 현무암질 마그마가 생성된다.
ㄷ. C는 대륙 지각의 하부이다. 대륙 지각의 하부가 용융되면 유문암질 마그마가 생성된다.
[오답 피하기] ㄴ. B는 해양판이 대륙판 아래로 비스듬히 섭입하는 섭입대이다. 섭입대에서는 물의 공급에 의한 용융점 하강으로 현무암질 마그마가 생성된다.

＋개념 더하기

마그마 생성 장소

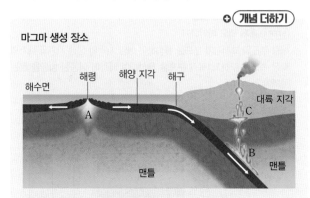

· 해령: 압력 감소에 의해 현무암질 마그마가 생성된다(A).
· 섭입대: 물의 공급에 의한 용융점 하강으로 현무암질 마그마가 생성되고(B), 현무암질 마그마가 상승하여 대륙 지각 하부를 가열하면 온도 상승에 의해 유문암질 마그마가 생성된다(C). 이후에 유문암질 마그마와 현무암질 마그마의 혼합에 의해 안산암질 마그마가 생성된다.

03 ㄷ. 섭입대에서 생성되는 현무암질 마그마는 대륙 지각의 하부에서 생성되는 유문암질 마그마나 안산암질 마그마보다 온도가 높다.
[오답 피하기] ㄱ. 해양판이 대륙판 아래로 섭입하는 수렴형 경계의 섭입대에서는 해양 지각에서 빠져나온 물에 의해 연약권을 구성하는 암석의 용융점이 낮아져 현무암질 마그마가 생성된다.
ㄴ. 대륙 지각의 하부에서는 아래쪽에서 상승하는 현무암질 마그마에 의해 대륙 지각이 가열되어 유문암질 마그마가 생성되고, 이 유문암질 마그마가 현무암질 마그마와 혼합되면 안산암질 마그마가 생성된다.

04 예시 답안 하와이는 열점에서 마그마가 분출하여 형성된 화산섬이다. 열점에서는 지하 깊은 곳에서 뜨거운 맨틀 물질이 상승하여 압력 감소에 의해 현무암질 마그마가 생성된다.

채점 기준	배점(%)
마그마의 생성 원인과 종류를 모두 옳게 설명한 경우	100
마그마의 생성 원인과 종류 중 1가지만 옳게 설명한 경우	50

05 SiO_2 함량이 많을수록 점성이 크고, 화산 가스의 함량이 많다. A는 B보다 SiO_2 함량이 적으므로 A는 B보다 점성이 작고, 화산 가스의 함량이 적다.

◆ 개념 더하기

SiO₂ 함량과 유동성에 의한 마그마 이동
마그마의 SiO_2 함량이 적을수록 점성이 작고 유동성이 커서 동일한 각도의 경사면에서 멀리까지 마그마가 이동할 수 있다. 또한, SiO_2 함량이 적을수록 화산 가스의 함량이 적어 조용히 분출한다.

06 ㄱ. 마그마의 온도가 높을수록 화산 가스의 함량이 적어 조용히 분출한다. (가)보다 (나)가 폭발적으로 분출하였으므로 마그마의 온도는 (가)가 (나)보다 높다.
[오답 피하기] ㄴ, ㄷ. SiO_2 함량이 많을수록 화산 가스의 함량이 많아 폭발적으로 분출하고, 점성이 커서 경사가 급한 화산체를 형성한다. (가)보다 (나)가 폭발적으로 분출하였으므로 (가)보다 (나)의 SiO_2 함량이 많고, 경사가 급한 화산체를 형성한다.

07 ㄱ, ㄷ. (가)는 화산체의 경사가 완만한 순상 화산이고, (나)는 화산체의 경사가 급한 종상 화산이다. 유동성이 큰 마그마일수록 경사가 완만한 화산체를 형성한다.
[오답 피하기] ㄴ. 화산 가스의 함량이 많은 마그마일수록 폭발적으로 분출하며 경사가 급한 화산체를 형성한다. (가)는 (나)보다 화산체의 경사가 완만하므로 (가)는 (나)보다 조용히 분출하였다.

08 A에서 만들어진 암석을 심성암(또는 관입암)이라고 하며 마그마가 서서히 냉각되기 때문에 광물 결정의 크기가 크다. B에서 만들어진 암석은 화산암(또는 분출암)이라고 하며 마그마가 급격히 냉각되기 때문에 광물 결정의 크기가 작다.

09 ㄱ. 마그마가 지하 깊은 곳에서 굳어진 화성암일수록 결정이 큰 광물로 이루어져 있다. (가)는 (나)보다 구성 광물의 결정 크기가 크므로 (가)는 (나)보다 지하 깊은 곳에서 생성되었다.
ㄴ. 규소와 산소의 함량이 많은 화성암일수록 무색 광물의 함량이 많아 밝은색을 띤다. (가)는 (나)보다 색이 밝으므로 규소와 산소의 함량이 많다.
[오답 피하기] ㄷ. 마그마의 냉각 속도가 느릴수록 광물 결정의 크기가 크다. (가)는 (나)보다 구성 광물의 결정 크기가 크므로 생성 당시 마그마의 냉각 속도는 (가)가 (나)보다 느렸다.

10 현무암, 안산암, 화강암 중 SiO_2 함량이 52 %보다 적은 염기성암은 현무암이고, 안산암과 화강암 중 지하 깊은 곳에서 생성된 심성암은 화강암이다.

11 **자료 분석 하기**

화성암의 특징과 분류

지표 부근에서 생성(세립질)

구분	염기성암	중성암	산성암
화산암	현무암	안산암	유문암
심성암	반려암	섬록암	화강암

지하 깊은 곳에서 생성(조립질)

주요 조암 광물의 부피비 (%): 80 60 40 20 — 석영, 사장석, 정장석, 휘석, 각섬석, 감람석, 흑운모

많다. ← 유색 광물의 함량 → 적다.
어둡다. ← 암석의 색 → 밝다.

ㄷ. 유문암과 화강암은 모두 석영, 정장석, 흑운모 등으로 이루어진 산성암으로 구성 광물의 종류가 비슷하다.
[오답 피하기] ㄱ. 화성암은 화학 조성(SiO_2 함량)에 따라 염기성암, 중성암, 산성암으로 구분한다. 현무암은 염기성암, 유문암은 산성암이므로 화학 조성이 서로 다르다.
ㄴ. 화성암은 생성 장소에 따라 화산암과 심성암으로 구분한다. 심성암은 지하 깊은 곳에서 천천히 냉각되어 생성되므로 화산암보다 광물 결정의 크기가 크다. 현무암은 화산암, 반려암은 심성암이므로 현무암은 반려암보다 광물 결정의 크기가 작다.

12 [예시 답안] 반려암. 조립질 조직을 보이는 화성암은 심성암이고, 주요 구성 광물이 감람석, 사장석, 휘석인 화성암은 염기성암이다. 심성암 중 염기성암에 해당하는 화성암은 반려암이다.

채점 기준	배점(%)
광물의 이름과 판단 근거를 모두 옳게 쓴 경우	100
광물의 이름만 옳게 쓴 경우	40

13 ㄴ. 서울의 북한산은 마그마가 지하 깊은 곳에서 굳어서 화강암이 형성된 후 지표의 암석이 풍화 침식에 의해 제거되고, 지하에 있던 화강암체가 융기하여 지표로 드러난 것이다.
ㄷ. 북한산 화강암의 표면에 나타나는 절리는 지하에 있던 화강암이 지표로 노출되면서 압력이 감소하여 수평 방향으로 발달한 판상 절리이다.
[오답 피하기] ㄱ. 서울의 북한산을 이루는 화강암은 중생대 쥐라기의 지각 변동으로 지하 깊은 곳에서 생성되었다.

14 ㄴ. 주로 어두운색 광물로 이루어져 있으며, 광물 입자의 크기가 매우 작은 화성암은 현무암이다. 제주도 서귀포 해안의 현무암은 마그마가 지표로 분출하여 형성된 것이다.
[오답 피하기] ㄱ. 제주도 서귀포 해안의 현무암은 신생대에 마그마가 지표로 분출하여 생성된 것이다.
ㄷ. 현무암을 구성하는 주요 광물은 감람석, 휘석 등의 어두운색 광물이다.

실력을 올리는 실전 문제
38~41쪽

01 ② 02 ⑤ 03 ④ 04 ④ 05 ① 06 ④ 07 ③ 08 ②
09 ④ 10 ② 11 ② 12 ② 13 ③ 14 ④

1등급을 굳히는 고난도 문제

15 ⑤ 16 ③

지하 온도 분포 곡선과 마그마의 생성

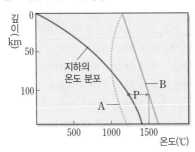

- 지하의 온도 분포: 지표로부터 깊어질수록 온도가 높아지며, 온도 증가율이 감소한다.
- A: 물을 포함한 맨틀의 용융 곡선
- B: 물을 포함하지 않은 맨틀의 용융 곡선
- P 지점에 있는 암석은 온도가 1500 °C 이상으로 상승하거나 물이 공급되면 용융되어 마그마가 생성된다.

ㄷ. 맨틀의 용융 곡선이 B일 때, P의 온도가 1500 °C 이상으로 상승하면 맨틀의 용융점보다 높아지므로 맨틀 물질이 용융되어 마그마가 생성된다.

[오답 피하기] ㄱ. 맨틀에 물이 포함되면 맨틀의 용융점은 낮아진다.

ㄴ. 어느 깊이에서 지하의 온도가 그 곳을 구성하고 있는 암석의 용융점보다 높으면 마그마가 생성된다. 맨틀의 용융 곡선이 A일 때, P의 온도가 맨틀 물질의 용융점보다 높으므로 맨틀 물질이 용융되어 마그마(액체 상태)가 생성된다.

02 ㄱ. 아이슬란드의 중앙을 가로질러 발산형 경계인 대서양 중앙 해령이 지나가며 열곡대가 발달해 있다.

ㄴ. 해령의 하부에서는 맨틀 물질이 상승하므로 압력이 낮아져 현무암질 마그마가 생성된다.

ㄷ. 해령에서는 마그마의 분출에 의해 새로운 해양 지각이 생성되어 양쪽으로 이동해가므로 3백만 년 전에는 A와 B의 암석이 현재보다 가까운 거리에 위치하고 있었다.

03 ㄴ. 깊이 약 50 km에서는 지하의 온도가 물이 포함된 화강암의 용융 온도보다 높으므로 물이 포함된 화강암이 깊이 50 km까지 들어가면 용융되어 마그마가 생성된다.

ㄷ. (나)는 발산형 경계인 해령이다. 발산형 경계인 해령의 하부에서는 맨틀 물질이 상승하면서 압력이 감소하여 물이 포함되지 않은 맨틀의 용융 온도에 도달하면 마그마가 생성된다.

[오답 피하기] ㄱ. 지표에서 지구 내부로 들어갈수록 온도가 상승하는데, 깊이에 따른 지구 내부의 온도 증가율은 지표 부근에서 크게 나타나고 깊이가 깊어짐에 따라 점점 감소한다.

04 ㄴ. 열점에서 생성되는 마그마는 현무암질 마그마이므로 하와이 열도의 섬들은 대부분 현무암으로 이루어져 있다.

ㄷ. 열점에서 생성된 화산섬은 판과 함께 이동한다. 따라서 현재 화산 활동이 일어나고 있는 하와이섬에서 멀리 떨어져 있을수록 먼저 생성된 것이다. 카우아이섬은 오아후섬보다 하와

이섬에서 멀리 떨어져 있으므로 카우아이 섬을 이루는 암석은 오아후섬을 이루는 암석보다 나이가 많다.

[오답 피하기] ㄱ. 하와이 열도는 열점에서 일어나는 화산 활동으로 형성된 화산섬으로 이루어져 있다. 열점에서는 지하 깊은 곳에서 맨틀 물질이 상승함에 따라 압력이 감소하여 마그마가 생성된다.

수렴형 경계에서의 마그마 생성

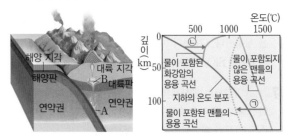

- 판과 판이 만나 섭입하는 수렴형 경계에서는 현무암질 마그마, 유문암질 마그마가 생성되고, 두 마그마의 혼합으로 안산암질 마그마도 생성된다.
- A: 해양판이 대륙판 밑으로 섭입하면서 해양 지각에 포함되어 있던 물(해양 지각의 각섬석 등이 함수 광물)이 빠져나와 용융점을 낮춰 현무암질 마그마가 생성된다. ➡ ㉠ 과정
- B: A에서 생성된 현무암질 마그마가 상승하여 대륙 지각 하부에 도달하면 대륙 지각의 온도를 높이고 부분 용융이 일어나 유문암질 마그마가 생성된다. ➡ ㉡ 과정
- 안산암질 마그마의 생성: B에서 생성된 유문암질 마그마에 상승하는 현무암질 마그마가 혼합되면 안산암질 마그마가 생성된다.

ㄱ. A에서는 섭입하는 해양판에서 빠져나온 물에 의해 연약권을 구성하는 암석의 용융점이 낮아져 현무암질 마그마가 생성된다.

[오답 피하기] ㄴ, ㄷ. B에서는 A에서 생성되어 상승하는 현무암질 마그마에 의해 대륙 지각 하부가 가열되어 유문암질 마그마가 생성되고, 이 유문암질 마그마와 현무암질 마그마가 혼합되면 안산암질 마그마가 생성된다.

06 ㄴ. B에서는 천발 지진과 심발 지진이 모두 발생하므로 수렴형 경계가 발달해 있다. 수렴형 경계에서 대륙 지각이 용융되면 유문암질 마그마가 생성된다.

ㄷ. 발산형 경계인 A에서는 현무암질 마그마가 생성되고, 수렴형 경계인 B에서 대륙 지각이 용융되어 생성되는 마그마는 유문암질 마그마이다. 현무암질 마그마는 유문암질 마그마보다 온도가 높다.

[오답 피하기] ㄱ. A에서는 진원의 깊이가 0∼70 km인 천발 지진이 발생하므로 A에는 발산형 경계가 발달해 있다. 발산형 경계에서는 맨틀 대류의 상승이 일어난다.

07 ㄱ. (가)는 현무암질 마그마, (다)는 유문암질 마그마이다. 현무암질 마그마는 유문암질 마그마보다 점성이 작다.

ㄷ. 해양판이 대륙판 아래로 섭입하는 수렴형 경계 부근에서는 현무암질 마그마와 유문암질 마그마가 생성되고, 이 두 마그마

가 혼합하여 안산암질 마그마까지 모두 생성될 수 있다.

[오답 피하기] ㄴ. (나)는 안산암질 마그마이다. 안산암질 마그마는 현무암질 마그마와 유문암질 마그마가 혼합되어 생성된다. 해양 지각은 현무암으로 이루어져 있으므로 해양 지각이 용융되면 현무암질 마그마가 생성된다.

● **개념 더하기**

마그마의 종류와 성질

현무암질 마그마	마그마의 성질	유문암질 마그마
52 % 이하	← SiO₂ 함량 →	63 % 이상
높다.	← 온도 →	낮다.
작다.	← 점성 →	크다.
크다.	← 유동성 →	작다.
적다.	← 화산 가스 함량 →	많다.
조용히 분출	← 분출 형태 →	격렬히 폭발
완만하다.	← 화산체 경사 →	급하다.

마그마의 성질 컬럼: SiO₂ 함량, 온도, 점성, 유동성, 화산 가스 함량, 분출 형태, 화산체 경사

08 ㄴ. 현무암질 마그마는 유문암질 마그마보다 점성이 작고 유동성이 커서 동일한 조건 지표로 분출하였을 때 유문암질 마그마보다 멀리까지 흐른다.

[오답 피하기] ㄱ. A는 현무암질 마그마, B는 유문암질 마그마이다. 현무암질 마그마는 유문암질 마그마보다 가스 성분의 함량이 적다.

ㄷ. 현무암질 마그마는 유문암질 마그마보다 조용히 분출한다. (나)의 화산은 비교적 조용히 분출하므로 화산 활동을 일으키는 마그마의 화학 조성은 유문암질 마그마보다 현무암질 마그마에 가깝다.

09 ㄴ, ㄷ. 온도가 낮고, SiO₂ 함량이 많은 마그마일수록 유동성이 작고 점성이 커서 경사가 급한 화산체를 형성한다. 따라서 (가)는 (나)보다 온도가 높고 SiO₂ 함량이 적은 마그마가 분출하여 형성되었다.

[오답 피하기] ㄱ. (가)는 화산체의 경사가 완만한 순상 화산이고, (나)는 화산체의 경사가 급한 종상 화산이다.

10 ㄴ. 암석의 SiO₂ 함량이 적을수록 Fe, Mg 등의 함량이 많아 밀도가 크다. B는 C보다 SiO₂ 함량이 적으므로 밀도는 B가 C보다 크다.

[오답 피하기] ㄱ. A는 SiO₂ 함량이 52 %보다 적으므로 염기성암이고, 결정이 큰 광물로 이루어진 조립질 조직이 나타나므로 심성암이다.

ㄷ. SiO₂ 함량이 많을수록 밝은색 광물의 함량이 많아 밝은색을 띤다. A보다 C가 SiO₂ 함량이 많으므로 밝은색 광물의 함량은 A보다 C가 많다.

11 ㄱ. 얕은 곳에서 생성된 화성암일수록 마그마의 냉각 속도가 빠르므로 결정의 크기가 작다. A는 B보다 결정의 크기가 작으므로 얕은 곳에서 생성되었다.

ㄴ. SiO₂ 함량이 적은 화성암일수록 온도가 높은 마그마가 굳어서 생성되었다. A는 B보다 SiO₂ 함량이 적으므로 고온의

마그마가 굳어서 생성되었다.

[오답 피하기] ㄷ. A는 현무암질 마그마가 굳어서 생성된 염기성암이고, B는 유문암질 마그마가 굳어서 생성된 산성암이다. 석영과 정장석은 염기성암에는 포함되어 있지 않으므로 (나)는 산성암인 B이다. (가)에서 B를 구성하는 광물 결정의 크기는 대부분 3 mm이므로 2 mm보다 크다.

12 A는 SiO₂ 함량이 52 % 이하로 유색 광물의 함량이 많고 세립질이므로 염기성 화산암인 현무암이다. B는 SiO₂ 함량이 52 %~63 % 사이이고, 세립질이므로 중성 화산암인 안산암이다. C는 SiO₂ 함량이 63 % 이상으로 유색 광물의 함량이 적으며 조립질이므로 산성 심성암인 화강암이다.

13 ㄱ. (가)의 불암산을 이루는 화성암은 중생대 지각 변동으로 생성된 화강암이고, (나)의 한탄강 일대를 이루고 있는 화성암은 신생대 화산 활동으로 생성된 현무암이다.

ㄴ. 화강암은 마그마가 지하 깊은 곳에서 천천히 냉각되어 생성된 심성암이고, 현무암은 마그마가 지표 부근에서 빠르게 냉각되어 생성된 화산암이다.

[오답 피하기] ㄷ. 마그마의 냉각 속도는 지하 깊은 곳에서 생성된 화강암이 지표 부근에서 생성된 화산암보다 느리다.

14 ㄴ. 현무암에 나타나는 육각기둥 모양의 절리는 지표로 분출한 용암이 급격하게 식을 때 부피가 수축하여 생성된 주상 절리이다.

ㄷ. 현무암은 어두운색 광물의 함량이 밝은색 광물의 함량보다 많아 전체적으로 어두운색을 띤다.

[오답 피하기] ㄱ. 현무암은 지표 부근에서 용암이 빠르게 냉각되어 생성된 화산암이다.

15 **고난도 문제 해결 전략**

STEP1 **출제 의도 파악하기**
마그마의 온도에 따른 점성의 관계를 해석하여 마그마의 SiO₂ 함량, 화산체의 경사 등을 비교하는 문제이다.

STEP2 **자료 분석하기**

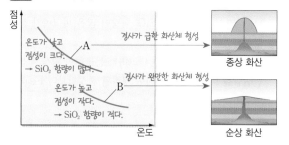

STEP3 **관련 개념 모으기**

❶ **마그마의 온도와 점성**
➡ SiO₂ 함량이 많은 마그마일수록 온도가 낮고 점성이 크고, 동일한 종류의 마그마라도 온도가 높아지면 점성이 작아진다.

❷ **마그마의 점성과 화산체의 경사**
➡ 점성이 큰 마그마일수록 경사가 급한 화산체(종상 화산)를 형성하고, 점성이 작은 마그마일수록 경사가 완만한 화산체(순상 화산)를 형성한다.

ㄱ. SiO_2 함량이 많은 마그마일수록 온도가 낮고 점성이 크다. A는 B보다 온도가 낮고 점성이 크므로 SiO_2 함량은 A가 B보다 많다.

ㄴ. 점성이 큰 마그마일수록 유동성이 작아 멀리까지 흘러가지 못하므로 경사가 급한 화산체를 형성한다. A는 B보다 점성이 크므로 유동성이 작아 경사가 급한 화산체를 형성한다.

ㄷ. 같은 종류의 마그마라도 온도가 높을수록 점성이 작으므로 유동성이 크다.

16 고난도 문제 해결 전략

STEP 1 출제 의도 파악하기

화산의 모습을 해석하여 화산체를 형성한 마그마의 화학 조성과 구성 암석의 특징을 추정하는 문제이다.

STEP 2 자료 분석하기

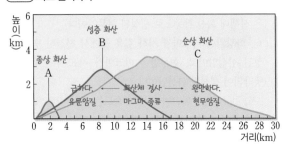

STEP 3 관련 개념 모으기

❶ 화산체의 형태

➡ 화산체의 밑면에 대한 높이의 비는 화산체의 경사가 급할수록 크다.

❷ 마그마의 종류와 화성암의 구성 원소

➡ 현무암질 마그마가 굳어서 생성된 염기성암에는 Ca, Mg, Fe이, 유문암질 마그마가 굳어서 생성된 산성암에는 Na, K, Si가 많이 포함되어 있다.

─────────────────────

ㄱ. 화산체의 경사가 가장 급한 A는 유문암질 마그마, 중간인 B는 안산암질 마그마, 가장 완만한 C는 현무암질 마그마가 분출하여 형성되었다. 화산체의 밑면에 대한 높이의 비는 화산체의 경사가 가장 급한 A가 가장 크다.

ㄷ. 안산암질 마그마는 현무암질 마그마보다 SiO_2 함량이 많다. 따라서 B는 C보다 SiO_2 함량이 많은 마그마가 분출하여 형성되었다.

[오답 피하기] ㄴ. 유문암질 마그마가 분출하여 형성된 산성암은 안산암질 마그마가 분출하여 형성된 중성암보다 Fe과 Mg의 함량이 적다.

핵심 정리 ❘ 단원 마무리

42~43쪽

❶ 판게아 ❷ 방사성 ❸ 상승부 ❹ 하강부 ❺ 해령 ❻ 대칭
❼ 깊어 ❽ 경계 ❾ 수평면 ❿ 유동성 ⓫ 외핵 ⓬ 플룸 상승류
⓭ 많아 ⓮ 압력 ⓯ 현무암질 마그마 ⓰ 종상

실력 점검 ❘ 단원 평가 문제

44~47쪽

01 ③   02 ②   03 ③   04 ④   05 ③   06 ②   07 ④   08 ③
09 ③   10 ④   11 ③   12 A: 해령, B: 섭입대, C: 대륙 지각
하부   13 ⑤   14 ③

1등급을 완성하는 서술형 문제

15~17 해설 참조

01 학생 A: 베게너는 고생대 말에 판게아라는 초대륙이 존재했으며, 약 2억 년 전부터 분리되고 이동하여 현재와 같은 수륙 분포를 이루게 되었다고 주장하였다.

학생 B: 남아메리카와 아프리카 대륙에서는 초대륙 판게아가 형성되었던 고생대 말에 연안에서 서식했던 메소사우루스 화석이 발견된다.

[오답 피하기] 학생 C: 베게너는 대륙 이동의 원동력을 명쾌하게 설명하지 못하였기 때문에 당시 대부분의 과학자들은 대륙 이동설을 받아들이지 않았다. 대륙 이동의 원동력으로 맨틀 대류를 제시한 학자는 홈스이다.

02 ㄴ. 음파의 속도를 v, 음파의 왕복 시간을 t라고 할 때, 수심(d) $=\dfrac{1}{2}vt$이다. 해수에서 음파의 속도는 약 1500 m/s이고, B에서 초음파의 왕복 시간이 약 6초이므로, B의 수심은 약 4500 m$\left(=\dfrac{1}{2}\times 1500 \text{ m/s}\times 6\text{ s}\right)$이다.

[오답 피하기] ㄱ. A는 심해저에서 급경사면으로 둘러싸인 좁고 깊은 골짜기인 해구라고 한다. 해구(A)에서는 화산 활동이 일어나지 않으며, 화산 활동은 해구 부근 판이 섭입하는 쪽에서 일어난다.

ㄷ. 해령에서 생성된 해양 지각은 해구에서 맨틀 속으로 섭입하여 소멸하므로 이 지역에서 해양 지각은 B에서 A 방향으로 이동한다.

03 자료 분석 하기

고지자기 줄무늬의 해석

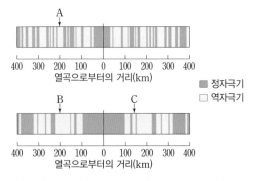

• 해양 지각의 고지자기 역전 줄무늬는 해령과 나란하고, 해령의 열곡을 중심으로 대칭을 이룬다.

• 서로 다른 해양에서 생성된 해양 지각의 열곡으로부터의 거리와 고지자기 역전 줄무늬의 개수를 이용하여 비교할 수 있다.

ㄱ. A와 B는 열곡으로부터 같은 거리에 있지만, 열곡과 A 사이에 분포하는 고지자기 역전 줄무늬의 개수는 열곡과 B 사이에 분포하는 고지자기 역전 줄무늬의 개수보다 많다. 따라서 해양 지각의 연령은 A가 B보다 많다.

ㄷ. 열곡으로부터 200 km까지 해저가 확장되는 데 걸린 시간이 (가)보다 (나)가 짧으므로 해저가 확장된 속도는 (가)보다 (나)가 빨랐다.

[오답 피하기] ㄴ. B의 해양 지각은 현재를 기준으로 3번째 전의 역자극기에 생성되었고, C의 해양 지각은 2번째 전의 역자극기에 생성되었다. 따라서 B의 해양 지각은 C의 해양 지각보다 먼저 생성되었다.

04 ㄴ. B와 C 사이에 발산형 경계인 해령이 발달해 있으므로 2천만 년 전에는 B와 C 사이의 거리가 현재보다 가까웠다.

ㄷ. 해령을 경계로 인접한 두 판이 서로 멀어지는 방향으로 이동하고, 변환 단층은 해령에 수직인 방향으로 발달해 있다. 따라서 북아메리카판과 아프리카판은 케인 단층(변환 단층)과 나란한 방향으로 이동했다.

[오답 피하기] ㄱ. 대서양 중앙 해령은 맨틀 대류의 상승부로 발산형 경계에 해당하며, 해저 퇴적물의 두께는 해령에서 멀어질수록 두꺼워진다. A는 B보다 해령에서 멀리 떨어져 있으므로 해저 퇴적물의 두께는 B에서 A로 갈수록 두꺼워진다.

05 ㄱ. 필리핀판과 태평양판은 모두 서쪽으로 이동하고 있지만 태평양판이 필리핀판보다 이동 속도가 빠르므로 필리핀판과 태평양판의 경계에는 수렴형 경계인 해구가 발달한다.

ㄴ. 남극판과 인도 – 오스트레일리아판은 서로 반대 방향으로 이동하고 있으므로 두 대륙 사이에는 발산형 경계인 해령이 발달해 있으며 두 대륙은 서로 멀어지고 있다.

[오답 피하기] ㄷ. 아프리카판의 서쪽 가장자리에는 발산형 경계인 대서양 중앙 해령이 발달해 있다. 해령에서는 새로운 해양판이 생성되어 양쪽으로 이동한다.

06 자료 분석 하기

지구 자기장과 복각

(가)

- 나침반은 자성을 띠는 광물로 만들어졌기 때문에 나침반의 자침은 항상 지구 자기장의 북극(자북극)을 가리킨다.
- 자기 적도에서는 수평면과 나침반의 자침이 수평을 이루므로 복각은 0°이고, 자기 적도보다 자북극에 가까운 지점에서는 복각이 (+)이고, 자기 적도보다 자남극에 가까운 지점에서는 복각이 (−)이다.

ㄷ. 복각은 자기 적도에서 자북극으로 갈수록 증가한다. (나)

는 복각계의 N극이 지면을 향해 기울어져 있으므로 자기 적도에 위치한 B보다 자북극에 가까운 지점에서 측정한 것이다.

[오답 피하기] ㄱ, ㄴ. 복각은 나침반의 자침이 수평면과 이루는 각이다. A는 자기 적도보다 자북극에 가까우므로 복각이 (+)이고, B는 자기 적도에 위치하므로 복각이 0°이다.

07 ㄴ. 5500만 년 전 고지자기의 복각이 −21°이므로 5500년 전에 이 대륙은 남반구의 위도 10°S 부근에 위치해 있었다.

ㄷ. 3800만 년 전부터 현재까지 이 대륙에서 측정한 복각의 크기는 6° → 30° → 36°로 점점 증가했다.

[오답 피하기] ㄱ. 지질 시대에 동일한 시간이 경과하는 동안 이 대륙의 위도가 일정하게 변하지 않았다. 따라서 이 대륙은 지질 시대 동안 일정한 속도로 이동하지 않았음을 알 수 있다.

08 ㄱ. A는 두 판이 서로 반대 방향으로 멀어지는 발산형 경계이다. 발산형 경계에서는 맨틀 대류의 상승이 일어난다.

ㄴ. 해양판이 대륙판 아래로 섭입하는 수렴형 경계에서는 해구에서 대륙 쪽으로 갈수록 진원의 깊이가 깊어진다. B에서는 해양판이 C가 속한 대륙판 아래로 비스듬히 섭입하므로 진원의 평균 깊이는 B에서 C로 갈수록 깊어진다.

[오답 피하기] ㄷ. D는 변환 단층인 산안드레아스 단층이다. 변환 단층은 두 판이 서로 엇갈리게 이동하는 곳으로 천발 지진만 발생하고 화산 활동이 일어나지 않는다.

09 ㄱ, ㄷ. B는 A의 낙하에 의해 생성된 차가운 플룸이 맨틀과 외핵의 경계인 X – Y 부근에 도달하여 그 영향으로 하부 맨틀 물질의 일부가 상승하여 형성된 뜨거운 플룸이다.

[오답 피하기] ㄴ. A는 수렴형 경계에서 섭입된 판의 물질이 상부 맨틀과 하부 맨틀의 경계 부근에 쌓여 있다가 낙하한 것이다.

10 자료 분석 하기

열점과 판의 이동 속도

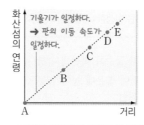

- B, C, D, E는 A의 위치에서 형성되어 판과 함께 이동한 것이다.
- ➡ 판의 이동 속도

$$= \frac{\text{열점으로부터의 거리}}{\text{화산섬을 이루는 암석의 연령}}$$

- 열점에서는 뜨거운 플룸이 상승하여 지각을 뚫고 분출한다.

- 고정된 열점에서 형성된 화산섬이나 해산은 판이 이동함에 따라 일렬로 배열되므로 열점으로부터의 거리와 화산섬이나 해산을 이루는 암석의 연령으로부터 판의 이동 속도를 구할 수 있다.

ㄴ. 열점에서 형성된 화산섬이 일렬로 배열되어 있고, 화산섬이 형성되는 동안 판의 이동 방향이 변하지 않았으므로 열점으로부터의 거리와 화산섬의 연령 그래프에서 기울기의 역수는 판의 이동 속도를 나타낸다. 자료에서 그래프의 기울기가 일정하므로 판의 이동 속도가 일정했음을 알 수 있다.

ㄷ. 열점에서는 맨틀 물질이 상승함에 따라 압력이 감소하여 현무암질 마그마가 생성된다.

[오답 피하기] ㄱ. 가장 먼저 형성된 화산섬은 E이고, 가장 최근에 형성된 화산섬은 A이다. E에서 A로 올수록 연령의 감소 폭이 증가하므로 열점에서 화산 분출이 일어나는 주기가 점점 길어졌다.

11 ㄱ. 물을 포함하지 않은 맨틀의 용융점은 지하로 깊이 들어갈수록 높아진다.

ㄷ. 현재 B의 온도는 맨틀의 용융점보다 낮아 마그마가 생성되지 않지만, B의 온도가 1500 ℃ 이상으로 상승하면 맨틀의 용융점보다 높아지므로 맨틀 물질이 용융되어 마그마가 생성된다.

[오답 피하기] ㄴ. A의 암석이 지표 부근으로 상승하여 압력이 낮아지면 맨틀의 용융 곡선과 만나지 않으므로 마그마가 생성되지 않는다.

12 A는 해령, B는 섭입대, C는 대륙 지각 하부이다. 해령(A)에서는 압력 감소에 의해 현무암질 마그마가 생성되고, 섭입대(B)에서는 섭입하는 해양 지각에서 빠져나온 물에 의해 연약권을 구성하는 암석의 용융점이 낮아져 현무암질 마그마가 생성된다. 대륙 지각의 하부(C)에서는 섭입대에서 생성된 현무암질 마그마에 의해 대륙 지각이 가열되어 유문암질 마그마가 생성되고, 이 유문암질 마그마와 현무암질 마그마가 혼합되면 안산암질 마그마가 생성된다.

13 〔자료 분석 하기〕

분출한 마그마의 성질과 화산체 경사

· 화산체 A와 B 중 A의 경사가 급하다.
· 마그마 P는 A를, 마그마 Q는 B를 형성한 마그마에 해당한다.

ㄱ. 밑면적에 대한 높이의 비가 클수록 화산체의 경사가 급하다. 화산체 A는 B보다 밑면적이 좁은데 높이가 높으므로 화산체의 경사는 A가 B보다 급하다.

ㄴ, ㄷ. 온도가 낮고 점성이 큰 마그마일수록 화산 가스 성분의 함량이 많고, 경사가 급한 화산체를 형성한다. 화산체의 경사는 A가 B보다 크므로 P는 A를, Q는 B를 형성한 마그마의 온도와 점성을 나타낸 것이고, 분출 당시 가스 성분의 함량은 A가 B보다 많았다.

14 ㄱ. 심성암은 지하 깊은 곳에서 천천히 냉각되어 생성되므로 화산암보다 입자의 크기가 크다.

ㄷ. 유문암과 화강암은 모두 SiO₂ 함량이 63 % 이상인 산성암이고, 현무암은 SiO₂ 함량이 52 % 이하인 염기성암이다.

따라서 유문암의 화학 조성은 현무암보다 화강암에 가깝다.

[오답 피하기] ㄴ. SiO₂ 함량이 적은 화성암일수록 Ca 성분이 풍부하고, SiO₂ 함량이 많은 화성암일수록 Na 성분이 풍부하다. 따라서 C에서 D로 갈수록 Ca의 함량이 감소하고, Na의 함량이 증가한다.

15 〔예시 답안〕 해령에서 마그마의 분출에 의해 생성된 해양 지각은 해령의 양쪽으로 이동하면서 시간이 지남에 따라 밀도가 커지고 수렴형 경계에서 상대적으로 밀도가 작은 다른 해양판이나 대륙판 아래로 비스듬히 섭입하여 소멸하기 때문이다.

채점 기준	배점(%)
밀도의 변화와 해양판의 소멸을 모두 옳게 설명한 경우	100
해양판의 소멸만 옳게 설명한 경우	50

16 〔자료 분석 하기〕

판 이동의 원동력

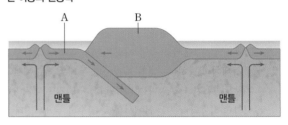

· 해령에서 멀어지는 방향으로 판을 밀어 내는 힘이 작용하고, 해구에서는 침강하는 판 자체의 무게에 의해 판 전체를 맨틀 속으로 끌어당기는 힘이 작용한다.
· 일반적으로 해구에서 섭입이 일어나는 판이 섭입이 일어나지 않는 판보다 이동 속도가 빠르다.
➡ 판 주변에 해구가 존재할 경우 이동 속도가 빨라진다.

〔예시 답안〕 판의 이동 속도는 A가 B보다 빠르다. 판 A에는 해령 아래쪽에서 마그마가 상승함에 따라 판을 양쪽으로 밀어 내는 힘과 해구 아래쪽으로 하강하는 판 자체의 무게에 의해 판을 잡아당기는 힘이 모두 작용하지만 판 B에는 해구에서 판을 잡아당기는 힘이 작용하지 않기 때문이다.

채점 기준	배점(%)
판 A와 B에 작용하는 힘과 이동 속도를 모두 옳게 설명한 경우	100
판 A와 B에 작용하는 힘과 이동 속도 중 1가지만 옳게 설명한 경우	50
판 A와 B에 작용하는 힘만 옳게 설명한 경우	20

17 〔예시 답안〕 용두암은 어두운색을 띠며 입자의 크기가 작은 세립질이고, 울산 바위는 밝은색을 띠며 입자의 크기가 큰 조립질이다. 이러한 차이를 보이는 까닭은 용두암은 SiO₂ 함량이 적은 현무암질 마그마가 지표로 분출하여 빠르게 냉각되어 형성되었고, 울산 바위는 SiO₂ 함량이 많은 유문암질 마그마가 지하 깊은 곳에서 천천히 냉각되어 형성되었기 때문이다.

채점 기준	배점(%)
색깔과 입자의 크기, 차이를 보이는 까닭을 모두 옳게 설명한 경우	100
색깔과 입자의 크기만 옳게 설명한 경우	70
색깔과 입자의 크기 중 1가지만 옳게 설명한 경우	30

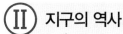 지구의 역사

04 퇴적암과 퇴적 구조

┤50~51쪽├

확인문제
1 속성 작용   2 화학적, 유기적   3 층리
4 점이 층리   5 ×   6 연안

01 속성 작용은 퇴적물이 쌓인 후 다짐 작용과 교결 작용을 받아 퇴적암이 되기까지의 전체 과정에 해당한다.

02 석회암과 처트는 해수에 용해된 물질이 화학적으로 침전되어 생성되거나 해양 생물의 사체가 퇴적되어 생성된다. 따라서 화학적 퇴적암이나 유기적 퇴적암에 속한다.

03 입자의 크기, 색깔, 성분 등이 다른 퇴적물이 해수면과 나란하게 겹겹이 퇴적되어 생긴 줄무늬 구조를 층리라고 한다. 층리는 셰일이나 사암과 같은 쇄설성 퇴적암에서 잘 나타난다.

04 점이 층리는 해저 경사면에 쌓여 있던 퇴적물이 한꺼번에 깊은 바다로 쓸려 내려간 후 입자의 크기가 큰 것부터 순서대로 퇴적되어 생긴다.

05 건열은 수면 아래에서 퇴적물이 쌓인 후 수면 위로 노출되면서 말라 갈라진 퇴적 구조이다.

06 연안 환경은 육상 환경과 해양 환경 사이에서 퇴적물이 퇴적되는 곳으로, 삼각주, 조간대, 해빈, 사주 등이 있다.

개념을 다지는 기본 문제

52~53쪽

01 ③   02 ①   03 공극: 감소, 밀도: 증가   04 ③   05 해설 참조   06 ③   07 ①   08 ②   09 ㄱ, ㄴ, ㄷ   10 해설 참조
11 ①   12 해설 참조

01 ③ 층리는 퇴적암의 가장 뚜렷한 특징이지만 퇴적된 입자의 크기, 색깔, 성분 등의 변화가 생기지 않으면 층리가 뚜렷하지 않거나 나타나지 않는 경우도 있다.

[오답 피하기] ① 퇴적암은 생성되는 과정은 다르지만 모두 속성 작용을 받아 만들어진다.

② 쇄설성 퇴적암 중에는 화산재, 화산력 등의 화산 분출물이 쌓여 만들어지는 것도 있다.

④ 퇴적암에서는 화석이 산출되기도 하며, 화석은 생물 변천 과정이나 지구의 역사를 이해하는 자료로 이용된다.

⑤ 퇴적암은 퇴적 환경과 퇴적물의 종류에 따라 입자의 크기, 색깔, 성분 등이 다른 퇴적물이 쌓여 형성된다.

---

02 자료 분석 하기

속성 작용

- 다짐 작용: 퇴적물이 계속 쌓이면 아래에 놓인 퇴적물은 압력을 받아 입자들 사이의 공간이 좁아지고, 밀도가 커지는 다짐 작용을 받는다.
- 교결 작용: 지하수에 녹아 있던 물질이 퇴적 입자에 침전되면 퇴적물이 굳어지는 교결 작용을 받아 퇴적암이 된다.
- 속성 작용이 진행되는 동안 퇴적물의 밀도는 증가하고, 공극의 부피는 감소한다.

ㄱ, ㄴ. (가) → (나) 과정은 기존의 암석이 풍화와 침식에 의해 작은 입자로 되고, 물이나 바람에 의해 운반되어 쌓이는 것이므로 셰일, 사암 등의 쇄설성 퇴적암이 만들어진다.

[오답 피하기] ㄷ. 석탄은 식물체가 지층에 매몰되어 만들어진 유기적 퇴적암이다.

ㄹ. 암염은 해수가 증발하면서 해수에 녹은 물질이 침전하여 만들어진다.

03 퇴적물이 쌓이면 하부의 퇴적물은 압력을 받아 다져지고 교결 물질에 의해 단단하게 굳으므로 공극이 감소하고, 밀도가 커진다.

04 ㄱ. 역암은 자갈, 모래, 점토가 쌓인 후 속성 작용을 받아 만들어진다.

ㄷ. 퇴적암은 모두 퇴적물이 쌓인 후 다짐 작용과 교결 작용을 받아 생성된다.

[오답 피하기] ㄴ. 석회암은 해수에 녹은 물질이 화학적으로 침전하거나 석회질의 해양 생물이 죽은 후 퇴적되어 생성된 암석이다.

05 [예시 답안] 석회암은 해수에 녹은 탄산 칼슘이 해저에 침전하여 생성되거나 탄산 칼슘으로 이루어진 해양 생물의 유해가 퇴적되어 생성되기 때문이다.

채점 기준	배점(%)
화학적 과정과 유기적 과정을 모두 옳게 설명한 경우	100
화학적 과정과 유기적 과정 중 1가지만 옳게 설명한 경우	50

06 ㄱ. 응회암은 퇴적물 a가 화산재인 쇄설성 퇴적암이므로 A에 해당한다.

ㄷ. 석탄은 육상 식물체가 지층에 매몰되어 생기므로 C에 해당한다.

[오답 피하기] ㄴ. 암염은 해수가 증발하면서 Na^+와 Cl^-가 침전하여 생성되므로 b가 $NaCl$이면 B는 암염이다.

07 ① 층리는 퇴적암에서 가장 흔히 나타나는 퇴적 구조로, 특정한 퇴적 환경을 지시하기 어렵다.

[오답 피하기] ② 연흔은 수심이 얕은 환경을 지시한다.

③ 건열은 건조한 환경을 지시한다.

④ 사층리는 물이나 바람이 흐른 방향을 지시한다.

⑤ 점이 층리는 수심이 깊은 환경을 지시한다.

08 자료 분석 하기

점이 층리

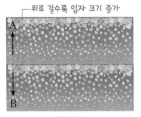

- 점이 층리는 입자가 큰 자갈이 먼저 가라앉고, 모래, 점토 순으로 가라앉는다.
- 정상층의 경우 위로 갈수록 입자의 크기가 감소하고, 지층이 역전된 경우 위로 갈수록 입자의 크기가 커진다.

ㄴ. 점이 층리는 위로 갈수록 입자의 크기가 작아지므로 퇴적 당시에는 A가 아래, B가 위이다.

[오답 피하기] ㄱ. 연흔은 수심이 얕은 물밑에서 생성된 물결 자국이다.

ㄷ. 점이 층리는 입자의 크기에 따른 퇴적 속도의 차이로 생기며, 굵은 입자가 가는 입자보다 먼저 가라앉아 생성된다.

09
ㄱ. 사층리는 아래로 갈수록 층리면이 수평면과 이루는 각이 작아지므로 그림의 사층리는 역전되지 않은 정상층이고, 위로 갈수록 나중에 퇴적된 지층이다.

ㄴ. 사층리는 사막 지역에서 바람에 의해 모래가 이동하면서 만들어지기도 한다.

ㄷ. 사층리는 물이나 바람에 의해 퇴적물이 공급되어 경사면을 따라 쌓인 구조이므로 퇴적물이 이동한 방향은 A이다.

⊕ 개념 더하기

사층리

사층리는 일정한 방향으로 흐르는 물이나 바람에 의해 퇴적물이 운반되어 생긴다. 따라서 사층리의 기울어진 방향은 물이나 바람이 흐른 방향을 나타낸다.

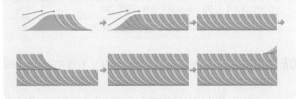

10 [예시 답안] (가)가 생성될 때는 수심이 얕은 물밑이었고, (나)가 생성될 때는 건조한 환경이었다.

채점 기준	배점(%)
(가)와 (나) 모두 옳게 설명한 경우	100
(가)와 (나) 중 1가지만 옳게 설명한 경우	50

11 자료 분석 하기

퇴적 환경

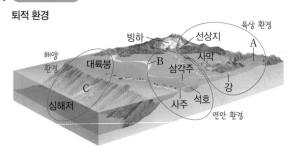

- 육상 환경: 선상지, 하천, 호수, 사막 등
- 연안 환경: 삼각주, 조간대, 해빈, 석호, 사주, 강 하구 등
- 해양 환경: 대륙붕, 대륙 사면, 대륙대, 심해저 등

ㄱ. A(호수)에는 풍화와 침식을 거쳐 운반된 육성 쇄설성 퇴적물이 주로 쌓인다.

[오답 피하기] ㄴ. B(해빈)의 퇴적물은 주로 파도와 해수에 의해 운반되어온 것이다.

ㄷ. C(대륙 사면)의 퇴적물이 해저 지진이나 화산 활동 등에 의해 수심이 깊은 곳으로 급격하게 이동하면 점이 층리를 형성한다.

12 [예시 답안] 선상지, 경사가 급한 계곡이 평지와 연결되면서 물의 유속이 느려져 운반된 물질이 퍼져나가면서 부채꼴 모양으로 퇴적되었다.

채점 기준	배점(%)
지형과 형성 과정 모두 옳게 설명한 경우	100
형성 과정만 옳게 설명한 경우	80
지형만 옳게 설명한 경우	20

실력을 올리는 실전 문제

55~57쪽

| 01 ① | 02 ⑤ | 03 ⑤ | 04 ② | 05 ② |
| 06 ④ | 07 ③ | 08 ① | 09 ① | 10 ① |

1등급을 굳히는 고난도 문제

11 ②   12 ③

01
ㄱ. A는 풍화와 침식 작용을 받아 생성된 쇄설성 입자가 물과 공기의 순환 과정에 의해 운반되어 쌓이는 과정이다.

[오답 피하기] ㄴ. B는 퇴적물이 쌓이면서 하중이 증가하여 다짐 작용을 받는 과정이므로 퇴적물 입자 사이의 공극은 감소한다.

ㄷ. C는 퇴적물 입자 사이의 공극에 교결 물질이 채워지면서 퇴적암이 되는 과정이므로 교결 작용이다.

02
ㄱ. 퇴적물 중에는 풍화와 침식에 의한 쇄설물, 해수에 용해된 이온의 침전물, 해양 생물의 사체 등이 있다.

ㄴ. 퇴적물 입자 사이의 공극을 채워주는 교결 물질은 주로 석회질, 규산, 철분 등의 물질이다.

ㄷ. (가) → (나) → (다) 과정에서 퇴적물이 받는 다짐 작용과 교결 작용을 통틀어 속성 작용이라고 한다.

03 ㄱ. (가)의 퇴적 작용은 육지의 호수나 바다 등 수면 아래에서 일어난다.

ㄴ. (다)는 철분, 규산, 석회질 등이 녹아 있는 지하수가 퇴적물 입자 사이를 흐르면서 공극을 채우는 작용이다.

ㄷ. (가) → (나) → (다) 과정에서 퇴적물 입자 사이의 간격이 점점 좁아지고, 교결 물질이 채워지므로 퇴적물의 밀도는 증가하게 된다.

04 ㄷ. 석회암은 탄산 칼슘 성분으로 이루어져 있으므로 해수에 녹은 칼슘 이온과 탄산 이온이 화학적으로 결합하고, 해저에 침전하여 생성된다.

[오답 피하기] ㄱ. 쇄설성 퇴적암은 퇴적물을 이루고 있는 입자의 크기에 따라 셰일, 사암, 역암 등으로 구분한다. 따라서 ㉠은 입자의 크기이다.

ㄴ. 모든 퇴적암은 속성 작용을 받아 생성되므로 역암은 다짐 작용을 받는다.

05 ㄴ. B는 풍화와 침식을 거쳐 만들어진 모래 입자가 속성 작용을 받아 생성된 사암이다.

[오답 피하기] ㄱ. A는 식물체가 지층에 매몰되어 생성된 석탄이므로 육지에서 퇴적된다.

ㄷ. C는 점토질 물질이 퇴적되어 생성된 셰일로, 층리가 잘 발달한다.

06 ㄴ. 석회암은 해수에서 화학적 과정 또는 유기적 과정에 의해 생성되므로 화석이 산출되는 경우가 많지만, 응회암은 화산재가 굳어 생성되므로 화석의 산출 가능성이 적다.

ㄷ. (가)~(다)의 암석은 모두 퇴적암이므로 속성 작용을 거쳐 생성되었다.

[오답 피하기] ㄱ. (가)는 대기로 방출된 화산재가 지표에 쌓여 생성된 응회암이므로 물의 풍화 작용과 관련이 없다.

07 ㄱ, ㄴ. A는 쇄설성 입자가 퇴적되어 생성되고, B는 해수에 녹은 물질이 침전되어 생성되며, C는 생물의 유해가 퇴적되어 생성된다. 따라서 A~C는 퇴적물의 생성 원인에 따라 분류한 것이다.

[오답 피하기] ㄷ. A는 쇄설성 퇴적암, B는 화학적 퇴적암, C는 유기적 퇴적암이다.

08 ㄱ. (가)는 수심이 얕은 물밑에서 퇴적물이 쌓인 후 건조한 환경으로 변하여 퇴적물 표면이 갈라진 모습이다.

[오답 피하기] ㄴ. 연흔은 수면 아래의 퇴적물에 새겨진 물결 자국인데 (나)에서 파도 흔적의 봉우리가 연결되어 나타나므로 위에서 내려다 본 모습이다.

ㄷ. (다)는 사층리이므로 층리가 기울어져 있고, 엇갈린 모습이다.

09 ㄱ. (가)는 퇴적물이 경사면을 따라 공급되어 생성되는 사층리이므로 퇴적물은 a → b 방향으로 공급되었다.

[오답 피하기] ㄴ. (나)는 수심이 얕은 물밑에서 생성되는 연흔이고, (다)는 수심이 깊은 곳에서 생성되는 점이 층리이다.

ㄷ. 점이 층리는 위로 갈수록 입자의 크기가 작아지는 퇴적 구조이므로 (다)는 지층이 역전된 경우에 나타난다.

10 ㄱ. A는 경사가 급한 계곡에서 경사가 완만하게 변하는 곳으로, 운반된 퇴적물이 쌓여 선상지가 발달한다.

[오답 피하기] ㄴ. A는 경사가 급한 계곡의 끝에서 퇴적이 일어나 형성된 선상지로 퇴적물 입자의 크기가 비교적 크고, B는 강의 하구에 형성된 삼각주로 퇴적물 입자의 크기가 작다.

ㄷ. 해저의 경사면에 쌓여 있던 퇴적물은 해저 지진이나 화산 폭발이 일어나면서 한꺼번에 흘러내리고, 수심이 깊은 곳에서 퇴적물이 다시 쌓일 때 입자가 큰 것부터 가라앉아 점이 층리를 생성한다. 따라서 C의 흐름에 의해 점이 층리가 생성된다.

11 **고난도 문제 해결 전략**

(STEP 1) **출제 의도 파악하기**
지층의 단면과 퇴적 구조를 파악하여 지층의 생성 순서, 생성 당시의 퇴적 환경을 판단할 수 있는지 평가하는 문제이다.

(STEP 2) **자료 분석하기**

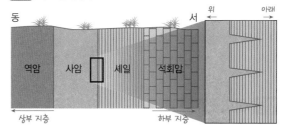

• 건열의 단면을 볼 때 서 → 동으로 가면서 나중에 퇴적되었다.
• 역암, 사암, 셰일은 쇄설물이 쌓여 퇴적암이 되었지만, 석회암은 해수에 녹은 탄산 칼슘이 쌓여 퇴적암이 되었다.

(STEP 3) **관련 개념 모으기**
❶ **쇄설성 퇴적암이란?**
➡ 기존의 암석이 풍화와 침식을 받아 생성된 점토나 모래, 자갈 등이 운반된 후 쌓여 생성된 퇴적암이다.

❷ **화학적 퇴적암이란?**
➡ 호수나 바다 등에서 물에 녹아 있던 물질이 화학적으로 침전하거나 물이 증발하면서 물질이 침전하여 생성된 퇴적암이다.

❸ **유기적 퇴적암이란?**
➡ 동식물이나 미생물의 유해가 쌓여 생성된 퇴적암이다.

ㄴ. 건열은 수면 아래에서 퇴적물이 쌓인 후 건조한 환경으로 변하여 생기는 퇴적 구조이므로 셰일이 퇴적된 후 이 지역은 건조한 환경으로 변하였다.

[오답 피하기] ㄱ. 건열의 단면에서는 V자 모양의 뾰족한 부분이 아래를 향하므로 이 지역은 석회암 → 셰일 → 사암 → 역암 순으로 퇴적되었다.

ㄷ. 역암, 사암, 셰일은 쇄설물이 쌓여 생성되지만, 석회암은 해수의 침전물이나 생물의 유해가 쌓여 생성된다.

STEP 1 출제 의도 파악하기

우리나라의 퇴적암 지형의 특징을 이해하고, 퇴적 환경을 해석하는 문제이다.

STEP 2 자료 분석하기

(가) 제주도 수월봉	(나) 전라북도 채석강
화산 활동에 의해 생성된 지형으로 화산재가 쌓여 층리를 이룬다.	중생대 퇴적암과 소규모의 응회암이 나타나는 곳으로, 연흔, 층리가 관찰된다.

STEP 3 관련 개념 모으기

• 층리란?

➡ 퇴적암에 나타나는 수평 방향의 줄무늬로, 퇴적물이 겹겹이 쌓이면서 형성된다. 셰일이나 사암과 같은 쇄설성 퇴적암에서 뚜렷하게 나타나는 경우가 많다.

ㄱ. 응회암은 화산 활동이 일어날 때 대기로 방출된 화산재가 쌓여 생성된다.

ㄷ. (가)와 (나)에서 보이는 가로 방향의 나란한 줄무늬는 층리이다.

[오답 피하기] ㄴ. 연흔은 수심이 얕은 물밑에서 만들어지므로 (나) 지역은 연흔이 형성될 당시 수심이 얕은 바다였다.

05 여러 가지 지질 구조

58~59쪽

확인 문제 **1** 횡압력, 습곡 **2** 정습곡, 횡와 습곡 **3** 장력 **4** 습곡, 역단층 **5** 융기, 침강 **6** 판상 **7** ×

01 습곡은 횡압력에 의해 지층이 휘어진 지질 구조이다.

02 습곡축면이 수평면에 대해 거의 수직인 습곡을 정습곡, 습곡축면이 거의 수평으로 누운 습곡을 횡와 습곡이라고 한다.

03 지층에 장력이 작용하여 지층이 끊어지면 상반이 아래로 이동하는 정단층이 형성된다.

04 판의 수렴형 경계에서는 횡압력이 우세하게 작용하므로 습곡이나 역단층이 발달한다.

05 부정합은 지층이 융기 후 침식 작용을 받고, 침강한 후 새로운 지층이 퇴적되어 상하 지층에 퇴적 시간 간격이 생긴 지질 구조이다.

06 판상 절리는 심성암이 융기하면서 주변 압력이 감소하여 팽창에 의해 생긴다.

07 포획된 암석은 관입암보다 먼저 생성된 것이다.

---

01 ⑤ 02 ③ 03 정단층, 상반: B, 하반: A 04 ① 05 ③
06 발산형 경계: 정단층, 수렴형 경계: 역단층, 습곡 07 ⑤ 08 해설 참조 09 ⑤ 10 ③ 11 포획 12 ② 13 해설 참조

01 ⑤ 단층은 장력이나 횡압력을 받아 지층이 끊어지고, 상대적으로 이동한 지질 구조이다.

[오답 피하기] ①, ② 습곡과 역단층은 지층을 양쪽에서 미는 횡압력이 작용하여 형성된다.

③ 정단층은 지층을 양쪽에서 잡아당기는 장력에 의해 형성된다.

④ 습곡과 단층은 일부 지진이나 화산 활동을 통해서 형성되기도 하지만, 일반적으로 지층에 가해지는 힘(장력, 횡압력)에 의해 만들어진다.

02 ㄱ. A는 습곡 구조에서 가장 많이 휘어진 부분이므로 습곡축이다.

ㄴ. 습곡축(A)을 경계로 양쪽에 경사진 부분을 날개라고 한다.

[오답 피하기] ㄷ. 습곡 구조에서 오목한 골짜기에 해당하는 부분을 향사(B), 볼록한 봉우리에 해당하는 부분을 배사(C)라고 한다.

03 그림은 장력이 작용하여 상반이 하반 아래로 내려간 정단층이다. A는 단층면을 경계로 아래쪽 부분이므로 하반, B는 위쪽 부분이므로 상반이다.

04 ㄱ. (가)는 습곡축면이 수평면에 대해 거의 수직이므로 정습곡이다.

[오답 피하기] ㄴ. (가)~(다) 모두 횡압력에 의해 생성되었다.

ㄷ. (가)~(다)는 습곡축의 기울기가 다른 세 습곡으로, (가)는 정습곡, (나)는 경사 습곡, (다)는 횡와 습곡이다. 습곡축과 지표면이 이루는 각도는 (가)>(나)>(다) 순이다.

05 **자료 분석 하기**

단층의 종류

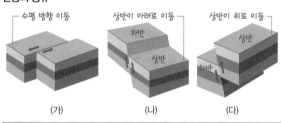

(가)	단층면을 따라 지층이 수평 방향으로 이동한 단층 ➡ 주향 이동 단층
(나)	장력이 작용하여 상반이 아래로 내려간 단층 ➡ 정단층
(다)	횡압력이 작용하여 상반이 위로 밀려 올라간 단층 ➡ 역단층

ㄱ. (가)는 끊어진 지층이 단층면에 대해 수평 방향으로 이동하므로 주향 이동 단층이다.

ㄷ. (다)는 횡압력에 의해 상반이 위로 이동한 역단층이다.

[오답 피하기] ㄴ. (나)는 장력에 의해 상반이 아래로 이동한 정단층이다.

06 두 판이 서로 멀어지는 발산형 경계에서는 장력이 우세하게 작용하므로 정단층이 발달하고, 두 판이 서로 접근하는 수렴형 경계에서는 횡압력이 우세하게 작용하므로 역단층과 습곡이 발달한다.

➕ **개념 더하기**

판의 경계와 지질 구조

판 경계	발산형 경계	수렴형 경계	보존형 경계
지질 구조	지층에 장력이 작용하여 정단층이 발달	지층에 횡압력이 작용하여 습곡이나 역단층 발달	두 판이 서로 엇갈리면서 주향 이동 단층(변환 단층)이 발달
지형	예 동아프리카 열곡대, 대서양 중앙 해령	예 히말라야산맥, 알프스산맥	예 산안드레아스 단층

07 ⑤ 상하 두 지층 간에 퇴적의 중단 없이 연속적으로 쌓인 관계를 정합이라고 한다. 한편, 퇴적 환경의 변화로 퇴적이 오랫동안 중단된 후 다시 퇴적이 일어나면 지층 사이에 퇴적 시간의 커다란 공백이 생기는데, 이러한 상하 지층의 관계를 부정합이라고 한다.

[오답 피하기] ① 부정합은 융기 → 침식 → 침강의 과정을 거치므로 침식의 흔적이 나타난다.

② 지반이 침강한 직후에 퇴적된 지층에서는 역암층이 관찰될 수 있는데, 이를 기저 역암이라고 한다. 부정합면 위에는 기저 역암이 흔히 관찰된다.

③ 부정합은 상하 지층에 생긴 긴 시간 간격을 나타내므로 부정합이 형성되기까지는 매우 오랜 시간이 걸린다.

④ 부정합면을 경계로 상하 지층에서 산출되는 표준 화석이 크게 달라진다.

08 [예시 답안] 해수면 아래에서 A 지층이 퇴적되었다. A 지층이 융기한 후 침식 작용을 받고, 다시 침강하여 그 위에 새로운 B 지층이 퇴적되었다.

채점 기준	배점(%)
지질학적 변화 과정을 A, B 지층을 포함하여 융기, 침식, 침강을 순서대로 옳게 나열한 경우	100
지질학적 변화 과정을 A, B 지층을 포함하여 융기와 침강만을 순서대로 옳게 나열한 경우	80
융기, 침식, 침강을 순서대로 옳게 나열하였으나 A, B 지층을 언급하지 않은 경우	50

09 ㄱ. 부정합면 아래의 지층이 경사져 있으므로 횡압력을 받은 적이 있다.

ㄴ. 부정합이 형성되는 과정은 융기 → 침식 → 침강의 과정이므로 이때 1회의 융기가 있었고, 현재 지표면으로 드러나는 과정에서 1회의 융기가 더 있었다. 따라서 최소한 2회의 융기 작용이 있었다.

ㄷ. 부정합면을 경계로 하부 지층은 횡압력을 받은 경사층이고, 상부 지층은 수평층이다. 따라서 부정합면을 경계로 상하 지층의 지질 구조가 다르게 나타난다.

10 자료 분석 하기

지질 단면도 해석

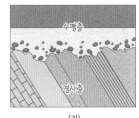
(가)

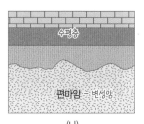
(나)

• (가)는 부정합면 아래의 지층이 횡압력을 받아 기울어져 있다. ➡ 경사 부정합이다.

• (나)는 편마암이 지하 깊은 곳에서 생성된 후 상부의 지층이 침식되어 지표로 드러났고, 이후 편마암 위에 새로운 지층이 퇴적되었다. ➡ 난정합이다.

ㄱ. (가)의 지역은 부정합면 아래에 경사층이 있으므로 횡압력을 받은 적이 있다.

ㄴ. (나)는 편마암 위에 퇴적암이 분포하므로 하부 지층이 변성 작용을 받아 편마암으로 되는 시기에 상부에는 지층이 없었다. 따라서 편마암과 상부의 지층은 부정합 관계이며, 편마암은 침식 작용을 받았다.

[오답 피하기] ㄷ. (가)는 경사 부정합이고, (나)는 난정합이다.

11 포획암을 관찰하면 화성암과 주변 암석의 생성 순서를 판별할 수 있다.

12 ㄴ. 주상 절리는 용암이 급격하게 냉각되는 과정에서 수축하여 생기므로 주로 화산암에서 생성된다.

[오답 피하기] ㄱ. 절리의 모양이 기둥 모양을 이루므로 주상 절리이다.

ㄷ. 암석이 팽창하면서 생기는 절리는 주로 심성암에서 나타나는 판상 절리이다.

13 [예시 답안] A는 포획암이고, B는 관입암이므로 A가 B보다 먼저 생성되었다. 고온의 마그마가 관입하는 동안 주변 암석의 조각을 포획하고, 마그마가 냉각되어 화성암이 된다.

채점 기준	배점(%)
A, B의 생성 순서와 그 까닭을 옳게 설명한 경우	100
A, B의 생성 순서만 옳게 쓴 경우	30

실력을 올리는 실전 문제
63~65쪽

| 01 ② | 02 ⑤ | 03 ③ | 04 ① | 05 ③ |
| 06 ④ | 07 ④ | 08 ③ | 09 ② | 10 ④ |

1등급을 굳히는 고난도 문제

11 ③   12 ①

01 **자료 분석 하기**

지질 구조 해석

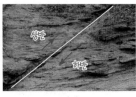 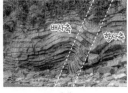

(가)   (나)

• (가)는 횡압력에 의해 상반이 하반 위로 이동한 역단층이다.
• (나)는 횡압력에 의해 휘어진 습곡이다.

ㄷ. (가)와 (나)에서 단층과 습곡의 모습은 층리가 발달할 때 잘 관찰된다.

[오답 피하기] ㄱ. (가)는 단층면을 경계로 상반이 위로 이동한 역단층이다.

ㄴ. (가)와 (나)는 모두 횡압력이 작용하여 형성되었다.

02 ㄱ. (가)는 단층면을 경계로 지층이 상대적으로 이동하였으므로 단층이다.

ㄴ. (나)는 횡압력에 의해 생성된 습곡으로, 위로 볼록한 배사 구조와 아래로 오목한 향사 구조가 모두 나타난다.

ㄷ. (다)는 부정합면 아래의 지층이 경사져 있으므로 경사 부정합이다. 따라서 부정합면 아래의 지층이 퇴적된 후 침식 작용을 받는 동안 퇴적이 중단된 적이 있다.

03 A는 발산형 경계이므로 장력이 우세하게 작용하여 정단층 (다)가 발달한다. B는 수렴형 경계이므로 횡압력이 우세하게 작용하여 습곡 (나)와 역단층 (라)가 발달한다. C는 보존형 경계이므로 힘이 수평 방향으로 엇갈려 작용하여 주향 이동 단층 (마)의 일종인 변환 단층이 발달한다.

04 ㄱ. 산안드레아스 단층은 해령과 해령 사이에 형성된 변환 단층으로, 보존형 경계를 이룬다.

[오답 피하기] ㄴ. 아이슬란드 열곡은 해령 중앙부의 열곡으로, 장력이 우세하게 작용하여 갈라진 계곡을 이룬다.

ㄷ. (가)는 주향 이동 단층(변환 단층)이, (나)는 장력에 의해 정단층이 발달한다.

05 ㄱ. (가)는 부정합면을 기준으로 상하 지층이 나란하게 나타나므로 평행 부정합이다.

ㄴ. (가)와 (나) 모두 융기 → 침식 → 침강의 과정을 거쳤다.

[오답 피하기] ㄷ. (가)는 평행 부정합이므로 조륙 운동에 의해 만들어지고, (나)는 경사 부정합이므로 조산 운동에 의해 만들어진다.

＋ 개념 더하기

조륙 운동과 조산 운동
• 조륙 운동: 땅이 위로 솟아오르는 융기와 아래로 내려가는 침강에 의한 지각 변동을 말한다.
• 조산 운동: 판의 충돌에 의해 대규모 습곡 산맥을 형성하는 지각 변동을 말한다.

06 ㄴ. (다)는 찰흙의 윗부분을 잘라낸 것이므로 침식이 일어나는 과정을 가정한 것이다.

ㄷ. (라)에서 상하 두 찰흙이 나란하지 않으므로 (가)~(라) 활동은 경사 부정합이 생기는 과정에 해당한다.

[오답 피하기] ㄱ. (나)는 찰흙 A를 양쪽에서 밀어 주름을 만든 것이므로 횡압력에 의해 습곡이 생기는 과정을 가정한 활동이다.

07 ㄴ. (다)에서 편마암층 위에 역암층이 형성되었으므로 기저 역암이 퇴적되었다.

ㄷ. (가)와 (나)에서 변성 작용을 받아 생성된 편마암층이 융기하여 침식 작용을 받았으므로 부정합면 아래에 변성암이 분포한다.

[오답 피하기] ㄱ. 부정합면 아래에 변성암이 분포하므로 난정합이 생성되었다.

08 **자료 분석 하기**

판상 절리의 생성

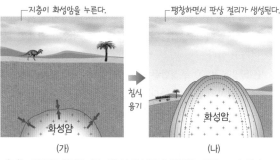

(가)   (나)

• (가)는 화성암 위에 놓인 지층이 화성암에 압력을 가하는 모습이다.
• (나)는 지층이 침식되면서 가해지는 압력이 감소하여 화성암이 팽창하고, 판상 절리가 생성되는 모습이다.

ㄱ. (가) → (나)에서 화성암(심성암) 위의 지층이 침식되어 두께가 얇아지므로 화성암을 누르는 압력은 감소하였다.

ㄷ. (나)의 절리는 화성암을 누르는 압력의 감소로 생기므로 화산암보다 심성암에서 잘 나타난다.

[오답 피하기] ㄴ. (가) → (나) 과정에서 화성암은 팽창하므로 판상 절리가 생성된다.

09 ㄷ. (가)는 화산암에서 나타나는 주상 절리이고, (나)는 심성암에서 나타나는 판상 절리이므로 (나)의 암석은 (가)의 암석보다 지하 깊은 곳에서 생성된다.

[오답 피하기] ㄱ. (가)는 용암이 급격하게 식으면서 수축하여 만들어진다.

ㄴ. (나)는 지하 깊은 곳에서 굳은 심성암이 융기하면서 압력의 감소로 팽창하여 만들어진다.

10 ㄴ. (가)는 A와 C가 모두 접촉 변성 작용을 받았으므로 관입하였고, A와 C가 포획암으로 산출될 수 있다.

ㄷ. (나)는 A만 접촉 변성 작용을 받았으므로 분출하였고, A가 포획암으로 산출될 수 있다.

[오답 피하기] ㄱ. A가 퇴적된 후 화성암이 분출한 것은 화성암 상부의 지층에서 변성된 부분이 나타나지 않는 (나)이다.

11 고난도 문제 해결 전략

(STEP 1) 출제 의도 파악하기

지질 단면도에 나타나는 여러 가지 지질 구조의 특징을 해석하는 문제이다.

(STEP 2) 자료 분석하기

• 지층 B의 하부에 기저 역암이 관찰된다. ➡ 지층 A가 쌓인 후 퇴적이 중단되어 부정합이 형성되었다.

• 화성암 C 내에서 D의 조각이 관찰된다. ➡ 화성암은 지층 A, B, D를 관입하였다.

(STEP 3) 관련 개념 모으기

❶ 관입이란?

➡ 지하에서 마그마가 주변의 암체나 지층의 틈을 뚫고 들어가 화성암으로 굳어지는 과정을 관입이라고 한다. 관입한 고온의 마그마는 주변의 암석에 비해 온도가 매우 높아 주변의 암석은 열을 받아 변성 작용이 일어난다.

❷ 포획이란?

➡ 마그마가 주변의 지층이나 암체를 관입할 때 주변 암석의 일부가 떨어져 들어와 포유되어 있는 것을 말하며, 이러한 암석을 포획암이라고 한다.

ㄱ. 지층 B의 하부에 기저 역암이 나타나므로 지층 A가 쌓인 후 융기 → 침식 → 침강의 과정을 거쳤으며, 이 과정에서 퇴적의 중단이 있었다.

ㄴ. 화성암 C에 D의 조각이 포획되어 있으므로 C는 지층 B와 D를 관입하였다.

[오답 피하기] ㄷ. 지층 B와 D 사이에 부정합의 증거가 없으므로 지층 B가 쌓인 후 지층 D가 쌓이기 전에 융기 작용이 일어나지 않았다.

12 고난도 문제 해결 전략

(STEP 1) 출제 의도 파악하기

사암층과 화강암이 부정합을 이루는 어느 지역의 지질 단면도를 보고, 지질 구조와 특징을 해석하는 문제이다.

(STEP 2) 자료 분석하기

• 화강암이 지표에 드러난 후 침식 작용을 받았다. ➡ 이후 사암이 퇴적되었다.

• 이 지역은 부정합면 아래의 지층이 심성암(화강암)으로 이루어진 난정합이 형성되었다.

(STEP 3) 관련 개념 모으기

• 난정합이란?

➡ 난정합은 부정합면 아래에 있는 심성암이나 변성암이 침식된 후 새로운 지층이 퇴적되어 형성된 부정합이다. 난정합은 다른 부정합에 비해 만들어질 때 더 오랜 시간이 걸린다.

ㄱ. 화강암이 지표에 드러난 후 침식 작용을 받았고, 그 후 사암이 퇴적되어 난정합이 생성되었다.

[오답 피하기] ㄴ. 화강암이 침식 작용을 받는 동안 사암층은 형성되지 않았다.

ㄷ. 화강암 형성 후에 사암층이 형성되었으므로 부정합면 위에 접촉 변성 작용의 흔적은 나타나지 않는다.

06 지층의 생성과 지질 연대 측정

확인
문제

1 ○	**2** 동물군 천이	**3** ×
4 상대	**5** 건층(열쇠층)	**6** 절대
7 반감기		

┤66~68쪽├

01 지층 누중의 법칙을 적용하면 지층이 역전되지 않은 경우 아래의 지층일수록 먼저 퇴적된 것이다.

03 관입의 법칙에 따르면 주변 지층을 관입한 화성암은 주변 지층보다 나중에 생성된 것이다.

04 지사학의 법칙을 적용하여 지층의 상대적인 생성 순서를 정하는 것을 상대 연령이라고 한다.

05 암상을 이용하여 지층을 대비할 때는 짧은 시간에 퇴적되거나 특정한 환경에서 퇴적된 지층을 먼저 대비하는 것이 좋다.

07 방사성 동위 원소는 온도와 압력에 관계없이 항상 일정한 속도로 붕괴하는데, 방사성 동위 원소의 양이 처음의 절반으로 줄어드는 데 걸리는 시간을 반감기라고 한다.

개념을 다지는 기본 문제

69~71쪽

01 A → B, 관입의 법칙		**02** ②	**03** ③	**04** 해설 참조	**05** ③
06 ⑤	**07** ㉠ 지사학, ㉡ 화석	**08** ②	**09** ⑤	**10** ②	**11** ③
12 ②	**13** ②	**14** 해설 참조	**15** ②	**16** ④	**17** 2 : 1

01 관입의 법칙은 관입당한 암석은 관입한 암석보다 먼저 생성되었다는 법칙이다. 따라서 지층 A가 생성된 후 화성암 B가 관입하였다.

02 ㄷ. 나중에 퇴적된 지층일수록 더 진화된 생물 화석이 산출된다는 법칙을 동물군 천이의 법칙이라고 한다.

[오답 피하기] ㄱ. 지층 누중의 법칙은 지층이 역전되지 않은 경우에 적용하므로 역전된 지층이라면 아래의 지층이 위의 지층보다 나중에 생성된 것이다.

ㄴ. 대부분의 지층은 해수면 아래에서 퇴적이 일어나 생성되므로 중력의 작용으로 해수면과 나란하게 퇴적된다. 이를 수평 퇴적의 법칙이라고 한다.

03 ㄱ, ㄴ. 지층 누중의 법칙은 지층이 역전되지 않았다면 아래에 놓인 지층일수록 먼저 퇴적되었다는 법칙이다.

[오답 피하기] ㄷ. 화성암과 퇴적암의 선후 관계는 관입 또는 분출로 판단하며, 화성암이 퇴적암을 관입한 경우에는 관입의 법칙을 적용할 수 있다.

지층 누중의 법칙

지층 누중의 법칙은 넓은 범위에 걸쳐 수평으로 놓여 있는 지층뿐만 아니라 기울어져 있는 지층에도 적용된다. 하지만 지층이 지각 변동을 받아 똑바로 서 있거나 역전된 경우에는 지층의 상하 판단에 오류가 생긴다. 그러므로 지층 누중의 법칙을 적용할 때는 점이 층리, 사층리, 연흔, 건열 등의 퇴적 구조나 화석 등을 이용하여 지층의 생성 순서를 판단해야 한다.

04 예시 답안 지각 변동을 받았기 때문이다.

채점 기준	배점(%)
경사진 까닭을 지각 변동으로 옳게 설명한 경우	100
경사진 까닭을 힘을 받은 것으로 설명한 경우	50

05 A 지층은 고생대, B 지층은 중생대의 화석이 발견되므로 A 지층이 먼저 생성된 것이다. 지층 A와 B는 퇴적된 시기가 다르므로 산출되는 동물군 화석의 내용이 다르며, 이는 동물군 천이의 법칙으로 설명된다.

06 ㄱ. A와 B는 부정합 관계이므로 부정합면 아래에 있는 B가 A보다 먼저 생성되었다.

ㄴ. B의 상부에는 부정합면이 있으므로 침식을 받은 흔적이 나타난다.

ㄷ. A와 B가 부정합 관계이므로 생성 순서를 정할 때는 부정합의 법칙을 적용한다.

07 상대 연령은 지사학의 법칙을 적용하여 지층이 생성된 상대적인 순서를 나타내는 것을 말한다. 멀리 떨어진 지층을 대비할 때는 화석을 이용하는 것이 암상을 이용하는 것보다 좋다.

08 자료 분석 하기

지질 단면도 해석

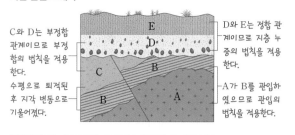

C와 D는 부정합 관계이므로 부정합의 법칙을 적용한다.

수평으로 퇴적된 후 지각 변동으로 기울어졌다.

D와 E는 정합 관계이므로 지층 누중의 법칙을 적용한다.

A가 B를 관입하였으므로 관입의 법칙을 적용한다.

ㄴ. B와 C는 수평 퇴적의 법칙에 따라 처음 상태는 수평이었으나 지각 변동을 받아 기울어졌다.

【오답 피하기】 ㄱ. A는 B를 관입한 화성암이므로 선후 관계의 판단은 관입의 법칙을 적용한다.

ㄷ. D와 E 사이에는 부정합의 증거가 없으므로 정합 관계이며, 지층 누중의 법칙을 적용한다.

09 ㄱ. A와 B는 부정합 관계이므로 B가 퇴적된 후 침식 작용을 받는 동안 A가 퇴적되지 않았다.

ㄴ. 화성암(관입암) D는 지층 A, B, C를 관입하고, 단층을 절단했으므로 단층이 일어난 후 D가 관입하였다.

ㄷ. 지층의 생성 순서는 C 퇴적 → B 퇴적 → E 관입(또는 E 관입 → B 퇴적) → 단층 → 부정합 → A 퇴적 → D 관입이므로 D는 E보다 나중에 생성되었다.

10 자료 분석 하기

지층의 대비

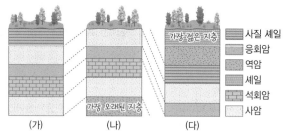

가장 젊은 지층

가장 오래된 지층

(가)   (나)   (다)

사질 셰일
응회암
역암
셰일
석회암
사암

• 건층인 응회암층을 기준으로 세 지역의 지층을 대비할 수 있다.
• (다)의 최상부에 있는 셰일층이 가장 젊은 지층이다.
• (나)의 최하부에 있는 역암층이 가장 오래된 지층이다.

② 건층을 기준으로 지층을 대비해 보면 세 지역 지층 중 가장 젊은 지층은 (다) 지역의 셰일이다.

【오답 피하기】 ① (나)의 역암은 건층(응회암층)보다 먼저 퇴적되었고, (다)의 역암은 건층보다 나중에 퇴적되었다.

③ 세 지역에서 가장 오래된 지층은 (나)에 있다.

④ 응회암은 세 지역에서 모두 퇴적되어 있고, 화산 폭발이 일어나면서 대기로 방출된 화산재가 넓은 지역에 거의 같은 시기에 퇴적되어 형성되므로 건층으로 적합하다.

⑤ (나)에서는 건층(응회암) 위에 사암 → 사질 셰일 순으로 퇴적되어야 하지만 침식이 일어났거나 퇴적물이 공급되지 않았기 때문에 현재는 사질 셰일이 나타나지 않는다.

11 ㄱ. (가)와 (다)에서 동일한 화석 A가 산출되므로 동물군 천이의 법칙을 적용하면 두 지층은 같은 시기에 퇴적되었다.

ㄴ. (나)에서는 화석 C가 산출되지 않으므로 (가)와 (다)에서 화석 C가 산출되는 지층이 (나)에서는 퇴적되지 않았다.

【오답 피하기】 ㄷ. 화석 A~D는 표준 화석이므로 (나)와 (다)에서 화석 B가 산출되는 지층은 암상이 다르지만 퇴적된 시기는 같다.

12 ㄷ. 방사성 원소의 양이 처음의 절반으로 되는 데 걸리는 시간을 반감기라고 한다. 반감기는 원소마다 다른 고유한 값이다.

【오답 피하기】 ㄱ. 방사성 원소마다 붕괴 속도가 다르므로 반감기가 다르다.

ㄴ. 방사성 원소의 붕괴 속도는 온도와 압력 등 외부 환경에 관계없이 일정하다.

13 ㄷ. A 함량 : B 함량＝3 : 1이면 75 % : 25 %이므로 그래프의 값을 읽으면 시간은 2T이다.

【오답 피하기】 ㄱ. 시간이 경과함에 따라 A는 증가하고, B는 감소하므로 A는 자원소, B는 모원소이다.

ㄴ. 반감기는 처음의 양이 절반으로 줄어드는 데 걸리는 시간이므로 T이다.

14 [예시 답안] 방사성 원소 X의 모원소와 자원소의 비율이 1 : 7이면 남아 있는 모원소의 양이 $\frac{1}{8} = \left(\frac{1}{2}\right)^3$, 즉 반감기를 3회 거쳤다. X의 반감기가 1000만 년이므로 암석의 나이는 3000만 년이다.

채점 기준	배점(%)
반감기 횟수를 언급하여 암석의 나이를 옳게 구한 경우	100
암석의 나이는 옳게 구하였지만, 해설 과정이 미흡한 경우	30

15 ㄴ. 유기물 속에는 탄소가 많이 포함되어 있으므로 방사성 탄소에 의한 절대 연령을 측정하는 데 이용된다.
[오답 피하기] ㄱ. 방사성 탄소의 반감기는 약 5700년으로 매우 짧다.
ㄷ. 선캄브리아 시대는 매우 오래된 지질 시대이므로 이 시대 암석의 절대 연령은 반감기가 긴 방사성 동위 원소를 이용하여 측정한다.

16 ㄴ. B는 반감기를 3회 거쳤고, C는 반감기를 2회 거쳤으므로 절대 연령은 각각 3억 년, 2억 년이다. A~C의 생성 순서는 B → A → C이므로 A의 절대 연령은 2억~3억 년이다.
ㄷ. C는 A를 관입하였으므로 관입의 법칙을 적용하면 생성 순서는 A → C이다.
[오답 피하기] ㄱ. A와 B는 부정합 관계이므로 B가 A보다 먼저 생성되었다.

17 A의 반감기는 1억 년이고, B의 반감기는 0.5억 년이므로 절대 연령이 1억 년이면 A는 50 %, B는 25 % 남아 있다.

---

07 지질 시대의 환경과 생물

72~74쪽

확인 문제

1 표준 화석 2 시상 화석 3 신생대
4 누대, 기 5 고생대 6 고생대, 중생대

01 표준 화석은 지질 시대를 지시하는 화석으로, 지층이 생성된 시기를 판단하는 근거로 이용된다.

03 신생대 제4기에는 점차 한랭해져 여러 번의 빙하기와 간빙기가 반복되었다.

04 지질 시대를 구분하는 단위 중 가장 큰 것은 누대이고, 대 단위는 더 작은 기 단위로 나눈다.

05 판게아는 고생대 말기부터 중생대 초기까지 지속된 거대한 초대륙이다.

06 삼엽충과 필석류는 고생대의 표준 화석이고, 공룡과 암모나이트는 중생대의 표준 화석이다.

75~77쪽

개념을 다지는 기본 문제

01 ④ 02 ② 03 해설 참조 04 ① 05 ③ 06 ② 07 ③
08 해설 참조 09 A: 고생대, B: 중생대, C: 신생대, D: 선캄브리아 시대 10 ② 11 ㄱ, ㄷ 12 ⑤ 13 ⑤ 14 해설 참조
15 ⑤ 16 ② 17 ③

01 퇴적물이 심한 변성 작용이나 지각 변동을 받으면 화석이 파괴된다.

⊕ 개념 더하기

화석의 생성 조건
• 생물체에 뼈나 줄기, 껍데기 등과 같은 단단한 부분이 있어야 한다.
• 퇴적암이 생성된 후 심한 지각 변동이나 변성 작용을 받지 않아야 한다.
• 생물이 죽은 후 미생물에 의해 분해되기 전에 퇴적물 속에 빨리 묻힐수록 화석으로 보존되기 쉽다.

02 ㄴ. B는 분포 면적이 좁고, 생존 기간이 길기 때문에 시상 화석으로서의 가치가 높다. 시상 화석이 표준 화석보다 분포 면적이 좁은 것은 환경 변화에 민감하기 때문이다.
[오답 피하기] ㄱ. A는 분포 면적이 넓고, 생존 기간이 짧으므로 표준 화석으로 적합하다.
ㄷ. A는 주로 지층의 생성 시기를 판단하는 데 이용하고, B는 주로 지질 시대의 환경을 판단하는 데 이용한다.

03 [예시 답안] 온난하고 습윤한 육지 환경에서 퇴적되었다.

채점 기준	배점(%)
제시된 조건을 모두 이용하여 퇴적 환경을 옳게 설명한 경우	100
제시된 조건 중 2가지만 이용하여 퇴적 환경을 설명한 경우	50

04 삼엽충은 고생대의 바다에서, 암모나이트는 중생대의 바다에서, 매머드는 신생대의 육지에서 번성하였다.

05 ③ 중생대는 전 기간에 걸쳐 온난하여 빙하기가 없었다.
[오답 피하기] ① 선캄브리아 시대에는 중기와 말기에 빙하기가 있었다.
② 고생대에는 중기와 말기에 한랭해져 빙하기가 있었다.
④ 신생대 제4기에는 한랭한 시기와 온난한 시기가 반복되어 여러 번의 빙하기와 간빙기가 있었다.

06 ㄷ. 신생대 말기에는 한랭한 시기와 온난한 시기가 반복적으로 나타나 빙하기와 간빙기가 반복되었다.
[오답 피하기] ㄱ. (가)는 전 기간에 걸쳐 빙하기가 없으므로 중생대의 기온 분포이고, (나)는 말기에 빙하기와 간빙기가 반복되므로 신생대의 기온 분포이다.
ㄴ. 중생대에는 전 기간에 걸쳐 빙하기가 없었고, 이러한 온난한 기후는 신생대 초기까지 이어졌다.

07 ㄱ. 기온이 온난할수록 나무의 성장이 빨라지므로 나무의 나이테 간격이 넓어진다.
ㄷ. 빙하가 이동하는 동안 무거운 무게로 인해 암석은 깎여지므로 빙하에 의해 긁힌 퇴적물이 나타나는 시기에는 한랭하였다.

[오답 피하기] ㄴ. 기온이 온난한 시기에는 활엽수림의 꽃가루 화석이 많고, 기온이 한랭한 시기에는 침엽수림의 꽃가루 화석이 많다.

08 자료 분석 하기

빙하 시추물 속의 산소 동위 원소

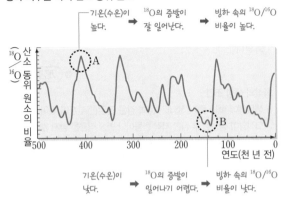

- 빙하 시추물 속에 포획된 공기 방울로 대기 성분을 연구하거나 빙하를 이루는 물 분자(H_2O)의 산소 동위 원소 비율($^{18}O/^{16}O$)을 조사하여 고기후를 연구할 수 있다.
- $^{18}O/^{16}O$가 높았던 시기에는 온난하였고, $^{18}O/^{16}O$가 낮았던 시기에는 한랭하였다.

[예시 답안] A 시기가 더 높았다. 기온이 높은 시기에는 기온이 낮은 시기보다 ^{18}O를 포함하는 물 분자가 잘 증발하기 때문이다.

채점 기준	배점(%)
기온이 높았던 시기와 판단의 근거를 모두 옳게 설명한 경우	100
기온이 높았던 시기의 근거를 옳게 설명하였으나 그 시기를 잘못 판단한 경우	80
기온이 높았던 시기를 옳게 설명하였으나 판단의 근거를 잘못 설명한 경우	20

09 지질 시대의 길이는 선캄브리아 시대＞고생대＞중생대＞신생대 순이다.

10 ㄱ. 지질 시대를 구분하는 단위는 누대 → 대 → 기이다.
ㄴ. 지질 시대는 생물계의 급격한 변화, 지각 변동, 기후 변화 등을 기준으로 구분한다.
[오답 피하기] ㄷ. 시생 누대와 원생 누대를 합쳐 선캄브리아 시대라고 한다.

11 ㄱ, ㄷ. 그림은 고생대 말기~중생대 초기의 초대륙인 판게아가 형성된 모습이므로 이 시기는 고생대 말기이다. 고생대 말기 지층에서는 방추충이 화석으로 산출된다.
[오답 피하기] ㄴ. 육지에 생물이 출현한 시기는 고생대 중기이고, 이 시기에는 육지에 식물과 동물이 번성하였다.

⊙ 개념 더하기

고생대의 기후와 수륙 분포
- 고생대는 대체로 온난하였지만, 말기에는 빙하기가 있었다.
- 고생대 말기에 여러 대륙이 하나로 모여 초대륙 판게아를 형성하면서 대규모 조산 운동이 일어났다.

12 자료 분석 하기

지질 시대의 수륙 분포

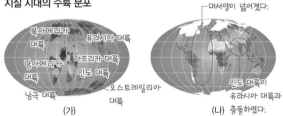

(가)   (나)

- (가)는 중생대 말기, (나)는 신생대 초기의 수륙 분포이다.
- (가) → (나) 기간에 대서양이 넓어지면서 남아메리카 대륙과 아프리카 대륙은 멀어졌다.
- 인도 대륙은 남반구에서 북반구로 계속 북상하였다.

ㄱ. (가)는 대서양이 형성되고 있는 중생대 말기, (나)는 수륙 분포가 현재와 비슷해진 신생대 초기의 수륙 분포이므로 수륙 분포는 (가) → (나)로 변하였다.
ㄴ. (가) → (나)의 기간에 대서양이 넓어지면서 남아메리카 대륙과 아프리카 대륙은 멀어졌다.
ㄷ. 판게아 시기에 인도 대륙은 남극 부근에 있었으나, 대륙의 분리 이후 계속 북쪽으로 이동하였다.

13 ㄱ. 선캄브리아 시대에는 태양 복사의 유해한 자외선이 지표까지 도달하였으므로 육지에 생물이 살 수 없었다.
ㄴ. 에디아카라 동물군 화석은 선캄브리아 시대의 대표적인 화석이다.
ㄷ. 선캄브리아 시대 초기에는 대기 중에 산소가 없었으며, 남세균의 광합성으로 산소 농도가 증가하였다. 그 결과 고생대 중기에 오존층이 형성되었고, 자외선이 차단되어 육지에 생물이 살 수 있는 환경으로 변하였다.

14 [예시 답안] 대기 중에 오존 농도가 높아져서 유해한 자외선이 차단되었기 때문이다.

채점 기준	배점(%)
오존 농도와 자외선 차단을 포함하여 서식 환경 변화를 옳게 설명한 경우	100
오존 농도와 자외선 차단 중 1가지만 포함하여 서식 환경 변화를 옳게 설명한 경우	50

15 ⑤ 삼엽충, 필석, 화폐석은 바다에서 서식하였고, 공룡은 육지에서 서식하였다.
[오답 피하기] ① 삼엽충과 필석은 고생대의 표준 화석이므로 A는 고생대에 퇴적되었다.
② 공룡 발자국은 중생대의 표준 화석이고, 화폐석은 신생대의 표준 화석이므로 B는 C보다 먼저 퇴적되었다.
③ 팔레오기와 네오기는 신생대에 속한다.
④ 고생대, 중생대, 신생대를 합쳐 현생 누대라고 한다.

16 ㄴ. 육지에 공룡을 비롯한 파충류가 번성하였던 시기이므로 중생대이다. 중생대의 바다에서는 암모나이트가 번성하였다.
[오답 피하기] ㄱ. 중생대의 육지에는 겉씨식물이 번성하였다.
ㄷ. 중생대는 전 기간 동안 온난하였으므로 빙하기가 없었다.

17 ㄱ. (가)는 고생대에 출현하였고, (나)는 신생대에 출현하였다.

ㄴ. 고생대 중기에 육지에서는 양치식물이 번성하였다.

[오답 피하기] ㄷ. (나)가 번성한 신생대에는 속씨식물이 번성하였다.

실력을 올리는 실전 문제

80~83쪽

01 ②	02 ③	03 ④	04 ⑤	05 ①
06 ③	07 ①	08 ①	09 ①	10 ①
11 ④	12 ②	13 ②	14 ②	

1등급을 굳히는 고난도 문제

15 ④	16 ②

---

01 ㄴ. B와 C는 부정합 관계이므로, B가 먼저 형성되었다.

[오답 피하기] ㄱ. 필석은 고생대, 암모나이트는 중생대의 표준 화석이므로 A와 B는 역전되었다.

ㄷ. C는 중생대 이후에 형성되었다.

02 ㄱ. 석탄층은 세 지역에서 모두 관찰되고, 퇴적 환경이 뚜렷하므로 건층으로 가장 적합하다.

ㄴ. (나)에서 사암층 → 석회암층 → 석탄층 순으로 쌓이는 동안 (가)에서 사암층 → 석탄층으로 쌓였으므로 (가)에서 사암층과 석탄층 사이에 부정합이 나타날 가능성이 있다.

[오답 피하기] ㄷ. (가)의 역암층은 건층보다 먼저 형성되었고, (다)의 역암층은 건층보다 나중에 형성되었다.

03 ㄴ. 주사위의 처음 개수가 100개였으므로 50개로 줄어드는 데 걸리는 횟수(반감 횟수)는 약 4회이다.

ㄷ. 반감 횟수가 4회이므로 남은 주사위의 개수는 0회(100개) → 4회(50개) → 8회(25개) → 12회(13개)로 줄어든다.

[오답 피하기] ㄱ. 처음 보자기 속에 남은 주사위 개수는 100개이고, 눈금이 6인 주사위는 밖으로 꺼낸 후 남은 주사위를 가지고 횟수를 반복하였으므로 자원소에 해당한다.

04 ㄱ. X, Y의 반감기는 각각 2억 년, 0.4억 년이므로 (가)가 (나)보다 5배 길다.

ㄴ. 암석의 나이가 2억 년이면 X는 반감기를 1회 거치므로 남은 방사성 원소의 함량은 $\frac{1}{2}$이고, Y는 반감기를 5회 거치므로 남은 방사성 원소의 함량은 $\left(\frac{1}{2}\right)^5 = \frac{1}{32}$이다.

ㄷ. 암석의 나이가 6억 년이면 방사성 원소 X는 반감기를 3회 거쳤으므로 모원소 함량은 처음 양의 $\left(\frac{1}{2}\right)^3 = \frac{1}{8}$이고, 자원소 함량은 $1 - \frac{1}{8} = \frac{7}{8}$이다. 따라서 $\frac{\text{자원소 함량}}{\text{모원소 함량}}$ 값은 7이다.

05 ㄱ. 빙하 코어에 포함된 공기 방울은 눈이 빙하로 변하면서 빙하 속에 포함된 것이다. 따라서 ㉠으로 과거의 대기 조성을 알 수 있다.

[오답 피하기] ㄴ. 대륙 빙하 면적의 변화로 생기는 해수면의 높이는 기온이 높았던 B 시기가 높았다.

ㄷ. 기온(수온)이 높았던 시기에 빙하 속의 산소 동위 원소비가 높다. 따라서 A 시기는 B 시기보다 기온(수온)이 낮았으며, 해수에서 대기로 이동하는 수증기의 산소 동위 원소비는 B 시기가 높았다.

06 ㄱ. 나무의 나이테는 온난한 시기에는 성장이 활발하므로 폭이 넓어진다.

ㄴ. 빙하 시추물 속에는 빙하가 만들어질 당시의 공기가 포함되어 공기 방울로 남아 있다.

[오답 피하기] ㄷ. (가)는 수천 년 전의 고기후를 알 수 있지만, (나)는 수십만 년 전의 고기후를 알 수 있다.

07 ㄱ. (가)는 고생대, (나)는 중생대, (다)는 신생대이다.

ㄴ. A 시기에 육상 식물이 출현하였으므로 오존층은 이보다 먼저 형성되었다.

[오답 피하기] ㄷ. B는 고생대와 중생대의 경계이다. 암모나이트는 (나) 시대의 말에 멸종하였다.

ㄹ. 육상 식물보다 해양 동물에서 생물군 수의 변화가 크므로 지질 시대의 구분은 해양 동물이 육상 식물보다 유용하다.

08 ㄱ. 지질 시대와 해양 동물 화석이 산출된 지층의 시기가 일치하는데, 이는 해양 동물이 식물보다 환경 변화에 민감하여 출현하거나 멸종되기 때문이다.

[오답 피하기] ㄴ. 식물 화석 b의 출현 시기는 지질 시대 Ⅱ의 시작과 일치하지 않는다.

ㄷ. 지질 시대를 구분한 경계는 암석 변화에 의한 지층 구분의 경계와 크게 다르다.

09 ㄱ. A는 고생대, B는 신생대, C는 선캄브리아 시대이다. 양치식물은 고생대에 출현하였다.

[오답 피하기] ㄴ. 현재로 올수록 생물종의 수가 많으므로 A보다 B 시대에 생물종의 수가 많다.

ㄷ. C 시대는 생물이 다양하지 않았고, 화석으로 남은 것이 매우 적으므로 지질 시대를 기 단위로 세분할 수 없다.

10 ㄱ. (가)는 선캄브리아 시대 후기, (나)는 고생대 후기이므로 수륙 분포는 (가) → (나)로 변하였다.

[오답 피하기] ㄴ. (나) 시기의 육지에서는 양치식물이 번성했다.

ㄷ. (가) 시기의 지층에서는 에디아카라 동물군 화석이 산출된다.

11 ㄴ. 삼엽충은 고생대의 표준 화석이므로 (가)의 하부에 삼엽충이 산출되는 지층은 고생대에 형성되었다.

ㄷ. (나)의 상부 지층에서 신생대의 표준 화석인 화폐석이 산출되므로 이 지층이 가장 나중에 형성되었다.

[오답 피하기] ㄱ. (가)의 상부 지층에서 공룡 화석이 산출되므로 이 지층은 육지에서 형성되었다.

12 ㄷ. (가)는 고생대의 방추충, (나)는 고생대의 삼엽충, (다)는 신생대의 화폐석, (라)는 중생대의 암모나이트이다. 중생대에는 전 기간에 걸쳐 빙하기가 없었다.

[오답 피하기] ㄱ. 방추충이 번성했던 시기에 육지에서는 양치식물이 삼림을 이루었다.

ㄴ. (나)는 고생대의 표준 화석이므로 신생대의 표준 화석인 (다)보다 먼저 번성하였다.

⊕ **개념 더하기**

지질 시대의 생물

고생대	• 삼엽충, 완족류, 필석류, 갑주어, 방추충 등이 번성하였다. • 식물계에서는 양치식물이 번성하였다.
중생대	• 파충류, 공룡, 암모나이트 등이 번성하였다. • 식물계에서는 겉씨식물이 번성하였다.
신생대	• 화폐석, 포유류 등이 번성하였다. • 식물계에서는 속씨식물이 번성하였다.

13 **자료 분석 하기**

지질 시대의 환경

(가)　　　　　　(나)　　　　　　(다)

• (가) 매머드가 관찰된다. ➡ 신생대
• (나) 삼엽충이 관찰된다. ➡ 고생대
• (다) 공룡이 관찰된다. ➡ 중생대

ㄷ. 중생대인 (다)의 시대에 바다에서는 암모나이트가 번성하였다.

[오답 피하기] ㄱ. (가)는 신생대, (나)는 고생대, (다)는 중생대의 환경이므로 (나) → (다) → (가) 순으로 변하였다.

ㄴ. (나)는 삼엽충이 번성하였으므로 오존층이 형성되어 유해한 자외선이 차단되었던 고생대 중기~말기이다. 오존층 형성으로 육지의 생물이 출현하였다.

14 ㄷ. 고생대 말기와 신생대를 보면 한랭했던 시기에는 대륙 빙하의 분포 범위가 저위도 쪽으로 확대된다.

[오답 피하기] ㄱ. 고생대 말기에는 빙하기가 있었으나 중생대는 전 기간에 걸쳐 빙하기가 없었다.

ㄴ. 신생대는 기후가 점차 한랭해지는 추세이므로 초기 이후로 평균 해수면이 대체로 낮아졌다.

⊕ **개념 더하기**

지질 시대의 기후

• 선캄브리아 시대에는 초기에 온난하였으나 중기와 말기에 빙하기가 있었다.
• 고생대에는 중기와 말기에 빙하기가 있었다.
• 중생대에는 전 기간 동안 빙하기가 없는 온난한 기후가 지속되었다.
• 신생대에는 초기에 온난하였으나, 말기에 빙하기와 간빙기가 반복되었다.

15 **고난도 문제 해결 전략**

(STEP 1) **출제 의도 파악하기**

고생물의 과의 수 변화와, 멸종된 과의 수 변화를 해석하여 지질 시대의 고생물의 변화를 파악하는 문제이다.

(STEP 2) **자료 분석하기**

(가)	• 삼엽충은 고생대 전 기간에 걸쳐 서식하였다. • 완족류는 고생대부터 현재까지 서식한다.
(나)	• 짧은 시간 동안 많은 종의 생물들이 멸종하였다. • 고생대 말에 지질 시대 중 가장 큰 멸종이 일어났다.

(STEP 3) **관련 개념 모으기**

• 생물의 대멸종이란?
➡ 짧은 시간 동안에 많은 종의 생물들이 멸종한 사건을 말하는데, 대멸종은 지역적 또는 전 지구적으로 일어난 급격한 환경 변화에 의해서 일어날 수 있다.

ㄴ. 삼엽충은 고생대 전 기간에 걸쳐 서식하였으므로 고생대의 표준 화석이다.

ㄷ. (나)를 보면 삼엽충이 멸종한 시기에 지질 시대 중 가장 큰 멸종이 일어났다.

[오답 피하기] ㄱ. 완족류는 고생대부터 현재까지 서식하므로 고생대의 표준 화석이 아니다.

16 **고난도 문제 해결 전략**

(STEP 1) **출제 의도 파악하기**

지질 시대의 상대적인 길이를 이해하고 문제에 적용할 수 있는지 묻는 문제이다.

(STEP 2) **자료 분석하기**

• 24시간이 46억 년에 해당하므로 1시간은 약 1.9억 년에 해당한다. 이를 시계에 적용하면 다음과 같다.

지질 시대	시작 시기	시계에 적용
선캄브리아 시대	46억 년 전	0시~약 21.2시
고생대	5.41억 년 전	약 21.2시~약 22.7시
중생대	2.52억 년 전	약 22.7시~약 23.7시
신생대	0.66억 년 전	약 23.7시~24시

(STEP 3) **관련 개념 모으기**

❶ 지질 시대의 상대적인 길이는?
➡ 선캄브리아 시대(88.2 %)＞고생대(6.3 %)＞중생대(4.1 %)＞신생대(1.4 %) 순이다.

❷ 지질 시대의 구분 기준은?
➡ 생물의 출현과 멸종을 알려주는 표준 화석 및 대멸종 사건이다.

ㄷ. 24시간이 46억 년에 해당하므로 1시간은 약 1.9억 년이다. 신생대는 약 23.7시에 시작되었으므로 신생대의 화폐석이 번성한 기간은 1시간보다 짧다.

[오답 피하기] ㄱ. 고생대는 5.41억 년 전에 시작되었으므로 시계로는 약 21.2시에 시작되었다.

ㄴ. 필석은 고생대의 표준 화석이다. 고생대는 약 21.2시~약 22.7시에 해당하므로 필석은 20시에 출현하지 않았다.

01 ㄱ. A는 풍화와 침식에 의해 생성된 퇴적물이 속성 작용을 거쳐 쇄설성 입자가 굳어진 것이므로 쇄설성 퇴적암이다.

ㄴ. 암염은 물이 증발하면서 해수에 용해된 물질이 침전되어 생성되므로 화학적 퇴적암(B)에 해당한다.

ㄷ. A는 쇄설성 퇴적암, B는 화학적 퇴적암, C는 유기적 퇴적암이다. A~C는 모두 속성 작용을 거쳤으므로 다짐 작용과 교결 작용을 받았다.

02 ㄷ. (가)는 육성 기원의 쇄설성 퇴적암이고, (나)는 화산 기원의 쇄설성 퇴적암이다.

[오답 피하기] ㄱ. 사암은 모래로 이루어져 있으며, 모래는 육지에서 모암의 풍화와 침식에 의해 생성되었다.

ㄴ. (나)는 화산 활동이 일어날 때 대기로 방출된 화산재가 쌓인 후 속성 작용을 받아 생성되었다.

03 ㄷ. (나)는 수심이 깊은 곳에서 입자가 큰 것부터 퇴적되어 형성된 점이 층리이므로 (나)가 (가)보다 수심이 깊은 곳에서 형성되었다.

[오답 피하기] ㄱ. (가)는 아래쪽의 사층리 경사가 완만하므로 지층이 역전되지 않았다.

ㄴ. 물이 흐른 방향을 알 수 있는 것은 사층리인 (가)이다. 사층리는 수심이 얕은 해안이나 강 주변, 모래가 쌓여 큰 언덕을 이룬 사막 환경 등에서 잘 형성된다.

04 ㄱ. A는 육상 환경이므로 육지 내의 하천, 호수, 사막 등에 쇄설성 퇴적물이 쌓인다. B는 연안 환경, C는 해양 환경을 나타낸다.

[오답 피하기] ㄴ. 선상지는 산지와 평지가 만나는 곳에 생기므로 A의 환경에 해당한다.

ㄷ. 연흔은 수심이 얕은 곳에서 생기므로 B의 환경(연안 환경)에서 형성된다.

05 자료 분석 하기

습곡의 종류

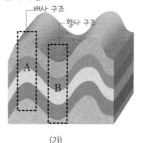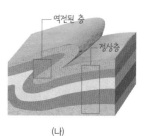

(가)   (나)

- (가)는 정습곡, (나)는 횡와 습곡이다.
- 습곡은 횡압력을 받아 형성된다.
- 습곡 구조에서 볼록한 봉우리에 해당하는 부분을 배사(A), 오목한 골짜기에 해당하는 부분을 향사(B)라고 한다.

ㄴ. A는 위로 볼록한 부분이므로 배사 구조이고, B는 아래로 오목한 부분이므로 향사 구조이다.

ㄷ. (나)에서는 먼저 퇴적된 지층이 위에 놓여 있어 역전된 부분이 있다.

[오답 피하기] ㄱ. (가)는 정습곡, (나)는 횡와 습곡으로, 모두 횡압력에 의해 형성되었다.

06 ㄴ, ㄷ. A와 B 모두 상반이 단층면을 따라 아래로 이동한 정단층이므로 장력에 의해 생성된 지질 구조이다.

[오답 피하기] ㄱ. 정단층은 상반이 하반 아래로 내려간 지질 구조이다.

07 ㄱ. (가)는 부정합면 아래의 지층이 경사져 있으므로 횡압력을 받았다.

ㄷ. (가)는 경사 부정합이고, (나)는 난정합이므로 (가)와 (나) 모두 융기 → 침식 → 침강 과정을 거쳤다.

[오답 피하기] ㄴ. 화강암은 지하 깊은 곳에서 생성되는 심성암의 한 종류이다. (나)의 화강암은 지하 깊은 곳에서 생성된 후 상부의 지층이 침식되면서 융기하여 지표로 드러났고, 그 후 상부의 지층 A가 퇴적되어 화강암과 지층 A 사이에 부정합이 형성되었다.

08 ㄱ. (가)는 오각형이나 육각형의 기둥 모양으로 절리가 나타나므로 주상 절리이다.

[오답 피하기] ㄴ. (나)는 지하 깊은 곳의 화성암이 지층의 침식으로 융기할 때 주변 압력의 감소로 팽창하면서 생긴 판상 절리이므로 주로 심성암에서 나타난다.

ㄷ. (가)는 용암이 냉각되면서 생기고, (나)는 심성암이 융기하면서 팽창하여 생기므로 (나)의 암석이 (가)의 암석보다 생성되는 깊이가 깊다.

09 ㄴ. B와 C 사이에는 부정합의 흔적이 없으므로 지층 누중의 법칙에 의해 B가 C보다 나중에 생성되었다.

ㄷ. C의 하부에 기저 역암이 있고, 화성암 E가 부정합면에 의해 절단되었다. 따라서 C와 D는 부정합의 법칙에 따라 D가 먼저 생성되었다.

[오답 피하기] ㄱ. A는 분출암이므로 A와 B는 관입의 법칙을 적용할 수 없으며, A가 B보다 나중에 생성되었다.

ㄹ. E가 D를 관입하였으므로 관입의 법칙에 따라 D가 먼저 생성되었다.

10 자료 분석 하기

지층의 대비

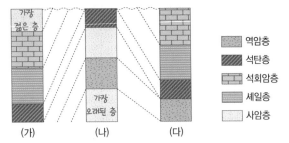

(가)　　(나)　　(다)

- 역암층
- 석탄층
- 석회암층
- 셰일층
- 사암층

- 건층인 석탄층을 기준으로 세 지역의 지층을 대비할 수 있다.
- (가)의 최상부에 있는 사암층이 가장 젊은 지층이다.
- (나)의 최하부에 있는 사암층이 가장 오래된 지층이다.

ㄴ. 가장 오래된 지층은 (나)의 최하부에 있는 사암층이다.

[오답 피하기] ㄱ. (다) 지역에는 사암층이 없으므로 사암층을 건층으로 하기 어렵다. 세 지역에서 모두 퇴적되었고, 특정 환경에서 퇴적된 석탄층이 건층으로 가장 적합하다.

ㄷ. (가)의 사암층은 건층보다 위에 놓여 있고, (나)의 최하부에 있는 사암층은 건층보다 아래에 놓여 있으므로 생성 시기가 다르다.

11 ㄱ. 암모나이트는 중생대의 바다에서 번성하였으므로 암모나이트가 산출되는 사암층은 바다에서 퇴적되었다.

ㄷ. 편마암이 변성 작용을 받는 동안 석회암은 변성 작용을 받지 않았으므로 두 지층 사이에는 퇴적 시간 간격이 크다.

[오답 피하기] ㄴ. 사암층에서 암모나이트(중생대), 석회암층에서 삼엽충(고생대)이 산출되므로 셰일층에서 신생대의 화석인 화폐석이 산출될 수 없다.

12 ㄴ. (가)는 모원소와 자원소의 비가 1 : 3이므로 2회의 반감기를 거쳤고, 절대 연령은 1.6억 년이다.

ㄷ. (나)는 모원소와 자원소의 비가 1 : 7이므로 3회의 반감기를 거쳤고, 절대 연령은 2.4억 년이다. 따라서 (나)의 절대 연령은 (가)의 1.5배이다.

[오답 피하기] ㄱ. 모원소와 자원소의 함량 비율이 1인 시간이 반감기이므로 이 방사성 원소의 반감기는 0.8억 년이다.

⊕ 개념 더하기

절대 연령의 측정
- 방사성 동위 원소의 반감기는 원소에 따라 일정한 값을 가지므로, 방사성 동위 원소의 모원소와 자원소의 비율, 반감기를 알면 절대 연령을 측정할 수 있다.
- 반감기를 1회, 2회, 3회…거치면 모원소의 양은 50 %, 25 %, 12.5 %…로 감소한다. ➡ 자원소의 양은 50 %, 75 %, 87.5 %로 증가한다.

13 가까운 지질 시대의 암석이나 고고학 유물에는 반감기가 짧은 탄소 동위 원소를 이용한다.

⊕ 개념 더하기

퇴적암의 절대 연령 측정
퇴적암은 여러 시기의 퇴적물이 섞여 있으므로 절대 연령을 정확히 측정하기는 어렵다. 퇴적암의 절대 연령은 화성암이나 변성암의 절대 연령을 측정한 후 이들 암석과의 생성 순서를 비교하는 간접적인 방법을 이용한다.

14 ㄱ. 고생대 중기와 말기에는 기후가 한랭하여 빙하기가 존재하였다.

[오답 피하기] ㄴ. 중생대는 전반적으로 온난한 기후가 지속되어 전 기간에 걸쳐 빙하기가 없었다.

ㄷ. 신생대 말기에는 빙하기와 간빙기가 반복되었으므로 중생대 말기보다 평균 해수면 높이가 낮았다.

15 ㄷ. (다)는 중생대의 표준 화석이므로 (다)가 번성하던 시기에 육지에서는 겉씨식물이 번성하였다.

[오답 피하기] ㄱ. (가)는 고생대의 방추충, (나)는 신생대의 화폐석, (다)는 중생대의 암모나이트이므로 번성한 순서는 (가) → (다) → (나)이다.

ㄴ. (나)는 신생대에 번성하였으므로 (나)가 산출되는 지층은 신생대에 퇴적되었다.

16 [예시 답안] 횡압력이 작용하여 습곡과 역단층이 발달한다.

채점 기준	배점(%)
힘의 종류와 지질 구조 2가지를 모두 옳게 설명한 경우	100
힘의 종류만 옳게 설명한 경우	50
지질 구조 2가지만 옳게 설명한 경우	50

17 [예시 답안] 생존 기간이 길고, 분포 지역이 따뜻하고 수심이 얕은 바다로 한정되기 때문이다.

채점 기준	배점(%)
생존 기간과 분포 지역을 모두 옳게 설명한 경우	100
생존 기간과 분포 지역 중 1가지만 옳게 설명한 경우	50

18 [예시 답안] A. 대기 중에 오존층이 형성되어 유해한 자외선이 차단되었기 때문이다.

채점 기준	배점(%)
출현 시기와 대기 환경의 변화를 모두 옳게 설명한 경우	100
대기 환경의 변화만 옳게 설명한 경우	70
출현 시기만 옳게 설명한 경우	30

19 [예시 답안] 고생대, 이 시기에는 여러 대륙들이 한 덩어리로 모여 판게아를 형성하였다.

채점 기준	배점(%)
지질 시대와 수륙 분포를 모두 옳게 설명한 경우	100
수륙 분포만 옳게 설명한 경우	60
지질 시대만 옳게 설명한 경우	40

(III) 대기와 해양의 변화

08 날씨의 변화

01 주위보다 기압이 낮은 곳을 저기압, 주위보다 기압이 높은 곳을 고기압이라고 한다.

02 고기압의 중심부가 거의 이동하지 않고 한곳에 머무르는 규모가 큰 고기압을 정체성 고기압이라고 하며, 시베리아 고기압, 북태평양 고기압 등이 있다.

05 온대 저기압의 한랭 전선과 온난 전선 사이에는 대체로 기온이 높으며, 바람은 남서풍이 분다. 또한 구름이 없고 맑은 날씨가 나타난다.

07 일기도의 전선 부근에서는 풍향, 기온, 기압이 급변하므로 이를 바탕으로 전선의 위치를 알 수 있다.

08 가시광선 영상에서는 구름이 두꺼울수록, 적외선 영상에서는 구름이 높게 떠 있을수록 짙은 흰색으로 나타난다.

개념을 다지는 **기본 문제**   96~99쪽

01 ⑤   **02** ④   **03** 해설 참조   **04** ②   **05** ③   **06** ①   **07** ⑤
08 ⑤   **09** ①   **10** ④   **11** A: 북서풍, B: 남서풍, C: 남동풍
12 A 지점: 시계 반대 방향, B 지점: 시계 방향   **13** (가)-(다)-(나)-(라)   **14** ①   **15** 해설 참조   **16** (1) 북동풍 (2) 7 m/s (3) 소나기 (4) 12 ℃ (5) 1004.5 hPa   **17** ②   **18** ②   **19** ⑤

01 ⑤ A는 주위보다 기압이 높은 곳이므로 고기압이고, B는 주위보다 기압이 낮은 곳이므로 저기압이다. 고기압에서는 날씨가 맑으며, 저기압에서는 날씨가 흐리다.
[오답 피하기] ① A는 고기압이다.
② B는 저기압이다.
③ 고기압 중심에는 하강 기류가 발달한다.
④ 저기압 중심에는 상승 기류가 발달한다.

02 ㄴ. B는 하강 기류가 발달하는 고기압이다. 고기압 중심은 주변보다 기압이 높으므로 공기는 고기압 중심에서 주변으로 이동한다. 따라서 고기압에서는 바람이 중심에서 바깥쪽을 향하여 시계 방향으로 불어 나간다. 남반구에서는 바람이 저기압 중심으로 시계 방향으로 불어 들어오고, 고기압 중심에서 시계 반대 방향으로 불어 나간다.
ㄷ. 고기압에서는 바람이 시계 방향으로 불어 나가고, 저기압에서는 바람이 시계 반대 방향으로 불어 들어오므로 북반구에서 공기의 움직임을 나타낸 것이다.
[오답 피하기] ㄱ. A는 상승 기류가 발달하므로 주위보다 기압이 낮은 저기압이다.

03 상승 기류가 발달하는 곳에서는 공기의 단열 팽창이 일어나 구름이 생성되므로 날씨가 흐리며, 하강 기류가 발달하는 곳에서는 단열 압축이 일어나 구름이 사라지므로 날씨가 맑다.

예시 답안 고기압 중심에서는 하강 기류가 있어 날씨가 맑고, 저기압 중심에서는 상승 기류가 있어 날씨가 흐리다.

채점 기준	배점(%)
기류와 날씨를 모두 옳게 설명한 경우	100
기류와 날씨 중 1가지만 옳게 설명한 경우	50

04 **자료 분석 하기**

겨울철 일기도

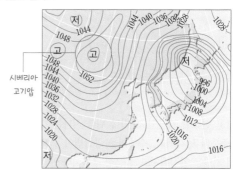

- 겨울철 일기도에서는 우리나라 서쪽에 거대한 대륙 고기압이 자리 잡고 있으며 우리나라 동쪽에 저기압이 위치해 있으므로 서고동저형의 기압 배치가 나타난다.
- 우리나라 북서쪽에 발달한 거대한 대륙 고기압은 시베리아 고기압으로 우리나라 날씨에 영향을 미친다.

---

② 겨울철에는 북서풍에 의해 우리나라에 찬 공기가 북서쪽으로부터 이동해 온다. 이 과정에서 찬 공기는 황해로부터 열과 수증기를 공급받고, 기단의 하층이 가열되어 상승 기류가 발달하므로 우리나라 서해안에 폭설이 자주 내린다.
[오답 피하기] ① 시베리아 고기압이 강하게 발달한 시기의 일기도이므로 겨울철의 일기도이다.
③ 시베리아 고기압으로부터 바람이 불어 나오므로 우리나라에는 북서풍이 분다.
④ 겨울철에 우리나라는 춥고 건조한 날씨가 나타난다.
⑤ 일기도에 나타난 시베리아 고기압은 정체성 고기압이다.

05 ㄱ. 일기도에서 우리나라 부근에 위치한 고기압은 규모가 작은 고기압으로 서에서 동으로 이동하는 이동성 고기압이다. 우리나라는 이 이동성 고기압의 영향을 받고 있다.

ㄷ. 우리나라에 영향을 미치고 있는 이동성 고기압은 중국 대륙의 양쯔강 연안에서 발달한 고기압이므로 우리나라는 양쯔강 기단의 영향을 받는다.

[오답 피하기] ㄴ. 현재 우리나라는 이동성 고기압의 영향으로 맑은 날씨가 나타나지만 앞으로 뒤따라오는 저기압의 영향을 받으므로 흐린 날씨가 나타난다.

06 ㄱ. A는 시베리아 기단, B는 오호츠크해 기단, C는 양쯔강 기단, D는 북태평양 기단이다. A는 D보다 북쪽에 있고, 대륙이 기단의 발원지이므로 기온이 낮고 건조한 성질을 가진다.

[오답 피하기] ㄴ. B는 고위도 해양이 발원지이므로 C보다 기온이 낮고, 습도가 높다.

ㄷ. D는 우리나라의 여름철 날씨에 큰 영향을 미치는 기단이다.

◆ **개념 더하기**

발원지와 기단의 성질
• 기단의 발원지가 대륙이면 건조하고, 해양이면 습한 성질을 갖는다.
• 기단의 발원지가 고위도일수록 한랭하고, 저위도일수록 온난한 성질을 갖는다.

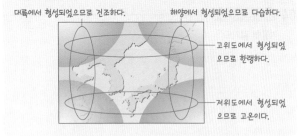

대륙에서 형성되었으므로 건조하다.   해양에서 형성되었으므로 다습하다.

고위도에서 형성되었으므로 한랭하다.
저위도에서 형성되었으므로 고온이다.

07 따뜻하고 건조한 기단이 찬 바다 위를 지나는 경우 열을 빼앗겨 하층부터 냉각되고, 수증기를 공급받아 습도가 높아진다. 따라서 기단은 안정해지고, 층운형 구름이나 안개가 형성된다.

◆ **개념 더하기**

기단의 변질
기단의 온도가 기단 하부의 지상 온도보다 낮을 때에는 기단 하층부터 가열되기 시작하여 공기가 불안정해진다. 이 경우 적운형 구름이 형성되며 소나기나 눈이 내릴 수 있다. 반대로 기단의 온도가 기단 하부의 지상 온도보다 높을 때는 기단 하층부터 냉각되기 시작하여 공기가 안정한 상태가 된다. 이 경우 층운이나 안개가 생길 수 있다.

08 ⑤ 온대 저기압 중심에서 한랭 전선은 남서쪽, 온난 전선은 남동쪽으로 발달한다. 따라서 온대 저기압이 우리나라를 통과할 때에는 온난 전선이 한랭 전선보다 먼저 지나간다.

[오답 피하기] ① (가)는 찬 공기가 따뜻한 공기 아래로 파고 들면서 형성된 한랭 전선, (나)는 따뜻한 공기가 찬 공기 위로 타고 올라가면서 형성된 온난 전선이다.

② 한랭 전선은 전선면의 기울기가 급하고, 온난 전선은 전선면의 기울기가 완만하다.

③ 전선의 이동 속도는 한랭 전선이 온난 전선보다 빠르다.

④ 한랭 전선과 온난 전선 사이에서는 대체로 날씨가 맑고 기온이 높다.

09 ① A 지역은 한랭 전선이 지나간 후이므로 소나기가 그치고 점차 맑은 날씨가 나타나기 시작하며, 찬 공기의 영향으로 기온이 내려간다.

[오답 피하기] ②, ③ B와 C 지역은 온난 전선과 한랭 전선 사이에 위치하므로 기온이 높고 남서풍이 분다.

④ D 지역은 온난 전선의 앞쪽으로 약한 비가 내리며 남동풍이 분다.

⑤ E 지역은 온난 전선이 다가오므로 구름 밑면의 높이가 점점 낮아진다.

10 **자료 분석 하기**

온대 저기압 통과 시 기온과 기압 변화
• 온난 전선이 통과하고 나면 기온이 상승하고 기압이 낮아진다.
• 한랭 전선이 통과하고 나면 기온이 급격히 낮아지고 기압은 높아진다.

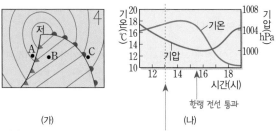

(가)   (나)

• (나)에서 13시에는 기온이 높아지고 있으며, 기압은 낮아지고 있으므로 온난 전선이 통과하고 한랭 전선은 아직 통과하기 전에 위치한 지역의 자료이다. 즉, (가)의 B에서 관측한 자료이다.

④ 한랭 전선이 통과하면 기온이 급격히 낮아지며, 기압은 높아지기 시작한다. 기온은 15시경부터 낮아지기 시작하고 기압은 16시부터 높아지기 시작하므로 한랭 전선은 15시~16시경에 통과하였다.

[오답 피하기] ① (가)에서 저기압 중심으로 갈수록 기압이 낮아지므로 기압은 A가 B보다 낮다.

② (가)에서 B는 따뜻한 공기가 위치한 지역이고, C는 찬 공기가 위치한 지역이므로 기온은 B가 C보다 높다.

③ (가)에서 C는 온난 전선의 앞쪽에 위치한 지역이므로 남동풍이 부는 지역이다.

⑤ B에서는 현재 남서풍이 불고 있으며, 한랭 전선이 지나가면 바람이 북서풍으로 바뀌게 된다. 따라서 바람의 방향은 시계 방향으로 변한다.

11 관측소 A에서는 북서풍, B는 남서풍, C는 남동풍이 불고 있다.

12 북반구의 저기압에서 바람은 시계 반대 방향으로 불어 들어간다. 따라서 풍향은 저기압의 중심이 북쪽에서 이동해 가는 지역(B)에서는 시계 방향으로 변하며, 남쪽에서 이동해 가는 지역(A)에서는 시계 반대 방향으로 변한다.

13 온대 저기압이 통과하는 동안 온난 전선 → 한랭 전선의 순으로 통과한다. 온난 전선 앞쪽에서는 층운형 구름이 생기고 약한 비가 내리며, 온난 전선이 통과한 후에는 풍향이 남동풍에서 남서풍으로 바뀌고, 맑고 따뜻한 날씨가 나타난다.

14 ㄱ. (가)는 정체 전선이 형성된 단계, (나)는 폐색 전선이 형성된 단계, (다)는 한랭 전선과 온난 전선이 형성된 단계이다. 따라서 온대 저기압의 발달 순서는 (가) → (다) → (나)이다.

[오답 피하기] ㄴ. (나)에는 한랭 전선이 온난 전선을 따라 잡아 두 전선이 겹쳐진 폐색 전선이 형성되었다.

ㄷ. 한랭 전선의 후면(A)에는 적운형 구름이, 온난 전선의 전면(B)에는 층운형 구름이 형성된다. 따라서 천둥과 번개는 주로 적운형 구름에서 발생하므로 한랭 전선의 후면에서 발생할 가능성이 크다.

15 [예시 답안] 폐색 전선, 한랭 전선의 이동 속도가 온난 전선의 이동 속도보다 빠르기 때문이다.

채점 기준	배점(%)
(나)에서 형성된 전선 A의 명칭을 쓰고, 한랭 전선과 온난 전선의 이동 속도를 포함하여 옳게 설명한 경우	100
전선의 명칭만 옳게 쓴 경우	30

16 자료 분석 하기

일기 기호의 해석

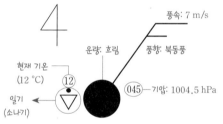

- 기압의 표기법: 기압은 소수 첫째 자리까지 나타내며, 천의 자리와 백의 자리를 생략하고 십의 자리부터 소수 첫째 자리까지를 3자리의 숫자로 표시한다.
- 기압을 읽는 법: 기압은 대략 900~1050 hPa 사이에서 나타나므로 일기 기호에 나타난 숫자에 9나 10을 붙여서 읽는다.

일기 기호에서 나타나는 풍향은 북동풍, 풍속은 7 m/s이며, 소나기가 내리고 있고, 기온은 12 ℃이다. 기압을 나타내는 숫자 '045'는 1004.5 hPa을 의미한다.

17 ㄷ. (나)에서 C 지역은 온난 전선의 전면에 위치하여 남풍 계열의 바람(남동풍)이 분다.

[오답 피하기] ㄱ. 우리나라는 중위도 편서풍대에 위치해 있으므로 온대 저기압이 서쪽에서 동쪽으로 이동해 간다. 따라서 (가)는 (나)보다 나중에 작성된 것이다.

ㄴ. A 지역은 한랭 전선의 후면에 위치하여 찬 공기의 영향을 받고 있으며, B 지역은 한랭 전선과 온난 전선 사이에 위치하여 따뜻한 공기의 영향을 받고 있다.

18 ㄴ. (나)에서 세 번째 일기 기호에 나타난 풍향은 남서풍이며, 기압은 1001.5 hPa이다. 기압과 풍향으로 보아 이러한 날씨가 나타나는 지역은 (가)의 B 지역이다. B 지역은 온난 전선과 한랭 전선의 사이에 위치한 지역으로 남서풍이 부는 지역이다.

[오답 피하기] ㄱ. (나)에서 두 번째 일기 기호에 나타난 풍향은 북서풍이며, 기압은 1003.5 hPa이다. 기압과 풍향으로 보아 이러한 날씨가 나타나는 지역은 (가)의 A 지역이다. A 지역은 한랭 전선이 지나가고 시간이 흐른 지역이므로 날씨가 대체로 맑다. (나)의 일기 기호에 나타난 날씨를 통해 이 지역에 비가 내리지 않음을 알 수 있다.

ㄷ. (나)에서 첫 번째 일기 기호에 나타난 풍향은 남동풍이며, 기압은 1003.6 hPa이다. 기압과 풍향으로 보아 이러한 날씨가 나타나는 지역은 (가)의 C 지역이다. A, B, C 지역 중에서 C는 기압이 가장 높은 지역이다.

19 자료 분석 하기

적외선 영상의 해석

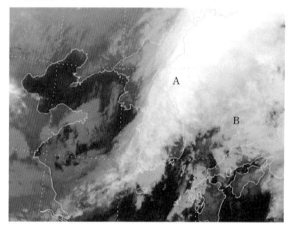

- 구름의 분포와 이동을 알 수 있다.
- 적외선 영상은 밤에도 이용할 수 있다.
- A와 같이 짙은 흰색으로 나타난 부분은 높게 발달한 구름이, B와 같이 회색으로 나타난 부분은 낮은 구름이 있다.

ㄱ. 적외선 영상은 물체가 방출한 복사 에너지 중에서 적외선 영역의 에너지를 나타내며, 고도가 높은 구름은 짙은 흰색으로, 고도가 낮은 구름은 회색이나 검은색으로 보인다. (나)에서 A는 B보다 흰색을 띠고 있으므로 구름의 높이는 A가 B보다 높다.

ㄴ. (나)는 적외선 영상이다. 적외선 영상은 지표면과 구름에서 방출되는 적외선을 관측하여 구름의 분포를 나타내 주므로 주간뿐만 아니라 야간에도 이용할 수 있으며, 위성 영상을 이용하여 구름의 분포와 이동 방향 및 속도를 알 수 있다.

ㄷ. (가)의 일기도에서 우리나라에는 저기압 중심이 위치하고 있다. 우리나라에 위치한 저기압은 온대 지방에서 생성된 온대 저기압이며, (나)의 사진에서 전선 주변에 구름이 발달해 있다. 따라서 우리나라의 날씨는 흐리며, 온대 저기압의 영향을 받고 있다.

01 태풍의 에너지원은 수증기의 응결열이다.

02 태풍은 중심 근처에서 강한 상승 기류가 발생하고 그로 인해 두꺼운 적란운이 발달한다.

04 태풍 진행 방향의 오른쪽 반원은 태풍의 이동 방향이 태풍 내 바람 및 대기 대순환의 풍향과 같아 풍속이 상대적으로 강하여 많은 피해를 입히는 지역으로 위험 반원이라고 한다.

07 뇌우는 적운 단계, 성숙 단계, 소멸 단계의 발달 과정을 거치며, 이 중에서 상승 기류가 발달하면서 하강 기류가 공존하는 단계는 성숙 단계이다. 이때 돌풍, 천둥, 번개, 소나기, 우박을 동반한다.

09 황사는 발원지인 중국의 사막 또는 건조한 황토 지대의 얼었던 토양이 녹는 시기인 3~5월에 주로 발생하여 편서풍을 타고 우리나라에 영향을 준다. 따라서 봄에 자주 발생한다.

01 A는 주변보다 기압이 높은 고기압이고, B는 주변보다 기압이 낮은 저기압이다. B는 동심원 모양의 등압선을 보이고 있는 강한 저기압 태풍이다. 따라서 중심 기압은 A보다 B에서 낮다. 바람은 등압선의 간격이 좁은 곳에서 강하고 등압선의 간격이 넓은 곳에서 약하므로, 태풍 B 부근에서는 등압선이 매우 촘촘한 것으로 보아 일정한 거리에 있는 두 지점 사이의 기압차가 A 부근보다 상대적으로 매우 크다. 따라서 바람이 훨씬 강하게 나타난다. 또한, 날씨는 고기압 중심인 A 부근이 태풍인 B 부근보다 맑게 나타난다.

02 ① 태풍은 저기압이므로 중심으로 갈수록 기압이 낮아진다. 따라서 기압은 A보다 B에서 낮다.
[오답 피하기] ② 바람은 태풍의 중심에 가까이 갈수록 강해지다가 태풍의 눈 부근에 형성된 구름벽에서 가장 강해지고, 태풍의 눈에서는 바람이 약하다. B는 태풍의 눈이므로 바람이 약한 곳이다. 따라서 바람은 B보다 A에서 강하다.
③ B는 태풍의 눈이다. 태풍의 눈에서는 하강 기류가 나타나므로 구름이 없는 맑은 구역이 나타난다.
④ C는 태풍의 눈 주변에 발달한 구름벽이 위치한 곳이다. 이

곳은 강한 바람과 함께 비가 내리는 곳이다. 반면 B는 태풍의 눈으로 날씨가 맑은 구역이다.
⑤ 태풍 중심에 가까이 갈수록 상승 기류가 강해지므로 태풍의 중심으로 갈수록 구름이 높게 발달하며, 태풍의 눈은 높은 구름벽으로 둘러싸여 있다.

03 ㄱ. 태풍 진행 방향의 왼쪽 반원(A)은 태풍 내 풍향이 태풍의 이동 방향 및 대기 대순환의 풍향과 반대이므로 풍속이 약하여 안전 반원이라고 한다. 태풍 진행 방향의 오른쪽 반원(B)은 태풍 내 풍향이 태풍의 이동 방향 및 대기 대순환의 풍향과 같은 방향이므로 풍속이 강해져 위험 반원이라고 한다.
ㄴ. 태풍의 중심에는 약한 하강 기류에 의해 구름이 거의 없고 바람이 약한 구역이 존재하는데, 이를 태풍의 눈이라고 한다.
[오답 피하기] ㄷ. 태풍은 저기압이므로 중심으로부터 거리가 멀어질수록 기압이 높아진다. 따라서 해수면의 높이는 태풍의 중심으로부터 거리가 멀어질수록 낮아진다.

04 〔자료 분석 하기〕

태풍의 발생과 이동

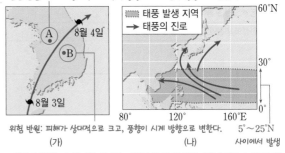

안전 반원: 피해가 상대적으로 적고, 풍향이 시계 반대 방향으로 변한다.
위험 반원: 피해가 상대적으로 크고, 풍향이 시계 방향으로 변한다.
(가) (나) 5°~25°N 사이에서 발생

• 태풍의 발생: 수온이 높은 적도 부근의 열대 해상에서 발생 ➡ 많은 열과 수증기를 받을 수 있기 때문이다.
• 이동 경로: 무역풍과 편서풍의 영향으로 발생 시에는 북서쪽으로 진행하다가 위도 25°~30° 부근에서 북동쪽으로 진행한다. ➡ 북태평양 기단의 세력 범위에 따라 이동 경로에 차이를 보인다.
• 태풍의 이동과 피해 발생: 태풍 진행 방향의 왼쪽보다 오른쪽에서 상대적으로 큰 피해를 입는다.

―――――――――――

ㄱ. A 지역은 북동풍 → 북풍 → 북서풍으로 풍향이 점차 시계 반대 방향으로 변한다.
ㄷ. 태풍이 육지에 상륙하면 수증기 공급이 줄어들기 때문에 세력이 약해진다.
ㄹ. 태풍은 주로 수온이 높은 위도 5°~25° 사이의 열대 해상에서 발생한다.
[오답 피하기] ㄴ. A 지역은 태풍의 진행 방향에 대해 왼쪽에 위치해 있고, B 지역은 오른쪽에 위치해 있으므로 위험 반원에 속한 B 지역의 피해가 더 크다.

05 ㄱ. 8월 29일에 태풍이 발생한 이후 태풍은 북서쪽으로 이동하다가 일본 규슈 지방을 지나면서 방향을 바꿔 북동쪽으로 이동하였다. 태풍이 북서쪽으로 이동하는 동안은 무역풍의 영향을 받았으며, 북동쪽으로 이동하는 동안은 편서풍의 영향을 받았다.
ㄷ. 태풍 주변 지역에서는 바람이 태풍의 중심이 있는 곳을 향

하여 불게 되므로 태풍이 이동하게 되면 바람의 방향이 바뀌게 된다. 부산은 태풍 진행 경로의 왼쪽에 위치하였으므로 태풍이 우리나라 부근을 지나가는 동안 바람의 방향은 시계 반대 방향으로 변하였다.

[오답 피하기] ㄴ. 일정한 시간 간격으로 나타낸 태풍의 이동 경로에서 30° N 부근에서는 태풍의 위치를 나타내는 기호가 가장 촘촘하게 나타나므로 태풍의 이동 속도는 30° N 부근에서 가장 느렸다.

06 ㄱ. 태풍이 육지에 상륙하면 세력이 약해지므로 풍속이 감소한다. 따라서 태풍의 최대 풍속은 태풍이 바다 위에 있을 때인 A에서 크고, 육지 위를 지나는 B에서는 A에서보다 감소한다.

ㄴ. 태풍이 바다 위를 지나는 동안에는 수증기를 지속적으로 공급받을 수 있으나 육지에 상륙하면 수증기를 공급받을 수 없다. 태풍이 예상 진로와 같이 이동하였다면 태풍은 황해에서 북쪽으로 이동하다가 육지로 상륙하게 된다. 그러나 실제 이동 경로는 목포 부근에서부터 상륙하여 남서 해안 지역을 따라 이동하였으므로 예상보다 일찍 상륙하였다. 따라서 태풍은 진로가 변경되면서 수증기의 공급량이 감소하였다. 그 결과 태풍은 예상보다 일찍 소멸되었다.

[오답 피하기] ㄷ. 태풍의 실제 진로는 예상 진로보다 동쪽으로 이동하였으므로 북태평양 고기압의 세력이 약해졌음을 알 수 있다.

➕ 개념 더하기

북태평양 고기압과 태풍의 진로
태풍은 북태평양 고기압의 가장자리를 따라 이동한다. ➡ 우리나라 주변으로 북상하는 태풍의 경우 북태평양 고기압의 세력이 강한 여름철일수록 이동 경로가 서쪽으로 치우치게 되고, 점차 세력이 줄어드는 9월부터는 동쪽으로 치우친 이동 경로를 보인다.

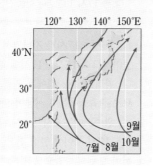

07 태풍의 에너지원은 수증기가 응결하는 과정에서 방출되는 응결열이다. 태풍이 육지에 상륙하면 수증기의 공급이 차단되고, 수온이 낮은 위도의 해수면 위로 이동하면 해수면에서 증발되는 수증기량이 감소하므로 태풍의 세력이 급속히 약화된다.

예시 답안 태풍의 에너지원인 수증기를 공급받을 수 없기 때문이다.

채점 기준	배점(%)
에너지원인 수증기를 공급받을 수 없기 때문이라고 옳게 설명한 경우	100
수증기가 없기 때문이라고만 설명한 경우	50

08 ㄱ, ㄷ. 뇌우는 강한 상승 기류에 의해 적란운이 발달하면서 천둥과 번개를 동반한 강한 소나기가 내리는 기상 현상이다.

[오답 피하기] ㄴ. 뇌우는 지표면이 가열되어 주로 대기가 불안정한 오후에서 초저녁 사이에 발생한다.

09 ③ (다)는 뇌우의 성숙 단계에 해당한다. 이 시기에는 상승 기

류와 하강 기류가 동시에 나타나 천둥 번개를 동반한 소나기가 내리며, 돌풍이 불고 우박이 내리기도 한다.

[오답 피하기] ① 비구름이 가장 발달하는 단계는 성숙 단계인 (다)이다.

② (나)는 적운 단계로 상승 기류가 발달하는 단계이다. 이 시기에는 구름 내부의 온도가 주변보다 높아 상승 기류가 발달한다.

④ (가)는 소멸 단계이고, (나)는 적운 단계, (다)는 성숙 단계이다. 따라서 뇌우의 발달 순서는 (나)-(다)-(가)의 순이다.

⑤ 뇌우는 강한 상승 기류가 발달할 때 나타나므로 대기가 불안정한 여름철이나 한랭 전선 부근에서 발달한다. 대기가 안정한 겨울철에는 잘 나타나지 않는다.

10 ㄴ, ㄷ. 집중 호우는 강한 상승 기류에 의해 발생한 적란운이 한 곳에 정체하며 짧은 시간 동안 좁은 지역에 많은 양의 비가 내리는 것을 말한다.

[오답 피하기] ㄱ. 집중 호우는 예보가 어려우며, 보통 홍수나 사태 등을 일으켜 많은 인명과 재산 피해를 입힌다.

11 폭설은 겨울철에 저기압이 통과하거나 시베리아 고기압이 확장하면서 해수면(황해)으로부터 열과 수증기를 공급받아 상승 기류가 발달할 때 발생하는 악기상이다.

12 예시 답안 봄철(3~5월), 황사가 발생하면 호흡기 질환의 빈도가 높아지고, 농작물의 성장에 방해가 되며, 교통 마비가 발생한다. 또한 항공기 엔진에 장애를 일으키거나 반도체의 생산에 문제가 발생할 수 있다.

채점 기준	배점(%)
황사가 발생하는 계절과 황사 발생 시의 피해를 2가지 이상 옳게 설명한 경우	100
황사가 발생하는 계절만 옳게 쓴 경우	20

13 ㄱ. 황사 발생 일수는 해마다 달라지며 증가와 감소 현상을 반복하였다. 하지만 전체적으로는 증가하는 경향을 나타내고 있다.

[오답 피하기] ㄴ. 황사는 중국 내륙의 사막을 발원지로 한다. 중국 내륙의 건조 지대에서 발생한 모래 먼지가 상승 기류를 타고 상공으로 떠오른 후 편서풍을 타고 이동하여 우리나라에 황사가 나타난다. 따라서 황사 발생 일수가 점차 증가하고 있는 것을 통해 중국 내륙의 사막화가 점점 심해지고 있음을 추측할 수 있다. 즉, 중국 내륙의 사막 면적은 점점 증가하고 있다.

ㄷ. 편서풍은 황사의 이동 과정에 영향을 미치기는 하지만 황사의 발생 일수가 증가한 것은 편서풍의 세기와 직접 관련이 없다. 따라서 황사 발생 일수의 변화로 중위도 상공의 편서풍 세기를 말할 수 없다.

14 ㄴ. 황사는 주로 중국 북부나 몽골의 고비 사막에서 발생한다.

ㄷ. 황사의 미세한 먼지는 폐, 호흡기, 안과 질환 등을 일으키며 항공, 운수, 반도체 산업에 특히 큰 피해를 입힌다.

[오답 피하기] ㄱ. 황사는 편서풍에 의해 서쪽에서 동쪽으로 이동한다.

ㄹ. 겨울철에 눈이나 비가 적게 내리는 경우 봄철에 황사가 발생할 확률이 높다.

악기상으로 발생하는 피해

악기상	발생하는 피해
뇌우	국지성 호우, 우박, 돌풍, 번개를 동반하여 발생하므로 인명 피해를 내거나 농작물 파손, 가옥 파괴 발생
우박	농작물의 피해, 비닐하우스나 유리 온실 파손, 건물과 시설 피해, 심할 경우 인명 사고 발생
국지성 호우	농경지, 가옥, 도로의 침수, 산사태를 일으켜 인명과 재산 피해
강풍	비닐하우스, 양식장, 건물 등 파괴, 높은 파도를 일으켜 선박 파괴
황사	호흡기 질환, 눈병 등 인간의 건강 위협, 농작물의 생장을 방해, 교통 장애 유발, 항공기 엔진 고장과 반도체 생산 장애 발생

실력을 올리는 실전 문제
108~111 쪽

01 ②	02 ④	03 ④	04 ④	05 ④
06 ③	07 ②	08 ④	09 ③	10 ③
11 ①	12 ①	13 ①	14 ④	

1등급을 굳히는 고난도 문제

| 15 ③ | 16 ① |

01 자료 분석 하기

한랭 전선과 온난 전선

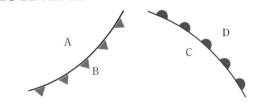

• A: 한랭 전선 후면: 적운형 구름으로 인해 좁은 구역에 소나기가 내리는 지역이다.
• B와 C: 온난 전선이 통과한 후와 한랭 전선이 통과하기 전의 지역으로 따뜻한 공기가 있고, 맑은 날씨가 나타나는 지역이다.
• D: 온난 전선 전면: 층운형 구름으로 인해 넓은 지역에 소나기가 내리고 있다.

(가)는 한랭 전선, (나)는 온난 전선이다.

ㄴ. (가) 전선의 뒤쪽에서는 적운형 구름이 발달하여 소나기가 짧은 시간 동안 내리고, (나) 전선의 앞쪽에서는 층운형 구름이 발달하여 약한 비가 지속적으로 내린다.

[오답 피하기] ㄱ. (가)에는 적운형 구름이 발달하므로 강수 구역이 좁고, (나)에는 층운형 구름이 발달하므로 강수 구역이 넓다.

ㄷ. (가)는 전선의 뒤쪽에 구름이 발달하므로 전선 통과 후에 비가 내리고, (나)는 전선의 앞쪽에 구름이 발달하므로 전선 통과 전에 비가 내린다.

02
ㄴ. 우리나라에 위치한 온대 저기압의 중심이 (가)에서는 서해안에 있다가 (나)에서는 동해로 이동하였으므로 편서풍의 영향을 받았다.

ㄷ. (가)에서 A 지역은 온난 전선과 한랭 전선의 사이에 위치하므로 남서풍이 부는 지역이다. (나)에서 A 지역은 한랭 전선의 뒤쪽에 위치하므로 북서풍이 부는 지역이다. 온대 저기압의 이동에 따라서 A 지역에서 바람의 방향은 남서풍에서 북서풍으로 변하므로 시계 방향으로 변한다.

[오답 피하기] ㄱ. (가)에서는 온대 저기압의 중심 기압이 1013 hPa이었지만 (나)에서는 온대 저기압의 중심 기압이 1004 hPa로 변하였다. 온대 저기압의 중심 기압이 점점 낮아지고 있으므로 저기압이 점점 강해지면서 온대 저기압이 점점 발달하고 있다.

03 자료 분석 하기

전선 통과 시기

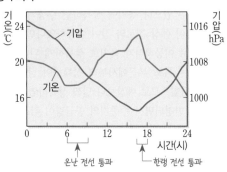

• 온난 전선 통과 후 날씨 변화: 전선이 통과하고 난 후 기온이 상승하고 기압은 낮아진다. ➡ 6~9시에 온난 전선이 통과하였다.
• 한랭 전선 통과 후 날씨 변화: 기온이 급격히 낮아지고 기압이 상승한다. ➡ 17시 40분경에 한랭 전선이 통과하였다.

ㄴ. 16시~17시가 지나면서 기온은 급격히 낮아지고 기압은 높아지므로 16시~17시에 한랭 전선이 지나갔음을 알 수 있다. 따라서 18시경에는 관측소가 한랭 전선의 뒤쪽에 위치하므로 관측소에는 북서풍이 분다.

ㄷ. 관측소에는 6시와 9시 사이에 온난 전선이 지나갔고, 16시~17시 사이에 한랭 전선이 지나갔다. 온난 전선과 한랭 전선이 모두 지나갔으므로 온대 저기압의 중심은 관측소의 북쪽을 지나갔다.

[오답 피하기] ㄱ. 6시를 지나면서 기온은 상승하고 기압은 낮아지므로 6시경에는 온난 전선이 통과하였다.

04
ㄴ. A는 한랭 전선의 후면, B는 온난 전선의 전면이다. 한랭 전선의 후면에서는 적운형 구름이 형성되고, 온난 전선의 전면에서는 층운형 구름이 형성된다.

ㄷ. 온대 저기압의 세력은 중심 기압이 낮을수록 강하다. (나)에서는 저기압의 중심 기압이 996 hPa 이하이고, (다)에서는 저기압의 중심 기압이 992 hPa 이하이므로 (나) → (다) 과정에서 저기압의 세력은 더욱 강해졌다.

[오답 피하기] ㄱ. 온대 저기압은 찬 공기와 따뜻한 공기가 만나는 위도 60° 부근에서 발생한다.

05
ㄱ. (가)의 일기도에서 우리나라에는 저기압이 위치해 있다. 저기압 중심에서는 상승 기류가 발달하여 구름이 생성되므로

우리나라 상공에는 구름이 끼어 있다.

ㄷ. (가)의 일기도에서 P는 한랭 전선의 뒤쪽에 위치한 지역이므로 북서풍이 부는 지역이다. 한편 (나)의 풍향계에 나타난 바람은 북서풍이다. 따라서 P에서는 (나)와 같은 풍향계가 관측될 수 있다.

[오답 피하기] ㄴ. (나)의 풍향계에 나타난 바람은 북서쪽에서 남동쪽으로 부는 바람이다. 바람은 불어오는 쪽의 이름을 붙이므로 (나)의 바람은 북서풍이다.

◉ 개념 더하기

풍향계에 나타난 바람

바람은 풍향계가 가리키는 방향에서 불어온다. 따라서 바람의 이름은 풍향계가 가리키는 쪽을 읽으면 된다.

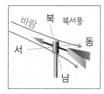

06 자료 분석 하기

온대 저기압과 날씨

온대 저기압은 편서풍에 의해 서쪽에서 동쪽으로 이동한다.

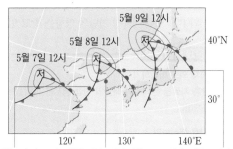

| 한랭 전선의 후면 → 북서풍, 기온이 낮고 적운형 구름과 소나기 | 한랭 전선과 온난 전선 사이 → 남서풍, 비교적 따뜻하고 구름이 없으며 맑음. | 온난 전선의 전면 → 남동풍, 기온이 낮고 층운형 구름과 약한 비 |

ㄱ. 우리나라 주변을 지나는 온대 저기압은 편서풍의 영향으로 서에서 동으로 이동해 간다.

ㄷ. 온대 저기압이 통과하는 동안 서울의 풍향은 남동풍 → 남서풍 → 북서풍으로 바뀌었으므로 시계 방향으로 변했다.

[오답 피하기] ㄴ. 5월 8일 오전 남부 지방은 온난 전선이 통과하면서 약한 비가 지속적으로 내린 후 온난 전선과 한랭 전선 사이에 위치하여 날씨가 맑았을 것이다. 소나기성 강수 현상은 한랭 전선의 후면에 위치한 지역에 나타난다.

07 ㄴ. 인공위성 영상에서 B 부근에는 북동에서 남서 방향으로 좁고 강한 구름대가 발달해 있다. 따라서 이곳은 한랭 전선이 발달해 있는 곳이다. B에는 한랭 전선이 통과하고 있으므로 소나기성 강수가 내린다.

[오답 피하기] ㄱ. A는 한랭 전선의 뒤쪽에 위치한 지역이므로 찬 공기가 있는 지역이며, B는 전선이 지나고 있는 곳이므로 찬 공기와 더운 공기의 경계에 해당되는 곳이다. C은 한랭 전선의 앞쪽에 위치한 지역이므로 따뜻한 공기가 있는 지역이다. 따라서 A, B, C 중 기온은 C에서 가장 높다.

ㄷ. C는 한랭 전선 앞쪽에 위치한 지역이므로 남서풍이 부는 지역이다.

08 ㄱ. (가)는 온대 저기압의 단면도이다. 온대 저기압에서 전선은 성질이 다른 두 기단이 충돌할 때 형성되므로 (가)에서는 서로 다른 기단의 충돌이 일어난다.

ㄴ. 공기가 상승하는 곳에서는 단열 팽창이 일어나고 그 결과 구름이 생성된다. (가)에서는 전선면을 따라 공기가 상승하면서 단열 팽창에 의해 구름이 생성되고, (나)에서는 저기압에서 상승 기류가 나타나 단열 팽창에 의해 구름이 생성된다. 따라서 (가)와 (나) 모두 단열 팽창이 일어난다.

[오답 피하기] ㄷ. 온대 저기압인 (가)의 에너지원은 공기 덩어리의 위치 에너지 감소이며, 태풍인 (나)의 에너지원은 수증기의 응결열이다.

09 ㄱ. (나)에서 A가 있는 곳에는 구름이 없으며, (가)에서 태풍은 A의 가장자리에 머물고 있다. A는 고기압이며, 태풍은 고기압의 가장자리를 따라 북상한다.

ㄴ. (나)에 나타난 태풍의 구름 사진에서 태풍의 중심에 구름이 없는 맑은 구역이 나타난다. 따라서 태풍의 눈이 발달해 있으며, 태풍의 중심인 태풍의 눈에서는 약한 하강 기류가 존재한다.

[오답 피하기] ㄷ. 태풍은 (가)에서 고기압인 A의 가장 자기를 따라 북상한다. 이때 A의 세력이 강해지면 태풍의 북상이 저지되어 태풍의 이동 속도가 느려지게 된다.

10 ㄱ. A는 온대 저기압으로 편서풍의 영향을 받아 서에서 동으로 이동하고, B는 태풍으로 포물선 궤도로 이동한다.

ㄴ. 태풍(B)은 이동하면서 세력이 약해지면 온대 저기압(A)으로 변하면서 소멸한다.

[오답 피하기] ㄷ. 온대 저기압의 주 에너지원은 기층의 위치 에너지이고, 태풍의 주 에너지원은 수증기의 응결열이다.

◉ 개념 더하기

온대 저기압의 에너지원

온대 저기압은 찬 공기와 따뜻한 공기가 만나 전선을 형성한 후, 따뜻한 공기가 위로 올라가고 찬 공기가 아래로 내려오면서 찬 공기의 감소한 위치 에너지가 운동 에너지로 전환되면서 온대 저기압을 발달시킨다.

11 ㄱ. 태풍이 지나갈 때 태풍 진행 경로의 오른쪽에 위치한 지역은 태풍의 위험 반원에 해당하므로 상대적으로 태풍 진행 경로의 왼쪽에 위치한 지역에 비해 태풍의 피해가 크게 나타난다. 그림에서 태풍이 목포에 상륙하여 남해안은 태풍 진행 경로의 오른쪽에 해당되고, 서해안은 태풍 진행 경로의 왼쪽에 해당되므로 태풍의 피해는 서해안보다 남해안에서 클 것이다.

[오답 피하기] ㄴ. 태풍은 저기압이므로 세력이 약해지면 중심 기압이 높아진다. 태풍은 20일 21시에 우리나라 남서 해안에 상륙하여 세력이 약해질 것이므로, 21일에는 중심 기압이 20일보다 높아질 것이다.

ㄷ. 태풍이 중국 내륙에 상륙한 후 우리나라로 접근하면 중국 내륙에서 많은 에너지를 소모하므로 태풍이 약화되어 태풍 피해는 예상보다 작아진다.

12 ㄴ. (가)에서 태풍은 9월 9일 발생한 이후 북서쪽으로 빠르게 이동하다가 전향점 부근에서 느리게 이동하였고, 전향점을 지난 후 북동 방향으로 다시 빠르게 이동하였다. (나)에 나타난 태풍의 이동 방향과 속도는 ㉠에서는 북서 방향, ㉡에서는 북북서 방향(이동 속도가 느림), ㉢에서는 동북동 방향이다. 따라서 (나)에서 관측 순서는 ㉠-㉡-㉢ 이다.

[오답 피하기] ㄱ. 태풍은 저기압이므로 중심 기압이 낮을수록 세력이 강하며 중심 기압이 높을수록 세력이 약하다. 14일과 15일(전향점 부근)은 태풍의 중심 기압이 945 hPa로 가장 낮았던 시기이므로 태풍의 세력이 가장 강했던 시기이다.

ㄷ. 태풍이 지나갈 때 태풍 진행 경로의 왼쪽에서는 바람의 방향이 시계 반대 방향으로 변한다. A 지점은 태풍이 A 지점 부근을 지나간 16일~17일에 태풍 진행 경로의 왼쪽에 있었으므로 안전 반원에 위치하였다. 따라서 A 지점에서 바람의 방향은 시계 반대 방향으로 변하였다.

13 ㄱ. 태풍이 지나갈 때 태풍 진행 경로의 오른쪽에 위치한 위험 반원은 태풍 진행 경로의 왼쪽에 위치한 안전 반원에 비해 피해가 크다. 태풍이 지나갈 때 우리나라는 태풍 진행 경로의 왼쪽에 위치하였고 일본은 태풍 진행 경로의 오른쪽에 위치하였으므로 태풍으로 인한 피해는 우리나라보다 일본에서 컸다.

[오답 피하기] ㄴ. 태풍이 지나간 순서에 따라 T₁, T₂, T₃로 가면서 바람의 방향은 동북동 → 북북서 → 북서로 시계 반대 방향으로 변해갔다. 태풍이 지나갈 때 바람의 방향이 시계 반대 방향으로 변하는 것은 태풍 진행 경로의 왼쪽에 위치한 지역이므로 (나)는 태풍 진행 경로의 왼쪽에서 관측한 자료이다.

ㄷ. 태풍은 강한 열대 저기압이다. 따라서 태풍이 소멸하여 중심 기압이 높아지더라도 저기압의 형태는 유지된다. 태풍은 온대 저기압으로 변하면서 소멸한다.

14 ㄴ, ㄷ. 집중 호우와 뇌우는 주로 대기가 불안정하여 강한 상승 기류에 의해 적란운이 형성될 때 발생하며, 뇌우의 성숙 단계에서는 강한 비가 내려 집중 호우에 의한 피해가 발생할 수 있다.

[오답 피하기] ㄱ. 집중 호우는 강한 상승 기류가 발달할 때 나타난다.

15 〔고난도 문제 해결 전략〕

(STEP 1) 출제 의도 파악하기
우리나라의 날씨에 영향을 미치는 이동성 고기압과 정체성 고기압을 구분할 수 있는지를 묻는 문제이다.

(STEP 2) 자료 분석하기

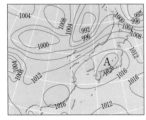
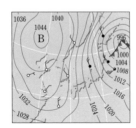

고기압 A는 고기압의 규모가 작고, 서쪽에서 동쪽으로 이동한다.

고기압 B는 고기압의 규모가 크고, 동쪽으로 이동하지 않는다.

(STEP 3) 관련 개념 모으기

❶ 이동성 고기압이란?
➡ 고기압의 중심이 한 곳에 머물러 있지 못하고 고기압의 규모가 작아 편서풍에 의해 서쪽에서 동쪽으로 이동하는 고기압이다.

❷ 정체성 고기압에 해당되는 고기압은?
➡ 겨울철에 영향을 미치는 시베리아 고기압, 여름철에 영향을 미치는 북태평양 고기압이 이에 해당한다.

ㄱ. A는 서에서 동으로 이동하는 이동성 고기압이므로 이동 속도가 빠르며, B는 이동성 고기압이 아닌 정체성 고기압이므로 이동 속도가 느리다.

ㄴ. 고기압 부근에서 바람은 고기압 중심으로부터 시계 방향으로 불어 나온다. (가)에서 우리나라에는 A에서 시계 방향으로 불어 나온 바람이 불고 있으므로 남풍 계열의 바람이 분다.

[오답 피하기] ㄷ. (가)에서 우리나라 날씨에 영향을 미치는 고기압은 양쯔강 유역에서 발달한 이동성 고기압이므로 우리나라는 대륙성 기단의 영향을 받고 있으며, (나)에서 우리나라의 날씨에 영향을 미치는 고기압은 대륙에서 발달한 시베리아 고기압이므로 우리나라는 대륙성 기단의 영향을 받고 있다. 따라서 (가)와 (나) 모두 대륙성 기단의 영향을 받고 있다.

16 〔고난도 문제 해결 전략〕

(STEP 1) 출제 의도 파악하기
태풍의 관측 자료를 분석하여 태풍의 진행 경로를 파악할 수 있는지 평가하는 문제이다.

(STEP 2) 자료 분석하기

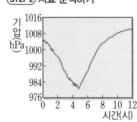
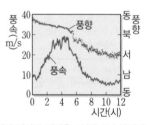

기압 변화로 보아 태풍이 가장 가까이 지나간 시간은 4시와 6시 사이이다. 풍향이 북동풍 → 북풍 → 북서풍으로 변하였으므로 시계 반대 방향으로 변하였다.

(STEP 3) 관련 개념 모으기

❶ 태풍이 지나갈 때 기압 변화는?
➡ 태풍은 저기압이므로 태풍이 접근할수록 기압은 낮아진다. 태풍의 중심이 가장 가까이 접근했을 때 기압이 가장 낮아진다.

❷ 태풍의 안전 반원이란?
➡ 태풍이 지나갈 때 태풍 진행 경로의 왼쪽 반원에 해당하는 구역이다. 안전 반원에서는 바람의 방향이 시계 반대 방향으로 변한다.

ㄱ. 이날 4시~6시에 기압이 가장 낮고, 풍속이 20 m/s 이상인 것으로 보아 태풍이 근처를 지나갔다. 따라서 이날 오전에는 태풍으로 인해 비가 내렸다.

[오답 피하기] ㄴ. 태풍이 가장 가까이 접근한 4시에서 6시 사이에 풍속이 감소하지 않고 강한 풍속을 유지하였으므로 태풍의 눈이 관측 지점을 통과하지 않았다.

ㄷ. 태풍이 지나가는 동안 관측된 바람의 방향이 시계 반대 방향으로 변하였으므로 관측 지점은 태풍 진행 경로의 왼쪽에 위치하였다. 따라서 태풍은 관측 지점의 동쪽을 지나 북상하였다.

10 해수의 성질

01 전 세계 해양의 표층 염분은 여러 가지 요인에 의해 다르게 나타나지만 평균 염분은 35 psu이다.

02 표층 염분 변화의 요인으로는 증발량과 강수량, 하천수의 유입, 해수의 결빙과 해빙 등이 있다. 이 중에서 가장 큰 영향을 미치는 값은 증발량과 강수량이다.

03 표층 염분은 (증발량−강수량) 값이 작은 적도 해역에서는 낮게 나타나고, (증발량−강수량) 값이 큰 위도 30° 부근의 중위도 해역에서 높게 나타난다.

05 해수의 연직 수온 분포는 혼합층, 수온 약층, 심해층으로 나누어지는데, 이 중 깊이에 따라 수온이 급격히 낮아지는 안정한 층을 수온 약층이라고 한다.

07 해수의 밀도는 수온과 염분에 따라 달라진다. 염분보다 수온으로 인한 해수의 밀도 변화가 더 크다.

08 수심이 깊어질수록 밀도가 급격히 커지는 층을 밀도 약층이라고 하며, 수온 약층과 거의 일치한다.

10 바다에 사는 생물의 호흡과 광합성에 의해 해수의 용존 산소와 이산화 탄소의 농도가 변한다. 해수의 표층에서 용존 산소량이 가장 높게 나타나는 까닭은 해양 생물이 광합성을 하기 때문이다.

개념을 다지는 기본 문제

01 해수 1 kg에는 35 g의 염류가 녹아 있을 것이므로 해수의 염분은 35 psu이다.

02 염분이 증가할 수 있는 요인으로는 증발량 증가, 해수의 결빙이 있다. 결빙이 일어날 때는 해수의 순수한 물만 얼고 염류는 그대로 남아 있으므로 주변 해수의 염분이 높아지며, 반대로 해빙이 일어나면 주변 해수의 염분은 낮아지게 된다.

⊕ 개념 더하기

염분의 변화

염분이 낮은 곳	• 증발량이 강수량보다 적은 바다 • (증발량−강수량) < 0 • 강물이 유입되는 바다 • 빙하가 녹는 바다(해빙)
염분이 높은 곳	• 증발량이 강수량보다 많은 바다 • (증발량−강수량) > 0 • 해수가 어는 바다(결빙)

03 적도 부근은 증발량<강수량이고, 중위도는 증발량>강수량이다. 증발량이 강수량보다 훨씬 많은 위도 30° 부근에서 염분이 가장 높게 나타난다.

04 자료 분석 하기

위도별 표층 염분 분포
• 적도 지방: 증발량<강수량 ➡ 염분이 낮다.
• 중위도 지방: 증발량>강수량 ➡ 염분이 높다.
• 고위도 지방: 빙하의 융해가 일어나는 곳 ➡ 염분이 낮다.

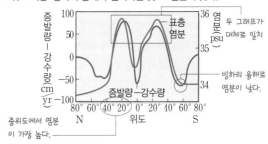

ㄴ. 표층 염분은 대체로 (증발량−강수량)에 비례하는 분포를 보이고 있다. 적도 지역은 증발량보다 강수량이 많아 표층 염분이 낮게 나타난다.
[오답 피하기] ㄱ, ㄷ. (증발량−강수량) 값이 클수록 표층 염분은 높아지며, 중위도 지역에서는 증발량보다 강수량이 적기 때문에 염분이 높게 나타난다.

05 ㄴ. 전 세계 해양의 표층 염분 분포에서 염분은 중위도 대양의 중앙부에서 높다. 대양의 가장자리로 가면 육지로부터 담수가 유입되므로 염분이 낮아진다.
ㄷ. 해수의 결빙이 일어나면 물이 얼면서 염류는 빠져나가므로 해수의 염분을 높인다. 따라서 결빙이 일어나는 곳에서는 염분이 높아진다.
[오답 피하기] ㄱ. 전 세계 해양의 표층 염분 분포에서 적도 해역은 중위도 해역보다 염분이 낮다. 적도 해역은 증발량에 비해 강수량이 많으므로 염분이 낮다.

06 대양의 가장자리는 주변 대륙으로부터 강물이 유입된다. 강물은 해수에 비해 염분이 매우 낮은 물이므로 강물의 영향을 받는 곳은 염분이 낮아진다.

[예시 답안] 대양의 가장자리는 육지로부터 담수가 유입되므로 대양의 중앙부보다 염분이 낮다.

채점 기준	배점(%)
담수의 유입과 해수의 염분 변화를 옳게 설명한 경우	100
강물이 담수 성분이라는 것을 설명하지 않은 경우	50

07 지구가 둥글기 때문에 위도별로 도달하는 태양 복사 에너지양에 차이가 난다. 따라서 저위도 지역에 도달하는 태양 복사 에너지양이 많으므로 저위도 해수면의 수온이 높게 나타난다.

08 ㄱ. 표층 수온은 태양 복사 에너지의 영향도 받지만 표층 해류의 영향도 받는다.

ㄴ. 표층 수온 분포도에서 대체로 대양의 동쪽보다 서쪽에서 수온이 높다. 그 까닭은 대양의 동쪽에는 한류가 흐르고 대양의 서쪽에는 난류가 흐르기 때문이다.

ㄷ. 전 세계 해양의 표층 수온 분포에서 등온선은 대체로 위도에 나란한 경향을 보인다. 그 까닭은 해수의 표층 수온에 가장 큰 영향을 주는 요인이 태양 복사 에너지이기 때문이다.

09 ㄱ. 그림에서 해수 표층 수온은 저위도에서 가장 높게 나타난다. 해수 표층은 태양 복사 에너지를 받아 가열되는 층이므로 해수 표층의 온도는 태양 복사 에너지양에 의해 결정된다. 따라서 태양 복사 에너지의 입사량이 많은 저위도로 갈수록 해수 표층의 수온이 높다.

ㄴ. 혼합층은 태양 복사 에너지의 가열과 바람의 혼합 작용에 의해 형성된다. 따라서 혼합층의 두께는 바람이 강한 지역일수록 두껍게 나타난다. 중위도는 저위도보다 바람이 강하므로 혼합층의 두께는 중위도에서 가장 두껍게 나타난다.

[오답 피하기] ㄷ. 수온 약층은 수심이 깊어질수록 수온이 급격히 낮아지는 층이다. 고위도에서는 표층 해수의 온도가 낮으므로 혼합층과 수온 약층이 형성되지 않는다. 수온 약층은 해수 표층과 심해층의 수온 차이가 큰 저위도에서 잘 발달한다.

10 ⑤ A는 혼합층, B는 수온 약층, C는 심해층이다. 적도 해역은 바람이 약해서 혼합층의 두께가 중위도 해역보다 얇다.

[오답 피하기] ① 극지방 해역에는 심해층인 C만 존재한다.

②, ③ 고위도에는 표층 해수의 수온이 매우 낮아 연직 구조가 나타나지 않는다.

④ 수온 약층인 B층에 의해 혼합층(A)과 심해층(C)의 물질과 에너지 교환이 차단된다.

11 ④ 동해에서 등온선의 간격은 8월보다 2월에 좁다. 따라서 동해에서 남북간의 수온 차는 8월보다 2월에 크다.

[오답 피하기] ① 해수 표층 수온은 태양 복사 에너지에 의해 결정되므로 등온선은 위도와 나란한 경향이 있다.

② 2월에는 기온이 낮고, 대륙이 해양보다 온도가 낮아지므로 수심이 얕아 대륙의 영향을 많이 받는 황해가 대륙의 영향을

덜 받는 동해보다 수온이 낮다.

③ 8월에는 기온이 높고, 대륙이 해양보다 온도가 높아지므로 수심이 얕아 대륙의 영향을 많이 받는 황해가 대륙의 영향을 덜 받는 동해보다 수온이 높다.

⑤ 해수의 표층 수온을 측정하는 방법은 여러 가지이다. 해수의 표층 수온은 직접 측정할 수도 있지만 해수 표층에서 방출되는 적외선을 위성에서 관측하여 해수 표층의 수온을 측정할 수도 있다. 수온이 높은 곳은 수온이 낮은 곳에 비해 방출하는 적외선이 강하므로 위성에서 측정한 자료를 이용하여 수온 분포를 파악할 수 있다.

◆ 개념 더하기

동해의 수온과 조경 수역의 위치

동해에는 난류와 한류가 만나는 조경 수역이 있다. 8월에는 남쪽으로부터 올라오는 난류가 강해지므로 조경 수역이 동해 북쪽까지 북상한다. 따라서 남북간의 수온차가 크지 않다. 반면에 2월에는 조경 수역이 동해 중부 근처에 형성되므로 남북간의 수온차가 크게 나타난다.

12 A는 수온, B는 염분, C는 밀도를 나타내는 그래프이다. 해수의 수온과 밀도는 반비례하는 경향을 보이고 있다.

13 해수의 밀도는 수온이 낮을수록, 염분이 높을수록 증가한다.

14 **자료 분석 하기**

수온 염분도(T–S도)의 해석

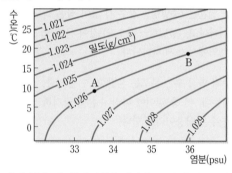

- 가로축에 염분, 세로축에 수온을 나타내고 수온과 염분에 따른 밀도 값을 등밀도선으로 나타낸다.
- 등밀도선 위의 두 점 A와 B의 해수는 수온과 염분은 각각 다르지만 밀도는 같다.
- 해수의 밀도는 수온이 낮을수록, 염분이 높을수록 크다.

ㄱ. 수온 염분도에서 A의 해수는 염분이 약 33.5 psu이고, B의 해수는 염분이 약 36 psu이다. 따라서 염분은 A가 B보다 낮다.

ㄴ. 해수 A와 B는 모두 밀도가 1.026 g/cm³인 등밀도선 위에 있다. 따라서 두 해수의 밀도는 같다.

ㄷ. 수온 염분도에서 아래쪽으로 갈수록 등밀도선의 값이 증가하므로 수온이 낮을수록 밀도가 크다. 또 동일한 수온에서는 오른쪽으로 갈수록 등밀도선의 값이 커지므로 염분이 높을수록 해수의 밀도가 크다.

15 ㄱ. A–B 구간은 수온이 일정한 상태로 염분이 증가하여 밀도

가 증가한 구간이다. 즉, 밀도는 염분의 영향을 받아 변화하였다.

ㄴ. B−C 구간은 수온이 급격히 낮아지면서 밀도가 급격히 증가하는 구간이므로 수온 약층에 해당한다.

[오답 피하기] ㄷ. C−D 구간은 수온은 일정하지만 염분이 증가하여 밀도가 증가한 구간이다.

16 해수의 연직 수온 분포는 수온 약층에서 급격히 낮아지며, 깊이가 깊어질수록 낮아진다. 수온이 낮을수록 밀도가 커지므로 밀도는 수온 약층에서 급격히 증가한다.

17 해수의 밀도는 수온이 낮을수록 커진다. 수심이 깊어질수록 해수의 온도는 낮아지므로 해수의 밀도는 수심이 깊어질수록 커진다.

[예시 답안] 수심이 깊어질수록 해수의 온도가 낮아지므로 해수의 밀도가 높아지며, 수온 약층에서는 수온이 급격히 낮아지므로 밀도가 크게 증가하는 밀도 약층이 나타난다.

채점 기준	배점(%)
수심에 따른 밀도 변화와 밀도 약층을 모두 옳게 설명한 경우	100
수심에 따른 밀도 변화와 밀도 약층에 대한 설명 중 1가지만 옳게 설명한 경우	50

18 해수에 녹아 있는 용존 기체의 농도는 수압이 높을수록, 수온이 낮을수록 높아진다.

19 ㄴ. 해수의 혼합 작용은 대기로부터의 산소 공급을 원활하게 해 주므로 혼합층의 용존 산소량을 유지시키는데 도움을 준다.

ㄷ. 해수의 용존 산소량은 해수 표층에서 가장 높게 나타난다. 해수 표층에서 용존 산소량이 많은 까닭은 대기로부터의 산소 공급이 원활하고 해양 생물의 광합성 때문이다. 광합성을 하는 생물은 햇빛을 필요로 하므로 대부분 수심 10 m 이내의 해수 표층에 서식한다. 따라서 해양 생물의 광합성에 의해 생성된 산소에 의해 해수 표층의 용존 산소량이 많아진다.

[오답 피하기] ㄱ. 해수의 용존 산소량은 수심이 깊어질수록 감소하다가 수심 1000 m를 지나면서부터 다시 증가하기 시작한다. 이와 같이 수심이 깊은 심해층에서 용존 산소량이 많아지는 까닭은 극지방의 표층수가 침강하여 해양의 심층수를 형성하기 때문이다.

20 ㄱ. 이산화 탄소는 산소보다 용해도가 높다. 따라서 해수에 녹아 있는 이산화 탄소량은 용존 산소량보다 많다.

ㄴ. 그림에서 용존 이산화 탄소량은 수심이 깊어질수록 증가한다. 해수 표층에서는 해양 생물의 광합성에 의해 이산화 탄소가 이용되므로 심해층에 비해 용존 이산화 탄소량이 매우 작다.

[오답 피하기] ㄷ. 심해층에서 용존 이산화 탄소량이 증가하는 까닭은 생물의 호흡 작용이 활발해지기 때문이 아니다. 심해층의 해수는 수압이 높고, 수온이 낮으므로 기체의 용해도가 높아 용존 이산화 탄소량이 높아진다.

실력을 올리는 실전 문제 122~125쪽

01 ②	02 ③	03 ③	04 ①	05 ⑤
06 ④	07 ③	08 ③	09 ①	10 ①
11 ⑤	12 ③	13 ③	14 ②	

1등급을 굳히는 고난도 문제

15 ③ 16 ②

01 ㄷ. 혼합층의 수온은 입사하는 태양 복사 에너지의 영향을 받으므로 저위도로 갈수록 높아진다. 즉, 혼합층의 수온은 A가 B보다 높다. 심해층의 수온은 위도에 관계없이 거의 일정하다. 따라서 혼합층과 심해층의 수온 차이는 A가 B보다 크다.

[오답 피하기] ㄱ. 적도 부근에 위치한 A 해역은 적도 저압대에 위치한 지역이므로 강수량이 많은 곳이다. 중위도에 위치한 B 해역은 중위도 고압대에 해당되어 강수량이 적고 증발량이 많은 곳이다. 따라서 (증발량−강수량)은 B가 A보다 많다.

ㄴ. 혼합층의 두께는 바람이 강한 해역에서 두껍다. 바람은 적도보다 중위도 해역에서 강하므로 혼합층의 두께는 A보다 B에서 두껍다.

02 ㄱ. 중위도 해역은 증발량이 강수량보다 크므로 표층 염분이 높고, 적도 해역은 증발량이 강수량보다 작으므로 표층 염분이 낮다.

ㄷ. (증발량−강수량) 값은 위도 20°~40°의 중위도에서 크며, 이 위도대에서 표층 염분이 높게 나타난다. 따라서 (증발량−강수량) 값이 큰 위도일수록 표층 염분이 높다.

[오답 피하기] ㄴ. 극 해역은 수온이 낮아 강수량과 증발량에 의한 염분 변화가 작다.

03 ㄷ. 북태평양의 (증발량−강수량) 값은 20°N과 40°N 사이에서 높다. 해양에서 (증발량−강수량) 값이 높은 위도에서는 육지에서도 (증발량−강수량) 값이 높으므로 20°N~40°N 지역에서는 강수량이 적고 증발량이 많아 사막이 발달한다. 따라서 사막은 주로 20°N~40°N 지역에 분포한다.

[오답 피하기] ㄱ. 그림에서 (증발량−강수량) 값이 가장 큰 곳은 20°N~30°N 해역이다. 적도 해역은 (증발량−강수량) 값이 (−)값을 나타내므로 중위도보다 작다.

ㄴ. 해수의 표층 염분은 증발량이 많은 곳에서 높고 강수량이 많은 곳에서 낮으므로 (증발량−강수량) 값에 비례한다. 따라서 표층 염분은 (증발량−강수량) 값이 가장 큰 위도 30° 부근 해역에서 가장 높다.

04 ㄱ. 그림에서 A 해역은 동일 위도에 비해 등염분선이 남쪽으로 내려와 있다. 즉, 동일 위도에 비해 염분이 낮다. 이 해역이 동일 위도에 비해 염분이 낮은 이유는 한류가 흐르기 때문이다. 난류는 염분이 높고, 한류는 염분이 낮다.

[오답 피하기] ㄴ. 북태평양에서 가장자리로 갈수록 등염분선의 염분 값이 대체로 낮아진다. 북태평양에서 가장자리 해역은 육지로부터 담수가 유입되므로 염분이 낮다.

ㄷ. 염분은 B보다 C에서 높다. 염분은 (증발량−강수량)에 비례하므로 (강수량−증발량) 값은 B보다 C에서 작다.

05 ㄱ. A 해역에서 등염분선은 동쪽으로 길게 뻗어나와 있으며, 서쪽에 있는 중국 연안으로 갈수록 염분은 낮아진다. 따라서 A의 서쪽에 있는 중국 연안으로부터 염분이 낮은 해수가 유입되고 있음을 알 수 있다.
ㄴ. 해수의 염분은 해역에 따라 다르나 해수에 녹아 있는 염류 사이의 비율은 모든 해수에서 같다. 따라서 염분이 낮은 해역의 해수에 들어 있는 $MgSO_4$ 양은 염분이 높은 해역의 해수에 들어 있는 양보다 작다. A 해역의 염분은 B 해역의 염분보다 낮으므로 $x < 1.6$이다.
ㄷ. 염분은 해수 1 kg에 녹아 있는 모든 염류의 총량이다. 따라서 A 해역의 염분은 A 해역의 염류의 합계인 y이다.

06 ㄱ. 해수 표층의 수온은 (가)보다 (나)에서 높지만 깊이에 따라 수온이 일정한 혼합층의 두께는 (나)보다 (가)에서 두껍게 나타난다.
ㄷ. 해수의 밀도는 수온이 낮을수록 크며, 염분이 높을수록 크다. 표층 해수의 수온은 (나)보다 (가)에서 낮고, 염분은 (나)보다 (가)에서 높다. 따라서 표층 해수의 밀도는 (가)가 (나)보다 크다.
[오답 피하기] ㄴ. 표층 해수의 염분은 (증발량−강수량)에 비례한다. 표층 해수의 염분은 (나)보다 (가)에서 높으므로 (증발량−강수량)은 (가)가 (나)보다 크다.

07 자료 분석 하기

계절별 수온의 연직 분포 변화

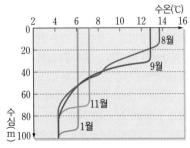

· 바람이 강한 계절일수록 혼합층이 두껍게 나타난다.
· 태양 에너지가 많이 도달하는 해역의 표층 수온이 높게 나타난다. ➡ 표층 수온으로 해역이 북반구인지 남반구인지 알 수 있다.

ㄱ. 북반구의 여름철인 8월에 표층 수온이 가장 높으므로 이 해역은 북반구에 위치한다.
ㄴ. 혼합층의 두께는 여름철보다 가을철에 두꺼우므로 여름철보다 가을철에 강한 바람이 분다.
[오답 피하기] ㄷ. 수온 약층은 깊이에 따른 수온 변화가 클수록 뚜렷하게 나타나므로 표층 수온이 높은 여름철에 뚜렷하게 나타난다.

08 ㄱ. 수온이 급격하게 변하는 수심 50∼250 m 구간은 수온 약층에 해당한다.

ㄷ. 혼합층은 깊이에 따른 수온 변화는 적으나 염분 변화가 크게 나타나고, 심해층은 수온과 염분이 거의 일정하게 나타난다.
[오답 피하기] ㄴ. 수심 100 m는 수온 약층에 해당하며, 수온 약층은 해수의 연직 운동이 일어나지 않는 층이다.

09 ㄱ. 수온 염분도에서 수온이 0 °C이고 염분이 34 psu인 해수의 위치는 밀도가 1.027 g/cm³인 등밀도선과 1.028 g/cm³인 등밀도선의 사이에 나타난다. 따라서 이 해수의 밀도는 1.027 g/cm³보다 크다.
[오답 피하기] ㄴ. 결빙이 일어나면 순수한 물만 얼기 때문에 얼음 주변의 해수 밀도는 커진다.
ㄷ. 이 해수와 밀도는 같으나 수온이 높은 해수는 수온 염분도에 나타난 이 해수의 위치에서 등밀도선과 나란하게 이동하면서 수온이 높은 쪽으로 이동하면 된다. 등밀도선과 나란하게 오른쪽 위로 가면서 염분 변화를 관찰하면 염분이 점점 높아진다. 따라서 이 해수와 밀도는 같고 수온이 높은 해수는 염분이 34 psu보다 크다.

+ 개념 더하기

등밀도선에서의 수온과 염분 변화

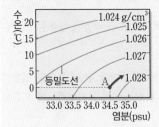

· 해수 A와 밀도는 같고 수온이 높은 해수: A를 지나는 등밀도선을 따라 수온이 높은 쪽으로 이동한다. ➡ A와 밀도는 같으나 수온이 높은 해수는 염분도 A보다 높다.

10 자료 분석 하기

두 해수를 섞은 해수의 밀도

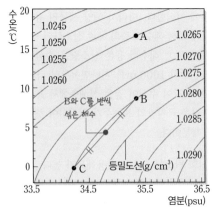

· B와 C를 반씩 섞은 해수는 수온과 염분이 B와 C의 중간 값을 가진다.
· 밀도가 같은 B와 C를 반씩 섞은 해수의 밀도는 B, C보다 크다.

ㄱ. 해수 A의 밀도는 1.0260 g/cm³이다. 해수 A보다 수온이 높지만 밀도가 같은 해수는 A에서 1.0260 g/cm³인 등밀도선을 따라 오른쪽 위로 이동할 때 나타난다. 이때 해수의 염분은 A보다 높아진다.

[오답 피하기] ㄴ. C는 B보다 아래쪽에 있으므로 수온이 낮고, 왼쪽에 있으므로 염분도 낮다. 하지만 B와 C는 같은 등밀도선 위에 있으므로 밀도는 같다.

ㄷ. B와 C를 반씩 섞은 해수는 수온이 B와 C의 중간 값을 갖게 되고, 염분도 B와 C의 중간 값을 갖게 된다. 수온과 염분이 모두 B와 C의 중간 값을 가지는 해수는 수온 염분도에서 등밀도선 1.0275와 1.0280 사이에 위치한다. 따라서 밀도가 B보다 크다.

11 ㄱ. A 해역의 해수 표면의 염분은 33.5 psu보다 작고, B 해역에서 해수 표면의 염분은 33.5 psu보다 크고 34.0 psu보다 작다. 따라서 해수 표면의 염분은 A가 B보다 낮다.

ㄴ. A 해역의 해수 표면의 밀도는 $1.021 \, g/cm^3$보다 크고 $1.022 \, g/cm^3$보다 작다. B 해역의 해수 표면의 밀도는 $1.022 \, g/cm^3$보다 크고 $1.023 \, g/cm^3$보다 작다. 따라서 표면 해수의 밀도는 A가 B보다 작다.

ㄷ. A 해역과 B 해역에서 깊이 500 m 지점의 밀도는 거의 같다. 해수 표면의 밀도는 A가 B보다 작으므로 표면과 깊이 500 m 지점의 밀도 차이는 A가 B보다 크다.

12 ㄱ. 해수는 밀도가 큰 심해층 위에 밀도가 작은 수온 약층과 혼합층이 있어 안정한 구조를 이루고 있다.

ㄴ. 해수의 밀도는 수온, 염분 등의 영향을 받지만, 수온 변화가 큰 열대나 아열대 해역에서는 수온의 영향을 많이 받고, 수온이 거의 일정한 고위도 해역에서는 수온보다 염분의 영향을 많이 받는다.

[오답 피하기] ㄷ. 수심이 깊어질수록 밀도가 크게 증가하는 곳일수록 연직 순환이 일어나기 어렵다.

13 ㄱ. 그림에 나타난 용존 산소량의 분포는 저위도보다 고위도에서 높다. 용존 산소량은 해수의 온도가 낮을수록 높은데, 고위도로 갈수록 해수의 온도가 낮아지므로 용존 산소량은 대체로 저위도보다 고위도가 높다.

ㄴ. 그림에서 저위도와 고위도 모두 해수 표층에서 용존 산소량이 가장 높다. 저위도와 고위도 모두 광합성을 하는 생물은 주로 해수 표층에서 서식하므로 해수 표층에서는 광합성의 영향과 대기 중의 산소가 녹아 들어가 용존 산소량이 높다.

[오답 피하기] ㄷ. 광합성량은 빛의 세기가 강할수록 많아진다. 태양 복사 에너지양은 고위도보다 저위도에서 많으므로 해수 표층의 광합성은 고위도보다 저위도에서 활발하다. 해수 표층의 용존 산소량이 고위도에서 더 높은 것은 해수 표층의 수온이 고위도에서 낮기 때문이다.

14 ㄷ. 광합성을 하는 생물은 햇빛을 필요로 하므로 대부분 해수 표층에 서식하고 있으며, 해수 표층에서는 이산화 탄소가 광합성에 이용되므로 용존 이산화 탄소의 농도가 낮아진다. 따라서 표층에서 이산화 탄소인 B의 농도가 낮은 까닭은 생물의 광합성에 이용되기 때문이다.

[오답 피하기] ㄱ. A는 해수 표층에서 가장 많고 표층 아래에서 급격히 농도가 감소하므로 용존 산소의 농도이다. 용존 이산화 탄소의 농도를 나타낸 것은 B이다.

ㄴ. 용존 산소인 A의 농도는 6 mL/L 부근에서 최댓값이 나타나지만 용존 이산화 탄소인 B의 농도는 51 mL/L 부근에서 최댓값이 나타난다. 따라서 해수 중 용존 기체의 양은 B가 A보다 많다.

15 **고난도 문제 해결 전략**

STEP 1 출제 의도 파악하기
월별 수심에 따른 수온 분포 자료를 보고 수온 약층이 강하게 발달하는 시기를 판단할 수 있는지 평가하는 문제이다.

STEP 2 자료 분석하기

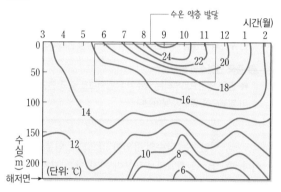

3월에는 표층 수온과 해저면의 수온 차이가 크지 않아 수심에 따른 수온 변화가 거의 없지만 9월에는 표층 수온과 해저면의 수온 차이가 커서 수심에 따른 수온 변화가 심하며, 수심이 깊어짐에 따라 수온이 급격히 낮아지는 수온 약층이 발달한다.

STEP 3 관련 개념 모으기
❶ 수온 약층이란?
➡ 깊이에 따라 수온이 급격히 낮아지는 층이다. 그림에서 등온선이 촘촘하게 나타나는 곳이 수온 약층이 발달한 곳이다.

❷ 수온 약층의 역할은?
➡ 수온 약층은 아래쪽에 찬 해수가 있고 위쪽에 따뜻한 해수가 있어 매우 안정한 층이므로 해수의 연직 혼합을 차단한다.

ㄷ. 수온 약층은 수심이 깊어질 때 수온이 급격히 낮아지는 층이므로 등온선이 촘촘하게 나타나는 계절에 강하게 발달한다. 따라서 겨울보다 여름에 더 강하게 발달한다.

[오답 피하기] ㄱ. 해저면의 수온은 10월경에 약 6 ℃ 부근에서 나타나고 1~2월경에는 이보다 높게 나타나므로 겨울에 가장 낮지 않다.

ㄴ. 수온 약층이 발달하면 해수의 연직 혼합이 일어나기 어렵다. 수온 약층은 9월에 가장 강하게 발달하므로 9월에는 해수의 연직 혼합이 일어나기 어렵다.

16 **고난도 문제 해결 전략**

STEP 1 출제 의도 파악하기
수온 염분도를 해석하여 수온 변화와 염분 변화를 해석하고, 이를 토대로 밀도 변화를 파악할 수 있는지 묻는 문제이다.

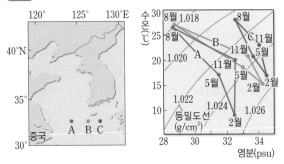

2월에는 A 해역의 수온과 염분이 가장 낮고, 8월에는 C 해역의 수온과 염분이 가장 높다. 2월에 해수의 밀도는 B 해역이 가장 크며, 8월에 해수의 밀도는 C 해역이 가장 크다.

STEP 3 관련 개념 모으기

❶ 연간 염분 변화 정도는?
➡ 염분은 가로축에 나타나 있으므로 염분 변화가 큰 해역일수록 연간 수온과 염분을 나타낸 그래프의 가로 방향 변화폭이 크게 그려진다.

❷ 중국 연안수의 영향은?
➡ 중국 연안으로부터는 담수가 유입되므로 중국 연안수의 영향을 많이 받을수록 염분이 낮아진다.

ㄷ. 중국 연안수는 담수의 유입이 많으므로 염분이 낮은 해수이다. A, B, C 해역에서 염분이 가장 낮은 시기는 8월이다. 따라서 중국 연안수의 영향이 가장 큰 시기는 8월이다.
[오답 피하기] ㄱ. 연간 염분 변화가 가장 큰 해역은 (나)에서 염분을 나타낸 가로축 방향으로 가장 폭이 넓게 그려진 B 해역이며, 가장 작은 해역은 가로축 방향으로 변화 폭이 가장 작은 C해역이다.
ㄴ. 연간 밀도 변화가 가장 큰 해역은 (나)에서 8월과 2월 사이에 등밀도선을 기준으로 밀도 변화 폭이 가장 큰 B 해역이며, 가장 작은 해역은 C 해역이다.

❶ 시계 ❷ 상승 기류 ❸ 정체성 ❹ 여름철 ❺ 적운형 ❻ 층운형 ❼ 층운형 ❽ 태양광 ❾ 응결열 ❿ 태풍의 눈 ⓫ 위험 반원 ⓬ 뇌우 ⓭ 황사 ⓮ 하천수 ⓯ 태양 복사 에너지 ⓰ 수온 ⓱ 용존 산소량

01 ②	02 ①	03 ③	04 ⑤	05 ③
06 ②	07 ④	08 (1) A 지역: 시계 반대 방향, B 지역: 시계 방향 (2) A 지역 < B 지역 (3) 4시 < 16시		09 ④
10 ③	11 ④	12 ①	13 ①	14 ③

1등급을 완성하는 서술형 문제

15~16 해설 참조

01 ② B는 오호츠크해 기단이다. B가 우리나라에 영향을 미치는 시기는 장마철로 오호츠크해 고기압의 형태로 우리나라의 날씨에 영향을 미친다.
[오답 피하기] ① A는 시베리아 기단이다. 겨울철에는 시베리아 고기압으로부터 북서풍이 불어오므로 시베리아 기단은 겨울철에 영향을 미친다.
③ C는 양쯔강 기단이다. 양쯔강 기단은 대륙성 기단이므로 건조한 기단이며, 온난한 기단이다.
④ D는 북태평양 기단이다. 여름철 무더운 날씨에 영향을 미치는 기단이다.
⑤ A와 B는 고위도에서 형성된 기단이므로 한랭한 기단이고, C와 D는 저위도에서 형성된 기단이므로 온난한 기단이다. 따라서 A와 B가 C와 D보다 한랭하다.

02 ㄱ. A는 한랭 전선 뒤쪽에 위치한 지점으로 강수가 내리는 지점이다. 한랭 전선 뒤쪽에는 북서풍이 불고 소나기가 내린다.
[오답 피하기] ㄴ. B 지점의 기압은 1004 hPa이며, A 지점의 기압은 1004 hPa보다 낮고, C 지점의 기압은 1004 hPa보다 높다. 따라서 기압은 A에서 가장 낮다.
ㄷ. A에는 한랭 전선의 영향으로 소나기가 내리며, C에는 온난 전선의 영향으로 지속적인 약한 비가 내린다. 따라서 빗방울의 평균 크기는 A보다 C에서 작다.

03 ㄱ. 고기압은 주위보다 기압이 높은 곳이며, 저기압은 주위보다 기압이 낮은 곳이다. A와 D는 주위보다 기압이 낮으므로 저기압이고 B와 C는 주위보다 기압이 높으므로 고기압이다.
ㄷ. 고기압 중심에서는 주위보다 기압이 높으므로 하강 기류가 발달한다. B와 C가 있는 곳은 고기압이므로 하강 기류가 발달한다.
[오답 피하기] ㄴ. 지표면에서 공기는 고기압에서 저기압으로 이동하므로 바람은 고기압에서 저기압 방향으로 분다. 우리나라 부근에서 B는 고기압이고 A는 저기압이므로 바람은 B에서 A로 분다.

04 ㄱ. A는 온대 저기압이다. 저기압의 중심에서는 상승 기류가 발달하므로 A의 중심에는 상승 기류가 나타난다.
ㄴ. B는 태풍이다. 태풍의 중심에는 약한 하강 기류가 나타나고 태풍의 눈이 형성된다.
ㄷ. A는 온대 저기압이고, B는 열대 저기압인 태풍이다. 태풍은 매우 강한 저기압이므로 중심 기압은 B가 A보다 낮다.

개념 더하기
온대 저기압과 태풍 비교

구분	온대 저기압	태풍
발생 장소	온대 지방(위도 60° 부근)	열대 해상(위도 5°~25°)
에너지원	기층의 위치 에너지 감소	수증기 응결에 의한 잠열
전선	동반	동반하지 않음.
이동	서쪽 → 동쪽	북서 → 북동 (포물선 궤도)
일기도에서 등압선	타원형	조밀한 동심원

05 자료 분석 하기
온대 저기압이 통과할 때의 일기 기호의 분석

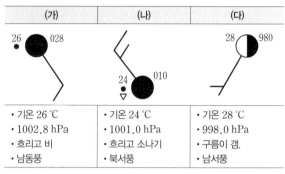

(가)	(나)	(다)
26 028	24 010	28 980
• 기온 26 ℃	• 기온 24 ℃	• 기온 28 ℃
• 1002.8 hPa	• 1001.0 hPa	• 998.0 hPa
• 흐리고 비	• 흐리고 소나기	• 구름이 갬.
• 남동풍	• 북서풍	• 남서풍

➡ 온대 저기압이 통과할 때 관측된 순서는 (가) → (다) → (나)의 순이다.

ㄱ. (가)의 일기 기호에 나타난 날씨는 남동풍이 불고 흐리고 비가 오는 날씨이다. 따라서 (가)가 관측될 때 비가 왔다.

ㄷ. 온대 저기압의 중심이 관측소의 북쪽으로 지나가면 관측소에서는 바람의 방향이 시계 방향으로 변하며, 온대 저기압의 중심이 관측소의 남쪽으로 지나가면 관측소에서는 바람의 방향이 시계 반대 방향으로 변한다. 이날 관측소에서 바람의 방향은 시계 방향으로 변하였다. 따라서 온대 저기압의 중심은 관측소의 북쪽을 지나갔다.

[오답 피하기] ㄴ. (가)에서는 남동풍이 불고 있으므로 온난 전선이 통과하기 전의 날씨이다. (나)에서는 북서풍이 불고 있으므로 한랭 전선이 지나간 후의 날씨이다. (다)에서는 남서풍이 불고 있으므로 온난 전선과 한랭 전선 사이에 있을 때의 날씨이다. 따라서 온대 저기압이 지나갈 때 관측된 순서는 (가) → (다) → (나)의 순이다.

06 ㄴ. 6시에 온난 전선이 지나갔고 18시에 한랭 전선이 지나갔으므로 6시와 18시 사이에 관측소는 온난 전선과 한랭 전선 사이에 위치하였다. 온난 전선과 한랭 전선 사이에 있는 지역은 남서풍이 부는 지역이므로 관측소에는 남서풍이 불었을 것이다.

[오답 피하기] ㄱ. 6시에 온난 전선이 지나갔으므로 이날 새벽 4시는 온난 전선이 접근하는 시각이다. 온난 전선이 접근할 때는 전선면의 높이가 점점 낮아지므로 구름의 높이가 점점 낮아진다. 따라서 4시~6시에는 구름의 높이가 점점 낮아졌을 것이다.

ㄷ. 온난 전선이 지나가면 기압은 낮아지고 기온은 높아진다. 한랭 전선이 지나가면 기압은 높아지고 기온은 낮아진다. 따라서 이날 6시경에는 온난 전선이 지나갔으며, 18시에는 한랭 전선이 지나갔다.

07 ㄴ. 태풍은 필리핀 앞 열대 해상에서 발생하여 포물선 궤도를 그리며 이동하는데 북태평양 고기압의 세력에 따라서 태풍의 진로가 달라진다. 이때 태풍이 우리나라를 통과하는 시기는 주로 7월~8월이다.

ㄷ. 태풍은 열대 저기압이므로 태풍 주변에서 바람은 시계 반대 방향으로 태풍의 중심을 향하여 불어 들어간다.

[오답 피하기] ㄱ. A는 태풍의 중심에 형성된 구름이 없는 맑은 구역으로 태풍의 눈이다. 태풍의 눈에서는 약한 하강 기류가 나타난다. 따라서 A에서는 강한 상승 기류가 발달하지 않는다.

08 (1) A 지역은 태풍 진행 경로의 왼쪽에 위치하므로 A에서 바람의 방향은 시계 반대 방향으로 변하였다.

(2) A는 태풍 진행 경로의 왼쪽에 위치하여 안전 반원에 들어 있었고, B는 태풍 진행 경로의 오른쪽에 위치하여 위험 반원에 들어 있었다. 따라서 바람의 세기는 A보다 B에서 강했다.

(3) 태풍이 육지에 상륙하면 지면과의 마찰로 인해 많은 에너지를 소모하고 수증기를 공급받지 못하므로 시간이 지날수록 기압이 높아지면서 세력이 약해진다. 따라서 태풍의 세력은 4시보다 16시에 약해졌으며 태풍 중심의 기압은 4시보다 16시에 높았다.

09 ㄱ. 서해안에 폭설이 내리는 시기는 겨울철이다. 겨울철에 우리나라는 주로 북서풍이 부는데, 서해안 폭설은 시베리아 고기압으로부터 찬 공기가 북서풍을 타고 황해를 건너 이동할 때 발생한다.

ㄷ. 시베리아 고기압으로부터 불어 나온 찬 공기가 상대적으로 따뜻한 황해를 지나게 되면 황해로부터 열과 수증기를 공급받는다. 이때 기단 하층이 가열되어 기단이 불안정해지고 이에 따라 눈구름이 발달하여 서해안에 폭설을 내리게 된다.

[오답 피하기] ㄴ. 그림에 나타난 위성영상에서 동해에도 많은 구름이 발달해 있다. 따라서 동해에 고기압이 발달해 있지 않다. 시베리아 고기압으로부터 북서풍이 부는 시기에는 동해 쪽에 저기압이 발달하는 경우가 많다.

개념 더하기
기단의 변질과 폭설

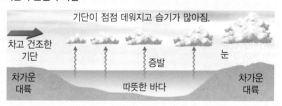

기단이 점점 데워지고 습기가 많아짐.

차고 건조한 기단 / 차가운 대륙 / 증발 / 따뜻한 바다 / 눈 / 차가운 대륙

• 시베리아 고기압으로부터 찬 공기가 황해를 건너 이동해오면 기단 하층이 가열되어 기단이 변질되며 불안정해진다.
• 많은 수증기를 포함하게 되므로 폭설이 내린다.

10 ㄱ. A는 상승 기류가 강하여 적란운이 발달할 때 적란운 속에서 상승과 하강을 반복하며 형성된 얼음덩어리로 우박이다.

ㄷ. 우박이 적란운 속에서 상승과 하강을 반복하는 과정에서 여러 겹의 얼음층이 생성되므로 A의 내부에는 동심원 구조가 발달한다.

[오답 피하기] ㄴ. 우박은 상층의 기온이 낮은 시기에 대기가 불안정할 때 잘 발생하므로 봄철에서 여름철로 접어드는 시기인 5~6월에 가장 많이 발생하며, 기온이 5~25 ℃일 때 잘 형성된다. 따라서 우박은 겨울철에만 생성되는 것은 아니다.

11 ㄱ. 10년 단위의 황사 일수를 나타낸 그림에서 (가) → (나) → (다)로 갈수록 연평균 황사 일수가 증가하는 경향을 보인다. 따라서 황사 일수는 점차 증가하고 있다고 할 수 있다.

ㄷ. 지역별 황사 일수를 비교하면 (가), (나), (다) 모두에서 서쪽 지방이 동쪽 지방보다 황사 일수가 크게 나타난다. 따라서 황사는 동쪽보다 서쪽 지방에서 더 심한 편이다.

[오답 피하기] ㄴ. 남북 방향으로 황사 일수를 비교하면 (가)에서는 중부 지방과 남부 지방에서 황사 일수가 많고 그 사이에 위치한 지역에서는 황사 일수가 적다. (나)와 (다)에서는 북서쪽으로 갈수록 대체로 황사 일수가 많고 남동쪽으로 갈수록 황사 일수가 적다. 따라서 남쪽 지방으로 갈수록 황사가 심해진다고 할 수 없다.

12 ㄱ. 염분 분포에서 등염분선은 위도와 나란한 경향이 있으므로 우리나라 주변 해수의 염분은 남쪽으로 갈수록 대체로 높아지는 경향을 보이며, 황해에서 가장 낮다.

[오답 피하기] ㄴ. 8월의 염분 분포에서 황해는 동해보다 염분이 낮다. 황해에서 염분이 낮은 까닭은 황해로 흘러드는 하천수의 양이 많아 담수의 유입량이 많기 때문이다. 강수량은 동해와 황해에서 큰 차이가 없다.

ㄷ. 해수의 표층 염분은 해수 속에 포함되어 있는 염류의 양을 측정하는 것이므로 채수기로 해수를 채취하여 염분을 측정하거나 해수 속에서 측정한 염분 자료를 위성에서 수신하여 알 수 있다. 해수 표면에서 방출되는 적외선을 인공위성에서 관측하여 알 수 있는 것은 해수 표면의 온도이다.

13 (자료 분석 하기)

용존 산소의 분포

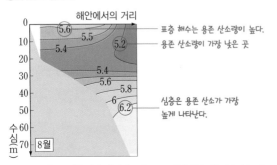

해안에서의 거리

- 표층 해수는 용존 산소량이 높다.
- 용존 산소량이 가장 낮은 곳
- 심층은 용존 산소가 가장 높게 나타난다.

8월

- 해수 표층은 광합성과 대기의 공급으로 인해 용존 산소량이 높다.
- 용존 산소량이 가장 낮은 곳은 표층 아래 부분이다.
- 깊은 곳의 해수는 수온이 낮아 용존 산소량이 높다.

ㄴ. 겨울철인 2월에는 용존 산소량이 6.3~6.5 mL/L의 분포를 보이고 있는 반면에 여름철인 8월에는 용존 산소량이 5.2~6.2 mL/L의 분포를 보이고 있다. 따라서 용존 산소량은 여름철보다 겨울철에 더 많다.

[오답 피하기] ㄱ. 8월의 용존 산소량 자료에서 해수 표층의 용존 산소량이 5.2~5.6 mL/L의 분포를 보이고 있는 반면에 수심이 깊은 곳에서는 6.2 mL/L의 분포를 보이고 있다. 해수 표면으로부터 수심이 깊어짐에 따라서 용존 산소량은 점차 감소하다가 수심 20 m를 지난 후에는 다시 증가한다. 따라서 용존 산소량은 수심 20 m 부근에서 가장 낮다.

ㄷ. 산소는 광합성의 결과로 생성되는 기체이다. 따라서 광합성이 활발해지면 용존 산소량이 많아진다. 따라서 해수 표면 부근은 수심 20 m 부근보다 용존 산소량이 많다. 용존 산소량은 수심 70 m 부근에서 가장 높게 나타나는데, 용존 산소량이 수심 70 m 부근에서 가장 높게 나타나는 까닭은 광합성 때문이 아니다. 수심 70 m는 햇빛이 거의 도달하지 않으므로 수온이 낮아 용해도가 높기 때문에 용존 산소량이 높다.

14 ㄱ. 수온 염분도에 나타난 등밀도선의 분포에서 아래쪽으로 갈수록 해수의 밀도가 높아지므로 수온이 낮을수록 밀도가 커지며, 오른쪽으로 갈수록 등밀도선의 밀도값이 커지므로 염분이 높을수록 밀도가 커진다.

ㄷ. 수온이 10 ℃, 염분이 35 psu인 해수를 수온 염분도에 점으로 표시하면 이 해수의 위치는 밀도가 1.027 g/cm³인 등밀도선에 위치하게 된다. 따라서 이 해수의 밀도는 약 1.027 g/cm³이다.

[오답 피하기] ㄴ. 결빙이 일어나는 곳에 있는 해수는 결빙이 일어날 때 염분이 높아진다. 해수의 밀도는 염분이 높을수록 커지므로 극지방에서 결빙이 일어나면 해수의 밀도가 커진다.

15 구름 A는 태풍의 모습이다. 우리나라는 편서풍대에 위치하므로 우리나라 부근에서 태풍은 편서풍의 영향을 받아 북동쪽으로 이동한다.

[예시 답안] 구름 A는 태풍의 모습이다. 우리나라 부근에서 태풍은 편서풍의 영향을 받으므로 구름 A는 북동쪽으로 이동할 것이다.

채점 기준	배점(%)
편서풍의 영향과 태풍의 이동 방향을 옳게 설명한 경우	100
태풍의 이동 방향과 까닭 중 1가지만 옳게 쓴 경우	50

16 2월에는 해수 표면과 심해의 수온 차이가 크지 않지만 8월에는 해수 표면과 깊은 곳의 수온 차이가 커서 수온 약층이 강하게 발달한다. 수온 약층이 강하게 발달할수록 해수의 연직 혼합이 일어나기 어렵다.

[예시 답안] 8월, 수온 약층은 해수의 연직 혼합을 방해하므로 해수의 연직 혼합은 수온 약층이 강하게 발달하는 8월에 더 일어나기 어렵다.

채점 기준	배점(%)
시기와 까닭을 모두 옳게 설명한 경우	100
시기와 까닭 중 1가지만 옳게 쓴 경우	50

대기와 해양의 상호 작용

11 해수의 순환

├134~136쪽┤

확인 문제
1 편서풍 **2** 쿠로시오, 북태평양
3 조경 수역 **4** 밀도 **5** 낮, 크

02 아열대 표층 순환은 무역풍대와 편서풍대에서 발생하는 해류에 의한 표층 순환으로, 북반구 아열대 표층 순환은 시계 방향으로 흐른다.

03 우리나라 동해에는 북상하는 동한 난류와 남하하는 북한 한류가 만나 조경 수역을 형성한다.

04 해수의 심층 순환을 열–염분 순환(열염 순환)이라고 하는데, 해수의 수온과 염분에 의해 밀도가 결정되기 때문이다.

05 남극 저층수는 염분 34.7 psu, 수온 −0.5 ℃, 밀도 1.0279 g/cm³로 전 세계 해수 중 밀도가 가장 크다.

개념을 다지는 기본 문제

137~139쪽

01 ㉠ 저위도, ㉡ 고위도 **02** ③ **03** ③ **04** ⑤ **05** ② **06** ③
07 해설 참조 **08** ④ **09** 쿠로시오 해류 **10** 남극 저층수 > 북대서양 심층수 > 남극 중층수 **11** ② **12** ④ **13** ⑤ **14** 해설 참조 **15** ㄱ, ㄴ, ㄷ

01 저위도 지방은 흡수되는 태양 복사 에너지가 방출되는 지구 복사 에너지보다 많으므로 에너지 과잉 상태이며, 고위도 지방은 흡수되는 태양 복사 에너지가 방출되는 지구 복사 에너지보다 적으므로 에너지 부족 상태이다.

⊕ 개념 더하기

위도별 에너지 불균형 해소 – 대기와 해수의 순환

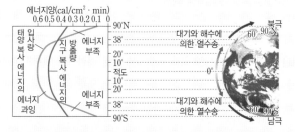

- 저위도: 태양 복사 에너지의 흡수량 > 지구 복사 에너지의 방출량
  ➡ 에너지 과잉 상태
- 고위도: 태양 복사 에너지의 흡수량 < 지구 복사 에너지의 방출량
  ➡ 에너지 부족 상태
- 위도별 에너지 불균형 해소: 대기와 해수의 순환에 의해 저위도의 과잉 에너지가 고위도로 이동하여 전 지구적인 에너지 균형을 이루게 된다.

---

02 ㄱ. 극순환(A, 위도 60°~극)과 해들리 순환(C, 적도~위도 30°)은 열대류에 의한 직접 순환이며, 페렐 순환(B, 위도 30°~60°)은 극순환과 해들리 순환 사이에서 두 순환의 영향을 받는 역학적 순환이다.
ㄷ. 위도 60°N 지역에서는 극지방의 찬 공기가 남하하고, 중위도에 북상하는 더운 공기가 만나 한대 전선대가 형성된다.
[오답 피하기] ㄴ. 위도 30°N 지역에서는 적도에서 북상한 공기가 하강하여 고압대가 발달하며 하강 기류가 형성된다.

03 위도 30°~60°의 대기 순환은 열대류에 의한 직접 순환이 아니라 극순환과 해들리 순환 사이에서 형성되는 역학적 순환인 간접 순환이다.

04 ㄱ. 남반구에서 적도와 위도 30° 사이의 순환은 해들리 순환이다.
ㄴ. 북반구 위도 30°~60° 사이의 지상에는 편서풍이 형성되어 분다.
ㄷ. 아열대 고압대(A)는 하강 기류로 형성되어, 상승 기류가 발달하는 적도(B)와 한대 전선대가 형성되는 C 지역보다 연평균 강수량이 적다.

05 B는 북동 무역풍에 의해 형성되는 북적도 해류이다. 북태평양 해류는 편서풍에 의해 형성되는 해류로 북위 30°~60° 사이에서 서에서 동으로 흐르는 해류이다.

⊕ 개념 더하기

북대서양의 아열대 순환

- 북대서양 아열대 표층 순환의 특징: 시계 방향으로 4개의 해류가 순환을 이룬다.
- (무역풍에 의한) 북적도 해류 → 멕시코 만류 → (편서풍에 의한) 북대서양 해류 → 카나리아 해류

06 ㄱ. 쿠로시오 해류는 저위도에서 고위도로 흐르는 난류이다.
ㄷ. 대기 대순환이 적도를 경계로 대칭으로 분포하는 것처럼 해류의 순환(표층 순환)도 적도를 경계로 대칭적인 흐름을 보인다.
[오답 피하기] ㄴ. 남적도 해류는 남동 무역풍의 영향으로 흐르는 해류로 동에서 서로 흐르는 해류이다.

07 예시 답안 콜럼버스가 유럽을 떠나 아메리카 대륙으로 건너갈 때는 카나리아 해류를 타고 무역풍대로 이동하여 북동 무역풍과 북적도 해류를 이용하였다. 유럽으로 돌아올 때는 멕시코 만류를 타고 북상하여 편서풍대로 이동하여 편서풍과 북대서양 해류를 이용하였다. 이와 같이 콜럼버스는 항해에 도움이 될 해류를 이용하기 위해 출발할 때와 되돌아올 때 서로 다른 항로를 이용하였다.

채점 기준	배점(%)
4가지 해류를 모두 포함하여 옳게 설명한 경우	100
3가지 해류만 포함하여 옳게 설명한 경우	75
2가지 해류만 포함하여 옳게 설명한 경우	50
1가지 해류만 포함하여 옳게 설명한 경우	25

08 ㄴ. 난류인 동한 난류는 한류인 북한 한류보다 수온과 염분이 모두 높다.

ㄷ. 태평양 서안에서 북상하는 쿠로시오 해류는 우리나라의 동한 난류와 황해 난류의 근원이 되는 해류이다.

[오답 피하기] ㄱ. 영양염류는 한류에 많이 포함되어 있으므로 북한 한류가 동한 난류보다 영양염류가 많다.

⊕ 개념 더하기

난류와 한류

구분	이동 방향	수온	염분	영양염류
난류	저위도 → 고위도	높다.	높다.	적다.
한류	고위도 → 저위도	낮다.	낮다.	많다.

09 쿠로시오 해류는 우리나라 주변을 흐르는 난류의 근원으로, 수온과 염분이 높다. 쿠로시오 해류는 바닷물이 맑기 때문에 태양빛 중 청남색을 많이 투과시켜 검게 보인다.

10 밀도가 큰 해수일수록 심층에서 순환한다.

11 ② B에서 C로 갈수록 해수의 수온은 일정하나 염분은 증가하는 것으로 나타난다.

[오답 피하기] ① A 수괴는 B 수괴보다 염분은 높으나 수온이 높아 밀도가 작다.

③ C에서 D로 갈수록 밀도 그래프에 거의 평행하므로 해수의 밀도 변화는 거의 없다.

④ 해수의 밀도는 수온과 염분에 따라 달라지는데, 수온이 낮아지거나 염분이 높아질수록 커진다.

⑤ 해수의 수온과 염분은 밀도를 결정하므로 수온 염분도를 분석하여 수괴의 기원과 이동 경로를 추정할 수 있다.

12 ㄴ. A는 남극 중층수, B는 북대서양 심층수, C는 남극 저층수이다. 심층 순환은 수온과 염분에 의해 결정되는 해수의 밀도 차로 발생한다.

ㄷ. 북대서양 심층수는 남극 중층수보다는 밀도가 크고 남극 저층수보다는 밀도가 작다. 따라서 북대서양 심층수는 두 심층수 사이에서 흐른다.

[오답 피하기] ㄱ. 가장 아래에서 흐르는 남극 저층수(C)의 밀도가 가장 크다.

13 ㄱ. 저위도에서 북상한 표층 순환은 저위도의 과잉 에너지를 고위도로 운반하여 고위도의 열에너지원의 일부가 된다.

ㄴ. 표층 순환과 심층 순환은 발생 원인은 달라도 서로 컨베이어 벨트처럼 연결되어 있어 전 지구적인 해수의 순환과 기후에 영향을 미친다.

ㄷ. 침강 해역에서 해수의 침강이 약해지면 심층 순환도 약해지고 연결된 표층 순환도 약해져 저위도에서 고위도로 수송되는 열에너지양이 줄어든다.

14 [예시 답안] 지구 온난화로 고위도 지역의 빙하가 녹아 해수의 염분이 낮아지고 밀도가 작아지게 되면 고위도 해수의 침강이 약해진다. 해수의 침강이 약해지면 저위도에서 북상하는 따뜻한 표층 해류의 흐름이 약해지고 이에 따라 저위도 지방의 에너지가 고위도로 운반되지 못하여 저위도의 기온이 더욱 상승하고, 고위도 지방에는 따뜻한 표층 해수의 공급이 감소하여 기온이 더욱 하강하게 되는 전 지구적인 기후 변화가 일어난다.

채점 기준	배점(%)
침강의 변화와 기후 변화를 모두 옳게 설명한 경우	100
침강의 변화 또는 기후 변화 중 1가지만 옳게 설명한 경우	50

15 ㄱ. 차가운 소금물은 상온의 물보다 밀도가 크므로 바닥으로 가라앉는다.

ㄴ. 차가운 소금물은 밀도가 커진 해수가 가라앉는다는 것을 나타내므로 심층 순환을 나타낸다.

ㄷ. 소금물의 농도를 증가시키면 소금물의 밀도가 증가하므로 소금물과 상온의 물의 밀도 차가 더 커진다. 농도가 증가한 소금물은 더 빠르게 바닥으로 가라앉으며 소금물의 순환은 더 강해진다.

실력을 올리는 실전 문제

141~143쪽

01 ②	02 ⑤	03 ③	04 ③	05 ①
06 ②	07 ③	08 ⑤	09 ③	10 ⑤

1등급을 굳히는 고난도 문제

11 ③	12 ④

01 ㄷ. 대기의 순환에 의해 저위도의 과잉 에너지가 에너지 부족 상태인 고위도로 수송되어 전 지구적으로 에너지 평형 상태를 이루게 한다.

[오답 피하기] ㄱ. (가)에서 A는 지구로 입사되는 태양 복사 에너지가 지구에서 방출되는 지구 복사 에너지보다 많은 '에너지 과잉량'이고, B는 지구로 입사되는 태양 복사 에너지가 지구에서 방출되는 지구 복사 에너지보다 적은 '에너지 부족량'을 나타낸다.

ㄴ. (나)에서 열대류에 의해 일어나는 직접 순환은 극순환(a)과 해들리 순환(c)이다. 페렐 순환(b)은 두 직접 순환 사이에서 일어나는 역학적 순환인 간접 순환이다.

02 ㄱ. A 해역에는 난류인 쿠로시오 해류가, B 해역에는 한류인 캘리포니아 해류가 흐른다. 난류인 쿠로시오 해류는 한류인 캘리포니아 해류보다 수온이 높고 용존 산소량이 적다.

ㄴ. 북태평양 해류는 편서풍의 영향을 받아 흐른다.

ㄷ. 북태평양 아열대 순환은 4개의 해류가 서로 연결되어 시계 방향으로 흐른다.

➕ **개념 더하기**

북태평양의 아열대 순환

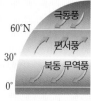

- 북태평양 아열대 표층 순환의 특징: 시계 방향으로 4개의 해류가 순환을 이룬다.
- (무역풍에 의한) 북적도 해류 → 쿠로시오 해류 → (편서풍에 의한) 북태평양 해류 → 캘리포니아 해류

03 ㄱ. 용존 산소량은 수온이 낮을수록 증가하므로 고위도로 갈수록 대체로 증가한다.

ㄴ. 용존 산소량이 B 해역보다 A 해역에서 낮으므로 표층 수온은 A 해역이 더 높을 것이다.

[오답 피하기] ㄷ. 여름철에 쿠로시오 해류의 세력이 강해지면 A 해역의 수온이 높아져 용존 산소량이 감소할 것이다.

04 **자료 분석 하기**

태평양의 주요 표층 해류

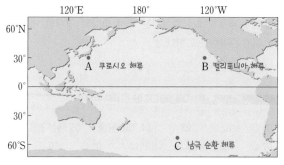

- A: 쿠로시오 해류는 난류로 수온과 염분은 높고, 용존 산소량은 적다.
- B: 캘리포니아 해류는 한류로 수온과 염분은 낮고, 용존 산소량은 많다.
- C: 남극 순환 해류는 편서풍에 의해 서쪽에서 동쪽으로 흐른다.

ㄷ. 남반구 태평양의 아열대 표층 순환은 남적도 해류 → 동오스트레일리아 해류 → 남극 순환 해류 → 페루 해류의 순으로 일어난다. 이들 순환은 남동 무역풍과 편서풍의 영향으로 시계 반대 방향으로 일어난다.

[오답 피하기] ㄱ. C의 표층 해류(남극 순환 해류)는 편서풍에 의해 형성된 해류이다.

ㄴ. 표층 해류의 용존 산소량은 난류인 쿠로시오 해류(A)보다 한류인 캘리포니아 해류(B)에 많다.

05 ㄱ. A에서는 남동 무역풍에 의해 남적도 해류가 동쪽에서 서쪽으로 흐른다. B에서는 난류(동오스트레일리아 해류)가, C에서는 한류(페루 해류)가 흐른다.

[오답 피하기] ㄴ. 수온이 낮을수록 용존 산소량이 많으므로 한류인 C가 난류인 B보다 용존 산소량이 많다.

ㄷ. D에서는 편서풍의 영향으로 남극 순환 해류가 서쪽에서 동쪽으로 흐른다.

06 ㄴ. B에서 부는 바람(무역풍)과 해류(북적도 해류)의 방향은 모두 동쪽에서 서쪽이므로 B를 통과할 때는 동쪽에서 서쪽으로 항해하였다.

[오답 피하기] ㄱ. A는 약 35°N 해역에 위치해 있으며 편서풍이 부는 곳이다. 따라서 A를 항해할 때는 편서풍을 이용하여 서쪽에서 동쪽으로 항해하였다.

ㄷ. 북대서양 아열대 순환 중 동쪽 해역인 C에서는 고위도에서 저위도로 흐르는 한류인 카나리아 해류가 흐른다.

07 ㄱ. A는 쿠로시오 해류로 북태평양 아열대 표층 순환의 일부이다. 태평양의 서쪽으로 흐르는 북적도 해류가 북상하여 흐른다.

ㄴ. B는 동한 난류로 겨울철에 주변 대기보다 따뜻하여 열을 공급해 주는 역할을 한다.

[오답 피하기] ㄷ. 용존 산소량은 수온에 반비례하므로 한류인 C가 난류인 B보다 많다.

08 ㄱ. A에는 고위도에서 저위도로 한류가 흐르며, B에는 저위도에서 고위도로 난류가 흐른다.

ㄴ. C에는 대기 대순환에서 적도와 30°N 사이에서 부는 북동 무역풍에 의한 북적도 해류가 흐른다.

ㄷ. 북태평양에서 아열대 순환(북적도 해류 → 쿠로시오 해류 → 북태평양 해류 → 캘리포니아 해류)은 시계 방향으로 흐른다.

09 **자료 분석 하기**

대서양의 심층 순환

- 대서양 60°S 해역에서 형성된 남극 중층수는 수심 1000 m 부근에서 20°N까지 이동한다.
- 남극에서 형성된 남극 저층수가 해저를 따라 북쪽으로 이동하여 30°N까지 흐른다.
- 그린란드 해역에서 형성된 북대서양 심층수가 수심 약 1500 m~4000 m 사이에서 남쪽으로 흘러 남반구의 고위도까지 이동한다.
- 심층 순환은 이동 속도가 매우 느리므로 직접 관측하기 어렵다. 따라서 수괴 분석을 통한 간접적인 방법으로 흐름을 알아낸다.

ㄱ. 북대서양 표층수가 그린란드 부근에서 온도가 낮아져 밀도가 커지면 침강하여 북대서양 심층수가 형성된다. 심해에 공급되는 산소는 주로 대기와 접하고 있는 표층수의 침강에 의해 이루어진다.

ㄷ. 심층 순환은 수온과 염분에 의한 밀도 차이로 발생하는 흐름이므로 특정 해역의 수괴의 수온 염분도(T-S도)를 조사하면 심층 해류의 흐름 방향과 규모를 알아낼 수 있다.

[오답 피하기] ㄴ. 남극의 빙하가 녹아 유입되면 해수의 염분이 낮아지고 밀도가 작아져 남극 저층수의 침강 속도가 줄어든다. 그리고 남극 저층수의 흐름이 약화된다.

10 ㄱ. 심층 순환은 용존 산소가 풍부한 표층 해수를 심해로 운반하여 심해층에 산소를 공급한다.

ㄴ. 남극 저층수는 남극 대륙 주변 웨델해에서 만들어진다.

ㄷ. 지구 온난화가 심해지면 그린란드의 빙하가 녹은 물이 A 해역에 유입되면서 염분이 감소하여 해수의 밀도가 낮아지게 되므로 침강이 약화된다.

11 고난도 문제 해결 전략

STEP 1 출제 의도 파악하기
염분의 농도가 해수의 침강에 미치는 영향을 알아보기 위한 실험으로, 소금물의 농도에 따라 침강 속도에 변화가 생긴다는 것을 파악하는 문제이다.

STEP 2 자료 분석하기

• 소금물은 염분 증가에 따른 밀도 증가로 침강하는 표층 해수에 해당한다.
• 실험 Ⅱ(소금 1.0 g)에서 P점에 소금물이 도달하는 시간은 실험 Ⅰ보다 길어진다.

STEP 3 관련 개념 모으기
❶ 심층 순환이란?
➡ 열-염분 순환이라고도 한다. 염분의 변화가 생기면 밀도의 변화가 생긴다.

❷ 표층 해수의 결빙이란?
➡ 극지방의 표층 해수가 결빙되면 해수에서 물이 얼음으로 상태 변화가 되므로 남아 있는 표층 해수의 염분은 높아진다.

ㄱ. 염분이 높아지면 해수의 밀도가 커져서 해수의 침강이 일어날 수 있다. 실험에서 소금물은 염분 증가에 따른 밀도 증가로 침강하는 표층 해수에 해당한다.

ㄴ. 실험 Ⅱ에서 염분이 감소했으므로 침강 속도가 감소하여 소금물이 도달하는 시간은 실험 Ⅰ에서 걸리는 시간보다 길어졌을 것이다.

[오답 피하기] ㄷ. 극지방의 표층 해수가 결빙되면 해수의 염분이 증가한다. 실험 Ⅱ에서 소금물의 농도를 낮춘 것은 극지방에서 빙하가 녹아 염분이 낮아지는 경우이다.

12 고난도 문제 해결 전략

STEP 1 출제 의도 파악하기
대서양의 심층수 분포와 수온 염분도의 관계를 통해서 수괴의 형성과 밀도 차에 의해 심층 순환이 발생한다는 것을 파악한다.

STEP 2 자료 분석하기
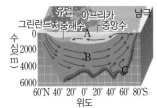
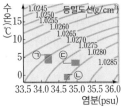

구분	심층수의 이름	수괴의 특징 비교
A	남극 중층수(㉠)	수온은 가장 높고, 염분은 가장 낮다. ➡ 밀도가 가장 작다.
B	북대서양 심층수(㉢)	수온은 중간이며, 염분은 가장 높다. ➡ 밀도는 중간이다.
C	남극 저층수(㉡)	수온은 가장 낮고, 염분은 중간이다. ➡ 밀도가 가장 크다.

ㄴ. 해수의 밀도는 우측 하단으로 갈수록 커지므로 (나)에서 밀도는 ㉡이 가장 크다.

ㄷ. (나)에서 ㉢의 밀도는 ㉡보다 작고 ㉠보다 크므로 (가)에서 A와 C 사이에서 흐르는 B(북대서양 심층수)이다.

[오답 피하기] ㄱ. (가)에서 A는 남극 중층수(㉠), B는 북대서양 심층수(㉢), C는 남극 저층수(㉡)이다.

12 대기와 해양의 상호 작용

──────144~146쪽──

확인 문제 **1** 연안 용승 **2** 무역풍 **3** 낮, 어장
4 엘니뇨 **5** 워커 순환 **6** 엘니뇨 남방 진동(ENSO)

01 연안 용승은 대륙의 연안에서 표층 해수가 이동하여 일어난다.

03 용승은 심층 해수에 포함된 많은 양의 영양염류가 표층으로 운반되므로, 플랑크톤이 번식하여 좋은 어장이 형성된다.

05 열대 태평양에서 형성되는 동서 방향의 거대한 대기 순환을 워커 순환이라고 한다.

개념을 다지는 기본 문제 147~149쪽

01 ① **02** ④ **03** ② **04** 적도 용승 **05** 해설 참조 **06** ⑤
07 ③ **08** (가) 엘니뇨, (나) 라니냐 **09** ⑤ **10** ② **11** ②
12 ③ **13** 해설 참조 **14** ③ **15** ①

01 북반구의 연안에서 계속해서 북풍이 불면 지구 자전의 영향으로 표층 해수는 바람(북풍) 방향의 오른쪽 직각 방향으로 이동한다.

➕ 개념 더하기

용승 현상
북반구 어느 연안에 북풍이 지속적으로 불 때 표층 해수는 먼 바다 방향(A)으로 이동하고 찬 해수가 솟아오르는 용승 현상이 발생한다.

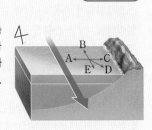

02 이동한 해수를 채우기 위해 심층에서 찬 해수가 올라온다. 이를 연안 용승이라고 한다.

03 적도 해역은 북동 무역풍과 남동 무역풍에 의해 해수가 양극 쪽으로 이동하고 이를 채우기 위해 심층의 찬 해수가 올라오는 대표적인 용승 현상이 일어나는 해역이다.

04 적도 해역에서는 무역풍이 불어 용승 현상이 일어난다.

05 [예시 답안] 남반구 페루 연안에 남풍이 지속적으로 불면 표층수는 먼 바다 쪽으로 이동하고, 심층에서 찬 해수가 용승하여 올라온다. 올라온 해수는 온도가 낮고 영양염류가 풍부하다.

채점 기준	배점(%)
2가지 내용을 모두 옳게 설명한 경우	100
1가지 내용만을 옳게 설명한 경우	50

06 ㄱ, ㄴ, ㄷ. A 해역은 찬 해수가 분포하고 있는 것으로 보아 용승 현상이 일어난 해역이다. 북반구에 위치한 이 지역에 북풍이 지속적으로 불면 A 해역의 해수가 먼 바다 쪽으로 이동하고, 심층에서 찬 해수가 용승한다.

07 ㄱ. 남반구 대륙의 서쪽 해안에 남풍이 지속적으로 불 때 표층수는 바람의 왼쪽 직각 방향인 서쪽 먼 바다로 이동하고, 이를 채우기 위해 심층의 찬 해수가 올라온다.
ㄷ. 연안 용승이 생길 때 찬 해수의 영향으로 이 지역에는 안개가 자주 발생한다.
[오답 피하기] ㄴ. 남반구에서는 바람의 왼쪽 직각 방향으로 해수가 이동하므로 표층 해수의 이동 방향은 서쪽 방향이다.

08 동태평양의 적도 해역 수온이 평년보다 높아지는 현상을 엘니뇨, 낮아지는 현상을 라니냐라고 한다. 엘니뇨 시기에는 따뜻한 서태평양의 해수가 동태평양까지 이동해 오고, 라니냐 시기에는 서태평양 쪽으로 이동하는 따뜻한 해수가 많아진다.

09 ㄱ, ㄴ, ㄷ. (가)는 엘니뇨 시기로 이 시기에는 평소보다 약한 무역풍이 분다. 동태평양은 용승이 약화되고, 상승 기류로 저기압이 발달한다.

10 엘니뇨 시기는 평상시(가)보다 적도 부근의 동서태평양의 표층 수온의 차이가 크지 않은 (나) 시기이며, 라니냐 시기는 평상시(가)보다 적도 부근의 동서태평양의 표층 수온의 차이가 큰 (다) 시기이다.

11 ② 엘니뇨 시기는 평상시보다 무역풍이 약하게 분다.
[오답 피하기] ① (가)는 평상시, (나)는 엘니뇨 발생 시의 대기 순환 모습이다.
③ 엘니뇨 시기에 동태평양 해역에 저기압의 발달로 강수량이 증가한다.
④ 평상시 서태평양 해역에 저기압의 발달로 강수량이 많다.
⑤ 엘니뇨 시기에는 평상시보다 무역풍이 약화되어 따뜻한 해수가 동태평양 쪽으로 밀려와 동태평양 해역의 수온이 상승하고, 용승 현상도 약화된다.

◆ 개념 더하기

평상시와 엘니뇨 시기 비교

구분	평상시	엘니뇨 발생 시
대기 순환 모식도	대기의 연직 순환 무역풍 140°E 180° 140°W 100°W	무역풍 140°E 180° 140°W 100°W
바람	무역풍이 동에서 서로 분다.	평소보다 약한 무역풍이 분다.
동태평양	• 용승 활발, 수온 낮다. • 하강 기류, 고기압, 강수량 적다.	• 용승 약화, 수온 상승 • 상승 기류, 저기압, 강수량 증가한다.
서태평양	• 수온 높다. • 상승 기류, 저기압, 강수량 많다.	• 수온 하강 • 하강 기류, 고기압, 강수량 감소한다.

12 ㄱ. 동태평양 연안의 해수면 온도 편차가 평균값보다 클 때가 엘니뇨 시기(A 시기)이며, 평균값보다 작을 때가 라니냐 시기(B 시기)이다.
ㄷ. 엘니뇨 시기(A 시기)에는 서태평양 인도네시아 해역은 고기압이 발달하므로 강수량이 감소한다. 반면 라니냐 시기(B 시기)에는 저기압이 강하게 발달하므로 강수량이 평년보다 증가한다.
[오답 피하기] ㄴ. 무역풍이 평상시보다 약화되어 엘니뇨가 발생하면 서태평양의 따뜻한 해수가 동쪽으로 이동하므로 페루 연안의 따뜻한 해수층은 평상시보다 두꺼워진다. 반면에 라니냐 때는 평상시보다 무역풍이 강화되어 용승 현상이 강해지므로 페루 연안의 따뜻한 해수층은 평상시보다 얇아진다.

13 [예시 답안] 엘니뇨 시기에는 따뜻한 서태평양의 해수가 동태평양까지 이동하므로 수온 약층의 경사가 완만하게 나타난다. 반면 라니냐 시기에는 동태평양의 표층 수온이 낮아지므로 수온 약층의 경사가 급하게 나타난다.

채점 기준	배점(%)
수온 약층의 경사 변화를 모두 옳게 설명한 경우	100
한 시기의 수온 약층 경사 변화만을 옳게 설명한 경우	50

14 엘니뇨 발생 시 동태평양은 상승 기류로 저기압이 발달하고, 서태평양은 하강 기류로 고기압이 발달한다. 라니냐 발생 시 동태평양은 용승 강화로 수온이 하강하고, 서태평양은 수온이 상승한다. 따라서 ㉠은 저기압, ㉡은 고기압, ㉢은 하강, ㉣은 상승이다.

15 ㄱ. (가)는 라니냐, (나)는 엘니뇨가 발생한 시기의 수온 분포를 나타낸 것이다.
[오답 피하기] ㄴ. 라니냐는 동태평양 적도 부근 해역의 수온이 평상시보다 낮아지는 현상이고, 엘니뇨는 동태평양 적도 부근 해역의 수온이 평상시보다 높아지는 현상이다.
ㄷ. 태평양 적도 부근 해역의 동서 간 표층 수온 차이는 엘니뇨가 발생한 시기보다 라니냐가 발생한 시기에 더 크게 나타난다.

01 ㄱ. 북반구에서 북풍이 불면 연안의 해수가 외해로 이동하여 용승 현상이 생기며, 적도에서도 무역풍에 의해 표층 해수가 양극 쪽으로 이동하면 심층수가 올라오는 용승 현상이 생긴다.

ㄷ. 용승 현상이 생기는 해역은 찬 해수가 상승하므로 C 해역이 D 해역보다 수온이 낮다.

[오답 피하기] ㄴ. 북반구 중위도 해역에서 북풍이 불면 표층수가 서쪽으로(B → A) 이동하면서 연안(B 해역)에 용승 현상이 생긴다.

02 ㄱ, ㄴ, ㄷ. A에서는 무역풍에 의해 적도 용승이, B에서는 북풍 계열의 바람에 의해 먼 바다로 해수가 이동하여 연안 용승이, C에서는 남풍 계열의 바람에 의해 먼 바다로 해수가 이동하여 연안 용승이 발생한다.

✚ 개념 더하기

적도 용승

적도 해역에서 무역풍에 의해 해수가 양극 쪽으로 이동하고 이를 채우기 위해 심층의 찬 해수가 올라오는 용승 현상이 생긴다.

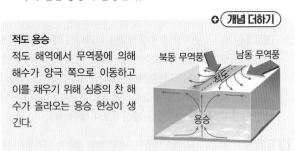

03 **자료 분석 하기**

저기압과 고기압 중심에서의 용승과 침강

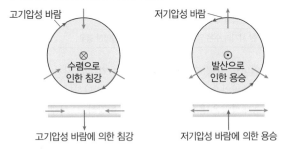

• 고기압성 바람: 북반구에서 바람이 시계 방향으로 불 때 해수는 중심으로 수렴하여 침강한다.

• 저기압성 바람: 북반구에서 바람이 시계 반대 방향으로 불 때 해수는 바깥으로 발산하므로 중심에서는 찬 해수가 용승한다.

ㄱ, ㄴ. 북반구에서는 저기압성 바람(태풍, 온대성 저기압)에 의해 해수가 중심으로부터 외부로 발산하면 심층 해수가 올라오는 용승 현상이 생기고, 고기압성 바람에 의해 해수가 중심으로 수렴하면 표층수가 가라앉는 침강 현상이 생긴다.

ㄷ. 남반구에서는 북반구와 반대 현상이 생긴다.

04 ㄱ. 아라비아해는 여름철 남풍 계열의 계절풍의 영향으로 아라비아 해역의 서쪽 표층수가 동쪽 먼 바다로 이동하며, 아라비아 반도 연안의 해역에는 용승 현상이 일어난다.

ㄴ. 아라비아해의 수온 분포로 보아 서쪽이 동쪽보다 수온이 낮으므로 서쪽이 동쪽보다 용승이 우세하다고 볼 수 있다.

ㄷ. 심층에서 용승한 찬 해수는 용존 산소량이 많고, 영양염류가 풍부하다.

05 ㄱ. 고기압의 중심이 동태평양에 위치한 시기는 (가) 평상시이며, 저기압의 중심이 동태평양에 위치한 (나) 시기는 엘니뇨 시기이다.

ㄷ. 서태평양에 위치한 인도네시아 해역에는 엘니뇨 시기에는 고기압이 위치하여 평상시 저기압이 위치할 때보다 강수량이 적다.

[오답 피하기] ㄴ. 엘니뇨 발생 시 동태평양 해역인 페루 연안에는 용승 현상이 약화된다.

06 ㄱ. 동태평양 적도 해역에서 수온 약층이 나타나기 시작하는 깊이의 편차가 (+)이므로 평년에 비해 동태평양 적도 해역에서 혼합층의 두께가 증가하고 있다. 따라서 이 시기는 평년에 비해 동태평양 적도 해역의 표층 수온이 높아지는 엘니뇨 시기에 해당한다.

ㄷ. 엘니뇨 시기에는 평년에 비해 동태평양 적도 해역에서 표층 수온이 높아진다.

[오답 피하기] ㄴ. 수온 약층이 나타나는 깊이가 혼합층의 두께가 된다. 자료에서 수온 약층이 나타나기 시작하는 깊이의 편차가 평년보다 크므로 평년에 비해 동태평양 적도 해역에서 혼합층의 두께는 증가한다.

07 ㄴ. 영양염류의 양은 용승 현상이 강화되는 라니냐 시기가 더 많다.

ㄷ. 동태평양의 혼합층 깊이는 엘니뇨 시기가 라니냐 시기보다 두껍다.

[오답 피하기] ㄱ. (가)는 평소보다 약한 무역풍이 불 때 동태평양의 해수가 서태평양으로 이동해오는 엘니뇨 시기이며, (나)는 강한 무역풍으로 남적도 해류가 더욱 강해지는 라니냐 시기이다.

08 ㄴ. 엘니뇨가 발생하면 대기와 해양의 상호 작용(ENSO, 엘니뇨 남방 진동)이 평상시와 다르게 일어나므로 지구촌 곳곳에 이상 기후가 많이 발생한다.

[오답 피하기] ㄱ. 엘니뇨 시기에는 서태평양 해역에는 고기압이 발달하고, 동태평양 부근에는 저기압이 발달한다. 따라서 서태평양 해역에는 평소보다 강수량이 감소하여 가뭄이 발생하며, 동태평양 해역에는 평소보다 강수량이 증가하여 폭우나 홍수가 발생한다.

ㄷ. 엘니뇨 시기에는 무역풍의 약화로 서태평양 해수가 동태

평양 쪽으로 밀려오고, 동태평양 해역의 용승도 약화되어 서태평양(A)과 동태평양(B) 해역의 표층 수온 차이는 평년보다 감소한다.

09 ㄱ. 동태평양 적도 부근 해역의 강수량이 평소보다 감소했으므로 이 시기는 라니냐 시기이다. 강수량 편차가 +0.5 mm/일 이상인 해역은 인도네시아와 호주를 포함한 서태평양 적도 부근에 위치한다.

ㄴ. 라니냐 시기에는 무역풍이 평년보다 강화되어 남적도 해류도 강해지며 용승 현상도 강해진다. 따라서 서태평양 적도 해역과 동태평양 적도 해역 사이의 해수면 높이 차는 평상시보다 커진다.

[오답 피하기] ㄷ. 라니냐 시기에는 평년보다 무역풍이 강하게 분다.

⊕ 개념 더하기

라니냐 시기
무역풍과 동태평양의 용승이 평상시보다 강해져서 서태평양의 따뜻한 해수 영역이 강화된다. 따라서 공기의 상승도 강해져 강한 저기압이 발달하고 강수량이 증가하며 태풍도 많이 발생한다. 반면 동태평양에는 고기압이 강하게 발달한다.

10 자료 분석 하기

엘니뇨와 라니냐 시기의 수온 연직 분포

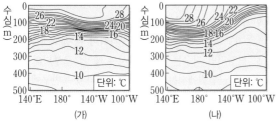

· (가) 엘니뇨 시기: 무역풍의 약화로 서쪽으로 향하는 해류가 약해져 동서 표층 해수의 수온 차가 적으며, 동태평양 해역의 혼합층의 두께가 두껍게 나타난다.
· (나) 라니냐 시기: 무역풍의 강화로 서쪽으로 향하는 해류가 평소보다 강해져 용승 현상도 더 강화된다. 또한 동태평양 해역의 혼합층의 두께가 더 얇아진다.

ㄱ. 수온 약층의 경사가 완만한 (가)는 엘니뇨, (나)는 라니냐 시기이다.

ㄴ. 엘니뇨 시기에는 서태평양에는 고기압이, 라니냐 시기에는 강한 저기압이 발달하므로 강수량은 라니냐(나) 시기가 엘니뇨(가) 시기보다 많다.

[오답 피하기] ㄷ. 엘니뇨 시기에는 평년보다 동태평양의 용승 현상이 약화된다.

11 고난도 문제 해결 전략

STEP 1 출제 의도 파악하기
적도 부근의 대기 순환과 남방 진동 지수의 변화를 통해 엘니뇨와 라니냐 시기의 동서 태평양의 기후 변화에 대해 파악한다.

STEP 2 자료 분석하기
· 그림 (가)는 엘니뇨 시기의 대기 순환의 구조로 다윈 해역에는 고기압이 발달하고, 타이티 해역에는 저기압이 발달한다.
· 남방 진동 지수는 '타이티의 해면 기압—다윈의 해면 기압'으로 정의된다.
· 평상시에는 타이티의 기압이 다윈의 기압보다 높기 때문에 (+)값을 가지나, 엘니뇨 시기에는 다윈 해역에 고기압이, 타이티 해역에 저기압이 발달하므로 남방 진동 지수는 (−)의 값을 가진다.

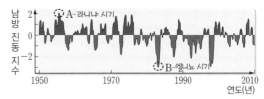

STEP 3 관련 개념 모으기
· 엘니뇨 시기
➡ 무역풍과 용승이 약해지면 서태평양의 따뜻한 해수가 동태평양으로 이동해므로 대기 순환의 상승 영역도 동쪽으로 치우친다. 서태평양은 고기압의 영향으로 가뭄이 발생하고, 동태평양은 평소보다 강수량이 증가하고 태풍도 많이 발생한다.

ㄷ. 동태평양 적도 부근 해역의 용승 현상은 라니냐 시기(A 시기)가 엘니뇨 시기(B 시기)보다 강하다.
[오답 피하기] ㄱ. 엘니뇨 시기에는 타이티가 저기압, 다윈이 고기압으로 남방 진동 지수가 음의 값을 가지므로 (가)의 대기 순환은 B 시기에 해당한다.

ㄴ. A 시기는 라니냐를 나타낸 것이고, B 시기는 엘니뇨 시기를 나타낸 것이다. 다윈 부근(서태평양)은 엘니뇨 시기에는 고기압이 발달하여 강수량이 평상시보다 감소하고, 라니냐 시기에는 저기압이 평상시보다 더 세게 발달하여 강수량이 평상시보다 많아진다.

12 고난도 문제 해결 전략

STEP 1 출제 의도 파악하기
평년시의 적도 해역의 표층 해류 속도와 엘니뇨와 라니냐 시기의 해류의 속도를 비교하여 어느 시기인지 파악하는 문제이다.

STEP 2 자료 분석하기

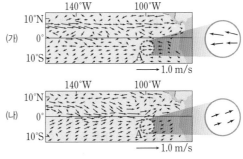

· (가)에서 평년시 적도 해역에는 무역풍에 의해 서쪽 방향(서쪽 방향을 +값으로 기준으로 함)으로 해류가 흐른다.
· (나)에서 표층 해류의 속도 편차가 동쪽을 향한다는 것은 (관측 속도—평년 속도)<0이므로 관측 속도가 평년 속도보다 느렸다는 것을 의미한다. ➡ 무역풍의 약화로 적도 해류의 유속이 감소했다. ➡ 엘니뇨 시기

ㄱ, ㄴ. 엘니뇨 시기에는 동태평양 적도 부근 해역의 해수면은 평년보다 높으며, 용승이 억제되어 A 해역의 표층 수온이 평년보다 높다.

[오답 Ⅲ하기] ㄷ. A 해역에서 평상시에는 해류가 서쪽으로 흐르지만, (나)는 표층 해류의 속도 편차 방향이 동쪽이므로 평상시보다 서쪽으로 흐르는 적도 해류가 약해진다. (나)는 엘니뇨 시기를 나타낸다.

13 지구의 기후 변화

확인
문제 ├154~156쪽┤

1 지구 자전축 방향의 변화, 지구 자전축 경사각의 변화, 지구 공전 궤도 이심률의 변화 **2** 커 **3** 감소
4 온실 효과 **5** 지구 온난화

01 지구의 기후를 변화시키는 외적 요인은 지구에 도달하는 태양 복사 에너지양의 변화가 원인이다. 지구 자전축 방향의 변화, 지구 자전축 경사각의 변화, 지구 공전 궤도 이심률 변화 등은 장기적인 주기성을 띠면서 지구의 기후에 영향을 미치고 있다.

02 지구 자전축의 경사각이 커지면 태양의 남중 고도 차이가 증가하여 기온의 연교차가 커진다.

05 산업 혁명 이후 화석 연료의 사용량 증가, 삼림 벌채 등으로 온실 기체의 농도가 증가하여 지구 온난화가 발생하였다.

개념을 다지는 **기본 문제** 157~159쪽

01 지구 외적 요인: (가), (라), 지구 내적 요인: (나), (다) **02** ㉠ 증가, ㉡ 증가 **03** ② **04** ⑤ **05** ③ **06** 해설 참조 **07** 화석 연료 사용량의 증가 **08** ④ **09** ② **10** ⑤ **11** ③ **12** 해설 참조 **13** ⑤ **14** ㄱ, ㄷ **15** ① **16** ⑤

01 지구의 기후를 변화시키는 외적 요인(천문학적 요인)은 지구 자전축 방향의 변화, 지구 자전축 경사각의 변화, 공전 궤도 이심률 변화 등이 있다. 지구 내적 요인은 화산 활동, 지표면의 상태 변화, 대륙과 해양의 분포 변화 등이 있다.

02 지구 자전축의 경사각이 커지면 북반구에서는 여름철 태양의 남중 고도가 커지므로 일사량이 증가한다. 또한, 지구 자전축의 경사각이 작아지면 남반구에서 겨울철 태양의 남중 고도가 커지므로 일사량이 증가한다.

03 자료 분석 하기

세차 운동 – 지구 자전축의 방향 변화(북반구 기준)

(가) 현재	(나) 13000년 후
23.5° 원일점 태양 근일점	23.5° 원일점 태양 근일점
원일점: 여름 근일점: 겨울	원일점: 겨울 근일점: 여름

- 13000년 후 계절의 변화가 정반대가 된다.
- 13000년 후 여름철의 기온은 상승하고 겨울철의 기온은 하강한다.
➡ 기온의 연교차가 증가한다.

ㄷ. 현재 원일점에서는 우리나라는 여름철이고 근일점에서는 겨울철이다. 13000년 후에는 원일점에서 우리나라는 겨울철로 바뀌며, 근일점에서는 여름철로 바뀐다.

[오답 Ⅲ하기] ㄱ. 13000년 후에는 현재보다 겨울철은 추워지고 여름은 더워져 기온의 연교차는 커진다.

ㄴ. 13000년 후 여름철에는 현재보다 태양과 지구 사이의 거리가 가까워져 기온이 증가한다.

04 ㄱ. 지구 공전 궤도 이심률이 증가하면 지구는 태양으로부터의 거리가 원일점에서는 멀어지고 근일점에서는 가까워진다.

ㄴ. 현재 근일점에서 북반구는 겨울철이다. 원 궤도에서 타원 궤도로 바뀌면 근일점이 태양에 가까워지므로 북반구에 위치한 우리나라 겨울철 일사량은 증가한다.

ㄷ. 지구 공전 궤도 이심률이 증가하여 원 궤도에서 타원 궤도로 변경되면 지구는 원일점에서는 태양으로부터의 거리가 멀어지고 근일점에서는 가까워진다. 따라서 북반구에 위치한 우리나라의 여름철(원일점)에서의 온도는 내려가고, 겨울철(근일점)의 온도는 상승하여 기온의 연교차는 작아진다.

05 ㄱ. 빙하는 흰색을 띠므로 상대적으로 반사율이 큰 물질이다. 빙하의 면적이 감소하면 반사율이 감소하여 지구에 입사되는 태양 복사 에너지의 양은 증가한다.

ㄷ. 반사율이 클수록 태양 복사 에너지의 흡수율이 줄어든다. 벌채로 인해 산림의 면적이 줄어들면 반사율이 증가하므로 지구에 입사하는 태양 복사 에너지의 양은 감소한다.

[오답 Ⅲ하기] ㄴ. 도시화로 인해 침엽수림이 있는 지역이 콘크리트 구조물로 변경되면 반사율이 증가한다.

06 예시 답안 대규모 화산 폭발 시 분출된 화산재가 성층권에 도달하면 태양 복사 에너지를 차단하여 지표에 도달하는 태양 복사 에너지의 양이 감소한다. 따라서 지구의 평균 기온이 낮아진다.

채점 기준	배점(%)
태양 복사 에너지 차단, 지구 기온 하강을 모두 언급한 경우	100
태양 복사 에너지 차단, 지구 기온 하강 중 1가지만 언급한 경우	50

07 산업 혁명 이후 화석 연료 사용량의 증가로 대기 중의 온실 기체 농도가 증가하였다.

08 자료 분석 하기

지구의 열수지

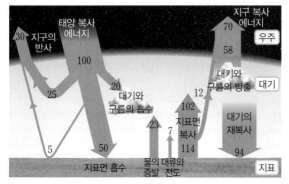

지표면	흡수량(144)	태양 복사(50)+대기의 재복사(94)
	방출량(144)	대류와 전도(7)+물의 증발(=잠열)(23)+지표면 복사(114)
대기	흡수량(152)	태양 복사(20)+대류와 전도(7)+물의 증발(23)+지표면 복사(102)
	방출량(152)	대기의 지표로 재복사(94)+대기와 구름의 우주로 방출(58)
지구 전체	흡수량(70)	• 태양 복사(100)−지구 반사(30) • 지구 반사(30)=대기 반사(25)+지표 반사(5)
	방출량(70)	대기와 구름의 우주로 방출(58)+대기의 창에 의한 지표면 방출(12)

④ 지구는 태양으로부터 70의 태양 복사 에너지를 흡수하고, 이 만큼의 에너지를 지구 복사 에너지의 형태로 우주로 방출하여 전체적으로 복사 평형을 이루고 있다.

[오답 피하기] ① 지구의 반사율은 태양 복사(100) 중에서 지표 반사(5)와 대기 반사(25)의 합으로 30 %이다.

② 지표면의 흡수량은 태양 복사(50)와 대기 복사(94)의 합으로 144이다.

③ 지표면이 방출되는 열은 물의 증발(23), 대류와 전도(7), 지표면 복사(114) 중 적외선 영역의 복사 에너지가 가장 많다.

⑤ 대기는 우주 공간으로 58, 지표면으로 94를 방출한다. 따라서 우주 공간보다 지표면으로 더 많은 복사 에너지를 방출한다.

09 ㄴ. 복사 평형은 흡수량과 방출량이 같은 상태를 말한다. (가)에서는 태양 복사 에너지를 100 % 흡수하며, 100 %를 우주 공간으로 방출하므로 복사 평형을 이루며, (나)에서도 지구 전체를 기준으로 70 %의 태양 복사 에너지를 흡수하고, 70 %의 지구 복사 에너지를 우주 공간으로 방출하므로 복사 평형 상태이다.

[오답 피하기] ㄱ. (가)에서 대기가 없는 경우 태양 복사 에너지를 지표가 100 % 흡수하고 다시 우주 공간으로 100 % 방출하므로 A는 100 %이다. (나)에서 대기가 있는 경우 태양 복사 에너지 100 %가 지구에 입사되면 이 중 30 %는 반사되고 70 %는 지구가 흡수한 후 우주로 방출하므로 B는 70 %이다. C는 지표에서 방출되는 에너지로 지표에 흡수되는 50+94=144 %이다.

ㄷ. 지표면의 온도는 (가)에서는 100 %가 흡수되나, (나)에서는 144 %가 흡수되어 지표면의 온도는 (가)가 (나)보다 낮게 나타난다.

10 해수의 온도가 상승하면 해수의 이산화 탄소 용해도가 감소하여 해수에 덜 용해되기 때문에 대기 중 이산화 탄소가 증가하게 된다. 지구 온난화에 의해 극빙하가 감소하면 지표면의 반사율이 감소하고, 해수면이 상승한다.

11 ㄱ. 극지방의 빙하 면적이 감소하면 지구의 반사율이 감소하므로 태양 복사 에너지의 흡수량이 증가한다. 따라서 지구 온난화가 지속되면 해수의 열팽창과 빙하가 녹아서 육지 면적이 감소할 것이다.

ㄴ. 사막화는 지구의 반사율을 증가시키므로 지표면의 온도를 낮추는 역할을 한다.

[오답 피하기] ㄷ. 지구 자전축의 경사각이 현재보다 작아지면 여름철은 현재보다 입사되는 태양 복사 에너지가 감소하고, 겨울철에는 현재보다 입사되는 태양 복사 에너지가 증가하여 기온의 연교차가 감소한다.

12 [예시 답안] 대기 중의 이산화 탄소 농도를 줄이기 위해서는 산림 조성, 이산화 탄소 포집 및 저장 기술 개발, 식물성 플랑크톤의 양을 늘리는 해양 비옥화 등이 있다.

채점 기준	배점(%)
3가지 내용을 모두 옳게 설명한 경우	100
2가지 내용만을 옳게 설명한 경우	70
1가지 내용만을 옳게 설명한 경우	30

13 ㄱ. 협약 시기는 IPPC는 1988년, 리우 환경 협약은 1992년, 교토 의정서는 1997년, 파리 협약은 2015년이다.

ㄴ. 교토 의정서에서는 온실 기체의 배출량을 1990년 기준보다 5.2 % 감축하기로 협정하였다.

ㄷ. 파리 협약에서는 산업 혁명 이전과 비교하여 지구의 평균 기온 상승 폭을 2 °C보다 낮은 수준으로 합의하였다.

14 ㄱ. 자료에서 이 기간 동안 우리나라의 평균 강수량은 대체로 증가하는 경향이다.

ㄷ. 이 기간 동안 (가)에서 우리나라 평균 기온이 증가하는 것으로 보아 지구 온난화가 심화된 것으로 보이며, 이는 온실 기체의 배출량이 증가하였음을 의미한다.

[오답 피하기] ㄴ. 이 기간 동안 지구 온난화로 동해에는 한류성 어종은 감소하고 난류성 어종이 증가하였다.

15 ㄱ. 지구 온난화가 진행되면 극지방의 빙하가 녹으며 해수면이 상승한다.

[오답 피하기] ㄴ. 이 기간 동안 북극해 빙하의 면적이 감소하였으므로 지표면의 반사율이 감소하였다.

ㄷ. 이 기간 동안 지구 온난화가 진행되어 해수의 온도도 상승하였으므로 해수 속에 녹아 있는 이산화 탄소의 농도도 감소하였다.

16 ㄱ. (가)에서 지난 30년 동안 산업화와 도시화가 급속도로 진행된 서울 지방은 0.41 ℃/10년 이상 상승하였으나 바닷가에 인접한 호남의 해안 지역은 기온 상승이 크지 않다. 따라서 서울 지방은 호남의 해안 지역보다 온난화가 뚜렷하다.

ㄴ. (가), (나)에서 한반도의 기온과 강수량은 거의 대부분의 지역에서 상승하고 있다.

ㄷ. 지난 30년 동안 한반도의 기온 상승률은 0.9~1.5 ℃(= $\frac{0.30}{10년} \times 30년 \sim \frac{0.50}{10년} \times 30년$) 정도로 상승하였으나 전 지구의 평균 기온 상승률은 $\frac{0.16}{10년} \times 30년 = 0.48$ ℃ 상승하였다. 따라서 한반도의 기온은 전 지구 평균 상승률보다 더 빠르게 증가하고 있다.

실력을 올리는 실전 문제

01 ②	02 ①	03 ③	04 ④	05 ③
06 ⑤	07 ①	08 ⑤	09 ⑤	10 ④

1등급을 굳히는 고난도 문제

11 ③	12 ②

01 ㄴ. 이산화 탄소는 대표적인 온실 기체로, 대기 중의 이산화 탄소 농도가 증가하면 지구의 평균 기온은 상승한다. 따라서 화산 가스에 포함된 이산화 탄소는 지구의 평균 기온을 상승시키는 역할을 한다.

[오답 피하기] ㄱ. 화산 분출 이후 약 1년 동안 지구의 평균 기온이 낮아졌다. 따라서 화산 분출은 지구의 평균 기온을 낮추는 데 영향을 주었다고 볼 수 있다.

ㄷ. 대기 중에 분출된 화산재는 태양 광선을 차단하는 역할을 하므로 지표에 도달하는 태양 에너지를 감소시키는 역할을 했다.

⊕ 개념 더하기

화산 활동에 의한 기후 변화
• 1991년 6월 12일 필리핀의 피나투보 화산이 폭발한 이후 1992년 말까지 지구의 평균 기온은 약 0.4 ℃ 하강하였다.
• 대규모 화산 폭발로 화산재가 분출되면 지구의 반사율이 증가하고 흡수되는 태양 복사 에너지양이 감소하여 기온이 하강한다.

02 A. (가)에서 지구 자전축의 경사각이 증가하면 겨울철의 태양의 적위가 감소하므로 태양의 남중 고도가 낮아진다.

[오답 피하기] B. (나)에서는 화산재가 태양 복사 에너지를 차단하기 때문에 지표면에 도달하는 태양 복사 에너지양이 감소한다.

C. (다)에서는 이산화 탄소의 양이 증가하면 온실 효과가 증대되고 기온이 상승하여 빙하의 면적이 감소한다.

03 ㄱ. 세차 운동에 의해 지구 자전축의 방향이 변하면 천구 북극 부근에 보이는 별자리가 바뀐다.

ㄷ. 공전 궤도 이심률이 커지면 근일점에서 지구와 태양 사이의 거리는 더 가까워지고, 원일점 거리는 더 멀어진다.

[오답 피하기] ㄴ. 지구 자전축의 경사각이 현재보다 작아지면 여름과 겨울의 태양의 남중 고도 차이가 작아지므로 기온의 연교차가 작아진다.

04 ㄱ, ㄴ. 공전 궤도 이심률이 커지면 근일점(1월)에서는 태양 – 지구 거리가 가까워지고, 원일점(7월)에서는 태양 – 지구 거리가 멀어진다. 따라서 북반구에 위치한 우리나라에서 기온의 연교차는 작아지며, 1월과 7월의 공전 속도 차는 커진다.

[오답 피하기] ㄷ. 공전 궤도 이심률이 증가하면 원일점(7월)이 더 멀어지므로 지구에 입사하는 태양 복사 에너지의 양은 감소한다.

05 ㄱ. 지구 자전축 경사각이 작을수록 여름철은 서늘해지고, 겨울철은 따뜻해지므로 8000년 후 우리나라 기온의 연교차는 8000년 전보다 작을 것이다.

ㄴ. 현재 하짓날 자오선을 지나는 태양의 고도가 가장 높은 곳은 태양 고도가 90°(=90° − 위도 + 적위(23.5°))인 곳으로 위도가 23.5°N인 지역이다.

[오답 피하기] ㄷ. 경사각의 변화로 계절의 변화가 정반대로 바뀌는 않는다. 세차 운동에 의해 자전축의 경사 방향이 현재와 정반대가 되면 현재와 계절이 정반대가 된다.

⊕ 개념 더하기

자전축 경사각이 작아질 때 기후 변화

지구 위치	지역	계절	남중 고도	기온
원일점	북반구	여름	낮아진다.	하강한다.
	남반구	겨울	높아진다.	상승한다.
근일점	북반구	겨울	높아진다.	상승한다.
	남반구	여름	낮아진다.	하강한다.

06 ㄱ. 화산재의 방출로 장기간 대기 중에 화산재가 머물면 태양 복사 에너지를 차단하여 지구의 기온을 낮추는 역할을 한다.

ㄴ. 대륙의 이동은 수륙 분포 변화를 일으켜 지구 반사율의 변화를 가져오게 한다.

ㄷ. 화산재의 방출과 대륙의 이동은 지구 내부의 변화에 의한 기후 변화 요인이다.

07 ㄱ. 현재로 올수록 대체로 기온 편차가 증가하고 있으므로 기온의 관측값이 1951~1980년의 평균값보다 증가하고 있다는 것을 의미한다.

[오답 피하기] ㄴ. 남반구보다 북반구에서 기온 편차의 증가가 더 크므로 북반구가 남반구보다 기온 변화가 더 크다.

ㄷ. 1960년 이후로 북반구와 남반구의 기온 편차가 커지고 있어 지구의 기온이 증가하였다. 지구 온난화의 영향으로 극지방의 빙하 면적이 감소하였으므로 극지방의 반사율은 감소하였다.

08 ㄱ. 연간 빙하의 무게 감소량은 A 시기가 약 -1.5×10^{11}톤, B 시기가 약 -4×10^{11}톤이므로, A 시기가 B 시기보다 적었다.

ㄴ. 이 기간 동안 빙하의 무게가 감소하였으므로 빙하의 밀도가 일정하다고 본다면 빙하의 부피가 줄어들었으며 지표면에 드러나 있는 빙하의 면적도 줄어들었다고 볼 수 있다. 따라서 이 기간 동안 극지방의 반사율은 대체로 감소하였을 것이다.

ㄷ. 이 기간 동안 지구의 평균 기온이 높아져 해수의 열팽창과 빙하의 융해로 평균 해수면이 상승했다.

09 자료 분석 하기

지구의 복사 평형과 열수지

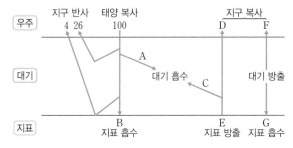

대기는 복사 평형 상태이므로
- 대기가 흡수하는 양(A+C)=대기가 방출하는 양(F+G)
- 지표 방출(E)=대기 흡수(C)+우주 방출(D)
- 대기가 흡수하는 양(A+C)=A+(E−D)
  ➡ A+(E−D)=F+G, A+E=D+F+G

ㄱ. 대기는 복사 평형 상태이므로 흡수하는 에너지양(A+C)과 방출하는 에너지양 (F+G)은 같다. 한편 C=E−D이므로 (A+C)=(A+E−D)=(F+G)가 된다. 따라서 A+E=D+F+G가 성립한다.

ㄴ. 지표 방출(E) 에너지 중에서 대기에 흡수되는 양(C)을 제외한 D는 우주로 직접 방출되는 에너지양이다.

ㄷ. 대기는 주로 적외선 영역의 에너지를 많이 흡수하지만 태양 자외선 영역의 에너지도 흡수한다. 따라서 대기가 적외선 영역에서 흡수하는 에너지양은 대기가 적외선 영역에서 방출하는 에너지양보다 작다.

10 자료 분석 하기

지구의 기온 변화와 온실 기체 농도 변화
- 1900년대~2000년대까지 지구 기온은 대체로 증가하는 경향이다.
- 1900년대~2000년대까지 온실 기체 농도는 증가하는 경향을 보인다. ➡ 이산화 탄소, 메테인, 산화 이질소 등 온실 기체의 증가는 지구의 기온 상승과 관계가 있다.

ㄴ. 이 기간 동안 이산화 탄소 농도의 증가로 대기의 온실 효과가 증대되고 기온은 상승하였다.

ㄷ. 1900년대보다 2000년대의 기온이 높았으므로 해수의 열팽창과 빙하의 융해로 해수면이 상승하였다.

[오답 피하기] ㄱ. 이 기간 동안 극지방의 빙하가 녹았기 때문에 극지방의 빙하 면적은 감소하였을 것이다.

11 고난도 문제 해결 전략

STEP1 출제 의도 파악하기
지구 외적 요인 중 지구 자전축 경사 방향과 경사각 변화에 따른 지구의 기후를 파악한다.

STEP2 자료 분석하기

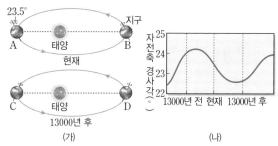

(가)   (나)

- (가)에서 북반구는 A(근일점)에서 겨울, B(원일점)에서 여름이다.
- 13000년 후 세차 운동에 의해 자전축의 경사가 현재와 정반대가 되면 북반구는 C(근일점)에서 여름, D(원일점)에서 겨울이다.
- 세차 운동으로 13000년 후 북반구의 겨울은 추워지고, 여름은 더워져 기온의 연교차가 커진다.
- (나)에서 13000년 전에는 지구 자전축의 경사각이 24°로 현재 23.5°보다 크므로 북반구 겨울철 온도는 현재보다 낮았다.
- (나)에서 13000년 후에는 지구 자전축의 경사각이 22.5°로 현재 23.5°보다 작아지므로 남반구의 여름철 온도는 낮아지고, 겨울철 온도는 높아지므로 남반구 기온의 연교차는 현재보다 작아진다.

ㄱ. (가)에서 북반구가 여름철인 경우는 자전축의 방향이 태양 쪽으로 기울어진 때이므로 B와 C이다.

ㄷ. 현재 남반구는 근일점에서 여름, 원일점에서 겨울이다. 13000년 후에는 세차 운동에 의해 계절이 반대로 되어 남반구는 근일점에서 겨울, 원일점에서 여름이다. 또한 13000년 후 지구 자전축 경사각은 현재보다 작으므로 남반구의 태양의 남중 고도는 현재에 비해 겨울에는 높아져 기온이 올라가고 여름에는 낮아져 기온이 내려간다. 따라서 세차 운동과 지구 자전축 경사각의 감소는 남반구 기온의 연교차를 감소시킨다.

[오답 피하기] ㄴ. 북반구는 현재 근일점에서 겨울, 원일점에서 여름이다. 13000년 전에는 세차 운동에 의해 근일점에서 여름, 원일점에서 겨울이 되므로 북반구 겨울의 평균 기온은 현재가 13000년보다 높다.

12 고난도 문제 해결 전략

STEP1 출제 의도 파악하기
지구 외적 요인 중 지구 공전 궤도 이심률 변화와 지구 자전축 경사 방향의 변화에 따른 지구의 기후 변화를 파악한다.

STEP2 자료 분석하기

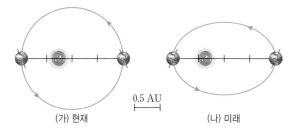

(가) 현재   (나) 미래

• 현재보다 이심률이 커질 때

지구 위치	지역	계절	태양과의 거리
원일점	북반구	여름	멀어진다.
	남반구	겨울	멀어진다.
근일점	북반구	겨울	가까워진다.
	남반구	여름	가까워진다.

• 미래의 지구의 위치와 기후 변화

지역		현재	미래	기온
북반구	여름	원일점	근일점	상승한다.
	겨울	근일점	원일점	하강한다.
남반구	여름	근일점	원일점	하강한다.
	겨울	원일점	근일점	상승한다.

ㄷ. 이심률이 커질수록 원일점은 태양에서 더 멀어지고, 근일점은 태양에 더 가까워지므로 원일점과 근일점에서 받는 태양 복사 에너지양(일사량)의 차이가 커진다.

[오답 피하기] ㄱ. 지구의 공전 주기는 케플러 제3법칙에 의해 장반경에 따라 달라진다. 장반경의 변화가 없으므로 지구의 공전 주기는 변화가 없다.

ㄴ. 태양의 남중 고도는 지구 자전축의 기울기(또는 태양의 적위)에 영향을 받는다. 단서에서 지구 자전축의 기울기 변화는 없으므로 하짓날 태양의 남중 고도는 변화가 없다.

핵심 정리 Ⅳ 단원 마무리

164~165쪽

❶ 태양 복사 에너지 ❷ 표층 순환 ❸ 무역풍 ❹ 편서풍 ❺ 대칭적 ❻ 난류 ❼ 한류 ❽ 조경 수역 ❾ 수온 ❿ 밀도 ⓫ 북대서양 심층수 ⓬ 용승 ⓭ 북풍 ⓮ 적도 ⓯ 영양염류 ⓰ 기압 ⓱ 엘니뇨 ⓲ 라니냐 ⓳ 상승 ⓴ 하강 ㉑ 26000 ㉒ 커 ㉓ 온실 기체 ㉔ 온실 효과 ㉕ 지구 온난화 ㉖ 해수면 ㉗ 신재생 ㉘ 파리

실력 점검 Ⅳ 단원 평가 문제

166~169쪽

01 ④	02 ③	03 ③	04 ⑤	05 남극 중층수
06 ⑤	07 ⑤	08 ①	09 ③	
10 ③	11 ⑤	12 ③	13 ㄱ, ㄴ	14 ③
15 ⑤				

1등급을 완성하는 서술형 문제

16~18 해설 참조

---

01 적도 부근에서는 공기가 수렴하여 저기압대가 형성된다. 이 때문에 날씨가 흐리고 비가 많이 내린다.

✚ **개념 더하기**

대기 대순환

• 해들리 순환(적도~위도 30°): 적도 부근에서는 가열된 공기가 상승하고, 위도 30° 부근에서는 냉각된 공기가 하강한다. 이 공기 중 일부가 저위도로 이동하여 무역풍이 분다.

• 페렐 순환(위도 30°~60°): 위도 30° 부근에서는 하강한 공기 중 일부가 고위도로 이동하여 편서풍을 형성하면서 60° 부근까지 이동한다.

• 극순환(위도 60°~극지방): 극지방에서는 냉각된 공기가 하강하면서 저위도로 이동하여 극동풍을 형성한다. 극동풍은 위도 60° 부근에서 편서풍과 만나 한대 전선대를 형성한다.

02 ㄱ. A(쿠로시오 해류)는 난류로 한류인 B(캘리포니아 해류)보다 염분이 높다.

ㄴ. C(멕시코 만류)는 저위도에서 고위도로 북상하여 흐르는 난류이다.

[오답 피하기] ㄷ. E(남극 순환 해류)는 편서풍에 의해 형성되지만, D(적도 반류)는 북적도 해류와 남적도 해류 사이에서 해수면 경사에 의해 흐르는 해류이다.

03 ㄱ. 쿠로시오 해류는 동한 난류와 황해 난류의 근원이 되는 해류이다.

ㄴ. 조경 수역은 한류와 난류가 만나는 경계로 우리나라 동해에 형성된다.

[오답 피하기] ㄷ. 영양염류는 한류에 풍부하므로 북한 한류가 동한 난류보다 영양염류가 풍부하다.

✚ **개념 더하기**

우리나라 주변의 해류와 조경 수역

쿠로시오 해류	우리나라의 난류의 근원이 되는 해류로, 용존 산소량은 낮으며, 염분이 높다.
동한 난류	쿠로시오 해류의 지류로, 남해를 거쳐 동해안으로 북상한다. 염분과 수온이 높다.
황해 난류	쿠로시오 해류에서 갈라져 나와 황해를 따라 북상하는 해류로 흐름이 약하다.
북한 한류	연해주 한류의 지류로 수온과 염분이 낮으며 용존 산소량과 영양염류가 많다.
조경 수역	난류와 한류가 만나는 경계 해역으로 동해에 형성되며, 여름에는 북상하고, 겨울에는 남하한다.

04 ㄱ. 그림에서 남극 중층수의 수온은 약 5 °C로 다른 심층수보다 수온이 가장 높다.

ㄴ. 그림에서 북대서양 심층수의 염분은 약 35 psu로 세 심층수 중 염분이 가장 높다.

ㄷ. 남극 저층수의 밀도는 1.0279(g/cm³)로 세 심층수 중 밀도가 가장 커서 가장 아래쪽에서 흐른다.

05 남극 중층수는 대서양 60°S 해역에서 형성되어 수심 1000 m 부근에서 20°N까지 이동한다. 다른 심층수보다 수온이 높고 염분도 상대적으로 낮아 표층수 아래에서 흐른다.

06 ㄱ. 밀도가 가장 큰 남극 저층수는 가장 무거워 가장 아래에서 흐른다.

ㄴ. 심층 순환은 해수의 밀도 차로 발생하는 열 – 염분 순환(열염 순환)이다.

ㄷ. 북대서양 해수는 그린란드 부근에서 밀도가 커져 가라앉아 적도를 거쳐 남극 대륙 부근까지 흐른다.

07 ㄱ. 표층수가 이동한 곳에는 이를 보충하기 위해 찬 해수가 올라오는 용승 현상이 생긴다.

ㄴ. 찬 해수의 용승으로 표층 수온이 내려가면 서늘한 기후가 나타난다. 또한 해수면 위의 공기도 냉각되어 연안에는 안개가 자주 발생한다.

ㄷ. 연안에 북풍이 지속적으로 불면 표층 해수는 먼 바다로 이동한다.

08 ㄱ. 엘니뇨 시기는 평상시보다 무역풍이 약해지고, 라니냐 시기는 평상시보다 무역풍이 강해진다.

[오답 피하기] ㄴ, ㄷ. 엘니뇨 시기는 평상시보다 무역풍의 약화로 동태평양의 용승 현상이 약화되며 수온 약층의 경사가 평상시보다 완만해진다. 라니냐 시기는 평상시보다 무역풍의 강화로 동태평양의 용승 현상이 강화되며 수온 약층의 경사도 평상시보다 급해진다.

09 자료 분석 하기

라니냐 시기의 대기와 해양의 변화

라니냐 시기에는 적도 부근 동태평양 해역에서 평상시 표층 수온 분포에 대한 수온 편차가 (−)의 값을 나타낸다.

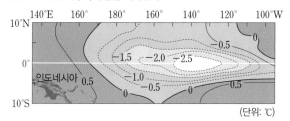

(단위: ℃)

· 어떤 해의 수온 − 평상시의 수온 < 0
· 어떤 해의 수온 < 평상시의 수온
· 평상시의 수온보다 어떤 해의 수온이 낮아진다. ➡ 라니냐 시기
· 무역풍의 강화
· 동태평양의 용승 강화
· 동태평양의 수온 하강
· 동태평양의 고기압 발달
· 동태평양의 강수량 감소

ㄱ. 라니냐 시기에는 평소보다 무역풍이 강화되어 동쪽에서 서쪽으로 흐르는 해류가 강해지고 동태평양 해역의 용승 현상이 강화되어 표층 수온이 낮아진다.

ㄹ. 라니냐 시기에 동태평양의 표층 수온이 내려가면 이 해역에 고기압이 발달하고 강수량이 평소보다 감소한다. 강수량의 감소로 산불, 가뭄이 증가한다.

[오답 피하기] ㄴ, ㄷ. 라니냐 시기에는 동태평양 적도 부근의 용승 현상이 강화되어 표층 수온이 내려간다.

10 ㄱ. (가)에서 근일점(A)에서는 북반구는 겨울이고, (나)에서 근일점(B)에서는 북반구가 여름이다.

ㄷ. 지구 외적 요인 중 다른 요인의 변화 없이 지구 자전축의 경사 방향이 바뀌어도 1년 동안 받는 태양 복사 에너지의 총량은 일정하다.

[오답 피하기] ㄴ. 13000년 후 북반구 여름은 태양에 가까워져 더 더워지고, 겨울은 태양에서 멀어져 더 추워지므로 기온의 연교차는 커진다.

11 ㄱ. 현재 지구는 근일점(B)에서 겨울이고, 원일점(A)에서 여름이다.

ㄴ. 10만 년 후 공전 궤도 이심률이 작아지면 근일점은 태양에서 멀어지고, 원일점은 태양에 가까워진다. 따라서 북반구의 여름은 현재보다 온도가 올라간다.

ㄷ. 10만 년 후에는 공전 궤도 이심률이 작은 원 궤도로 변경되므로 원일점은 태양에 가까워져 여름은 더 더워지고, 근일점은 태양에서 멀어져 겨울은 더 추워지므로 기온의 연교차는 현재보다 10만 년 후에 더 커진다.

12 자료 분석 하기

지구 온난화의 영향으로 인한 지구 열수지의 변화

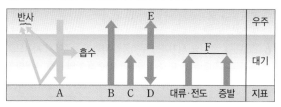

· 지표가 흡수하는 총 에너지 (A+D)는 지표가 방출하는 총 에너지 (B+C+F)와 같다.
· (A+D)−(B+C)=F와 같다.
· 지구 온난화가 진행되면 지표에서 방출하는 에너지 중 대기가 흡수하는 C의 양이 증가하며, 대기에서 지표로 재방출하는 D의 양도 증가한다.
· F(대류 · 전도와 증발에 의해 지표에서 대기로 이동하는 열)가 일정할 때 사막 면적이 넓어지면 물의 증발량이 줄어들어 증발열이 감소한다.
· F가 일정할 때 사막 면적이 넓어지면 대류 · 전도에 의한 대기로의 열의 이동은 증가한다.

ㄱ. 지표가 흡수하는 총 에너지는 (A+D)이고, 지표가 방출하는 총 에너지는 (B+C+F)이다. 지구는 복사 평형 상태이므로 (A+D)와 (B+C)의 차는 F와 같다.

ㄷ. 사막의 면적이 넓어지면 물의 증발 감소로 강수량이 감소한다. 물 수지 평형을 고려하면 증발량도 줄어들고, 그에 따라 증발에 의한 에너지 이동량도 감소한다. 따라서 F(대류 · 전도와 증발에 의해 지표에서 대기로 이동하는 열)가 일정하다면 사막 면적이 넓어질 때 증발에 의한 열의 이동은 감소하는 반면 대류 · 전도에 의한 열 전달은 증가한다.

[오답 피하기] ㄴ. 지구 온난화가 진행되면 지표에서 방출하는 에너지 중 대기가 흡수하는 에너지양 C가 증가한다. 동시에 대기에서 지표로 재방출하는 에너지양 D도 증가한다.

13 ㄱ. 2100년에는 화석 연료를 사용하는 경우와 청정에너지 기술을 적용하는 경우 모두 대기 중의 이산화 탄소의 양이 증가하고 지표면의 온도 변화량도 증가하는 것으로 예측되므로 2100년의 지구 빙하 면적은 현재보다 좁을 것으로 예측된다.

ㄴ. (가)에서 청정에너지 기술을 적용하는 경우에 이산화 탄소의 농도를 나타내는 곡선의 기울기가 감소하므로 이산화 탄소 농도의 증가율은 감소하게 된다.

[오답 피하기] ㄷ. (나)에서 2100년의 지구 온도는 청정에너지 기술을 적용하는 경우에도 현재보다 지표면 온도가 약 2 ℃ 상승할 것으로 예측된다.

14 지구 온난화로 극지방의 빙하가 녹으면 지구 반사율이 감소하고, 고위도의 토탄 습지가 따뜻해지면 토탄 습지 내의 메테인이 증발하여 대기 중에 흡수되어 메테인의 대기 중 농도가 증가한다. 이에 따라 온실 효과가 증대되어 대기가 흡수하는 열이 많아져서 기온이 상승한다.

15 ㄱ. 이산화 탄소, 메테인은 온실 기체로 A 시기보다 B 시기에 대기 중에 온실 기체의 양이 많다.

ㄴ. 지구 온난화로 빙하가 녹고 해수의 열팽창에 의해 해수면의 높이는 상승한다.

ㄷ. 대기 중의 온실 기체의 양이 많아지면 지구 복사에 대기 흡수율이 증가하여 기온이 상승한다.

16 [예시 답안] 엘니뇨 시기에는 무역풍의 약화로 동쪽에서 서쪽으로 흐르는 해류가 약화된다. 따라서 동태평양 해역(A)의 표층 수온이 평상시보다 상승하며, 상승 기류가 발생하여 평상시보다 기압이 낮아진다.

채점 기준	배점(%)
2가지 내용을 모두 옳게 설명한 경우	100
1가지 내용만을 옳게 설명한 경우	50

17 (1) [예시 답안] 북반구에 위치한 우리나라는 여름과 겨울의 시기가 바뀌고, 여름에 근일점에 놓여 현재보다 기온의 연교차가 커질 것이다.

채점 기준	배점(%)
계절의 변화와 기온의 연교차 변화를 옳게 설명한 경우	100
기온의 연교차 변화만을 옳게 설명한 경우	50

(2) [예시 답안] 지구 자전축 경사각이 감소하면 여름에 태양의 남중 고도가 낮아지고, 겨울에 태양의 남중 고도가 높아져 지구 전역(북반구 및 남반구)에 기온의 연교차가 작아질 것이다.

채점 기준	배점(%)
계절에 따른 남중 고도 변화와 기온의 연교차 변화를 옳게 설명한 경우	100
기온의 연교차 변화만을 옳게 설명한 경우	50

18 [예시 답안] 지구 온난화로 인해 해수면 높이 상승, 이상 기후 발생, 생태계 변화, 사회·경제적 문제 등이 발생한다.

채점 기준	배점(%)
지구 온난화로 인한 영향 3가지를 옳게 설명한 경우	100
지구 온난화로 인한 영향을 2가지만 설명한 경우	50
지구 온난화로 인한 영향을 1가지만 설명한 경우	20

 별과 외계 행성계

14 별의 물리량과 H-R도

172~175쪽

확인 문제		
1 짧아, 파란	**2** 색지수	**3** 별의 분광형
4 O, M	**5** 4제곱	**6** 광도
7 표면 온도	**8** H-R도	**9** 주계열성

02 사진 등급은 별을 사진으로 촬영할 때의 밝기 등급이고, 안시 등급은 별을 맨눈으로 관측할 때의 밝기 등급이다. 사진 등급에서 안시 등급을 뺀 값을 색지수라고 한다.

03 피커링과 캐넌은 별의 표면 온도에 따라 나타나는 흡수선의 종류와 세기를 기준으로 하여 고온에서 저온 순으로 O, B, A, F, G, K, M형의 7가지로 분류하였고, 이를 별의 분광형이라고 한다.

04 O형 별은 표면 온도가 매우 높고 파란색을 띠며, M형 별로 갈수록 표면 온도가 낮아지고 붉은색을 띤다.

05 흑체가 단위 시간 동안 단위 면적에서 방출하는 복사 에너지양(E)은 표면 온도(T)의 4제곱에 비례하는데, 이를 슈테판·볼츠만 법칙이라고 한다.

06 별의 표면에서 단위 시간 동안 방출하는 총 에너지양을 광도라고 한다. 광도는 별이 단위 시간 동안 단위 면적에서 방출하는 에너지양과 별의 표면적에 비례한다.

07 별의 반지름을 R, 별의 광도를 L, 별의 표면 온도를 T라고 할 때 $L=4\pi R^2 \cdot \sigma T^4$ 관계를 이용하여 별의 반지름을 구할 수 있다.

08 헤르츠스프룽과 러셀은 별의 분광형과 광도 사이의 관계 그래프를 그려 별의 특성을 파악하였는데, 이 그래프를 두 천문학자의 이름을 따서 H-R도라고 한다.

개념을 다지는 기본 문제

176~179쪽

01 ㉠ 짧아, ㉡ 변위　**02** ①　**03** ①, ③　**04** ③　**05** ②　**06** ⑤
07 ④　**08** 해설 참조　**09** ②　**10** ①　**11** ⑤　**12** ③　**13** ③
14 2배　**15** ⑤　**16** ②　**17** ③　**18** ②　**19** ③　**20** ⑤

01 흑체의 표면 온도가 높을수록 최대 세기의 에너지를 방출하는 파장이 짧아지는데, 이를 빈의 변위 법칙이라고 한다.

02 ① 흑체는 모든 파장의 빛을 흡수하므로 흡수율이 100 %이다.
[오답 피하기] ② 태양계에서 흑체와 가장 유사한 천체는 태양이다.
③, ④ 흑체는 입사되는 모든 복사 에너지를 100 % 흡수하고, 흡수한 에너지를 100 % 방출하는 이상적인 물체이다.
⑤ 흑체가 최대 에너지를 방출하는 파장은 표면 온도에 반비례한다.

03 ① 별은 표면 온도에 따라 색이 달라진다.
③ 표면 온도가 낮은 별일수록 색지수(=사진 등급−안시 등급)가 크다.
[오답 피하기] ② 별은 표면 온도가 높을수록 최대 에너지를 방출하는 파장이 짧아져 파란색을 띤다.
④ 표면 온도가 높은 별일수록 파란색 쪽의 에너지를 많이 방출하여 B 등급이 V 등급보다 작다.
⑤ 사진 등급에서 안시 등급을 뺀 값을 색지수라고 한다.

04 ㄱ. 표면 온도가 높을수록 별의 색지수가 작아지므로 별 A의 색지수는 별 B보다 작다.
ㄷ. 빈의 변위 법칙에 따라 $\lambda_{\max} \times T = a$($a$는 비례 상수)이므로 $0.5~\mu m \times 6000~K = x \times 3000~K$에서 별 B가 최대 세기의 복사 에너지를 방출하는 파장(x)은 $1.0~\mu m$이다.
[오답 피하기] ㄴ. 표면 온도가 낮을수록 붉은색이 강해지므로 별 B는 별 A보다 붉은색을 띤다.

05 ㄷ. 별 b는 B 등급이 V 등급보다 크므로 색지수(B−V)는 (+)값을 가진다.
[오답 피하기] ㄱ. 별 a는 B 필터를 통과한 복사 에너지양이 V 필터를 통과한 복사 에너지양보다 많으므로 B 등급이 V 등급보다 작다.
ㄴ. 최대 세기의 복사 에너지를 방출하는 파장을 비교하면 별 a가 별 b보다 짧다. 따라서 별 a의 표면 온도가 별 b보다 높다.

06 ㄴ. 백열등의 빛을 파장에 따라 분해하면 연속 스펙트럼이 나타난다.
ㄷ. 별의 스펙트럼에서는 연속 스펙트럼을 바탕으로 검은색의 흡수선이 나타나는데, 이를 흡수 스펙트럼이라고 한다.
[오답 피하기] ㄱ. 모든 파장 영역에서 빛이 연속적인 띠로 나타나는 스펙트럼을 연속 스펙트럼이라고 한다.

07 ㄱ. 햇빛을 관찰하면 태양의 대기층을 통과하면서 만들어진 흡수 스펙트럼이 나타난다.
ㄷ. 백열등 빛은 연속 스펙트럼이며, 이를 저온, 저밀도의 기체에 통과시키면 흡수 스펙트럼이 나타난다.
[오답 피하기] ㄴ. 고온, 저밀도의 기체가 방출하는 빛을 관찰하면 특정 파장 영역의 빛이 방출되는 방출 스펙트럼이 나타난다.

08 [예시 답안] (가) 연속 스펙트럼 → 흡수선, (나) 표면 온도가 높아지고 파란색 → 표면 온도가 낮아지고 붉은색

채점 기준	배점(%)
(가)와 (나)를 모두 옳게 고쳐 쓴 경우	100
(가)와 (나) 중에서 1가지만 옳게 고쳐 쓴 경우	50

09 자료 분석 하기

별의 분광형

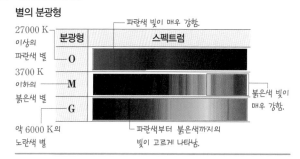

ㄷ. 태양의 분광형은 G2형이므로, 노란색으로 보이는 G형 별과 가장 비슷할 것이다.
[오답 피하기] ㄱ. 별의 표면 온도는 파란색으로 보이는 O형 별이 가장 높다.
ㄴ. M형 별은 붉은색 별이고, G형 별은 노란색 별이다. 따라서 M형 별은 G형 별보다 붉은색을 띤다.

10 ㄱ. 표면 온도가 높은 O형, B형 별에서는 헬륨(He I, He II) 흡수선이 강하게 나타난다.
[오답 피하기] ㄴ. 태양 스펙트럼에서는 철(Fe I, Fe II)과 칼슘(Ca II) 흡수선이 강하게 나타난다.
ㄷ. 별들의 화학 조성은 거의 비슷하며, 분광형에 따라 흡수선의 종류와 세기가 다른 까닭은 표면 온도가 다르기 때문이다.

⊕ 개념 더하기

별의 흡수선
· H I, He I 등의 로마 숫자 I은 중성 상태의 원소에 의한 흡수선을 의미한다.
· 전자 1개가 떨어져 나가 +1가로 이온화된 원자는 H II, He II 등으로 표현한다. Si III의 경우 +2가의 규소 이온에 의한 흡수선을 의미한다.
· 별의 표면 온도에 따라 대기에 포함된 원소들이 이온화되는 정도가 다르기 때문에 특정한 흡수선이 형성된다.

11 ⑤ 광도는 별의 표면에서 단위 시간 동안 방출하는 총 에너지양으로, 표면 온도가 같다면 광도가 클수록 반지름이 크다.
[오답 피하기] ① 광도는 별의 표면에서 단위 시간 동안 방출하는 총 에너지양으로, 별이 단위 시간 동안 단위 면적에서 방출하는 에너지양에 별의 표면적을 곱하여 구한다.
② 광도는 별의 표면적에 비례하므로, 반지름의 제곱에 비례한다.
③ 광도는 표면 온도의 4제곱에 비례한다.
④ 광도는 별의 실제 밝기를 나타내며, 광도가 클수록 절대 등급이 작다.

12 별의 광도를 L, 표면 온도를 T, 반지름을 R라고 하면, $L=4\pi R^2 \cdot \sigma T^4$이 성립한다. 따라서 별의 반지름을 구하기 위해 필요한 물리량은 광도와 표면 온도이다.

13 자료 분석 하기

플랑크 곡선

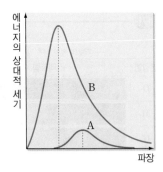

- 최대 에너지 세기를 방출하는 파장은 B가 A보다 짧다. → B가 A보다 표면 온도가 높다.
- 그래프의 면적은 단위 면적에서 단위 시간 동안 방출하는 에너지로, $E=\sigma T^4$(σ: 상수, T: 표면 온도)에 해당한다. → 만약 B가 A보다 표면 온도가 2배 높으면, 그래프의 면적은 16배 차이난다.

ㄷ. 별의 광도(L)는 $4\pi R^2 \cdot \sigma T^4$으로 구할 수 있다. 즉, 광도는 반지름의 제곱에 비례하고, 표면 온도의 4제곱에 비례한다. 두 별의 광도가 같다면 표면 온도가 낮은 A가 B보다 반지름이 커야 같은 크기의 광도를 가질 수 있다. 따라서 반지름은 A가 B보다 크다.

[오답 피하기] ㄱ. B는 A보다 짧은 파장의 빛을 많이 방출하므로 표면 온도가 더 높다.

ㄴ. 두 별의 크기가 같다면 광도는 표면 온도의 4제곱에 비례하므로 표면 온도가 높은 B가 A보다 광도가 크다.

14 별의 광도를 L, 표면 온도를 T, 반지름을 R라고 하면, $L=4\pi R^2 \cdot \sigma T^4$, $R=\sqrt{\dfrac{L}{4\pi \cdot \sigma T^4}}$이므로 $R \propto \dfrac{\sqrt{L}}{T^2}$이다. 따라서 A의 광도는 B의 $\dfrac{1}{4}$배이고, A의 표면 온도는 B의 $\dfrac{1}{2}$배이므로 A의 반지름은 B의 2배가 된다.

15 ⑤ 대부분(약 90 %)의 별은 주계열성에 속하며, H-R도에서 왼쪽 위에서 오른쪽 아래로 이어지는 대각선 영역에 위치한다.

[오답 피하기] ①, ② H-R도에서 가로축은 표면 온도, 세로축은 절대 등급을 나타낸다.

③ 태양은 주계열성으로 H-R도의 중간에 위치하며, H-R도의 오른쪽 상단에는 적색 거성 또는 초거성이 위치한다.

④ H-R도의 왼쪽 하단에 있는 별들은 백색 왜성으로, 반지름이 매우 작다.

16 (가)는 H-R도에서 적색 거성보다 위쪽에 위치한 초거성이고, (나)는 H-R도에서 주계열성의 왼쪽 아래에 위치한 백색 왜성이다. (다)는 별들의 약 90 %가 속해 있는 주계열성이다.

17 자료 분석 하기

H-R도에서 별의 특성

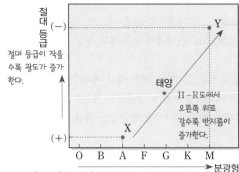

분광형이 O형에서 M형으로 갈수록 표면 온도는 낮아진다.

ㄱ. 별의 광도는 절대 등급이 (−)인 Y가 (+)인 X보다 크다.

ㄷ. 반지름은 적색 거성 또는 초거성인 Y가 백색 왜성인 X보다 크다.

[오답 피하기] ㄴ. X는 분광형이 A형이고, Y는 분광형이 M형이다. 따라서 표면 온도는 X가 Y보다 높다.

18 A는 백색 왜성, B는 주계열성, C는 초거성, D는 적색 거성이다.

② 평균 밀도는 A>B>D>C 순이다. 즉, 백색 왜성은 주계열성보다 평균 밀도가 크다.

[오답 피하기] ① A는 표면 온도는 높지만 크기와 광도가 작은 백색 왜성이다.

③ 주계열성은 질량이 클수록 광도가 커서 절대 등급이 작아진다. 즉, 질량이 클수록 H-R도 상에서 왼쪽 위에 분포한다.

④ 별의 반지름은 C>D>B>A 순이다. 즉, 초거성은 주계열성보다 반지름이 크다.

⑤ 별은 등급이 작을수록 광도가 커진다. D는 C보다 절대 등급이 크므로 광도가 작다.

19 자료 분석 하기

H-R도

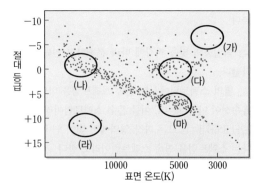

- (가): 반지름이 가장 크고, 가장 밝게 보이는 초거성
- (나): 반지름이 크고 표면 온도가 높은 주계열성
- (다): 반지름이 크고 표면 온도가 낮은 적색 거성
- (라): 반지름이 작고 표면 온도가 비교적 높은 백색 왜성
- (마): 반지름이 작고 표면 온도가 낮은 주계열성

ㄱ. H−R도에서 오른쪽에 위치한 별일수록 표면 온도가 낮다. 따라서 별의 표면 온도는 (가)가 가장 낮으므로 색지수가 가장 크다.

ㄴ. H−R도에서 위쪽에 위치한 별일수록 절대 등급이 작고 광도가 큰 별이다. 따라서 별의 절대 등급이 작은 (나)가 (라)보다 광도가 크다.

[오답 피하기] ㄷ. 별의 반지름은 주계열성 (마)보다 적색 거성인 (다)가 더 크다.

20 ㄱ. 광도 계급 I형 별은 밝은 초거성과 초거성에 해당하고, II형 별은 밝은 거성에 해당한다. 따라서 광도는 I형 별이 II형 별보다 크다.

ㄴ. 태양의 경우 분광형(표면 온도)이 G2형이고, 광도 계급은 V에 해당한다. 따라서 두 가지를 모두 고려하면 G2V형 별에 속한다.

ㄷ. 별의 표면 온도가 같더라도 광도가 다르면 별의 크기가 다르다. 별의 크기에 따라 표면에서의 중력과 그에 따른 대기의 밀도가 달라지기 때문에 별의 대기층에서 만들어지는 흡수선의 특징이 달라진다.

---

15 별의 진화와 내부 구조

확인 문제

1 낮, 높	**2** 중력, 일정하다	**3** 주계열, 큰
4 적색 거성, 백색 왜성		**5** 초신성
6 블랙홀	**7** 중력 수축	**8** 수소
9 낮	**10** 복사층	**11** 대류
12 철		

01 성운 내부에서 온도가 낮고 밀도가 높은 영역은 중력 수축이 잘 일어나므로 원시별이 형성되기에 좋은 조건을 갖고 있다.

02 주계열성은 내부 기체 압력과 중력이 평형을 이루어 크기가 일정하게 유지되며, 이와 같은 상태를 정역학 평형이라고 한다.

03 별은 일생의 약 90 %를 주계열 단계에 머물며, 질량이 큰 별일수록 많은 에너지를 빨리 소모하기 때문에 수명이 짧다.

12 초거성처럼 태양보다 질량이 매우 큰 별은 계속적인 핵융합 반응을 거쳐 최종적으로 중심부에 철로 된 핵이 만들어지고, 별의 내부는 양파껍질 같은 구조를 가진다.

---

01 ④ 주로 성운 내부의 밀도가 높고, 온도가 낮은 영역에서 별이 탄생한다.

[오답 피하기] ①, ②, ③, ⑤ 온도가 높은 영역은 기체 운동이 활발하여 성간 물질을 모을 수 있는 중력보다 바깥으로 밀어내는 기체 압력이 더 크다. 또한 밀도가 낮은 영역에서는 원시별이 형성될 정도로 충분한 물질이 존재하지 않는다.

02 | 자료 분석 하기 |

원시별의 진화

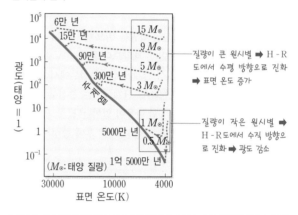

ㄱ. 원시별은 질량이 클수록 중력 수축이 빠르게 진행되므로 주계열 단계에 이르는 데 걸리는 시간이 짧다.

[오답 피하기] ㄴ. 질량이 작은 원시별은 주계열의 오른쪽 아래에 위치한다.

ㄷ. 원시별이 주계열로 진화하는 동안, 질량이 큰 원시별은 대체로 표면 온도가 증가하고 광노는 비교적 일정하게 유지된다. 질량이 작은 원시별은 표면 온도는 약간 증가하거나 유지되고, 광도가 비교적 크게 감소한다.

03 주계열성은 중심부에서 수소 핵융합 반응으로 에너지를 방출하고, 내부 기체의 압력 차이로 발생한 힘과 중력이 평형을 이루기 때문에 별의 크기가 일정하게 유지된다. 주계열성은 질량이 클수록 방출하는 에너지양이 많아 수소를 빨리 소모하기 때문에 수명이 짧다.

04 태양과 질량이 비슷한 별은 주계열성 → 적색 거성 → 행성상 성운, 백색 왜성의 진화 단계를 거치고, 태양보다 질량이 매우 큰 별은 주계열성 → 초거성 → 초신성 폭발 → 중성자별 또는 블랙홀의 진화 단계를 거친다. 초신성 폭발 후 주변으로 잔해가 퍼져 나가고 중심핵은 중성자별이나 블랙홀이 되는데, 블랙홀이 되는 경우가 질량이 더 큰 별의 마지막 진화 단계이다.

05 ㄱ. A는 태양과 질량이 같은 주계열성이므로 분광형도 태양과 같은 G형이다.

ㄹ. 행성상 성운은 적색 거성 단계 이후에 별의 외곽층 물질이 우주 공간으로 방출되어 형성되므로 (나) 과정에서 형성된다.

[오답 피하기] ㄴ. 적색 거성 B는 태양보다 표면 온도가 낮다.

ㄷ. 주계열성이 적색 거성으로 진화하는 (가) 과정에서는 광도가 증가하고 표면 온도는 감소한다.

06 ㄱ. A → B 과정에서 중력 수축에 의해 감소된 위치 에너지가 열에너지로 바뀌어 중심부의 온도가 상승한다.

ㄴ. B의 중심부 온도는 1000만~1억 K이므로 수소 핵융합 반응이 일어나고, C의 중심부 온도는 1억 K 이상이므로 헬륨 핵융합 반응이 일어난다. 한편, H-R도에서 B는 C보다 왼쪽에 위치하고 있으므로 표면 온도가 높다.

[오답 피하기] ㄷ. 별이 진화하는 과정에서 가장 오랫동안 머무르는 단계는 주계열 단계이다.

ㄹ. E는 백색 왜성으로, 중심부에서는 중력 수축이 일어난다.

07 ㄱ. 진화 과정에서 초신성 폭발을 일으키므로 이 별의 질량은 태양보다 매우 크고, 수명은 태양보다 짧다.

[오답 피하기] ㄴ. 주계열성 단계에서는 중심부에서 수소 핵융합 반응이 일어난다. 초거성(A) 단계에서는 중심부에서 헬륨보다 무거운 원소들의 핵융합 반응이 일어난다.

ㄷ. 질량이 매우 큰 별은 초신성 폭발 후에 중성자별 또는 블랙홀이 된다.

08 ㄱ. 적색 거성 (가)는 태양 크기의 수십 배이고, 백색 왜성 (나)는 지구 정도의 크기이다. 따라서 별의 반지름은 (가)가 (나)보다 크다.

ㄴ. 중성자별은 초신성 폭발 시 중심부가 심하게 압축되어 형성된 고밀도의 별로, 백색 왜성보다 밀도가 훨씬 크다.

[오답 피하기] ㄷ. (가)의 중심부에서는 헬륨 핵융합 반응이 일어나지만, (나)와 (다)에서는 핵융합 반응이 일어나지 않는다.

09 원시별은 중력 수축에 의해 에너지가 생성되며, 주계열성은 중심부에서 일어나는 수소 핵융합 반응으로 에너지가 생성된다.

10 태양보다 질량이 매우 큰 별의 중심부는 온도가 충분히 높기 때문에 계속적인 핵융합 반응으로 헬륨, 탄소, 산소, 네온, 마그네슘, 규소 등의 원소가 차례로 생성되고, 철까지 만들어지면 핵융합 반응이 멈춘다.

11 ㄷ. 수소 원자핵 4개의 질량은 헬륨 원자핵 1개의 질량보다 크며, 감소된 질량만큼 에너지로 바뀐다.

[오답 피하기] ㄱ, ㄴ. 주계열성의 중심부에서 일어나는 수소 핵융합 반응은 온도가 1000만 K 이상인 영역에서 일어난다.

12 ㄱ. (가)는 양성자·양성자 반응, (나)는 탄소·질소·산소 순환 반응이다.

[오답 피하기] ㄴ, ㄷ. 태양의 중심부의 온도는 약 1500만 K으로 (가)의 양성자·양성자 반응이 우세하고, 중심부 온도가 약 1800만 K보다 높은 별(태양 질량의 2배 이상인 별)에서는 (나)의 탄소·질소·산소 순환 반응이 더 우세하다.

◆ **개념 더하기**

수소 핵융합 반응의 종류

• (가) 양성자·양성자 반응: 6개의 수소 원자핵이 차례로 반응하여 1개의 헬륨 원자핵이 형성되고 2개의 수소 원자핵이 방출된다.

• (나) 탄소·질소·산소 순환 반응: 탄소, 질소, 산소가 촉매 역할을 하여 수소 원자핵을 융합시켜 헬륨 원자핵이 되는 반응이다.

• (가)와 (나)의 반응 결과는 동일하지만, (나)의 반응이 온도에 더 민감하기 때문에 온도가 높을수록 에너지 생성 효율이 급격하게 증가한다.

13 ⑤ 이 별은 중력 A와 내부 기체의 압력 차이로 발생한 힘 B가 균형을 이루고 있는 주계열성이다. 따라서 이 별의 중심부에서는 수소 핵융합 반응이 일어나고 있다.

[오답 피하기] ① 이 별은 주계열성이다.

②, ③ A는 중력에 의해 중심 방향으로 작용하는 힘이고, B는 기체 압력 차에 의해 바깥쪽으로 작용하는 힘이다.

④ 주계열성의 내부에서는 A와 B가 균형을 이루고 있어 별의 크기가 일정하게 유지되고 있다.

14 ㄱ. A층은 주로 대류에 의해 에너지가 전달되는 대류층이다.

ㄷ. C층은 수소 핵융합 반응이 일어나는 중심핵이다. C층에서는 수소 핵융합 반응에 의해 생성된 헬륨이 점점 많아진다.

[오답 피하기] ㄴ. B층은 복사에 의해 에너지가 전달되는 복사층이다. 복사층에서는 수소 핵융합 반응이 일어나지 않으므로 온도가 1000만 K보다 낮다.

15 주계열성의 질량에 따라 에너지를 전달하는 방법이 달라 내부 구조가 다르게 나타난다.

[예시 답안] 별의 중심부에 대류핵이 존재하므로 이 별의 질량은 태양 질량보다 2배 이상 크고, 중심부의 온도는 태양보다 높다.

채점 기준	배점(%)
질량과 중심부 온도를 모두 옳게 설명한 경우	100
질량과 중심부 온도 중 1가지만 옳게 설명한 경우	50

16 ㄴ. 질량이 더 큰 (나)의 중심부에서 단위 시간 동안 더 많은 에너지가 생성되므로 중심부 온도는 (나)가 (가)보다 더 높다.

[오답 피하기] ㄱ. (가)와 (나)는 모두 주계열성의 내부 구조로, (가)는 태양 질량의 2배 이하인 경우, (나)는 태양 질량의 2배 이상인 경우이다.

ㄷ. (가)와 (나)는 모두 주계열성이므로 중심부에서 수소 핵융합 반응이 일어난다.

17 ㄱ, ㄴ, ㄹ. (가)는 주계열성, (나)는 적색 거성이며, 두 별의 질량이 태양과 같으므로 별의 광도와 반지름은 적색 거성인 (나)가 (가)보다 크다. 또한 (가)의 중심부에서는 수소 핵융합 반응이, (나)의 중심부에서는 헬륨 핵융합 반응이 일어나므로 중심부 온도는 (나)가 (가)보다 높다.

[오답 피하기] ㄷ. 태양과 질량이 같은 주계열성은 노란색 별이지만, 적색 거성은 붉은색 별이다. 따라서 표면 온도는 (가)가 (나)보다 높다.

18 [자료 분석 하기]

거성의 내부 구조

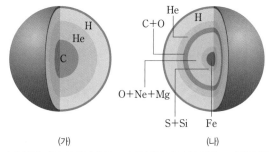

(가)   (나)

- (가) 적색 거성: 중심부의 온도가 상승하여 약 1억 K에 도달하면 헬륨이 핵융합 반응을 하여 탄소로 구성된 핵이 만들어진다. 질량이 태양 정도인 별은 중심에서 헬륨 핵융합 반응까지만 일어난다.
- (나) 초거성: 태양에 비해 질량이 매우 큰 별은 중심부의 온도가 높기 때문에 더 많은 핵융합 과정을 거치며, 최종적으로 철로 구성된 중심핵이 만들어진다.

ㄴ. (가)는 적색 거성, (나)는 초거성의 내부 구조이다. (나)는 태양보다 질량이 크므로 태양보다 수명이 짧다는 것을 알 수 있다.

[오답 피하기] ㄱ. (가)의 중심부에서는 헬륨 핵융합 반응까지 진행될 수 있다. 따라서 탄소 핵융합 반응이 일어나지 않는다.
ㄷ. (나)는 초신성 폭발 과정을 거쳐 중성자별 또는 블랙홀이 된다.

실력을 올리는 실전 문제

190~193쪽

01 ③	02 ⑤	03 ②	04 ④	05 ④
06 ①	07 ④	08 ⑤	09 ③	10 ②
11 ⑤	12 ①	13 ③	14 ⑤	

1등급을 굳히는 고난도 문제

15 ④	16 ②

---

01 ㄱ. 별의 스펙트럼에 나타난 흡수선들은 별에서 방출되는 복사 중 특정한 파장의 빛이 별의 대기층을 통과하는 과정에서 흡수되어 만들어진다.
ㄴ. (가)는 이온화된 헬륨(He Ⅱ)의 흡수선이 나타나므로 온도가 매우 높은 O형 별이고, (나)는 수소(H Ⅰ) 흡수선이 강하게 나타나므로 A형 별이다. 따라서 (가)는 태양보다 표면 온도가 높은 별이다.

[오답 피하기] ㄷ. 주계열성은 표면 온도가 높을수록 광도도 크다. 따라서 별의 광도는 (가)가 (나)보다 크다.

02 ㄱ. 별의 분광형은 고온에서 저온 순으로 O, B, A, F, G, K, M형으로 분류한다. 따라서 표면 온도는 A>C>B 순이다.
ㄷ. 태양의 분광형은 G2형이므로 스펙트럼에서 이온화된 칼슘 흡수선(Ca Ⅱ)이 강하게 나타난다.

[오답 피하기] ㄴ. TiO 등의 분자 흡수선은 저온의 별에서 잘 나타나므로 분광형이 M형인 별 B에서 뚜렷하다.

03 [자료 분석 하기]

플랑크 곡선

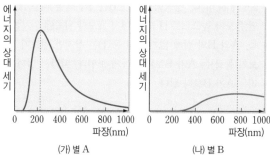

(가) 별 A   (나) 별 B

- 최대 에너지를 방출하는 파장: A는 약 230 nm, B는 약 750 nm이다.
- 표면 온도: 짧은 파장의 빛을 많이 방출할수록 표면 온도가 높다. ➡ A는 B보다 표면 온도가 높다.

ㄷ. 별 A가 B보다 짧은 파장의 빛을 많이 방출하므로 표면 온도는 A가 더 높다. 단위 면적에서 단위 시간당 방출하는 에너지는 표면 온도의 4제곱에 비례하므로 A가 B보다 많다.

[오답 피하기] ㄱ, ㄴ. 최대 에너지를 방출하는 파장(λ_{max})은 A가 B보다 더 짧고, λ_{max}이 짧은 A가 B보다 표면 온도가 높다. 주계열성은 표면 온도가 높을수록 밝으므로 절대 등급은 A가 B보다 작다.

04 ㄱ. 최대 에너지를 방출하는 파장(λ_{max})은 A가 B의 2배이므로 표면 온도는 A가 B의 $\frac{1}{2}$배이다.
ㄷ. 별의 광도(L), 표면 온도(T), 반지름(R) 사이에는 $L = 4\pi R^2 \cdot \sigma T^4 \rightarrow R \propto \frac{\sqrt{L}}{T^2}$이 성립한다. A와 B의 광도가 같고, 표면 온도는 B가 A의 2배이므로, B의 반지름은 A의 $\frac{1}{4}$배이다.

[오답 피하기] ㄴ. 단위 면적에서 단위 시간 동안 방출하는 에너지양은 표면 온도의 4제곱에 비례하므로 B가 A보다 $2^4 = 16$배 많다.

05 [자료 분석 하기]

별의 종류

별	A	B	태양
절대 등급	+12.5	-5.0	+5.0
분광형	A0	K8	G2

- A: 태양보다 절대 등급이 크므로 어둡게 보이고, 분광형이 A0이므로 표면 온도가 훨씬 높다. → 백색 왜성이다.
- B: 태양보다 훨씬 밝게 보이지만, 분광형이 K8이므로 표면 온도가 훨씬 낮다. → 적색 거성이다.

ㄱ. A는 분광형이 A0이므로 분광형이 G2인 태양보다 표면 온도가 높다.

ㄴ. 반지름은 표면 온도는 낮지만 절대 등급이 작은 B가 태양보다 크다.

[오답 피하기] ㄷ. A와 B는 수소 핵융합 반응이 일어나지 않는다. 중심부에서 수소 핵융합 반응이 일어나는 별은 주계열성이므로 태양뿐이다.

06 ㄱ. A와 B는 광도가 같으므로 절대 등급도 같다.

[오답 피하기] ㄴ. 청백색을 띠는 B는 붉은색을 띠는 A보다 표면 온도가 높으므로 H-R도에서 A보다 왼쪽에 위치한다.

ㄷ. A와 B의 실제 밝기(절대 등급)는 같지만 겉보기 밝기(겉보기 등급)는 A가 B보다 어둡게 보인다. 따라서 별까지의 거리는 A가 B보다 멀다.

07 ④ A와 C는 주계열성이므로 정역학 평형 상태를 유지하고 있다. 따라서 별의 크기가 일정하게 유지된다.

[오답 피하기] ① B는 적색 거성이므로 주계열성 A보다 반지름이 크다.

② 주계열성은 별의 질량이 클수록 광도가 커서 밝게 보이므로 질량은 A가 C보다 크다.

③ C는 분광형이 M형, D는 분광형이 A형이다. 따라서 표면 온도는 D가 C보다 높다.

⑤ 평균 밀도는 백색 왜성인 D가 가장 크다.

08 ㄴ. A는 적색 거성이고, B는 주계열성이다. 따라서 B의 중심부에서는 수소 핵융합 반응이 일어난다.

ㄷ. A가 B보다 절대 등급이 작으므로 광도가 더 크다. 따라서 별의 표면에서 단위 시간당 방출하는 에너지양은 A가 B보다 많다.

[오답 피하기] ㄱ. A는 표면 온도가 낮고, 광도가 큰(절대 등급이 작은) 적색 거성이다.

09 ㄱ. 태양과 질량이 비슷한 별은 (가) 주계열성 → (나) 적색 거성 → (다) 백색 왜성 순으로 진화하며, (가) 단계에서 가장 오랜 시간을 머무른다.

ㄴ. (나)는 적색 거성 단계에 해당하며, 중심핵에서 헬륨 핵융합 반응이 일어난다.

[오답 피하기] ㄷ. (다)는 백색 왜성 단계에 해당한다. 별의 외곽 물질이 서서히 바깥으로 분출되어 행성상 성운이 만들어지는 시기는 (나)와 (다) 사이이다.

10 ㄷ. 별의 질량이 클수록 수소 핵융합 반응이 빠르게 일어나 진화 속도가 빠르다. 주계열성의 질량은 A가 B보다 크므로 A에서 C로 진화하는 데 걸리는 시간은 B에서 D로 진화하는 데 걸리는 시간보다 짧다.

[오답 피하기] ㄱ. 별의 표면 온도는 A가 B보다 높으므로 색은 A가 B보다 파랗게 보인다.

ㄴ. 중심핵의 온도는 질량이 큰 A가 B보다 더 높다. 따라서 중심핵에서 탄소·질소·산소 순환 반응은 B보다 A에서 우세하다.

11 자료 분석 하기

질량에 따른 별의 진화 과정

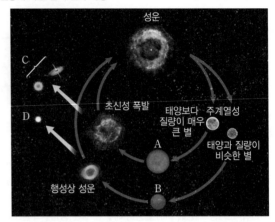

- 태양보다 질량이 매우 큰 별의 진화: 원시별 → 주계열성 → 초거성 (A) → 중성자별 또는 블랙홀(C)
- 태양과 질량이 비슷한 별의 진화: 원시별 → 주계열성 → 적색 거성(B) → 행성상 성운, 백색 왜성(D)

ㄱ. 광도는 초거성인 A가 적색 거성인 B보다 크다.

ㄴ. C는 중성자별 또는 블랙홀, D는 백색 왜성이므로 밀도는 C가 D보다 크다.

ㄷ. 별의 진화가 반복될수록 성운에서 핵융합 반응에 의해 생성된 무거운 원소의 비율이 많아진다.

12 ㄱ. (가) 행성상 성운의 중심부에는 백색 왜성이 있다.

[오답 피하기] ㄴ. (나)는 태양보다 질량이 훨씬 큰 초거성이 폭발하여 남겨진 초신성 잔해이다.

ㄷ. (가)는 적색 거성의 외곽 물질이 분출하여 생성되었고, (나)는 초거성이 초신성 폭발을 일으켜 생성되었다.

13 자료 분석 하기

수소 핵융합 반응의 종류

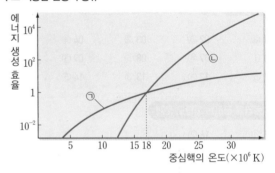

- 양성자·양성자 반응(㉠): 질량이 태양의 2배 이하로 중심부 온도가 약 1800만 K보다 낮은 별에서 우세하게 일어난다.
- 탄소·질소·산소 순환 반응(㉡): 질량이 태양의 2배 이상으로 중심부 온도가 약 1800만 K보다 높은 별에서 우세하게 일어난다.

ㄱ. ㉠은 양성자·양성자 반응이다.

ㄴ. 탄소·질소·산소 순환 반응(㉡)은 중심핵의 온도가 높아짐에 따라 에너지 생성 효율이 급격하게 증가한다. 따라서 온도에 따른 상대적인 에너지 생성 효율 차이는 ㉠보다 ㉡이 크다.

[오답 피하기] ㄷ. 태양의 중심핵의 온도는 약 1500만 K이며, 양성자·양성자 반응이 더 우세하다.

14 ㄱ. (가)는 대류핵이 존재하므로 태양보다 질량이 큰 별이다.

ㄴ. (가)의 중심부에 대류핵이 있으므로 태양보다 질량이 2배 이상 크고, 탄소·질소·산소 순환 반응이 더 우세하다.

ㄷ. 태양은 중심부터 핵 – 복사층 – 대류층으로 이루어져 있으므로 (나)와 같은 내부 구조를 갖는다.

15 고난도 문제 해결 전략

STEP 1 출제 의도 파악하기

표에 제시된 별의 물리량을 비교하여 별의 특징을 파악할 수 있는지 평가하는 문제이다.

STEP 2 관련 개념 모으기

❶ 별의 반지름

➡ 별의 광도(L)와 별의 표면 온도(T)를 알면 별의 반지름(R)을 구할 수 있다.

$$L=4\pi R^2 \cdot \sigma T^4 \rightarrow R=\sqrt{\frac{L}{4\pi \cdot \sigma T^4}} \rightarrow R \propto \frac{\sqrt{L}}{T^2}$$

❷ 절대 등급과 광도 관계

➡ 광도는 별이 단위 시간 동안 방출하는 에너지의 양으로 별의 밝기를 나타낸다. 광도를 등급화하여 나타낸 것이 절대 등급이며, 등급이 작을수록 밝은 별이다.

❸ 슈테판·볼츠만 법칙

➡ 흑체가 단위 시간 동안 단위 면적에서 방출하는 복사 에너지양(E)은 표면 온도(T)의 4제곱에 비례한다.

$$E=\sigma T^4 \ (\sigma\text{는 상수})$$

ㄱ. 세 별 중 A는 광도가 가장 크고, 표면 온도는 가장 낮다. 따라서 반지름이 가장 큰 별은 A이다.

ㄷ. 별의 분광형을 비교하면 표면 온도는 C>B>A 순이다. 별이 단위 면적에서 단위 시간 동안 방출하는 에너지양은 표면 온도가 가장 높은 C가 가장 많다.

[오답 피하기] ㄴ. 광도 계급으로부터 A는 초거성, B는 밝은 거성, C는 주계열성이다. 광도 계급이 Ⅱ인 B는 광도 계급이 Ⅴ인 C보다 밝게 보이므로 절대 등급이 더 작다.

16 고난도 문제 해결 전략

STEP 1 출제 의도 파악하기

질량이 서로 다른 두 거성의 내부 구조를 비교하여 별의 특징을 비교할 수 있는지 묻는 문제이다.

STEP 2 자료 분석하기

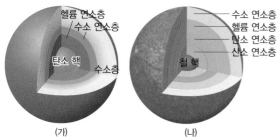

헬륨 연소층
수소 연소층
탄소 핵
수소층
(가)

수소 연소층
헬륨 연소층
탄소 연소층
산소 연소층
철 핵
(나)

• 중심부의 온도: (가)<(나)   • 별의 반지름: (가)<(나)

STEP 3 관련 개념 모으기

❶ 적색 거성의 진화

➡ 헬륨으로 이루어진 중심핵이 수축하여 온도가 높아지면 헬륨 핵융합 반응이 일어나고, 중심핵을 둘러싼 외곽 수소층에서 수소 핵융합 반응이 일어나 별이 팽창한다. 적색 거성 이후 외곽층 물질의 일부가 우주 공간으로 방출되어 행성상 성운이 만들어지며, 별의 중심부는 더욱 수축하여 백색 왜성이 된다.

❷ 초거성의 진화

➡ 태양보다 질량이 매우 큰 별에서는 중심부의 온도가 매우 높아 계속적인 핵융합 반응이 일어나 탄소, 산소, 네온, 마그네슘, 규소 등이 생성되고 최종적으로 철이 생성된다. 철로 이루어진 핵은 더 이상 핵융합 반응이 일어나지 못하여 빠르게 수축하다가 폭발하는데, 이를 초신성 폭발이라고 한다. 폭발 후 중심부에는 중성자별 또는 블랙홀이 생성된다.

ㄴ. (가)의 적색 거성은 질량이 태양과 비슷하지만, 반지름은 태양보다 훨씬 크다. 따라서 별의 표면에서 중력의 크기는 태양보다 (가)가 작다.

[오답 피하기] ㄱ. 거성 단계에서는 중심부의 온도가 높을수록 더 무거운 원소의 핵융합 반응이 일어난다. 따라서 중심부의 온도는 (나)가 (가)보다 높다.

ㄷ. (가)의 적색 거성은 팽창과 수축을 반복하면서 불안정한 상태가 되다가 별의 외곽 물질을 우주 공간으로 방출하면서 행성상 성운이 만들어진다. (나)의 초거성은 중심부에서 급격한 수축이 일어나 초신성 폭발을 일으킨다.

16 외계 행성계와 생명체 탐사

확인 문제 | 194~196쪽 |

| 1 도플러 | 2 중력 | 3 크 |
| 4 생명 가능 지대 | 5 자기장 | 6 수명 |

01 중심별이 지구로 접근하거나 멀어짐에 따라 시선 속도가 변하면 도플러 효과에 의한 스펙트럼의 파장 변화가 나타난다.

02 배경별의 별빛이 앞쪽 별의 중력에 의해 미세하게 굴절되어 휘어지는데, 이를 미세 중력 렌즈 현상이라고 한다.

03 현재까지 발견된 외계 행성의 질량은 대부분 지구보다 컸으나 최근에는 관측 기술의 발달로 지구 규모의 행성들이 발견되기도 한다.

05 우주선과 항성풍은 자기력선을 거슬러 진행하지 못하는 성질이 있다. 따라서 행성의 자기장은 우주에서 들어오는 고에너지 입자와 중심별에서 나오는 항성풍이 지상에 도달하는 것을 막아 주는 역할을 한다.

06 행성에서 생명체가 탄생하여 진화하기까지는 상당히 긴 시간이 필요하다. 따라서 중심별의 질량이 너무 큰 경우에는 수명이 짧기 때문에 행성에서 생명체가 탄생하여 진화하기 어렵다.

개념을 다지는 기본 문제 **197~199쪽**

01 ②	02 ③ 파장, ⑥ 질량	03 해설 참조	04 ②	05 ③
06 ③	07 ⑤	08 ④	09 ③	10 ④	11 ①	12 ⑤	13

해설 참조

01 ② 중심별의 표면 온도에 따른 스펙트럼형을 관측하는 것만으로 행성의 존재를 확인할 수 없다.

[오답 피하기] ① 지금까지 발견된 외계 행성은 대부분 간접적인 방법을 이용하여 확인되었다.

③ 행성에 의한 중심별의 식 현상을 관측하여 중심별의 밝기 변화를 측정하면 행성의 존재를 확인할 수 있다.

④ 앞쪽에 놓인 별과 행성의 중력에 의해 멀리 있는 배경별의 밝기가 달라지는 현상을 관측하여 행성의 존재를 확인할 수 있다.

⑤ 중심별과 행성이 공통 질량 중심을 회전할 때 나타나는 중심별의 시선 속도 변화에 의한 스펙트럼의 파장 변화를 관측하여 행성의 존재를 확인할 수 있다.

02 행성과 중심별은 공통 질량 중심 주위를 공전하므로 별빛의 도플러 효과에 의해 별빛의 파장이 달라진다. 이때, 행성의 질량이 클수록 별의 움직임이 커서 도플러 효과가 크게 나타나므로 탐사에 효과적이다.

03 [예시 답안] 외계 행성은 스스로 빛을 내지 못하고 중심별에서 오는 빛을 반사시킨다. 행성에서 반사된 빛은 중심별에서 방출되는 빛보다 매우 어둡기 때문에 직접 관측하여 외계 행성을 찾는 경우는 매우 드물다.

채점 기준	배점(%)
직접 탐사가 어려운 까닭을 적절하게 설명한 경우	100
설명한 내용에 과학적 오류가 포함되어 있는 경우	0

04 ㄴ. (나)일 때 중심별이 관측자 방향으로 접근하므로 행성은 관측자로부터 멀어지고 있다.

[오답 피하기] ㄱ. (가)에서 별빛 스펙트럼의 파장이 길어지므로 적색 편이가 나타난다.

ㄷ. 중심별과 행성은 공통 질량 중심을 같은 주기로 회전한다.

● 개념 더하기

공통 질량 중심 회전

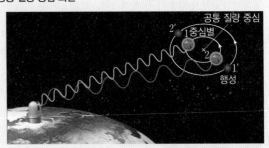

· 별과 행성의 시선 속도 방향은 항상 반대이다. 행성이 지구에 접근할 때 별빛 스펙트럼에서는 적색 편이가 나타난다.
· 별과 행성이 공통 질량 중심을 회전하는 주기는 같다.
· 행성의 질량이 클수록 공통 질량 중심이 별로부터 멀어진다. ➡ 별의 시선 속도 변화가 커지므로 행성의 존재를 확인하기 쉽다.

05 ㄷ. 행성이 중심별의 앞면을 지날 때마다 중심별의 밝기 변화가 나타나므로 중심별의 밝기 변화 주기는 행성의 공전 주기와 같다.

[오답 피하기] ㄱ. 행성에 의한 식 현상이 나타나기 위해서는 행성의 공전 궤도면이 관측자의 시선 방향에 거의 나란해야 한다.

ㄴ. 행성의 반지름이 클수록 중심별이 가려지는 면적이 넓기 때문에 밝기 변화가 커진다.

06 [자료 분석 하기]

미세 중력 렌즈 현상

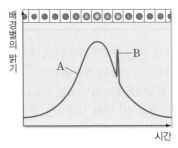

· A: 앞쪽 별의 중력에 의해 뒤쪽 별의 밝기가 증가한 것이다.
· B: 앞쪽 별을 공전하는 행성의 중력에 의해 뒤쪽 별의 추가적인 밝기 변화가 나타난다.

ㄱ. 앞쪽에 있는 별의 중력 때문에 뒤쪽에 있는 별에서 오는 빛이 모아져 더 밝게 관측된다.

ㄴ. A는 앞쪽에 있는 별의 중력에 의한 뒤쪽에 있는 별의 밝기 변화를 나타낸 것이며, B는 앞쪽에 있는 별이 행성을 거느리고 있을 때 나타나는 뒤쪽 별의 추가적인 밝기 변화이다.

[오답 피하기] ㄷ. B는 앞쪽에 있는 별 주위를 공전하는 행성의 중력에 의해 뒤쪽 별의 밝기가 추가적으로 증가한 것이다.

07 ㄱ. (가)에서는 행성의 크기가 클수록 식 현상에 의한 별의 밝기 변화가 크게 나타나므로 외계 행성 탐사에 유리하다.

ㄴ. (나)에서는 행성의 운동에 의해 별의 미세한 떨림이 일어나면서 별빛의 파장 변화가 나타나므로 별빛의 스펙트럼을 분석하여 외계 행성을 탐사한다.

ㄷ. 행성의 공전 궤도면이 관측자의 시선 방향에 나란해야 (가)에서는 식 현상이 일어나고, (나)에서는 떨림이 일어나면서 시선 방향의 별빛의 파장 변화가 나타난다.

08 자료 분석 하기

외계 행성의 크기에 따라 발견된 개수

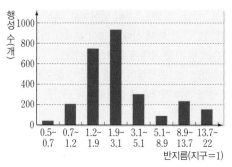

- 가장 많이 발견된 외계 행성의 반지름은 지구 반지름의 1.2~3.1배 정도이다. ➡ 대부분 지구보다 크다.
- 탐사 초기에는 기술이 정밀하지 않아 대부분 질량이 큰 행성이 발견되었으나, 시간이 지날수록 정밀한 관측이 가능해져 질량이 작은 행성들도 발견되고 있다.

ㄱ. 발견된 외계 행성은 대부분 크기가 지구보다 크며, 가장 많이 발견된 외계 행성의 반지름은 지구 반지름의 1.2~3.1배 정도이다.

ㄷ. 행성의 질량이 너무 크면 중력도 커지기 때문에 생명체가 살기에 부적당한 환경이 된다. 즉, 생명체가 살기에 가장 적당한 행성은 지구 크기의 행성으로 판단할 수 있다. 이와 같은 이유로 최근에는 지구와 크기 및 질량이 비슷하고 암석으로 이루어진 행성 탐사에 주목하고 있다.

[오답 피하기] ㄴ. 질량이 큰 외계 행성일수록 중심별에 미치는 영향이 크기 때문에 발견될 가능성이 크다.

09 액체 상태의 물은 외계 생명체 존재의 필수 요소이다. 물은 비열이 커서 많은 양의 열을 오래 보존할 수 있고, 다양한 물질을 녹일 수 있는 용매이므로 생명체의 탄생과 진화에 필요한 환경을 제공한다.

10 ㄱ, ㄴ, ㄷ. 주계열성은 질량이 클수록 광도가 커서 생명 가능 지대가 중심별로부터 멀어진다. 한편, 주계열성은 광도가 클수록 반지름이 크고, 표면 온도가 높다. 따라서 물리량 X에는 질량, 광도, 반지름, 표면 온도가 들어갈 수 있다.

[오답 피하기] ㄹ. 별의 질량이 클수록 수명은 짧아진다.

11 ㄱ. 행성의 자기장은 우주에서 들어오는 고에너지 입자를 막아 주는 역할을 하기 때문에 생명체가 존재하기 위해서 필요한 조건이다.

ㄴ. 행성이 생명 가능 지대에 위치하여 액체 상태의 물이 존재해야 한다.

[오답 피하기] ㄷ. 중심별의 질량이 클수록 별의 수명이 짧기 때문에 행성에 생명체가 탄생하고 진화할 시간이 부족하다.

ㄹ. 행성의 대기압이 적절해야 알맞은 온실 효과가 나타난다.

12 ㄱ, ㄴ. 생명 가능 지대는 별 주위에 액체 상태의 물이 존재할 수 있는 영역으로, 중심별의 광도가 클수록 생명 가능 지대는 별로부터 먼 곳에 형성되고 그 폭도 넓어진다.

ㄷ. 현재 태양계에서 생명 가능 지대에 위치한 행성은 지구뿐이다.

13 예시 답안 ・A: 금성은 생명 가능 지대보다 안쪽에 위치하여 생명체가 살기에 부적합하다.

・D: 지구 자기장은 우주에서 오는 고에너지 입자와 태양풍을 차단해 주는 역할을 한다.

채점 기준	배점(%)
A와 D를 모두 찾고, 까닭을 옳게 설명한 경우	100
A와 D만 찾고, 까닭을 설명하지 못한 경우	30

실력을 올리는 실전 문제   201~203 쪽

| 01 ③ | 02 ② | 03 ② | 04 ③ | 05 ③ |
| 06 ④ | 07 ④ | 08 ④ | 09 ③ | 10 ③ |

1등급을 굳히는 고난도 문제

| 11 ② | 12 ⑤ |

01 ㄱ. 중심별과 외계 행성은 같은 방향으로 공전하므로 외계 행성의 공전 방향은 A이다.

ㄷ. 행성의 질량이 클수록 별의 시선 속도가 커지므로 별빛의 파장 변화량이 증가한다. 따라서 행성의 존재를 확인하기 쉽다.

[오답 피하기] ㄴ. 별은 지구 방향으로 접근하고 있으므로 청색 편이가 나타난다.

02 자료 분석 하기

식 현상에 의한 중심별의 밝기 변화

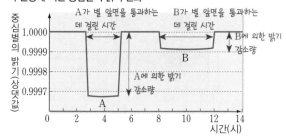

- 행성의 반지름: A>B
- 행성이 중심별의 앞면을 통과하는 데 걸린 시간: A<B
  ➡ 공전 속도는 A가 B보다 빠르다.

ㄴ. 식 현상에 의한 중심별의 밝기 감소량은 A가 B보다 크므로 행성의 반지름은 A가 더 크다.

[오답 피하기] ㄱ. 행성에 의한 중심별의 식 현상이 관측되었으므로 공전 궤도면과 관측자의 시선 방향은 거의 나란하다.

ㄷ. 식 현상이 지속된 시간은 A가 B보다 짧으므로 A가 중심별의 앞면을 통과하는 데 걸린 시간이 B보다 짧다.

ㄷ. 행성의 대기압이 적절해야 알맞은 온실 효과가 나타난다.

02 자료 분석 하기

바른답·알찬풀이 **69**

03 ㄴ. 별 X 주변에 행성이 존재할 경우 행성의 중력에 의해 별 Y의 밝기 변화가 불규칙하게 나타난다.

[오답 피하기] ㄱ. 별 Y의 밝기는 별 X의 중력에 의해 굴절된 빛이 가장 많이 모이는 ⓒ일 때 최대가 된다.

ㄷ. 미세 중력 렌즈 현상을 이용한 탐사 방법은 행성의 공전 궤도면과 관측자의 시선 방향이 이루는 각도에 상관없이 이용할 수 있다.

04 ㄴ. 별과 행성이 공통 질량 중심을 회전할 때 나타나는 스펙트럼의 파장 변화를 관측하여 행성의 존재를 확인할 수 있다.

ㄹ. 행성의 식 현상에 의한 중심별의 밝기 변화를 관측하여 행성의 존재를 확인할 수 있다.

[오답 피하기] ㄱ. 연주 시차는 별까지의 거리를 구할 때 이용한다.

ㄷ. 미세 중력 렌즈 현상을 이용한 탐사는 별과 행성의 중력에 의해 나타나는 멀리 있는 별의 밝기 변화를 측정하는 것이다. 행성의 중력에 의한 중심별의 밝기 변화는 너무 미세하여 측정할 수 없다.

05 ㄱ. 외계 행성이 많이 발견되는 중심별의 질량은 대부분 태양 질량의 0.8~1.2배 사이이므로 태양과 질량이 비슷하다는 것을 알 수 있다.

ㄴ. 발견된 행성들은 대부분 지구보다 반지름이 크므로 질량도 크다는 것을 추론할 수 있다.

[오답 피하기] ㄷ. 외계 행성들은 중심별 주위에 대체로 넓게 분포하지만, 별 주변의 생명 가능 지대 영역은 매우 좁다. 따라서 생명 가능 지대에 위치한 행성의 수는 매우 적다.

06 〔자료 분석 하기〕

외계 행성의 공전 궤도 반지름과 질량

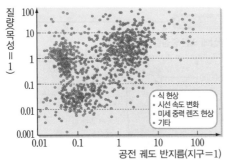

• 대부분 시선 속도 변화와 식 현상을 이용한 방법으로 외계 행성이 발견되었다.
• 발견된 외계 행성의 대부분은 지구보다 질량이 크다.

ㄱ. 자료에서 발견된 외계 행성들은 대부분 시선 속도 변화와 식 현상을 이용하여 발견되었으므로 행성들의 공전 궤도면은 대부분 시선 방향에 나란하다는 것을 알 수 있다.

ㄷ. 발견된 행성들의 질량은 대부분 목성 질량의 $\frac{1}{100}$배~100배 사이이다. 지구의 질량은 목성 질량의 약 $\frac{1}{300}$배이므로 발견된 대부분의 행성들이 지구보다 질량이 크다는 것을 알 수 있다.

[오답 피하기] ㄴ. 주로 식 현상에 의해 발견된 행성들은 공전 궤도 반지름이 대체로 작으므로 공전 주기가 짧은 행성에 해당한다.

07 ㄴ. 중심별의 표면 온도가 높을수록 행성에 입사하는 에너지 양이 증가하므로 액체 상태의 물이 존재할 수 있는 생명 가능 지대의 거리는 중심별로부터 멀어지고, 폭도 넓어진다.

ㄷ. A, B, C 중 액체 상태의 물이 존재할 가능성이 가장 높은 행성은 생명 가능 지대에 위치한 B이다.

[오답 피하기] ㄱ. 중심별의 절대 등급이 클수록 광도가 작기 때문에 생명 가능 지대는 중심별로부터 가까운 곳에 위치한다.

08 〔자료 분석 하기〕

생명 가능 지대

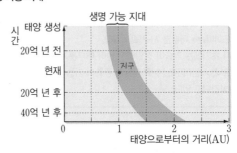

• 시간이 흐를수록 생명 가능 지대가 태양으로부터 멀어진다.
➡ 주계열성이 진화함에 따라 광도가 증가한다.
• 지구는 태양 탄생 이후 현재까지 생명 가능 지대에 위치해 있다.
➡ 앞으로 20억 년 후, 지구는 생명 가능 지대보다 안쪽에 위치한다.

ㄱ. 태양은 주계열성에 속하며, 태양 주변의 생명 가능 지대가 시간이 지날수록 태양으로부터 멀어지고 있다. 따라서 주계열성인 태양의 광도가 시간에 따라 증가함을 알 수 있다.

ㄴ. 지구는 1 AU에 위치하며 태양 생성 이후 현재까지 지구 위치는 생명 가능 지대의 범위에 포함되어 있다.

[오답 피하기] ㄷ. 미래에 생명 가능 지대는 현재보다 더 멀어지므로 금성은 표면에 액체 상태의 물이 존재할 수 있는 생명 가능 지대에 위치하지 않는다.

09 〔자료 분석 하기〕

중심별에 따른 생명 가능 지대

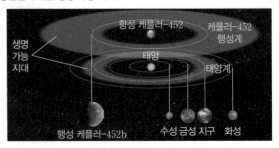

• 생명 가능 지대의 폭: 케플러-452 > 태양
• 중심별의 광도: 케플러-452 > 태양
• 행성 케플러-452b와 지구: 각각 생명 가능 지대에 속해 있다. ➡ 액체 상태의 물이 존재할 수 있다.

ㄱ. 생명 가능 지대의 폭이 케플러-452 행성계가 태양계보다 넓으므로 광도는 케플러-452가 태양보다 크다.

ㄴ. 행성 케플러-452b는 액체 상태의 물이 존재할 수 있는 생명 가능 지대에 위치한다.

[오답 피하기] ㄷ. 행성 케플러-452b는 생명 가능 지대에, 금성은 생명 가능 지대보다 안쪽에 위치한다. 따라서 대기 조건이 같다면 행성의 평균 온도는 행성 케플러-452b가 금성보다 낮을 것이다.

10 ㄱ. 주계열성의 질량이 클수록 중심부의 온도가 높아 수소 핵융합 반응의 효율이 높아지기 때문에 수명이 짧아진다.

ㄷ. 별의 질량이 작을수록 진화 속도가 느리기 때문에 행성이 생명 가능 지대에 머물 수 있는 시간은 길어진다.

[오답 피하기] ㄴ. 스피카는 프로키온보다 표면 온도가 높으므로 생명 가능 지대의 폭은 스피카가 프로키온보다 넓다.

11 〔고난도 문제 해결 전략〕

〔STEP 1〕 출제 의도 파악하기

별과 행성이 공통 질량 중심을 회전함에 따라 나타나는 별빛 스펙트럼의 파장 변화를 이해하고 있는지 묻는 문제이다.

〔STEP 2〕 자료 분석하기

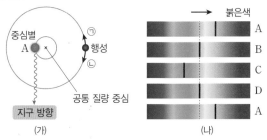

- A: 적색 편이가 나타나므로 별은 지구로부터 멀어지고, 행성은 지구에 가까워진다.
- B: 행성이 지구에 가까워지다가 다시 멀어지는 경계에 해당하므로 식 현상이 나타난다.
- C: 청색 편이가 나타나므로 별은 지구에 가까워지고, 행성은 지구로부터 멀어진다.

〔STEP 3〕 관련 개념 모으기

❶ 공통 질량 중심

➡ 중심별과 행성이 공통 질량 중심을 같은 주기로 공전한다. 중심별의 질량은 행성에 비해 매우 크기 때문에 별의 움직임은 아주 미세하며, 행성의 질량이 클수록 별의 움직임이 커진다.

❷ 별빛 스펙트럼 변화

➡ 중심별이 움직임에 따라 도플러 효과에 의한 별빛의 파장 변화가 나타난다. 중심별이 지구로 접근할 때 청색 편이, 지구에서 멀어질 때 적색 편이가 나타난다.

ㄴ. 행성에 의한 식 현상은 행성이 지구로 접근하다가 멀어지기 시작할 때 나타난다. 즉, 별이 지구로부터 멀어지다가 다시 가까워지기 시작할 때 식 현상이 나타난다. 따라서 스펙트럼에서 적색 편이가 나타나다가 청색 편이로 바뀌는 경계인 B일 때 식 현상이 관측된다.

[오답 피하기] ㄱ. A일 때 적색 편이가 나타나므로 중심별은 지구에서 멀어지고, 행성은 지구에 가까워진다. 따라서 행성은 ⓒ 방향으로 공전한다.

ㄷ. 행성의 질량이 클수록 중심별의 시선 속도 변화가 커지므로 파장 변화량도 커진다.

12 〔고난도 문제 해결 전략〕

〔STEP 1〕 출제 의도 파악하기

별의 질량, 광도, 수명의 관계를 관계식에 대입하여 추론할 수 있는지 묻는 문제이다.

〔STEP 2〕 관련 개념 모으기

❶ 주계열성의 진화와 생명체의 진화

➡ 수소를 소모하는 속도는 대략 질량의 세제곱에 비례하기 때문에 질량이 클수록 별의 수명이 짧다. 지구에서 척추동물이 탄생하는 데 대략 40억 년이 걸린 점을 고려하면 별의 수명이 최소한 수십 억 년 이상이 되어야 고등 생명체가 존재할 수 있음을 추론할 수 있다.

❷ 행성에 생명체가 존재하기 위한 조건

➡ 생명 가능 지대에 위치하여 액체 상태의 물이 존재해야 한다.
➡ 대기압이 적절하여 알맞은 온실 효과가 유지되어야 한다.
➡ 행성 자기장이 고에너지 입자를 차단해 주어야 한다.
➡ 중심별의 질량이 적절해야 안정된 환경이 오래 유지된다.

ㄱ. ⊙은 주계열성 내부에서 수소 핵융합 반응이 일어나는 영역이므로 온도가 1000만 K 이상인 영역이다.

ㄴ, ㄷ. 별의 수명 t는 $t \propto \dfrac{M}{L} \propto \dfrac{1}{M^2}$이다. 태양의 질량이 현재 질량의 2배였다면 예상 수명은 약 25억 년이다. 지구에 척추동물이 출현한 시기는 지구가 탄생한지 약 40억 년 후이므로, 지구에 척추동물이 출현할 수 없었을 것이다.

〔핵심 정리〕 Ⅴ **단원 마무리**   204~205쪽

❶ 파란 ❷ 붉은 ❸ 작다 ❹ 표면 온도 ❺ M ❻ 슈테판·볼츠만 ❼ 광도 ❽ 분광형 ❾ 주계열성 ❿ 백색 왜성 ⓫ G2V ⓬ 낮고 ⓭ 질량 ⓮ 수소 핵융합 ⓯ 질량 ⓰ 백색 왜성 ⓱ 초신성 폭발 ⓲ 양성자·양성자 ⓳ 시선 속도 ⓴ 중력 ㉑ 생명 가능 지대 ㉒ 자기장

〔실력 점검〕 Ⅴ **단원 평가 문제**   206~209쪽

| 01 ② | 02 ⑤ | 03 ① | 04 ② | 05 ② |

06 (가) 주계열성, (나) 초거성, (다) 백색 왜성 07 ① 08 ②

| 09 ⑤ | 10 ③ | 11 ① | 12 ④ | 13 ③ |

14 ② 15 ③

1등급을 완성하는 서술형 문제

16~18 해설 참조

01 ㄱ, ㄹ. 분광형과 색지수는 별의 표면 온도에 의해 결정된다. 별의 표면 온도에 따라 고온에서 저온으로 갈수록 O, B, A, F, G, K, M형으로 분광형을 분류하며, 별의 표면 온도가 높을수록 색지수가 작다.

[오답 피하기] ㄴ, ㄷ. 겉보기 등급과 별까지의 거리는 별의 표면 온도와 관련이 없는 물리량이다.

02 ⑤ 별은 슈테판 · 볼츠만 법칙에 따라 단위 시간 동안 단위 면적에서 표면 온도의 4제곱에 해당하는 복사 에너지를 방출한다.

[오답 피하기] ① 별의 크기가 같더라도 표면 온도가 다르면 별의 분광형이 달라진다.

② 별의 광도는 별의 표면 온도와 반지름에 의해 결정된다.

③ 별의 광도는 별의 표면에서 단위 시간 동안 방출하는 에너지양이며, 짧은 파장의 빛을 많이 방출하는 천체는 표면 온도가 높은 천체이다.

④ 별의 표면 온도에 따라 분광형을 O, B, A, F, G, K, M 형의 7가지로 분류할 수 있다.

03 ㄱ. ㉠은 A형 별에서 가장 강하게 나타나는 중성 수소 흡수선이다.

[오답 피하기] ㄴ. 태양은 G2형 별이므로 이온화된 칼슘선이 강하게 나타난다. 헬륨 흡수선은 O형 별과 B형 별에서 강하게 나타난다.

ㄷ. 분자 흡수선은 표면 온도가 낮은 M형 별에서 강하게 나타난다.

04 ㄷ. 별의 크기는 광도가 클수록, 표면 온도가 낮을수록 크다. 광도는 C가 가장 크고, 표면 온도는 C가 가장 낮다. 따라서 별의 크기는 C가 가장 크다.

[오답 피하기] ㄱ. 단위 시간 동안 별이 방출하는 에너지양은 광도이므로 C>B>A이다.

ㄴ. 표면 온도에 따라 고온에서 저온 순으로 분광형을 나열하면 O, B, A, F, G, K, M 순이다. 따라서 표면 온도는 B>A>C이다.

05 자료 분석 하기

H-R도와 별의 종류

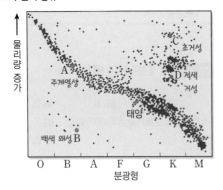

· 별의 크기: C>D>A>태양>B
· 별의 밀도: C<D<A<태양<B

② 주계열성은 H-R도에서 왼쪽 위에 위치할수록 질량이 크다. 따라서 A는 태양보다 질량이 큰 주계열성이다.

[오답 피하기] ① H-R도에서 세로축의 물리량은 별의 광도이다.

③ B는 H-R도에서 주계열성보다 왼쪽 아래에 위치한 백색 왜성이다.

④ C는 초거성이므로 태양보다 밀도가 작다.

⑤ 단위 면적에서 단위 시간 동안 방출하는 에너지양은 슈테판 · 볼츠만 법칙에 따라 표면 온도의 4제곱에 비례한다. 따라서 표면 온도가 높은 태양이 D보다 단위 면적에서 단위 시간 동안 방출하는 에너지양이 많다.

06 (가)는 대부분의 별들이 속해 있는 주계열성이고, (나)는 적색 거성보다 광도와 반지름이 큰 초거성이다. (다)는 표면 온도가 높아 흰색으로 보이지만 반지름이 매우 작은 백색 왜성이다.

07 ㄱ. A, B는 모두 원시별에서 주계열성으로 진화하는 중이다. 질량이 큰 원시별이 표면 온도가 높고 광도가 큰 주계열성이 되므로 질량은 A가 B보다 크다.

[오답 피하기] ㄴ. 경로를 따라 진화하는 데 걸리는 시간은 질량이 큰 A가 질량이 작은 B보다 짧다.

ㄷ. 원시별이 진화하는 동안 주요 에너지원은 중력 수축 에너지이다.

08 ㄴ. 행성상 성운은 적색 거성(㉠)에서 백색 왜성(㉡)으로 진화하는 과정에서 형성된다.

[오답 피하기] ㄱ. 태양이 적색 거성(㉠)이 되는 동안 표면 온도는 감소하고 광도는 증가한다.

ㄷ. 적색 거성의 중심부에서는 헬륨 핵융합 반응이 일어나지만, 백색 왜성의 중심부에서는 핵융합 반응이 일어나지 않는다. 따라서 별의 중심부에서 일어나는 핵융합 반응은 ㉡보다 ㉠일 때 활발하다.

09 자료 분석 하기

수소 핵융합 반응

· 양성자 · 양성자 반응: 양성자(수소 원자핵) 6개가 반응하여 헬륨 원자핵 1개를 형성한다. 이때 양성자 2개가 다시 방출되므로 결과적으로 양성자 4개가 1개의 헬륨 핵을 형성하는 셈이다.

· 양성자 · 양성자 반응은 중심부의 온도가 약 1800만 K 이하일 때 우세하고, 온도가 1800만 K보다 더 높아지면 탄소 · 질소 · 산소 순환 반응이 더 우세해진다.

ㄱ. 이 반응은 수소 핵융합 반응 중 양성자 · 양성자 반응을 나타낸 것이다. 중심부에서 수소 핵융합 반응이 일어나는 별은 주계열성이다.

ㄴ. 이 반응이 진행되는 동안 질량 결손이 일어나며, 감소된 질량만큼 에너지가 생성된다.

ㄷ. 주계열성은 정역학 평형 상태로 크기가 일정하게 유지된다.

10 ㄱ, ㄷ. (가)는 태양 질량의 2배 이하인 별로, 중심부에서 양성자 · 양성자 반응이 우세하고, (나)는 태양 질량의 2배 이상인 별로, 중심부의 온도가 더 높아 탄소 · 질소 · 산소 순환 반응이 우세하다.

[오답 피하기] ㄴ. 중심부의 온도는 대류핵이 존재하는 (나)가 (가)보다 높다.

➕ 개념 더하기

주계열성의 내부 구조

• 질량이 태양 질량의 2배 이하인 주계열성은 수소 핵융합 반응이 일어나는 중심핵을 복사층과 대류층이 차례로 둘러싸고 있다.

• 질량이 태양 질량의 2배 이상인 주계열성은 중심부에서 대류가 일어나는 대류핵이 존재하며, 이를 복사층이 둘러싸고 있다.

• 대류에 의한 에너지 전달은 온도 차가 클 경우에 효과적이다. 질량이 큰 별의 중심핵은 CNO 순환 반응에 의한 수소 핵융합이 우세한데, 이 반응은 온도가 높을수록 급격하게 효율이 높아진다. 따라서 별의 중심부로 갈수록 핵융합 효율이 높아져 깊이에 따른 온도 차가 크게 나타나고, 이로 인해 대류핵이 발달하게 된다.

11 ㄱ. 이 별은 중심부로 갈수록 핵융합 반응에 의해 무거운 원소가 생성되고, 최종적으로 철이 생성되고 있으므로 태양보다 질량이 매우 큰 초거성이다.

ㄴ. 중심부에 철로 이루어진 핵이 형성되면 핵융합 반응이 멈추고 급격한 수축이 일어나면서 초신성 폭발을 일으킨다.

[오답 피하기] ㄷ. 초거성은 초신성 폭발을 일으켜 중성자별이나 블랙홀로 진화한다.

ㄹ. 별의 중심부에서는 핵융합 반응에 의해 철까지 생성되며, 철보다 무거운 원소는 초신성 폭발 과정에서 형성된다.

12 ④ A의 위치에서 별이 지구에 가까워지므로 청색 편이가, A'의 위치에서 지구로부터 멀어지므로 적색 편이가 나타난다.

[오답 피하기] ① A는 별, B는 행성이다.

② 별의 질량이 클수록 공통 질량 중심은 별에 가까워진다.

③ 별과 행성은 공통 질량 중심을 같은 주기로 회전한다.

⑤ 별이 공통 질량 중심을 회전하더라도 공통 질량 중심의 위치가 달라지지 않는다.

13 ㄱ. 케플러 우주 망원경은 식 현상을 이용하여 외계 행성을 찾는다. 따라서 케플러 우주 망원경이 발견한 외계 행성들은 공전 궤도면이 시선 방향에 거의 나란하다.

ㄷ. 생명 가능 지대에서 발견된 행성들은 행성 표면에 액체 상태의 물이 존재할 수 있는 영역에 위치한다.

[오답 피하기] ㄴ. 식 현상은 외계 행성이 별을 1회 공전하는 동안 1회 나타난다.

14 ㄴ. 뒤쪽 별에서 오는 빛은 앞쪽 별의 중력에 의해 굴절이 일어난다. 이를 미세 중력 렌즈 현상이라고 한다.

[오답 피하기] ㄱ. 이 방법은 별과 행성에 의한 미세 중력 렌즈 현상을 이용하여 외계 행성을 탐사하는 방법이다.

ㄷ. 앞쪽 별이 행성을 가지고 있을 경우 뒤쪽 별의 밝기가 행성의 중력에 의해 추가적으로 증가한다.

15 ㄱ. A는 태양보다 질량이 작고, 표면 온도가 낮다. 따라서 생명 가능 지대까지의 거리는 태양이 A보다 멀다.

ㄴ. 별의 질량은 B가 A보다 크므로 생명 가능 지대의 폭은 B가 A보다 넓다.

[오답 피하기] ㄷ. 별의 질량이 작을수록 수명이 길다. 따라서 행성의 환경이 안정적으로 오랫동안 유지될 수 있는 시간은 B가 가장 짧다.

16 [예시 답안] 주계열성의 질량이 클수록 중심부의 온도가 높아 수소 핵융합 반응의 효율이 급격하게 높아져 중심부의 수소를 빨리 소모하기 때문이다.

채점 기준	배점(%)
중심부의 온도와 수소의 소모율을 모두 언급하여 설명한 경우	100
수소가 빨리 소모되기 때문이라고만 설명한 경우	60

17 [예시 답안] A는 중력, B는 기체 압력 차로 발생한 힘이다. 주계열성은 A와 B가 힘의 평형을 이루고 있어 별의 크기가 일정하게 유지된다.

채점 기준	배점(%)
A와 B를 모두 옳게 쓰고, 힘의 평형 관계와 별의 크기를 옳게 설명한 경우	100
힘의 평형 관계와 별의 크기만 옳게 설명한 경우	70
A와 B만 옳게 쓴 경우	30

18 **자료 분석 하기**

별의 진화와 생명 가능 지대

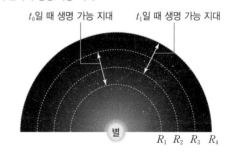

t_0일 때 생명 가능 지대 t_1일 때 생명 가능 지대

별 R_1 R_2 R_3 R_4

• 주계열성이 진화함에 따라 광도가 점점 증가한다.
  ➡ 생명 가능 지대의 거리가 t_0보다 t_1일 때 멀다.
• 생명 가능 지대의 거리가 멀어지면서 그 폭도 넓어진다.

[예시 답안] 중심별에서 생명 가능 지대까지의 거리가 t_0보다 t_1일 때 멀다. 따라서 별의 광도는 t_1일 때 더 크며, 생명 가능 지대의 폭도 t_1일 때 더 넓다.

채점 기준	배점(%)
별의 광도와 생명 가능 지대의 폭을 모두 옳게 설명한 경우	100
별의 광도와 생명 가능 지대의 폭 중 1가지만 옳게 설명한 경우	50

Ⅵ 외부 은하와 우주 팽창

17 외부 은하

03 나선 은하는 중앙 팽대부에 나이가 많은 붉은색의 별과 구상 성단이 분포하며, 나선팔에는 성간 물질과 나이가 적은 파란색의 별이 많이 분포한다.

05 퀘이사는 별처럼 보이지만 우리은하의 수십~수백 배에 이르는 에너지를 방출하는 천체로, 매우 큰 적색 편이가 나타난다.

06 세이퍼트은하는 아주 밝은 핵을 갖고 있으며, 스펙트럼에서 넓은 방출선이 관측되는 특징을 갖고 있다.

개념을 다지는 기본 문제
214~215쪽

01 ① 허블은 다양한 외부 은하들을 관측하여 형태에 따라 타원 은하, 나선 은하, 불규칙 은하로 분류하였다.
〔오답 피하기〕 ② 일정한 모양이나 규칙적인 구조가 없는 은하는 불규칙 은하이다.
③ 나선 은하는 막대 구조의 유무에 따라 정상 나선 은하와 막대 나선 은하로 구분한다.
④ 관측된 은하들 중 나선 은하의 비율이 가장 많다.
⑤ 허블은 외부 은하의 모양이 일정한 방향으로 진화하고 있다고 생각하였으나, 나중에 은하의 모양은 진화와 아무 관련이 없음이 밝혀졌다.

02 ①은 타원 은하, ②는 정상 나선 은하, ③은 막대 나선 은하, ④는 불규칙 은하, ⑤는 충돌 은하이다. 우리은하는 막대 구조의 양 끝에서 나선팔이 뻗어 나오는 막대 나선 은하에 속한다.

03 〔예시 답안〕 (가)는 타원 은하로, 성간 물질이 거의 없어 새로운 별의 탄생이 활발하지 않지만, (나)는 불규칙 은하로, 성간 물질이 풍부하고 젊은 별을 많이 포함하고 있다.

채점 기준	배점(%)
은하의 종류와 성간 물질의 분포를 옳게 설명한 경우	100
은하의 종류만 옳게 쓴 경우	50

04 ㄴ. 우리은하에서 가까운 거리에 있는 나선 은하(안드로메다 은하)로, 납작한 원반에 나선팔이 존재한다.

ㄷ. 나선 은하의 중앙 팽대부에는 나이가 많고 붉은색 별들이 분포하고, 나선팔에는 나이가 적고 파란색 별들이 분포한다.
〔오답 피하기〕 ㄱ. 형태에 따라 분류하면 나선 은하에 속한다.

05 〔자료 분석 하기〕
허블의 은하 분류

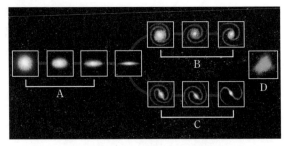

- A: 타원 은하 → 편평도에 따라 E0~E7까지 세분한다.
- B: 정상 나선 은하 → 중심핵에서 나선팔이 직접 뻗어 나온다.
- C: 막대 나선 은하 → 막대 구조의 양 끝에서 나선팔이 뻗어 나온다.
- D: 불규칙 은하 → 일정한 모양이나 규칙적인 구조가 없다.

ㄴ. 정상 나선 은하(B)와 막대 나선 은하(C)를 나누는 기준은 막대 구조의 유무이다.
ㄷ. D는 일정한 모양을 갖고 있지 않는 불규칙 은하로, 타원 은하(A)에 비해 성간 물질을 많이 포함한다.
〔오답 피하기〕 ㄱ. A는 타원 은하로, 타원체의 납작한 정도(편평도)에 따라 E0에서 E7까지 세분할 수 있다.

06 허블의 분류 체계로 분류하기 어려운 은하를 특이 은하라고 한다. 특이 은하에는 세이퍼트은하, 퀘이사, 전파 은하 등이 있다.

07 ①은 초신성 잔해, ②는 정상 나선 은하, ③은 퀘이사, ④는 전파 은하, ⑤는 막대 나선 은하이다.
④ 중심핵과 로브가 제트로 연결되어 있는 은하는 전파 은하이다. 전파 은하는 전파 영역에서 매우 강한 복사를 방출하는 은하이다.

08 ㄱ, ㄴ. 퀘이사는 초기 우주에서 형성된 천체로, 매우 멀리 있어 스펙트럼에서 적색 편이가 크게 나타난다.
ㄷ. 퀘이사에서 방출되는 에너지는 보통 은하의 수백 배나 되지만 에너지가 방출되는 영역의 크기는 매우 작다. 이렇게 작은 공간에서 많은 에너지를 내고 있는 것으로 보아 퀘이사의 중심에 질량이 매우 큰 블랙홀이 있는 것으로 추정된다.

◆ 개념 더하기

퀘이사
- 퀘이사의 적색 편이를 이용하여 구한 후퇴 속도는 광속의 0.1~0.82배이다. → 퀘이사가 매우 먼 거리에 있다.
- 대부분의 퀘이사는 우주의 생성 초기에 만들어진 것이고, 가장 멀리 있는 퀘이사는 우주가 탄생한 후 약 8억 년 무렵에 형성된 것이다.
- 퀘이사의 에너지는 매우 좁은 공간에서 방출되고 있다. → 중심부에 거대 블랙홀이 있을 것으로 추정된다.

09 ㄴ, ㄷ. 세이퍼트은하는 보통의 은하들에 비하여 중심핵이 아주 밝고, 스펙트럼에서 넓은 방출선이 나타나는 은하를 말한다. 대부분 나선 은하로 관측되며, 중심부에 블랙홀이 있을 것으로 추정된다.

[오답 피하기] ㄱ. 우주 탄생 초기에 생성된 천체는 매우 큰 적색 편이가 나타나는 퀘이사이다.

10 [예시 답안] 별의 크기보다 별 사이의 공간이 크기 때문이다.

채점 기준	배점(%)
별의 크기와 별 사이의 공간을 비교하여 옳게 설명한 경우	100
별의 크기와 별 사이의 공간을 비교하지 않고 설명한 경우	50

18 빅뱅 우주론과 암흑 에너지

확인 문제 ├216~218 쪽┤
1 허블 법칙　**2** 우주 배경 복사　**3** 급팽창　**4** 가속
5 암흑 물질　**6** 암흑 에너지

01 멀리 있는 은하일수록 더 빨리 멀어지는 것으로 관측된다. 즉, 외부 은하의 후퇴 속도는 외부 은하까지의 거리에 비례하는데, 이를 허블 법칙이라고 한다.

02 과거 고온의 우주에서 형성된 복사가 현재 약 2.7 K 우주 배경 복사로 관측되었고, 수소와 헬륨의 질량비가 약 3 : 1임이 확인되면서 빅뱅 우주론이 옳다는 것이 증명되었다.

03 빅뱅 우주론은 우주 배경 복사가 발견된 이후 많은 과학자들에게 지지를 받았지만 지평선 문제, 편평성 문제, 자기 홀극 문제 등 몇 가지 해결하지 못한 점이 있었다. 1979년에 구스는 우주가 탄생한 직후, 빛보다 빠른 속도로 팽창하였다는 급팽창 이론을 제시하여 빅뱅 우주론의 문제점을 해결하였다.

04 Ia형 초신성의 거리를 측정한 결과, 우주 팽창 속도가 일정하다고 가정했을 때의 예상 위치보다 더 먼 거리에 위치하고 있음이 확인되었다. 이를 바탕으로 우주가 가속 팽창하고 있다는 사실을 알아냈다.

05 우리은하 내의 별들과 외부 은하의 운동을 관측해 보면 예상보다 훨씬 큰 중력의 영향을 받고 있다는 것을 알 수 있다. 즉, 관측되지는 않지만 분명히 존재하는 암흑 물질이 있다는 것을 추론할 수 있다.

06 암흑 에너지는 우주에 널리 퍼져 있으며, 척력으로 작용하여 우주를 가속 팽창시키는 역할을 한다.

개념을 다지는 기본 문제　219~221 쪽

01 ④	02 ①	03 해설 참조	04 ⑤	05 ③	06 ②	07 ②
08 ③	09 ③	10 ④	11 해설 참조	12 ④	13 ④	14 ②
15 ②						

01 ④ 멀리 있는 외부 은하의 스펙트럼을 분석하여 적색 편이량을 측정하면 후퇴 속도를 알아낼 수 있다. 은하의 후퇴 속도를 v, 관측된 흡수선의 적색 편이량을 $\Delta\lambda$, 고유 파장을 λ_0라고 할 때, $v = c \times \dfrac{\Delta\lambda}{\lambda_0}$ (c: 빛의 속도, 3×10^5 km/s)가 성립한다.

02 ㄱ. 스펙트럼에 나타난 흡수선의 파장이 (가)보다 (나)에서 길어졌다. 따라서 적색 편이량은 (가)보다 (나)가 크다.

[오답 피하기] ㄴ. 후퇴 속도는 적색 편이량에 비례하므로 (나)가 (가)보다 빠르다.

ㄷ. 허블 법칙에 따르면 멀리 있는 은하일수록 더 빨리 멀어진다. 후퇴 속도가 (나)가 더 크므로 우리은하로부터의 거리도 (가)보다 (나)가 멀다.

03 [예시 답안] 후퇴 속도(v)＝빛의 속도×$\dfrac{\Delta\lambda}{\lambda_0}$＝$3 \times 10^5$ km/s×0.01 ＝3000 km/s이다. 허블 상수(H)＝$\dfrac{후퇴 속도}{거리}$＝$\dfrac{3000\ \text{km/s}}{50\ \text{Mpc}}$≒ 60 km/s/Mpc이다.

채점 기준	배점(%)
후퇴 속도와 허블 상수를 구하는 과정을 옳게 설명한 경우	100
후퇴 속도와 허블 상수를 구하는 과정 중 1가지만 옳게 설명한 경우	50

04 [자료 분석 하기]

허블 법칙

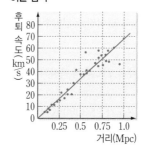

- 허블 법칙: 후퇴 속도(v)＝허블 상수(H)·거리(r)
- 후퇴 속도는 거리에 비례한다. ➡ 거리가 먼 은하일수록 후퇴 속도가 빠르다.

ㄱ. 그래프에서 기울기는 거리에 따른 후퇴 속도의 크기를 나타내므로 허블 상수에 해당한다.

ㄴ. 은하의 거리와 후퇴 속도는 비례하므로, 거리가 먼 은하일수록 후퇴 속도가 빠르다.

ㄷ. 그래프에서 1 Mpc 거리에 위치한 은하의 후퇴 속도가 약 70 km/s이므로 5 Mpc 거리에 위치한 은하의 후퇴 속도는 약 350 km/s이다.

05 ㄷ. 허블 법칙에 따르면 후퇴 속도가 클수록 거리가 멀다. 또한 후퇴 속도는 적색 편이량에 비례하므로 적색 편이량이 클수록 멀리 있는 은하라고 할 수 있다. 따라서 가장 멀리 있는 은하는 (다)이다.

[오답 피하기] ㄱ. (가)는 (나)보다 거리가 먼 은하이므로 적색 편이량이 (나)보다 크다.

ㄴ. (나)는 (다)보다 적색 편이량이 작으므로 후퇴 속도는 (다)보다 작다.

06 ㄴ. 허블 법칙으로부터 멀리 있는 은하일수록 더 빨리 멀어진다는 사실을 알 수 있다.

[오답 피하기] ㄱ, ㄷ. 우주에는 특별한 중심이 없기 때문에 어느 위치에서 관측하더라도 허블 법칙이 성립한다. 따라서 외부 은하에서 우리은하를 관측하더라도 적색 편이가 나타난다.

07 ② 그림에서 우주가 팽창하더라도 밀도는 일정하게 유지되고 있다. 따라서 이 우주론은 정상 우주론이며, 이 우주론에서는 우주가 팽창하면서 생겨난 공간에 새로운 물질이 꾸준하게 만들어지므로 질량이 증가한다고 설명한다.

[오답 피하기] ①, ③, ④, ⑤ 정상 우주론에서는 우주가 팽창하여도 우주의 온도와 밀도는 항상 일정하다고 한다. 또한 우주는 원래부터 존재하였기 때문에 앞으로도 영원하다고 주장한다.

08 ㄴ, ㄷ. 빅뱅 우주론에서는 대폭발로 우주가 탄생하였으며 우주가 팽창함에 따라 우주의 크기와 나이는 점점 증가한다고 주장한다.

[오답 피하기] ㄱ, ㄹ. 빅뱅 우주론에 따르면 우주가 팽창함에 따라 우주의 밀도와 우주 배경 복사 온도는 점점 낮아진다.

09 ㄷ. 풍선이 팽창할 때 풍선 표면의 어느 지점을 기준으로 하더라도 동전이 멀어지는 현상이 관측된다. 따라서 풍선 표면에서 팽창의 중심은 존재하지 않는다.

[오답 피하기] ㄱ. 풍선 모형에서 우주는 풍선 표면에 해당하고 동전은 은하에 해당한다.

ㄴ. 풍선이 부풀어 오를 때 멀리 떨어진 동전일수록 더 빨리 멀어진다.

10 ㄱ. 우주 배경 복사의 세기는 약 2.7 K 흑체 복사와 거의 일치한다.

ㄴ. 우주 배경 복사는 우주의 온도가 약 3000 K이었을 때 형성된 복사로, 우주가 팽창함에 따라 파장이 길어져 현재는 약 2.7 K에 해당하는 복사로 관측된다.

[오답 피하기] ㄷ. 우주 배경 복사는 하늘의 모든 방향에서 거의 균일한 세기로 관측된다.

⊕ 개념 더하기

우주 배경 복사의 발견
- 1964년 미국의 펜지어스와 윌슨은 위성 통신용 수신 안테나에 생기는 잡음을 연구하던 중 하늘의 모든 방향에서 오는 약 7 cm 파장의 마이크로파를 발견하였다.
- 이후 이 복사가 가모프 등이 예견하였던 우주 배경 복사라는 것이 밝혀졌고, 빅뱅 우주론을 지지하는 중요한 증거가 되었다.

11 현재 우주 전역에서 약 2.7 K에 해당하는 복사가 관측되며, 이는 초기 우주 배경 복사가 냉각된 것이다.

예시 답안 2.7 K 우주 배경 복사의 존재와 우주에 존재하는 수소와 헬륨의 질량비(약 3 : 1)이다.

채점 기준	배점(%)
빅뱅 우주론의 증거 2가지를 모두 옳게 설명한 경우	100
빅뱅 우주론의 증거 2가지 중 1가지만 옳게 설명한 경우	50

12 (가)는 현재까지 우주에서 자기 홀극이 발견되지 않은 문제점, (나)는 우주 배경 복사가 균질하게 관측되는 까닭과 관련된 문제점, (다)는 우주의 밀도가 특정한 값을 가져야만 하는 까닭과 관련된 문제점이다. 따라서 (가)는 자기 홀극 문제, (나)는 지평선 문제, (다)는 편평성 문제이다.

13 ㄱ. 급팽창 이론은 빅뱅 직후에 매우 짧은 시간 동안 우주의 크기가 급격히 팽창했다는 이론이다.

ㄴ, ㄷ. 급팽창 이전에는 우주의 크기가 매우 작아 충분히 상호 작용할 수 있었고, 급팽창 이후에는 우주가 거의 완전하게 평탄해졌다고 주장한다.

[오답 피하기] ㄹ. 급팽창 직후 우주를 구성하는 기본 입자들이 생성되기 시작했으며, 우주 배경 복사는 우주 나이 약 38만 년일 때 형성되었다.

14 ㄷ. C는 보통 물질(별, 은하 등)로 전자기파와 상호 작용하기 때문에 이를 통해 확인할 수 있다.

[오답 피하기] ㄱ. A는 암흑 에너지이다. 암흑 에너지는 중력과 반대로 작용하며, 진공에서 발생한 에너지로 추정하고 있다.

ㄴ. B는 암흑 물질이다. 암흑 물질은 천체의 운동에 미치는 중력 효과에 의해 그 존재를 확인할 수 있다.

15 ㄴ. 우주의 밀도가 임계 밀도와 같을 때 평탄 우주, 우주의 밀도가 임계 밀도보다 작으면 열린 우주, 우주의 밀도가 임계 밀도보다 크면 닫힌 우주가 된다.

[오답 피하기] ㄱ, ㄷ. A는 가속 팽창 우주 모형으로, 앞으로 우주는 A와 같이 팽창할 것으로 예상된다.

⊕ 개념 더하기

우주의 곡률

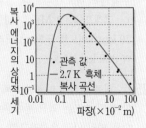

(가)   (나)   (다)

(가) 열린 우주: 우주의 밀도＜임계 밀도 ➡ 우주 공간이 바깥으로 휜다. ➡ 계속 팽창한다.

(나) 평탄 우주: 우주의 밀도＝임계 밀도 ➡ 열린 우주와 닫힌 우주의 중간 상태를 유지한다. ➡ 팽창 속도가 계속 느려지지만 팽창이 완전히 멈추지는 않는다.

(다) 닫힌 우주: 우주의 밀도＞임계 밀도 ➡ 우주 공간이 공처럼 안으로 휜다. ➡ 팽창 속도가 점점 감소하다가 결국에는 수축한다.

224~227쪽

실력을 올리는 실전 문제

01 ⑤	02 ①	03 ①	04 ③	05 ④
06 ③	07 ②	08 ③	09 ④	10 ②
11 ③	12 ④	13 ⑤	14 ③	

1등급을 굳히는 고난도 문제

15 ③	16 ③

01 자료 분석 하기

허블의 외부 은하 분류

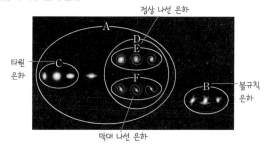

• 은하의 구성 물질

구분	타원 은하(C)	나선 은하(D)	불규칙 은하(B)
별	주로 늙은 별	젊은 별~늙은 별	주로 젊은 별
성간 물질	적음.	나선팔에 많음.	많음.

ㄷ. C는 타원 은하로 성간 물질이 매우 적은 편이다. D는 나선 은하로 은하 원반에 성간 물질이 많이 분포한다.

ㄹ. E는 정상 나선 은하, F는 막대 나선 은하이며, 두 은하를 구분하는 기준은 막대 구조의 유무이다.

[오답 피하기] ㄱ. A는 일정한 모양이 있는 은하, B는 일정한 모양이 없는 불규칙 은하이다. 따라서 A와 B를 구분하는 기준은 모양의 규칙성이다.

ㄴ. B는 규칙적인 구조가 없는 불규칙 은하로, 나이가 적은 별들이 많이 포함되어 있다.

02 ㄱ. (가)는 타원 은하로, 나선팔이 없고 타원 모양이다.

[오답 피하기] ㄴ. (나)는 나선 은하로, 젊은 별은 주로 나선팔에 분포하고, 늙은 별은 중심부와 헤일로에 분포한다.

ㄷ. 성간 물질이 차지하는 비율이 가장 적은 은하는 타원 은하 (가)이다. (다)는 성간 물질이 비교적 많이 분포하기 때문에 젊은 별이 많이 존재한다.

03 ㄱ. (가)는 막대 나선 은하, (나)는 정상 나선 은하, (다)는 불규칙 은하이다. 우리은하는 막대 나선 은하이므로 (가)와 비슷한 구조를 갖고 있다.

[오답 피하기] ㄴ. (나)는 정상 나선 은하로, 나선팔에 성간 물질이 많이 분포하며 젊은 별과 늙은 별이 모두 존재한다.

ㄷ. 규모가 매우 큰 거대 은하들은 대부분 타원 은하의 형태를 갖는다.

04 ㄷ. 로브와 제트는 (나)의 전파 영상에서 잘 관측된다.

[오답 피하기] ㄱ, ㄴ. 이 은하는 일반 은하에 비해 전파 영역에서 매우 높은 에너지를 방출하는 전파 은하이다. 전파 은하에서는 (나)와 같이 중심부를 기준으로 강력한 물질의 흐름인 제트와 로브가 대칭적으로 관측된다.

05 ㄴ, ㄷ. 세이퍼트은하에서는 일반 은하에 비해 아주 밝은 핵과 넓은 방출선 스펙트럼이 나타나며, 은하의 중심부에 블랙홀이 있을 것으로 추정하고 있다.

[오답 피하기] ㄱ. 이 은하는 세이퍼트은하이다.

⊕ 개념 더하기

세이퍼트은하

• 대부분 나선 은하의 형태로 관측되며, 전체 나선 은하들 중 약 1~2 %가 세이퍼트은하에 해당한다.

• 다른 나선 은하에 비해 중심핵이 매우 밝고, 스펙트럼에 넓은 방출선을 보인다. → 은하 내부의 성운이 매우 빠른 속도로 움직이고 있음을 알 수 있다. 이는 은하의 중심부에 질량이 매우 큰 물체가 있다는 것을 의미하기 때문에 세이퍼트은하의 중심부에는 거대한 블랙홀이 있을 것으로 추정하고 있다.

06 ㄱ. 퀘이사의 스펙트럼에 나타난 수소 흡수선에서 X만큼 적색 편이가 나타난다.

ㄷ. 적색 편이가 매우 크므로 퀘이사 3C 273은 매우 빠르게 멀어지고 있다는 것을 알 수 있다.

[오답 피하기] ㄴ. 스펙트럼에 나타난 어두운 선 스펙트럼은 수소 흡수선이다.

07 ㄴ. 후퇴 속도는 ㉡이 ㉠의 2배이므로 A 은하로부터의 거리도 ㉡이 ㉠의 2배이다.

[오답 피하기] ㄱ. 다른 은하에서 관측하더라도 A 은하에서 관측된 현상과 동일한 결과가 나오므로 A 은하를 우주의 중심이라고 할 수 없다.

ㄷ. 우주의 팽창으로 은하들이 서로 멀어지고 있으므로 ㉣에서 ㉢을 관측하면 적색 편이가 나타난다.

08 ㄱ. 풍선 표면은 우주 공간을, 스티커는 은하들을 나타낸다.

ㄴ. 풍선 모형실험을 통해 풍선이 팽창할 때 두 스티커 사이의 거리가 멀수록 더 빨리 멀어지는 허블 법칙을 확인할 수 있다.

[오답 피하기] ㄷ. 풍선의 내부 공간은 고려할 필요가 없으며, 팽창의 중심은 정할 수 없다.

09 ㄴ, ㄷ. (가)는 빅뱅 우주론, (나)는 정상 우주론이다. (가)와 (나)에서 모두 우주가 팽창하므로 멀리 있는 은하의 적색 편이가 관측되지만 우주 배경 복사는 빅뱅 우주론에서만 설명 가능한 현상이다.

[오답 피하기] ㄱ. (가)의 빅뱅 우주론에서는 우주가 팽창함에 따라 우주의 밀도가 감소한다.

10 ㄴ. (나)로부터 우주 배경 복사가 방향에 따라 매우 미세한 차이가 있다는 것을 알 수 있다. 이를 이용하여 초기 우주의 밀도 분포를 추정할 수 있다.

[오답 피하기] ㄱ. 초기 우주에서 형성된 고온의 복사 에너지가 우주의 팽창으로 현재는 약 2.7 K의 우주 배경 복사로 관측된다. 따라서 저온의 우주 배경 복사는 전파 영역에서 관측된다.

ㄷ. 우주에 존재하는 수소와 헬륨의 질량비는 별과 은하들의 스펙트럼 분석을 통해 확인할 수 있다.

11 자료 분석 하기

우주 배경 복사

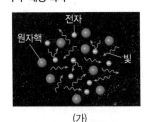 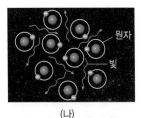

(가)　　　　　(나)

• (가): 우주 나이 38만 년 이전에는 온도가 높아 원자핵과 전자가 분리되어 있었다. 이 시기에 전자는 빛(광자)을 흡수하고, 다시 방출하는 과정이 반복되어 빛이 자유롭게 진행하지 못하였다.

• (나): 우주 팽창으로 온도가 3000 K까지 낮아져 원자핵과 전자가 결합하여 중성 원자가 형성되었다. 이 시기의 빛(광자)은 우주 공간을 자유롭게 진행하여 우주 공간을 거의 균일하게 채울 수 있었으며, 오늘날 우주 배경 복사로 관측된다.

ㄷ. 우주가 팽창하면서 온도가 낮아짐에 따라 전자와 원자핵이 결합하여 원자가 생성되었다. 따라서 우주의 온도는 (나)보다 (가)에서 높다.

[오답 피하기] ㄱ. (가)일 때 생성된 빛은 전자와 상호 작용하여 쉽게 산란되어 오늘날 관측할 수 없다.

ㄴ. (나) 시기에 우주 배경 복사가 형성되었으며, 우주의 급팽창은 빅뱅 직후에 물질이 형성되기 이전에 일어났다.

12 ㄱ. 빅뱅 직후 A 시기를 전후하여 매우 짧은 시간 동안 우주는 급팽창하였다.

ㄷ. 빅뱅 이후 현재까지 우주의 크기는 계속 증가하였으므로 우주의 온도는 계속 낮아졌다.

[오답 피하기] ㄴ. 급팽창이 일어나기 이전에는 크기가 작아 상호 작용을 통해 우주가 전체적으로 균질해질 수 있었다. 급팽창 이후에는 우주의 반대편 끝에 있는 두 지점은 서로 정보를 교환할 수 없었다.

13 ㄱ. Ia형 초신성은 최대 광도가 항상 일정하므로 이를 이용하여 거리를 구할 수 있다.

ㄴ. 모델 A에서는 암흑 에너지를 고려하였으므로 우주 팽창 시 중력의 반대 방향으로 작용하는 척력을 고려하였다.

ㄷ. Ia형 초신성의 관측 자료는 암흑 에너지를 고려하지 않은 모델 B보다 암흑 에너지를 고려한 모델 A에 가깝다. 즉, 초신성의 거리가 물질(보통 물질+암흑 물질)만 고려했을 때보다 더 멀리 위치하고 있음을 알려 준다. 따라서 관측 결과를 설명하기 위해서는 중력의 반대 방향으로 작용하는 암흑 에너지를 고려해야 한다.

14 ㄱ. A는 암흑 에너지에 의해 가속 팽창하는 우주이고, B는 일정한 속도로 계속 팽창하는 우주이다. 따라서 암흑 에너지의 효과는 B보다 A에서 크다.

ㄴ. 평탄 우주에서 우주의 밀도는 임계 밀도와 같으며, 이때 우주의 팽창 속도는 점점 줄어 0에 가까워진다.

[오답 피하기] ㄷ. A, B, C 중에서 우주의 밀도는 C일 때 가장 크다. C는 우주의 밀도가 임계 밀도보다 더 큰 경우로 닫힌 우주에 해당한다.

15 고난도 문제 해결 전략

(STEP1) 출제 의도 파악하기

스펙트럼에 나타난 적색 편이와 은하까지의 거리로부터 은하의 후퇴 속도와 허블 상수를 구할 수 있는지 묻고 있다.

(STEP2) 관련 개념 모으기

❶ 후퇴 속도 구하기

➡ 흡수선의 관측 파장(λ)과 고유 파장(λ_0)을 비교하여 은하의 후퇴 속도(v)를 알 수 있다.

$$v = c \times \frac{\lambda - \lambda_0}{\lambda_0} \ (c = 3 \times 10^5 \text{ km/s})$$

❷ 허블 상수 구하기

➡ 허블 법칙으로부터 허블 상수 H를 구할 수 있다.

$$v = H \times r \ (r: \text{외부 은하의 거리})$$
$$\therefore H = \frac{v}{r}$$

ㄱ. 은하 X의 적색 편이량 $\Delta\lambda = \lambda - \lambda_0 = 200$ Å이고, 고유 파장이 4000 Å이므로 X는 광속 $\times \frac{1}{20} = 15000$ km/s의 속도로 멀어진다.

ㄷ. 광속의 $\frac{1}{10}$ 배($= 30000$ km/s)로 멀어지는 천체의 후퇴 속도는 은하 X의 후퇴 속도의 2배에 해당하므로 거리도 2배이다. 따라서 이 천체의 거리는 약 600 Mpc이다.

[오답 피하기] ㄴ. 허블 법칙을 이용하여 허블 상수 H를 구하면,

$$H = \frac{15000 \text{ km/s}}{300 \text{ Mpc}} = 50 \text{ km/s/Mpc} \text{이다.}$$

16 고난도 문제 해결 전략

(STEP1) 출제 의도 파악하기

우주의 구성 요소의 변화를 우주 팽창과 관련지어 이해할 수 있는지 묻고 있다.

(STEP2) 자료 분석하기

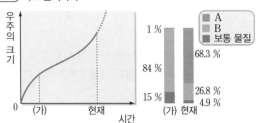

• (가) 시기에는 B의 비율이 가장 컸고, 현재는 A의 비율이 가장 크다.
➡ A는 암흑 에너지이고, B는 암흑 물질이다.

• (가) 시기에는 감속 팽창하였고, 현재는 가속 팽창하고 있다. 따라서 (가) 시기에는 물질(암흑 물질과 보통 물질)에 의한 중력 효과가 우세하였고, 현재는 암흑 에너지에 의한 척력 효과가 우세하다.

STEP 3 관련 개념 모으기

❶ 암흑 에너지

➡ 우주 안에 있는 모든 물질들은 중력을 유발하기 때문에 만약 우주를 팽창시키는 어떤 에너지가 없다면 우주 물질들의 중력에 의해 수축하거나 팽창 속도가 감소해야만 한다. 하지만 최근의 관측 결과 현재의 우주는 가속 팽창한다. 과학자들은 척력으로 작용해 우주를 가속 팽창시키는 역할을 하는 것을 암흑 에너지라고 한다.

❷ 암흑 물질

➡ 전자기파와 상호 작용하지 않기 때문에 전자기파로 관측할 수 없고, 중력적인 방법으로만 그 존재를 추정할 수 있는 물질을 암흑 물질이라고 한다.

ㄷ. 우주가 팽창함에 따라 점차 암흑 에너지 효과가 상대적으로 커지기 때문에 우주 구성 요소에서 암흑 에너지의 비율이 증가할 것이다.

[오답 피하기] ㄱ. A는 암흑 에너지이며, 현재 관측을 통해 확인할 수 있는 방법이 없으며, 존재 가능성만 추론하고 있다. 중력 렌즈 현상을 관측하여 그 존재를 확인할 수 있는 것은 암흑 물질(B)이다.

ㄴ. 암흑 물질(B)은 현재와 (가) 시기에 거의 같은 양이 존재하지만, 시간이 흐를수록 암흑 에너지가 차지하는 비중이 많아지고 있다.

핵심 정리 Ⅵ **단원 마무리**

228쪽

1 타원 **2** 나선팔 **3** 막대 **4** 퀘이사 **5** 방출선 **6** 충돌 **7** 멀어 **8** 우주 배경 복사 **9** 자기 홀극 **10** 암흑 물질 **11** 닫힌 우주

실력 점검 Ⅵ **단원 평가 문제**

229~231쪽

01 ①	02 ④	03 ②	04 ②
05 세이퍼트은하		06 ④	07 ①	08 ③
09 ⑤	10 ④	11 ⑤	12 ②

1등급을 완성하는 서술형 문제

13~15 해설 참조

01 ① (가)는 나선팔이 없고, 타원 모양인 타원 은하이다.

[오답 피하기] ② 은하의 모양과 진화 사이에는 관련성이 없다.

③ (나)는 막대 구조의 유무에 따라 다시 정상 나선 은하와 막대 나선 은하로 나누어진다.

④, ⑤ (다)는 불규칙 은하로 일정한 모양이 없으며, 주로 젊은 별들로 이루어져 있다.

---

02 ㄴ. 우리은하와 비슷한 구조의 은하는 (나) 막대 나선 은하이다.

ㄷ. 나이가 많은 별들의 비율은 타원 은하인 (가)가 막대 나선 은하인 (나)보다 높다.

[오답 피하기] ㄱ. (나) 막대 나선 은하의 중심부에는 팽대부와 막대 구조가 존재한다.

03 ㄷ. 퀘이사는 매우 멀리 있는 천체로, 스펙트럼의 적색 편이가 매우 크게 나타난다.

[오답 피하기] ㄱ. 퀘이사는 초기 우주에서 형성된 은하로 추론하고 있다.

ㄴ. 퀘이사는 별처럼 보이지만 방출하는 에너지양은 우리은하의 수백~수천 배에 이른다.

04 ㄴ. 은하의 중심핵에서 제트가 분출하고 있는 모습이 뚜렷하게 관측된다.

[오답 피하기] ㄱ. 이 은하는 로브와 제트가 발달한 전파 은하에 해당한다.

ㄷ. 양쪽의 둥근 돌출부인 로브는 가시광선 영상보다 전파 영상에서 잘 나타난다.

⊕ 개념 더하기

전파 은하

(가) 가시광선 영상　　　(나) 가시광선과 전파의 합성 영상

• (가): 규모가 큰 거대 타원 은하처럼 보인다.

• (나): 중심핵 양쪽에 강력한 전파를 방출하는 로브라고 하는 둥근 돌출부와 중심핵에서 로브로 이어지는 제트가 관측된다.

05 세이퍼트은하는 강한 방출선을 내는 중심핵을 가진 나선 은하로 관측되며, 중심핵이 유난히 밝고 방출선의 폭이 매우 넓은 특징을 갖고 있다.

06 ㄴ. 두 은하가 충돌하는 과정에서 은하 내부의 성간 물질들이 서로 압축되면서 새로운 별들이 탄생할 수 있다.

ㄷ. 은하의 충돌과 병합을 거쳐 질량이 매우 큰 거대 은하가 형성될 수 있다.

[오답 피하기] ㄱ. 은하가 서로 충돌하더라도 내부에 있는 별들이 서로 충돌하는 일은 거의 없다.

07 ㄱ. 적색 편이량(=관측 파장−고유 파장)이 (가)보다 (나)에서 크므로 관측된 칼슘 H+K 흡수선의 파장은 (가)가 (나)보다 짧다.

[오답 피하기] ㄴ. 적색 편이량이 클수록 은하의 후퇴 속도가 빠르므로 후퇴 속도는 (나)가 (가)보다 빠르다.

ㄷ. 후퇴 속도가 클수록 은하까지의 거리가 멀다. 따라서 은하까지의 거리는 (나)가 (가)보다 멀다.

08 ㄱ. 그래프에서 기울기는 허블 상수에 해당한다. 따라서 허블 상수는 A가 B보다 크다.

ㄷ. 우주의 나이는 허블 상수의 역수에 해당한다. 따라서 관측 결과로 추정한 우주의 나이는 기울기가 작은 B가 A보다 많다.

[오답 피하기] ㄴ. 허블 상수는 우주의 팽창 속도를 의미한다. 따라서 우주의 팽창 속도는 허블 상수가 큰 A가 B보다 크다.

• 우주의 나이

우주가 일정한 속도로 팽창했던 것으로 가정할 때 허블 법칙으로부터 우주의 나이를 구할 수 있다.

➡ 우주의 나이 $t = \dfrac{r}{v} = \dfrac{r}{H \cdot r} = \dfrac{1}{H}$, 즉 허블 상수의 역수이다.

현재 알려진 우주의 나이는 약 138억 년이며, 이 값은 허블 상수의 역수 값과 거의 일치한다.

• 우주의 크기

관측 가능한 우주의 크기는 광속(c)으로 멀어지는 은하까지의 거리(r)에 해당한다.

➡ $c = H \cdot r$ $\quad \therefore r = \dfrac{c}{H}$

09 ㄱ, ㄴ. 빅뱅 우주론에 따르면 빅뱅으로 시작된 고온의 초기 우주가 팽창하면서 점점 식어 현재의 우주가 되었다고 한다. 따라서 이 우주론에 따르면 은하들 사이의 간격이 멀어지므로 적색 편이가 관측되어야 하며, 초기 우주에서 형성된 우주 배경 복사가 관측되어야 한다.

ㄷ. 빅뱅 우주론에서는 초기 우주에서 형성된 수소와 헬륨의 질량비가 약 3 : 1일 것으로 예측하였고, 이 값은 실제 관측 결과와 잘 일치하였다.

10 ㄱ, ㄷ. A와 B 두 방향에서 오는 우주 배경 복사는 거의 균일하다. 급팽창 이론에서는 급팽창 이전 우주의 크기가 매우 작았을 때 상호 작용을 통해 균일하게 되었다고 설명한다.

[오답 피하기] ㄴ. 현재 지평선에 위치한 A와 B 지역은 상호 작용할 수 없는 위치에 있으나, 양쪽에서 오는 우주 배경 복사는 거의 균일하다. 이 문제를 지평선 문제라고 한다.

지평선 문제

| 급팽창 이전 우주의 크기 | 급팽창 이후 우주의 크기 |

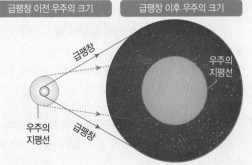

• 급팽창 이전: 우주의 크기는 지평선 영역보다 작았기 때문에 충분히 상호 작용할 수 있었다.

• 급팽창 이후: 우주의 크기가 지평선 영역보다 더 커졌으며 양쪽 끝 지점은 상호 작용할 수 없다.

11 ⑤ 현재 우주는 가속 팽창하고 있으며, 그 원인은 암흑 에너지 효과가 점점 커지기 때문인 것으로 추정하고 있다. 따라서 앞으로도 암흑 에너지 효과가 더 커짐에 따라 우주의 가속 팽창은 더 가속화될 것으로 추정한다.

[오답 피하기] ①, ②, ③, ④ 우주는 대폭발로 시작하여 현재까지 팽창하여 밀도는 점점 작아진다. 우주는 빅뱅 직후 급팽창하였고, 팽창 속도가 줄어들다가 다시 가속 팽창하고 있다.

12 ㄷ. 보통 물질 C에는 별, 행성, 은하 등이 속한다.

[오답 피하기] ㄱ. A는 암흑 에너지로, 가속 팽창의 원인으로 추정되고 있다.

ㄴ. B는 암흑 물질로, 눈에 보이지 않지만 중력적인 방법으로 그 존재를 확인할 수 있는 물질이다.

13 [예시 답안] 허블 상수는 후퇴 속도를 거리로 나눈 값이므로 외부 은하의 후퇴 속도와 거리를 알아야 한다.

채점 기준	배점(%)
후퇴 속도와 거리를 모두 옳게 설명한 경우	100
후퇴 속도와 거리 중 1가지만 설명한 경우	50

14 [예시 답안] 풍선이 부풀어 오를 때 스티커 사이의 거리가 멀어진다. 이때 풍선 표면의 어느 스티커를 기준으로 하더라도 똑같은 현상이 나타나므로 팽창의 중심이 존재하지 않는다. 이와 마찬가지로 우주 팽창의 중심도 존재하지 않는다.

채점 기준	배점(%)
스티커 사이의 거리를 포함하여 옳게 설명한 경우	100
스티커 사이의 거리에 대한 언급 없이 설명한 경우	50

15 **자료 분석 하기**

나선 은하의 회전 속도 곡선

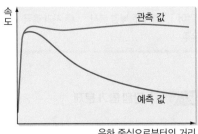

• 은하 중심으로부터 멀어질수록 속도가 줄어들 것이라고 예측하였으나, 실제 속도는 줄어들지 않는다.

• 이로부터 은하 외곽에 상당한 양의 암흑 물질이 존재함을 알 수 있다.

[예시 답안] 은하 중심에서 멀어져도 관측되는 속도값이 감소하지 않고 거의 일정한 것은 은하의 외곽에도 상당한 양의 암흑 물질이 분포하고 있기 때문이다.

채점 기준	배점(%)
관측 값과 예측 값의 차이를 암흑 물질의 존재와 연관지어 옳게 설명한 경우	100
관측 값과 예측 값의 차이에 대해 부분적으로 옳게 설명한 경우	60
암흑 물질이 존재하기 때문이라고만 설명한 경우	40

시험대비편

 10 분 TEST 문제

Ⅰ. 지권의 변동

01. 판 구조론의 정립　2쪽

01 대륙 이동설　02 ㉠ 해안선, ㉡ 화석, ㉢ 지질 구조, ㉣ 빙하　03 맨틀 대류　04 ㉠ 상승부, ㉡ 하강부　05 ○　06 ○　07 ○　08 A　09 ○　10 ×　11 ×　12 ○　13 ㉠ 해령, ㉡ 두꺼워, ㉢ 해령　14 A: 해령, B: 변환 단층

01 베게너가 대륙 이동설을 주장할 당시 증거로 제시한 것은 서로 떨어진 대륙인 남아메리카와 아프리카 대륙에서 볼 수 있는 해안선 굴곡의 유사성, 떨어진 대륙에서 유사한 분포를 보이는 고생물 화석의 분포, 서로 떨어진 대륙의 산맥 등이 연속성을 보이는 지질 구조의 연속성, 남극을 중심으로 모이는 빙하의 흔적 분포이다.

08 음파의 왕복 시간이 길게 측정되는 A에서 깊은 해저 골짜기인 해구가 나타난다.

10 암석이 생성될 때 당시의 지구 자기장 방향으로 자화된 암석 속의 자성 광물들은 이후 지구 자기장이 바뀌어도 변하지 않는다.

11 지질 시대 동안 지구 자기장의 방향은 조금씩 계속 변화해 왔다.

02. 대륙 분포의 변화와 판 이동의 원동력　3쪽

01 ㉠ 복각, ㉡ 90, ㉢ 작아　02 ○　03 ×　04 ×　05 연약권　06 하　07 상　08 상　09 하　10 수　11 발　12 수　13 보　14 보　15 ㉠ 차가운, ㉡ 낮, ㉢ 빠르다　16 열점　17 북서쪽

03 암석 속에 기록되어 있는 고지자기 복각의 연구로 알 수 있는 것은 암석 생성 당시의 위도이다.

04 유럽과 북아메리카 대륙에서 측정한 자북극의 겉보기 이동 경로가 다르게 나타난다.

06~09 맨틀 대류의 상승부에서는 해령에서 뜨거운 마그마가 분출하면서 새로운 해양 지각이 생성된다. 맨틀 대류의 하강부에서는 해구가 존재하며, 해양 지각이 맨틀 속으로 섭입하여 소멸한다.

15 플룸 하강류(차가운 플룸)는 주변보다 온도가 낮은 맨틀 물질이므로 지진파의 속도가 빠르게 나타난다.

03. 변동대와 화성암　4쪽

01 ㉠ 상승, ㉡ 감소, ㉢ 물　02 A: 온도 상승, B: 압력 감소　03 현　04 현　05 현　06 유　07 안　08 ×　09 ○　10 ○　11 ×　12 ㉠ 화산암, ㉡ 작다, ㉢ 심성암, ㉣ 크다　13 염기성암: 현무암, 반려암, 산성암: 유문암, 화강암　14 현무암 지형: 제주도, 울릉도, 한탄강 일대, 화강암 지형: 설악산, 불암산, 계룡산

03~04 현무암질 마그마는 발산형 경계인 해령에서 맨틀 물질이 상승하여 압력이 낮아지거나 판의 내부에서 지하 깊은 곳의 뜨거운 물질의 상승으로 압력이 낮아지면서 생성된다.

05 수렴형 경계인 해구에서는 섭입하는 해양판에서 물이 빠져나와 연약권에 물을 공급하여 용융점을 낮추고, 이로 인해 현무암질 마그마가 생성된다.

06 수렴형 경계의 섭입대에서 생성된 현무암질 마그마가 상승하여 대륙 지각의 하부를 가열하면 유문암질 마그마가 생성된다.

11 현무암질 마그마는 유문암질 마그마보다 점성이 작아 분출하면 순상 화산을 형성한다.

Ⅱ. 지구의 역사

04. 퇴적암과 퇴적 구조　5쪽

01 속성 작용　02 ㉠ 다짐, ㉡ 교결　03 ×　04 ○　05 ○　06 ㉡　07 ㉠　08 ㉣　09 ㉢　10 층리　11 (가) 점이 층리, (나) 연흔, (다) 사층리, (라) 건열　12 (나), (다)　13 건열　14 연흔　15 사층리　16 점이 층리　17 삼각주, 해빈, 사주, 석호, 강 하구

01 모든 종류의 퇴적암은 속성 작용을 거쳐 만들어진다.

03 속성 작용은 쇄설성 퇴적암, 화학적 퇴적암, 유기적 퇴적암에서 모두 일어난다.

04 다짐 작용을 받으면 퇴적물이 계속 쌓여 아래에 놓인 퇴적물이 압력을 받아 퇴적물 입자의 밀도가 커진다.

10 층리는 퇴적암의 가장 대표적인 특징으로, 셰일이나 사암과 같은 쇄설성 퇴적암에서 잘 나타난다.

12 정상층의 경우 점이 층리는 위로 갈수록 입자의 크기가 작아진다. 연흔은 단면에서 뾰족한 부분이 위쪽을 향한다. 사층리는 기울기가 큰 면이 위쪽을 향하며, 건열은 뾰족한 부분이 아래쪽을 향한다.

17 연안 환경은 육상 환경과 해양 환경 사이에서 퇴적물이 퇴적되는 곳으로 삼각주, 조간대, 해빈, 사주, 석호, 강 하구 등이 있다.

01 습곡 **02** 부정합 **03** 절리 **04** 단층 **05** ⊙ 배사, ⓒ 향사, ⓒ 습곡축 **06** ⊙ 정습곡, ⓒ 경사 습곡, ⓒ 횡와 습곡 **07** ⊙ 단층면, ⓒ 하반, ⓒ 상반 **08** ⊙ 장력, ⓒ 횡압력 **09** (가)-(다)-(나)-(라) **10** (가) 평행 부정합, (나) 경사 부정합, (다) 난정합 **11** ⊙ 수축, ⓒ 감소 **12** 관입

06 습곡은 습곡축면의 기울기에 따라 정습곡, 경사 습곡, 횡와 습곡으로 분류한다.

09 부정합은 상하 두 지층 사이에 퇴적 시간의 커다란 공백이 생긴 지질 구조로, 조륙 운동이나 조산 운동에 의해 퇴적 → 융기 → 침식 → 침강 → 퇴적의 과정을 거쳐 생성된다.

10 부정합면을 경계로 상하 지층이 나란한 부정합을 평행 부정합, 부정합면을 경계로 상하 지층의 경사가 다른 부정합을 경사 부정합, 부정합면 아래의 지층이 심성암이나 변성암으로 이루어진 부정합을 난정합이라고 한다.

11 (가)는 주상 절리, (나)는 판상 절리를 나타낸 것이다. 주상 절리는 용암의 급격한 냉각과 수축에 의해 기둥 모양의 절리가 생성되며, 판상 절리는 지하 깊은 곳에 있는 암석이 융기하면서 외부 압력의 감소로 판 모양의 절리가 생성된다.

12 관입암과 포획암은 지층의 생성 순서나 지구 내부를 이루고 있는 물질을 연구하는 데 이용된다.

01 관입의 법칙 **02** 부정합의 법칙 **03** 수평 퇴적의 법칙 **04** 지층 누중의 법칙 **05** 동물군 천이의 법칙 **06** × **07** ○ **08** ○ **09** ⊙ 상대 연령, ⓒ 절대 연령 **10** ⊙ (가), ⓒ 응회암 **11** A **12** 0.4억 년 **13** 1.2억 년

06 부정합면을 경계로 상하 지층의 암석 조성, 화석, 지질 구조는 크게 달라진다.

07 지층의 역전 여부는 점이 층리, 사층리, 연흔, 건열 등의 퇴적 구조나 표준 화석을 이용한다.

08 변성 작용을 받은 부분은 화성암보다 먼저 생성되었다고 판단한다.

10 건층(열쇠층)은 응회암층, 석탄층, 석회암층 등과 같이 특징이 뚜렷하고, 비교적 짧은 시간에 넓은 지역에서 생성된 지층을 사용한다.

11 화석에 의한 대비는 동일한 시대에 번성하였던 생물의 화석인 표준 화석을 이용하는 것이 가장 유리하다.

12 방사성 동위 원소의 양이 처음의 절반으로 줄어드는 데 걸리는 시간이 반감기이다.

13 반감기를 3회 거쳤으므로, 암석의 절대 연령은 0.4억 년× 3=1.2억 년이다.

01 ○ **02** ○ **03** × **04** 빙하 시추물 연구 **05** 중생대 **06** 신생대 **07** ○ **08** × **09** × **10** (가)-(다)-(나)-(라) **11** 선캄브리아 시대 **12** (가) 암모나이트, (나) 방추충, (다) 화폐석 **13** (나)-(가)-(다) **14** 고생대

03 생존 기간이 길고, 특정 환경에 제한적으로 분포할수록 시상 화석으로서의 가치가 높다.

04 빙하 시추물 속에 포함된 공기 방울로 대기 성분을 연구하거나 빙하를 이루었던 물 분자의 산소 동위 원소 비율을 조사하여 고기후를 연구한다.

07 지질 시대를 구분하는 가장 큰 단위는 누대로 시생 누대, 원생 누대, 현생 누대로 구분한다.

08 현생 누대는 생물계의 변화를 기준으로 고생대, 중생대, 신생대로 구분한다.

09 지질 시대의 상대적인 길이는 선캄브리아 시대>고생대>중생대>신생대 순이다.

13 암모나이트는 중생대, 방추충은 고생대, 화폐석은 신생대에 번성했던 생물이다.

III. 대기와 해양의 변화

01 저 **02** 고 **03** 고 **04** 저 **05** 정체성 고기압 **06** 이동성 고기압 **07** ⊙ 수증기, ⓒ 상승, ⓒ 적운형 **08** ○ **09** ○ **10** ○ **11** × **12** (라)-(나)-(가)-(다) **13** A: 한랭 전선, B: 온난 전선 **14** 적외선 영상

01~04 고기압은 중심부에 하강 기류가 있기 때문에 맑은 날씨가 나타나고, 저기압은 중심부에 상승 기류가 있기 때문에 흐린 날씨가 나타난다.

05 정체성 고기압은 고기압의 중심부가 거의 이동하지 않고 한곳에 머무르는 규모가 큰 고기압이다. 세력의 확장과 수축을 반복하면서 주변 지역에 영향을 미치며, 시베리아 고기압, 북태평양 고기압이 이에 해당한다.

06 이동성 고기압은 정체성 고기압에서 떨어져 나와 이동하면서 날씨 변화를 일으키는 작은 규모의 고기압이다. 우리나라 주변의 시베리아 고기압과 양쯔강 고기압에서 떨어져 나와 봄과 가을철 날씨에 영향을 준다.

12 찬 공기와 따뜻한 공기가 만나 정체 전선이 형성(라)되고, 파동이 생기면서 한랭 전선과 온난 전선으로 분리(나)된다. 그후 한랭 전선과 온난 전선이 발달하여 온대 저기압이 생성(가)되고, 이동 속도가 비교적 빠른 한랭 전선이 온난 전선 쪽으로 이동하여 두 전선이 겹쳐지고 폐색 전선이 형성(다)된 후 소멸한다.

09. 태풍과 날씨, 악기상 　　　　10쪽

01 A: 풍속, B: 기압　**02** 태풍의 눈　**03** 하강 기류　**04** ⊙ 27, ⓒ 열대　**05** A: 편서풍, B: 무역풍　**06** 응결열　**07** ○　**08** ○　**09** ×　**10** 국지성 호우(집중 호우)　**11** 우박　**12** 봄

01 태풍은 중심 기압이 매우 낮고, 중심과 가장자리의 기압 차이가 매우 크다.

02~03 태풍의 구름 영상을 보면, 구름이 없는 부분이 발달하는데, 이 부분은 바람이 약하게 불며, 약한 하강 기류가 있는 태풍의 눈이다.

04 태풍은 무역풍의 영향을 받아 북서 방향으로 진행하다가, 편서풍의 영향을 받아 북동쪽으로 진행한다.

07~08 태풍이 진행할 때 진행 방향의 오른쪽은 태풍의 이동 방향이 태풍 내 바람 및 대기 대순환의 풍향과 같아 풍속이 상대적으로 커서 큰 피해를 입는 지역으로 위험 반원이라고 한다. 위험 반원 지역에서는 태풍이 이동함에 따라 바람의 방향이 시계 방향으로 변한다.

09 태풍은 강한 저기압으로 세력이 약해지거나 소멸할 때 기압이 높아진다.

10. 해수의 성질 　　　　11쪽

01 비례　**02** ○　**03** ×　**04** ○　**05** A: 혼합층, B: 수온 약층, C: 심해층　**06** B　**07** 수온 약층　**08** 중위도 해역　**09** ○　**10** ×　**11** ⊙ 해수 표층, ⓒ 심해층　**12** 산소, 표층 생물의 광합성과 대기 중의 산소 용해

02 해수의 결빙이 일어나면 해수 성분 중 순수한 물만 얼기 때문에 염분이 높아진다.

03 해수에 강물의 흐름 등 담수의 유입이 일어나면 염분이 낮아진다.

06~07 해수의 연직 수온 분포에 의한 층상 구조 중에서 수온 약층은 깊이가 깊어질수록 수온이 낮아지는 안정한 층으로 해수의 연직 혼합이 일어나기 어렵다.

12 해수에 녹아 있는 산소량은 해수 표층에서 가장 높다. 해수 표층이 대기와 접해 있고, 광합성을 하는 해양 생물에 의해 산소가 공급되기 때문이다.

Ⅳ. 대기와 해양의 상호 작용

11. 해수의 순환 　　　　12쪽

01 대기 대순환　**02** 해들리 순환　**03** 태양 복사 에너지　**04** 페렐　**05** 과잉　**06** 대기 대순환　**07** 대칭　**08** 쿠로시오　**09** 조경 수역　**10** A: 해들리 순환, B: 페렐 순환, C: 극순환　**11** (가) 적도 저압대, (나) 중위도 고압대　**12** ⓒ　**13** ⊙　**14** ⓒ　**15** 남극 저층수, 남극 중층수

01 북반구와 남반구에 각각 3개의 거대한 순환 세포로 이루어진 지구 전체적인 규모의 순환이 생기는데 이를 대기 대순환이라고 한다.

03 저위도는 고위도보다 더 많은 양의 태양 복사 에너지가 들어오므로 고위도보다 지표 온도가 높다. 따라서 저위도의 따뜻한 공기는 상승하여 고위도로 이동하고, 고위도의 차가운 공기는 하강하여 저위도로 이동한다. 이동하는 공기는 지구 자전의 영향을 받아 지구 전체적인 규모의 대기의 순환이 생긴다.

06 대기 대순환으로 바람이 일정하게 계속해서 불면 표층의 해수는 바람으로부터 에너지를 얻어 일정한 방향으로 흐르는 해류를 형성한다.

08 우리나라 주변을 흐르는 난류의 근원이 되는 쿠로시오 해류는 북태평양의 서쪽에서 북상하는 따뜻한 해류이다.

09 북한 한류와 동한 난류가 만나는 동해의 중부 연안 해역은 좋은 어장이 형성되는 조경 수역을 형성한다.

11 적도 지방 (가)에는 저기압대가 발달하는데 북동 무역풍과 남동 무역풍이 수렴하여 상승 기류가 발달하는 저기압이 형성된다. 위도 30°인 (나) 지방에는 적도에서 상승한 공기가 고위도로 이동하다가 하강하므로 고기압대가 발달한다.

12 북반구의 아열대 표층 순환은 시계 방향으로 순환한다.

13 남반구의 아열대 표층 순환은 시계 반대 방향으로 순환한다.

15 밀도가 큰 해류가 가장 아래쪽에서 흐른다.

11 지구가 받는 태양 복사 에너지를 100이라고 했을 때 지구는 태양 복사 에너지의 30은 반사하고 70은 흡수하였다가 지구 복사 에너지의 형태로 다시 방출한다.

14 대기의 흡수량(152)은 태양 복사 에너지의 대기와 구름의 흡수(20)＋대류와 전도(7)＋물의 증발(23)＋지표면 복사(102) 이다.

12. 대기와 해양의 상호 작용　13쪽

01 (가) 연안 용승, (나) 연안 침강　**02** 적도 용승　**03** 고기압　**04** 저기압　**05** 영양염류　**06** 엘니뇨　**07** 워커 순환　**08** ○　**09** ×　**10** ○　**11** ×　**12** ㉠ 강화, ㉡ 강화, ㉢ 상승, ㉣ 상승　**13** 엘니뇨 남방 진동 또는 엔소(ENSO)

05 깊은 곳의 차가운 해수가 용승하면 영양염류가 풍부해지므로 플랑크톤이 번성하여 좋은 어장이 형성된다.

06 적도 부근의 남아메리카 연안으로부터 열대 태평양 중앙에 이르는 넓은 해역에 걸쳐 해수면의 온도가 0.5 ℃ 이상 높아지고, 5개월 이상 계속되는 현상을 엘니뇨라고 한다.

09 엘니뇨 발생 시 동태평양 연안에는 용승이 약화되어 수온이 상승한다.

11 엘니뇨 발생 시 서태평양에서는 강수량이 감소하여 산불이나 가뭄 발생이 증가한다.

12 라니냐 발생 시 동태평양 연안에는 용승이 강화되어 수온이 하강하고, 서태평양에서는 강수량이 증가하여 홍수나 폭우 발생이 증가한다.

13 해수면 온도 변화인 엘니뇨(라니냐)와 기압 변동인 남방 진동이 대기와 해양의 상호 작용으로 함께 일어나는 현상임이 밝혀져 엘니뇨 남방 진동 또는 엔소(ENSO)라고 한다.

13. 지구의 기후 변화　14쪽

01 지구 자전축 경사각의 변화　**02** 커　**03** 커　**04** 감소　**05** A: 여름, B: 겨울, C: 겨울, D: 여름　**06** 커진다.　**07** ×　**08** ×　**09** ㉠ 적외선, ㉡ 지표면　**10** 지구 온난화　**11** 30　**12** ㉠ 20, ㉡ 50　**13** ㉠ 50, ㉡ 94　**14** ㉠ 20, ㉡ 102

02 지구 자전축의 기울기가 커지면 여름철과 겨울철의 태양의 남중 고도 차이가 증가하여 기온의 연교차가 커진다.

04 지표면의 빙하 면적이 감소하면 지표면의 반사율이 감소하여 지구의 기온이 상승하고, 반대로 빙하 면적이 증가하면 반사율이 높아져 지구의 기온이 하강한다.

06 13000년 후 북반구 여름에는 현재보다 기온이 높아지고, 겨울에는 현재보다 기온이 낮아진다. 따라서 기온의 연교차는 커진다.

07 화석 연료의 사용으로 대기 중에 에어로졸이 많아지면 태양 복사 에너지의 반사율이 높아져 지구의 기온을 낮춘다.

08 대규모 화산 폭발 시 분출된 화산재는 성층권에 도달하여 태양 복사 에너지를 차단한다. 이때 지표에 도달하는 태양 복사

Ⅴ. 별과 외계 행성계

14. 별의 물리량과 H-R도　15쪽

01 (가) 연속 스펙트럼, (나) 방출 스펙트럼, (다) 흡수 스펙트럼　**02** 표면 온도　**03** ㉠ O형, ㉡ 파란색, ㉢ 작다　**04** A형　**05** ×　**06** ○　**07** ×　**08** H-R도　**09** ㉠ 초거성, ㉡ 적색 거성, ㉢ 주계열성, ㉣ 백색 왜성　**10** ㉠ 분광형, ㉡ G2V　**11** ㉠　**12** ㉢　**13** ㉡　**14** ㉣

03 별은 표면 온도에 따라 스펙트럼에 나타나는 흡수선의 종류와 세기를 기준으로 분광형을 7가지로 분류하는데, O형은 표면 온도가 가장 높고, M형으로 갈수록 낮아진다. 별의 표면 온도가 높을수록 최대 에너지를 방출하는 파장이 짧아져 파란색을 띠고, 색지수는 작다.

05 흑체가 단위 시간 동안 단위 면적에서 방출하는 복사 에너지 양은 표면 온도의 4제곱에 비례한다. 이를 슈테판·볼츠만 법칙이라고 한다.

07 별의 광도를 L, 별의 표면 온도를 T, 별의 반지름을 R라고 할 때,

$$L=4\pi R^2 \cdot \sigma T^4, \; R=\sqrt{\frac{L}{4\pi \cdot \sigma T^4}}$$ (단, σ는 상수)이다. 따라서 광도가 같다면 표면 온도가 높을수록 반지름이 작다.

15. 별의 진화와 내부 구조　16쪽

01 온도가 낮고, 밀도가 높은 곳　**02** ㉠ 1000만, ㉡ 수소　**03** ○　**04** ○　**05** ×　**06** ×　**07** 행성상 성운　**08** (가) 초거성, (나) 블랙홀　**09** 중력 수축 에너지　**10** ㉠ 4, ㉡ 1, ㉢ 질량　**11** ㉠ 낮은, ㉡ 높은　**12** ㉠ 대류층, ㉡ 복사층, ㉢ 대류핵　**13** ㉠ 탄소(C), ㉡ 철(Fe)

05 별의 중심핵을 둘러싼 외곽 수소층에서 수소 핵융합 반응이 일어나면 별이 팽창하면서 반지름과 광도가 커지고 표면 온도가 낮아져 거성이 된다.

06 태양은 적색 거성으로 진화하였다가 행성상 성운이 만들어지고 진화 마지막 단계에서 백색 왜성이 된다. 태양보다 질량이 매우 큰 별은 진화 마지막 단계에서 초신성 폭발이 일어나 중성자별 또는 블랙홀이 된다.

10 주계열성은 수소 핵융합 반응으로 에너지를 생성하여 빛을 낸다. 수소 핵융합 반응은 4개의 수소 원자핵이 융합하여 1개의 헬륨 원자핵을 만드는 반응으로, 핵융합 반응 과정에서 줄어든 질량만큼 질량·에너지 등가 원리에 의해 에너지로 전환된다.

12 태양 질량의 2배 이하인 별은 중심부터 핵 - 복사층 - 대류층으로 이루어져 있고, 태양 질량의 2배 이상인 별은 중심부터 대류핵 - 복사층으로 이루어져 있다.

13 적색 거성의 중심부에서는 헬륨 핵융합 반응까지 일어나 탄소로 이루어진 중심핵이 만들어지고, 초거성의 중심부에서는 더 많은 핵융합 반응을 거쳐 최종적으로 철로 이루어진 중심핵이 만들어진다.

---

16. 외계 행성계와 생명체 탐사   17쪽

01 ㉠ 외계 행성, ㉡ 외계 행성계   **02** ㉣   **03** ㉠   **04** ㉡   **05** ㉢   **06** ×   **07** ○   **08** ×   **09** ×   **10** ○   **11** ×   **12** ×   **13** 생명 가능 지대   **14** ㉠ 먼, ㉡ 넓어   **15** ×   **16** ○   **17** ×

---

06 중심별이 지구로 접근할 때는 별빛의 파장이 짧아지므로 스펙트럼에서 흡수선이 파란색 쪽으로 이동하는 청색 편이가 나타난다.

08 미세 중력 렌즈 현상을 이용한 탐사는 행성의 공전 궤도면과 관측자의 시선 방향이 나란하지 않아도 행성을 발견할 수 있다.

09 행성은 별에 비해 크기가 작고 스스로 빛을 내지 않아 매우 어둡기 때문에 외계 행성을 직접 관측하는 것은 비교적 어렵다.

11 식 현상에 의해 발견된 외계 행성은 대부분 공전 궤도 반지름이 작다.

12 질량이 작은 외계 행성들은 주로 중심별로부터 가까운 곳에서 발견된다.

15 중심별의 질량이 너무 크면 별의 수명이 짧기 때문에 행성에서 생명체가 탄생하고 진화할 시간이 부족하다.

16 자기장은 우주에서 날아오는 유해한 우주선이나 고에너지 입자를 차단한다.

17 대기압이 적절해야 온실 효과에 의해 행성의 온도를 알맞게 유지할 수 있다.

VI. 외부 은하와 우주 팽창

17. 외부 은하   18쪽

01 ㉣   **02** ㉠   **03** ㉡   **04** ㉢   **05** (가) 정상 나선 은하, (나) 타원 은하, (다) 불규칙 은하   **06** ×   **07** ○   **08** ○   **09** ×   **10** ㉡   **11** ㉠   **12** ㉢   **13** (가) 퀘이사, (나) 세이퍼트은하, (다) 전파 은하   **14** ㉠ 넓은, ㉡ 빠른   **15** 충돌 은하

---

01 타원 은하는 매끄러운 타원 모양이고 나선팔이 없는 은하로, 편평도에 따라 E0~E7로 세분할 수 있다.

06 타원 은하는 성간 물질이 거의 없으며, 주로 나이가 많은 별들로 이루어져 있다.

09 불규칙 은하는 많은 양의 성간 물질을 포함하고, 주로 나이가 적은 별들로 이루어져 있다.

14 세이퍼트은하는 일반 은하에 비해 중심핵이 유난히 밝고 스펙트럼에서 폭넓은 방출선이 관측된다. 방출선은 이 은하의 중심핵 부근에 뜨거운 성운이 있다는 것을 뜻하며, 방출선의 폭이 넓다는 것은 이 성운이 빠른 속도로 회전하고 있다는 것을 의미한다.

---

18. 빅뱅 우주론과 암흑 에너지   19쪽

01 스펙트럼의 적색 편이량   **02** 허블 상수   **03** 비례 관계   **04** 약 140 km/s   **05** (가) 정상 우주론, (나) 빅뱅 우주론   **06** 우주 배경 복사   **07** 우주 배경 복사, 수소와 헬륨의 질량비   **08** ㉡   **09** ㉢   **10** ㉠   **11** 급팽창 이론   **12** 가속   **13** A: 암흑 에너지, B: 암흑 물질, C: 보통 물질   **14** (다)

---

04 은하의 후퇴 속도는 거리에 비례한다. 거리가 1 Mpc인 은하의 후퇴 속도가 약 70 km/s이므로 거리가 2 Mpc인 은하의 후퇴 속도는 약 140 km/s이다.

07 빅뱅 우주론은 온도와 밀도가 매우 높은 한 점에서 빅뱅(대폭발)이 일어나 우주가 형성되었다는 이론이다. 2.7 K 우주 배경 복사와 우주에 존재하는 가벼운 원소의 비율(수소 : 헬륨 = 약 3 : 1)은 빅뱅 우주론을 지지하는 강력한 증거이다.

12 Ia형 초신성의 적색 편이 값과 밝기를 관측한 결과, Ia형 초신성까지의 거리가 예상보다 멀게 나타났다. 이를 통해 현재 우주는 가속 팽창하고 있음을 알아내었다.

14 (가)는 가속 팽창 우주, (나)는 열린 우주, (다)는 평탄 우주, (라)는 닫힌 우주이다. 평탄 우주는 우주의 밀도가 임계 밀도와 같으며, 팽창 속도가 계속 느려지지만 팽창이 완전히 멈추지는 않는다.

Ⅰ. 지권의 변동　　　　　　　　　　20~22쪽

01 ⑤　02 ②　03 ①　04 ⑤　05 ③　06 ②　07 해설 참조　08 A:
보존형 경계, B: 발산형 경계, C: 수렴형 경계　09 ②　10 A: ㉡, B:
㉢, C: ㉠　11 ②　12 ④　13 ③

01 ㄱ. 여러 대륙에 흩어져 분포하는 고생대 말 빙하의 이동 방향
을 역으로 추적하면 빙하가 남극을 중심으로 모인다.
　ㄴ. 북아메리카 대륙과 영국, 스칸디나비아 반도 등에 분포하
는 고생대 말 습곡 산맥에 나타나는 암석과 지질 구조가 연속
적으로 이어진다.
　ㄷ. (가)의 고생대 말 빙하의 흔적 분포와 (나)의 고생대 말 습
곡 산맥 분포는 하나의 대륙이 분리되어 이동했다는 증거가
된다.

◆ 개념 더하기

베게너가 제시한 대륙 이동설의 증거
• 남아메리카 대륙과 아프리카 대륙 해안선 모양이 비슷하다.
• 떨어진 두 대륙에서 같은 종류의 화석이 발견된다.
• 여러 대륙의 지질 구조에서 연속성이 나타난다.
• 빙하 퇴적층 분포와 이동 흔적을 조사해보면 빙하의 중심이 과거에
　남극이었다.

02 ㄴ. 발산형 경계인 해령에서는 마그마의 분출에 의해 새로운
해양 지각이 생성된다.
　[오답 피하기] ㄱ. A에는 심해저의 좁고 깊은 골짜기인 해구가,
B에는 해저에서 높이 솟아 있는 해저 산맥인 해령이 발달해
있다. 따라서 ㉠은 B 해역의 수심 분포를 나타낸 것이다.
　ㄷ. 음파의 속도를 v, 음파의 왕복 시간을 t라고 할 때, 수심(d)
$=\frac{1}{2}vt$이다. 해수에서 음파의 속도는 약 1500 m/s이고, P
의 수심은 약 7500 m이므로 7500 m$=\frac{1}{2}\times1500$ m/s$\times t$
이다. 따라서 P에서는 탐사선에서 발사한 음파가 해저면에 반
사되어 되돌아오는 데 걸리는 시간이 약 10초이다.

03 ㄱ. 같은 시간 동안에 해령에서 생성된 해양 지각이 이동한 거
리는 (다) → (나) → (가) 순으로 길다. 따라서 해저 확장 속도
가 가장 빠른 것은 (가)이다.
　[오답 피하기] ㄴ. 해저 확장 속도가 매우 빠르게 나타나는 해령
에서는 열곡이 존재하지 않는 경우가 많으며 해령의 정상부가
솟아 있다. 이에 반해 해저 확장 속도가 비교적 느린 해령에서
는 열곡이 두드러지게 발달하고 지형의 굴곡이 매우 심하게
나타난다.
　ㄷ. (나)와 (다)에서 가장 높은 곳의 수심은 약 2.5 km로 비슷
하지만 열곡으로부터 같은 거리에 있는 지점의 수심은 (다)가
(나)보다 깊다. 따라서 열곡으로부터의 거리에 따른 수심 변화
는 (나)보다 (다)가 크다.

---

04 자료 분석 하기

해양 지각의 나이와 해저 퇴적물 두께

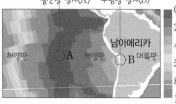

ㄱ. A는 발산형 경계, B는 수렴형(섭입형) 경계에 위치해 있
다. 발산형 경계인 해령에서는 천발 지진이 발생하고, 수렴형
(섭입형) 경계에서는 천발~심발 지진이 발생한다. 따라서 진
원의 평균 깊이는 A보다 B 부근에서 깊다.
　ㄴ. 발산형 경계에서는 새로운 해양판이 생성되어 양쪽으로
이동하고, 수렴형(섭입형) 경계에서는 밀도가 큰 해양판이 밀
도가 작은 대륙판 아래로 섭입하여 소멸한다. 따라서 인접한
두 판의 밀도 차는 해양판과 해양판의 경계인 A보다 해양판
과 대륙판의 경계인 B에서 크다.
　ㄷ. 해령에서 멀어질수록 해양 지각의 연령이 증가하고, 해저
퇴적물의 두께가 두꺼워진다.

05 ㄱ, ㄷ. 유럽과 북아메리가 대륙에서 측정한 지자기 북극의 겉
보기 이동 경로가 서로 다른 것은 대륙이 이동했기 때문이고,
지질 시대 동안 자북극은 현재와 같이 항상 1개였다.
　[오답 피하기] ㄴ. 두 대륙에서 측정한 자북극의 이동 경로가 가
까워졌다고 해서 두 대륙이 서로 가까워진 것은 아니다. 실제
로 최근 1억 년 사이에 유럽과 아메리카 대륙 사이의 거리는 점
점 멀어졌다.

06 ㄴ. 대서양은 판게아가 분리되면서 형성되기 시작했다. 따라
서 대서양의 해저에는 판게아가 형성된 고생대 말 이전의 해
양 지각이 존재하지 않는다.
　[오답 피하기] ㄱ. 고생대 말에 형성되었던 초대륙을 판게아라고
한다. 고생대 말 이전에도 여러 차례 초대륙이 형성되었다가
분리되었다.
　ㄷ. 지구 전체 해안선의 길이는 대륙들이 하나로 모여 초대륙
이 형성되었을 때보다 여러 개의 대륙으로 분리되었을 때가
더 길다.

07 예시 답안 히말라야산맥은 인도 대륙이 이동하여 유라시아 대륙과 충
돌해 형성되었다. 이 과정에서 인도 대륙과 유라시아 대륙 사이에 있던
바다가 사라지고 해양 생물이 퇴적되었던 지층이 융기하였으므로 두
대륙 사이의 해양에서 서식하던 해양 생물의 화석이 발견될 수 있다.

채점 기준	배점(%)
인도 대륙의 이동에 의한 히말라야산맥의 형성과 인도 대륙과 유라 시아 대륙 사이에 해양이 존재했음을 포함하여 옳게 설명한 경우	100
히말라야산맥은 인도 대륙과 유라시아 대륙이 충돌하여 형성되었기 때문이라고만 설명한 경우	50

08 판의 경계 중 화산 활동이 거의 일어나지 않는 경계는 마그마의 생성과 소멸이 일어나지 않는 보존형 경계이다. 또한, 발산형 경계에서는 심발 지진이 일어나지 않지만, 수렴형 경계에서는 천발 지진~심발 지진이 모두 발생한다.

09 ㄴ. B는 차가운 플룸이다. 차가운 플룸은 수렴형 경계에서 섭입된 판의 물질이 상부 맨틀과 하부 맨틀의 경계 부근에 쌓여 있다가 낙하하여 형성된다.

[오답 피하기] ㄱ. A는 뜨거운 플룸이다. 뜨거운 플룸은 차가운 플룸이 맨틀과 외핵의 경계 부근에 도달하여 그 영향으로 하부 맨틀 물질의 일부가 상승하여 형성된다.

ㄷ. 뜨거운 플룸의 상승과 차가운 플룸의 하강 운동은 모두 고체 상태에서 일어난다.

10 자료 분석 하기
마그마의 생성 과정

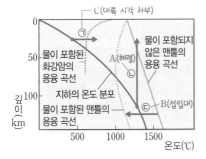

· 마그마가 생성되기 위해서는 마그마가 생성되는 장소의 온도가 암석의 용융점보다 높아야 한다.
· 맨틀의 용융점은 같은 깊이에서 지구 내부의 온도보다 높기 때문에 마그마가 형성되기 어렵다.
· 지구 내부의 온도가 상승(㉠)하거나, 맨틀 물질이 상승하여 압력이 감소(㉡), 또는 물의 첨가(㉢)로 맨틀의 용융점이 낮아지면 마그마가 생성될 수 있다.

A는 두 판이 서로 멀어지는 발산형 경계(해령)에서 생성되는 마그마이고, B와 C는 해양판이 대륙판 아래로 섭입하는 수렴형 경계(해구)에서 생성되는 마그마이다. 발산형 경계인 해령에서는 맨틀 물질이 상승함에 따라 압력이 감소하여 마그마가 생성(㉡ 과정)된다. 수렴형 경계의 섭입대에서는 섭입하는 해양 지각에서 빠져나온 물에 의해 연약권을 구성하는 암석의 용융점이 낮아져 마그마가 생성(㉢ 과정)된 후 생성된 마그마가 상승하여 대륙 지각 하부의 온도를 높이는 과정에서도 마그마가 생성(㉠ 과정)된다.

11 ㄴ. B는 발산형 경계인 해령이다. 해령의 하부에서는 압력 감소에 의해 맨틀 물질이 용융되어 현무암질 마그마가 생성된다.
[오답 피하기] ㄱ. A는 뜨거운 플룸이 상승하여 지표로 분출하는 곳으로 마그마가 생성되는 깊이가 판의 두께보다 깊다. 따라서 판이 이동해도 마그마가 생성되는 장소는 변하지 않는다.

ㄷ. B에서는 현무암질 마그마가, C에서는 주로 안산암질 마그마가 분출된다. 현무암질 마그마는 안산암질 마그마보다 SiO_2 함량이 적다.

12 자료 분석 하기
화성암 분류

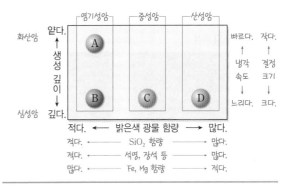

ㄴ. Fe과 Mg의 함량이 많은 광물일수록 어두운색을 띤다. B는 C보다 밝은색 광물의 함량이 적으므로 Fe과 Mg의 함량은 B가 C보다 많다.

ㄷ. 유동성이 큰 마그마일수록 밝은색 광물이 적게 정출되므로 C는 D보다 유동성이 큰 마그마가 굳어서 생성되었다.
[오답 피하기] ㄱ. A는 지표 부근에서 빠르게 냉각된 암석으로 광물 결정의 크기가 작은 세립질이다.

13 ㄱ. A는 화강암으로 이루어진 서울의 북한산을, B는 현무암으로 이루어진 경주시 양남의 주상 절리를 나타낸 것이다. 북한산의 화강암은 중생대에, 경주시 양남 해안의 현무암은 신생대에 생성되었다.

ㄴ. 화강암은 SiO_2 함량이 63 %보다 많은 산성암에 속한다.
[오답 피하기] ㄷ. 현무암에 나타나는 절리는 지표로 분출한 용암이 급격하게 식을 때 부피가 수축하여 4~6각 기둥 모양으로 갈라진 주상 절리이다.

II. 지구의 역사 23~25쪽

01 ③ 02 ⑤ 03 ⑤ 04 ① 05 사암 06 해설 참조 07 ㄴ 08 ⑤ 09 ③ 10 ③ 11 ④ 12 ③ 13 ① 14 해설 참조 15 ④

01 ㄱ. 화산 활동이 일어날 때 대기로 방출된 화산재가 가라앉아 쌓이고, 속성 작용을 받으면 응회암이 된다.
ㄷ. (가) → (나) → (다) 과정에서 퇴적물 사이의 공극이 감소하므로 퇴적물의 밀도는 증가한다.
[오답 피하기] ㄴ. (가) → (나)는 다짐 작용, (나) → (다)는 교결 작용이라고 하고, (가) → (나) → (다) 과정 전체를 속성 작용이라고 한다.

02 ㄱ. 셰일은 점토가 굳어져 생성되므로 A(쇄설성 퇴적암)에 해당한다.
ㄴ. 석회암은 해수에 녹은 Ca^{2+}와 CO_3^{2-}가 화학적으로 결합한 후 퇴적되어 만들어지거나 산호 등의 석회질 생물체의 유해가 퇴적되어 만들어지므로 B(화학적 퇴적암)와 C(유기적 퇴적암)에 모두 해당한다.

ㄷ. C는 생물체의 유해가 퇴적되어 생성되므로 유기적 퇴적암이다.

03 자료 분석 하기

퇴적 구조의 해석

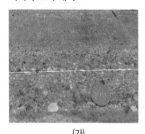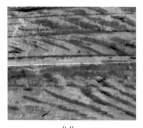

(가)   (나)

- (가) 위로 갈수록 입자의 크기가 작아진다. ➡ 수심이 깊은 바다나 호수에서 형성되는 점이 층리이다.
- (나) 층리가 비스듬하게 기울어진 모습이 엇갈려 나타난다. ➡ 수심이 얕은 곳이나 사막에서 형성되는 사층리이다.
- 퇴적 구조는 퇴적암이 생성된 자연 환경을 유추하는 데 이용된다. 또한 지층의 상하를 판단하는 데 이용될 수 있다.

ㄱ. (가)는 위로 갈수록 입자의 크기가 점점 작아지는 점이 층리이므로 주로 수심이 깊은 곳에서 형성된다.

ㄴ. (나)는 퇴적물이 경사면을 따라 유입되어 생성된 사층리이므로 퇴적물이 공급된 방향을 알 수 있다. 사층리는 물이 흐르거나 바람이 부는 방향으로 퇴적물이 운반되어 경사면을 따라 쌓여 형성된다.

ㄷ. (가)와 (나)는 역전된 지층에서 퇴적 구조의 위와 아래가 반대로 나타나므로 이로부터 역전 여부를 알 수 있다.

04 ㄱ. (가)에서 A는 위로 볼록하므로 배사 구조, B는 아래로 오목하므로 향사 구조이다.

[오답 피하기] ㄴ. (나)는 단층면을 경계로 상반이 위로 올라간 역단층이다.

ㄷ. (가)와 (나) 모두 횡압력에 의해 형성된 구조이다.

05 마그마가 주변 암석을 관입할 때는 주변의 암석이 열을 받아 변성 작용이 일어난다. 포획암인 사암은 이를 포획한 화강암보다 먼저 생성되었다.

06 [예시 답안] 편마암이 변성 작용을 받는 시기에 상부의 퇴적암들은 변성 작용을 받지 않았다.

채점 기준	배점(%)
판단의 근거를 변성 작용으로 옳게 설명한 경우	100
판단의 근거를 변성 작용으로 설명하지 못한 경우	0

07 ㄴ. 주상 절리는 용암이 빠르게 식는 과정에서 수축하여 생성된다.

[오답 피하기] ㄱ. 상반이 하반 위로 밀려 올라간 지질 구조는 역단층이다. 절리는 갈라진 틈을 따라 암석의 상대적인 이동이 없다.

ㄷ. 판상 절리는 심성암에 가해지는 외부 압력이 감소하면서 생긴다.

08 ㄱ. 셰일은 장력을 받아 상반이 아래로 내려간 정단층에 의해 절단되었다.

ㄴ. 사암은 화강암에 의해 관입당하였으므로 화강암보다 먼저 퇴적되었다.

ㄷ. A는 화강암에 포획되었으므로 화강암보다 먼저 생성되어 열에 의한 변성 작용을 받았다.

09 ㄱ. D층에서 ㉠의 화석이 모두 산출되므로 ㉠은 D층에 대비된다. B층에서 ㉡의 화석이 모두 산출되므로 ㉡은 B층에 대비된다.

ㄷ. B와 C의 경계에서 고생대에 번성하였던 삼엽충과 필석이 멸종하고, 중생대에 번성하였던 암모나이트가 출현하였으므로 두 시기 사이에 생물계의 급격한 변화가 있었다.

[오답 피하기] ㄴ. ㉡에서 삼엽충과 필석이 산출되므로 ㉡은 고생대의 지층이다.

10 ㄱ. 지층이 역전되지 않았다면 지층 누중의 법칙에 따라 A층이 B층보다 나중에 생성되었다.

ㄴ. B층 하부에 기저 역암이 분포하므로 B층과 C층의 생성 순서는 부정합의 법칙을 적용한다.

[오답 피하기] ㄷ. 단층이 암맥을 절단하였으므로 단층은 암맥보다 나중에 생성되었다.

11 ㄴ. 역암층의 절대 연령은 0.8억 년~1.6억 년이므로 중생대의 화석이 산출될 수 있다. 중생대는 약 2억 5200만 년 전부터 약 6600만 년 전의 시기를 말한다.

ㄷ. 화성암 B는 반감기를 2회 거쳤으므로 절대 연령은 1.6억 년으로, A의 2배이다.

[오답 피하기] ㄱ. 화성암 A는 반감기를 1회 거쳤으므로 절대 연령은 0.8억 년이다.

12 ㄱ. (가)는 고생대의 표준 화석인 필석이므로 (가)가 산출되는 지층은 고생대에 퇴적되었다.

ㄷ. (나)는 산호를 나타낸 것이다. 산호는 따뜻하고 수심이 얕은 바다에서 번성하므로 (가)와 (나)가 함께 산출되는 지층은 따뜻하고 수심이 얕은 바다였다.

[오답 피하기] ㄴ. 표준 화석은 생존 기간이 짧고, 시상 화석은 생존 기간이 길다. (가)는 표준 화석이므로 시상 화석인 (나)보다 생존 기간이 짧다.

⊕ **개념 더하기**

표준 화석과 시상 화석

구분	표준 화석	시상 화석
정의	지층이 생성된 시기를 판단하는 근거로 이용되는 화석	생물이 살던 당시의 환경을 추정하는 데 이용되는 화석
조건	생존 기간이 짧고, 넓은 지역에 걸쳐 분포하며 개체 수가 많은 생물	생존 기간이 길고, 특정 환경에 제한적으로 분포하며, 환경 변화에 민감한 생물
예	삼엽충(고생대), 공룡과 암모나이트(중생대), 매머드와 화폐석(신생대)	산호(따뜻하고 수심이 얕은 바다 환경), 고사리(따뜻하고 습한 육지 환경)

13 ㄱ. 공룡이 번성하므로 중생대이다. 시조새는 중생대 쥐라기에 출현하였다.

[오답 피하기] ㄴ. 화폐석은 신생대의 바다에서 번성하였다.

ㄷ. 중생대 말기에는 대륙 이동이 계속되었다. 초대륙을 이룬 시기는 고생대 말기~중생대 초기이다.

14 [예시 답안] 선캄브리아 시대는 생물이 다양하지 않았고, 여러 차례 지각 변동을 받아 화석이 드물게 산출되기 때문이다.

채점 기준	배점(%)
생물종이 적고, 화석이 드물게 산출되는 것을 모두 옳게 설명한 경우	100
생물종이 적고, 화석이 드물게 산출된다는 것 중 1가지만 옳게 설명한 경우	50

◆ **개념 더하기**

선캄브리아 시대의 환경과 생물

• 환경: 초기에는 온난하였다가 말기에는 빙하기가 있었다. 말기에 초대륙 로디니아가 형성되었다가 분리되기 시작하였다. 대기는 주로 질소와 이산화 탄소로 이루어져 있었다.

• 생물: 강한 자외선이 지표에 도달하여 육지에는 생명체가 살 수 없었으므로 최초의 생명체는 바다에서 탄생하였다. 화석으로 스트로마톨라이트, 에디아카라 동물군이 있다.

15 ㄱ. (가)는 중기와 말기에 빙하기가 있었으므로 고생대를 나타낸 것이고, (나)는 전 기간 동안 빙하기가 없었으므로 중생대를 나타낸 것이다.

ㄴ. 중생대의 육지에서는 겉씨식물이 번성하였다.

[오답 피하기] ㄷ. 말기에 빙하기와 간빙기가 반복된 지질 시대는 신생대이다.

Ⅲ. 대기와 해양의 변화   26~28쪽

01 ㄱ, ㄴ, ㄹ   02 A, C   03 ④   04 ①   05 ⑤   06 ②   07 해설 참조   08 ②   09 ①   10 ④   11 ②   12 ⑤   13 ⑤   14 ③

01 ㄱ. 성질이 서로 다른 기단과 기단이 만나 생기는 경계를 전선면이라 하며, 전선면이 지표면과 만나는 선을 전선이라고 한다.

ㄴ. 기단이 발원지를 떠나 이동하면 지표면과 열과 수증기를 주고 받으면서 원래의 성질이 변하게 된다.

ㄹ. 여름철에 우리나라에 영향을 미치는 기단은 북태평양 기단이다. 북태평양 기단은 해양성 기단이다.

[오답 피하기] ㄷ. 기단은 기온과 습도가 일정한 공기덩어리이다. 지표면 위에 놓여 있는 공기는 지표면과 열과 수증기를 교환하므로 기온과 습도가 비슷한 균질한 공기덩어리인 기단이 만들어지려면 지표면의 상태가 균질해야 한다. 따라서 대륙과 해양의 경계에서는 기단이 생기기 어렵다.

02 고기압 중심에서는 하강 기류가 발달하고 저기압 중심에서는 상승 기류가 발달한다. B와 D는 주위보다 기압이 높은 고기압이고 A와 C는 주위보다 기압이 낮은 저기압이다. 따라서 상승 기류가 발달하는 곳은 A와 C이다.

03 ㄱ. 그림은 온난 전선의 전선면을 나타낸 것이다. 온난 전선은 더운 공기가 찬 공기 위로 올라가는 전선이므로 A에는 더운 공기가 놓여 있고, B와 C에는 찬 공기가 놓여 있다. 따라서 기온이 가장 높은 곳은 A이다.

ㄷ. 햇무리나 달무리는 온난 전선의 전면에 발달하는 권층운에서 나타난다. 따라서 햇무리나 달무리를 볼 수 있는 곳은 C이다.

[오답 피하기] ㄴ. B는 온난 전선으로 인해 비가 내리는 지점이다. 온난 전선의 전면에서는 층운형 구름에 의한 지속적인 약한 비가 내리므로 B에 내리는 비는 소나기가 아니다.

◆ **개념 더하기**

온난 전선의 접근과 햇무리, 달무리

• 온난 전선면 윗부분에 발달하는 권층운은 고도가 높아 얼음 알갱이인 빙정으로 이루어져 있다.

• 온난 전선이 접근할 때 권층운에 의해 햇빛이 빙정에 반사되거나 굴절되면서 햇무리와 달무리를 볼 수 있다.

04 ㄱ. 온난 전선과 한랭 전선을 경계로 북쪽에는 찬 공기가 놓여 있으며, 남쪽에는 따뜻한 공기가 놓여 있다. 따라서 A, B, C 중 기온이 가장 높은 곳은 B이다.

[오답 피하기] ㄴ. C는 온난 전선의 앞쪽에 위치한 구역이므로 층운형 구름에 의해 지속적인 비가 내리고 있다. 소나기가 내리고 있는 곳은 한랭 전선의 뒤쪽이다.

ㄷ. 이날은 온대 저기압이 우리나라를 지나가고 있으며 온대 저기압의 중심이 우리나라의 북쪽에 위치해 있다. 우리나라 남부 지방은 한랭 전선과 온난 전선 사이에 위치해 있으므로 맑은 날씨를 보인다.

05 ㄱ. (가)에는 서쪽에 고기압이 발달하고 동쪽에 저기압이 발달해 있다. 이와 같은 서고동저형 기압 배치는 겨울철에 잘 나타난다. 이때 발달하는 고기압은 시베리아 고기압으로 정체성 고기압이다.

ㄴ. (나)에서 보이는 고기압은 규모가 작은 고기압으로 한 곳에 오래 머무르지 않고 서쪽에서 동쪽으로 이동하는 이동성 고기압이다.

ㄷ. 풍속의 세기는 두 지점 사이의 기압차가 클수록 커지므로 등압선의 간격이 좁은 곳일수록 바람이 세다. 서울 지방의 등압선 간격은 (가)가 (나)보다 좁으므로 서울 지방의 풍속은 (가)가 (나)보다 강하다.

06 태풍은 열대 해상에서 주로 발생하여 무역풍과 편서풍의 영향으로 포물선 경로를 따라 이동하는데, 북태평양 고기압의 세력 확장 여부가 태풍의 진로에 영향을 미친다.

태풍 이동 경로와 풍향 변화

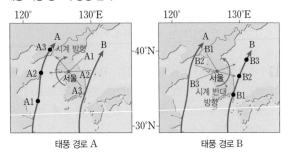

태풍 경로 A | 태풍 경로 B

- 태풍 경로 A일 때: 관측자가 태풍 진행 경로의 오른쪽에 있는 경우 ➡ 바람이 시계 방향으로 변한다.
- 태풍 경로 B일 때: 관측자가 태풍 진행 경로의 왼쪽에 있는 경우 ➡ 바람이 시계 반대 방향으로 변한다.

태풍이 지나갈 때 태풍 진행 경로의 오른쪽에 있는 지역에서는 바람의 방향이 시계 방향으로 변하고 태풍 진행 경로의 왼쪽에 있는 지역에서는 바람의 방향이 시계 반대 방향으로 변한다.

예시 답안 태풍의 경로가 A일 때 서울에서는 바람의 방향이 시계 방향으로 변하고, 태풍의 경로가 B일 때는 시계 반대 방향으로 변한다.

채점 기준	배점(%)
A와 B일 때를 모두 옳게 설명한 경우	100
A와 B일 때 중 1가지만 옳게 설명한 경우	50

08 자료 분석 하기

뇌우의 발달 단계

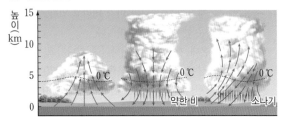

- 뇌우: 강한 상승 기류에 의해 적란운이 발달하면서 천둥과 번개를 동반한 강한 소나기가 내리는 현상
- 뇌우의 발달 단계: 적운 단계 ➡ 성숙 단계 ➡ 소멸 단계의 순서로 발달 및 소멸한다.

적운 단계	강한 상승 기류로 적운 성장, 강수 현상은 미약 ➡ (가)
성숙 단계	상승 기류와 하강 기류가 공존. 천둥과 번개를 동반한 강한 비가 내림. ➡ (다)
소멸 단계	하강 기류 우세. 약한 강수와 함께 구름 소멸 ➡ (나)

(가)는 구름 내부의 기온이 주변 기온보다 높아 공기가 상승하면서 구름이 발달하는 적운 단계이다. (나)는 하강 기류만 남은 상태이므로 소멸 단계이다. (다)는 상승 기류와 하강 기류가 공존하는 단계로 뇌운이 발달하여 천둥 번개를 동반한 소나기가 내리고 돌풍과 우박이 나타나는 성숙 단계이다. 뇌우의 발달 단계는 적운 단계 → 성숙 단계 → 소멸 단계이므로 (가) - (다) - (나)의 순서로 나타난다.

09 자료 분석 하기

태풍의 이동 경로와 풍속

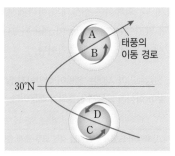

- 태풍의 이동 경로: 북태평양 고기압의 가장자리를 따라 이동한다. ➡ 북태평양 고기압의 세력이 강한 여름철일수록 이동 경로가 서쪽으로 치우친다.
- 위험 반원과 안전 반원(가항 반원)

위험 반원 (진행 방향의 오른쪽 – B, D)	태풍의 진행 방향과 태풍 내 바람 및 대기 대순환 바람의 방향이 일치 ➡ 풍속이 강화되고 피해가 크다.
안전 반원 (진행 방향의 왼쪽 – A, C)	태풍의 진행 방향과 태풍 내 바람 및 대기 대순환 바람의 방향이 반대 ➡ 풍속이 상대적으로 약하고 피해가 작다.

ㄱ. A는 태풍 진행 경로의 왼쪽에 위치한 반원으로 안전 반원이며, B는 태풍 진행 경로의 오른쪽에 위치한 반원으로 위험 반원이다. 태풍의 피해는 안전 반원보다 위험 반원에서 크므로 A보다 B에서 크다.

[오답 피하기] ㄴ. A와 C는 모두 태풍 진행 경로의 왼쪽에 위치하므로 안전 반원이다. 안전 반원에서는 저기압 중심으로 불어 들어가는 바람의 방향과 태풍의 이동 방향이 서로 반대가 되어 바람의 세기가 줄어든다.

ㄷ. D는 위험 반원이다. 위험 반원에서 바람이 강한 까닭은 저기압 중심으로 불어 들어가는 바람의 방향과 태풍의 이동 방향이 같기 때문이다. 태풍이 이동하지 않는다면 D에서 바람의 세기는 원래 저기압 중심으로 불어 들어가는 바람만 있으므로 현재보다 더 약해질 것이다.

10 ㄱ. 황사의 발원지는 주로 중국 북부에 위치한 사막이나 몽골의 고원 지대이다. 사막이나 고원 지대에서 바람에 날려 올라간 모래 먼지가 황사를 일으킨다.

ㄷ. 중국 내륙의 사막화가 심해지면 봄철에 바람에 날려 올라가는 모래 먼지가 증가하므로 우리나라의 황사 일수가 증가한다.

[오답 피하기] ㄴ. 황사의 모래 먼지는 발원지에서 상승한 후 편서풍을 타고 동쪽으로 이동하여 우리나라에 영향을 미친다. 따라서 황사는 서풍을 타고 이동한다.

11 ㄷ. 8월에는 2월에 비해 우리나라와 중국의 강수량이 많아지므로 중국과 우리나라로부터 황해로 유입되는 담수의 양이 많아진다.

[오답 피하기] ㄱ. 8월에는 2월에 비해 강수량이 높아지므로 우리나라 부근 바다에서 표층 해수의 염분이 낮아지며, 남해의 염분도 8월에는 2월에 비해 낮아진다.

ㄴ. 그림에서 황해의 남북 간의 염분 차이는 8월보다 2월에 크게 나타난다.

12 ㄱ. 수심에 따른 염분 분포에서 해수 표면의 염분은 봄보다 가을에 더 낮게 나타난다. 표면 해수의 염분이 낮은 까닭은 담수의 유입이 많아졌기 때문이다.

ㄴ. 수심에 따른 온도 분포에서 해수 표면의 온도는 봄보다 가을에 높게 나타나며, 수심이 깊은 곳의 수온은 봄과 가을에 차이가 거의 없다. 따라서 수온 약층은 봄보다 가을에 더 강하게 발달한다.

ㄷ. 수심이 400 m보다 깊은 곳은 봄과 가을의 온도 차이가 없으며 염분 차이도 나타나지 않는다. 따라서 계절에 따른 수온과 염분의 변화가 거의 없다.

13 ㄱ. 수온이 낮을수록 기체의 용해도가 커지므로 용존 산소량은 수온이 높은 저위도의 해수보다 수온이 낮은 고위도 해수에 많다.

ㄴ. 산소와 이산화 탄소의 양을 나타낸 그래프에서 가로축 값을 비교해보면 수심에 관계없이 이산화 탄소의 용존량이 산소보다 많다.

ㄷ. 표층에는 햇빛이 도달하므로 해양 생물의 광합성에 의해 산소량이 많고 이산화 탄소량이 적다.

➕ 개념 더하기

용존 기체
· 해수의 표층에는 대기 중의 기체가 자유롭게 출입할 수 있으므로 해수 속에는 산소, 이산화 탄소, 질소 등의 기체가 녹아 있다.
· 해수의 용존 산소량은 식물성 플랑크톤의 광합성과 대기로부터의 산소 공급으로 인하여 표층에서 매우 높게 나타난다. 또한, 심해의 용존 산소량은 고위도에서 침강한 차가운 해수로 인하여 높게 나타난다.

14 ㄱ. 수온 염분도에서 오른쪽 아래로 갈수록 염분이 높아지므로 해수면의 염분은 A 지점이 B 지점보다 낮다.

ㄷ. A 지점의 수심 40 m 해수는 B 지점의 수심 60 m 해수보다 수온과 염분이 낮다. 등밀도선을 비교해 보면 A 지점의 수심 40 m 해수가 B 지점의 수심 60 m 해수보다 밀도가 크다.

[오답 피하기] ㄴ. B 지점에서는 수심 0~40 m까지는 염분이 높아지다가 수심 40~60 m에서는 염분이 낮아진다.

IV. 대기와 해양의 상호 작용 29~31쪽

01 ① 02 ④ 03 해설 참조 04 ③ 05 ① 06 ③ 07 ⑤ 08 ②
09 B 시기 10 ② 11 ③ 12 ② 13 ⑤ 14 ③

01 해들리 순환과 극순환은 열대류에 의한 직접 순환이나, 페렐 순환은 두 직접 순환 사이에서 만들어지는 간접 순환이다.

02 ㄴ. 난류인 쿠로시오 해류가 한류인 캘리포니아 해류보다 염분이 높다.

ㄷ. 태평양 아열대 순환은 북반구와 남반구에서 대칭적으로 분포한다.

[오답 피하기] ㄱ. 북태평양 해류는 편서풍의 영향으로 서쪽에서 동쪽으로 30°N~60°N에서 흐른다.

03 [예시 답안] A 해역에는 편서풍의 영향으로 북태평양 해류가 서에서 동으로 흐른다. 따라서 이 해류와 편서풍의 도움을 받아 항해하면 최단 거리인 B 경로보다 더 경제적이다.

채점 기준	배점(%)
북태평양 해류, 편서풍을 모두 언급하여 옳게 설명한 경우	100
북태평양 해류, 편서풍 중 1가지만 언급하여 설명한 경우	50

➕ 개념 더하기

북태평양의 해상 항로
· A 항로: 편서풍의 영향으로 북태평양에는 서에서 동으로 북태평양 해류가 흐른다. 이 항로를 이용하여 우리나라에서 미국으로 갈 때 무역 항로로 이용된다.
· B 항로: A 항로보다 직선거리는 가깝지만 해류와 바람의 힘을 사용하지 못하여 비경제적이다.

04 ㄱ. A 해역에서 흐르는 북대서양 해류는 편서풍의 영향으로 서에서 동으로 흐른다.

ㄴ. 고위도에서 흐르는 해류의 수온이 낮으므로 A 해역의 해수는 C 해역의 해수보다 수온이 낮다.

[오답 피하기] ㄷ. B 해역에는 난류인 멕시코 만류가, D 해역에는 한류인 카나리아 해류가 흐른다. 용존 산소량은 온도가 낮을수록 많으므로 B 해역의 해수는 D 해역의 해수보다 용존 산소량이 적다.

05 ㄱ. 쿠로시오 해류(A)는 황해 난류(B)와 동한 난류(C)의 근원이 되는 해류이다.

[오답 피하기] ㄴ. 영양염류는 한류에 많이 포함되어 있으므로 북한 한류(D)가 동한 난류(C)보다 영양염류를 많이 포함하고 있다.

ㄷ. 조경 수역은 한류와 난류가 만나는 해역으로 우리나라 동해에서 형성된다.

06 ③ 해수의 연직 순환은 표층 순환과 달리 매우 느린 속도로 일어나기 때문에 해류가 유속계에 기록이 되지 않아 측정하기가 쉽지 않다. 연직 순환은 염분이나 용존 산소량 등을 추적하여 간접적으로 측정한다.

[오답 피하기] ①, ② 해수의 연직 순환으로 인해 고위도에서 밀도가 커진 해수가 침강하면 저위도의 해수가 밀려와서 이곳을 채우게 된다. 이러한 과정을 통하여 열에너지의 수송이 일어나게 된다.

④ 심해층을 이루고 있는 물은 표층에서 밀도가 커진 물이 가라앉아 있는 것이다.

⑤ 해수의 순환 중 수평 순환의 원인은 바람이고, 연직 순환의 원인은 밀도 차이다. 해수의 밀도는 수온에 반비례하고 염분에 비례한다.

07 ㄱ. 대서양에서는 밀도가 가장 작은 남극 중층수(A)가 가장 위쪽으로 흐른다.

ㄴ. A는 남극 중층수, B는 북대서양 심층수, C는 남극 저층수이다. 밀도가 가장 큰 남극 저층수(C)가 가장 아래쪽으로 흐른다.

ㄷ. 심층 순환은 해수의 수온과 염분으로 결정되는 열−염분 순환으로, 밀도가 큰 수괴가 밀도가 작은 수괴 아래로 침강하면서 생기는 해류의 순환이다.

08 ㄷ. (가)는 라니냐, (나)는 엘니뇨 시기이다. 라니냐 시기에는 뜨거운 해수가 서태평양 쪽으로 더 이동하므로 서태평양에는 저기압이 평소보다 강하게 발달한다. 엘니뇨 시기에는 뜨거운 해수가 중앙 태평양이나 동쪽으로 이동하므로 저기압의 중심이 중앙 태평양이나 동태평양 쪽으로 이동하여 서태평양에는 고기압이 발달한다. 따라서 적도 부근 서태평양의 표면 기압은 엘니뇨 시기가 라니냐 시기보다 더 높다.

[오답 피하기] ㄱ. 무역풍의 세기는 라니냐 시기가 엘니뇨 시기보다 더 강하다.

ㄴ. 무역풍이 더 강하게 부는 라니냐 시기에는 평상시보다 동태평양의 용승도 강하게 일어나는 반면, 엘니뇨 시기에는 평상시보다 무역풍이 약하게 불기 때문에 용승 현상도 약화된다. 따라서 동태평양의 용승의 세기는 라니냐 시기가 엘니뇨 시기보다 더 크다.

09 자료 분석 하기
적도 부근 동태평양에서의 표층 수온 편차

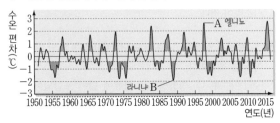

• A 시기 [A 시기 수온−1950~1979년 수온 평균값]>0
  ➡ A 시기 수온>1950~1979년 수온 평균값
  ➡ 엘니뇨 시기
• B 시기 [B 시기 수온−1950~1979년 수온 평균값]<0
  ➡ B 시기 수온<1950~1979년 수온 평균값
  ➡ 라니냐 시기

평균값보다 해수의 표면 온도가 높은 A 시기가 엘니뇨 시기이며, 평균값보다 해수의 표면 온도가 낮은 B 시기는 라니냐 시기이다. 라니냐 시기(B)에는 남방 진동에 의해 무역풍이 평소보다 더 강해지고, 엘니뇨 시기(A)에는 무역풍이 평소보다 약해진다.

10 ㄱ. 대기 중에 이산화 탄소 농도가 증가하면 온실 효과가 증대되어 지구의 평균 기온이 상승한다.

ㄷ. 광합성량이 감소하면 대기 중의 이산화 탄소의 양이 증가하여 지구의 기온이 상승한다.

[오답 피하기] ㄴ. 화산 폭발에 의해 다량의 화산재가 방출되어 태양 빛을 차단하면 지구에 흡수되는 태양 복사 에너지의 양이 줄어들어 일정 기간 동안 지구의 기온이 내려간다.

ㄹ. 빙하 면적이 증가하면 지표면의 반사율이 증가하기 때문에 지구에 흡수되는 태양 복사 에너지가 감소하여 지구의 기온이 내려간다.

11 자료 분석 하기
세차 운동(지구 자전축 경사 방향의 변화)

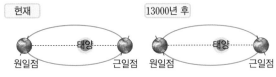

계절 (북반구)	현재 위치	13000년 후 위치	13000년 후 기온	13000년 후 기온의 연교차
여름철	원일점	근일점	상승	커진다.
겨울철	근일점	원일점	하강	

계절 (남반구)	현재 위치	13000년 후 위치	13000년 후 기온	13000년 후 기온의 연교차
여름철	근일점	원일점	하강	작아진다.
겨울철	원일점	근일점	상승	

ㄱ. 현재 근일점에서 북반구는 겨울, 남반구는 여름이고, 원일점에서 북반구는 여름, 남반구는 겨울이다.

ㄴ. 13000년 후에 지구 자전축 경사 방향의 변화로 계절이 반대가 된다. 북반구는 현재 근일점에서 겨울이, 13000년 후에는 원일점에서 겨울이 되며, 현재 원일점에서 여름이, 13000년 후에는 근일점에서 여름이 된다. 13000년 후 북반구는 현재보다 여름은 태양에 더욱 가까워져 온도가 올라가고, 겨울은 현재보다 태양에서 더 멀어져 온도가 내려간다. 따라서 북반구 기온의 연교차는 커진다.

[오답 피하기] ㄷ. 현재 근일점에서 남반구는 여름이며, 13000년 후에는 자전축 경사의 방향이 현재와 정반대가 되므로 계절이 정반대가 된다. 따라서 원일점에서 여름이 되어 13000년 후 남반구의 여름은 현재보다 태양으로부터 멀어지므로 기온이 내려간다.

12 ㄴ. (나)에서 지표면이 흡수하는 총 에너지가 133 단위이므로 지표면이 방출하는 총 에너지도 133 단위(=29+A+4)이어야 한다. 따라서 A는 100이다.

[오답 피하기] ㄱ. (가)에서 지표면은 100 단위의 에너지를 방출하고, (나)에서 지표면은 133 단위의 에너지를 방출한다. 지표면의 평균 온도는 에너지 방출량이 많을수록 높으므로 (나)가 (가)보다 높다.

ㄷ. (나)에서 지구 반사율이 증가하면 지구에 흡수되는 태양 복사 에너지의 양이 감소하므로 지표에서 방출하는 지구 복사 에너지의 양도 감소한다.

13 ㄱ. (가)의 그래프에서 1960년 이후의 이산화 탄소 농도 증가율이 1960년 이전의 이탄화 탄소 농도 증가율보다 증가하였다.

ㄴ. 대기 중의 이산화 탄소 농도 증가는 온실 효과를 증대하여 지구의 기온을 상승시키는 데 기여하였다. (나)에서 1900년 이후 현재까지 평균 기온이 증가하는 경향을 보이고 있는데, 이것은 (가)에서 온실 기체인 이산화 탄소의 농도가 증가했기 때문이다.

ㄷ. (다)에서 북극해 빙하 면적이 감소하는 경향을 보이고 있다. 향후 빙하 면적이 지속적으로 감소한다면 북극해 지표면의 반사율이 감소하고 태양 복사 에너지의 흡수량이 증가하여 지구 온난화를 더욱 가속화시킬 것이다.

14 ㄱ. 지구 온난화에 의해 대기의 온도가 상승하면 해수의 열팽창과 빙하의 융해로 해수면이 상승하고 육지의 면적이 감소할 것이다.

ㄷ. 해수의 온도 상승으로 태풍의 발생 횟수와 세기가 증가할 것으로 예상된다.

[오답 피하기] ㄴ. 지구 온난화가 지속되면 극지방이나 고산 지대의 빙하의 면적은 감소할 것이다.

V. 별과 외계 행성계
32~34쪽

01 ⑤ 02 ④ 03 ⑤ 04 ⑤ 05 ④ 06 ④ 07 ③ 08 (다) → (가) → (라) → (나) 09 해설 참조 10 ③ 11 ③ 12 ① 13 ⑤ 14 ③ 15 해설 참조

---

01 자료 분석 하기

플랑크 곡선

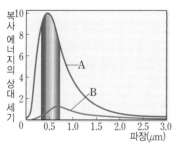

- 단위 면적에서 방출하는 복사 에너지양: A > B
- 최대 에너지를 방출하는 파장: A < B
- 표면 온도: A > B

ㄱ. A는 B보다 짧은 파장의 빛을 많이 방출하므로 표면 온도가 높다.

ㄴ. B는 A에 비해 붉은색 영역에서 방출하는 복사 에너지가 많으므로 붉게 보인다.

ㄷ. 단위 면적에서 방출하는 에너지양은 그래프의 면적에 해당하므로 A가 B보다 많다.

---

02 ㄴ. 태양의 스펙트럼형은 G2형이므로 칼슘 흡수선(Ca Ⅱ)과 철 흡수선(Fe Ⅰ, Fe Ⅱ)이 강하게 나타난다.

ㄷ. 표면 온도가 낮을수록 분자 흡수선이 강하게 나타난다.

[오답 피하기] ㄱ. 헬륨 흡수선은 고온의 별에서 관측되며, 붉은색 별에서는 칼슘 흡수선과 분자 흡수선이 잘 나타난다.

03 별의 광도를 L, 별의 표면 온도를 T, 별의 반지름을 R라고 할 때, $L = 4\pi R^2 \cdot \sigma T^4$, $R = \sqrt{\dfrac{L}{4\pi \cdot \sigma T^4}}$ (단, σ는 상수)이다. 따라서 반지름의 비는 $\dfrac{R_A}{R_B} = \left(\dfrac{L_A}{L_B}\right)^{\frac{1}{2}} \cdot \left(\dfrac{T_B}{T_A}\right)^2 = 10 \times 4 = 40$이다.

04 ⑤ H-R도에서 왼쪽 위부터 오른쪽 아래로 향하는 대각선 영역에 주계열성이 위치한다. 태양은 주계열성이므로 이 영역에 위치한다.

[오답 피하기] ①, ② H-R도에서 가로축은 표면 온도(또는 분광형), 세로축은 광도(또는 절대 등급)이다.

③ 대부분의 별들은 왼쪽 위에서 오른쪽 아래로 이어진 대각선 상에 위치하는데, 이 별들을 주계열성이라고 한다.

④ H-R도의 왼쪽 하단에 있는 별들은 백색 왜성이다. 백색 왜성은 반지름이 매우 작은 별이다.

05 자료 분석 하기

H-R 도

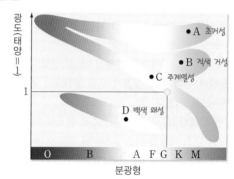

- 별의 반지름: A > B > C > D
- 별의 평균 밀도: A < B < C < D
- 별의 표면 온도: A < B < C < D

---

④ D는 백색 왜성으로, A~D 중에서 평균 밀도가 가장 크다.

[오답 피하기] ① A는 초거성이다.

② 반지름이 가장 큰 별은 A이다.

③ C는 D보다 H-R도의 오른쪽에 위치하므로 표면 온도가 낮다.

⑤ 광도가 클수록 절대 등급은 작아진다. 따라서 절대 등급은 A가 가장 작다.

06 ㄴ. 주계열성은 왼쪽 위에 위치할수록 질량이 크다. 원시별이 주계열성에 도달했을 때 B가 C보다 왼쪽 위에 위치하므로 별의 질량은 B가 C보다 크다.

ㄷ. A, B, C 모두 원시별에서 주계열로 진화하는 동안 중력 수축이 일어나 반지름이 감소한다.

[오답 피하기] ㄱ. 원시별의 질량이 클수록 질량이 큰 주계열성이 된다. 질량이 클수록 진화가 빠르므로 주계열에 도달하는 데 걸리는 시간은 A가 가장 짧다.

07

태양의 진화 과정

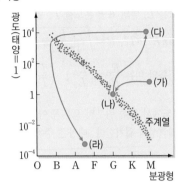

• (가) → (나): 반지름이 작아지고, 표면 온도가 높아진다.
• (나) → (다): 표면 온도가 낮아지고, 반지름이 증가한다.
• (다) → (라): 별의 외곽 물질이 분출되어 행성상 성운이 형성되고, 중심부에는 고밀도의 백색 왜성이 남는다.

③ 주계열성 (나)에서 적색 거성 (다)로 진화할 때 표면 온도는 낮아진다.
[오답 피하기] ① 현재 태양은 주계열 단계인 (나)에 위치한다.
② 원시별 (가)에서 주계열성 (나)로 진화할 때 중력 수축이 일어나므로 반지름은 작아진다.
④ 적색 거성 (다)에서 백색 왜성 (라)로 진화하는 동안 비교적 조용하게 별의 외곽 물질이 우주 공간으로 분출하여 행성상 성운이 만들어진다.
⑤ 백색 왜성 (라)의 중심에는 주로 탄소로 이루어진 핵이 존재하며 탄소 핵융합 반응이 일어날 정도로 온도가 높지 않으므로 핵융합 반응은 일어나지 않는다.

08 (가)는 주계열 단계, (나)는 진화의 마지막 단계, (다)는 원시별에서 주계열성으로 진화하는 단계, (라)는 초거성 단계에 해당한다. 따라서 별의 진화 순서는 (다) → (가) → (라) → (나)이다.

09 [예시 답안] 수소 원자핵 4개가 헬륨 원자핵 1개로 융합되면서 질량이 줄어들고 감소된 질량만큼 에너지로 바뀐다.

채점 기준	배점(%)
원자핵의 변화와 질량 변화를 모두 옳게 설명한 경우	100
원자핵의 변화와 질량 변화 중 1가지만 옳게 설명한 경우	50

10 ㄱ. (가)와 (나)는 모두 주계열성이므로 정역학 평형 상태로 일정한 크기를 유지한다.
ㄷ. 주계열성의 중심부 온도가 높을수록 CNO 순환 반응이 우세하여 대류핵이 형성된다. 따라서 중심부의 온도는 (가)가 (나)보다 높다.
[오답 피하기] ㄴ. (가)의 중심부에 대류핵이 존재하므로 수소 핵융합 반응 경로 중 CNO 순환 반응이 더 우세하다.

11

도플러 효과를 이용한 외계 행성 탐사

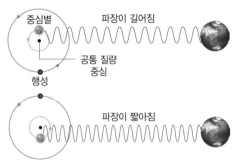

• (가): 별은 지구에서 멀어지고, 행성은 지구에 가까워진다. → 적색 편이가 나타난다.
• (나): 별은 지구에 가까워지고, 행성은 지구에서 멀어진다. → 청색 편이가 나타난다.

③ 이 탐사 방법은 중심별과 행성이 공통 질량 중심을 회전할 때 나타나는 별빛의 도플러 효과를 이용하여 행성의 존재를 확인하는 방법이다.
[오답 피하기] ⑤ 행성의 질량이 클수록 중심별의 시선 속도 변화가 커지므로 탐사에 유리하다.

12 ㄱ. 행성의 반지름이 클수록 중심별을 가리는 면적이 증가하여 밝기 변화가 크게 나타나므로 행성의 존재를 확인하기 쉬워진다.
[오답 피하기] ㄴ. 중심별의 밝기 변화는 행성이 별의 앞면을 지날 때마다 나타나므로 행성이 공전하는 동안 1회 나타난다.
ㄷ. 행성의 공전 궤도면이 관측자의 시선 방향과 수직이면 식 현상이 일어나지 않으므로 행성의 존재를 확인할 수 없다.

13 ㄴ. 별의 겉보기 등급을 관측하여, 식 현상에 의한 별의 밝기 감소를 측정하면 행성의 존재를 확인할 수 있다.
ㄷ. 별의 흡수 스펙트럼의 파장을 분석하여, 별의 시선 속도 변화를 알아내면 행성의 존재 여부를 확인할 수 있다.
ㄹ. 멀리 있는 배경별이 앞쪽 별과 그 주변 행성의 중력에 의해 밝기가 변하는 현상을 관측하면 행성의 존재를 확인할 수 있다.
[오답 피하기] ㄱ. 별의 거리를 측정하는 것만으로 별 주위에 행성이 존재하는지를 알아낼 수 없다.

14 ㄴ. 자기장이 존재하여 우주에서 유입되는 우주선과 항성풍을 차단해 주어야 한다.
ㄷ. 행성이 중심별로부터 적당한 거리만큼 떨어져 있어서 표면에 액체 상태의 물이 존재해야 한다.
[오답 피하기] ㄱ. 중심별의 질량이 너무 크면 진화가 빠르기 때문에 행성이 안정된 환경을 유지하기 어렵고, 중심별의 질량이 너무 작으면 행성의 자전 주기와 공전 주기가 같아져 낮과 밤의 변화가 없어진다.
ㄹ. 생명체가 존재하기 위해서는 행성이 중심별로부터 적당한 에너지를 받아 적절한 온도를 유지할 수 있어야 한다.

개념 더하기

생명체가 살 수 있는 행성의 조건

생명 가능 지대에 위치	행성의 표면에 물이 액체 상태로 존재해야 한다.
적당한 중심 별의 질량	중심별의 질량이 적당해야 별의 수명이 충분히 길다.
적절한 대기압	온실 효과를 일으켜 행성의 온도를 알맞게 유지한다.
자기장의 존재	우주에서 날아오는 유해한 우주선이나 고에너지 입자를 차단한다.
적당한 자전축 기울기	계절 변화가 너무 심하게 나타나지 않아야 한다.

15 주계열성은 질량이 클수록 표면 온도가 높고 반지름과 광도가 크며, 수명이 짧다.

예시 답안 주계열성의 질량이 클수록 광도가 크므로 생명 가능 지대의 거리는 중심별에서 멀어지고, 폭은 넓어진다.

채점 기준	배점(%)
생명 가능 지대의 거리와 폭을 모두 옳게 설명한 경우	100
생명 가능 지대의 거리와 폭 중 1가지만 옳게 설명한 경우	50

VI. 외부 은하와 우주 팽창　　35~37쪽

01 ②　02 ③　03 ①　04 ④　05 ④　06 해설 참조　07 ⑤　08 ⑤
09 ④　10 ④　11 해설 참조　12 ②　13 ④　14 ①　15 ②

01 ② 타원 은하는 편평도에 따라서 E0~E7로 세분할 수 있다.
[오답 피하기] ① 허블은 외부 은하들을 형태에 따라 타원 은하, 나선 은하, 불규칙 은하로 분류하였다.
③ 은하의 모양과 진화 사이에는 아무 관련성이 없다.
④ 막대 나선 은하는 중심부에 막대 구조를 갖고 있다.
⑤ 나선팔이 없는 은하는 타원 은하 또는 불규칙 은하이다.

02 ㄱ. 나선 은하는 은하 원반과 중앙 팽대부를 갖고 있으며, 은하 원반에 나선팔 구조가 발달해 있다.
ㄴ. 나선 은하는 막대 구조의 유무에 따라 막대 나선 은하와 정상 나선 은하로 나눌 수 있다.
[오답 피하기] ㄷ. 나선 은하의 중앙 팽대부에는 나이가 많은 붉은색의 별들이 주로 분포하고, 나선팔에는 성간 물질들이 많이 존재하며 젊은 별들이 상대적으로 많다.

03 ㄱ. (가)는 타원 은하, (나)는 정상 나선 은하, (다)는 막대 나선 은하이다.

[오답 피하기] ㄴ. 우리은하의 구조는 막대 나선 은하인 (다)와 가장 유사하다.
ㄷ. (다)는 젊은 별과 늙은 별이 모두 존재한다. 그 중 젊은 별들은 나선팔에 분포한다.

04 ④ 전파 은하는 보통의 은하보다 수백 배 이상 강한 전파를 방출하는 은하로, 제트(jet)로 연결된 로브(lobe)가 핵의 양쪽에 대칭으로 나타나는 모습으로 관측된다.
[오답 피하기] ①은 불규칙 은하, ②는 행성상 성운, ③은 초신성 잔해, ⑤는 충돌 은하의 모습이다.

05 ㄱ, ㄷ. 퀘이사는 매우 멀리 있어 적색 편이가 매우 크게 나타난다. 퀘이사는 초기 우주에서 형성된 은하로 추정되며, 은하의 형성과 진화 등을 연구하는 데 중요한 천체이다.
[오답 피하기] ㄴ. 두 은하가 서로 충돌하여 형성된 은하는 충돌 은하이다.

06 **예시 답안** 은하의 충돌이 일어날 때 은하 안의 성간 물질들이 서로 충돌하고 압축되면서 새로운 별들의 탄생을 일으킨다.

채점 기준	배점(%)
은하의 충돌이 성간 물질에 미치는 영향을 옳게 설명한 경우	100
별이 잘 탄생한다고만 설명한 경우	50

07 은하 A가 B보다 흡수선의 파장이 더 적색 쪽으로 치우쳐 있다. 허블 법칙으로부터 A가 B보다 후퇴 속도가 크고, 더 멀리 있다는 것을 알 수 있다.

08 ㄱ. 빅뱅 우주론에서 우주는 과거에 작은 한 점에서 시작되어 팽창하면서 가벼운 원소들이 생성되었다고 한다.
ㄴ. 기본 입자가 생성된 후 양성자, 중성자, 원자핵이 생성되었고, 나중에 원자핵과 전자가 결합하여 원소들이 만들어졌다.
ㄷ. 과거에 고온의 우주에서 형성된 복사 에너지의 잔해가 현재는 파장이 길어져 전파 영역에서 우주 배경 복사로 남아 있을 것이라고 주장한다.

개념 더하기

빅뱅 우주론에서 입자의 생성

(가): 우주 최초의 물질(쿼크, 반쿼크, 전자, 반전자)이 만들어졌다.
(나): 입자와 반입자의 쌍소멸과 쌍생성이 반복된 후 입자(쿼크와 전자)가 남게 되었다.
(다): 쿼크가 결합하여 양성자, 중성자를 만들었다.
(라): 핵융합 반응에 의해 중수소 원자핵, 헬륨 원자핵이 만들어졌다.
(마): 전자가 원자핵과 결합하여 중성 원자를 형성하였다. 이 시기 이후 빛이 자유롭게 우주 공간으로 진행하여 우주 배경 복사를 형성하였다.

은하의 적색 편이량과 후퇴 속도

은하	A	B	C
적색 편이량(상댓값)	10	(20)	40
후퇴 속도(km/s)	500	1000	(2000)

- 은하의 후퇴 속도: $v = c \times \dfrac{\Delta\lambda}{\lambda_0}$

  (c: 광속, λ_0: 흡수선의 고유 파장, $\Delta\lambda$: 흡수선의 파장 변화량)
- 은하의 후퇴 속도는 적색 편이량에 비례한다.
  - ➡ B의 후퇴 속도가 A의 2배이므로, B의 적색 편이량은 A의 2배가 된다.
  - ➡ C의 적색 편이량이 A의 4배이므로, C의 후퇴 속도는 A의 4배가 된다.

ㄱ, ㄴ. 적색 편이량은 후퇴 속도에 비례하고, 후퇴 속도는 우리은하로부터의 거리에 비례한다. 따라서 B의 적색 편이량은 A의 2배이고, C의 후퇴 속도는 A의 4배가 된다.

[오답 피하기] ㄷ. 가장 멀리 있는 은하는 적색 편이량이 가장 큰 C이다.

10 ㄴ. 우주 배경 복사는 우주의 팽창으로 파장이 생성 당시에 비해 현재는 매우 길어졌다. 즉, 적색 편이되어 전파 영역에서 관측된다.

ㄷ. 우주 배경 복사는 우주의 온도가 약 3000 K일 때 형성된 빛이며, 우주의 팽창으로 파장이 길어져 현재는 2.7 K 흑체 복사와 거의 일치한다.

[오답 피하기] ㄱ. 우주 배경 복사는 하늘의 모든 방향에서 관측되는 배경 복사로, 특정한 천체(은하 또는 별 등)로부터 나오는 빛이 아니다.

11 [예시 답안] 빅뱅 우주론에 따르면 우주는 과거에 매우 고온이었으며 이 당시에 형성된 빛이 현재 전파 영역에서 우주 공간을 채우고 있어야 한다. 이 복사 에너지를 우주 배경 복사라고 하는데, 플랑크 위성은 이 복사 에너지의 존재를 우주의 전역에서 정밀하게 관측하였다.

채점 기준	배점(%)
우주 배경 복사가 빅뱅 우주론의 주장을 뒷받침하는 까닭을 옳게 설명한 경우	100
우주 배경 복사의 정의만 설명한 경우	50

12 자료 분석 하기

빅뱅 우주론의 문제점
- 우주 (㉠ 지평선)의 반대쪽 양 끝에서 오는 우주 배경 복사가 완전히 균일하다. → 지평선 문제
- 우주는 거의 완벽하게 (㉡ 편평한) 우주이며, 특정한 밀도 값을 갖는다. → 편평성 문제
- 현재까지 (㉢ 자기 홀극)이 발견되지 않고 있다. → 자기 홀극 문제

급팽창 이론에서는 빅뱅 우주론의 문제점들을 다음과 같이 설명한다.

- 지평선 문제: 우주는 매우 작은 상태에서 급격히 커졌기 때문에 가까이 있던 두 지역은 팽창이 일어나기 전에 서로 정보 교환이 가능하였다.
- 편평성 문제: 우주가 급격히 팽창하여 공간의 크기가 매우 커지게 되면 우주 전체가 휘어져 있더라도 관측되는 우주의 영역은 편평하게 보인다.
- 자기 홀극 문제: 우주가 급팽창하여 우주 공간의 자기 홀극 밀도가 너무 낮아져서 발견하기 어렵다.

13 ④ 암흑 에너지는 우주를 가속 팽창시키는 역할을 하고 있는 것으로 추정한다.

[오답 피하기] ①, ② 암흑 물질은 전자기파와 상호 작용하지 않으므로 빛을 흡수하거나 방출하지 않는다. 하지만 질량을 갖고 있기 때문에 중력에 의해 다른 물질과 상호 작용한다.

③, ⑤ 우주를 이루고 있는 요소들 중 암흑 에너지의 비율이 가장 크다. 암흑 에너지는 다른 물질과 전혀 상호 작용하지 않지만 중력의 반대 방향인 척력으로 작용한다.

⊕ 개념 더하기

암흑 물질의 존재를 추정하는 방법
- 나선 은하의 회전 속도 곡선: 나선 은하의 회전 속도는 은하의 중심에서 멀어질수록 느려질 것으로 예상되었으나 실제로 관측한 결과는 은하 중심에서 멀어져도 회전 속도가 거의 일정하였다. ➡ 은하의 외곽부에 암흑 물질이 존재함을 의미한다.
- 중력 렌즈 현상: 암흑 물질이 분포하는 곳에서는 그 중력의 효과로 빛의 경로가 휘어지기도 하고, 주변의 별이나 은하의 운동이 교란되기도 한다.
- 기타: 광학적 관측으로 추정한 은하의 질량이 역학적인 방법으로 계산한 은하의 질량보다 작다.

14 ㄱ. A 시기에 우주의 급팽창이 일어나 우주의 크기가 빛의 속도보다 더 빠르게 팽창하였다.

[오답 피하기] ㄴ. 우주 배경 복사는 빅뱅 후 약 38만 년이 되었을 때 형성되었다.

ㄷ. 수소와 헬륨의 질량비는 빅뱅 후 약 3분이 되었을 때 약 3 : 1이 되었다.

⊕ 개념 더하기

우주의 급팽창
- 급팽창 이론은 우주가 매우 평탄한 이유를 초기 우주의 기하급수적인 팽창으로 설명하는 이론이다. 이 팽창은 암흑 에너지에 의하여 진행되며, 빅뱅 후 약 $10^{-36} \sim 10^{-34}$초 사이에 일어났다고 여겨진다.
- 급팽창 이론을 포함한 우주 표준 모형에서는 우주가 기하학적으로 평탄할 것으로 예측한다. WMAP의 정밀한 우주 배경 복사 관측을 통해 이 예측이 옳은 것으로 확인되었다.

15 ㄴ. 우주의 밀도＞임계 밀도일 때 닫힌 우주, 우주의 밀도＝임계 밀도일 때 평탄 우주, 우주의 밀도＜임계 밀도일 때 가속 팽창 우주 또는 열린 우주가 된다.

[오답 피하기] ㄱ. 우주의 밀도는 닫힌 우주에서 가장 크다.

ㄷ. 암흑 에너지의 효과가 클수록 우주의 팽창 속도가 커지므로 암흑 에너지의 효과는 가속 팽창 우주가 열린 우주보다 크다.

NEW 내신 잡는 필수 개념서

올리드 Allead

학습하다가 이해되지 않는 부분이나
정오표 등의 궁금한 사항이 있나요?
미래엔 홈페이지에서 해결해 드립니다.
www.mirae-n.com

교재 내용 문의
나의 문의내역 | 수학 과외쌤
자주하는 질문 | 기타 문의

교재 정답 및 정오표
정답과 해설 | 정오표

교재 학습 자료
문제 자료 | MP3 | 실험컷 | 도표

개념서

비주얼 개념서

룩 LOOK

이미지 연상으로 필수 개념을 쉽게 익히는
비주얼 개념서

- **국어** 문학, 문법, 독서
- **영어** 비교문법, 분석독해
- **수학** 고등 수학(상), 고등 수학(하)
- **사회** 통합사회, 한국사
- **과학** 통합과학

내신 필수 개념서

 올리드

개념 학습과 유형 학습으로
내신 잡는 필수 개념서

- **수학** 고등 수학(상), 고등 수학(하), 수학Ⅰ, 수학Ⅱ, 확률과 통계, 미적분
- **사회** 통합사회, 한국사, 한국지리, 사회·문화, 생활과 윤리, 윤리와 사상
- **과학** 통합과학, 물리학Ⅰ, 화학Ⅰ, 생명과학Ⅰ, 지구과학Ⅰ

실전서

기출 분석 문제집

1등급 만들기

완벽한 기출 문제 분석으로 시험에 대비하는
1등급 문제집

- **국어** 문학, 독서
- **수학** 고등 수학(상), 고등 수학(하), 수학Ⅰ, 수학Ⅱ, 확률과 통계, 미적분, 기하
- **사회** 통합사회, 한국사, 한국지리, 세계지리, 생활과 윤리, 윤리와 사상, 사회·문화 정치와 법, 경제, 세계사, 동아시아사
- **과학** 통합과학, 물리학Ⅰ, 화학Ⅰ, 생명과학Ⅰ, 지구과학Ⅰ, 물리학Ⅱ, 화학Ⅱ, 생명과학Ⅱ, 지구과학Ⅱ

핵심 단기 특강서

고잉

내신과 수능의 핵심을 빠르게 공략하는 특강서

- **국어** 기본 완성, 문학, 현대 문학, 고전 문학, 언어와 매체, 화법과 작문
- **영어** 어법편, 구문편, 1등급 유형편
- **수학** 고등 수학(상), 고등 수학(하), 수학Ⅰ, 수학Ⅱ, 확률과 통계
- **사회** 생활과 윤리, 한국지리, 사회·문화
- **과학** 물리학Ⅰ, 화학Ⅰ, 생명과학Ⅰ, 지구과학Ⅰ

실력 상승 실전서

파사쥬

대표 유형과 실전 문제로 내신과 수능을
동시에 대비하는 실력 상승 실전서

- **국어** 국어, 문학, 독서
- **영어** 기본영어, 유형구문, 유형독해, 20회 듣기모의고사, 25회 듣기 기본 모의고사
- **수학** 고등 수학(상), 고등 수학(하), 수학Ⅰ, 수학Ⅱ, 확률과 통계, 미적분

수능 기출 문제집

N기출

수능N 기출이 답이다!

- **수학영역** 수학Ⅰ+수학Ⅱ 3점 집중, 수학Ⅰ+수학Ⅱ 4점 집중 확률과 통계 3점/4점 집중, 미적분 3점/4점 집중, 기하 3점/4점 집중

수능 완성 실전서

수능 주도권

핵심 전략으로 수능의 기선을 제압하는
수능 완성 실전서

- **국어영역** 문학, 독서, 언어와 매체, 화법과 작문
- **영어영역** 독해편, 듣기편
- **수학영역** 수학Ⅰ, 수학Ⅱ, 확률과 통계, 미적분

N기출 모의고사

수능의 답을 찾는 우수 문항 기출 모의고사

- **수학영역** 공통과목_수학Ⅰ+수학Ⅱ 선택과목_확률과 통계, 선택과목_미적분

평가 문제집

미래엔 교과서 평가 문제집

학교 시험에서 자신 있게
1등급의 문을 여는 실전 유형서

- **국어** 고등 국어(상), 고등 국어(하), 문학, 독서, 언어와 매체
- **사회** 통합사회, 한국사
- **과학** 통합과학

내신 대비서

올리드 시험직보 문제집

학교 시험 1등급 완성을 위한
시험 직전에 보는 실전 문제집

- **국어** 고등 국어(상), 고등 국어(하)